Bröckling · Disziplin

Ulrich Bröckling

Disziplin

Soziologie und Geschichte militärischer Gehorsamsproduktion

Wilhelm Fink Verlag

Gedruckt mit freundlicher Unterstützung der Wissenschaftlichen Gesellschaft Freiburg

Umschlagabbildung:

Juliane Stiegele, *Die Angst*

Die Deutsche Bibliothek - CIP-Einheitsaufnahme

Bröckling, Ulrich:
Disziplin : Soziologie und Geschichte militärischer Gehorsamsproduktion / Ulrich Bröckling. - München : Fink, 1997
Zugl.: Freiburg (Breisgau), Univ., Diss.
ISBN 3-7705-3173-6 kart.

D 25

ISBN 3-7705-3173-6

Satz: Martin Fischer, Tübingen
Herstellung: Ferdinand Schöningh GmbH, Paderborn

Inhalt

Für Ermutigung, kritische Lektüre und vielfältige Anregungen danke ich Cornelia Brink, Fritz Boll, Wolfgang Eßbach, Stefan Kaufmann, Axel T. Paul und Wolfgang Sandfuchs. Die Friedrich-Ebert-Stiftung hat die Fertigstellung der Arbeit durch ein Stipendium ermöglicht, die Wissenschaftliche Gesellschaft Freiburg hat die Drucklegung finanziell unterstützt. Beiden sei ebenfalls herzlich gedankt.

Einleitung

> *„Ich habe so etwas Komisches im Gefühl: ein Verständnis dafür, warum wir beim Militär, die wir die größte Ordnung haben, gleichzeitig bereit sein müssen, in jedem Augenblick unser Leben hinzugeben. Ich kann nicht ausdrücken, warum. Irgendwie geht Ordnung in das Bedürfnis nach Totschlag über.“*[1]

Neuzeitlicher Staat und stehendes Heer gehören zusammen. Der Leviathan pazifiziert den gesellschaftlichen Krieg aller gegen alle durch Vereinigung der Gewalt in seinen Händen. Die endlosen Fehden der Feudal- und Glaubenskonkurrenten finden ein Ende, wo es nur noch *einen* Heerführer gibt und der Krieg zur ausschließlich staatlichen Veranstaltung wird. Gewaltmonopol heißt Verfügung über die Gewaltmittel und Kontrolle über die Menschen, die sie anwenden. Ohne jederzeit verfügbare Armee daher kein Souverän; über den Ausnahmezustand entscheidet, wer die Truppen befehligt. Mit dem *ius ad bellum* ist das Recht des Staates über Leben und Tod gesetzt: Welcher Reglementierungs- und Steuerungsmechanismen staatliche Herrschaft sich auch sonst noch bedienen mag, ohne die Drohung, die ihr Unterworfenen kriegerischer Gewalt auszusetzen, und ohne die Macht, einigen von ihnen das Töten zu befehlen, kommt sie nicht aus.

Aufgabe des Militärs ist es, den Gegner durch effizienten Einsatz physischer Gewalt kampfunfähig zu machen oder ihm zumindest glaubwürdig damit zu drohen. Für die Exekutoren des Gewaltmonopols ist das Tötungstabu partiell aufgehoben. Soldaten sind gezwungen, den objektiven Widerspruch zwischen allgemeinem Gewalt*verbot* und auf die staatlichen Organe beschränkter Gewalt*befugnis* subjektiv auszubalancieren. Sie nehmen auf Befehl hin Handlungen vor, die allen übrigen Gesellschaftsmitgliedern schwerste Bestrafung einbringen würden. Ihre Tätigkeit bleibt, so sehr im Zeitalter technisierter Kriegführung die konkreten Verrichtungen auch industrieller Arbeit gleichen mögen, Kampf auf Leben und Tod oder Vorbereitung darauf.

Hier liegt der Grund für die Rigidität militärischer Gehorsamsanforderungen: Nichts markiert so deutlich die Grenze aller Gesellschaftlichkeit wie der Tod. Weil dieser schlechthin antisozial ist, müssen jene, die in seiner unmittelbaren Nähe agieren sollen, in besonderem Maße sozialisiert werden. Um als effektives Instrument politischer Souveränität fungieren zu können, müssen Armeen jeden ihrer Angehörigen dazu bringen, die Staatsräson höher zu stellen als die eigene und sein Leben zugunsten des militärischen Gesamtzwecks aufs Spiel zu setzen. Die Bereitschaft, für König, Vaterland, Volk, die Freiheit oder die Sicherheit zu sterben und zu töten, ist Index der Verstaatsbürger-

---

1 Robert Musil: Der Mann ohne Eigenschaften, Bd. 1. Reinbek 1978, S. 464/465.

lichung des Menschen. An den durchaus unterschiedlichen Strategien, mit denen politische Systeme ihr militärisches Personal rekrutieren und für den Dienst zurichten, läßt sich daher exemplarisch ablesen, wie die Vermittlung von Individuum und Staat jeweils funktioniert. Mehr noch als Kloster, Schule, Fabrik oder Gefängnis und mit anderer, teilweise konträrer Aufgabenstellung erweist sich das Militär als ein Labor sozialer Disziplinierung.

Abrichtung zum Soldaten bedeutet nicht nur *Erzeugung* von Todes- und Tötungsbereitschaft, sondern ebenso ihre *Kontrolle*. Nicht weniger schwierig, als das individuelle Gewaltpotential zu entfesseln, ist, es unter ein Kommando zu stellen. Auf den einzelnen Soldaten ist ein Höchstmaß an Reglementierungstechniken gerichtet, und Abweichungen werden härter geahndet als anderswo. Für die geforderten Unterwerfungsleistungen bietet das Militär Kompensationen. Dem Befehl „Du sollst!" ist eine Lizenz „Du darfst!" beigegeben.[2] Soldaten ist nicht nur viel mehr verboten als anderen Menschen, ihnen ist – zumindest im Krieg – auch viel mehr erlaubt. Diese Verbindung von unbedingter Subordination und zeitlich wie räumlich begrenztem Dispens von zivilen Normen unterscheidet das Militär von anderen Disziplinarinstitutionen. Die Armee ist nicht nur „Schule der Nation", die mit den gehorsamen Soldaten zugleich zuverlässige Arbeiter und loyale Bürger produziert, sie ist ebenso das „ganz Andere" von Familie, Werkstatt oder Büro und bezieht nicht zuletzt daraus ihre Anziehungskraft. Der Militärdienst beschneidet ganz entschieden die persönliche Freiheit der Rekruten, aber er ermöglicht ihnen auch, den Zwängen des zivilen Alltags wenigstens für eine Zeitlang zu entkommen.

Militärische Disziplin ist zweifach codiert: Soldaten gehorchen nicht nur dem Reglement und den Befehlen ihrer Offiziere, entscheidend für den Zusammenhalt der Truppe und ihre Gewaltbereitschaft sind ebenso die soziale Kontrolle und die affektiven Bindungen in der Kameradengruppe. Das Militär ist eine strikt hierarchisch gegliederte, rationalisierte Organisation, es ist aber auch ein egalitärer Männerbund, der sich über den Auschluß von Frauen konstituiert und homoerotische Libido in Aggressivität nach außen transformiert. Wenn auch die Anforderungen der beiden Normengefüge häufig konfligieren, so beruht die Effizienz militärischer Disziplinierung nicht zuletzt darauf, daß es den Kommandierenden gelingt, sich die jenseits der Befehlshierarchie wirksamen und teilweise gegen diese gerichteten Kohäsionskräfte zunutze zu machen. Initiationsriten, informelle Ehrenkodizes und Sanktionsmechanismen, schließlich kollektive Überschreitungen wie Alkoholexzesse, Vergewaltigungen, Plünderungen oder Massaker kompensieren die Zumutungen der formalen Disziplin und stiften zugleich jene Komplizität einer verschworenen Gemeinschaft, auf welche die „offizielle" Gehorsamsproduktion angewiesen ist, ohne sie doch herstellen zu können. Was die Autorität der Vorgesetzten allein nicht zu erzwingen vermag, bewirkt der Konformitätsdruck durch die

---

2 Vgl. Jan Philipp Reemtsma: Die Wiederkehr der Hobbesschen Frage. Dialektik der Zivilisation. In: Mittelweg 36, 3. Jg., 1994, H. 6, S. 51.

Kameraden, auf deren Unterstützung und Wohlwollen der einzelne zumal in Kampfsituationen existentiell angewiesen ist.

Soldaten müssen *gewillt sein*, auf Befehl hin Gewalt anzuwenden, sie müssen es aber auch *können*. Militärische Disziplinierung hat nicht nur zu formieren und zu normieren, sondern auch zu qualifizieren, hat nicht nur Kampf- und Gehorsamsbereitschaft zu erzeugen, sondern auch die Kenntnisse und Fertigkeiten zu vermitteln, die sich aus den technischen wie organisatorischen Erfordernissen der Kriegführung ergeben. Was einen zuverlässigen Soldaten ausmacht, unterliegt deshalb ebenso großen historischen Wandlungen wie der Krieg selbst. Jedes technische Niveau militärischer Rüstung verlangt und erzeugt spezifische Sozialtechnologien, um das militärische Personal auf seine Aufgaben vorzubereiten. Der wohlexerzierte Soldat des 18. Jahrhunderts mußte seine Gewehrgriffe sowie Marsch- und Gefechtsformationen im Schlaf beherrschen, viel mehr aber auch nicht. In den hochtechnisierten Armeen des 20. Jahrhunderts dagegen ist an die Stelle des Einheitsinfanteristen eine Vielzahl von Spezialisten getreten, die ihre Qualifikationen nicht durch tagtäglichen Drill, sondern in aufwendigen Ausbildungsprogrammen erwerben.

Schon weil die militärische – wie jede – Gehorsams*produktion* zu einem guten Teil aus Ungehorsams*prävention* besteht, ist mit der Norm stets auch die Abweichung gesetzt. Den unterschiedlichen Formen der Disziplinierung korrespondieren ebenso unterschiedliche Formen ihres Scheiterns. Armeen fabrizieren nicht nur folgsame, tapfere und technisch effiziente Soldaten, sondern auch Deserteure, Kriegsdienstverweigerer, Meuterer, Überläufer, Selbstverstümmler, „Kriegsneurotiker" und „Simulanten", ganz zu schweigen vom Heer der „Kriegsunfreiwilligen", die zwar „durchaus Soldat sein, aber nicht unbedingt kämpfen wollen"[3] und ihren Dienst nur widerstrebend verrichten. Das Verhältnis von Gehorsam und Ungehorsam ist indes alles andere als symmetrisch: Situationen, in denen Verweigerung und Aufbegehren die „Wehrkraft" merklich „zersetzen" konnten, sind mehr als selten. In aller Regel gelang es dem Militärapparat, seinen Bedarf an „Menschenmaterial" in ausreichender Menge und Qualität zu decken. Oft brauchten die künftigen Soldaten nicht einmal durch Gewalt oder Gesetz gezwungen zu werden, sondern Sold und Sozialprestige, patriotische Imaginationen, die Faszination der Waffen oder bloß Unzufriedenheit mit dem zivilen Leben ließen sie aus freien Stükken in die Kasernen ein- und auf die Schlachtfelder ausrücken.

Obwohl der Soziologie seit Weber und Durkheim Disziplin als Schlüsselkategorie zum Verständnis moderner Gesellschaften gilt und die herausragende Bedeutung des Militärs als Disziplinierungsinstanz durchweg betont wird, sind militärische Rekrutierung und Zurichtung und erst recht ihr Scheitern nur selten zum Gegenstand soziologischer Analysen geworden. Der von ihrer Entstehungsgeschichte her durch und durch zivilen Wissenschaft war und ist das militärische Milieu in hohem Maße fremd; umgekehrt waren und sind in Krei-

---

3 Michael Geyer: Eine Kriegsgeschichte, die vom Tode spricht. In: Thomas Lindenberger/Alf Lüdtke (Hrsg.): Physische Gewalt. Studien zur Geschichte der Neuzeit. Frankfurt/M. 1995, S. 146.

sen der Armee die Vorbehalte gegen eine sozialwissenschaftliche Durchleuchtung der eigenen Praktiken kaum geringer. Gilt für die Mehrzahl der Soziologen, daß ihre Distanz zum Militär zu groß ist, um das wissenschaftliche Interesse an diesem Forschungsobjekt zu wecken, so ist sie für die kleine Zahl der Militärsoziologen eher zu gering.

Dieser vergleichsweise jungen Teildisziplin, als Auftragsforschung für die US-Armee während des Zweiten Weltkriegs entstanden und bis heute in enger institutioneller Anbindung an den militärischen Apparat, haftet nicht ganz zu Unrecht der Ruf einer „Soziologie nur für den Dienstgebrauch"[4] an. Der Schwerpunkt der in hohem Maße anwendungsbezogenen Untersuchungen liegt auf organisationssoziologischen Fragestellungen. Diskutiert werden vornehmlich Führungsstile, Motivations- und Kohäsionsprobleme. Wenn das Verhältnis von Militär und ziviler Gesellschaft untersucht wird, ist der Blick vor allem auf Legitimationsprobleme des Militärs in der Gegenwart gerichtet. Gehorsam erscheint als „Integration", Ungehorsam – wenn überhaupt – als „Devianz"; ihre Erforschung ist selbst Bestandteil disziplinierender Normalisierung. Wie die Policeywissenschaft, die patriotische Literatur oder die Militärpsychiatrie konstituiert die Militärsoziologie einen eigenen Disziplinierungsdiskurs (und wird daher im 8. Kapitel selbst zum Untersuchungsgegenstand).

Eine systematische Auseinandersetzung mit Phänomenen sozialer Disziplinierung hat vor allem im Rahmen allgemeiner soziologischer sowie sozialhistorischer Theoriebildung stattgefunden. Generell lassen sich dabei – grob vereinfacht – zwei Forschungsperspektiven unterscheiden: Disziplinierung wird entweder als konstitutives Element von Modernisierungsprozessen (Weber, Elias, Oestreich) oder als eine spezifische Sozialtechnologie (Foucault, Goffman, Treiber, Steinert) gefaßt. Gemeinsam ist beiden Theoriesträngen die Tendenz, die Heterogenität von Disziplinierungsinstitutionen, -theorien und -praktiken zugunsten einer einheitlichen Typisierung zu vernachlässigen. Für Soziologen existiert Disziplin in der Regel nur im Singular.

Max Weber begreift sie als Subjektseite jenes ubiquitären Rationalisierungsvorgangs, der die neuzeitliche Geschichte des Okzidents bestimmt. Versachlichte, also sich durch gesatztes Recht legitimierende und mittels eines bürokratischen Verwaltungsstabs ausgeübte Herrschaft benötigt und erzeugt Individuen, deren Verhalten in hohem Maße kalkulierbar ist und möglichst wenig von persönlichen Affekten oder Werturteilen bestimmt wird. Disziplinierte Individuen zeichnen sich aus durch Fähigkeit und Bereitschaft zu automatischem Gehorsam. Auch traditionale Gesellschaften kommen ohne systematische Zuverlässigkeitsproduktion nicht aus, doch bleibt diese, so Weber, beschränkt auf administrative, militärische oder religiöse Eliten. Die Umstellung von solcher „Stabsdisziplinierung" auf eine sämtliche Gesellschaftsmit-

---

[4] Vgl. Ekkehard Lippert/Günther Wachtler: Militärsoziologie – eine Soziologie „nur für den Dienstgebrauch"? In: Ulrich Beck (Hrsg.): Soziologie und Praxis, Soziale Welt, Sonderband 1. Göttingen 1982, S. 335–355.

glieder umfassende „Sozialdisziplinierung“[5] erfolgt erst mit dem Übergang zu sozialen Formationen vom Typus rationaler Herrschaft, deren Entstehung Weber im Europa der frühen Neuzeit verortet und auf das singuläre Zusammentreffen verschiedener Faktoren zurückführt: auf die Herausbildung des staatlichen Gewaltmonopols, die Existenz eines selbständigen und mächtigen Bürgertums, die Aktivitäten eines universitätsgeschulten Juristenstandes und insbesondere auf den „Durchbruch einer Religion, die mit ihrer Kombination von Theodizee, Asketismus, subjektiver Werkheiligkeit und Virtuosentum das symbolische Universum des traditionalen Pietätsprinzips gesprengt und einer umfassenden Versachlichung aller sozialen Beziehungen den Weg geebnet hat“[6].

Die beiden Seiten rationaler Herrschaft, das Gefüge bürokratischer Organisationen und die habituelle Fähigkeit der Organisierten, sich mit der geltenden Ordnung gleichzuschalten,[7] bleiben nicht auf einzelne Institutionen beschränkt, sondern tendieren dazu, allgemein zu werden und sich, so Webers berühmte Formulierung, zu einem einzigen „stahlharten Gehäuse“[8] zusammenzuschließen. Privatwirtschaftliche Unternehmen sind ebenso bürokratisch organisiert wie staatliche Behörden, und der Werkstatt-Gehorsam eines Kontoristen, Technikers oder Arbeiters unterscheidet sich „dem Wesen nach nicht mehr (...) von der Disziplin eines staatlichen Büros und schließlich einer militärischen Kommandobehörde“[9]. Jenseits normativistischer Engführung, wie sie in Webers These von der „protestantischen Ethik“ als geistiger Wurzel moderner Staatlichkeit und kapitalistischen Wirtschaftens allerdings angelegt ist, läßt sich seine Theorie der Disziplinierung – hierin Marx' Analysen der ursprünglichen Akkumulation verwandt – auch als Geschichte von Enteignungs- und Konzentrationsprozessen interpretieren, welche die Individuen von ihren Subsistenz-, Betriebs- und Kriegsmitteln trennten.

Die totalisierende Perspektive ist zweifellos durch Webers Gegenwartsdiagnose motiviert und unterlegt den geschichtlichen Ereignissen eine – bei ihm selbst im Unterschied zu vielen seiner Schüler jedoch alles andere als optimistische – Fortschrittslogik, was die Gefahr birgt, in Hegelscher Manier all das für irrelevant zu erklären, was quer zu dieser Logik liegt. Bezogen auf die Gehorsamsproduktion: Wenn die Kluft zwischen Disziplinarreglements und -utopien auf der einen, dem konkreten Verhalten der Individuen auf der ande-

---

5 Der Begriff „Sozialdisziplinierung“ stammt nicht von Weber selbst, sondern von Gerhard Oestreich.

6 Stefan Breuer: Sozialdisziplinierung. Probleme und Problemverlagerungen eines Konzepts bei Max Weber, Gerhard Oestreich und Michel Foucault. In: Christoph Sachße/Florian Tennstedt (Hrsg.): Soziale Sicherheit und soziale Disziplinierung. Frankfurt/M. 1986, S. 50; diesem Aufsatz verdankt die folgende Darstellung vielfältige Anregungen.

7 Ders.: Max Webers Herrschaftssoziologie, Frankfurt/M. 1991, S. 213.

8 Max Weber: Die protestantische Ethik und der Geist des Kapitalismus. In: ders.: Gesammelte Aufsätze zur Religionssoziologie I. Tübingen [5]1963, S. 203.

9 Ders.: Wirtschaft und Gesellschaft, Tübingen [5]1972, S. 543.

ren Seite überhaupt wahrgenommen wird, so lediglich als der Tendenz nach immer kleiner werdende Differenz zwischen Programm und Wirklichkeit.

Dem Militär spricht Weber eine historische Modellfunktion zu; die Heeresorganisation gilt ihm als „Mutterschoß der Disziplin überhaupt“[10]. In seiner Definition rationaler Disziplin – „Sie ist nichts anderes als die konsequent rationalisierte, d.h. planvoll eingeschulte, präzise, alle eigene Kritik bedingungslos zurückstellende, Ausführung des empfangenen Befehls, und die unablässige innere Eingestelltheit auf diesen Zweck.“[11] – klingt deutlich das Vorbild soldatischen Gehorsams an. Der Begriff bleibt jedenfalls an eine soziale Konfiguration gekoppelt, in der Befehlsgeber und Befehlsempfänger eindeutig auszumachen sind. Damit wird eine Einseitigkeit und Intentionalität der Disziplinierung suggeriert, die zu Webers Diagnose subjektloser, versachlichter Herrschaft in auffälligem Kontrast steht. Die Einbettung des Disziplinierungskonzepts in seine umfassende Theorie der Rationalisierung hindert ihn zugleich daran, genauer zu untersuchen, *wie* die Zurichtung der Individuen im einzelnen erfolgt und welche Widerstände sich ihr dabei entgegenstellen. Disziplinierung wird, wie Bürokratisierung und Maschinisierung, zur universalen Signatur der Moderne, was die spezifischen Techniken des disziplinierenden Zugriffs ebenso aus dem Blick geraten läßt wie Differenzen und Konflikte zwischen verschiedenen Disziplinarinstanzen. Zumal für den Bereich militärischer Disziplinierung kommt Weber über fragmentarische Anmerkungen zum Verhältnis von Staats-, Wirtschafts- und Heeresverfassung nicht hinaus.[12]

Einen ähnlich weitreichenden Erklärungsanspruch wie Weber erhebt Norbert Elias. Auch in seiner Theorie des Zivilisationsprozesses nimmt soziale Disziplinierung, hier verstanden vor allem als „gesellschaftlicher Zwang zum Selbstzwang“[13], eine Schlüsselstellung ein. Elias beschreibt diesen Prozeß als fortschreitende funktionale Differenzierung der Gesellschaft, die den einzelnen in ein zunehmend dichter werdendes Interdependenzgeflecht immer längerer Handlungsketten einbindet. Zwei Entwicklungen sind dabei aufs engste miteinander verknüpft: die Ausbildung von „Monopolinstituten der körperlichen Gewalttat“ und der Aufbau einer stabilen, automatisch arbeitenden „psychischen Selbstzwangapparatur“, die sich durch „Dämpfung der spontanen Wallungen, Zurückhaltung der Affekte“ und „Weitung des Gedankenraums über den Augenblick hinaus“ auszeichnet.[14]

In dieser Parallelisierung von Sozio- und Psychogenese liegt die Pointe seiner Zivilisationstheorie: „Der Kontroll- und Überwachungsapparatur in der Gesellschaft entspricht die Kontrollapparatur, die sich im Seelenhaushalt des Individuums herausbildet.“[15] Die Gewalt wird zur Sache staatlich legitimier-

---

[10] Ebd., S. 686.
[11] Ebd., S. 681.
[12] Vgl. ebd., S. 681–687.
[13] Norbert Elias: Der Prozeß der Zivilisation, Bd. 2. Frankfurt/M. 1969, S. 312–336.
[14] Ebd., S. 320–322.
[15] Ebd., S. 329/330.

ter Spezialistengruppen, die „am Rande des gesellschaftlichen Alltags als eine Kontrollorganisation für das Verhalten des Einzelnen“ Wache stehen und nur noch „in Kriegszeiten und in Zeiten des gesellschaftlichen Umbruchs“ Leib und Leben unmittelbar bedrohen. Von ihnen geht im übrigen aber ein beständiger, gleichmäßiger Druck aus, den der einzelne „oft kaum noch spürt, weil er sich völlig an ihn gewöhnt hat, weil sein Verhalten und seine Triebgestaltung von der frühesten Jugend an auf diesen Aufbau der Gesellschaft abgestimmt ist“[16].

Elias beschreibt diese Formung nicht als bewußt ablaufenden, intentionalen Vorgang, in dem die einen disziplinieren und die anderen diszipliniert werden, sondern als automatischen, durch die Eigendynamik des sich ausdifferenzierenden „Beziehungsgeflechts“ in Gang gesetzten und in Gang gehaltenen Prozeß der Anpassung an die jeweilige soziale Ordnung. Der Zwang zum Selbstzwang ist so weit gefaßt, daß er dem Begriff der Sozialisation nahekommt. Freuds Strukturmodell des psychischen Apparats zugleich aufnehmend und mechanistisch verkürzend, begreift Elias das Individuum als „Relaisstation der gesellschaftlichen Standarde“[17]. Disziplinierung bedeutet im Lichte der Zivilisationstheorie nicht eine Strategie „von oben“, sondern den verinnerlichten, teilweise unbewußten Drang jedes einzelnen, Widersprüche zwischen seinem Verhalten und den Anforderungen der Gesellschaft aufzulösen. Noch vor aller Sanktionierung von als abweichend definiertem Verhalten geht es darum, Abweichungen von der Norm gar nicht erst entstehen zu lassen.[18]

Einwände gegen Elias[19] richten sich insbesondere gegen die teleologischen Implikationen seiner Theorie. Diese unterstelle, so der Vorwurf, eine durch zunehmende Zentralisierung politischer Gewalt und funktionale Differenzierung gekennzeichnete historische Entwicklungslogik, welche von den Feudalhöfen des Mittelalters bis zu einem künftigen Weltstaat reicht und bis zur Herausbildung eines globalen Gewaltmonopols Kriege kleinerer Verbände als unvermeidliche „Stufen und Instrumente der Pazifizierung von größeren“ verbucht.[20] Probleme wirft jedoch nicht nur Elias' Versuch auf, die Geschichte zu *einem* Prozeß zu homogenisieren, sondern ebenso sein Unterfangen, diesen Prozeß als einen zunehmender *Zivilisierung* zu beschreiben. Die gleichzeitigen und mit der Zivilisierung unauflösbar verwobenen Prozesse der Barbarisierung schrumpfen dann, so sie nicht gänzlich ausgeblendet werden, zu blo-

---

16 Ebd., S. 325/326.

17 Ebd., S. 329.

18 Breuer: Sozialdisziplinierung, S. 62.

19 Vgl. Robert van Krieken: Violence, self-discipline and modernity: beyond the ‚civilizing process‘. In: The Sociological Review, Vol. 37, 1989, S. 193–218; ders.: Die Organisierung der Seele. Elias und Foucault über Disziplin und das Selbst. In: Prokla, 21. Jg., 1991, Nr. 85, S. 602–619; Stefan Breuer: Die Gesellschaft des Verschwindens. Von der Selbstzerstörung der technischen Zivilisation. Hamburg 1992, S. 13–39; ders.: Erinnerungen an die Zivilisation. In: Mittelweg 36, 3. Jg., 1994, H. 6, S. 14–25.

20 Elias: Der Prozeß der Zivilisation, Bd. 2, S. 451/452.

ßen Abweichungen von der Norm. Das staatliche Gewaltmonopol hat gewiß, wie von Elias beschrieben, Gewalthemmungen in den Individuen aufgerichtet, aber es hat sie ebenso niedergerissen, indem es „den Einsatz von Gewalt aus dem Bereich moralischen Entscheidens herausgelöst und die Anforderungen der Rationalität von ethischen Normen und moralischen Skrupeln befreit hat“[21].

Bezogen auf die militärische Disziplinierung, mit der Elias selbst sich allerdings nicht systematisch auseinandergesetzt hat,[22] läßt sich die Kritik ergänzen.[23] Folgte man ihm, so müßte es den auf Gewaltanwendung spezialisierten und zur Gewaltanwendung legitimierten Organisationen zunehmend schwerer fallen, ihr von klein auf zu pazifiziertem Verhalten sozialisiertes Personal auf Kriegsbereitschaft umzukonditionieren. Dies war und ist offensichtlich nicht der Fall. Elias erkennt zwar den Gegensatz zwischen zivilen und militärischen Verhaltenscodierungen, die Annahme einer – wenn auch von Rückschlägen stets bedrohten[24] – Linearität des historischen Prozesses hindert ihn jedoch, darin etwas anderes zu sehen als ein Aufeinandertreffen fortgeschrittener und weniger fortgeschrittener Standards. Die Abrichtung zum Soldaten erscheint in dieser Perspektive als staatlich induzierte und gesteuerte, in der Regel temporäre und auf einen Teil der männlichen Bevölkerung begrenzte Regression auf ein niedrigeres Zivilisationsniveau.

Historische Tiefenschärfe gewinnt der Begriff Sozialdisziplinierung in den Arbeiten Gerhard Oestreichs; seine Beiträge zu den militärtheoretischen Schriften des Humanisten Justus Lipsius und zur oranischen Heeresreform machen auch die spezifisch militärische Dimension dieses Prozesses deutlich.[25] Oestreich geht es im Unterschied zu Elias, der die Ergebnisse seiner

---

[21] Zygmunt Bauman: Dialektik der Ordnung. Die Moderne und der Holocaust. Hamburg 1992, S. 42.

[22] Einige Anmerkungen finden sich in seinem Vortrag: Zivilisation und Gewalt. Über das Staatsmonopol der körperlichen Gewalt und seine Durchbrechungen. In: Joachim Matthes (Hrsg.): Lebenswelt und soziale Probleme. Verhandlungen des 20. deutschen Soziologentags zu Bremen 1980. Frankfurt/M. 1981, S. 98–112.

[23] Vgl. dazu Hanne-Margret Birckenbach: Mit schlechtem Gewissen – Wehrdienstbereitschaft von Jugendlichen. Baden-Baden 1985, S. 74–78.

[24] Vgl. Elias: Zivilisation und Gewalt, S. 98.

[25] Gerhard Oestreich: Soldatenbild, Heeresreform und Heeresgestaltung im Zeitalter des Absolutismus. In: Bundesministerium für Verteidigung (Hrsg.): Schicksalsfragen der Gegenwart, Bd. 1. Tübingen 1957, S. 295–321; ders.: Geist und Gestalt des frühmodernen Staates. Berlin 1969; ders.: Strukturprobleme der frühen Neuzeit. Berlin 1980; ders.: Antiker Geist und moderner Staat bei Justus Lipsius (1547–1606). Göttingen 1989; Winfried Schulze: Gerhard Oestreichs Begriff der Sozialdisziplinierung. In: Zeitschrift für historische Forschung, 14. Jg, 1987, S. 265–302. Der erste Teil dieses Aufsatzes besteht aus einer durch Brigitta Oestreich ausgewählten und geordneten Zusammenstellung nachgelassener Fragmente ihres Mannes. Vgl. zur Diskussion des Konzepts „Sozialdisziplinierung“ außerdem Mohammed Rassem: Bemerkungen zur „Sozialdisziplinierung“ im frühmodernen Staat. In: Zeitschrift für Politik, 30. Jg., 1983, S. 217–238; Breuer: Sozialdisziplinierung, S. 52–56; Gisela Felhofer: Die Produktion des disziplinierten Menschen. Phil.

materialen Studien zum Mittelalter und zur frühen Neuzeit überdehnt, indem er aus ihnen eine epochenübergreifende Geschichtsphilosophie ableitet, um ein genaueres Verständnis des absolutistischen Zeitalters. Während Elias das Moment subjektiver Assimilation an gesellschaftliche Standards stark macht, betont Oestreich die obrigkeitliche Dimension der Sozialdisziplinierung: Diese vollziehe sich „von oben nach unten, aber nicht im üblich beschworenen Sinn von der Regierungskanzlei der Monarchie in die Untertanenschaft wie von der Loge des Hoftheaters hinab auf die Bühne, sondern eher dialektisch durch Herrschaft einer leistungsfordernden, aber auch exemplarisch vorplanenden und zunehmend selbst leistungsbereiten Schicht über eine zum Gehorsam und zur Einübung erzogene und disziplinierte neue Staatsbürgerschaft"[26]. – Eine gezähmte Dialektik, die sich auf das Wechselspiel zwischen erzwungenem und vorauseilendem freiwilligen Gehorsam reduziert und schon deshalb dazu tendiert, die Kluft zwischen Programm und Wirklichkeit aus den Augen zu verlieren.

Disziplinierung ist Herrschaftspraxis, diese Auffassung teilt Oestreich mit Weber, dessen These vom Primat der Rationalisierung er jedoch – zumindest für das 17. und 18. Jahrhundert – umkehrt: „Max Weber hat in dem Vordringen des Rationalismus der Lebensgestaltung die alles überragende Tendenz der abendländischen politischen und gesellschaftlich-wirtschaftlichen Entwicklung gesehen. In unserem Zeitabschnitt scheint mir jener Vorgang nicht die allein führende Rolle zu spielen. Vielmehr handelt es sich hier zuerst um den großen Tatbestand einer Disziplinierung und Subordinierung in allen Lebensbereichen. Die Rationalisierung erscheint so als ein Teilvorgang, wenn sie auch keineswegs zu einer bloßen Randerscheinung wird. Im Vordergrund der europäischen Staats- und Menschenbildung steht die im Sinne der werdenden politischen Gebilde und Formen geforderte Unterordnung, das Prinzip des Gehorsams."[27] Die enorme Bedeutung, die Oestreich dabei den politischen Klugheitslehren des Späthumanismus, insbesondere der neustoischen Philosophie des Justus Lipsius zuspricht, zeugt allerdings von großer Affinität zu Webers „Protestantischer Ethik". Wie der Calvinismus macht auch der Neustoizismus Affektregulierung und methodische Lebensführung zum Ausgangspunkt seiner Lehre. Auch wenn das „Constantia"-Ideal des Lipsius als

---

Diss. Wien 1987; Martin Dinges: Frühneuzeitliche Armenfürsorge als Sozialdisziplinierung? Probleme mit einem Konzept. In: Geschichte und Gesellschaft, 17. Jg., 1991, S. 5–29; Robert Jütte: „Disziplin zu predigen ist eine Sache, sich ihr zu unterwerfen eine andere" (Cervantes) – Prolegomena zu einer Sozialgeschichte der Armenfürsorge diesseits und jenseits des Fortschritts, ebd., S. 92–101; Michael Prinz: Sozialdisziplinierung und Konfessionalisierung. In: Westfälische Forschungen, 42. Jg., 1992, S. 1–25; Günther Lottes: Disziplin und Emanzipation, ebd., S. 63–74; Fritz Sack: Strafrechtliche Kontrolle und Sozialdisziplinierung. In: Detlef Frehsee/Gabi Löschper/Karl F. Schumann (Hrsg.): Strafrecht, soziale Kontrolle, soziale Disziplinierung. Jahrbuch für Rechtssoziologie und Rechtstheorie, Bd. XV. Opladen 1993, S. 16–45.

26 Schulze: Gerhard Oestreichs Begriff der Sozialdisziplinierung, S. 274.

27 Oestreich: Geist und Gestalt des frühmodernen Staates, S. 236.

säkulare Tugend eingeführt wird, die sich nicht aus dem Streben nach Heilsgewißheit herleitet, so bleibt doch der Grundgedanke der Weberschen Konstruktion erhalten. Zugespitzt formuliert: Wie dieser den Kapitalismus, so läßt Oestreich den souveränen Machtstaat aus dem „Geist" eines ethischen Programms entstehen.

Die vier Elemente, in die Lipsius die militärische Disziplin gliedert: *exercitium*, *ordo*, *coerctio* und *exempla*, liefern Oestreich ein systematisches Raster, um die Mechanismen des disziplinierenden Zugriffs genauer zu fassen. Regelmäßige Übung, vertikale und horizontale Gliederung der Truppen, Mahnung zu strenger Selbstzucht und schließlich ein abgestuftes System von Belohnungen und Strafen lassen sich als durchgängige Prinzipien nicht nur der Abrichtung zum Soldaten, sondern der Fabrikation zuverlässiger Menschen überhaupt ausmachen. Doch die Frage, wie Disziplinierung „funktioniert", bleibt auch für Oestreich eher marginal. Warum sie oftmals nicht funktioniert und welche Widerstände sie provoziert, bleibt gänzlich unbeachtet. Sein Interesse richtet sich, wie schon das Webers, weit mehr auf den Typus von Herrschaft, der sich ihrer bedient.

Einen grundsätzlichen Wechsel der Perspektive nimmt Michel Foucault in seinen Arbeiten zur Disziplinarmacht vor: Statt „eine Art Deduktion der Macht vom Zentrum ausgehend zu vollziehen und herauszufinden zu suchen, bis wohin sie sich nach unten hin fortsetzt, in welchem Maße sie sich reproduziert, bis hin zu den molekularsten Elementen der Gesellschaft", folgt er der methodischen Regel einer „aufsteigenden Analyse": „d.h. von den unendlich kleinen Mechanismen ausgehen, die ihre Geschichte, ihren Ablauf, ihre Technik und Taktik haben, und dann ergründen, wie diese Machtmechanismen von immer allgemeineren Machtmechanismen und von Formen globaler Herrschaft besetzt, kolonisiert, umgebogen, transformiert, verlagert, ausgedehnt usw. wurden und werden."[28]

Wie für Weber ist auch für Foucault der Begriff Macht „soziologisch amorph"[29]. Definiert jener sie als „Chance, innerhalb einer sozialen Beziehung den eigenen Willen auch gegen Widerstreben durchzusetzen, gleichviel worauf diese Chance beruht"[30], so versteht Foucault darunter die „Vielfältigkeit von Kräfteverhältnissen"[31]. Die beiden Bestimmungen dokumentieren zugleich eine Verlagerung und eine Radikalisierung: Während Weber allein das Moment sozialer Asymmetrie herausstellt, spricht Foucault über Macht in der Sprache des Krieges. Er insistiert darauf, daß sie „nicht als Eigentum, sondern als Strategie aufgefaßt wird, daß ihre Herrschaftswirkungen nicht einer ‚Aneignung' zugeschrieben werden, sondern Dispositionen, Manövern, Techniken, Funktionsweisen; daß in ihr ein Netz von ständig gespannten und tätigen Beziehungen entziffert wird anstatt eines festgehaltenen Privilegs; daß

---

[28] Michel Foucault: Dispositive der Macht. Berlin 1978, S. 83.
[29] Weber: Wirtschaft und Gesellschaft, S. 28.
[30] Ebd.
[31] Michel Foucault: Sexualität und Wahrheit, Bd. 1: Der Wille zum Wissen. Frankfurt/M. 1977, S. 113.

ihr als Modell die immerwährende Schlacht zugrundegelegt wird und nicht der Vertrag über die Abtretung eines Gebietes oder die Eroberung, die sich eines solchen bemächtigt. Diese Macht ist nicht so sehr etwas, was jemand besitzt, sondern vielmehr etwas, was sich entfaltet; nicht so sehr das erworbene oder bewahrte ‚Privileg' der herrschenden Klasse, sondern vielmehr die Gesamtwirkung ihrer strategischen Positionen – eine Wirkung, welche durch die Position der Beherrschten offenbart und gelegentlich erneuert wird. Anderseits richtet sich diese Macht nicht einfach als Verpflichtung oder Verbot an diejenigen, welche ‚sie nicht haben'; sie sind ja von der Macht eingesetzt, die Macht verläuft über sie und durch sie hindurch; sie stützt sich auf sie, ebenso wie diese sich in ihrem Kampf gegen sie darauf stützen, daß sie von der Macht durchdrungen sind."[32]

Man hat Foucault aufgrund solcher Formulierungen vorgeworfen, seiner Theorie liege eine „Metaphysik der Macht" zugrunde. Entgegen seinem nominalistischen Programm mache er aus der Macht eine Universalie, aus der er dann alle Manifestationen des Seins hervorgehen lasse. Widersprüchlich sei zudem, daß er Macht einerseits als pure Intentionalität fasse und sie damit, vergleichbar dem Freudschen Trieb oder Nietzsches Willen zur Macht, anthropologisiere, daß andererseits aber die gleiche Macht das allen individuellen Intentionen vorgelagerte Prinzip gesellschaftlicher Synthesis darstellen solle.[33]

Ungeachtet der Frage, ob Foucaults verallgemeinerte Logik des Kampfes geeignet ist, die Komplexität moderner Gesellschaften zureichend zu erfassen, bietet sein strikt relationales Verständnis von Macht jedoch für die Untersuchung militärischer Disziplinierung einen entscheidenden Vorteil: Die vielfältigen Widerstände, die sich der Gehorsamsproduktion entgegenstellen, sie bremsen, unterlaufen oder umfunktionieren, geraten nicht länger ausschließlich ex negativo als bloßes Fehlen oder mangelnde Reichweite des disziplinierenden Zugriffs ins Blickfeld, sondern erscheinen als konstituierendes Moment des jeweiligen Machtdispositivs. „Sie sind in den Machtbeziehungen die andere Seite, das nicht wegzudenkende Gegenüber."[34]

Für Foucault ist „Disziplin" *ein* Machttypus. Ihre spezifischen Technologien, Instrumente, Prozeduren, Einsatzebenen, Zielscheiben und Diskursformationen präpariert er in Absetzung von einer anderen Machtformation heraus, der „Souveränität". Diese bedeckte im Zeitalter der feudalen Monarchien „die Totalität des sozialen Körpers", das heißt: die Art, in der Macht ausgeübt wurde, konnte in dieser Epoche weitgehend im Verhältnis Souverän – Untertan ausgedrückt werden.[35] Daß ein verfassungsrechtliches Prinzip ihm den Namen

---

32 Ders.: Überwachen und Strafen. Die Geburt des Gefängnisses. Frankfurt/M. 1976, S. 38.

33 So Breuer: Die Gesellschaft des Verschwindens, S. 48 (dort weitere Literatur); vgl. auch Monika Noll: Jenseits des Subjekts? Zur Philosophie Michel Foucaults. In: Ilse Bindseil/Monika Noll (Hrsg.): Frauen 4. Mit Foucault und Fantasie. Freiburg 1995, S. 34–51.

34 Foucault: Der Wille zum Wissen, S. 117.

35 Ders.: Dispositive der Macht, S. 89.

gab, deutet auf die juridische Konzeption dieses Machttypus: Souveränität erweist sich am Recht des Monarchen, zu töten oder leben zu lassen. Gesetzesübertretungen erscheinen als Verletzung des Souveräns, der seine Macht in öffentlichen Marter- und Hinrichtungszeremonien demonstrativ wiederherstellt. Neben diese „wesentlich an der Abschöpfung und am Tode" orientierte Macht treten im 17. und 18. Jahrhundert verstärkt andere Verfahren, „die nicht mit dem Recht, sondern mit der Technik arbeiten, nicht mit dem Gesetz sondern mit der Normalisierung, nicht mit der Strafe sondern mit der Kontrolle, und die sich auf Ebenen und in Formen vollziehen, die über den Staat und seine Apparate hinausgehen"[36].

Diese Disziplinarmacht umfaßt ein Ensemble von Praktiken, sie konstituiert aber ebenso ein spezifisches Wissen. Schon deshalb wäre es verfehlt, ihre Wirkungen ausschließlich in Kategorien der Repression zu beschreiben. Die Disziplin bedient sich gleichermaßen untersagender, Grenzen ziehender wie produktiver, Neues hervorbringender Strategien. Es wäre leichtfertig zu glauben, sie täte „nichts als überwachen, belauschen, überraschen, verbieten und strafen; (...) sie ist nicht einfach Auge und Ohr; sie macht handeln und sprechen"[37].

Ihre Operationen richten sich vor allem auf den Körper, den sie durchdringen und zergliedern, um ihn anschließend so wieder zusammenzusetzen, daß am Ende „eine gesteigerte Tauglichkeit und eine vertiefte Unterwerfung"[38] stehen. „Wie geht das vor sich? Zunächst wird der Körper in Einheiten, zum Beispiel Arme und Beine, aufgeteilt. Diese nimmt man sich sodann einzeln vor und unterwirft sie einem präzisen und kalkulierten Training. Bezweckt werden Kontrolle und Effizienz sowohl des Teils als auch des Ganzen. Man denke an den Drill, auf den königliche Armeen soviel Energie verwenden. Maßstab ist alles; das größte, präziseste, produktivste und umfassendste System der Kontrolle von Menschen wird auf der kleinsten und präzisesten Grundlage errichtet."[39] Die Souveränität universalisiert: Sie fordert von jedem die Einhaltung der Gesetze und ahndet ihre Übertretung, interessiert sich im übrigen aber nicht weiter für die einzelnen Menschen. Die Disziplin dagegen individualisiert: Sie ist eine Machttechnik, die es vermag, „im sozialen Körper auch die winzigsten Elemente zu kontrollieren, durch die es (...) gelingt, auch die sozialen Atome selbst zu erreichen, das heißt die Individuen"[40].

Foucault sieht den Grund für den Aufstieg der Disziplinarmacht weder – wie Weber und Oestreich – in der Verbreitung einer Moral- oder Klugheitslehre, noch geht er – wie Elias und Oestreich – davon aus, daß sie von einer Zentralinstanz aus ein immer größeres Terrain okkupiert. Ihre Wurzeln findet

---

36 Ders.: Der Wille zum Wissen, S. 110 f.

37 Ders.: Das Leben der infamen Menschen. In: Tumult, Nr. 4, 1982, S. 55/56.

38 Ders.: Überwachen und Strafen, S. 177.

39 Hubert L. Dreyfus/Paul Rabinow: Michel Foucault. Jenseits von Strukturalismus und Hermeneutik. Frankfurt/M. 1987, S. 184.

40 Michel Foucault: Die Maschen der Macht. In: Freibeuter 63, März 1995, S. 31.

er gleichermaßen in wortreichen Diskursen wie in stummen Praktiken, und er lokalisiert sie nicht an einem, sondern an vielen Orten. Ihre Technologien werden in unterschiedlichen Institutionen, teils unabhängig voneinander, teils sich wechselseitig kopierend, entworfen und verfeinert, um sich von dort aus rhizomartig auszubreiten. Jede Schule, jedes Kloster, jedes Gefängnis, jede Fabrik, jede Kaserne – ein Stützpunkt und eine Werkstatt der disziplinierenden Macht. Die Disziplinargesellschaft als Verallgemeinerung dieser Mechanismen „ist nicht das Ergebnis einer, sondern zahlreicher Projektionen – der Projektionen militärischer Methoden auf die Industrie; der maschinenförmigen Funktionsweise auf die lebendige Arbeit; der Gefängnisdisziplin auf die Gesellschaft“[41]. An dieser Stelle weist Foucaults Theorie eine gewisse Unentschiedenheit auf: Auf der einen Seite betont er die Disparität der verschiedenen Disziplinarinstitutionen, auf der anderen Seite steht die Diagnose, deren Netz verdichte sich schließlich zu einem einzigen „großen Kerker-Kontinuum“[42] – eine semantische Entsprechung zu Webers „stahlhartem Gehäuse“.[43]

Das Vordringen der Disziplin ersetzt weder die Souveränität, noch stehen sich beide Machttypen trotz ihres heterogenen Charakters nur feindlich gegenüber. Die Disziplinarfunktion wandert vielmehr in die Souveränitätsfunktion ein, kolonisiert, modifiziert und erweitert sie und sorgt für eine „infinitesimale Verteilung der Machtbeziehungen“[44] bis in die feinsten und entlegensten Elemente der Gesellschaft. Die Ausübung von Macht vollzieht sich durch das Recht der Souveränität *und* durch die Mechanismen der Disziplin: „auf der einen Seite eine Gesetzgebung, ein Diskurs, eine Gestaltung des öffentlichen Rechts, die um das Prinzip des sozialen Körpers und der Delegierung seitens jedes einzelnen aufgebaut sind, und auf der anderen Seite ein enges Raster von

---

[41] Breuer: Die Gesellschaft des Verschwindens, S. 42.

[42] Foucault: Überwachen und Strafen, S. 384. Auf den Einwand hin, er löse mit der These vom Kerkersystem die disziplinierenden Praktiken und Diskurse aus ihren spezifischen Kontexten und totalisiere das Gefängnis-Panopticon zum Modell der Disziplinargesellschaft, hat Foucault später die entsprechenden Passagen aus „Überwachen und Strafen“ präzisiert und eingeräumt, „die Disziplinarisierung der Gesellschaft“ in Europa seit dem 18. Jahrhundert bedeute nicht, „daß diese Gesellschaften anfangen, Kasernen, Schulen oder Gefängnissen zu ähneln; sondern, daß man sich um eine immer besser kontrollierte, immer rationellere und wirtschaftlichere Abstimmung zwischen den Produktionstätigkeiten, den Kommunikationsnetzen und dem Spiel der Machtverhältnisse bemüht hat“ (Michel Foucault: Das Subjekt und die Macht. In: Dreyfus/Rabinow [Hrsg.]: Jenseits von Strukturalismus und Hermeneutik, S. 253).

[43] Zu den Konvergenzen und Divergenzen zwischen Weber und Foucault vgl. John O'Neill: The disciplinary society: from Weber to Foucault. In: The British Journal of Sociology, Vol. XXXVII, 1986, S. 42–60; Colin Gordon: The Soul of the Citizen: Max Weber and Michel Foucault on Rationality and Government. In: Bryan S. Turner (Ed.): Max Weber. From History to Modernity. London/New York 1992, S. 293–316; Petra Neuenhaus: Max Weber und Michel Foucault. Über Macht und Herrschaft in der Moderne. Pfaffenweiler 1993.

[44] Foucault: Überwachen und Strafen, S. 277.

Disziplinarzwängen, das den Zusammenhalt eben dieses sozialen Körpers in tatsächlicher Hinsicht gewährleistet."[45]

Das Militär bildet eine besonders augenfällige Schnittstelle zwischen beiden Machttypen: Die Armee exekutiert das souveräne Recht über Leben und Tod, und sie vermag das um so besser, je vollständiger sie Tun und Lassen jedes einzelnen Soldaten entsprechend ihren Anforderungen reglementiert. – Die militärische Disziplin ist unmittelbar politisch, und sie ist mehr als alle zivilen „eine politische Anatomie des Details"[46]. Während bei der Gefängnis- und Klosterdisziplin die Unterwerfung im Vordergrund steht, bei der Fabrikdisziplin die Steigerung der Produktivität, und die Schuldisziplin vor allem die Kommunikationsbeziehungen norm(alis)iert, richtet der Militärapparat als Organisation zur kontrollierten und effizienten Anwendung von Gewalt seine Anstrengungen auf alle drei Momente zugleich.

Bei der militärischen Disziplinierung im 18. Jahrhundert ging es, wie Foucault zeigt, schon um weit mehr als nur um Aufrechterhaltung der „Kriegszucht", aber noch waren „Haltungs-" und „Funktionsdisziplin" ungeschieden. Die beiden Formen treten später auseinander – ein Vorgang, den Foucault übersieht. Schon mit dem Tirailleurkampf der napoleonischen Epoche und erst recht mit der Industrialisierung des Krieges in der zweiten Hälfte des 19. Jahrhunderts wurde es nötig, den Soldaten mehr und anderes abzuverlangen (und ihre Ausbildung entsprechend umzustellen) als die automatische Befolgung von Befehlen, welche festgelegte Bewegungsabläufe vorschreiben. Seit der Krieg nicht mehr von einer aus gedrillten Einzelkörpern zusammengesetzten „lebendigen" Maschine geführt wird, sondern Techniker komplexe „tote" Maschinen bedienen, müssen „nicht mehr starre Zeichen-Reaktion-Schemata, die vom Vorgesetzten jederzeit eingesetzt und nach seinem Plan kombiniert werden können", vermittelt werden, „sondern variationsfähige und transponierbare Rückkopplungs-Muster", die das militärische Personal befähigen, „mit Rücksicht auf das gegebene Ziel sachgerecht zu improvisieren. Damit verändert sich auch die Funktion der Übung im Militär. Das Fahren eines

---

[45] Ders.: Dispositive der Macht, S. 92. In der zweiten Hälfte des 18. Jahrhunderts breitet sich neben der Disziplin noch eine weitere Machttechnologie aus, die Foucault im Gegensatz zur „Anatomo-Politik" der dressierbaren Körper „Bio-Politik" nennt. Sie setzt nicht bei den Individuen als Individuen an, sondern bei der Bevölkerung: „In diesem Moment sehen wir Probleme wie das der Siedlung, der Lebensbedingungen in einer Stadt, der öffentlichen Hygiene, der Veränderung des Verhältnisses zwischen Geburten- und Sterberate auftauchen. In diesem Moment ist die Frage aufgetaucht, wie wir die Leute dazu bringen können, mehr Kinder zu machen, oder wie wir jedenfalls den Bevölkerungsfluß regulieren können, auch wie wir die Wachstumsrate einer Bevölkerung und die Wanderungsbewegungen zu regulieren vermögen. Und seither sind eine ganze Reihe von Beobachtungstechniken, unter ihnen natürlich die Statistik, aber auch alle großen Verwaltungs-, Wirtschafts- und politischen Organismen mit dieser Bevölkerungsregulierung beschäftigt" (Die Maschen der Macht, S. 34).

[46] Ders.: Überwachen und Strafen, S. 178.

Kraftfahrzeugs etwa kann nicht eingedrillt werden“[47]. Für die Ausbildung zum Zerstörungsexperten verlieren die Dressurpraktiken zunehmend an Bedeutung, als Mittel sozialer Kontrolle und Unterwerfung bleiben sie dagegen weiter unentbehrlich.

Erving Goffman ist der Theoretiker der Anstaltsdisziplin. Mit Foucault teilt er das Interesse an den Technologien sozialer Normierung; seine Beschreibung „totaler Institutionen“ weist viele Parallelen zu Foucaults Analysen des Gefängnissystems auf. Unter diesem Begriff faßt Goffman eine Vielzahl von Einrichtungen zusammen – Altersheime, Waisen- und Armenhäuser, psychiatrische Anstalten, Gefängnisse, Arbeits- und Konzentrationslager, Schiffe, Klöster, Internate und Kasernen –, die vor allem dadurch gekennzeichnet sind, daß sie den Alltag ihrer Mitglieder in weit größerem Umfang reglementieren als andere gesellschaftliche Instanzen. Wie Foucault und Weber begreift er die Anstalten als Laboratorien: „Sie sind die Treibhäuser, in denen unsere Gesellschaft versucht, den Charakter von Menschen zu verändern. Jede dieser Anstalten ist ein natürliches Experiment, welches beweist, was mit dem Ich des Menschen angestellt werden kann.“[48]

Unterschiede zwischen den verschiedenen totalen Institutionen räumt Goffman zwar ein, sie beziehen sich insbesondere auf Rekrutierungsmodus, interne Rollendifferenzierung, Durchlässigkeit nach außen und das soziale Schicksal der Absolventen,[49] doch sein Augenmerk ist auf die Übereinstimmungen gerichtet. Als gemeinsame Merkmale totaler Institutionen macht er aus: „1. Alle Angelegenheiten des Lebens finden an ein und derselben Stelle, unter ein und derselben Autorität statt. 2. Die Mitglieder der Institution führen alle Phasen ihrer täglichen Arbeit in unmittelbarer Gesellschaft einer großen Gruppe von Schicksalsgenossen aus, wobei allen die gleiche Behandlung zuteil wird und alle die gleiche Tätigkeit gemeinsam verrichten müssen. 3. Alle Phasen des Arbeitstages sind exakt geplant, eine geht zu einem vorher bestimmten Zeitpunkt in die nächste über, und die ganze Folge der Tätigkeiten wird von oben durch ein System expliziter formaler Regeln und durch einen Stab von Funktionären vorgeschrieben. 4. Die verschiedenen erzwungenen

---

47 Johannes Henrich von Heiseler: Militär und Technik. Arbeitssoziologische Studien zum Einfluß der Technisierung auf die Sozialstruktur des modernen Militärs. In: Georg Picht (Hrsg.): Studien zur politischen und gesellschaftlichen Situation der Bundeswehr, Zweite Folge. Witten/Berlin 1966, S. 120. Mit der Computerisierung der Kriegführung hat inzwischen das Verhältnis zwischen Mensch und technischer Apparatur beim Militär erneut eine radikale Umstellung erfahren; vgl. dazu die Arbeiten Paul Virilios und Friedrich Kittlers. Zum Verhältnis von technischen Niveaus und sozialer Organisation militärischer Gewalt zwischen der Zeit Napoleons und dem Zweiten Weltkrieg vgl. jetzt umfassend Stefan Kaufmann: Kommunikationstechnik und Kriegführung 1815–1945. München 1996.

48 Erving Goffman: Asyle. Über die soziale Situation psychiatrischer Patienten und anderer Insassen. Frankfurt/M. 1972, S. 23.

49 Vgl. ebd., S. 113–123.

Tätigkeiten werden in einem einzigen rationalen Plan vereinigt, der angeblich dazu dient, die offiziellen Zwecke der Institution zu erreichen."[50]

Während Foucault stets die Fähigkeit der Disziplinarmacht hervorhebt, Kontrolle und Leistungssteigerung der Individuen miteinander zu koppeln, macht Goffman die Seite von Zwang und Unterwerfung stark. Totale Institutionen sind Demütigungs- und Entmündigungsmaschinen, Disziplinierung ist gleichbedeutend mit sozialer Kontrolle: Aufnahmeprozeduren wie Isolierung von der Außenwelt, Wegnahme der persönlichen Habe, Abschneiden der Haare, Einkleiden mit einer Uniform, verstärkt durch Initiationsrituale und Gehorsamstests seitens des Personals und der Altinsassen sollen den Neuling seiner Individualität berauben und in einem Überwältigungsakt sein bisheriges Selbstbild zertrümmern. Diese Mortualisierung des alten Ichs schafft eine *tabula rasa*, in die dann die totale Institution ihre „Hausordnung" einschreiben und dem Novizen eine neue Identität aufoktroyieren kann. Die anstaltsgemäße Reorganisation der Person erfolgt über die Verhinderung von Privatsphäre, einen alle Lebensbereiche reglementierenden Vorschriftenkanon, ein abgestuftes System von Privilegien und Strafen, informelle Kontrolle durch Mitinsassen sowie einen eigenen Jargon.

Goffmans Stärke liegt in der Beschreibung der „Anstaltskultur". Er untersucht die voneinander getrennten Welten von Personal und Insassen, die vielfältigen Immunisierungs-, Identifikations- und Kompensationsstrategien, mit denen die Insassen sich an das reglementierte Leben anpassen, sich dagegen auflehnen oder es erträglicher zu gestalten versuchen. Eine wichtige Entdekkung ist die des „Unterlebens" totaler Institutionen[51]: So existiert in der Regel neben dem offiziellen Gesetz ein zweiter ungeschriebener Normenkodex, mit dem die Insassengemeinschaft sich gegen die vom Personal verkörperte Ordnung partiell abschirmt, eine eigene Hierarchie sowie ein eigenes System sozialer Kontrolle installiert und durch Bestrafung von Abweichungen sichert.

Obwohl Goffman zahlreiche Beispiele aus dem militärischen Bereich anführt, entwickelt er den Idealtypus der totalen Institution vor allem am Modell der psychiatrischen Anstalt. Hubert Treiber und Heinz Steinert haben sein Konzept für die Sozialisation in der Armee konkretisiert.[52] Strikte Trennung von Offizierskorps und Mannschaften, Kasernierung, Uniformierung und Initiationsschock bilden die Grundlage auch der militärischen Gehorsamsproduktion; daneben funktioniert die Abrichtung zum Soldaten vor allem über den Mechanismus der „Normenfalle": „Der Alltag der dem Ausbilder anvertrauten Männer wird in ein System detaillierter Regeln gepreßt, deren Einhaltung von einem eigens hierfür geschaffenen Stab kontrolliert wird. Auf diese

50 Ebd., S. 17.
51 Vgl. die entsprechende Teilstudie, ebd., S. 169–304.
52 Hubert Treiber: Wie man Soldaten macht. Düsseldorf 1973; Heinz Steinert: Militär, Polizei, Gefängnis usw. Sozialisation in der „totalen Institution" als Paradigma des Verhältnisses von Individuum und Gesellschaft. In: Heinz Walter (Hrsg.): Sozialisationsforschung, Bd. 2. Stuttgart/Bad Cannstatt 1973, S. 227–249; ders./Hubert Treiber: Erziehungsziel: Soldat. In: Erhard Klöss/Heinz Grossmann: Unternehmen Bundeswehr. Frankfurt/M. 1974, S. 103–122.

Weise ist beinahe jede Situation, in die der Neuling geraten kann, von vorneherein normiert, wodurch er mit einem umfangreichen Katalog von ‚Pflichten' konfrontiert wird, die er – selbst wenn er dies wollte – unmöglich alle einhalten kann."[53] Hier liegt der Disziplinierungssinn der zahllosen militärischen Gruß-, Sauberkeits- und Ordnungsvorschriften. Nicht der Leistungsanspruch der einzelnen Norm, sondern ihre gekoppelte Vielzahl läßt die Normenfalle zuschnappen und versetzt den Rekruten in einen Zustand ständiger Kritisier- und Bestrafbarkeit. „Indem er dauernd das Gefühl hat, ‚gerade noch einmal davongekommen' zu sein, und nicht das Gefühl einer kompetent bewältigten Aufgabe, wird ihm das Ungenügen seiner Person klar, wird er motiviert, Kompetenz im Sinn der Vorgaben zu erwerben, und vergißt, die Vorgaben auf ihre Legitimation zu befragen. Dazu gehört, daß beim Militär Disziplinprobleme sehr gern als Leistungsprobleme definiert werden. Es geht nicht darum, ob man ein Soldat sein *will*, sondern ob man es schafft, einer zu sein. Auch nicht darum, ob man mit dem Gewehr auf Leute schießen will, sondern ob man eine so sichere Hand hat, daß man sie auch genau trifft."[54]

Zweifellos erschließt die Beschreibung der Armee als totaler Institution wesentliche Elemente militärischer Gehorsamsproduktion. Die institutionsinterne und zugleich repressionsfixierte Perspektive verstellt allerdings den Blick für andere: So ist die Armee totale Institution zwar in der Kaserne und auf dem Exerzierplatz, nicht dagegen auf dem Schlachtfeld und im Bürgerquartier; sie ist es als stehendes Heer, nicht dagegen als Miliz. Daß die Ausbildung zum Gewaltspezialisten nicht nur Verlust, sondern auch Befreiung von der zivilen Lebensweise bedeutet, daß sie nicht nur Gehorsam lehrt, sondern auch Kompetenzen vermittelt, bleibt unterbelichtet. Weil das Konzept schließlich die individuelle Lebensgeschichte der Rekruten ebenso ausklammert wie die außermilitärische Mobilisierung und Formierung für den Waffendienst, vermag es nicht zu erklären (und interessiert sich auch nicht dafür), was junge Männer jenseits obrigkeitlicher Nötigung veranlaßt, Soldat zu werden.[55]

Die hier vorgelegte Studie zur Soziologie und Geschichte militärischer Disziplinierung beschreitet einen anderen Weg. Das betrifft zunächst die Wahl des Untersuchungsrahmens: Das Forschungsinteresse richtet sich nicht allein auf die institutionellen Arrangements kasernierter Vergesellschaftung, wie sie Goffman und, diesem folgend, Treiber und Steinert beschreiben, sondern überschreitet den militärischen Binnenraum und versucht, die verschiedenen Formen der Soldatenfabrikation in den Zusammenhang von Kriegsbild, Staats- und Heeresverfassung zu stellen.[56] Die Untersuchung spannt einen Bogen

---

53 Ebd., S. 108/109.

54 Steinert: Militär, Polizei, Gefängnis usw., S. 231.

55 Vgl. zum Problem der Übertragbarkeit des Konzepts totale Institution auf das Militär Hanne Birckenbach: Wehrdienst als Verlust – und Befreiung von der zivilen Lebensweise. In: Reiner Steinweg (Red.): Unsere Bundeswehr? Zum 25jährigen Bestehen einer umstrittenen Institution. Frankfurt/M. 1981, S. 226/227 (Anm. 7).

56 Das knüpft an die Forschungsperspektive des „klassischen" Aufsatzes „Staatsverfassung und Heeresverfassung" von Otto Hintze an (Dresden 1906), ohne seine Ausgangsthese, alle Staatsverfassung sei „ursprünglich Kriegsverfassung, Heeres-

vom ausgehenden 16. Jahrhundert bis zur Gegenwart, doch statt im Anschluß an Weber, Elias oder Oestreich die Kontinuitätslinien neuzeitlicher Sozialdisziplinierung für den Bereich des Militärs nachzuzeichnen, fokussiert sie den Blick auf die Diskontinuitäten und fragt nach den disparaten Aufgabenstellungen, Ansatzpunkten und Modi des disziplinierenden Zugriffs. Sie verzichtet darauf, einen einheitlichen Begriff militärischen Gehorsams zugrundezulegen, sondern versucht herauszupräparieren, was in verschiedenen historischen Konfigurationen jeweils darunter verstanden wurde und welche Wissensbestände welcher Wissenschaften jeweils in Dienst gestellt wurden, um ihn zu erzeugen. Mit Foucault begreift sie Disziplin als Ensemble von Machtpraktiken und Diskursen; die Mechanismen zur Abrichtung der Körper, die dieser ins Zentrum seiner Analysen der Disziplinarmacht stellt, bilden jedoch nur *eine* Technologie militärischer Zuverlässigkeitsproduktion. Spätestens im 19. Jahrhundert wird der zuverlässige „Geist" wichtiger als die fungiblen Körper, und im 20. Jahrhundert bedeutet Disziplinierung dann vor allem Anpassung der Menschen an die Bedingungen des maschinisierten Krieges oder ihre Substitution durch die technische Apparatur.

Gefragt wird nicht nur, wie man Soldaten macht, sondern auch, gegen welche Formen des Ungehorsams und der Verweigerung die Disziplinierungspraktiken sich – vorbeugend, bestrafend, „therapierend" oder aussondernd – richten. Soziologische und sozialhistorische Forschung über das Militär krankt häufig daran, Abweichungen von der – stets nach Maßgabe militärischer Effizienz definierten – Norm entweder mit dem Blick des Sozialtechnologen als individuelle Devianz und dysfunktionale Störung militärisch-politischer Integration zu verfolgen oder umgekehrt den Freiheitswillen des einzelnen zu hypostasieren und eine heroische oder tragische Gegengeschichte zu schreiben. Diskursstrategisch gesehen imaginiert sich der Forscher oft alternativlos entweder in die Position des Souveräns oder in die des Rebellen. Die vorliegende Studie versucht hingegen zu entziffern, wie die Geschichte der Disziplinierung und jene der Widerstände bei aller Asymmetrie wechselseitig ineinander eingeschrieben sind. Statt globalisierend *dem* gehorsamen Soldaten ein Profil *des* Deserteurs, Meuterers oder Dienstverweigerers gegenüberzustellen, richtet sich das Augenmerk darauf, die spezifischen historischen Dispositive sichtbar zu machen, zu denen disziplinierende Macht und unwillige oder aufbegehrende Gegenmacht sich verdichteten.

Disziplin läßt sich systematisch herstellen, die Widerstände dagegen sind kontingent. Daran kranken nicht nur alle pazifistischen Anstrengungen, durch Propaganda massenhafter Dienstverweigerung Kriege zu verhindern, daran krankt auch jeder Versuch, sozialwissenschaftlich zu analysieren, wo und

---

verfassung", zu übernehmen. Den konstitutiven Zusammenhang von Staatlichkeit und Krieg hat auch Ekkehart Krippendorff im historischen Rückgang herausgearbeitet, dessen Parforce-Ritt von der Antike bis in die Gegenwart allerdings eine epochenübergreifend identische Staatsräson unterstellt, die der Heterogenität politischer Herrschaftsformationen kaum gerecht wird (Staat und Krieg. Die historische Logik politischer Unvernunft. Frankfurt/M. 1985).

warum die militärische Gehorsamsproduktion *nicht* funktionierte. Jede Untersuchung von Phänomenen des Ungehorsams steht daher in einer doppelten Gefahr: Entweder spürt sie in kriminologischer Manier Regeln und Regelmäßigkeiten gerade dort auf, wo es um ihre Verletzung geht, oder sie reiht heterogene Phänomene aneinander, ohne mehr über sie aussagen zu können, als daß es sie eben gab.

Dieser schlechten Alternative hofft die vorliegende Studie in Aufbau und Methode zu entgehen. Statt *eine* Geschichte der Disziplinierung zu konstruieren oder *viele* Geschichten ihres Scheiterns zu dokumentieren, versucht sie in einer vergleichenden Gegenüberstellung auf acht historischen „Plateaus" die Konstellationen sichtbar zu machen, in denen jeweils bestimmte Strategien des staatlichen Zugriffs, bestimmte Muster von Widerständen und bestimmte Formen, über beides zu sprechen, aufeinandertrafen. Durch die Konfrontation durchaus gegensätzlicher Perspektiven auf jeder der historischen Ebenen sollen die spezifischen Formationen von Integration und Desintegration, Unterwerfung und Widerstand, Fungibilität und Eigensinn deutlich werden, in denen sich Militärorganisation und Individuen jeweils gegenüberstanden. Dabei wird der einzelne Soldat freilich nicht existentialistisch zum Antipoden der Gesellschaft, hier: der Armee, überhöht oder als bloßes Objekt von Abrichtungspraktiken entmündigt, er erweist sich vielmehr gleichermaßen als Produkt des disziplinierenden Zugriffs wie als individueller *point de resistance* gegen diesen.

Untersucht werden zum einen Rekrutierungs-, Mobilisierungs- und Zurichtungspraktiken, wie sie sich etwa aus Exerzierreglements, dem Militärstrafrecht, militärpsychiatrischer Literatur oder Traktaten zur soldatischen Erziehung erschließen lassen. Dabei war zu berücksichtigen, daß diese normativen Texte das Programm der Disziplinierer wiedergeben, zwischen Anspruch und Wirklichkeit aber oft erhebliche Lücken klafften. Zum anderen werden autobiographische Zeugnisse sowie die militärhistorische und -soziologische Literatur daraufhin befragt, auf welche Weise Soldaten oder jene, die nach dem Willen der Obrigkeiten dazu gemacht werden sollten, sich dem Dienst zu entziehen oder den militärischen Autoritäten den Gehorsam zu verweigern suchten. Ergänzend dazu werden drittens politische, philosophische sowie in begrenztem Umfang auch literarische Diskurse analysiert, die im gleichen Zeitraum um das Verhältnis von Heeres- und Staatsverfassung, von Gehorsamspflicht und Widerstandsrecht kreisten.

Als Quellengrundlage dient ausschließlich publiziertes Material; auf eigene Archivrecherchen mußte schon wegen des diachronen Zuschnitts der Arbeit verzichtet werden. Aus dem gleichen Grund konzentriert sich die Untersuchung auf die deutschen Staaten und ihre Armeen. Die Präponderanz, die militärische Belange in Deutschland über lange Zeit besaßen, und nicht zuletzt das Ausmaß militärischer Gewalt, das von diesem Land ausging, ließen die Beschränkung auch der Sache nach gerechtfertigt erscheinen. Eine Ausnahme bildet das erste Kapitel, das die Anfänge moderner Militärorganisation und systematischer militärischer Disziplinierung in den niederländischen Heeren des ausgehenden 16. und frühen 17. Jahrhunderts beschreibt.

Wenn auch die Kapitelgliederung dem Verlauf der Geschichte folgt – das erste beginnt einige Jahrzehnte vor dem Dreißigjährigen Krieg in den Heerlagern des niederländisch-spanischen Krieges, das letzte endet mit einem Ausblick auf die militärpolitischen Umbrüche nach 1989 –, so ist der Aufbau der Arbeit doch weniger historisch als systematisch: Versucht wird nicht eine Gesamtdarstellung militärischer Gehorsamsproduktion von der Frühen Neuzeit bis zur Gegenwart, vielmehr sollen, um in einem Bild aus der Mechanik zu sprechen, für jede Epoche die jeweils neuen beziehungsweise spezifischen Hebel und Ansatzpunkte der Disziplinierung herausgearbeitet werden. So stehen die ersten beiden Kapitel im Zeichen der Abrichtung der Körper; das dritte widmet sich der Mobilisierung patriotischer Leidenschaften im Zeitalter Napoleons. Im vierten und fünften Kapitel, die historisch den Zeitraum zwischen 1815 und dem Beginn des Ersten Weltkriegs behandeln, geht es um die Kontrolle politisch wie militärisch unzuverlässiger Massen. Das sechste Kapitel, untersucht werden hier die Praktiken der Militärpsychiater zwischen 1914 und 1918, beschreibt den disziplinierenden Zugriff auf das Unbewußte jener Soldaten, die unter den Belastungen des industrialisierten Krieges psychisch zusammengebrochen waren. Die nationalsozialistische Mobilisierung und Kriegführung, dargestellt im siebten Kapitel, radikalisierte sämtliche Praktiken der Gehorsamsproduktion bis zur Vernichtung der Unzuverlässigen. Im achten Kapitel schließlich werden die Transformationen militärischer Disziplin in einer hochgradig technisierten Armee wie der Bundeswehr untersucht; die Substitution des „Menschenmaterials" durch die technische Apparatur wie die Angleichung von militärischen und zivilen Tätigkeiten lassen hier das Spezifische des soldatischen Gehorsams verschwimmen. Wenn also die körperliche Dressur ausschließlich in der frühen Neuzeit thematisiert wird, so bedeutet das keineswegs, daß nicht auch später noch Soldaten gedrillt worden wären und es bis heute werden, sondern daß in dieser Epoche „erfunden" und systematisiert wurde, was die Disziplinierer späterer Zeiten nur noch verfeinerten. Ebenso revolutionierten nicht erst die Atombombe und elektronisch gesteuerte Waffensysteme, sondern bereits die Handfeuerwaffen die disziplinarischen Anforderungen an das militärische Personal, aber erst in der zweiten Hälfte des zwanzigsten Jahrhunderts erreichten technische Professionalisierung und Spezialisierung ein Niveau, das traditionelle Abrichtungspraktiken und Strategien ideologischer Mobilisierung weitgehend obsolet werden ließ.

Eine Bemerkung zur Begrifflichkeit: Die Verbindung von „Soldat" und „Gehorchenmüssen" erscheint so selbstverständlich, daß darüber leicht der apologetische Charakter der Rede vom Gehorsam vergessen wird, auf den Hannah Arendt (im Zusammenhang der Frage nach persönlicher Verantwortung in einer Diktatur) hingewiesen hat: „Nur ein Kind gehorcht", schreibt sie, „wenn ein Erwachsener ‚gehorcht', dann unterstützt er in Wirklichkeit die Organisation oder die Autorität oder das Gesetz, die ‚Gehorsam' verlangen. (...) Selbst in einer strikt bürokratischen Organisation mit ihrer festgefügten hierarchischen Ordnung wäre es viel sinnvoller, das Funktionieren der ‚Rädchen' und der Räder als Unterstützung eines gemeinsamen Unternehmens anzusehen, anstatt wie sonst üblich, vom Gehorsam gegenüber Vorgesetzten zu sprechen. Wenn ich den Gesetzen des Landes gehorche, dann unterstütze ich in Wirklichkeit dessen Verfassung. (...) Folglich sollten diejenigen, die mitmachten und Befehlen gehorchten, nie gefragt werden: ,Warum hast Du gehorcht?', sondern: ,Warum hast Du Unterstützung geleistet?'"[57] – Wenn in der vorliegenden Arbeit dem Vorschlag Arendts, das „bösartige Wort ,Gehorsam' aus dem Vokabular unseres politischen und moralischen Denkens" zu streichen, nicht entsprochen wurde, das Wort sogar im Untertitel erscheint, so aus der Erwägung, daß die im folgenden untersuchten *Gehorsamsproduktionen* nicht nur die Bereitschaft zur „Unterstützung" erzeugen, sondern zugleich die geleistete Unterstützung in „Gehorsam" umdeuten sollen.

[57] Hannah Arendt: Was heißt persönliche Verantwortung unter einer Diktatur? In: dies.: Nach Auschwitz. Berlin 1989, S. 95–97.

I. Die Abrichtung der Körper I: Die Geburt der Disziplin aus dem Geist der Antike

1. Ein Labor militärischer Disziplinierung

Ist das neuzeitliche Militär insgesamt als eine der Schlüsselinstitutionen gesellschaftlicher Disziplinierung anzusehen, so kann der niederländische Kriegsschauplatz des ausgehenden 16. und frühen 17. Jahrhunderts und insbesondere das Heer der Oranier als das Labor gelten, in dem die moderne militärische Disziplin „erfunden" wurde. Genauer gesagt: wiedergefunden wurde, ging doch der Einführung des regelmäßigen Exerzierens und den Neuerungen der Marsch-, Schlacht- und Lagerordnungen in den Truppen des Moritz von Oranien und seines Vetters Wilhelm Ludwig von Nassau eine intensive Beschäftigung mit den Werken griechischer und römischer Kriegsschriftsteller voraus. Was sich als überaus zukunftsträchtiges Modell zur Produktion zuverlässiger Soldaten erweisen und binnen eines Jahrhunderts in ganz Europa durchsetzen sollte, hatte seinen Ausgangspunkt in humanistischer Antike-Rezeption. – Am Ursprung der modernen Armeen stand eine Renaissance.[1]

Bis dahin hatten Kriegsherrn und Offiziere wie auch die gemeinen Knechte sich ausschließlich auf ihr Erfahrungswissen verlassen (müssen), und die militärische Ausbildung, so sie überhaupt existierte, hatte sich weitgehend auf Übungen im Waffengebrauch, vor allem im Fechten und Reiten, beschränkt, die noch an ritterliche Traditionen anknüpften. Ausgehend von einer engen Kooperation zwischen gebildeten Militärs und humanistischen Philologen setzte nun die Verwissenschaftlichung des Krieges ein. Wie auch in den übri-

---

1 Vgl. zum niederländisch-spanischen Krieg grundlegend Geoffrey Parker: Der Aufstand der Niederlande. München 1979. Zur oranischen Heeresreform die „klassischen" Arbeiten von Gustav Roloff: Moritz von Oranien und die Begründung des modernen Heeres. In: Preussische Jahrbücher, 111. Bd., 1903, S. 255–276; J. W. Wijn: Het krijgswezen in den tijd van Prins Maurits. Utrecht 1934; Werner Hahlweg: Die Heeresreform der Oranier und die Antike. Berlin 1941; ders.: Die Heeresreform der Oranier. Das Kriegsbuch des Grafen Johann von Nassau-Siegen. Wiesbaden 1973; Gerhard Oestreich: Der römische Stoizismus und die oranische Heeresreform. In: ders.: Geist und Gestalt des frühmodernen Staates, S. 11–34; an neueren Beiträgen Maury D. Feld: Middle-Class Society and the Rise of Military Professionalism. The Dutch Army 1589–1609. In: Armed Forces and Society, Vol. 1, 1975, No. 4, S. 419–442; Hans Ehlert: Ursprünge des modernen Militärwesens. Die nassau-oranischen Heeresreformen. In: Militärgeschichtliche Mitteilungen, 38, 2/1985, S. 27–56; Wolfgang Reinhard: Humanismus und Militarismus. Antike-Rezeption und Kriegshandwerk in der oranischen Heeresreform. In: Franz Josef Worstbrock (Hrsg.): Krieg und Frieden im Horizont des Renaissancehumanismus. Weinheim 1986, S. 185–204; Harald Kleinschmidt: Tyrocinium Militare. Militärische Körperhaltungen und -bewegungen im Wandel zwischen dem 14. und dem 18. Jahrhundert. Stuttgart 1989, S. 96–149.

gen „praktischen" Disziplinen stand am Anfang dabei die möglichst umfassende und wortgetreue Sammlung des Wissens der Antike: „Durch die Literatur des ‚politisch-technischen' Humanismus sollte das antike Schrifttum wie in einem riesigen Aktenordner zusammengefaßt werden, um jederzeit griffbereit zu sein. Man sollte auch ein Tagesproblem studieren können, für das bisher kein unmittelbarer neuzeitlicher ‚Geschäftsvorgang' existierte, sich noch keine Lösungsmöglichkeit durch eine zeitgemäße Bearbeitung abzeichnete. Die Philologen waren sozusagen die findigen und kundigen Registratoren und Archivare, die ältere, verschollene ‚Vorgänge' ans Licht zogen. (...) Aus der zuerst verlachten und verachteten Arbeit am Schreibtisch, aus der Nachahmung der Marsch- und Schlachtordnungen Caesars mit Bleisoldaten ging das neue europäische Heer hervor."[2]

Der Rückgriff auf die „Weisheit der Alten" und der Glaube an ihre unbedingt überlegene Autorität entsprachen ganz dem zeitgenössischen Gelehrsamkeitsideal, doch stand gerade in militärischen Fragen die antike Überlieferung unter dem Druck, sich auch praktisch bewähren zu müssen. Daß sich in den Schriften des Ailianos, Polybios oder Kaiser Leos VI. von Byzanz Antworten auf aktuelle Probleme finden ließen, hatte seinen Grund nicht zuletzt darin, daß Heeresorganisation und Kriegführung der frühen Neuzeit größere Ähnlichkeiten zum antiken Militärwesen aufwiesen als zu den feudalen Ritterheeren des Mittelalters.

Seit die Haufen der Lanzenträger im ausgehenden 14. Jahrhundert sich gegenüber den eher für den Zweikampf ausgerüsteten Rittern als überlegen erwiesen hatten, war – wie in griechischer und römischer Zeit – die Infanterie zur wichtigsten Waffengattung aufgerückt. Die Haufen funktionierten, ähnlich der antiken Phalanx, nach dem Prinzip eines Hammers: Ihr Gewaltpotential lag in erster Linie in der Wucht des Stoßes, im mechanischen Druck der aus etwa 2.500 Mann in quadratischer Anordnung bestehenden Körpermasse.[3]

---

2 Gerhard Oestreich: Politischer Neustoizismus und niederländische Bewegung. In: Geist und Gestalt des frühmodernen Staates, S. 119.

3 „Bis ins siebzehnte Jahrhundert marschierten die Spießträger zu dichten Haufen auf, aus denen die Spieße wie ein Wald herausragten sowie die Fahnen. Auf einen lauten Ruf oder ein geblasenes Signal begann die Bewegung aufeinander zu. In den beiden vordersten Gliedern befanden sich ausgewählte Kämpfer mit Helmen und Brustharnischen. (...) Wie der Zusammenprall aussah, haben damals und später Künstler darzustellen versucht. Da sie aber das Prinzip des dicht geschlossenen Stoßes nicht verstanden und die einzelnen Kämpfer als Helden darstellen wollten, zeichneten sie das so, als ob der Spießträger nach den Seiten und hinten Platz gehabt hätte. Er wurde aber geschoben und konnte vielfach nicht dorthin stoßen, wo der Gegner verwundbar war. Die meisten Spieße dürften an den nach vorn spitzen Brustharnischen abgeglitten und gegen das zweite Glied gefahren sein. Das geschah in Sekundenschnelle, und dann befanden sich die Kämpfer Brust an Brust. Da bei einem Gewalthaufen von 50 Mann Tiefe alle nach vorn drückten und von der anderen Seite Gegendruck kam, wurde man gepreßt, gedreht und verlor leicht den Boden unter den Füßen. Bisweilen wird das ganze vorderste Glied gestürzt sein. Die Nachdrängenden traten auf die Liegenden oder stürzten über sie. Die hinteren

Hatten sie sich erst einmal aufgestellt, was bis zu vier Stunden dauern konnte, und in Marsch gesetzt, vermochten sie weder ihre Richtung zu ändern noch ohne weiteres wieder zum Stillstand zu kommen. „Die einzige Wechselwirkung, die aus etwas anderem als mechanischem Druck besteht, liegt im Zusammenwirken mit einem aus Nachhut oder Vorhut, also kleineren Gewalthaufen, gebildeten Schießflügel, dem sog. *verlorenen Haufen*, der auch als Köder für den Feind dienen kann.“[4] Da für den einzelnen keine komplizierten Bewegungsabläufe anfielen, waren auch wenig geübte Landsknechte ohne Schwierigkeit in den Haufen zu integrieren. Mit zunehmender Truppengröße und Verbreitung von Handfeuerwaffen im 16. Jahrhundert wurde es dann immer wichtiger, auf dem Schlachtfeld flexibler zu agieren, als es die schwerfälligen Gewalthaufen konnten.

An die Stelle der Körper*masse* trat im niederländischen Reformheer das Prinzip der Truppe als Körper*maschine*, die ein perfektes Ineinandergreifen sämtlicher „Rädchen“ verlangte, zu denen man die einzelnen Soldaten deshalb zu „schleifen“ hatte. Um *in* der Schlacht rasche Truppenbewegungen ohne Auflösung der Formation möglich zu machen, war es nötig, *vor* der Schlacht die entsprechenden Kommandos und Bewegungen systematisch einzuüben. Das gleiche galt für die Ausbildung im Gebrauch von Pike oder Muskete. Hier ging es darum, jeden Soldaten die entsprechenden Handgriffe und ihre folgerichtige Anordnung im Sinne der Konstruktion der Waffe so lange wiederholen zu lassen, bis er sie automatisch und synchron zu den übrigen Soldaten seiner Formation handhaben konnte. Für dieses Exerzieren wie auch für die Anwendung in der Schlacht bedurfte es einer einheitlichen Kommandosprache, für die man wiederum auf antike Vorbilder zurückgreifen konnte. Teilweise in wörtlicher Übersetzung wurden aus der „Taktik“ des Ailianos die entsprechenden Befehle übernommen und in die verschiedenen Muttersprachen der Söldner übersetzt. Wo – wie beim Gebrauch der Muskete – keine antiken Vorlagen existierten, half man sich mit Analogiebildungen.[5]

Auch in einem allgemeineren Sinne entsprach vor allem das Vorbild Roms der Signatur der Zeit: „Einer Staatsgewalt, die dazu ansetzte, mit konzentrischen Disziplinierungsoperationen ihr Machtmonopol durchzusetzen und sich zu diesem Zweck als wichtigstes Machtmittel einen folgsamen ‚miles perpe-

---

Glieder sahen nicht, was vorn vorging, und schoben weiter. Vielen, die keinen Brustharnisch hatten, wurden die Rippen eingedrückt. Bei dieser Art von Kampf wurden vielleicht weniger Kämpfer durch Stiche als durch die Drängerei kampfunfähig. Der Ausgang der Schlacht war besonders ungewiß, wenn beide Haufen annähernd gleich stark waren“ (Ludwig Renn: Krieger, Landsknecht und Soldat. Berlin/Weimar 1979, S. 74/75).

4 Vgl. Oskar Negt/Alexander Kluge: Geschichte und Eigensinn. Frankfurt/M. 1981, S. 803.

5 Vgl. dazu Hahlweg: Die Heeresreform der Oranier und die Antike, insbesondere S. 93–100; ders.: Das Kriegsbuch des Grafen Johann von Nassau-Siegen, S. 120–125, 606–610.

tuus' aufzubauen, mußte die Erneuerung des römischen Disziplingedankens (...) wie gerufen kommen!"[6]

Der Ursprung der militärischen Innovationen lag allerdings ausgerechnet in jenem Land, dessen staatliche Organisation alles andere als zentralistisch aufgebaut war, dessen dominierende soziale Klasse, das städtische Kaufmannspatriziat, eine ausgesprochene Abneigung gegen militärische Betätigung besaß und dessen aus halb Europa angeworbenen Truppen selbst ein aus der Landesbevölkerung rekrutierter Kern gefehlt zu haben scheint.[7] Dafür besaßen die aufständischen niederländischen Provinzen das entscheidende Mittel, um aus einer bei jeder Gelegenheit plündernden, periodisch meuternden und auch das Territorium ihrer Kriegsherren verheerenden Soldateska disziplinierte Soldaten zu machen, denen tägliches Exerzieren und Schanzarbeiten zugemutet werden konnten: Sie verfügten über Geld in ausreichender Menge. Der in den Städten akkumulierte Reichtum verlieh den überwiegend protestantischen Patriziern aus Amsterdam und den benachbarten Städten einen entscheidenden Einfluß auch auf politische Fragen. Sie setzten die Rahmenbedingungen der Kriegführung, nach denen sich die adligen Heerführer zu richten hatten. Wie in ihren Kontoren sorgten die Kaufleute auch beim Staatshaushalt dafür, daß Ausgaben und Einnahmen nicht allzu weit auseinanderklafften und die Kreditwürdigkeit erhalten blieb. Die niederländischen Städte selbst waren so etwas wie vergrößerte Handelskompanien, und ihre Bürger behandelten auch die Kriegsausgaben als Investitionen im Interesse des Geschäfts.

Die Generalstaaten, das höchste politische Organ der aufständischen Provinzen, waren – nach Verkleinerung der Heeresgröße und Reorganisation der Kriegsfinanzen Ende der 1580er Jahre – in der Lage, ihren Truppen regelmäßig Sold zu bezahlen. Damit veränderte sich der Charakter des Militärdienstes grundlegend. Aus dem vor allem von der Hoffnung auf Beute motivierten Kriegshandwerk, in dem allenfalls noch Reste eines sich aus feudalem Erbe speisenden Treueverhältnisses zwischen Kriegsherrn und Landsknecht fortlebten, wurde vertraglich geregelte Lohnarbeit. Bis dahin (und in anderen Heeren noch bis weit ins 17. Jahrhundert hinein) bestand zwischen Söldnerführern und Söldnern eine höchst konfliktträchtige Beziehung: „Die Sache genau betrachtet, dachte in der Regel weder der, welcher in Sold nahm daran: daß er ihn in Ordnung werde entrichten können, noch der welcher sich vermiethete, daß er ihn erhalten werde. Es war eine stillschweigende Bedingung des Vertrags, ihn nicht zu erfüllen."[8] Weil im niederländischen Heer die „Arbeitgeberseite" ihre Verpflichtungen einhielt, konnte sie von ihren „Arbeitnehmern" eine höhere Kampfmoral erwarten und die Söldner auch zwischen den Feldzügen und Belagerungen eher unter Kontrolle halten. Wenn ein zeitgenössischer Beobachter, der Völkerrechtslehrer Hugo Grotius, voller Be-

---

6 Reinhard: Humanismus und Militarismus, S. 203.

7 Vgl. ebd., S. 186.

8 Karl August Müller: Das Söldnerwesen in den ersten Zeiten des dreißigjährigen Krieges. Dresden/Leipzig 1832, S. 38.

wunderung berichtet, Moritz von Oranien habe über seine Truppen eine solche Gewalt gehabt, daß er sogar „einen Markt im Lager errichten konnte, den die Landsleute ohne Furcht vor Gewaltthaten besuchten und so das Heer mit Lebensmitteln versorgten“[9], dann bezeugt das nicht nur den praktischen Erfolg der Reformen, sondern läßt auch etwas von dem Schrecken ahnen, den marodierende Söldnerhaufen anderswo unter der Stadt- und Landbevölkerung verbreiteten.

2. Meuternde Söldner

Daß es unmöglich war, angeworbene Truppen längerfristig einer Kommandogewalt zu unterwerfen, *ohne* ihnen regelmäßig Sold zu bezahlen, zeigte sich auf der spanischen Seite. Die spanische Krone war – trotz großer Silberlieferungen aus den überseeischen Kolonien – nicht in der Lage, ihre imperiale Machtpolitik aus den laufenden Staatseinnahmen zu bestreiten. Schon die Aushebung der Truppen war auf Kredit erfolgt, wobei die Kosten für die Rekrutierung zu einem großen Teil von Hauptleuten und Obersten getragen wurden, die das Kriegsgewerbe als Privatunternehmer in staatlichem Auftrag betrieben. Als die Finanzkrise Philipps II. sich in den siebziger Jahren zuspitzte und schließlich zeitweilig zum Staatsbankrott eskalierte, kam es zu einer Welle von Meutereien unter den spanischen Truppen, die teilweise über Jahre hinweg keinen Sold erhalten hatten. Eine weitere, noch größere Welle folgte zwischen 1589 und 1607.[10]

Diese Meutereien, an denen sich zwischen einigen hundert und einigen tausend Söldner beteiligten, ähnelten in vieler Hinsicht den zahllosen Hungerrevolten, Bauernaufständen, städtischen Tumulten und *émeutes* der frühen Neuzeit, sie wiesen aber auch Parallelen zu den organisierten Arbeitskämpfen späterer Epochen auf. Oft reichte ein geringer Anlaß, um latente Unzufriedenheit in offenen Aufruhr umschlagen zu lassen: Gerüchte über einen neuen Feldzug ohne Aussicht auf Erhalt der zustehenden Soldrückstände, ein Willkürakt eines unbeliebten Offiziers oder ausbleibende Lebensmittellieferungen konnten das Faß zum Überlaufen bringen.

Die Auseinandersetzungen, die sich in einigen Fällen über eine Zeitspanne von bis zu drei Jahren hinzogen, verliefen stets nach dem gleichen Muster: Die meuternden Soldaten verweigerten den Dienst, warfen alle Offiziere aus dem Lager, die nicht bereit waren, auf ihre Standesprivilegien zu verzichten und sich als Gleiche unter Gleichen den Meuterern anzuschließen. Dann wählten sie einen Anführer, der unbedingte Befehlsgewalt erhielt und Insub-

---

9 Zit. nach Roloff: Moritz von Oranien und die Begründung des modernen Heeres, S. 267.

10 Vgl. zum folgenden ausführlich Geoffrey Parker: The Army of Flanders and the Spanish Road 1567–1659. Cambridge 1972, Chap. 8: Mutiny, S. 185–206; ders.: Mutiny and Discontent in the Spanish Army of Flanders, 1572–1607. In: ders.: Spain and the Netherlands, 1559–1659. Fontana 1979, S. 104–121.

ordination auf der Stelle mit dem Tod bestrafen konnte. Die Disziplin der Aufständischen irritierte zeitgenössische Beobachter: „Niemals gab es Ungehorsam, der größeren Gehorsam zeugte", heißt es in einem Bericht an den spanischen König.[11] Der nächste Schritt diente der Selbstverteidigung. Sofern die Meuterei nicht ohnehin in einer befestigten Garnison ausgebrochen war, versuchten die Aufständischen eine mit Festungsanlagen versehene Stadt unter ihre Kontrolle zu bringen – durch Eroberung oder indem sie die Wachmannschaften auf ihre Seite brachten. Ihre Lebensmittelversorgung sicherten die Meuterer durch Kontributionen und Plünderungen in den Dörfern und Städten der Umgebung. War für äußeren Schutz und Unterhalt gesorgt, begannen die Verhandlungen mit der Regierung. Brieflich oder durch einen Parlamentär wurde dem General-Statthalter ein Forderungskatalog übermittelt. An oberster Stelle stand darin stets der Anspruch auf vollständige Zahlung des ausstehenden Solds; des weiteren verlangten die Meuterer ein Generalpardon für ihre Aktionen sowie Pässe für die Anführer und alle, die nach der Auszahlung ihren Dienst quittieren wollten. Ebenso bestanden sie auf einer allgemeinen Musterung, die es jedem Soldaten ermöglichen sollte, in eine andere Einheit zu wechseln. Komplettiert wurde die Liste schließlich durch von Fall zu Fall variierende Beschwerden, etwa über die Grausamkeit von Offizieren oder den Brotpreis.

Die spanischen Kommandeure hatten keine andere Wahl, als sich mit den Meuterern irgendwie zu arrangieren, ohne jedoch – wegen der prekären Finanzlage – deren Forderungen vollständig befriedigen, geschweige denn die Ursache der häufigen Revolten beseitigen zu können. Die Meuterer befanden sich in einer mächtigen Position: Oft waren es gerade die erfahrensten Truppen, die den Gehorsam verweigerten und so ein offensives Vorgehen gegen den Kriegsgegner sabotierten. Militärisch waren die aufständischen Einheiten kaum zu bezwingen, zumal nicht selten die loyalen Truppen sich weigerten, gegen sie vorzugehen. Politischer Schaden entstand für Spanien vor allem dadurch, daß die marodierende Soldateska die niederländische Bevölkerung terrorisierte und gegen das spanische Regime aufbrachte. Zeitweilig mußten die Spanier sogar den Provinzen von Brabant die Aushebung eigener Truppen zugestehen, um sich gegen die Meuterer zu verteidigen, die sich aber als überlegen erwiesen. Die Stärke der Aufständischen lag nicht zuletzt in ihrer Geschlossenheit und der Überzeugung, mit ihren Ansprüchen im Recht zu sein. So blieb den spanischen Behörden nichts übrig, als enorme Summen aufzubringen, um die Meutereien zu beenden. Über eine Million Gulden erhielten 1574 etwa die Meuterer von Antwerpen – 4.562 Mann –, mehr als das Dreifache des Betrags, den die Krone monatlich für die gesamte Militärkasse bereitstellte. Und selbst diese Summe entsprach nur der Hälfte der ursprünglichen Forderungen. Die Regierung hatte sich außerstande gesehen, die Höhe der Soldrückstände exakt zu ermitteln, so daß sie schließlich dem außerordentlich belastenden Kompromiß zustimmen mußte und die Meuterer im Gegenzug

[11] Zit. nach ders.: The Army of Flanders, S. 189.

anerkannten, den Rest ihres Soldes bereits in Form von freier Unterkunft und Plünderungsgut erhalten zu haben. Mit Hilfe eines Darlehens der Antwerpener Bürgerschaft wurde das Geld schließlich aufgebracht. Zwei Jahre später eroberten wiederum unbezahlte spanische Truppen die Stadt, damals die mit Abstand bedeutendste Handelsmetropole Nordeuropas, und richteten ein Massaker an, bei dem an die 8.000 Menschen ermordet wurden.

Durch die Greueltaten ihrer Söldner und die endlosen Meutereien wurde die spanische Seite zeitweise so weit paralysiert, daß die aufständischen Niederländer trotz militärischer Unterlegenheit ihren Einflußbereich sichern und ausbauen konnten. Meutereien gab es zwar auch – zumindest vor Beginn der Heeresreformen Ende der achtziger Jahre – bei den Truppen der Oranier, aber nirgends erreichten sie ein solches Ausmaß und einen solchen Organisationsgrad wie in der spanischen Armee, wo sie bei vielen Einheiten zur regelmäßigen Einrichtung wurden. Der Erfolg wirkte selbstverstärkend: Die Soldaten lernten rasch, daß sie überhaupt nur dann Sold erhielten, wenn sie die von dauernden Geldnöten geplagte Regierung durch eine Meuterei unter Druck setzten. Vereinzelte Versuche der Heeresführung, die Meuterer zu überlisten, indem man sich zunächst zum Schein mit ihnen einigte, um dann die Anführer hinrichten zu lassen und so die Revolte niederzuschlagen, führten nur dazu, daß bei der nächsten Meuterei die aufständischen Soldaten mißtrauischer reagierten und Sicherheitsgarantien einklagten.

Ein anderes Ventil für Not und Unzufriedenheit, das wie allen Kriegsherren der Epoche auch den spanischen Befehlshabern zu schaffen machte, war die Desertion. Schätzungen gehen davon aus, daß in den Landsknechtsarmeen des 16. und frühen 17. Jahrhunderts zwischen zehn und fünfzig Prozent der Soldaten im Verlauf eines Jahres davonliefen.[12] Hunger, Krankheitsepidemien oder eine aussichtslos erscheinende militärische Lage ließen die Desertionszahlen sprunghaft ansteigen. „Die Verhältnisse, unter denen die Soldaten dienten, konnten so schrecklich werden, daß sich an bestimmten Orten und zu bestimmten Zeiten ganze Heere buchstäblich in Luft auflösten. (...) 1576 schrumpfte die spanische Armee in Flandern von vielleicht 60.000 Mann im Juni auf kaum mehr als 11.000 Mann im November."[13] Doch im Gegensatz

---

[12] Vgl. ders.: Mutiny and Discontent, S. 107.

[13] Ders.: Die militärische Revolution. Die Kriegskunst und der Aufstieg des Westens 1500–1800. Frankfurt/M./New York 1990, S. 80. Peter Burschel kommt in seiner Studie über „Söldner im Nordwestdeutschland des 16. und 17. Jahrhunderts" (Göttingen 1994) zu einer anderen Einschätzung über die Bedeutung der Desertion: „Wer im 16. Jahrhundert (und auch während des Dreißigjährigen Krieges noch) ein Heer aufstellte und es vermochte, seine Söldner regelmäßig zu besolden oder ihre materiellen Interessen auf andere Weise zu befriedigen, wer es darüber hinaus zu vermeiden wußte, seine Truppen in militärisch ausweglose Situationen zu manövrieren, und zudem das Glück hatte, daß diese Truppen von epidemischen Krankheiten verschont blieben, der brauchte sich über Desertionen nicht den Kopf zu zerbrechen. Selbst dann, wenn er den Sold eine Zeitlang schuldig blieb, wenn das Kriegsvolk unruhig wurde, die ‚Arbeit' niederlegte, zu meutern begann, brauchte er nicht zu fürchten, daß die Auflösung seines Heeres kurz bevorstehe, daß seine Söld-

zum Meuterer, der in der Schutz- und Versorgungsgemeinschaft des Söldnerkollektivs agierte, verzichtete der Deserteur, der auf eigene Faust von der Fahne lief, nicht nur endgültig auf seinen Sold und hatte, falls man ihn ergriff, die Todesstrafe zu gewärtigen, sondern er mußte sich auch in einer in hohem Maße feindlichen Umwelt durchschlagen. Eine Chance hatte dabei nur, wer sich mit anderen zusammentat. Für die überwiegend auf der iberischen Halbinsel, in Italien oder den deutschen Territorien angeworbenen Söldner des Königs von Spanien war es nahezu unmöglich, als Fahnenflüchtige lebend bis nach Hause zu gelangen. Der Landbevölkerung, die unter den Oppressionen des Militärs genug zu leiden hatte, galten durchziehende Knechte als vogelfreies Gesindel, das man straflos ausrauben oder totschlagen durfte. Wenn spanische Söldner ihre Truppe verließen, liefen sie deshalb in der Regel zum Feind über und dienten fortan im Heer der Oranier. Überliefert sind auch Fälle, in denen meuternde Soldaten ihre Revolte beendeten, indem sie von ihnen besetzt gehaltene Städte an die Niederländer verkauften.[14]

Die Geschichte der Meutereien im spanischen Heer weist auf ein grundlegendes Dilemma frühneuzeitlicher Monarchien: Um die noch fragile zentralstaatliche Autorität nach innen wie außen zu etablieren, benötigten sie starke Armeen, ohne jedoch die ökonomischen Mittel zu besitzen, um diese Armeen so lange zu unterhalten, wie es die politisch-militärischen Ambitionen erforderten. Das Ergebnis war ein Teufelskreis von Steuern, Bankrotten und Meutereien.[15] In dessen Folge verlängerten sich die Kriege, da vor der Demobilisierung der Truppen ein Weg gefunden werden mußte, ihre Ansprüche zu befriedigen, was wiederum militärische Erfolge voraussetzte, die den Soldaten Lohn in Form von Beute oder dem Kriegsherrn finanzielle Mittel in Gestalt von Kontributionen einbrachten. Haufen von abgedankten Söldnern, die berüchtigten „gartenden Knechte", die auf der Suche nach neuen Diensten durchs Land zogen und ihr Auskommen nicht anders als durch Raub, Plünderungen und Erpressungen finden konnten, perpetuierten den Kriegszustand auch über den Friedensschluß hinaus.[16] Die prekäre Kräftekonstellation zwischen den auf Durchsetzung des Gewaltmonopols drängenden Landesfürsten, den mächtigen, ihre ständischen Rechte gegenüber der Krone auch militärisch behauptenden Adelsparteien und den von meist adligen Kriegsunternehmern angeworbenen, aufgrund fehlender Ressourcen aber nicht dauerhaft zu kontrollierenden Armeen war – neben der Politisierung und Militarisierung konfessioneller Gegensätze – die strukturelle Ursache jener endlosen Kriege und Bürgerkriege, die zwischen 1560 und 1660 die europäische Geschichte bestimmten.

---

ner demnächst in Scharen ‚aus dem Felde vnd von dem Fehnlein' laufen würden. Gemeutert wurde im 16. Jahrhundert viel, desertiert wenig" (S. 217/218).

14 Vgl. Parker: Mutiny and Discontent, S. 119.

15 Vgl. David Kaiser: Kriege in Europa. Hamburg 1992, S. 39. Zu Meutereien in anderen europäischen Territorien vgl. J. S. Morill: Mutiny and Discontent in English Provincial Armies 1645–1647. In: Past and Present, No. 56, Aug. 1972, S. 49–74; Berichte über Aufstände in den Truppen des Dreißigjährigen Krieges dokumentiert Müller: Söldnerwesen.

16 Vgl. dazu Burschel: Söldner im Nordwestdeutschland, S. 273–303.

3. Justus Lipsius als Disziplinartheoretiker

Aus der Ubiquität der Gewalt wuchs das Bedürfnis nach Ordnung. Das gesamte zeitgenössische Denken kreiste um die Frage, wie sich befriedete Sozialbeziehungen, die „gute Ordnung", herstellen ließe. Zwei große Bewegungen konvergierten dabei: Die politischen Theorien formulierten *Programme säkularer Staatlichkeit*, die den Schrecken religiöser Bürgerkriege durch Enttheologisierung und Monopolisierung der Gewalt ein Ende bereiten sollten. Im Zentrum standen die Diskurse der Staatsräson und der Souveränität. Sie fragten nach dem rechten Verhältnis von Gesetzesbindung und über den Gesetzen stehender Macht des Fürsten, nach der Kunst des Regierens sowie nach den Mitteln, die Kraft des Staates zu stärken.[17] Die zweite Bewegung entwarf *Technologien methodischer Lebensführung*. Sie entstanden an vielen Orten zugleich und überzogen die Gesellschaft mit einem dichten Netz von Institutionen der Disziplinierung. Ordnung erschien hier als Produkt der Ordnungen: der Kirchen-, Zunft- und Policeyordnungen, der Hausordnungen für Arbeitshäuser, Spitäler und Schulen, der Ordensregeln und Verwaltungsvorschriften, Kriegsartikel und Exerzierreglements, die sämtliche Lebensbereiche einer rigiden Verhaltensreglementierung unterwarfen.[18] Die Morallehren der Reformatoren atmen diesen Geist der Disziplin ebenso wie die „Exerzitien" des Ignatius von Loyola, die „ordine geometrico"[19] ausgeführten philosophischen Systeme nicht minder als die barocken Fürstenspiegel. Den *politischen*

---

[17] Zu den Diskursen der Staatsräson und Souveränität in den politischen Theorien des 16. und 17. Jahrhunderts vgl. mit unterschiedlicher Perspektive Niklas Luhmann: Staat und Staatsräson im Übergang von traditionaler Herrschaft zu moderner Politik. In: Gesellschaftsstruktur und Semantik, Bd. 3, Frankfurt/M. 1989, S. 65–148; Michel Foucault: Vorlesungen zur Analyse der Machtmechanismen 1978. In: ders.: Der Staub und die Wolke. Bremen 1982, S. 1–44; ders.: Für eine Kritik der politischen Vernunft. In: lettre international, Nr. 1, Sommer 1988, S. 58–66; ders.: Regieren – eine späte Erfindung. In: die tageszeitung, Buchmessenausgabe 1989, S. 17–19. Luhmann betont als Evolutionstheoretiker den Schwellencharakter der Epoche bei der „Umstellung der politischen Funktion von gesellschaftlicher Stratifikation auf funktionale Differenzierung": Zum einen verschiebt sich, so seine These, das Grundproblem bei der Handhabung politischer Macht von der Rivalität zur Souveränität, zum anderen macht die in dieser Zeit einsetzende Trennung der Codes von Politik, Religion und Moral die Ausdifferenzierung einer spezifischen Systemrationalität des Politischen möglich. Auch dem Machttheoretiker Foucault geht es um die Konstitution eines spezifisch politischen Rationalitätstyps: Das Dispositiv rationaler „Regierung" (*gouvernementalité*), das in den Diskursen der Staatsräson und Policeywissenschaft herauspräpariert wird, erzeugt eigene Wissensformen und Machttechnologien, die gleichermaßen die Stärke des Staates steigern wie das Leben seiner Bürger befördern sollen und sich auf Probleme der Sicherheit, des Territoriums und der Bevölkerung richten.

[18] Vgl. Gerhard Oestreich: Strukturprobleme des europäischen Absolutismus. In: ders.: Geist und Gestalt des frühmodernen Staates, S. 179–197; Schulze: Gerhard Oestreichs Begriff „Sozialdisziplinierung in der frühen Neuzeit".

[19] So der Untertitel von Spinozas „Ethik".

Theologien[20] der Souveränität und Staatsräson und den *politischen Technologien* der Disziplinierung korrespondierte eine *politische Anthropologie*, nach der die Menschen nicht kraft ihrer Natur, sondern nur durch Erziehung zu sozialen Wesen wurden. „Ad societatem ergo homo aptus non natura, sed disciplina factus est", heißt es bei Hobbes.[21]

Das Militär bildete die Schnittstelle der beiden Bewegungen: Ohne starke Armee kein Gewaltmonopol, ohne militärische Disziplin (und die dafür nötigen Finanzmittel) keine Kontrolle über die Truppen. Der Gehorsam der Soldaten (wie auch der übrigen Staatsdiener) verlieh dem Leviathan jene innere Kraft, die er benötigte, um seine territoriale Integrität gegen äußere Feinde zu behaupten und die konkurrierenden Interessen und Konfessionen im Innern nicht zum Bürgerkrieg eskalieren zu lassen. Nicht Gewaltlosigkeit versprach er, sondern Zuwachs an Sicherheit durch Konzentration des Rechts über Leben und Tod in seiner Hand.

Ausgearbeitet wurde der Zusammenhang von säkularer Machtstaatlichkeit und Disziplinierung nicht in den „großen" staatsphilosophischen Entwürfen von Machiavelli[22] bis Hobbes, sondern in den praktisch-gouvernemental aus-

---

20 Der Begriff „politische Theologie" steht nicht in Opposition zu säkularer Staatlichkeit, sondern versucht durch Analogiebildung die Realmetaphysik des Politischen zu erfassen. Vgl. dazu Carl Schmitts Bemerkung, alle prägnanten Begriffe der modernen Staatslehre seien sowohl ihrer historischen Entwicklung nach wie auch in ihrer systematischen Struktur säkularisierte theologische Begriffe (Politische Theologie. München/Leipzig 1922, S. 37).

21 Thomas Hobbes: De cive, Cap. I, II. (Annotatio), Oxford 1983, S. 92

22 Machiavelli entwarf allerdings in seiner „Arte della guerra" (1521, deutsch: Die Kriegskunst. Karlsruhe 1833) eine Nationalmiliz nach altrömischem und schweizerischem Vorbild. Sie sollte durch Übungen an Sonn- und Feiertagen sowie durch zweimal jährlich abzuhaltende Manöver auf ihren Dienst vorbereitet werden. Bei diesen Übungen handelte es sich um eine Vorstufe militärischen Exerzierens. Machiavelli gliederte sie in drei Teile: „Der erste, um den Körper abzuhärten, ihn zur Ertragung von Strapazen tauglicher, schneller und gewandter zu machen; der zweite, um die Waffen führen zu lernen; der dritte, um Reih und Glied und seinen Platz im Heere halten zu lernen, sowohl auf dem Marsch als in der Schlacht und beim Lagern" (S. 50). Präzise beschrieb er auch die psychologische Wirkung der Disziplin: „Ohne Zweifel sind muthige und ungeordnete Soldaten viel schwächer als furchtsame und geordnete, denn die Ordnung vertreibt die Furcht, die Unordnung macht den Muth schwinden" (S. 54). Seine Schrift ist geprägt von Abneigung gegen das zeitgenössische Söldnerwesen, das den Kriegsherrn zwinge, „entweder immer den Frieden hinwegzustoßen, oder sie (die Söldner, UB) fortwährend zu bezahlen, wenn man sich nicht der Gefahr aussetzen will, daß sie sich zu Herren des Staates machen" (S. 15). Machiavelli unterschätzte jedoch die militärische Effizienz routinierter Söldnerheere, gegen die eine von Bürgern und Bauern getragene Miliz beim damaligen Stand der Kriegstechnik wenig auszurichten vermochte. Die nach seinen Vorstellungen vom Rat der Stadt Florenz aufgestellte Volkswehr brach denn auch beim ersten Zusammenstoß mit den Söldnern der Heiligen Liga zusammen. Vgl. dazu Felix Gilbert: Machiavelli: The Renaissance of the Art of War. In: Peter Paret (Hrsg.): Makers of Modern Strategy from Machiavelli to the Nuclear Age. Princeton 1986, S. 11–31.

gerichteten Klugheitslehren des politischen Späthumanismus. Dessen bedeutendster Vertreter, nimmt man die Verbreitung seiner Werke zum Maßstab, war der Philologe und Philosoph Justus Lipsius.[23] Von diesem führt ein direkter Weg zu den niederländischen Militärreformern: Moritz von Oranien studierte bei ihm an der Universität zu Leiden, und Lipsius' Darstellung des Kriegswesens im fünften und sechsten Buch seiner „Politicorum sive Civilis Doctrinae Libri Sex"[24] läßt sich als Programmschrift für die oranische Heeresreform lesen. Zwei weitere Bücher zu militärischen Fragen, ein Kommentar zu Polybios sowie eine Darstellung römischer Kriegstechnik und des Festungswesens, bezeugen nicht nur die unmittelbar praktischen Intentionen des Gelehrten, sondern umgekehrt auch das Interesse zeitgenössischer Militärs an antiken Vorbildern.

Entscheidendes Verbindungsglied zwischen Staatstheorie und militärischem Reformprogramm war bei Lipsius eine Tugendlehre aus dem Geist der römischen Stoa. Wie Gerhard Oestreich gezeigt hat, dessen Lipsius-Studien die hier vorgelegte Darstellung weitgehend folgt, stiftete diese auch den systematischen Zusammenhang zwischen Lipsius' „Politik" und seinem populärsten Werk „De constantia"[25], das schon im Titel auf jenes Ideal der Affektregulierung weist, die das neustoische Denken postulierte. Die Tugenden, zu denen der politische oder militärische Führer seine Soldaten erziehen sollte, waren die gleichen, die er selbst benötigte, um sein Amt zum allgemeinen Wohle auszufüllen. Regieren und Sich-selbst-Regieren fielen zusammen. Der allgemeinen Disziplinierung ging die Stabsdisziplinierung, die Disziplinierung der Disziplinierer, voraus. „Das Ideal des politischen Menschen, wie ihn Lipsius zeichnet, ist der nach der Vernunft handelnde, selbstverantwortliche, die Affekte beherrschende, den Kampf bejahende Bürger. Lipsius ist mit diesem Ideal so in Übereinstimmung mit dem politischen Zeitgeist, daß mit dem Menschenbild auch das Staatsbild übereinkommen wird. Denn in die Sprache des Staates übersetzt bedeutet das Menschenbild Rationalisierung des Staats-

---

23 Zu Lipsius und seiner Rezeption vgl. vor allem die Arbeiten von Gerhard Oestreich; grundlegend die erst postum veröffentlichte Habilitationsschrift: Antiker Geist und moderner Staat bei Justus Lipsius (1547–1606); ferner die dem Werk des Humanisten gewidmeten Beiträge in den beiden Aufsatzsammlungen „Geist und Gestalt des frühmodernen Staates" und „Strukturprobleme der frühen Neuzeit"; einen gerafften Überblick geben die beiden Aufsätze: Calvinismus, Neustoizismus und Preußentum. In: Jahrbuch für die Geschichte Mittel- und Ostdeutschlands, Bd. 5, 1956, S. 157–181; Soldatenbild, Heeresreform und Heeresgestaltung im Zeitalter des Absolutismus. Vgl. außerdem Günter Abel: Stoizismus und frühe Neuzeit. Berlin/New York 1978; Michael Stolleis: Lipsius-Rezeption in der politisch-juristischen Literatur des 17. Jahrhunderts in Deutschland. In: ders.: Staat und Staatsräson in der frühen Neuzeit. Frankfurt/M. 1990, S. 232–267.

24 Zuerst: Leiden 1589. Allein bis 1618 erschienen 26 weitere Ausgaben des lateinischen Originals sowie Übersetzungen in sieben Sprachen.

25 Antwerpen 1585; deutsch: Von der Bestendigkeit. Faksimiledruck der deutschen Übersetzung des Andreas Viritius nach der zweiten Auflage von c. 1601, hrsg. von Leonard Forster, Stuttgart 1965.

apparates, Selbstbeherrschung des Fürsten, Disziplin der Untertanen und Aufbau eines starken Heeres."[26]

Das Thema der „Constantia" ist die Haltung des Individuums in der Politik, sie „ist gleichsam als eine Einweisung für die Untertanen in die Pflicht des Gehorsams gedacht"[27]. Die „Politicorum sive Civilis Doctrinae Libri Sex" dagegen sollten dem Fürsten ein Kompendium der Regierungskunst liefern. Stellte Lipsius im ersten Werk die Regel auf, zwar in der Politik zu stehen, sich innerlich aber von ihr frei zu halten, so zitierte er im Vorspruch zum zweiten Seneca mit der Forderung nach rationaler Herrschaft: „Willst Du Dir alles unterwerfen, so unterwirf Dich selbst der Vernunft. Du wirst viele regieren, wenn die Vernunft Dich regiert."[28]

Ausgangspunkt seiner Tugendlehre war eine von der griechischen und römischen Stoa durchaus abweichende Auffassung vom Verhältnis zwischen *fatum* und menschlicher *ratio*. In einer abgeschwächten Prädestinationslehre versuchte der neustoische Philosoph Schicksal und Freiheit miteinander zu verbinden: Es gibt ein göttliches *fatum*, verkündete er, aber wir können nicht wissen, was es bestimmt. Zudem ist es nur die erste Ursache allen Geschehens. Zu den nachgeordneten Ursachen rechnete Lipsius auch den freien Willen: „Gott hat gewolt/das die Menschen rhatschlagen/un das beste erwehlen sollen: So rhatschlagen sie nun/und erwehlen/ohn allen gewalt/durch ihren guten willen. Und hat aber Gott dasselbige/was sie erwehlen würden/von ewigkeit her gesehen: aber nur gesehen hat ers/unnd doch niemand dazu gezwungen/er hats gewust/nicht beschlossen/er hats zuvor gesagt/aber niemand fürgeschrieben."[29] Diese Konstruktion, die „gewissermaßen einen Unbestimmbarkeitsspielraum zwischen Religion und Politik" einschob, erfüllte bei Lipsius die gleiche Funktion wie bei Machiavelli der Begriff der *fortuna*. Sie hielt „nicht unbedingt Gott, aber jedenfalls Theologie und Ethik auf Distanz"[30]. Der Weise sollte, so Lipsius, weder das *fatum* erforschen wollen, noch lang über das Problem der Willensfreiheit räsonnieren, sondern sich standhaft und mit den Mitteln der Vernunft im Lebenskampf behaupten. Rationale Härte war dabei die am wenigsten schmerzhafte Verhaltensweise. „Die constantia manifestiert sich darin, daß keine affektive Bindung die Sachrichtigkeit des Handelns beeinträchtigt."[31]

Die politischen Implikationen dieser Ethik zeigte Lipsius am Beispiel der Pflichten gegen das Vaterland: Die Wurzel der Bindung an die *patria*, so der Ausgangspunkt seiner Argumentation, ist Egoismus. Die Zuneigung zum Vaterland entspringe nicht der Natur, sondern dem Beitrag der staatlichen Organisation zur Wohlfahrt der einzelnen. Deshalb hingen gewöhnlich die Edlen

---

[26] Oestreich: Antiker Geist und moderner Staat, S. 103/104.
[27] Abel: Stoizismus und frühe Neuzeit, S. 78.
[28] Zit. nach Oestreich: Antiker Geist und moderner Staat, S. 109.
[29] Lipsius: Von der Bestendigkeit, S. 62/63.
[30] Luhmann: Staat und Staatsräson, S. 124.
[31] Franz Borkenau: Der Übergang vom feudalen zum bürgerlichen Weltbild. Paris 1934, S. 187.

und Reichen an ihrem Vaterland weit mehr als jene, die arm und niederen Standes sind. Und viele verließen es aus freien Stücken, weil sie anderswo gute Geschäfte erhofften. Das „ganze Band/damit wir uns unserm Vaterland verknüpffet zu sein vermeinen/(ist) nur ein eusserlich Ding (...) welchs von einem liederlichen Wahn entstehet/dieweil es eine jegliche begierde also leicht aufflösen oder zureissen kan."[32] *Pietas*, Ehrfurcht, komme ohnehin nur den Eltern und Gott zu, nicht aber der *patria*. Gleichwohl wollte Lipsius die Vaterlandsliebe nicht gänzlich auflösen, sondern sie „gleichsam mit dem Federmesser der gesundten vernunfft beschnitten haben"[33]. Er hielt es für recht und billig, daß die Bürger ihr Vaterland, dieses „gemein Schiff/darinn wir entweder unter einem Herrn/oder unter einerley Recht wohnen und leben"[34], lieben und verteidigen. – Doch eben ohne ihre Leidenschaften daran zu hängen: „Der Poet Horatius hat wol gesagt: Es ist lieblich und zierlich für das Vatterland sterben (...) aber sterben/sagt er/nicht weinen."[35]

Um den offensichtlichen Widerspruch, einerseits die Liebe zum Vaterland allein im Eigennutz gründen zu lassen, andererseits aber zu fordern, für dieses auch sein Leben zu lassen, scherte sich Lipsius nicht weiter. Bürgerlichen Utilitarismus und staatsbürgerliche Gehorsamspflicht zwang er zusammen durch die Beschwörung jener in allen *publicis malis* ausharrenden und das innere Gleichgewicht niemals aufgebenden seelischen Kraft, der Beständigkeit. „In der Spannung von Herrschaft und Untertanenschaft kommt der Constantia die Aufgabe zu, das Individuum einerseits gegenüber dem Auf und Ab von Welt und Geschichte freizusetzen, und andererseits in eine ebenfalls im Gegenzug zur Krise entwickelte Herrschaftsordnung einzupassen. Die Constantia soll gleichsam Autonomie und Unterwerfung in einem leisten."[36] Die oberste Maxime der neustoischen Ethik, die Verbannung der Affekte aus dem Handeln, war zugleich der psychologische Ausgangspunkt aller Disziplinierung. Nur wer seine Gefühlsregungen beherrschte, vermochte zu gehorchen – den Gesetzen der Vernunft ebenso wie den Befehlen eines Offiziers.

In den beiden letzten Büchern seiner „Politik"[37] gab Lipsius die militärische Nutzanwendung dieser Tugendlehre für den Fürstenstand: Für einen Regen-

---

32 Lipsius: Von der Bestendigkeit, S. 31.

33 Ebd., S. 29.

34 Ebd., S. 32.

35 Ebd. Vgl. Q. Horatius Flaccus: Oden, Liber III, 2, 13. Zur Bedeutungsgeschichte des Topos vgl. Ernst H. Kantorowicz: *Pro Patria Mori* in Medieval Political Thought. In: ders.: Selected Studies. New York 1965, S. 308–324; ders.: Die zwei Körper des Königs. München 1990, S. 241–278.

36 Abel: Stoizismus und frühe Neuzeit, S. 79. Zum Verhältnis von Affektkontrolle und Utilitarismus im politischen Denken der frühen Neuzeit vgl. auch Albert O. Hirschman: Leidenschaften und Interessen. Frankfurt/M. 1980.

37 In den ersten vier Büchern der „Politik" entwickelte Lipsius die Prinzipien politischer Tugend und Staatsklugheit (*prudentia civilis*). Als die wichtigsten Eigenschaften des Herrschers bestimmte er Gerechtigkeit und Güte (*iustitia et clementia*), denen er Treue (*fides*) und Mäßigkeit (*modestia*) beiordnete. Zugleich sollte der Regent *majestas* besitzen und das Ansehen und Wohlwollen seiner Untertanen zu gewinnen

ten, so stellte er fest, ist die *prudentia militaris*, die Klugheit in Kriegsangelegenheiten, ebenso wichtig wie die *prudentia civilis*. Vor Beginn eines Feldzugs solle man seine finanziellen, materiellen, personellen und geistigen Ressourcen aufs gründlichste überprüfen, denn es sei zwar leicht, einen Krieg anzufangen, aber schwierig, ihn nach eigenem Entschluß und erfolgreich zu beenden. Das wichtigste seien gute Fußtruppen; dabei sei der Qualität der Soldaten mehr Bedeutung zuzumessen als ihrer Zahl. Sie dürften deshalb nicht erst vor einem Feldzug ausgehoben werden, sondern müßten ständig verfügbar sein und rechtzeitig exerziert werden. – Lipsius plädierte für den *miles perpetuus*.

Um gute Soldaten zu gewinnen, nannte er zwei Mittel: Auswahl bei der Werbung und Disziplin bei der Ausbildung. Die eigenen Untertanen gaben, so seine Überzeugung, zuverlässigere Soldaten ab als angeworbene Söldner, die oft ungehorsam, untreu und aufrührerisch seien und das Land ruinierten. Aus Sicherheitsgründen sollten stehendes Heer wie auch Reservetruppen allerdings nicht unter den Stadtbürgern, sondern unter der Landbevölkerung rekrutiert werden. Die Auswahlgrundsätze schlossen eine jährliche militärärztliche und -psychologische Untersuchung ein; Vorbestrafte, Leibeigene und Ehrlose sollten vom Kriegsdienst ausgeschlossen bleiben.[38]

Besonderes Gewicht legte Lipsius auf die Disziplin; sie allein verlieh dem Regenten Macht über sein Heer. Die stoische Ethik sollte zum Vorbild der militärischen Erziehung werden. Er definierte Disziplin als strenge Abrichtung des Soldaten zu Stärke und Mannheit und zerlegte den Begriff zur näheren Untersuchung in vier Teile: *exercitium*, *ordo*, *coerctio* und *exempla*: „Die exercitia sollen die Soldaten im Waffengebrauch, im Marschieren und in der

---

suchen. Die Form der Herrschaft sollte streng, beständig und an die Person des Regenten gebunden sein; die staatliche Autorität beruhte auf Geld, Waffen, Überlegungen, Bündnissen und Glück und wurde durch gottesfürchtiges und vorausschauendes Verhalten des Fürsten gestärkt. Die Staatsklugheit verlangte den Aufbau einer qualifizierten und zuverlässigen Beamtenschaft sowie eine sorgfältige, jährlich zu erneuernde Statistik als Grundlage der Steuererhebung. Verschiedene Konfessionen in einem Gemeinwesen stifteten Zwietracht und Unruhe, deshalb sollte der Grundsatz „ein Staat, eine Religion" herrschen. Allerdings plädierte Lipsius um des öffentlichen Friedens willen für Nachsicht gegen religiöse Dissidenten, sofern sie ihren Glauben nicht in der Öffentlichkeit praktizierten und dadurch für Aufruhr sorgten. In Auseinandersetzung mit Machiavelli löste Lipsius schließlich die für alle politischen Theorien des ausgehenden 16. Jahrhunderts entscheidende moralische Frage, ob Betrug aus Gründen der Staatsräson erlaubt sei, durch Operationalisierung des Problems: Er verdammte zwar diejenigen, denen für ihre politischen Zwecke jedes Mittel heilig ist, hielt aber leichten Betrug, dazu rechnete er Geheimhaltung und Mißtrauen, für notwendig, den mittleren, Korruption und Täuschung, duldete er und verwarf nur – außer in Fällen höchster Not – den schweren Betrug in Gestalt von Wortbruch und Ungerechtigkeit. Eine ausführliche Zusammenfassung findet sich bei Oestreich: Antiker Geist und moderner Staat, S. 108–147.

38 Oestreich: Justus Lipsius als Theoretiker des neuzeitlichen Machtstaates. In: ders.: Geist und Gestalt des frühmodernen Staates, S. 60/61.

Schanzarbeit täglich üben und damit vom Müßiggang, dem Anfang aller Laster abhalten. (...) Unter Ordnung begreift Lipsius nicht nur die strenge militärische Hierarchie nach römischem Vorbild, sondern auch die Zug-, Schlacht- und Lagerordnung. (...) Ohne die coerctio, die Selbstzucht, sei kein Gehorsam im Kriegsheere von Dauer. Sie muß allen Mutwillen und jede Unbändigkeit der Soldaten im Zaum halten. (...) Immer wieder verweist Lipsius auf das Beispiel der römischen Antike, und erst recht die exempla seines Disziplin-Begriffes, die militärischen Auszeichnungen und Strafen, werden durch die Römer illustriert. Bei den Strafen will Lipsius zwar auch größte Strenge angewendet sehen und hält jede Nachsicht für schädlich, aber die Anwendung von Strafen will er durch die Erziehung der Soldaten mit Hilfe von Beförderungen und ehrenden Auszeichnungen einschränken."[39]

Disziplin bedeutete bei Lipsius weit mehr als nur mechanischen Drill. Sie umfaßte ebenso die sittliche Erziehung zu Gottesfurcht und Gesetzestreue. Die entscheidende Neuerung aber lag darin, daß er die Versuche, das Gewaltpotential der marodierenden, meuternden und sich durch Desertion dezimierenden Söldnerheere zu kontrollieren, in eine neue Richtung lenkte: Sein Reformprogramm zielte auch hier auf Beständigkeit. Regelmäßigkeit des Dienstes, der Soldzahlungen sowie der Strafen und Belohnungen sollten die militärische Ordnung herstellen. Exemplarische Körperstrafen bildeten nicht mehr den einzigen Mechanismus der Gehorsamsproduktion. Lipsius wollte weder auf sie verzichten, noch ihre Grausamkeit mindern, doch er integrierte Stockhaus und Galgen in das umfassendere Dispositiv der Disziplin. Wichtiger als die Ahndung von Abweichungen wurden positive Strategien zur Erzeugung von Zuverlässigkeit. Um Zucht durchzusetzen, brauchte es mehr und anderes als nur Züchtigung.[40] Vorausgesetzt waren dabei Offiziere und Kriegsherrn, deren Autorität in der Zuverlässigkeit gründete, mit der sie ihren Verpflichtungen gegenüber den Soldaten nachkamen. An ihre Adresse erging der Ruf zur inneren wie äußeren Disziplinierung zuerst.

---

39 Oestreich: Der römische Stoizismus und die oranische Heeresreform, S. 20–22.

40 Wie sehr Lipsius' Programm zur Aufrichtung militärischer Ordnung sich von zeitgenössischen Vorstellungen abhebt, zeigt der Vergleich mit der künstlerischen Bearbeitung des gleichen Problems in Jacques Callots bekannter Kupferstichfolge „Les misères et malheurs de la guerre" aus dem Jahre 1633. Bei Callot erscheint Ordnung noch *ausschließlich* als Produkt strafender und belohnender Gewalt; der Zusammenstellung der Blätter liegt die Vorstellung einer Symmetrie von Vergehen und Vergeltung zugrunde. Kernstück der Serie sind fünf Blätter, die in einer Fülle grausamer Details Übergriffe der Soldateska auf die Zivilbevölkerung schildern, gefolgt von ebenfalls fünf Platten, die verschiedene Formen ihrer Bestrafung zeigen: Galgen, Erschießungspeloton, Rad und Scheiterhaufen. Das letzte Blatt der Folge zeigt dann den auf dem Thron sitzenden Souverän, der seine Offiziere belohnt (Vgl. dazu Paulette Choné: „Die Schrecken des Krieges" oder „Das Leben des Soldaten": die Gewalt und das Recht. In: Jacques Callot. Das druckgraphische Werk im Kupferstich-Kabinett zu Dresden, bearb. von Christian Dittrich. Dresden 1992, S. 16–19).

Lipsius' Buch über die *constantia* weist in seinen praktischen Konsequenzen Parallelen zur Ethik des Calvinismus auf,[41] bei seinen Ausführungen über die Disziplin ist dagegen die Verwandtschaft zu einer anderen geistigen Bewegung offensichtlich, die bei der Durchsetzung methodischer Lebensführung eine nicht geringere Rolle spielte: den Jesuiten. Für sein Programm zur Erneuerung des Kriegswesens übernahm Lipsius, der ihre Schule in Köln besucht hatte und ursprünglich selbst der Societas Jesu hatte beitreten wollen, die beiden Grundpfeiler des nach militärischem Vorbild aufgebauten Ordens. Mit ihrer streng hierarchischen Organisation und den regelmäßigen Exerzitien dienten die Vorkämpfer der *ecclesia militans* als Modell für das Offizierskorps des souveränen Machtstaats. Während die geistlichen Übungen des Ignatius ein ausgefeiltes System zur Dechiffrierung des göttlichen Willens bereitstellten, lieferte Lipsius ein entsprechendes Werkzeug zur Produktion des allzeit im „Zustand bewußter Befehlserwartung"[42] auf seinem Posten verharrenden Soldaten. Der Weg führte beide Male über die Kontrolle der Affekte.[43] Auch die konkreten Mechanismen der Disziplinierung ähnelten sich: strikte Durchführung des Prinzips von Befehl und Gehorsam, minutiöse Reglementierung des Tagesablaufs und der Körperhaltungen, bis ins Detail vorgeschriebene und durch stete Wiederholung automatisierte Ordnung der inneren Bilder (beim religiösen Exerzitium) beziehungsweise der Truppenaufstellungen und -bewegungen (beim soldatischen Exerzieren). Der Glaube des jesuitischen *miles christianus* und die Disziplin des weltlichen Kriegers waren Effekte einer parallelen gleichermaßen körper- wie psychotechnischen Prozedur.[44]

---

41 Vgl. zum Verhältnis von Neustoizismus und Calvinismus differenzierend Borkenau: Der Übergang vom feudalen zum bürgerlichen Weltbild, S. 189/190: „Der Calvinismus proklamiert die Lebenshaltung des normalen Individuums im Kapitalismus als moralische Vorschrift. Der Stoizismus geht gleichfalls vom kapitalistischen Massenschicksal aus, fragt aber: wie kann sich der ‚Weise', d.h. der intellektuell hochentwickelte Magistrat, diesem Schicksal entziehen? (...) Der Calvinische Mensch akzeptiert das kapitalistische Lebensschicksal als Gegebenheit. Also braucht, ja darf er darüber nicht räsonnieren. Der Stoiker betrachtet es von außen und will sich zugleich, durch Rationalität seines Handelns, die Direktion darüber, in engen Grenzen freilich, sichern."

42 Vgl. Elias Canetti: Masse und Macht. Frankfurt/M. 1980, S. 346.

43 Schon in der ersten Anweisung weist Ignatius selbst auf die Entsprechung zwischen geistlichen und körperlichen Exerzitien hin: „Denn so wie Spazierengehen, Marschieren und Laufen körperliche Übungen sind, gleicherweise nennt man geistliche Übungen jede Art, die Seele vorzubereiten und dazu bereit zu machen (disponer), alle ungeordneten Neigungen (affecciones) von sich zu entfernen, und nachdem sie abgelegt sind, den göttlichen Willen zu suchen und zu finden in der Ordnung (disposición) des eigenen Lebens zum Heil der Seele" (Ignatius von Loyola: Geistliche Übungen. Freiburg 1960, S.15). Vgl. zur Textstruktur der „Exerzitien" auch die strukturalistische Lektüre von Roland Barthes: Sade Fourier Loyola. Frankfurt/M. 1974, S. 47–88.

44 Vgl. Manfred Schneider: Hysterische Soldaten und ihre Feinde. In: Fragmente, Nr. 27/28, Aug. 1988, S. 41/42.

Bei Calvinisten wie Jesuiten stand die Durchsetzung methodischer Lebensführung im Interesse von ansonsten durchaus gegensätzlichen Strategien zur Erlangung des Seelenheils. Die ökonomischen und politischen Implikationen ihrer Lehren – die „protestantische Ethik" der Calvinisten ebenso wie die in einem doppelten Sinne an Rom ausgerichtete „politische Theologie" der Jesuiten[45] – waren zunächst Nebeneffekte religiöser Erneuerung. Der Neustoizismus des Justus Lipsius unterscheidet sich von ihnen durch seine unmittelbar politische Ausrichtung. Religion erscheint hier vor allem als Instrument zur Erzeugung von Loyalität; die theologischen Argumente stehen im Dienste der Staatsräson, die Lipsius aus den antiken Schriften herauspräpariert.[46] Seine Tugendlehre wie sein Organon politischer Klugheit zielten weniger auf persönlichen Machtgewinn des Fürsten als auf Stärkung des Staates selbst, dem er militärische Souveränität in Gestalt eines disziplinierten und exerzierten stehenden Heeres verschaffen wollte.

Gab Lipsius mit seiner „Politik" den Oranierprinzen das methodische Gerüst für ihre Reformen, so verschaffte er ihnen mit seinen Kommentaren zu antiken Militärschriftstellern die praktischen Vorlagen. Auch nachdem er 1591 in die spanischen Südniederlande nach Löwen übergewechselt und zum Katholizismus konvertiert war,[47] dienten seine Werke, ergänzt durch Neueditionen der antiken Quellen, als Lehrbücher bei der Reorganisation des Heereswesens. *Eine* grundlegende Forderung des neustoischen Philosophen wurde allerdings nicht in die Tat umgesetzt: die Aushebung der Truppen aus der Landesbevölkerung. Moritz von Oranien und Wilhelm Ludwig von Nassau versuchten gar nicht erst, die Generalstaaten zur Ausschreibung eines Volksaufgebots zu bewegen. Das Kaufmannspatriziat der niederländischen Städte hätte einem solchen Ansinnen nicht zugestimmt, kostete es doch schon Mühe genug, es zur Bereitstellung der für regelmäßige Soldzahlungen erforderlichen Finanzmittel zu bewegen.

---

[45] Auch Carl Schmitts Denken, dessen Begriff von „Politischer Theologie" hier zugrundeliegt, ist jesuitisch geprägt. Das zeigt deutlicher noch als die gleichnamige Schrift sein Essay „Römischer Katholizismus und politische Form" (Hellerau 1924). Die unabweisbare Freiheit des Willens, Kernstück der jesuitischen Lehre, radikalisiert Schmitt zum Pathos der Entscheidung.

[46] Lipsius' instrumentelles Verhältnis zur Religion zeigt sich nicht nur in seinen Schriften, sondern auch in seiner Vita: Dreimal wechselte er die Konfession, um seine Lehrtätigkeit weiter ausüben zu können.

[47] Den Anstoß dazu hatte eine Auseinandersetzung über die Frage der religiösen Toleranz und der Konfessionseinheit in einem Staatswesen gegeben. Seine Gegner warfen Lipsius vor, er habe in seiner „Politik" den Grundsatz religiöser Toleranz verletzt, als er die Aufrechterhaltung der religiösen Einheit als Grundlage der Einheit im Staate postuliert habe.

4. Die Heeresreform der Oranier

Die Heeresreform der Oranierprinzen erstreckte sich auf vier Bereiche: Truppen*gliederung*, *-führung*, *-ausbildung* und *-aufstellung*. Auf der Grundlage des römischen Disziplinbegriffs entstand so eine Form militärischer Organisation, die den taktischen Anforderungen der damals modernsten Waffentechnik entsprach. Zum ersten wurden die Truppen konsequent in Regimenter, Kompanien und Züge unterteilt; als Basiseinheit galt nunmehr die Kompanie mit etwa 135 Mann. Die neue Gliederung, die vor allem eine schnellere Vereinigung und Trennung einzelner Truppenteile ermöglichen sollte, machte zweitens auch eine erhebliche Vermehrung der Offiziers- und Unteroffiziersstellen nötig. Der Anteil der mit Feuerwaffen ausgerüsteten Soldaten stieg. In einem niederländischen Regiment dienten schließlich mehr als doppelt so viele Offiziere und Musketiere wie in einer spanischen Truppeneinheit vergleichbarer Größe. Zum dritten wurde tägliches Einzel- und Gruppenexerzieren eingeführt. Bei den Offizieren wurde eine Ausbildung zur Voraussetzung des Aufstiegs. Schließlich ermöglichte viertens das gegen große Widerstände durchgesetzte Exerzieren – Söldner wie Söldnerführer sträubten sich zunächst ebenso gegen militärische „Trockenübungen"[48] wie gegen das in ihren Augen unsoldatische Schanzen – nicht nur raschere Truppenbewegungen, sondern auch eine flexiblere Schlachtaufstellung. Statt der großen viereckigen Haufen formierte man kleinere Einheiten mit einer Tiefe von nur noch zehn statt wie bis dahin 50 Gliedern. Die Schlachtlinie verbreiterte sich dadurch erheblich. Eine schachbrettartig versetzte Aufstellung der Pikenträger- und Musketiereinheiten in mehreren hintereinander angeordneten Linien verbesserte die taktische Manövrierfähigkeit. Mit dem aus der „Taktik" des Ailianos übernommenen und durch Drill geübten Kontremarsch erreichte man eine rasche Aufeinanderfolge der Gewehrsalven. Beim Kontremarsch feuerte jeweils die vorderste Reihe von Musketieren ihre Waffe ab, dann wandten sich die Schützen um, gingen zwischen den anderen Reihen nach hinten durch und formierten sich dort wieder zur Reihe, während die jetzt zur vordersten Reihe aufgerückten Soldaten feuerten, um dann ebenfalls nach hinten durchzugehen. Die zeitgenössischen Feuerwaffen waren allerdings noch von so komplizierter Bauweise, daß die Zeit, bis eine Reihe wieder an die vorderste Position vorgerückt war, zum

[48] Vgl. zu diesen Widerständen auch die Ausführungen des Danziger Hauptmanns Johann Jacobi von Wallhausen, der unter Moritz von Oranien gedient hatte und später in mehreren militärwissenschaftlichen Lehrbüchern das oranische Reformwerk in Deutschland bekannt machte. In seiner „Kriegskunst zu Fuß" von 1615 wetterte er gegen die unwissenden Soldaten, die das Exerzieren für ein „unnöthiges Ding unter vielen neuen Künsten" halten und spotten: „Ja lieber/wann ich vor den Feind komme/würde ich lang stehen und trillen". Selbst unter langgedienten Soldaten finde man „kaum unter zwantzigen einen/der mit seinem Gewehr/wie es sich gebührt/kan umbgehen". Wallhausens Antwort an diese „groben Eselsköpff": Er habe „nicht gelehret/daß man vor dem Feind soll stehen und trillen/sondern das wirts dadurch gemeynet/daß man solche grobe Hölzer auff ein Hobelbanck bringe/ und ihn die grobe Aeste ein wenig behoble und abhawe" (S. 62).

Laden nicht ausreichte. Das Exerzierreglement weist 43 Handgriffe und entsprechend 43 Kommandos auf, bis ein Musketier zum Schuß bereit war.[49]

Dem neuen System, das nicht nur die militärische Effizienz der Soldaten steigerte, sondern auch ermöglichte, sie besser zu kontrollieren, entsprach ein neues Kriegerideal: „Der einzelne Kämpfer sollte seine militärische Wirksamkeit nicht länger primär als solcher, sondern als Teil eines größeren Verbandes entfalten. Das hatte zur Folge, daß der Einzelne nicht mehr dann als guter Kämpfer angesehen wurde, wenn er allein in seiner Person möglichst stark und kräftig sowie einen Gegner im Zweikampf zu besiegen in der Lage war, sondern zuerst dann, wenn er seine Waffen ordnungsgemäß und in den Verband integriert führen und die anbefohlenen Bewegungen – und nur diese – vorschriftsmäßig ausführen konnte."[50] Die Auflösung des Gewalthaufens in eine flexible Ordnung, bei der sich die Position jedes Soldaten unentwegt änderte, war ein für damalige Vorstellungen unerhörter Schritt, der eine in hohem Maße disziplinierte Truppe voraussetzte. Der einzelne wurde nun nicht mehr in einer Körpermasse mitgeschoben, ob er wollte oder nicht, sondern hatte gleichzeitig mit seinen Nebenmännern eine exakt festgelegte Bewegungsfolge zu absolvieren. Im Angesicht des Gegners diesem den Rücken zuzukehren und die Frontlinie nach hinten zu verlassen, war jetzt nicht mehr gleichbedeutend mit Auflösung der Ordnung und Flucht, sondern gehörte zur Mechanik der nach dem Modell einer Maschine funktionierenden Körperformation.

Bevor die Soldatenkörper zur Truppenmaschine zusammengesetzt werden konnten, mußten jedoch die Bewegungen jedes einzelnen standardisiert, routinisiert und mit den übrigen Körpern synchronisiert werden. Der Normierung der Handgriffe und Marschschritte diente ihre schriftliche (und bildliche) Fixierung, für Routine und Gleichklang sorgte der Drill. Um die Bewegungsmuster zu vereinheitlichen, wurde ein mit prachtvollen Kupferstichen ausgestattetes Handbuch erstellt, das späteren Reglements als Muster diente und den Ausbildern eine identische Vorlage lieferte, nach der sie ihre Soldaten zu exerzieren hatten.[51] – Ohne die Serialität des Buchdrucks kein Gleichschritt der Soldaten.

Der Drill setzte zwar am Körper der Soldaten an, war aber zugleich ein hocheffizientes psychotechnisches Verfahren: Wenn die Soldaten täglich über längere Zeit ihre Gliedmaßen nach vorgeschriebenen Regeln im Takt bewegten, so erzeugte diese Vereinheitlichung und Koordination der individuellen Motoriken – ähnlich wie beim Tanz – eine elementare Form sozialen Zusammenhalts. Ließ man sie nur lang genug die Griffe und Marschformationen üben, so kostete es die Soldaten irgendwann mehr Anstrengung, aus dem Tritt zu fallen, als spontan in den Gleichtakt der Truppe einzuschwingen. In der

---

49 Vgl. die Auflistung der Kommandos bei Hahlweg: Die Heeresreform der Oranier und die Antike, S. 34/35.

50 Kleinschmidt: Tyrocinium Militare, S. 146.

51 Jacob de Gheyn: Wapenhandelinghe van roers, musquetten ende spiessen. Amsterdam 1607. Faksimileausgabe mit Einleitung von J.B. Kist. New York 1971.

Extremsituation einer Schlacht trug diese geradezu vegetativ verankerte Kohäsion nicht unwesentlich dazu bei, ein Auseinanderfallen des Truppenkörpers zu verhindern.[52]

Man hat Moritz von Oranien einen Vorläufer Frederick W. Taylors genannt, und in der Tat antizipierte die Erstellung des Exerzierreglements das Verfahren der angewandten Arbeitsanalyse, das den Begründer des *scientific management* berühmt machen sollte. „Was Taylor und seine Nachfolger beabsichtigten und realisierten, nämlich die Zerlegung menschlicher Arbeit in Bewegungselemente und deren Rekonstruktion nach dem Prinzip der höchsten Effektivität, wurde drei Jahrhunderte zuvor von Prinz Moritz bereits auf den Umgang mit Waffen angewendet."[53]

Die Vorstufe des „rollenden Feuers" sowie der partielle Übergang von der Haufen- zur Linientaktik waren zusammen mit der Einführung des Exerzierens und einer einheitlichen Kommandosprache diejenigen Bestandteile der Reformen, die sich als am meisten zukunftsweisend herausstellen sollten. Die Truppen der Oranier konnten zwar nur ein einziges Mal – 1600 in der Schlacht bei Nieuwport – die neue Gefechtsordnung erfolgreich anwenden, da Moritz und Wilhelm Ludwig im übrigen offene Feldschlachten vermieden und ihre Erfolge im Belagerungskrieg erzielten. Gleichwohl erregte das Reformwerk großes Aufsehen. Die Truppen der Generalstaaten wurden zum Seminar für junge Adlige aus anderen europäischen Ländern, nicht wenige Söldnerführer des Dreißigjährigen Krieges lernten hier die Regeln des Kriegshandwerks. Zahlreiche Publikationen machten die Innovationen vor allem in den protestantischen Ländern bekannt, und bald exerzierten auch andere Kriegsherrn ihre Truppen nach den Regeln der „niederländischen Ordonnanz".[54] Unter den Heeren des Dreißigjährigen Krieges waren es insbesondere die Schweden unter Gustav Adolph, die die neue Taktik übernahmen und weiterentwickelten. Daß bei den Landsknechten die oranische Disziplin einen nicht nur positiven Ruf genoß, läßt ein Urteil ahnen, das Grimmelshausen im „Simplicissi-

---

52 Vgl. dazu William H. McNeill: Keeping together in Time. Dance and Drill in Human History. Cambridge 1995.

53 Jacques van Doorn: Militärische und industrielle Organisation. In: Joachim Matthes (Hrsg.): Soziologie und Gesellschaft in den Niederlanden. Neuwied/Berlin 1965, S. 283.

54 Eine besondere Rolle bei der Übertragung der Heeresreform spielte Graf Johann von Nassau, der Cousin der Oranierprinzen. Er trieb, nachdem er als Offizier in den Niederlanden und in Schweden gedient hatte, selbst umfangreiche militärwissenschaftliche Antikestudien, gründete die erste deutsche Offiziersakademie – als Direktor verpflichtete er Johann Jacobi von Wallhausen –, und baute in seiner Grafschaft ein aus wehrpflichtigen Untertanen rekrutiertes Defensionswerk auf, das er nach römischem Vorbild exerzierte. Vgl. dazu die von Werner Hahlweg herausgegebene Edition seiner militärischen Aufzeichnungen: Die Heeresreform der Oranier. Das Kriegsbuch des Grafen Johann von Nassau-Siegen; sowie Gustav Droysen: Die erste Kriegsschule in Deutschland. In: Zeitschrift für deutsche Kulturgeschichte, Neue Folge, IV. Jg., 1875, S. 36–52; Ludwig Plathner: Graf Johann von Nassau und die erste Kriegsschule. Phil. Diss. Berlin 1913.

mus“ dessen Widersacher Olivier, einem finsteren „Merode-Bruder“, in den Mund legte: Er habe, als er sich als Söldner in holländische Dienste begeben habe, dort „zwar richtigere Bezahlung, aber einen langweiligen Krieg vor mein Humor (gefunden), dann da wurden wir eingehalten wie die Mönche und solten züchtig leben als die Nonnen“[55].

5. Grenzen obrigkeitlicher Gehorsamsproduktion

Von den Söldnerheeren der Oranier zu den systematisch gedrillten Linientruppen des 18. Jahrhunderts war es allerdings noch weit: Erst nach dem Dreißigjährigen Krieg wurden die „zuvor nur ‚bedarfsgerecht‘ für die Dauer einer kriegerischen Auseinandersetzung auf privatrechtlicher Basis verpflichteten ‚Söldnerhaufen‘ (...) durch langfristige bzw. unbefristete Verträge dauerhaft und damit auch in Friedenszeiten an den Landesherrn gebunden“[56]. Erst mit den stehenden Heeren verschwanden auch die bis dahin im Troß mitziehenden Frauen, und das Militär wurde zu einer reinen Männergesellschaft. „Männliche Sanitäter, Ärzte und Versorgungstrupps übernahmen die Verantwortung für das leibliche Wohl der Soldaten; Großküchen, Bekleidungsindustrie und Finanzbehörden ersetzten die Dienste der Soldatenfrauen und Marketenderinnen. Lediglich die Sorge um die Männlichkeit der Truppenangehörigen wurde weiterhin Frauen überlassen, doch auch sie wurden aus der unmittelbaren Nähe der Truppen, aus Kasernen und Feldlagern verbannt.“[57] Lange Zeit blieben „Manöver wie das Marschieren oder Haltungen wie die Kopfhaltung zu einem guten Teil Elemente einer körperlichen Rhetorik der Ehre“[58], waren einheitliche Kleidung und Normierung der Ausrüstung die Ausnahme. Nur langsam wich das extravagante Landsknechtskostüm mit zerhauenem Wams, weiter Pluderhose, Schamkapsel und Federhut einer funktionaleren Montur.[59] Die Unterbringung der Soldaten in Kasernen war unbekannt. Vor allem aber

55 Der Abentheurliche Simplicissimus Teutsch (1669). Tübingen 1967, 4. Buch, XXI. Kap., S. 353.

56 Ralf Pröve: Zum Verhältnis von Militär und Gesellschaft im Spiegel gewaltsamer Rekrutierungen (1648–1789). In: Zeitschrift für historische Forschung, 22. Jg., 1995, S. 192.

57 Claudia Opitz: Von Frauen im Krieg zum Krieg gegen Frauen. Krieg, Gewalt und Geschlechterbeziehungen aus historischer Sicht. In: L'Homme. Zeitschrift für Feministische Geschichtswissenschaft, 3. Jg., 1992, H. 1, S. 37/38.

58 Foucault: Überwachen und Strafen, S. 173.

59 Peter Burschel: Zur Sozialgeschichte innermilitärischer Disziplinierung im 16. und 17. Jahrhundert. In: Zeitschrift für Geschichtswissenschaft, 42. Jg., 1994, S. 973/974. Zur Semantik der Landsknechtskleidung vgl. außerdem Matthias Rogg: „Zerhauen und zerschnitten, nach adelichen Sitten“. Herkunft, Entwicklung und Funktion soldatischer Tracht des 16. Jahrhunderts im Spiegel zeitgenössischer Kunst. In: Bernhard R. Kroener/Ralf Pröve (Hrsg.): Krieg und Frieden. Militär und Gesellschaft in der Frühen Neuzeit. Paderborn 1996, S. 109–135.

bestand weiterhin – zumindest außerhalb der Niederlande – das Problem der ausbleibenden Soldzahlungen, das alle Disziplinierungsanstrengungen sabotierte.

Klagen über das grausame Treiben der Landsknechte ziehen sich durch nahezu alle zeitgenössischen Schilderungen des Kriegswesens. Gegenüber der Zivilbevölkerung waren Raub, Erpressung und Plünderung an der Tagesordnung und blieben in der Regel auch ungestraft, da die Söldner nur auf diese Weise ihren Lebensunterhalt sichern konnten. Galt das schon für diejenigen, die bei einem Kriegsherrn in Dienst standen, so erst recht für die Abgedankten, die als vagabundierende „gartende Knechte" auf der Suche nach neuer Arbeit durchs Land zogen und die Straßen unsicher machten.[60] Ihre militärischen Erfahrungen, auch und gerade die Erfahrungen mit militärischer Disziplin kamen ihnen dabei zugute. Die abgedankten Söldner wußten zu nutzen und weiterzugeben, was man ihnen in den Heeren beigebracht hatte: „Geschlossenes und entschlossenes Vorgehen, straffe Organisation und unbedingter Gehorsam waren nicht nur notwendige Voraussetzungen für den Sieg auf dem Schlachtfeld, sondern erleichterten auch das Überleben nach der Abdan-

---

[60] Vgl. zur Sozialgeschichte des Söldnerwesens die Forschungsüberblicke von Bernhard R. Kroener: Soldat oder Soldateska? Programmatischer Aufriß einer Sozialgeschichte militärischer Unterschichten in der ersten Hälfte des 17. Jahrhunderts. In: Manfred Messerschmidt (Hrsg.): Militärgeschichte. Probleme – Thesen – Wege. Stuttgart 1982, S. 100–123; ders.: Vom „extraordinari Kriegsvolck" zum „miles perpetuus". Zur Rolle der bewaffneten Macht in der europäischen Gesellschaft der Frühen Neuzeit. In: Militärgeschichtliche Mitteilungen, 43, 1/1988, S. 141–188. Zum Landsknechtswesen des 16. Jahrhunderts grundlegend Hans-Michael Möller: Das Regiment der Landsknechte. Untersuchungen zu Verfassung, Recht und Selbstverständnis in deutschen Söldnerheeren des 16. Jahrhunderts. Wiesbaden 1978; Reinhard Baumann: Das Söldnerwesen im 16. Jahrhundert im bayerischen und süddeutschen Beispiel. München 1978; ders.: Landsknechte. Ihre Geschichte und Kultur vom späten Mittelalter bis zum Dreißigjährigen Krieg. München 1994. Eine äußerst aufschlußreiche Quelle ist das jetzt edierte Tagebuch eines unbekannten Söldners: Jan Peters (Hrsg.): Ein Söldnerleben im Dreißigjährigen Krieg. Berlin 1993. Am eindringlichsten hat wohl Grimmelshausen das Schicksal der Landsknechte zusammengefaßt: „Fressen und Sauffen, Hunger und Durst leiden, huren und buben, raßlen und spielen, schlemmen und demmen, morden und wieder ermordet werden, todt schlagen und wieder zu todt geschlagen werden, tribulirn und wieder getrillt werden, jagen und wieder gejaget werden, ängstigen und wieder geängstiget werden, rauben und wieder beraubt werden, plündern und wieder geplündert werden, sich förchten und wieder geförchtet werden, Jammer anstellen und wieder jämmerlich leiden, schlagen und wieder geschlagen werden, und in Summa nur verderben und beschädigen, und hingegen wieder verderbt und beschädigt werden: war ihr gantzes Thun und Wesen; (...) sie weberten in ihren Wercken immer embsig fort, biß sie endlich nach und nach in Schlachten, Belägerungen, Stürmen, Feld-Zügen und in den Quartieren selbsten (so doch der Soldaten irdische Paradeis sind, sonderlich wann sie fette Bauren antreffen) umbkamen, starben, verdarben und crepirten; biß auff etlich wenige, die in ihrem Alter, wann sie nicht wacker geschunden und gestolen hatten, die allerbeste Bettler und Landstürtzer abgaben" (Der Abentheurliche Simplicissimus, 1. Buch, XVI. Kap., S. 44/45).

kung. Während aber die innermilitärische Disziplinierung obrigkeitlich gesteuert war, handelte es sich bei der Disziplinierung der Straße um eine Form der Selbstdisziplinierung als Überlebensstrategie – um eine Disziplinierung, die nicht nur unter Ausschluß der Obrigkeit stattfand, sondern auch gegen sie."[61] Die militärische Gehorsamsproduktion gab den Kriegsherren nicht nur ein fungibles Werkzeug in die Hand, sondern setzte auch ein organisiertes Machtpotential frei, das ihrer Kontrolle immer wieder entglitt und alle Anstrengungen zur Monopolisierung der Gewalt unterlief.

In den schon während des 16. Jahrhunderts verbreiteten und vereinheitlichten Kriegsartikeln nehmen Anweisungen zur Aufrechterhaltung der Ordnung im Quartier und zum Schutz von Bauern und Stadtbewohnern deshalb größeren Raum ein als Paragraphen gegen im engeren Sinne militärische Vergehen wie Fahnenflucht, Befehlsverweigerung oder Verrat.[62] Sie verpflichteten zwar die Soldaten zur Schonung von Kirchen, Klöstern, Spitälern und Schulen, von Pflügen, Mühlen und Backöfen und untersagten Brandstiftung, Vergewaltigung sowie das Plündern außerhalb der Schlachten. Aber mit Androhung und wohl auch Verhängung drakonischer Strafen allein war das Übel der Disziplinlosigkeit nicht zu beseitigen, zumal den Söldnern wegen der unregelmäßigen Entlohnung gar nichts anderes übrig blieb, als zu meutern oder sich aufs Marodieren zu verlegen. Die Sanktionierung von Vergehen war in hohem Maße von Willkür und Diskontinuität geprägt. „Die Galgen sind nicht für die Schlechten gebaut, sondern für die Pechvögel", kommentierte ein unter den Truppen kursierendes Sprichwort die Praxis der Militärjustiz.[63]

Meutereien wurden vor allem in der Endphase des Dreißigjährigen Krieges zu einem großen Problem für sämtliche Parteien. Zeitweise ging sogar die Angst um, die gegnerischen Heere könnten sich zu einer „Generalmutination" gegen ihre Kriegsherrn vereinigen.[64] Anlaß für die Revolten waren entweder wiederum Soldforderungen oder, damit verbunden, Widerstand gegen Reduzierung oder Abdankung von Truppenteilen. Die Söldner versuchten zu ertrotzen, daß man sie entweder weiter unter der Fahne hielt oder geschlossen abziehen ließ, und sei es zum militärischen Gegner. Einzeln waren entlassene Knechte der feindlichen Landbevölkerung nahezu schutzlos ausgeliefert und hätten kaum eine Überlebenschance besessen, wenn sie auf der Suche nach einem neuen Kriegsherrn durchs Land gezogen wären. Als militärisch organi-

---

61 Burschel: Zur Sozialgeschichte innermilitärischer Disziplinierung, S. 980.

62 Vgl. dazu Wilhelm Erben: Ursprung und Entwicklung der deutschen Kriegsartikel. In: Mitteilungen des Instituts für Oesterreichische Geschichtsforschung, VII. Ergänzungsbd. Innsbruck 1901, S. 473–529; sowie die Dokumentation verschiedener Artikelsbriefe aus der Zeit des Dreißigjährigen Krieges bei Eugen von Frauenholz (Hrsg.): Entwicklungsgeschichte des deutschen Heerwesens, 3. Bd.: Das Heerwesen in der Zeit des Dreißigjährigen Krieges, 1. Teil: Das Söldnertum. München 1938.

63 Zit. nach Fritz Redlich: The German Military Enterpriser and his Work Force. Vierteljahrschrift für Zeitgeschichte, Vol. I: Beiheft 47. Wiesbaden 1964, S. 469.

64 Vgl. eine entsprechende Erklärung der kursächsischen „Geheimen Räthe" aus dem Jahre 1619, zit. bei Müller: Söldnerwesen, S. 38/39.

sierte und geschulte Truppe stellten sie dagegen eine Macht dar, die nur von ihresgleichen angegriffen werden konnte und dem einzelnen Schutz und Unterhalt bot. Für die Kriegs- und Landesherrn bedeutete dieser Zustand eine ernsthafte Gefahr: Aus finanziellen und politischen Erwägungen suchten sie die militärischen Ausgaben zu verringern und ihre Heere abzudanken, sobald ein Friede in Aussicht stand. Eine in Unfrieden geschiedene, geschlossene Soldateska drohte jedoch zu einer Plage für Land und Bevölkerung werden, so daß die Kriegsherrn darauf bedacht sein mußten, sich mit den Söldnern gütlich zu einigen. Weil für eine einvernehmliche Abdankung die Geldmittel aber in der Regel nicht ausreichten, blieb ihnen häufig nichts anderes übrig, als die Knechte in Dienst zu behalten.[65] Soldaten auszuheben war leicht, doch es war schwierig, sie wieder loszuwerden. Die Unmöglichkeit, die Ansprüche der Truppen zu befriedigen und sie nach Hause zu schicken, verlängerte den Krieg um Jahre und hatte so wesentlichen Anteil an der Verheerung und Entvölkerung der deutschen Territorien. Da der Krieg sich selbst ernähren mußte, konnte er nicht eher zu einem Ende kommen, bis das Land so weit ausgeplündert war, daß er keine Nahrung mehr fand.

Die „ursprüngliche Akkumulation" politischer Macht – Heerführer wie Wallenstein verstanden sich nicht nur als militärische Großunternehmer, sondern auch als Staatengründer – verlief ebenso grausam wie jene parallele des Kapitals,[66] und diese anarchische Gewaltsamkeit war es, auf die staatsphilosophische Ordnungsdiskurse und disziplinierende Ordnungspraktiken antworteten. Staatenbildung und Soldatenfabrikation erweisen sich dabei als homolo-

---

[65] Vgl. von Frauenholz (Hrsg.): Entwicklungsgeschichte des deutschen Heerwesens, 3. Bd., 1. Teil, S. 21/22.

[66] Den Zusammenhang von Durchsetzung des Kapitalismus, Staatenbildung und Kriegswesen hat bereits Werner Sombart (Krieg und Kapitalismus. München/Leipzig 1913) herausgearbeitet. Charles Tilly hat versucht, den gleichen Zusammenhang in Analogie zum organisierten Verbrechen unserer Tage zu beschreiben: War Making and State Making as Organized Crime. In: Peter B. Evans/Dietrich B. Rueschemeyer/Theda Skocpol (Eds.): Bringing the State Back in. Cambridge u.a. 1985, S. 169–191. Bei der Umstellung von Natural- auf kapitalistische Geldwirtschaft spielte die Kriegsfinanzierung eine kaum zu überschätzende Rolle. Die Ausrüstung der Söldnerheere und Flotten steigerte den Geldverbrauch ins Ungeheure und brachte die rivalisierenden Adelsparteien in Abhängigkeit von aus dem Kaufmannskapital hervorgegangenen Finanziers wie den Fuggern. Ausweitung und Bürokratisierung des Staatsapparats dienten zunächst vorrangig dazu, die Ressourcen für Truppenaufbringung und -unterhalt bereitzustellen. Kaum ein Fürstenspiegel, der nicht die Formel *pecunia nervus belli* anführt, aus der erst später das generalisierende „der Krieg ist der Nerv *aller* Dinge" wurde. Vgl. dazu Michael Stolleis: Pecunia nervus rerum. Zur Staatsfinanzierung in der frühen Neuzeit. Frankfurt/M. 1983. Daß die Hauptleute und Obristen den Krieg als profitables Geschäft betrieben, hat Fritz Redlich in seiner umfassenden Studie über das militärische Unternehmertum (The German Military Enterpriser and his Work Force) detailliert beschrieben. Der Bedeutung des Söldnertums als eine der wichtigsten Frühformen organisierter Lohnarbeit hat die wirtschafts- und sozialgeschichtliche Forschung hingegen bislang kaum Aufmerksamkeit gewidmet.

ge Prozesse: Wie der militärische Drill den Körper des Soldaten in all seinen Bewegungen codiert und ihn als Glied des Truppenkörpers neu zusammensetzt, so entsteht der „politische Körper" des Staates – bildlich dargestellt im Titelkupfer von Hobbes' „Leviathan" – durch Definition und Durchsetzung territorialer Grenzen, Ausbau rechtlicher Reglementierungen und kontrollierenden Zugriff auf die Bevölkerung.

Man hat die Zeit zwischen 1560 und 1660 als Epoche der militärischen Revolution bezeichnet,[67] doch militärisch wie politisch war sie eher ein Jahrhundert der Entwürfe und Modellversuche als eines der praktischen Umsetzungen: Die Oranierprinzen schufen die Grundlagen für Abrichtung und Taktik der stehenden Heere, die sich erst weit später aus den „stehengebliebenen Heeren"[68] der jahrzehntelangen Kriege herausbilden sollten. Und Philosophen wie Lipsius dachten den absolutistischen Staat, lange bevor dieser sich in der Folge jener Kriege konstituierte. Die Staatsräson eilte der Staatenbildung voraus wie die Strategien zur Produktion militärischen Gehorsams dem *miles perpetuus*.

---

67 Diese Epochenkennzeichnung geht zurück auf Michel Roberts: Die militärische Revolution 1560–1660 (1956). In: Ernst Hinrichs (Hrsg.): Absolutismus. Frankfurt/M. 1986, S. 273–309. Zur Diskussion vgl. auch Geoffrey Parker: The „Military Revolution", 1560–1660 – a Myth? In: Journal of Modern History, Vol. 48, 1976, S. 195–214; ders.: Die militärische Revolution; Burschel: Krieg, Staat und die europäische Expansion in der frühen Neuzeit. In: Göttingische Gelehrte Anzeigen, 241. Jg., 1989, S. 264–274; Jeremy Black: A Military Revolution? Military Change and European Society 1550–1800. London 1991.

68 Johannes Burkhardt: Der Dreißigjährige Krieg. Frankfurt/M. 1992, S. 213–224. Zur Entwicklung des Heereswesens im 17. und 18. Jahrhundert vgl. den Forschungsüberblick von Bernhard R. Kroener: „Das Schwungrad an der Staatsmaschine"? Die Bedeutung der bewaffneten Macht in der europäischen Geschichte der Frühen Neuzeit. In: ders./Pröve: Krieg und Frieden, S. 1–23.

II. Die Abrichtung der Körper II: Drillmeister und Deserteure

1. Der preußische Militärabsolutismus

Unter den absolutistischen Staaten des 18. Jahrhunderts war Preußen der Militärstaat par excellence. Nirgends bestimmten Heeresorganisation und Kriegführung das gesamte soziale Leben stärker als im Lande Friedrich Wilhelms I. und Friedrichs II. Die preußische Armee war, in einer Formulierung von Otto Büsch, „Anlaß, Mittel und Basis zugleich für die Errichtung, Ausbildung und Aufrechterhaltung dieses sozialen Systems“[1]. Das Ziel der beiden Monarchen, den an Ressourcen, Bevölkerung und Gebietsumfang vergleichsweise unbedeutenden Staat in den Kreis der europäischen Großmächte zu führen, verlangte die konsequente Ausrichtung der Politik auf die Erfordernisse des Militärs. Ebenso wichtig war die Rolle der Armee bei der Etablierung der königlichen Macht im Innern. Die Entprivatisierung des Kriegswesens bildete die entscheidende Voraussetzung für die Entmachtung der Stände und die Umwandlung des Staates „in einen Trust, dessen alleiniger Generaldirektor der Fürst war, dem gleichermaßen Finanzen, Heer und Volk zur Verfügung standen“[2]. Die aus dem Vasallenverhältnis abgeleitete Verpflichtung des Adels zum Offiziersdienst erfüllte in Preußen dabei die gleiche Funktion wie in Frankreich die obligate Teilnahme an den Ritualen der höfischen Gesellschaft: Sie sorgte für die Einbindung der Landaristokratie in den dynastischen Staat. Wie der Hof von Versailles fungierte das preußische Offizierskorps als „eine Zähmungs- und eine Erhaltungsanstalt des Adels“[3] zugleich.

Auf zwei Säulen ruhe, so der „Soldatenkönig“ Friedrich Wilhelm I. in der Instruktion für seinen Nachfolger, die Wohlfahrt des Staates: auf einer „formidablen Armeé“ und einem „großen tresor die Armeé in Zeit von Noht Mobihle zu machen“[4]. Diese Präponderanz des Militärischen wirkte als Motor zur Intensivierung und Rationalisierung der staatlichen Herrschaft in allen Bereichen. Mit zunehmender Größe und Effizienz der Armee wuchs auch ein leistungsfähiger Verwaltungsapparat, der die personellen, materiellen und vor allem finanziellen Mittel zu ihrem Unterhalt bereitzustellen hatte: „Aus den Kriegskommissaren, die seit dem 17. Jahrhundert die Einquartierung, Verpflegung und Besoldung, die Magazine und den Nachschub für das Militär organi-

1 Otto Büsch: Militärsystem und Sozialleben im alten Preußen 1713–1807. Frankfurt/M. 1981, S. 1.

2 Eckart Kehr: Zur Genesis der preußischen Bürokratie. In: ders.: Der Primat der Innenpolitik. Frankfurt/M. u.a. 1976, S. 32.

3 Elias: Über den Prozeß der Zivilisation, Bd. 2, S. 368.

4 Instruktion Friedrich Wilhelms I. für seinen Nachfolger (1722). In: Die politischen Testamente der Hohenzollern, bearb. von Richard Dietrich. Köln/Wien 1986, S. 233.

sierten, ging ein zuverlässiger Zweig der fürstlichen Bürokratie hervor. Ein gut Teil der zentralstaatlichen Hauptbehörden Preußens entstand überhaupt erst aus dieser frühen Militärverwaltung, denn, wie Ranke urteilte, ‚die gesamte Administration' hatte damals ‚den Zweck', ‚die Armee zu erhalten und zu vermehren'."[5] Der gleichen Bestimmung dienten Schutzzollpolitik und Förderung der Manufakturen, die ein Abfließen von Geld ins Ausland verhindern und für eine positive Handelsbilanz sorgen sollten. Sie sicherten dem Militärstaat das Steueraufkommen, das zusammen mit Domäneneinkünften und Regalien seinen stets wachsenden Finanzbedarf zu decken hatte. Zwischen 86 (1739/40) und knapp 76 Prozent (1783–1786) der sich im gleichen Zeitraum mehr als verdoppelnden Staatseinnahmen wurden für laufende Militärausgaben aufgewandt oder flossen in den Kriegsschatz.[6] Auch die vor allem von Friedrich II. betriebene Politik der Peuplierung und Kolonisation unbesiedelter Landstriche kam dem militärischen Potential der Monarchie zugute, bedeutete Bevölkerungszunahme doch mehr Rekruten und steigende Steuereinnahmen durch wirtschaftliches Wachstum.

Obwohl die altpreußische *raison d'État* zuallererst eine *raison de la guerre* war, wäre es verfehlt, daraus auf eine durchgängige Militarisierung der gesamten Bevölkerung zu schließen. Preußen war im 18. Jahrhundert weit entfernt davon, ein totalitäres Regime zu sein. Der absolutistische Militärstaat besaß gar nicht die Mittel zur vollständigen Durchdringung des öffentlichen und privaten Lebens. Seine Macht reichte längst nicht in sämtliche Nischen der Gesellschaft hinein, aber alles, was in den Einflußbereich staatlicher Reglementierung und Verwaltung geriet, stand damit unmittelbar oder mittelbar im Dienst permanenter Kriegsbereitschaft.

2. Von den gewaltsamen Werbungen zur Rekrutierung nach dem Kantonssystem

Die Differenz zwischen Zugriffswillen und Zugriffsmöglichkeiten des Staates zeigte sich insbesondere bei der Rekrutierung und Abrichtung der Soldaten. Mit der Anwerbung von Söldnern allein war der enorm ansteigende Personalbedarf des stehenden Heeres nicht mehr zu decken. Von 38.000 Mann bei Regierungsantritt Friedrich Wilhelms I. im Jahre 1713 wuchs die Armee auf 195.000 Mann beim Tode Friedrichs II. 1786.[7] Zudem waren erhebliche

[5] Hans-Ulrich Wehler: Deutsche Gesellschaftsgeschichte, Bd. 1. Vom Feudalismus des alten Reiches bis zur Defensiven Modernisierung der Reformära 1700–1815. München 1987, S. 246/247. Vgl. dazu auch Otto Hintze: Der Commissarius und seine Bedeutung in der allgemeinen Verwaltungsgeschichte. In: ders.: Gesammelte Abhandlungen, Bd. 1: Staat und Verfassung. Göttingen 1962, S. 242–274.

[6] Vgl. Sombart: Krieg und Kapitalismus, S. 57.

[7] Gustav Schmoller: Die Epochen der preußischen Finanzpolitik bis zur Gründung des deutschen Reiches. In: ders.: Umrisse und Untersuchungen zur Verfassungs-, Verwaltungs- und Wirtschaftsgeschichte besonders des preußischen Staates im 17. und 18. Jahrhundert. Leipzig 1898, S. 180.

Kriegsverluste auszugleichen, und schließlich hatte der Soldatenberuf an Attraktivität eingebüßt, da er kaum mehr Aussicht auf Wohlstand und sozialen Aufstieg bot, sondern allenfalls ein ärmliches, wenn auch – zumindest in Friedenszeiten – relativ sicheres Einkommen.[8] „Menschenmaterial" für das Militär war Mangelware im 18. Jahrhundert. Die Armeen in den Jahrzehnten nach dem Westfälischen Frieden, als das System stehender Heere sich herausbildete, hatten sich sich noch nahezu ausschließlich aus Söldnern rekrutiert, die das Kriegshandwerk zumindest für eine bestimmte Zeit als Profession betrieben. Die milizförmigen Defensionswerke, zu denen vor allem die Fürsten kleinerer Staaten ihre Untertanen unter Berufung auf die althergebrachte Land- und Gerichtsfolge, das *ius sequelae*, aufboten, dienten ausschließlich der Territorialverteidigung und erlangten, da den Söldnerheeren hoffnungslos unterlegen, kaum militärische Bedeutung.[9] Jetzt dagegen mußten in Preußen wie in den übrigen europäischen Staaten Zwangsaushebungen die Werbung im In- und Ausland ergänzen. Aus der Perspektive des Monarchen war zwar „die junge Mannschafft" ihrem „Souverain und Landes-Herrn nach ihrer natürlichen Geburt und des höchsten Gottes eigener Ordnung und Befehl mit Guth und Blut zu dienen schuldig und verpflichtet"[10], und diejenigen, die einmal im Soldatenrock steckten, sollten ihn tragen müssen, „biß S. Kgl. Majestät sie derer Dienste zu entlassen, von selbsten allergnädigst gefallen wird"[11]. In der Praxis stieß die Beschaffung des Mannschaftsersatzes jedoch auf erhebliche Widerstände.

Zwangsrekrutierung hieß zunächst Verschärfung der Werbemethoden. Bis zur Thronbesteigung Friedrich Wilhelms I. war der Rekrutenbedarf auf zwei Arten gedeckt worden: „entweder warben die Offiziere, wie das seit Jahrhunderten geschehen war, oder die Rekruten wurden von den Ständen, Kreisen, Gemeinden und Korporationen der Provinz geliefert, denen es überlassen blieb, wie sie sich das erforderliche Menschenmaterial beschafften"[12]. Der „Soldatenkönig", der sofort nach seiner Thronbesteigung eine Truppenvermehrung von 10.000 Mann anordnete und zugleich die Ansprüche an die Beschaffenheit der Rekruten vor allem hinsichtlich ihrer Körpergröße heraufschraubte, beließ es zunächst bei dieser Regelung, erklärte aber, sich wegen der Qualität der Rekruten künftig ausschließlich an die Offiziere halten zu

---

8 Helmut Schnitter/Thomas Schmidt: Absolutismus und Heer. Zur Entwicklung des Militärwesens im Spätfeudalismus. Berlin 1987, S. 38/39.

9 Vgl. Gerhard Papke: Von der Miliz zum Stehenden Heer. Wehrwesen im Absolutismus. In: Militärgeschichtliches Forschungsamt (Hrsg.): Deutsche Militärgeschichte 1648–1939, Bd. 1, Abschnitt I. München 1983, S. 62–114.

10 Edikt Friedrich Wilhelms I. vom 9. Mai 1714, zit. nach Eugen von Frauenholz (Hrsg.): Entwicklungsgeschichte des deutschen Heerwesens, 4. Bd.: Das Heerwesen in der Zeit des Absolutismus. München 1940, S. 225.

11 Ordre Friedrich Wilhelms I. vom 15. Mai 1713, zit. nach Max Jähns: Geschichte der Kriegswissenschaften vornehmlich in Deutschland, 2. Bd., München/Leipzig 1890, S. 1554.

12 Max Lehmann: Werbung, Wehrpflicht und Beurlaubung im Heere Friedrich Wilhelm's I. In: Historische Zeitschrift, 67. Jg., 1891, S. 261.

wollen. Damit war dem Soldatenpressen Tür und Tor geöffnet. Wo die Ortsobrigkeiten nicht genügend hochgewachsene Männer beibrachten, holten die Regimenter sich ihren Ersatz mit List oder Gewalt. Die Werbekommandos machten im ganzen Land und auch in den angrenzenden Territorien Jagd auf Rekruten. Wer von stattlicher Größe war und nicht freiwillig sein Handgeld nahm, mußte fürchten, entführt und zum Fahneneid gezwungen zu werden. Von Glück konnte reden, wer gegen eine hohe Lösesumme oder Stellung eines Ersatzmannes wieder freikam. Der König sah sich schon im August 1713 veranlaßt, ausdrücklich zu untersagen, daß Postkutschen angehalten und geeignete Passagiere oder der Kutscher „gewaltsam weggenommen" wurden, wobei er einschränkend hinzufügte, dieses Verbot gelte nicht, falls der Postillon so groß sei, „daß er bei Dero Bataillon Grenadirer stehen könne"[13]. Die Offiziere gingen nicht selten mit einer solchen Brutalität vor, daß selbst der königliche Generalauditeur in einem Gutachten darauf drängte, bei den Werbungen möge wenigstens „das viele Blutvergießen" aufhören.[14] Neben dem systematischen Einsatz von Alkohol und der Anwendung physischer Gewalt umfaßte das Repertoire der Werber auch Täuschung und Betrug: „Ahnungslose wurden mit falschen Versprechungen, etwa, indem eine schnelle Karriere oder exorbitante Soldzahlungen in Aussicht gestellt wurden, geködert. In anderen Fällen fälschte man die Unterschrift auf der ‚Capitulation' oder verlängerte nachträglich heimlich die vereinbarte Dienstzeit. Bei solchen und ähnlichen sogenannten ‚listigen' Werbungen geschah die Kontaktaufnahme – im Gegensatz zum offen gewalttätigen Vorgehen – in der Öffentlichkeit in unverdächtiger Ausgangssituation. Beinahe ‚klassischer' Tatort war das Wirtshaus."[15]

Daß als Reaktion auf solche Praktiken Werber verprügelt, verjagt oder ihnen ihre Rekrutenbeute gewaltsam wieder abgenommen wurde, war insbesondere bei der Werbung im Ausland keine Seltenheit.[16] In verschiedenen Staaten wurden preußische Werber in Haft genommen, einige sogar zum Tode verur-

---

[13] Curt Jany: Geschichte der Königlich Preußischen Armee bis 1806, Bd. 1. Berlin 1928, S. 681.

[14] Büsch: Militärsystem und Sozialleben, S. 15.

[15] Pröve: Militär und Gesellschaft im Spiegel gewaltsamer Werbungen, S. 211. Zu den Praktiken der Werbeoffiziere vgl. auch Michael Sikora: Disziplin und Desertion. Strukturprobleme militärischer Organisation im 18. Jahrhundert. Berlin 1996, S. 216–236.

[16] Vgl. die Dokumentation zahlreicher Fälle gewaltsamer Werbungen in Mecklenburg bei W. von Schultz: Die preußischen Werbungen unter Friedrich Wilhelm I. und Friedrich dem Großen bis zum Beginn des 7jährigen Krieges mit besonderer Berücksichtigung Mecklenburg-Schwerins. Schwerin 1887. Allgemein zu den Praktiken der Werber vgl. die autobiographischen Berichte von Ulrich Bräker: Lebensgeschichte und Natürliche Ebentheuer des Armen Mannes im Tockenburg (1789), Zürich 1978, S. 126–158; Joachim Nettelbeck: Ein Mann. Des Seefahrers und aufrechten Bürgers Joachim Nettelbeck wundersame Lebensgeschichte von ihm selbst erzählt. Ebenhausen 1910, S. 53–60; sowie als zeitgenössische literarische Bearbeitung die anonym veröffentlichten: List- und lustigen Begebenheiten derer Herren Officiers auf Werbungen (1741). Nachdruck: Osnabrück 1971.

teilt.[17] Doch auch auf preußischem Gebiet provozierten Übergriffe der verhaßten Rekrutierungskommandos durchaus Gegenwehr. Ein größerer Aufruhr ereignete sich 1720 in der Grafschaft Mark: „Am 8. September, einem Sonntag, erschien ohne vorherige Ansage ein Kommando von 240 Mann des Regiments von Auer unter zwei Hauptleuten in Hagen, drang während des Gottesdienstes in die lutherische Kirche ein, wo die Gemeinde versammelt war, und begann mit Gewalt Rekruten aufzugreifen. Es entstand ein wilder Tumult, ein Teil der Leute flüchtete auf den Kirchturm und läutete die Sturmglocke. Alsbald war aus der ganzen Nachbarschaft eine tobende Volksmenge herbeigeströmt, führte aufrührerische Reden gegen den König und das Militär, warf mit Steinen, von beiden Seiten wurde geschossen, und es gab mehrere Tote und viele Verwundete. Schließlich zog das Kommando ab. Auch in Schwelm und Hattingen fanden Zusammenrottungen statt. Die Untersuchung, die der Generalauditeur Katsch führte, endete damit, daß die beiden Ämter Wetter und Blankenstein, in denen jene Ortschaften lagen, eine Strafe von 20.000 Thalern zahlen und die ganze Grafschaft Mark für das Regiment 200 Rekruten aufbringen mußte. Den Offizieren sollte der Oberst ihr Verhalten verweisen. Die Bitte der Zivilbehörden um eine gemischte Untersuchung lehnte der König ab. Als die Ablieferung der 200 Mann sich verzögerte, verwarnte der König am 14. Februar 1721 die Clevische Regierung und das dortige Kommissariat, ‚wann Ihr und das Land nicht wollet, daß das Regiment selbsten zugreifen und die Werbungen wieder antreten solle‘!“[18] Zwei angeblich am Aufruhr beteiligte Pfarrer wurden nach Berlin zitiert, um sich vor einer königlichen Kommission zu rechtfertigen. Die beiden konnten aber glaubhaft machen, daß sie „mit Gefahr ihres Lebens den geschehenen Auflauf auseinandergebracht, stärkere Zusammenrottierung verhindert und also des ganzen Auerschen Regiments Schutzengel gewesen, daß sie nicht alle von den wütenden Bauern massakriert worden“[19].

Zu einem ernsthaften Problem entwickelte sich die Landesflucht als Folge der Rekrutierung durch Menschenraub. Zumal in den grenznahen Landesteilen fand förmlich eine Auswanderung der militärdienstfähigen Männer statt. Das Land werde „sehr ausgesauget und von guter Mannschaft entblößet“, heißt es in einem offiziellen Bericht aus dem Fürstentum Minden, „denn wenn 50 Recruten geliefert werden sollen, gehen 100 und mehr junge Kerle außer Landes, um nur der gewaltsamen Werbung zu entgehen“[20]. Da half es wenig,

---

[17] Vgl. Eduard Vehse: Geschichte des preußischen Hofes und Adels und der preußischen Diplomatie, 2. Teil. Hamburg 1851, S. 293/294.

[18] Jany: Geschichte der Königlich Preußischen Armee, Bd. 1, S. 686.

[19] Carl Hinrichs: Preußentum und Pietismus. Göttingen 1971, S. 145/146. Vgl. dazu auch die von Jürgen Kloosterhuis bearbeiteten und herausgegebenen Regesten: Bauern, Bürger und Soldaten. Quellen zur Sozialisation des Militärsystems im preußischen Westfalen 1713–1803. Münster 1992, zum „märkischen Aufstand“ S. 30–41; sowie ders.: Zwischen Aufruhr und Akzeptanz. Zur Ausformung und Einbettung des Kantonsystems in die Wirtschafts- und Sozialstrukturen des preußischen Westfalen. In: Kroener/Pröve (Hrsg.): Krieg und Frieden, S. 167–190.

[20] Bericht der Mindenschen Commissarien vom 6. April 1713. In: Acta Borussica. Denkmäler der Preußischen Staatsverwaltung im 18. Jahrhundert, 1. Abt.: Die Be-

daß der König per Edikt verfügte, Landesflüchtige seien als „würckliche Deserteurs" zu behandeln und „mit Confiscation ihres Vermögens und harter Leibes-Straffe" zu verfolgen.[21] Durch die „Depeuplierung" drohte ein Niedergang der Landwirtschaft, was wiederum zu einem Rückgang der staatlichen Steuereinkünfte führen mußte, von denen doch die Heeresfinanzierung abhing. Was die äußeren Machtmittel des Staates stärken sollte, wirkte im Innern destabilisierend.

Als die Klagen der Stände und Provinzbehörden sich häuften, untersagte Friedrich Wilhelm I. zwar die gewaltsame Werbung im Inland, gab den kommandierenden Offizieren aber gleichzeitig zu verstehen, daß dieses Verbot nicht allzu wörtlich zu nehmen sei: Bei der Werbung sollten „keine Excesse und großen Gewaltthätigkeiten" vorfallen, vor allem aber „keine Klagen einkommen"[22], vielmehr sollte man, wie es in einer anderen Ordre hieß, „mit guter Manier, gelinden Worten und möglichster Listigkeit"[23] vorgehen. Adel und städtischen Beamten sicherte der König Straffreiheit zu, wenn sie sich mißliebiger oder renitenter Untergebener durch Auslieferung an das nächstliegende Regiment entledigten: Vom Verbot gewaltsamer Werbung ausgenommen waren „ungehorsame Bürger, Bauern und dergleichen Unterthanen, welche das Jhrige liederlich durchbringen, oder sonsten solche Verbrechen begehen, warum es besser eine Bürgerschafft, Commune und Dorffschaft von dergleichen Widerspenstigen zu reinigen", ebenso „Dienst-Bothen, es seyen Laquayen, Kutscher, Knechte oder andere Bediente", die „ihren Brod-Herrn nicht gut thun"[24]. Als Repressions- und Disziplinierungsinstrument lokaler Gewalten ergänzte die Zwangsaushebung Zucht- und Arbeitshaus. Lange bevor die Rede von der „Schule der Nation" aufkam, fungierte die Armee als staatliche Korrektionsanstalt. Ebenso häufig war aber auch der umgekehrte Fall, daß Gutsherrn, die um ihre Arbeitskräfte fürchteten, oder auch lokale Beamte die Arbeit der Werber sabotierten. Daran änderte selbst die Androhung hoher Geldstrafen nichts, wußten doch die örtlichen Behördenvertreter „Leute, die sie gerne verschonet sehen, durch die dritte, vierte Hand dergestalt warnen zu lassen, daß sie nimmer zu Hause anzutreffen"[25].

Mit der Doppelstrategie des Königs, der einerseits die Stände mit (wirkungslosen) Verbotsedikten zu beschwichtigen suchte, andererseits die Obristen zur Komplettierung ihrer Regimenter drängte und eingehende Beschwerden wegen der andauernden gewaltsamen Werbungen regelmäßig zurückwies, war der Konflikt zwischen den agrarisch-fiskalischen Erfordernissen und dem Rekrutenbedarf des Heeres nicht zu lösen. Entschärft wurde er erst durch das 1733 verbindlich eingeführte „Kantonsystem", das bis zu den Militärreformen nach der Niederlage gegen Napoleon die Heeresaufbringung ordnete. Die Zwangsrekrutierung wurde damit zwar nicht abgeschafft, aber einer rechtlichen Regulierung unterworfen. Dabei wurde gesetzlich fixiert, was längst

hördenorganisation und die allgemeine Staatsverwaltung Preußens im 18. Jahrhundert, 1. Bd. Berlin 1894, Nr. 133, S. 388.

21 Edikt vom 17. Oktober 1713, zit. nach von Frauenholz (Hrsg.): Entwicklungsgeschichte des deutschen Heerwesens, 4. Bd., S. 223.

gängige Praxis der Kompaniechefs war: Diese beurlaubten, nicht zuletzt um den massenhaften Desertionen entgegenzuwirken, für einen großen Teil des Jahres die Mehrzahl der Rekruten, die dann zur Arbeit in ihre Dörfer zurückkehrten oder als „Freiwächter" in den Städten einem Gewerbe nachgingen. Die auf diese Weise eingesparte Löhnung konnte für Auslandswerbung verwendet werden. Um zu verhindern, daß ihnen potentielle Rekruten von anderen Regimentern weggeworben würden, waren die Kompaniechefs außerdem dazu übergegangen, den männlichen Nachwuchs in Stammrollen einzutragen und auf diese Weise für ein bestimmtes Regiment zu „reservieren". Mit der „Enrollierung" galten die Jugendlichen als dienstverpflichtet und konnten eingezogen werden, sobald sie herangewachsen waren und es „ihrem" Truppenteil zur Sollstärke noch an Rekruten fehlte.

Der König sanktionierte und vereinheitlichte diese Beurlaubungs- und Enrollierungspraktiken und ergänzte sie durch die Aufteilung des Landes in feste Rekrutierungsbezirke, die Kantone. Das aus mehreren Verordnungen zusammengesetzte „Kantonsreglement" bestimmte, jeder männliche Einwohner sei dem Regiment „obligat", zu dessen Kantonsdistrikt die Feuerstelle gehörte, auf der er geboren war. Nach einer anderthalb- bis zweijährigen Grundausbildung wurden als zuverlässig eingestufte Soldaten für jährlich neun bis zehn Monate beurlaubt und, sofern es keinen Krieg gab, nur zum Frühjahrsexerzieren wieder eingezogen. Bei der Truppe blieb in der übrigen Zeit nur eine zur Gewährleistung des Wachdienstes nötige Mindestbesetzung, die sich vor allem aus grundsätzlich desertionsverdächtigen Ausländern und „unsicheren Kantonisten" zusammensetzte. Beurlaubte Soldaten hatten bei Strafe des Gassenlaufens auch während der zivilen Arbeit ihren Uniformrock zu tragen und zum Sonntagsgottesdienst sogar in voller Montur zu erscheinen, um durch äußere Kennzeichnung ihren militärischen Status hervorzuheben.[26]

Was auf den ersten Blick wie eine Vorstufe zur allgemeinen Wehrpflicht aussieht, erweist sich bei genauerem Hinsehen als legalisierte Zwangsaushebung der Unterschichten vor allem auf dem „platten Land": Ausgenommen von der Enrollierung waren neben dem Adel, der allerdings die Offiziere zu stellen hatte, Söhne von Bürgern mit einem sicheren Vermögen von mindestens 10.000 Talern, alle mit Haus und Hof ansässigen Bauern und, falls sie nur einen Sohn hatten, auch dieser, ferner Theologiestudenten, „Manufakturiers" der vom merkantilistischen König geförderten Industrien sowie die gesamte Anwohnerschaft einiger großer Städte – kurzum: „die höheren Klassen und gewisse Volksschichten, die für das Wirtschaftsleben besonders nützlich

---

22 Lehmann: Werbung, Wehrpflicht und Beurlaubung, S. 264.

23 Brief an das Regiment Dönhoff vom 23. Dezember 1715, zit. nach Jähns: Geschichte der Kriegswissenschaften, 2. Bd., S. 1555.

24 Edikt vom 9. Mai 1714, zit. nach von Frauenholz (Hrsg.): Entwicklungsgeschichte des deutschen Heerwesens, 4. Bd., S. 226.

25 Bericht der Mindenschen Commissarien vom 6. April 1713, S. 388.

26 Vgl. das Reglement vor die Königl. Preußische Infanterie von 1726. Faksimiledruck der Ausgabe 1726: Osnabrück 1968, S. 571/572.

schienen“[27]. Unter Friedrich II. wurden die „Eximierungen“ noch erweitert. Jedes Regiment durfte fortan nur aus dem ihm zugeordneten Kanton seinen Ersatz beziehen – abgesehen von Ausländern, die weiter immerhin zwischen einem und zwei Drittel des Truppenbestandes ausmachten.

Von den Kantonspflichtigen wurden in Friedenszeiten etwa sieben Prozent tatsächlich zum aktiven Dienst ausgehoben, während des Siebenjährigen Krieges lag der Anteil der Mobilisierten bei etwa zehn Prozent. Ob ein Kantonist einberufen wurde, hing zunächst von seiner Größe ab. Das offizielle Militärmaß betrug fünf Fuß fünf Zoll (169 cm). Es wurden zwar auch kleinere Soldaten rekrutiert, doch je geringer die Körpergröße, je größer die Wahrscheinlichkeit, der Aushebung zu entgehen. Die Entscheidung über die Einberufung lag beim zuständigen Kompaniechef, und dieser bestimmte auch, ob und wann ein zum Regiment eingezogener Kantonist seinen „Abschied“ erhielt. Ohne Einwilligung des Kompaniechefs durfte kein Kantonspflichtiger sich ansässig machen oder heiraten. In der Praxis konnten jedoch auch die dörflichen und gutsherrlichen Obrigkeiten einen gewissen Einfluß geltend machen. Insgesamt blieb die Aushebungspraxis ein Spiegelbild der ländlichen Sozialordnung: Die Kompaniechefs und die zur Enrollierung in die Kantone kommandierten Unteroffiziere ließen sich Zurückstellungen, Trauscheine und Entlassungsurkunden teuer bezahlen. Auch Söhne wohlhabender Bauern mußten zwar grundsätzlich mit einer Einberufung rechnen, doch gelang es ihnen weit häufiger, durch Geld oder Einflußnahme auf die Entscheidungsträger vom Regiment freizukommen. Die arme Landbevölkerung, zumal in den östlichen Landesteilen, wo eine gutsherrschaftlich organisierte Agrarverfassung vorherrschte und die feudalen Abhängigkeitsverhältnisse besonders krass waren, verfügte nicht über solche Möglichkeiten und stellte denn auch den größeren Teil der Soldaten.

Otto Büsch argumentiert in seiner grundlegenden Studie zum „Militärsystem und Sozialleben im Alten Preußen“, die adligen Hauptleute hätten im wesentlichen ihre eigenen Untertanen als Rekruten in ihr Regiment eingestellt, militärische und gutsherrliche Befehlsgewalt seien folglich zusammengefallen und hätten sich wechselseitig verstärkt. Diese These trifft selbst für die ostelbischen Provinzen nicht zu, da nur eine Minderheit der Truppenoffiziere in den Regimentern ihrer Heimatprovinz diente. Nicht Personalunion von Gutsherr und Offizier, sondern allenfalls ein identisches Modell personaler Herrschaft machte die Gutsherrschaft zu einer „Vorschule zum Heeresdienst“.[28]

Die im Vergleich zur Rekrutierungspraxis anderer Länder erstaunliche Leistungsfähigkeit des Kantonsystems beruhte nicht zuletzt darauf, daß es auf die Lebensbedingungen der Familien beziehungsweise Haushalte abgestimmt

---

27 Hans Delbrück: Geschichte der Kriegskunst im Rahmen der politischen Geschichte, IV. Teil: Die Neuzeit. Berlin 1920, S. 286.

28 Zur Kritik von Büschs These vgl. Hartmut Harnisch: Preußisches Kantonsystem und ländliche Herrschaft. Das Beispiel der mittleren Kammerdepartements. In: Kroener/Pröve (Hrsg.): Krieg und Frieden, S. 137–165.

war und die ländliche Gemeinde sowohl als Träger der untersten Polizeiexekutive im Dorf als auch zugleich in ihrer Rolle als genossenschaftlicher Nachbarschaftsverband in die Organisation des Heeresersatzes einbezog: „Die Situation der ländlichen Produktionsfamilie war tatsächlich so beschaffen, daß sogar schon das Familienoberhaupt aus Gründen der Arbeitskräftebilanz der Wirtschaft, der Alterssicherung und eventueller Repressionen die Flucht eines von der Aushebung bedrohten Sohnes zu vermeiden bemüht gewesen sein muß. Noch stärker aber war die Gemeinde, zunächst die Funktionsträger in der Gemeinde, dann aber auch die Gesamtheit der angesessenen Nachbarn, auf die Erfüllung der Anforderungen des Kantonsystems generell festgelegt und speziell auf die Verhinderung von Desertationen. Jedes ‚Austreten' eines Kantonisten bedeutete, daß es den nächsten treffen mußte; die Flucht von mehreren Burschen konnte die Exekution nach sich ziehen. Die Flucht eines Sohnes gefährdete die längerfristigen Familienstrategien, konnte für die Familienexistenz bedrohlich werden. Die Flucht von gleich mehreren Kantonisten bedrohte die Gemeinde als solche."[29]

Die preußisch-deutsche Geschichtsschreibung hat das Kantonsreglement als „eine der wichtigsten Errungenschaften zur Anbahnung des Staatsbürgertums"[30] und „einen mächtigen Fortschritt der Volkserziehung"[31] gefeiert, da es „den Gedanken des Staates in jene Regionen unterhalb des Landrathes trug, wo bisher nur der Gutsherr gewaltet hatte"[32]. Die Begeisterung der Historiker für den „Unterschied zwischen Raub und Recht, zwischen Sklaverei und Pflicht"[33] eskamotiert jedoch den konstitutiven Zusammenhang von Gesetz und Gewalt. Das System markiert einen neuen Modus der Verzahnung zwischen ständisch-feudaler und zentralstaatlicher Herrschaft. Aus „wilder" Aneignung wurde geordnete Heranziehung des „Menschenmaterials", was im Effekt die Zugriffsmöglichkeiten des Staates nur steigerte. Der Zwang des Gesetzes war kalkulierbarer als die Willkür von Feudalherren oder Werbeoffizieren, aber – zumal wenn er mit der Zeit zur „Pflicht" verinnerlicht wurde – auch unerbittlicher. Völlig ohne physische Gewalt verlief die Rekrutierung indes auch weiterhin nicht: Vor allem „lange Kerle" waren, auch wenn sie formal zu den Eximierten zählten, nicht vor den Werbern sicher. Und in Kriegszeiten erhielten die Regimenter ihren Ersatz oft genug erst, nachdem sie Zwangsmaßnahmen angedroht oder eine Truppenabordnung geschickt hatten, um die erforderliche Rekrutenzahl einzufangen und abzuführen.[34]

Für noch nicht eingestellte Enrollierte und Urlauber brachte das Kantonsreglement aber auch kleine Freiheitsspielräume: Die Tatsache, daß sie nicht

---

29 Ebd., S. 164.

30 Schmoller: Die Entstehung des preußischen Heeres von 1640 bis 1740. In: ders.: Umrisse und Untersuchungen, S. 279.

31 Jähns: Geschichte der Kriegswissenschaften, 2. Bd., S. 1569.

32 Max Lehmann: Werbung, Wehrpflicht und Beurlaubung, S. 272.

33 Ebd.

34 Vgl. Horst Carl: Okkupation und Regionalismus. Die Preußischen Westprovinzen im Siebenjährigen Krieg. Mainz 1993, S. 373.

mehr der Gerichtsbarkeit ihres Gutsherrn oder kommunaler Behörden, sondern der ihres (oft weit entfernten) Regiments unterstanden, setzte den zivilen Gewalten Grenzen. Auch als künftiger oder beurlaubter Soldat war der hörige Bauernsohn rechtlich zwar nicht aus der Leibeigenschaft entlassen, aber in Strafsachen und, wichtiger noch, bei Heirat und Niederlassung entschied allein der Kompaniechef. Bald häuften sich die Klagen der Stände, die „enrollierten jungen Leute ließen ‚sich schon bedünken Soldaten zu sein'; sie seien unbotmäßig gegen Eltern und Lehrer, widerstrebten der Bestrafung durch die Obrigkeiten und suchten, so lange sie die Pässe hätten, Schutz beim Officier; und die Officiere hätten ‚viele Gerichtshalter durch erlassene harte Schreiben abgeschrecket'. Zucht, Ehrbarkeit, Disziplin und Polizei hätten in Folge dessen auf dem Lande gutentheils aufgehört."[35] Daß die Kantonspflichtigen für einige Zeit der Enge von Familie, Gut oder Dorf entkamen, stärkte offensichtlich ihr Selbstbewußtsein gegenüber den traditionellen Autoritäten, und sie nutzten die Nischen, die aus dem Zuständigkeitsgerangel zwischen zivilen und militärischen Obrigkeiten entstanden.

Der Soldatendienst selbst stand allerdings weiterhin in schlechtem Ruf. Er blieb Zwang, dem man sich nur widerwillig fügte, und die Offiziersfuchtel war nicht weniger gefürchtet als der Stock des Gutsherrn. In den Bereich apologetischer Legendenbildungen über den preußischen Militarismus gehört jedenfalls das pathetische Resümee Gustav Schmollers, die Kantonsverfassung habe „aus mißhandelten Hörigen die Bürger eines Staates (gemacht), mit dem sie innerlich verwuchsen, an dessen Ehre und Schicksal sie Teil hatten, dem sie ihr Alles hinzugeben, ihr Leben zu opfern bereit waren"[36]. Friedrich II. schätzte die Motivation seiner Truppen realistischer ein: „Der grösseste Theil einer Armee", schrieb er in seinen „General-Principia vom Kriege", „bestehet aus indolenten Leuten; Wenn ein General selbigen nicht beständig auf den Hacken ist, so wird diese gantze so künstliche und vollkommene Maschine sich sehr geschwinde detraquieren, und der General wird eine wohl disciplinirte Armee als denn nur allein in der Idee haben."[37]

3. Soldatendressur

Nicht Identifikation mit Staat oder König machte aus gepreßten, geworbenen oder nach dem Kantonsystem ausgehobenen Rekruten fungible Soldaten, sondern Dressur und ein ausgefeiltes System des Überwachens und Strafens. Zumindest bei einem Kern von Langgedienten sorgten darüber hinaus auch

---

[35] Die Landesdesiderien des Herzogthums Magdeburg vom 2. August 1740. In: Acta Borussica. Denkmäler der Preußischen Staatsverwaltung im 18. Jahrhundert, 1. Abt.: Die Behördenorganisation und die allgemeine Staatsverwaltung Preußens im 18. Jahrhundert, 6. Bd., 2. Hälfte. Berlin 1901, S. 93.

[36] Schmoller: Die Entstehung des preußischen Heeres, S. 280.

[37] Friedrich der Große: Die General-Principia vom Kriege (1753). In: ders.: Militärische Schriften. Berlin 1882, S. 5.

Gewohnheit, „Berufsethos“ und kameradschaftliche Bindungen für ein gewisses Maß an Zuverlässigkeit. Geld dagegen veranlaßte zwar manchen jungen Mann, die Uniform anzuziehen, erwies sich aber im übrigen als ein wenig stabiles Disziplinierungsmittel. Schon in Friedenszeiten bildete die Aussicht auf ein neues Handgeld jenseits der Grenze einen steten Anreiz zur Desertion, und erst recht konnte der ohnehin karge Sold im Krieg die Truppe nicht zusammenhalten. Patriotische Gefühle – genauer: eine gewisse Verehrung für die Person des Herrschers – mochten gelegentlich vorkommen, systematisch geweckt wurden sie nicht.[38] Eine Treueverpflichtung zum König kannte nur der Offizier.

Die sprichwörtliche preußische Disziplin, für Friedrich II. „das Fundament von der Gloire und von der Conservation des Staats“[39], perfektionierte die von den Oraniern vorgezeichneten, in der „schwedischen Ordonnanz“ Gustav Adolfs ausgearbeiteten und unter Ludwig XIV. in Frankreich zuerst auf ein stehendes Heer angewendeten Abrichtungsmethoden zu geradezu idealtypischer Reinheit. Die Preußen betrieben die Disziplinierung ihrer Soldaten nicht grundsätzlich anders als die übrigen absolutistischen Mächte, aber sie betrieben sie – entsprechend der Priorität militärischer Belange in diesem Staat – weit konsequenter. Wie der Militärhistoriker Hans Delbrück beschreibt, verstärkten sich dabei die Methoden der Rekrutenaufbringung und die ihrer Abrichtung wechselseitig: „die Masse brachte Elemente, die an sich unkriegerisch und widerwillig waren, die Disziplin machte sie brauchbar und ermöglichte die Einstellung immer größerer Massen dieser Art; je schlechter das Material wurde, desto nötiger war wieder die feste Form, die Disziplin, die den Einzelnen in dem taktischen Körper fast verschwinden ließ. Wiederum das Exerzieren erzeugte die Disziplin und die Disziplin ermöglichte eine Exaktheit und Feinheit des Exerzierens, die immer weiter getrieben wurde und den Einzelnen als ein fast beliebig auswechselbares Stück der Maschine ansah und behandelte. Auch diejenigen, die ursprünglich ganz gegen ihren Willen, selbst durch offenen Betrug oder brutale Gewalt eingereiht worden waren, gewöhnten sich vielfach an dieses Dasein und nahmen mehr oder weniger den Geist und den Ehrgeiz ihres Truppenteils in sich auf.“[40]

Der Systematik der Soldatenabrichtung korrespondierte eine militärische Wissenschaft, die das gesamte Kriegsgeschehen als Gegenstand mathematischen Kalküls zu behandeln suchte. „Die Theorie stützte den Versuch, die Lageentwicklung auf dem Operationstheater durch rationalen Einsatz der Streitkräfte in Raum und Zeit vorauszudisponieren und dabei die hindernden Friktionen, die Macht des Zufalls, die feindbedingte, bedrohliche Ungewißheit weitgehend auszuschalten. Der Feldzug mußte nach Plan und Regel ablaufen. Der geographische Raum, in dem die Heere operierten, glich einem

[38] Bei den in der Literatur wiedergegebenen Beispielen für den Patriotismus einfacher Soldaten handelte es sich in der Regel um nachträgliche literarische Stilisierungen. Vgl. dazu Carl: Okkupation und Regionalismus, S. 371/372.

[39] Friedrich der Große: Die General-Principia vom Kriege, S. 1.

[40] Delbrück: Geschichte der Kriegskunst, IV. Teil, S. 292/293.

Koordinatensystem aus Versammlungsbasen, Marschetappen und Stellungen, Magazinen, Verbindungslinien und Festungen als Schlüsselpunkten."[41] Aus der Perspektive der absolutistischen Herrscher trug der Krieg die Züge eines strategischen Spiels, bei dem alle Parteien sich darauf verlassen konnten, daß auch die andere Seite sich an die Regeln hielt – sich wegen der weitgehend identischen sozialen Organisation der Heere auch halten *mußte*. Die Soldaten fungierten dabei als wertvolle, weil mit hohem Aufwand „geschliffene" Spielfiguren, die bei unvorsichtigem Einsatz auch ihre Farben wechseln konnten, wie die nicht nur in Preußen übliche Praxis belegt, Kriegsgefangene und Überläufer kurzerhand bei der eigenen Truppe „einzustecken".

Die Drill-, Kontroll- und Bestrafungspraktiken, denen jeder Soldat ausgesetzt war, sollten erstens die „Subordination" der Mannschaften garantieren, zweitens die Fahnenflucht eindämmen, drittens sollten sie die Marsch- und Feuergeschwindigkeit der Truppe erhöhen und diese zur Ausführung komplizierter Manöver auch unter Schlachtbedingungen befähigen. Über ihre militärische Funktionalität hinaus erfüllte die Fabrikation wohldressierter Soldaten schließlich viertens noch eine wichtige symbolische Aufgabe: In der „künstlichen und vollkommenen Maschine", die ihre Exerzierkünste auf den regelmäßig angesetzten Revuen unter den Augen des Königs und nicht selten unter seinem Kommando zur Schau stellte, feierte der absolutistische Staat das verkleinerte Idealbild seiner selbst. Die Truppenparaden waren politische Choreographien, die dem tendenziell unbegrenzten Herrschaftsanspruch und Rationalisierungsbestreben des fürstlichen Regiments öffentlichen Ausdruck verliehen. Die perfekte Mechanik der Militärmaschine stand für die des Staates insgesamt. Was Friedrich über die militärische Disziplin schrieb, war zugleich auch politisches Credo: „Sie beginnt bei den Generalen und endigt bei den Tambours. Die Subordination bildet ihre Grundlage; kein Räsonniren von Untergebenen über Vorgesetzte; wenn der Chef befiehlt, müssen die anderen gehorchen; wenn die Offiziere nicht an ihre Pflicht gefesselt sind, wird dies der gemeine Soldat niemals sein, das ist eine Kette an der auch nicht ein Glied fehlen darf. Eine große Zahl Soldaten läßt sich nur durch Strenge und dadurch leiten, daß man zuweilen Härte anwendet. Wenn sie nicht durch die Disziplin zusammengehalten werden, schreiten sie zu den gröbsten Excessen. Sie sind in größerer Zahl als ihre Vorgesetzten vorhanden. Allein die Furcht vermag sie in ihren Grenzen zu halten."[42]

Die militärische Dressur schloß den Körper des Rekruten unmittelbar mit dem Souverän zusammen: Friedrich Wilhelm I. und sein Sohn verfaßten, wie handschriftliche Fassungen belegen, selbst jene Reglements für die verschiedenen Waffengattungen, nach denen alle Verbände einheitlich exerziert wurden. Gedruckt wurden diese Lehrbücher der politischen Orthopädie nur in winzigen Auflagen – sie galten als militärisches Geheimnis –, doch ihr Text

[41] Siegfried Fiedler: Kriegswesen und Kriegführung im Zeitalter der Kabinettskriege. Koblenz 1986, S. 200/201.

[42] Friedrich der Große: Das militärische Testament (1768). In: ders.: Militärische Schriften, S. 204.

wurde Hunderttausenden in den Körper eingeschrieben. Es ging dabei um nicht weniger als die obrigkeitliche Konstruktion eines einheitlichen Soldatenkörpers. Die königliche Macht rückte ihren militärpflichtigen Untertanen buchstäblich auf den Leib; sie form(ier)te alle und form(ier)te jeden einzelnen nach dem gleichen Modell.

Die Schlüsselprozedur der militärischen Disziplinierung, das Exerzieren, beruhte auf minutiöser räumlicher und zeitlicher Codierung des Einzel- wie des Truppenkörpers und ihrer Bewegungen.[43] Die Ausbildung neu eingezogener Rekruten begann mit ihrer Verteilung in einem relational geordneten Raum. Noch vor dem eigentlichen Exerzieren wurden sie entsprechend ihrer Körpergröße aufgestellt und so ihr Platz innerhalb der Truppeneinheit festgelegt: „Die Compagnien sollen allezeit rangiret seyn, und wann der Capitaine einen neuen Kerl unter die Compagnie bekömmt, muß er solchen sogleich nach seiner Grösse einrangiren, und in die Rangier-Role schreiben lassen, damit ein jeder Kerl sein Glied, Vorder-Mann und Neben-Mann wissen und sich selbst rangiren kan.“[44] Die weiteren Disziplinierungsoperationen zielten auf die Gleichschaltung des Bewegungsapparats. Soldatische Haltung meinte zunächst die des Körpers. Mit dem körperlichen Habitus des Zivilisten sollte den Rekruten auch die zivile Identität ausgetrieben werden; regionale Herkunft, Stellung in der ständischen Gesellschaft, persönliche Lebensgeschichte, Beruf – all das sollte für das Verhalten als Soldat belanglos sein: „Das erste im Exerciren muß seyn, einen Kerl zu dressiren, und ihm das air von einem Soldaten beyzubringen, daß der Bauer herauskommt, wozu gehöret, daß einem Kerl gelernet wird: Wie er den Kopf halten solle, nemlich selbigen nicht hangen lasse, die Augen nicht niederschlage, sonder unterm Gewehr mit geradem Kopf über die rechte Schulter nach der rechten Hand sehe, und sonder Gewehr dem Officier in die Augen. Daß ein Kerl steiff auf den Füssen, und nicht mit gebogenen Knien, auch Fuß gegen Fuß, ohngefehr eine Spanne lang von einander stehe. Daß ein Kerl den Leib gerade in die Höhe halte, nicht hinterwerts überhänge und den Bauch voraus stecke, sondern die Brust woll vorbringe, und den Rücken nur einziehe. Wann ein Kerl nicht allezeit so im Gewehr stehet, muß er corrigiret, und es ihm besser gelernet werden.“[45]

Als Lehrer fungierten dabei nicht allein die Vorgesetzten; horizontale Disziplinierung ergänzte die vertikale: Neue Rekruten wurden gezielt ins Quartier zu altgedienten Soldaten gelegt, die ihnen Nachhilfe im Exerzieren erteilten und sie auch sonst in das militärische Leben einführten. Um dem Korporals-

---

43 Für die Entwicklung des Exerzierens im 18. Jahrhundert vgl. grundlegend Kleinschmidt: Tyrocinium Militare, S. 196–270.

44 Reglement vor die Königl. Preußische Infanterie von 1726, S. 7.

45 Ebd., S. 40. Das von Friedrich II. 1743 in Druck gegebene Reglement folgte in weiten Teilen der Vorlage seines Vaters, allerdings wurde die Zahl der Kommandos und Griffe erheblich reduziert. Für Kavallerie und Artillerie galten modifizierte Ausbildungsvorschriften. Bei der Infanterie besaß die Disziplinierung jedoch schon deshalb die größte Bedeutung, weil in dieser Waffengattung der Anteil der angeworbenen oder zwangsausgehobenen Rekruten am höchsten lag.

stock zu entgehen, war mancher Novize nur allzu gern bereit, seine Exerzitien auch vor Dienstbeginn oder nach Dienstschluß fortzusetzen und seinen Kameraden für die entsprechende Unterweisung zu entschädigen.[46]

Die Stellungen mit und ohne Gewehr, die Handgriffe zum Laden und Feuern, die Wendungen und das Marschieren bildeten die Grundstufe des Exerzierens, auf welche die „Chargierung“ aufbaute, bei der Marsch- und Schlachtaufstellungen sowie der gefechtsmäßige Feuerablauf eingeübt wurden. Die Normierung der Körperhaltungen betonte, durch den Uniformschnitt noch verstärkt, das Senkrechte und Gerade. Auch in unbewegtem Zustand hatte der Rekrut unter beträchtlichem Kraftaufwand seine Muskulatur angespannt zu halten und in aufrechter und straffer Positur zu verharren.[47] Der „wohlexercirte Soldat“ verwandelte sich in eine „stereometrische Figur“ (Elias Canetti), die in Hab-acht-Stellung auf Befehle des Vorgesetzten wartete – eine körperliche Codierung, die gleichermaßen den Ansprüchen militärischer Funktionalität, dem obrigkeitlichen Kontrollbedürfnis wie dem zeitgenössischen ästhetischen Ideal entsprach.

Positionsveränderungen waren nur auf Kommando zugelassen, wobei exakt vorgeschrieben war, welche Körperteile sich wie zu bewegen hatten. Die Übersetzung von Befehl in Bewegung erfolgte über ein lebendes Modell, den Flügelmann, der für alle sichtbar seitwärts vor der Linie stand und dem allein das Kommando des Offiziers galt. Seine mit „großen Mouvements“ vorgeführten Griffe hatten alle „geschwinde und kurtz“ nachzumachen. Weil die Reihenfolge der Griffe stets gleichblieb, konnten die Befehlsworte sogar ganz

---

[46] Vgl. die Schilderung seiner ersten Tage als Soldat bei Friedrich Christian Laukhard: Leben und Schicksale, von ihm selbst beschrieben. Halle 1792–1802, Neudruck: Leipzig 1955, S. 148. Ein sächsischer Offizier, der 1758 über die in anderen Armeen aufgekommene Mode des preußischen Exerzierens spottet, nennt als Ursache der preußischen Dressurerfolge den „Fleiß der Kameraden“ noch vor „der Mühe und Arbeit der Officiers und Unterofficiers“ und erläutert: „Dieses zu verstehen, muss man wissen, dass so bald ein neuer Kerl bey einem preussischen Regiment ankommt, er zu einem tüchtigen und geschickten alten Soldaten in das Quartier gelegt wird, welcher eine gewisse Aufsicht über ihn hat, und das Exerciren, so zu sagen, spielend beybringen hilft“ ([Anonym]: Zufällige Gedanken über die Pedanterie im Kriege. Frankfurt/Leipzig 1758, Nachdruck in: Johannes Hofmann: Die Kursächsische Armee 1769 bis zum Beginn des Bayrischen Erbfolgekrieges. Phil. Diss. Leipzig. Rudolstadt 1914, S. 139, Anm.).

[47] Mit diesem Modell des soldatischen Körpers wurde zugleich ein Männlichkeitsideal konstruiert, das dann ex negativo wiederum auch die soziale Codierung von Weiblichkeit beeinflußte. Dem maskulinen Leitbild des soldatischen „air“ entsprach die Bestimmung des Weiblichen als „weich“, „fließend“ oder „anmutig“. Zum militärischen Drill als „Gender-Technologie“ vgl. Ruth Seifert: Männlichkeitskonstruktionen: Das Militär als soziale Macht. In: Das Argument, Nr. 196, 1992, S. 859–872; dies.: Gender, Nation und Militär. Aspekte von Männlichkeitskonstruktion und Gewaltsozialisation durch Militär und Wehrpflicht. In: Eckardt Opitz/Frank S. Rödiger (Hrsg.): Allgemeine Wehrpflicht. Geschichte, Probleme, Perspektiven. Bremen 1995, S. 199–214; dies.: Militär – Kultur – Identität. Individualisierung, Geschlechterverhältnisse und die soziale Konstruktion des Soldaten. Bremen 1996.

unterbleiben und durch Trommelschlag ersetzt werden. „Sobald ein Commando gemacht ist, muß kein Kerl sich mehr rühren, sondern die Augen beständig nach dem Flügel-Mann und die Gedanken woll bey einander haben, daß er nicht zu früh oder zu späte greiffen, treten oder sich wenden tue.“[48]

62 Kommandos und Handgriffe führte das Reglement für die Infanterie von 1726 auf, die wiederum jeweils in bis zu sechs „Tempos“ unterteilt waren. Diese gliederten den Bewegungsablauf, eine fließende Ausführung der einzelnen Handgriffe war untersagt, der Abschluß jeder Bewegungseinheit sollte hör- und spürbar sein: „Zwischen denen Tempos in denen Hand-Griffen muß wol und égal angehalten werden, so lange bis man 8. zählen kan. (...) Alle Griffe müssen frisch gemacht, und muß starck an das Gewehr oder auf die Taschen geschlagen werden, deßgleichen bey allen Tritten die Beine woll aufgehoben und starck und zugleich zugetreten werden soll.“[49] Die durch die Trommel als Taktgeber verstärkte Rhythmisierung ermöglichte die synchrone und „geschwinde“ Ausführung der Griffe auch in großen Einheiten und verstärkte den Eindruck eines präzise ablaufenden Uhrwerks. Drängte sich schon in bezug auf Moritz von Oranien ein Vergleich mit dem Erfinder des *scientific management* auf, so herrschte auf preußischen Exerzierplätzen erst recht Taylorismus mehr als ein Jahrhundert vor Taylor, wie die Tagebuchaufzeichnungen eines preußischen Fähnrichs aus dem Jahre 1755 belegen: „Wenn ein Peloton blind chargirt, so muß es von der Zeit, da Feuer! kommandiert wird, 3 Sekunden haben, bis Hahn in Ruh ist, 1 Sekunde zur Ladung zu werfen, 2 zum Ladstock heraus, 2 in Lauf, 4 an seinen Ort und hoch zu nehmen, 12 Sekunden in allem. Die meisten von uns kommen mit 9 bis 10 hoch. Wenn es aber Patronen hat, so gehen: 6 Sekunden bis Pulver aufgeschüttet ist, 2 bis 3 zur Ladung schwenken und Patrone in Lauf, 2 der Ladstock heraus, 4 in Lauf, 5 zum Ort und schultern, also in allem 20 Sekunden. Die meisten von uns haben, wenn man 9 zählt, den Ladstock heraus und bei 18 schon hoch, die andern bei 20 und einige bei 22, dies sind die schlechtesten. Zur Ladung schwenkt ein jeder, wenn er fertig ist mit Pulver aufschütten, beim Schultern wird im Bataillon ein klein wenig angehalten. Der Unterschied also zwischen blind laden und mit Patronen ist 8, höchstens 10 Sekunden. In 1 Minute kann also ein Peloton ohne die Kommandos dreimal feuern. Die Kommandos auf der Stelle nehmen 5 Sekunden, das Anschlagen auch 5, also 10 Sekunden in allem Zeit weg.“[50]

Die nach Sekunden berechnete zeitliche Gliederung der Tätigkeit diente nicht zuletzt dazu, Körper und Waffe zusammenzuschalten. Das Exerzieren brachte die Motorik des Soldaten in Übereinstimmung mit der Konstruktion des Gewehrs. Beide fusionierten zu einem Schießautomaten, dessen einprogrammierte Mechanik sich auf Kommando in Gang setzte. Damit war „man denkbar weit entfernt von jenen Formen der Unterwerfung, die dem Körper

---

48 Reglement vor die Königl. Preußische Infanterie von 1726, S. 41.

49 Ebd., S. 40/41.

50 Zit. nach Jürgen Kuczynski: Geschichte des Alltags des deutschen Volkes, Studien 2: 1650–1810. Berlin 1981, S. 347.

nur Zeichen und Produkte, Ausdrucksformen oder Arbeitsleistungen abverlangten. Die von der Macht durchgesetzte Reglementierung der Tätigkeit (war) zugleich deren inneres Konstruktionsgesetz“[51].

Modifikationen der Exerziervorschriften und Waffentechnik betrafen vor allem die Lade- und Feuergeschwindigkeit. 1726 führte man in allen Regimentern eiserne Ladestöcke ein, die den preußischen Truppen zu gesteigerter Feuerkraft und damit zu einem taktischen Vorteil gegenüber den Armeen der übrigen europäischen Staaten verhalfen. Bei jeder Überarbeitung des Reglements wurde die Zahl der Griffe und „Tempos“ reduziert. Auf Verbesserung der Treffgenauigkeit legte man dagegen kaum Gewicht. Präzisionswaffen fanden nur Anwendung bei außerhalb der Linie operierenden Spezialeinheiten. Für den normalen Infanteristen waren ein Anvisieren des Gegners und gezieltes Feuer nicht vorgesehen. Statt auf höhere Trefferquoten gingen alle Anstrengungen darauf, die Salvenfolge zu verkürzen und das Feuer so weit zu synchronisieren, daß die Salve klang wie ein einziger Schuß.

Bei dieser Entscheidung für Quantität statt Qualität wirkten waffentechnische Beschränkungen, taktische Überlegungen sowie durch die personelle Struktur der Truppe gesetzte Zwänge zusammen: Die Treffgenauigkeit der Flinten war – zumal unter Gefechtsbedingungen – ohnehin gering. Sobald die erste Salve abgefeuert war, verstellte außerdem dichter Pulverqualm die Sicht, so daß die Soldaten die Reihen des Gegners oft ganz aus den Augen verloren. Die Lineartaktik, bei der die Truppen sich in vier, später drei Gliedern aufstellten und eine mehrere Kilometer lange Frontlinie bildeten, beruhte darauf, beim Aufmarsch schneller zu sein als der Gegner, ihn in der Flanke zu überflügeln und seine Linie durch möglichst dichtes Feuer in Unordnung zu bringen. Vor dem Feuern auch noch zu zielen, hätte die Mechanik nur gebremst. Die Salven erfolgten abteilungsweise, wobei nicht mehr, wie beim Kontremarsch der Oranier, jeweils das vorderste, sondern sämtliche Glieder eines Pelotons gleichzeitig feuerten. Das erste Glied kniete dabei auf den Boden, während das letzte in die Lücken des zweiten einrückte. Auch die Reihenfolge, in der die nebeneinander angeordneten Abteilungen ihre Salven abzugeben hatten, war festgelegt, konnte während eines Gefechts allerdings nur selten über längere Zeit eingehalten werden. Die Lineartaktik setzte durchexerzierte Mannschaften voraus, die komplizierte „Evolutionen“, vor allem beim „Deployieren“ von der Marschkolonne zur Gefechtslinie, präzise und rasch ausführen konnten. Umgekehrt war eine allein durch Dressur zusammengehaltene Truppe gar nicht anders einzusetzen als in einer geschlossenen Ordnung, wie sie der Linearkriegführung zugrundelag.

Das Gefechtsexerzieren war deshalb ganz darauf ausgerichtet, die Maschine auch bei unwegsamem Gelände und gegnerischem Feuer nicht auseinanderfallen zu lassen. Ausbildung und Einsatz sollten sich für den Soldaten möglichst wenig unterscheiden. Nicht kämpferische Qualitäten waren gefordert, sondern mechanische Ausführung der eingedrillten Bewegungsfolgen. Im

---

[51] Foucault: Überwachen und Strafen, S. 197.

Idealfall sollte die Schlacht ablaufen wie ein Manöver auf dem Exerzierplatz. So weit auch die tatsächlichen Gefechtsverläufe von diesem Ideal entfernt waren, so ausschlaggebend war es für den militärischen Erfolg, welche Seite ihm näher kam. Bei annähernd gleicher Truppenstärke siegte in der Regel diejenige, die ihre Linie länger zusammenzuhalten vermochte.

Um den bei Todesgefahr geradezu reflexhaften Impuls, wegzulaufen oder nach vorn zu stürmen, erst gar nicht aufkommen zu lassen, durfte die Tuchfühlung zum Nebenmann keinen Augenblick verloren gehen. Die „Rädchen" mußten ineinandergreifen, um sich gegenseitig im Gleichtakt zu halten, durften aber auch nicht so eng zusammenrücken, daß sie einander behinderten. Disziplinarische Codierung bedeutete gleichmäßige Besetzung des Raums; die Linie halten, hieß Vermeidung von Gedränge und Lücken: „Man muß also insonderheit darauf sehen, daß alle die Füß zugleich aufheben, und vorsetzen, grad ausmarschiren, Arm an Arm bleiben, nicht gegen der Mitte zutringen, und wo je ein Getreng entstünde, so muß auf dem rechten Flügel nach und nach Rechts, und auf dem lincken lincks Feld oder Platz gegeben werden, ich habe gesagt nach und nach, sonst wenn es auf einmahl geschiehet, so gibt es leicht gefährliche Lucken, zu Vermeidung aber dieser Lucken, muß der rechte Flügel sich immer am Arm seines lincken neben-Manns, und der lincke Flügel am Arm seines rechten neben-Mannes fühlen können, keiner muß den Kopf vorstrecken, sondern ganz aufrecht grad, und ungezwungen marschiren, so müssen selbige nicht plötzlich stille, sondern nur etwas langsamer marschiren, und dennoch die Füß mit andern zugleich aufheben, biß sie wieder grad und egal in der Linie sind."[52]

Lücken riß insbesondere das gegnerische Artilleriefeuer. Bis zu ein Drittel der ins Feld geführten Soldaten erlebte in der Regel nicht das Ende einer Schlacht.[53] Um eine Truppe im Angesicht des Feindes in Reih und Glied zu halten, mußte daher unmittelbarer Zwang die Dressur ergänzen: Hinter den Pelotons marschierten schließende Offiziere, die laut Reglement jedem, der zu entweichen versuchte, „den Degen, Sponton oder Kurzgewehr in die Rippen (zu) stossen" hatten.[54] Überhaupt sollte „der gemeine Soldat vor dem Officiere mehr Furcht als vor dem Feinde haben"[55], da ansonsten niemand im Stande wäre, „ihn zum Angriff unter dem Getöse von 300 Kanonen zu führen, welche ihm entgegendonnern"[56].

---

52 Johann Conrad Müller: Der wohl exercirte Preußische Soldat (1759). Neudruck: Osnabrück 1978, S. 44/45.

53 Sikora: Disziplin und Desertion, S. 171/172.

54 Reglement vor die Königl. Preußische Infanterie von 1726, S. 361.

55 Friedrich der Große: Instruktion für die Commandeurs der Cavallerie-Regimenter (1763), In: ders.: Militärische Schriften, S. 576.

56 Ders.: Das militärische Testament, S. 205.

4. Strafrituale

Diese Furcht wurde den Rekruten schon in der Ausbildung eingebleut: Offiziere und Unteroffiziere führten in und außer Dienst den Stock bei sich und konnten nach Belieben Schläge austeilen, ohne sich dafür vor irgendjemandem rechtfertigen zu müssen. Bei „Wiedersetzung, Bedrohung oder gar Gegen-Wehr" drohte dem gemeinen Soldaten das Erschießungspeloton.[57] Die Erkenntnis, daß man das Exerzieren nicht mit Gewalt, sondern „mit Geduld und Methode" lerne,[58] hinderte Friedrich II. nicht daran zu befehlen, man solle diejenigen, die „aus Caprice" Fehler machten, „brav zerprügeln lassen"[59]. Zahlreiche Ordres, die Rekruten nicht durch unmäßiges Schlagen „desperat" zu machen und zur Desertion zu bewegen, weisen darauf, daß genau dieses geschah. Sie dokumentieren weniger königliche Humanität – als deren Beleg borussophile Militärhistoriker sie gern herangezogen haben – als den Anspruch des Monarchen, sich sein kostbares Werkzeug nicht durch unsachgemäße Behandlung verderben zu lassen.

Neben dem allgegenwärtigen Korporalsstock, der nicht als Strafe, sondern als „normales" Erziehungsmittel galt, war das Spießrutenlaufen die häufigste Sanktion. Der Regimentskommandeur konnte sie „sonder Verhör und Krieges-Recht" bei Trunkenheit, Glücksspiel, Wachvergehen und insbesondere bei „Raisonniren" gegen die Vorgesetzten verhängen, machten doch „dergleichen kurze Prozesse bei dem gemeinen Mann sehr viel Impression"[60]. Auch eingefangene Deserteure wurden in der Regel durch die Gasse gejagt; erst bei wiederholter Fahnenflucht kam die Todesstrafe zur Anwendung – und selbst dann längst nicht in jedem Fall. Beim Spießrutenlaufen „bildete die tägliche Wachparade oder ein besonderes Exekutionskommando von gewöhnlich 200 Mann die Gasse, und der Profoß teilte die von ihm geschnittenen Ruten aus, deren Stelle bei der Kavallerie bis 1752 die Steigriemen vertraten. Der Verurteilte trat nach Verlesung des Urteils mit entblößtem Oberkörper den Leidensweg an; er sollte nicht laufen, weil dadurch viele ungesund geworden und vor der Zeit gestorben seien! Daher schritt ihm ein Unteroffizier mit verkehrtem Kurzgewehr, dessen Spitze gegen die Füße des Verurteilten gerichtet war, voran. An jeder Öffnung der Gasse stand ein Tambour, der so lange wirbelte, bis die Hälfte der Gasse durchschritten war, dann fing der andere Tambour an, den Wirbel zu schlagen, ‚und der Major galoppiret auf und nieder, damit die Bursche recht hauen'. Strafen von mehr als zehnmaligem Gassenlaufen wurden gewöhnlich auf mehrere Tage verteilt. Meist mußte dann der Unglückliche mit blutig zerfetztem Rücken nach überstandener Exekution in das Lazarett ge-

---

[57] Reglement vor die Königl. Preußische Infanterie von 1726, S. 541.

[58] Zit. nach Delbrück: Geschichte der Kriegskunst, IV. Teil, S. 292.

[59] Friedrich der Große: Instruktion für die Commandeurs der Cavallerie-Regimenter, S. 577.

[60] Ebd., S. 576.

bracht werden; 30- bis 36maliges Gassenlaufen nannte man ‚auf Tod und Leben laufen', es kam einer Hinrichtung nahe."[61]

Das öffentliche Marterritual demonstrierte die souveräne Macht des Offiziers, die stellvertretend für die des Königs stand. Da alle militärischen Vergehen sich letztlich auf das eine der Insubordination reduzierten und für die Macht selbst in der geringsten Unordentlichkeit schon der Keim einer Rebellion gegen die Ordnung steckte, hatte die Bestrafung symbolisch die verletzte Souveränität wieder herzustellen. Wie der Drill richtete sich auch die Strafe auf den Körper des Delinquenten. Die Macht zelebrierte seine Unterwerfung und stellte ihre Vollkommenheit noch dadurch zur Schau, daß sie die übrigen Soldaten das Urteil vollstrecken ließ.[62]

Konnte man eines Delinquenten nicht habhaft werden, weil er sich durch Flucht seiner Bestrafung entzogen oder – der häufigere Fall – weil sein Vergehen eben in der Fahnenflucht bestanden hatte, so folgte auf die Verurteilung in Abwesenheit eine symbolische Exekution: In einem feierlichen Akt wurde der Betreffende öffentlich ausgerufen und ein Blechschild mit seinem Namen an den Galgen geheftet. Überhaupt rankte sich um die Bestrafungspraxis eine Vielzahl geradezu liturgischer Rituale, die in ihrer archaischen Symbolik einen auffälligen Kontrast zur mathematisch-nüchternen Ordnung des Drills bildeten. So wurde, wer wegen eines schweren Vergehens verurteilt war, auch seiner Ehre verlustig und zum „Schelm" erklärt. Nachdem er seine Strafe abgebüßt hatte oder begnadigt worden war, mußte er dann zunächst „ehrlich gemacht" werden, bevor er seinen Dienst wieder antreten durfte. Die Bestrafung durch die Repräsentanten der Souveränität bedeutete auch den Ausschluß aus der soldatischen Gemeinschaft, die ihr abtrünniges Mitglied einer minutiös festgelegten Wiederaufnahmeprozedur unterwarf. Die militärische Einheit war nicht nur hierarchisch gegliederter Zweckverband, sie war zugleich ein Männerbund mit eigenen Initiationsritualen, Verhaltenskodizes und Sanktionsmechanismen, die sich die militärische Obrigkeit zunutze machte und in ihre Strafliturgien einbaute. Der Ehrlose hatte auf allen Vieren in die Mitte der im Kreis aufgestellten Kompanie zu kriechen und mußte auf Knien darum bitten, man möge ihn wieder als Kameraden annehmen. Hatte die Kompanie die entsprechende Frage des Majors mit Ja beantwortet, folgte der eigentliche Akt der Ehrlichmachung, bei dem die Fahne über dem „Schelm" geschwenkt und mit dem Fahnenstab auf seinen Kopf geschlagen wurde. Am Ende des Rituals wurde auch das offizielle Zeichen der Schuld getilgt: „Der Hencker hackt hierauf mit einem Meissel das Blech mit dem Nahmen des ehrlich gemachten aus, hauet es entzwey, und wirfft es entzwey, damit es nicht mehr zu finden seyn möchte."[63]

---

61 Jany: Geschichte der Königlich Preußischen Armee, Bd. 1, S. 714.

62 Vgl. zu den Körperstrafen in der preußischen Armee auch den autobiographischen Bericht Ulrich Bräkers: Lebensgeschichte und Natürliche Ebentheuer des Armen Mannes im Tockenburg, S. 162–168.

63 Hanss Friedrich von Fleming: Der vollkommene Teutsche Soldat (1726). Neudruck: Osnabrück 1967, S. 517/518.

5. Desertionsprävention

Die Subordination, die sich durch Körperstrafen und Dressur erzwingen ließ, blieb allerdings an die optische Präsenz der disziplinierenden und strafenden Gewalt gebunden. Die Disziplinierung konstituierte eine Ordnung der Sichtbarkeit; sämtliche militärischen Operationen in Friedens- und erst recht in Kriegszeiten waren, zumindest der Vorschrift nach, so angelegt, daß die Vorgesetzten ihre Untergebenen jederzeit im Auge behielten. Der Gehorsam endete jedoch, sobald es gelang, sich ihrem Blick zu entziehen. Die Furcht vor Strafe erzeugte Fügsamkeit, aber auch den Willen zur Flucht.[64] Während der weitgehend kriegsfreien Regierungszeit Friedrich Wilhelms I. desertierten insgesamt 27.687 Mann, was einer jährlichen Rate von knapp zwei Prozent entsprach. Die Zahlen waren allerdings höchst ungleichmäßig verteilt, annähernd 50 Prozent entfiel auf die Zeit zwischen 1713 und 1719, als das Kantonssystem noch nicht eingeführt war und die gewaltsamen Werbungen überhand nahmen.[65] Das Reglement von 1726 bewilligte jedem Regiment jährlich 14 Monturen über die Sollstärke hinaus, um den Abgang durch Desertion auszugleichen, nahm also diese Zahl als Durchschnitt an.[66] Den Hauptanteil der Fahnenflüchtigen machten die angeworbenen und gepreßten Ausländer aus, die sich nach Hause absetzten oder über die Grenze gingen, um anderswo erneut ein Handgeld zu kassieren. Da die preußischen Werber nicht wählerisch sein konnten, waren ganze Einheiten „fast durchgängig von Ausländern zusammengesetzt, wovon der allergrößte Teil 3 bis 4 Herren gedient hat“ und „von einem zum andern desertiert ist“, wie der Kommandant eines Bataillons, das in einer Nacht 52 Mann durch Desertion verloren hatte, zu seiner Entschuldigung vorbrachte.[67] Entlaufene Soldaten fanden sich in großer Zahl unter den den Territorien vagierenden Unterschichten, die während des 18. Jahrhunderts bis zu zehn Prozent der Gesamtpopulation umfaßten.[68]

---

[64] Zum Problem der Desertion in den absolutistischen Heeren vgl. umfassend Sikora: Disziplin und Desertion; ders.: Verzweiflung oder ‚Leichtsinn‘?. Militärstand und Desertion im 18. Jahrhundert. In: Kroener/Pröve (Hrsg.): Krieg und Frieden, S. 237–264.

[65] Vgl. Willerd R. Fann: Peacetime Attrition in the Army of Frederick William I, 1713–1740. In: Central European History, Vol. XI, 1978, S. 323–334. Fann korrigiert die in der älteren Literatur zugrundegelegte Zahl von 30.216 Fahnenflüchtigen und zeigt, daß die Desertionsrate in Preußen, sieht man von den ersten Jahren der Regierungszeit Friedrich Wilhelms I. ab, keineswegs höher lag als in anderen europäischen Armeen. Zum Umfang der Desertionen vgl. auch Sikora: Disziplin und Desertion, S. 69–89.

[66] Jany: Geschichte der Königlich Preußischen Armee, Bd. 1, S. 707.

[67] Zit. nach ders.: Geschichte der Königlich Preußischen Armee bis zum Jahre 1807, Bd. 2, Berlin 1928, S. 246 (Anm.).

[68] Wehler: Deutsche Gesellschaftsgeschichte, Bd. 1, S. 175. Wie Avé-Lallement schreibt, war das Werbenlassen und Desertieren „in der Geschichte fast jedes Verbrechers im vorigen Jahrhundert eine sich stets wiederholende Begebenheit und ein praktischer Behelf, sich vor den gerichtlichen Verfolgungen zu sichern, bis Zeit und

Im Krieg potenzierte sich die Zahl der Deserteure, da akute Bedrohung für Leib und Leben bestand, die Versorgung mit Lebensmitteln oft nur unzureichend funktionierte und sich im Feld weit günstigere Gelegenheiten zur Flucht boten als in der Garnison. Die Gefahr, auf dem Schlachtfeld getötet zu werden, war allemal größer als die, wegen Fahnenflucht am Galgen zu enden. Während des Siebenjährigen Krieges desertierten aus der preußischen Armee etwa 80.000 Mann, was der Hälfte der Truppenstärke zu Beginn des Krieges entsprach.[69] Und noch 1803 ging Scharnhorst bei Berechnungen zum Heeresersatz davon aus, daß ein Drittel der Ausländer im ersten Jahr eines Feldzugs davonlaufen werde.[70]

Da die Technologien der Abrichtung im Vergleich zu den Frühformen der Disziplinierung im 17. Jahrhundert perfektioniert, die Soldzahlungen in der Regel gesichert waren, stellten Meutereien kaum mehr ein Problem für die Armeeführung dar. Zudem wurden die Truppen nicht mehr nur für einzelne Kampagnen verpflichtet, sondern alle Staaten unterhielten stehende Heere. Die angeworbenen Söldner mußten daher keine Sorge haben, arbeitslos zu werden. Damit entfiel der Kampf gegen die Abdankungen, der während des Dreißigjährigen Krieges häufig Anlaß zu kollektivem Aufbegehren gegeben hatte. Berichte über offene Soldatenrevolten sind für das 18. Jahrhundert nicht überliefert, bei den wenigen aufgedeckten Verschwörungen[71] handelte es sich um Vorbereitungen zur kollektiven Flucht. Um so mehr drehte sich das gesamte Militärsystem um die Verhinderung von Desertionen. Kaum eine militärische Schrift Friedrichs II., die sich nicht mit diesem Gegenstand beschäftigte. Vor der Erörterung aller anderen Fragen drängte er im ersten Kapitel der „General-Principia vom Kriege" seine Truppenkommandeure zur Einhaltung eines 14 Punkte umfassenden Programms:

„Es ist also ein essentielles Devoir eines jeden Generals, welcher eine Armée, oder separirtes Corps, von Meinen Truppen commandiret, der Desertion vorzubeugen. Dieses geschiehet nun dadurch, wenn man

---

Gelegenheit wieder günstiger wurde" (Friedrich Christian Benedikt Avé-Lallement: Das deutsche Gaunertum in seiner sozialpolitischen, literarischen und linguistischen Ausbildung zu seinem heutigen Bestande. Leipzig 1858–1862, zit. nach dem Neudruck: Berlin 1914, S. 86).

69 Olaf Groehler: Die Kriege Friedrich II. Berlin 1968, S. 187. Vgl. auch Bernhard R. Kroener: Materielle Grundlagen österreichischer und preußischer Kriegsanstrengungen 1756–1763. In: ders. (Hrsg.): Europa im Zeitalter Friedrich des Großen. Wirtschaft. Gesellschaft. Kriege. München 1989, S. 56. Vergleichbare Zahlen galten auch für die übrigen Armeen; alle Parteien büßten während des Krieges zwischen 20 % und 50 % ihrer Mannschaften durch Desertion ein.

70 Gerhard von Scharnhorst: Beantwortung der Aufgabe: Worin bestehen die sichersten Mittel, eine Armee im Kriege immer vollzählig zu erhalten; welche Anstalten müssen dazu getroffen werden; greift dieser wichtige Gegenstand in das ganze militärische System, oder läßt sich im Kriege durch augenblickliche Anordnung der große Endzweck noch erhalten? In: Denkwürdigkeiten der Militärischen Gesellschaft zu Berlin, Bd. 2, 1803, Neudruck: Osnabrück 1985, S. 366.

71 Vgl. Jany: Geschichte der Königlich Preußischen Armee, Bd. 1, S. 707.

1) evitiret nahe an einen Walde oder grossen Holtze zu campiren, daferne sonst die Krieges-Raison nicht dazu obligiret.

2) Wenn man die Bursche öfters in ihren Zelten visitiren lässet.

3) Dass man Husaren-Patrouillen rund um das Lager gehen lässet.

4) Wenn man des Nachts Jäger in das Getreyde postiret, und gegen den Abend die Feld-Posten von der Cavallerie doubliren lässet, damit die Chaine von solchen, um so viel dichter zusammen komme.

5) Wenn man nicht leidet, dass der Soldat sich debandiret, sondern dass man die Officiers obligiret, ihre Leute in Reyhen und Gliedern zu führen, wenn Stroh oder Wasser geholet wird.

6) Wenn das marodiren sehr ernstlich bestraffet wird, als welches die Quelle von denen grössesten desordres ist.

7) Wann an denen March-Tägen die Wachten in denen Dörffern nicht eher zurück gezogen werden, bis die Armée schon unter den Gewehr stehet.

8) Wann bey Nacht nicht marchiret, es sey dann, dass eine importante Ursache solches erfordert.

9) Wenn rigoureux verbothen wird, dass bey March-Tagen kein Soldat sein Peloton verlassen darf.

10) Dass man seitwärts Husaren-Patrouillen gehen lässet, wann die Infanterie durch ein Holtz passiret.

11) Dass wann Defilées zu passiren seynd, man alsdann an den ein- und ausgang der Defilées Officiers stellet, welche die Trouppen gleich wieder formiren müssen.

12) Dass, wenn man sich obligiret siehet mit denen Trouppen ein Mouvement rückwärts zu machen, man ihnen solches sorgfältig verbirget, oder es doch mit einen solchen Praetext einkleidet, welcher den Soldaten Vergnügen machet.

13) Wenn man jederzeit aufmerksam ist, damit es denen Trouppen an keinen nöthigen fehle, es sey Brodt, Fleisch, Brandtwein, Stroh und dergleichen mehr.

14) Dass, wenn die Desertion bey einen Regiment oder bey einer Compagnie einreissen will, man sogleich die Ursachen davon examiniret, um zu wissen, ob der Soldat seine Löhnung und andere ihn ausgemachte Douceurs richtig bekommet, oder ob sein Capitain darunter einer Malversation schuldig ist.“[72]

Keinen Augenblick aus den Augen lassen, regelmäßig füttern und korrekt bezahlen, so läßt sich der Maßnahmenkatalog des Königs zusammenfassen. Die Anweisungen zeigen, wie stark die Desertionsgefahr auch die taktischen Möglichkeiten einschränkte: Die Truppe durfte sich nicht mehr als fünf Tagesmärsche von den entlang der Flüsse angelegten Magazinen entfernen, da man die Soldaten nicht zum Requirieren aufs Land schicken konnte, ohne einen großen Teil von ihnen zu verlieren. Märsche und erst recht Gefechte in

[72] Friedrich der Große: Die General-Principia vom Kriege, S. 4. Der Text folgt der von Friedrich selbst für seine Generale vorgenommenen Übersetzung aus dem Französischen.

unübersichtlichem Gelände waren zu vermeiden, die Lager zu verschanzen. – Regeln, gegen die freilich in der Praxis häufig verstoßen wurde. In offenen Formationen zu kämpfen, etwa nach dem Vorbild der amerikanischen Tirailleurs im Unabhängigkeitskrieg gegen England, wäre mit der preußischen Infanterie undenkbar gewesen. Den militärischen Kontrahenten Preußens ging es allerdings nicht anders. Da sämtliche Kriegsparteien gleichermaßen große Anstrengungen darauf verwenden mußten, ein Auseinanderlaufen ihrer Truppen zu verhindern, verzettelten sich die Feldzüge oft. Nicht große Entscheidungsschlachten dominierten das Kriegsgeschehen, sondern ein vorsichtig taktierendes Hin und Her von Angriffs- und Rückzugsoperationen, Stellungswechsel und Belagerungen. Die im Vergleich zum Dreißigjährigen Krieg, aber auch zu den Kriegen der napoleonischen Ära begrenzte militärische Gewalt des 18. Jahrhunderts war weniger einer völkerrechtlichen „Hegung des Krieges" geschuldet, wie Carl Schmitt in juristischer Verkennung annahm,[73] sondern vor allem eine Folge des im Rahmen der absolutistischen Heeresverfassung unlösbaren Desertionsproblems. Nicht Fürsten und ihre Rechtslehrer, sondern unwillige Soldaten bremsten die Kriegsmaschinerie.

Überwachung auf Schritt und Tritt kennzeichnete den Soldatenalltag in Kriegs- wie Friedenszeiten. Ein zeitgenössischer Kritiker des absolutistischen Heereswesens spottete gar, in Preußen diene die eine Hälfte der Armee dazu, die andere zu bewachen.[74] Um Ausländern und „unsicheren Kantonisten" keine Gelegenheit zur Flucht zu geben, steckte man sie in den Quartieren und bei Wach- und Postendiensten stets mit zuverlässigen Soldaten zusammen, die sie im Auge zu behalten hatten. Auch die Zivilbevölkerung wurde zur „Anhaltung und Verfolgung der Deserteurs" verpflichtet: Jedermann war gehalten, außerhalb der Garnison keinen Soldaten ohne Überprüfung seiner Papiere passieren zu lassen. Konnte der Zivilist den Paß nicht lesen, mußte der Angehaltene ihn ins nächste Dorf begleiten und die Sache vom Schulzen oder Schulmeister untersuchen lassen. Weigerte er sich oder besaß keine gültigen Papiere, war er an die nächstliegende Garnison auszuliefern. Wenn sich diese Vorschriften auch wohl kaum haben durchsetzen lassen, so gab doch das obrigkeitliche Interesse an Desertionsprävention den entscheidenden Anstoß zum Ausbau des Paßwesens. Die militärische Disziplinierung erwies sich hier ganz praktisch als Vorreiterin allgemeiner staatlicher Kontrolle.[75]

Wurde ein Fluchtversuch entdeckt, so sollten „Bürger und Bauren sofort aufsitzen, die Sturm-Glocke läuten, die Pässe besetzen, und den Deserteur weiter aufsuchen, auch den Officiers zum Nachsetzen der Deserteurs die benöthigte Pferde (...) gegen baare Bezahlung verabfolgen lassen". Wenn ein Deserteur, der sich gegen seine Festnahme wehrte, verletzt oder getötet wurde,

---

[73] Vgl. vor allem Carl Schmitt: Der Nomos der Erde im Völkerrecht des Jus Publicum Europaeum. Berlin 1950.

[74] Zit. nach Erwin Dette: Friedrich der Große und sein Heer. Phil. Diss. Göttingen 1914, S. 36.

[75] Vgl. Sikora: Disziplin und Desertion, S. 110–112.

gingen die Täter straflos aus.[76] Für aufgegriffene Deserteure wurde eine Fangprämie gezahlt, bei Nachlässigkeit drohten Geldbußen und Festungsarbeit, auf aktive „Durchhelffung" stand die Todesstrafe.[77] Die Tatsache, daß das entsprechende Edikt regelmäßig in nahezu gleichem Wortlaut erneuert wurde,[78] weist darauf hin, daß dazu auch Anlaß bestand, die sanktionierten Vergehen also an der Tagesordnung waren. Das gleiche gilt für das Verbot, Deserteuren oder landesflüchtigen Dienstpflichtigen ihr Vermögen oder Teile davon nachzuschicken. Friedrich II. verfügte 1749 zum wiederholten Male, daß deren gesamter Besitz „der Invaliden-Casse heimgefallen seyn, und denen Entwichenen nichts davon, auch keine Revenuen oder Zins (...) verabfolget werden soll"[79]. Mit den meisten Nachbarstaaten bestanden Kartelle zur wechselseitigen Auslieferung von Deserteuren, deren Durchsetzung allerdings damit kollidierte, daß man in Preußen auswärtige Deserteure, statt sie auszuliefern, lieber selbst anwarb.

Wie wenig die Maßnahmen gegen die „Desertionsseuche" insgesamt fruchteten, zeigen die häufigen „General-Pardons", die Fahnenflüchtige bei Zusicherung von Straffreiheit zum Wiedereintritt ins Regiment bewegen sollten. Gelegentlich wurde sogar eine Rückkehrprämie ausgelobt.[80] Dieses dem permanenten Soldatenmangel geschuldete Lavieren machte nicht nur die Strafandrohungen gegenüber davongelaufenen Ausländern praktisch wirkungslos, sondern ermutigte im Kriegsfall auch Kantonspflichtige geradezu, sich der Einberufung durch Flucht über die Grenze zu entziehen. So klagte ein preußischer Generalmajor nach dem Krieg von 1778: „überhaupt desertierten in diesem kurzen Feldzuge auch die sichersten Einländer und verließen sich auf den

---

76 Ordre an die commandirenden Generals in Schlesien, wegen derer Deserteurs welche sich gegen die Bauren, so ihnen anhalten wollen, wehre, und dabey todt geschlagen werden, vom 7. September 1743. In: Christian Otto Mylius: Corporis Constitutionum Marchicarum, Continuatio II. Berlin/Halle 1751, Sp. 151/152.

77 Erneuertes und geschärftes Edict wegen Anhaltung und Verfolgung der Deserteurs, vom 4. Oktober 1749. Zit. nach ebd., Continuatio IV, Sp. 190.

78 Das zitierte Edikt vom 4. Oktober 1749 nennt Vorläufer vom 29. Januar 1723, 3. Januar 1724 und 5. August 1726. Vgl. auch Helmut Schnitter: Desertion im 18. Jahrhundert. Zwei Dokumente zum Verhältnis von Volk und Armee im spätfeudalen preußischen Militarismus. In: Militärgeschichte, 13. Jg., 1974, S. 54–60. Schnitter dokumentiert das erste der genannten Edikte. Als Militärhistoriker des 20. Jahrhunderts deutet er allerdings ein Phänomen des 18. mit den Kategorien des 19., wenn er die Desertionen als „eine Form des antimilitaristischen Widerstands der Volksmassen" (S. 56) interpretiert.

79 Erneuertes Edict Wegen Confiscation des gesamten Vermögens Derer Deserteurs von der Armee, und Derer, so sonsten von solcher ausgetreten ..., vom 24. September 1749. Zit. nach Mylius: Corporis Constitutionum Marchicarum, Continuatio IV, Sp. 187.

80 Vgl. das General-Pardon für die von Sr. Königl. Majestät in Preussen Armée ausgetretene Deserteurs und Enrollirten, vom 31. Dezember 1737. In: Mylius: Corporis Constitutionum Marchicarum, Continuatio Prima, Sp. 113/114.

mit der Zeit zu ertheilenden General-Pardon, welcher auch gleich nach dem Frieden von Teschen erfolgte"[81].

Auf der Grundlage des absolutistischen Heeressystems war den Desertionen ebensowenig beizukommen, wie die Söldnerführer des spanisch-niederländischen und des Dreißigjährigen Krieges ein Mittel gegen die periodisch wiederkehrenden Meutereien gefunden hatten. Mit einer rigiden Disziplinarordnung konnte die militärische und politische Hierarchie ihre Verfügungsgewalt über die Truppen zwar steigern, doch blieb der allein auf Dressur und Überwachung gegründete Gehorsam äußerlich und gebunden an die Sichtbarkeit der disziplinierenden Macht. Wenn der gemeine Soldat den Befehlen seiner Vorgesetzten folgte, dann aus Gewöhnung oder Furcht, nicht aufgrund von politischer Identifikation mit einem gemeinsamen Ziel. – „Was gehen mich eure Kriege an?"[82], sagte sich Ulrich Bräker vor der Schlacht bei Lobositz und desertierte aus preußischen Diensten.

6. Die Policeywissenschaft und die „Desertionsseuche"

Daß genau hier das Problem lag, erkannte auch Johann Heinrich Gottlob von Justi, der führende Vertreter der Policeywissenschaft in Deutschland, der neben staats- und verwaltungswissenschaftlichen, ökonomischen, historischen, moralphilosophischen und theologischen, neben chemischen, geologischen und physikalischen Arbeiten sich auch mit kriegswissenschaftlichen Fragen und in diesem Zusammenhang mit den Desertionen beschäftigte.[83] Während im offiziellen militärischen Schrifttum die Vorschläge zur Bekämpfung der

---

81 Zit. nach Reinhard Höhn: Revolution Heer Kriegsbild. Darmstadt 1944, S. 27. Höhn, hochrangiger SS-Offizier und später Leiter der Akademie für Führungskräfte der Wirtschaft in Bad Harzburg, liefert in diesem Buch wie auch in seinen übrigen militärhistorischen Arbeiten das Muster einer nationalsozialistischen Geschichtsdeutung: Der „Enge und Starrheit" des absolutistischen Heerwesens stellt er „die bis aufs äußerste gesteigerte Inanspruchnahme der wirtschaftlichen und menschenmäßigen Substanz, wie sie der totale Krieg erfordert", gegenüber (S. 10). Anfänge einer entsprechenden Revolution des Kriegsbilds glaubt er bereits in der „Schicksalsgemeinschaft" zwischen dem „germanischen Heerführer" Friedrich und seinen Soldaten während des Siebenjährigen Kriegs ausmachen zu können (S. 38). Höhn dokumentiert umfassend zeigenössische Quellen; das allein mag die Heranziehung seiner Arbeiten heute noch rechtfertigen. Zu Höhns Biographie vgl. Robert Wistrich: Wer war wer im Dritten Reich? Ein biographisches Lexikon. Frankfurt/M. 1987, S. 180–182.

82 Bräker: Lebensgeschichte und Natürliche Ebentheuer des Armen Mannes im Tokkenburg, S. 177.

83 Vgl. zur Biographie und zum Gesamtwerk Horst Dreitzel: Justis Beitrag zur Politisierung der deutschen Aufklärung. In: Hans Erich Bödeker/Ulrich Hermann (Hrsg.): Aufklärung als Politisierung – Politisierung der Aufklärung. Hamburg, 1987, S. 158–177; Marcus Obert: Die naturrechtliche „politische Metaphysik" des Johann Heinrich Gottlob von Justi (1717–1771). Frankfurt/M. 1992; Ferdinand Frensdorff: Über das Leben und die Schriften des Nationalökonomen J. H. G. von

Fahnenflucht über Überwachungsregeln kaum hinausreichten, bemühte sich Justi um Ursachenforschung und Prävention: „Alle heutige gemeine Soldaten, sie mögen Landeskinder seyn, oder nicht, wenn sie nicht Vermögen im Lande besitzen, oder zu gewarten haben, sind alles Bandes beraubet, das sie an denjenigen Staat befestigen könnte, dem sie dienen. Alle Staaten sind ihnen also gleichgültig; und sobald ihnen demnach etwas unangenehm fällt, so haben sie nicht den geringsten Bewegungsgrund, was sie in diesem Dienst zurückhalten könnte. Die Ursache der Desertion liegt also nicht an denen Soldaten, sondern an denen Staaten selbst."[84] Harte Strafen, selbst Todesurteile halfen da wenig, lehrte doch die Erfahrung, „daß, wenn man heute ein halb Dutzend Deserteurs an die nechstgelegenen Bäume hat aufknüpfen laßen, morgen eine gedoppelte Anzahl eben dieses Verbrechen begangen hat." Die Mehrzahl der Fluchtversuche glückte, und so dachte ein jeder: „wer sich als ein Deserteur wieder kriegen läßt, der wird gehangen; du wirst dich aber nicht kriegen und folglich nicht hängen laßen."[85] Ganz auf Abschreckung verzichten wollte indes auch Justi nicht. Zwar bedurfte es seiner Auffassung nach „überhaupt noch einer Untersuchung, ob die Strafe des Stranges dem Verbrechen der Desertion proportionirt, oder nicht vielmehr unbillig sey", und in jedem Fall sollte sie nur selten und gegen Wiederholungstäter verhängt werden. Besonders zu Beginn eines Krieges hielt er es aber für unumgänglich, „daß man mit aller Stränge verfahre, und die ersten Deserteurs aufknüpfen laße"[86].

Da einerseits angeworbene Ausländer den Löwenanteil der Fahnenflüchtigen ausmachten, andererseits aus nationalökonomischen Erwägungen und Rücksicht auf den verbreiteten Widerwillen gegen den Militärdienst von einer ausschließlich aus Landesbewohnern rekrutierten Armee abzuraten war, mußte man eben den Ausländern „die Ursachen benehmen, die sie zu der Desertion bewegen". Das bedeutete: Verzicht auf gewaltsame und listige Werbung, Einhaltung der Kapitulationen und ausgemachten Löhnung sowie Gewährung der gleichen Freiheiten, wie sie auch die inländischen Soldaten genossen. Den Einwand, mit Nachlassen der Kontrolle werde die Zahl der Dienstflüchtigen nur noch weiter anwachsen, ließ Justi nicht gelten: „Hat der Ausländer ein ehrlich Gemüth, und gedenket in seinen Herzen treu zu dienen, so wird er so wenig als ein Innländer durchgehen. Ist er aber schon vorher zu Desertion geneigt; so wird er tausend andere Mittel ausfündig machen, seine Absichten zu erreichen. Hingegen wird das ehrlichste Gemüth durch die große Eingezo-

---

Justi. Göttingen 1903 (Nachrichten der Kgl. Ges. d. Wiss. Göttingen, phil.-hist. Klasse, H. 4).

84 Johann Heinrich Gottlob von Justi: Ein sehr brauchbarer Vorschlag, die Desertion unter den Soldaten zu verhindern, und dadurch zugleich die Länder besser zu cultiviren. In: Gesammlete Politische und Finanzschriften über wichtige Gegenstände der Staatskunst, der Kriegswissenschaften und des Cameral- und Finanzwesens, Bd. 3. Kopenhagen/Leipzig 1764, S. 250.

85 Ders.: Von den Ursachen und Bestrafungen der Desertion, ebd., Bd. 1. Leipzig/Kopenhagen 1761, S. 192/192.

86 Ebd., S. 197/198.

genheit und Sklaverey schwürig und widerwärtig, und bey vorfallender Gelegenheit suchet es sich von dieser Stränge zu befreyen."[87]

Das wirksamste Mittel, die Soldaten an den Staat zu binden, wäre jedoch, so Justi, „die Versicherung ihres künftigen Unterhalts". Eine geregelte Alters- und Invalidenversorgung würde auch den Ausländer vom Desertieren abhalten. „Denn entweder er hat in denen Diensten, wohin er zu gehen gedenket, nicht eben diese Versorgung zu erwarten, oder, wenn auch alle Staaten dergleichen Einrichtungen machten; so würde er sich doch um die Jahre bringen, die er bereits gedienet hätte; und er würde in seinem künftigen Dienst ganz von neuem anfangen müssen, auf seine künftige Versorgung zu dienen."[88] Die Pointe von Justis Vorschlag liegt nun darin, daß er den Ausgedienten nicht eine Pension auszahlen, sondern sie als Kolonisten ansiedeln wollte. Nach spätestens 16 Dienstjahren sollte ein Soldat aus dem aktiven Dienst ausscheiden und in ein Invalidenkorps wechseln, das unter Aufsicht eines Ökonomieinspektors Ödland kultivierte und Unterkünfte errichtete. Jeder Soldat sollte dann als erbliches Eigentum 15 Morgen Land und ein Haus erhalten, für einige Jahre von Steuern befreit bleiben, hernach „proportionirliche Abgaben" entrichten, von denen man mit der Zeit alle Unkosten würde bestreiten können. Da die Veteranen gewiß heiraten und Kinder zeugen würden – zumal „in fast allen Landen noch zweymal mehr ledige Weibes- als Mannspersonen" anzutreffen seien –, wäre das Programm auch von bevölkerungspolitischem Nutzen: „Die Armee wird die beste Pflanzschule zur Bevölkerung und zur Cultur des Bodens abgeben."[89]

Justis Plan lag, auch wenn er ebenso wie parallele Vorschläge anderer Autoren[90] weder in Preußen noch anderswo umgesetzt wurde, ganz auf der Linie eines aufgeklärten Absolutismus, der auf Rationalisierung von Herrschaft setzte und dabei den bürgerlichen Eigennutz seiner Untertanen zur Vermehrung der Kräfte des Staates nutzbar zu machen suchte. Das Werkzeug dazu lieferte die Policeywissenschaft, diese aus der kameralistischen Staatslehre hervorgegangene Disziplin, die Justi als erster systematisierte und von den übrigen politischen Wissenschaften abgrenzte.[91] Entgegen dem heutigen Ver-

---

[87] Ebd., S. 196.

[88] Ders.: Ein sehr brauchbarer Vorschlag, S. 251/252.

[89] Ebd., S. 253.

[90] Verschiedene zeitgenössische Abhandlungen mit Vorschlägen „zur Verhütung des Ausreissens" dokumentiert und kommentiert Johann Georg Krünitz: Oekonomisch-technologische Encyclopädie, oder allgemeines System der Stats- Stadt- Haus- und Land-Wirthschaft, und der Kunst-Geschichte, 52. Bd., Berlin 1790, S. 387–414 (Art. Kriegs-Verbrechen und Strafen). Die Sozialutopie eines sich biologisch wie wirtschaftlich selbst reproduzierenden, von der Zivilgesellschaft abgekoppelten Militärstandes entwirft M. F. Greffarme: Grund-Riß oder Entwurf en Squelette Wie Ein Regent ohne Beschwerde seiner Landes-Einkünften weder einiger Anlagen seiner Unterthanen, Eine ewige Recrouten-Colonie anlegen und errichten könne. Bamberg/Frankfurt/Leipzig 1766.

[91] Zur Entwicklung der Policeywissenschaft vgl. immer noch Hans Maier: Die ältere deutsche Staats- und Verwaltungslehre (Polizeiwissenschaft). Neuwied 1966.

ständnis, das Polizei mit der gleichnamigen staatlichen Behörde und ihren vorwiegend kontrollierenden und repressiven Aufgaben identifiziert, bedeutete Policey im 18. Jahrhundert „nicht eine Institution oder einen innerhalb eines Staates wirkenden Mechanismus, sondern eine dem Staat eigentümliche Regierungstechnologie“[92]. Nach Justis Definition umfaßte sie „alle Maaßregeln und Einrichtungen in innern Landesangelegenheiten, wodurch das allgemeine Vermögen des Staats dauerhaftiger gegründet und zum Nutzen des Staats brauchbarer gemacht, das Vermögen der Privatpersonen vermehret und mit dem allgemeinen Besten in genauere und wirksamere Verbindung gesetzet wird, und überhaupt die Kräfte des Staats zu Beförderung der allgemeinen Glückseligkeit thätiger gemacht werden können“[93]. Anders als etwa Adam Smith erwartete Justi die Synthese von individuellem Interesse und Gemeinwohl nicht von einer „invisible hand“. Nicht hinter dem Rücken der Bürger, sondern vor ihren Augen sollte die „visible hand“ des Staates Ordnung und Wohlfahrt garantieren: Aufgabe einer nach den Erkenntnissen der Policeywissenschaft regierenden Obrigkeit war es, so Justi, unbewegliche wie bewegliche Güter sowie die „moralische Beschaffenheit der Unterthanen“ zu mehren und auf den Endzweck der „Glückseeligkeit des gesammten Staats“ auszurichten.[94] Die Natur des Landes, Bodenschätze, Verkehrswege, die Bevölkerung, Agrarproduktion, Handel, Gewerbe und öffentliche Verwaltung erschienen dabei gleichermaßen als Elemente eines Funktionszusammenhangs, in dem alle Teile staatlich instrumentalisierbar waren beziehungsweise nur staatlich instrumentalisierbare Teile eine Existenzberechtigung besaßen. Was sich nicht auf „einen Ort im Ordnungssystem der Zweckmäßigkeit“[95] berufen konnte, galt als ein „monströser Theil“, „und die erste Bemühung muß seyn, diesem Theile eine solche Einrichtung zu geben, die mit dem Endzwecke des Ganzen übereinstimmet“[96].

Wie Friedrich II. bemühte Justi häufig das Bild der Staatsmaschine: „Ein wohleingerichteter Staat muß vollkommen einer Maschine ähnlich seyn, wo alle Räder und Triebwerke auf das genauste in einander passen; und der Regent muß der Werkmeister, die erste Triebfeder oder die Seele seyn, wenn man so sagen kann, die alles in Bewegung setzet.“[97] Justis Schwierigkeit, den Monar-

---

[92] Foucault: Für eine Kritik der politischen Vernunft, S. 64. Zu Foucaults Untersuchungen über die Diskurse des Politischen und die Genealogie des modernen Staates vgl. die exzellente Zusammenfassung von Thomas Lemke: „Der Eisberg der Politik“. Foucault und das Problem der Regierung. In: kultuRRevolution, Nr. 31, Apr. 1995, S. 31–41.

[93] Johann Heinrich Gottlob von Justi: Die Grundfeste zu der Macht und Glückseeligkeit der Staaten; oder ausführliche Vorstellung der gesamten Policey-Wissenschaft, Bd. 1. Königsberg/Leipzig 1760, S. 6.

[94] Ebd., S. 9/10.

[95] Barbara Stollberg-Rilinger: Der Staat als Maschine. Zur politischen Metaphorik des absoluten Fürstenstaats. Berlin 1986, S. 114.

[96] Johann Heinrich Gottlob von Justi: Der Grundriß einer guten Regierung in fünf Büchern. Frankfurt/Leipzig 1759, S. 325.

[97] Ders.: Die Chimäre des Gleichgewichts von Europa. Altona 1758, S. 47/48.

chen in der Metapher unterzubringen, weist auf das Problem, rationale Ordnung und personale Herrschaft zusammenzudenken. Das Bild der Staatsmaschine impliziert Steigerung und Beschränkung von Herrschaft zugleich: „Ist der Herstellungsvorgang einmal abgeschlossen, so erweist sich die Qualität einer Maschine gerade darin, daß sie von selbst läuft, d.h. daß sie ohne Eingriff von außen gemäß der ihr mitgeteilten Gesetzlichkeit funktioniert. In der Logik der Metapher liegt also gleichermaßen die Forderung nach rationaler Konstruktion des Staates als eine Ressource absoluter fürstlicher Macht wie die Forderung nach einer Art von ‚Rechtsstaatlichkeit', die den Fürsten zum Kontrolleur reduziert und die vollkommenste Regierung in der weitestgehenden Eliminierung ihrer selbst erfüllt sieht."[98]

Wie brüchig Justis Konstruktion war, das Glück der einzelnen Menschen mit der „Glückseeligkeit des gesammten Staates" gleichzuschalten,[99] zeigte sich spätestens, wenn es zu begründen galt, warum die Untertanen ihr Leben für den Staat aufs Spiel setzen sollen. Daß das Soldatenleben „natürlicher weise nur *ars moriendi*"[100] ist, das wußte auch Justi, und es erschien ihm allemal verständlich, *nicht* Soldat werden zu wollen: „Die Conservation des Lebens und der Gesundheit ist der Natur gemäß, mithin Niemand zu verdencken, wenn er selbige zu erhalten suchet, und die Gelegenheit, wo er solche verlieren oder einbüssen kan, vermeidet. Man hat zwar der Gefahr im Kriege, aus Politique, eine Ehre oder Point d'honneur beygeleget, welches aber nur in der Einbildung bestehet, auch Niemand weder nach der Vernunfft, noch nach seinem Gewissen und dem Christenthum Glauben beypflichten kan; Der Todte kan sich nicht mehr beklagen, der Bleßirte aber, welcher einen ungesunden Leib aus der Action zurück gebracht, würde dieser Ehre, wenn es möglich wäre, sich gern begeben, und wünschte vielmehr, daß er niemahls den Soldaten-Stand erwehlet hätte."[101]

Justi erkannte den Widerspruch zwischen dem Selbsterhaltungswillen des Untertanen, der nicht mehr wie Horaz glauben wollte, *„quod dulce sit pro patria mori"*, sondern sich sagte, *„quod dulcius sit pro patria vivere"*[102], und

---

[98] Stollberg-Rilinger: Der Staat als Maschine, S. 136. Vgl. auch Carl Schmitt: Der Staat als Mechanismus bei Hobbes und Descartes. In: Archiv für Rechts- und Sozialphilosophie, 30 Jg., 1936/1937, S. 622–632.

[99] Kritik an dieser Konstruktion übte 1778 schon Lessing: „Das Totale der einzeln Glückseligkeiten ist die Glückseligkeit des Staats. Außer diese gibt es gar keine. Jede andere Glückseligkeit des Staats, bei welcher auch noch so wenig Glieder leiden und leiden *müssen* ist Bemäntelung der Tyrannei. Anders nichts!" (Ernst und Falk. Gespräche für Freimäurer. In: ders.: Werke, hrsg. von Kurt Wölfel, Bd. 3. Frankfurt/M. 1982, S. 516).

[100] Johann Heinrich Gottlob von Justi (Hrsg.): Deutsche Memoires oder Sammlung verschiedener Anmerkungen Die Staatsklugheit, das Kriegswesen, die Justiz, Morale, Oeconomie, Commercium, Cammer- und Polizey- auch andere merkwürdige Sachen betreffend, welche im menschlichen Leben vorkommen, Bd. 1. Leipzig 1741, S. 611.

[101] Ebd., Bd. 2. Leipzig 1744, S. 140/141.

[102] Ebd., Bd. 1, S. 612.

einer Staatsräson, die verlangte, ein stehendes Heer zu unterhalten. Da er diesen Widerspruch nicht auflösen konnte, versuchte er ihn wenigstens zu entschärfen. Bessere Besoldung, Belohnung bei Tapferkeit sowie Versorgung der Invaliden und Alten sollten bewirken, was der Appell ans Ehrgefühl nicht vermochte. Gratifikationen reichten aber nicht aus, die gemeinen Soldaten, unter denen sich, so Justi, „viel böse, liederliche Leute, Räuber, Spieler, Spitzbuben, Diebe, Deserteurs und dergleichen" befanden, bei der Fahne und in strenger Kriegszucht zu halten. So landete er am Ende doch wieder beim zuvor als wirkungslos kritisierten System des Überwachens und Strafens: „Es giebt aber noch einen anderen Weg, nämlich daß eine Armee dasjenige gezwungen thun muß, wozu sie sonst keinen eigenen Antrieb hat. Eine äußerste Strenge und Furcht vor Strafe kann sie gleichfalls dahin bringen, daß sie niemals vor dem Feind zurück weichen, (...) und dieser Weg thut seine Wirkung allemal."[103]

Der policeywissenschaftlichen Fürstenberatung ging es darum, Reibungsverluste in der Staats- und Heeresmaschine zu beseitigen, ohne deren Konstruktion in Frage zu stellen – oder sich gar von der Vorstellung einer konstruierbaren politischen Ordnung überhaupt zu verabschieden. Wäre da nicht das leidige Problem der Desertionen gewesen, es hätte keinen Anlaß gegeben, sich über Gehorsamsbereitschaft und materielle Lage der Soldaten Gedanken zu machen. Man unterschätzte Justi jedoch, beließe man es beim Hinweis auf die offensichtliche Inkonsistenz dieses oder jenes seiner „sehr brauchbaren" Vorschläge. Wichtiger als der konkrete Gehalt seiner Empfehlungen ist die Ebene, auf der die vorgeschlagenen Maßnahmen ansetzen.

Wie die Disziplinierung zielt auch die Policey auf die Verknüpfung von gesteigerter Nützlichkeit und vertiefter Unterwerfung. Doch ihre Interventionen – Justis Vorschlag zur Bekämpfung der Desertion zeigt es – richten sich nicht auf den Körper des einzelnen, sondern auf multiple Körper, hier: die Armee, allgemeiner: die gesamte Population. Die Policeywissenschaft „ist zugleich Regierungskunst und Methode zur Analyse der in einem Territorium lebenden Bevölkerung"[104]. Sie korrigiert nicht individuelle Abweichungen, sondern sucht die Determinanten zu beeinflussen, die bestimmte Phänomene mit größerer statistischer Wahrscheinlichkeit auftreten lassen als andere. Ihr Blick richtet sich nicht auf den einzelnen Deserteur, sondern auf die Senkung der Desertionsrate. Operiert die Disziplinarmacht mit Technologien der Dressur, so stellt die Policey Sicherheitsmechanismen auf und steuert kollektive Verhaltenshäufigkeiten. Die Disziplin reglementiert, die Policey reguliert. Der Souverän behält zwar die Macht über Leben und Tod, aber er entschädigt jene, die in seinem Auftrag ihr Leben riskieren, durch sicheren Unterhalt bis zum Tode. Justis Idee schließlich, aus dem aktiven Dienst ausgeschiedene Soldaten zur Kultivierung und Peuplierung des Landes einzusetzen, weist auf

---

[103] Ders.: Gedanken über die Mittel ein Kriegsheer tapfer und unüberwindlich zu machen. In: Gesammlete Politische und Finanzschriften, Bd. 1, S. 143.

[104] Foucault: Für eine Kritik der politischen Vernunft, S. 66.

die biopolitische Dimension der Policey.[105] Das Leben selbst gerät in die Zone politischer Einflußnahme. Für den absolutistischen Staat bedeutete Förderung der Fruchtbarkeit, des Bodens wie der Bevölkerung, Zuwachs an Macht, während umgekehrt jeder Deserteur und Landesflüchtige seine Kräfte schwächte. Der Verlust an militärischem Personal signalisierte daher nicht nur ein Defizit an disziplinierender Kontrolle, sondern zugleich eine Vitalitätsminderung des politischen Körpers, gegen die es geeignete Vorbeugungsmaßnahmen zu treffen galt. Historisches Vorbild der Biopolitik waren städtische Ordnungen zur Bekämpfung von Epidemien, doch ihre Interventionen richteten sich nicht mehr auf die dramatischen, alle bedrohenden tödlichen Katastrophen, sondern auf die unspektakulären, weil permanenten Risikofaktoren, die allein mit den Mitteln der Statistik zu erfassen waren. – Policeywissenschaft ist die Lehre von der Hygiene des Staates. Doch wie die militärischen Dressur- und Überwachungspraktiken nicht verhindern konnten, daß spätestens bei Kriegsausbruch die Soldaten in Scharen davonliefen, so war auch mit policeylicher Prophylaxe, wie Justi sie vorschlug, ein Sieg über die „Desertionsseuche" nicht zu erringen.

---

[105] Zum Begriff der Biopolitik vgl. ders.: Leben machen und sterben lassen: Die Geburt des Rassismus. In: diskus, 41. Jg., H. 1, Februar 1992, S. 51–58; Sexualität und Wahrheit, Bd. 1, S. 161–190.

III. Die Mobilisierung der Leidenschaften: Patrioten und Partisanen

1. Der „Saamen des kriegerischen und patriotischen Enthusiasmus"

Das Modell des disziplinierten Körpers war die Maschine. Seine Zuverlässigkeit beruhte auf der Beherrschung der Affekte. Um gehorsame Soldaten zu erzeugen, mußten alle Leidenschaften bekämpft werden – auch die des Kämpfens selbst. Das Fleisch wurde willig gemacht, der Geist blieb schwach. Wo totale Subordination verlangt wurde, konnte man begeisterte Krieger weder erwarten noch brauchen. Maschinen funktionieren, aber sie kämpfen nicht.

Trotz aller Manövrierkunst und Mathematisierung war das Element des Kampfes auch in den stehenden Heeren des Absolutismus zwar nie ganz verschwunden, doch es bildete das Außen des disziplinierenden Zugriffs. Exerziert wurden Gewehrgriffe und taktische Evolutionen, nicht der gezielte Schuß auf den Gegner oder das Stechen mit dem Bajonett. Der Krieg „als ein erweiterter Zweikampf"[1] begann, wenn die eingedrillte Ordnung sich auflöste und die Angreifer auf den Gegner losstürmten. Tatsächlich kam es jedoch nur äußerst selten zum Nahkampf, da in dem Augenblick, in dem der angreifende Feind auf Bajonettentfernung herankam, die Verteidiger den Widerstand schon aufgaben.[2] Das Bestreben, die eigene Haut heil davonzutragen, war beim gemeinen Soldaten in der Regel stärker als die Bereitschaft, sich auf Leben und Tod zu schlagen. Bezeichnend ist eine Anekdote aus dem Siebenjährigen Krieg, die Berenhorst, der wohl einflußreichste Kritiker des altpreußischen Heeressystems, überliefert: „Als bei der Schlacht bei Kollin ein junger Officier sein, bei ihm gebliebenes Häuflein zuletzt noch einen Ruck vorwärts machen lassen wollte, rufte einer aus demselben ihm scherzend zu: für Acht Groschen ist's heute genug; Maria Theresia muß auch einmal eine Bataille gewinnen. Hiermit kehrten alle langsam um und zogen zurück."[3]

Mit solchen Truppen ließen sich militärische Erfolge nur erzielen, solange man es mit Gegnern zu tun hatte, die ihre Mannschaften in ähnlicher Weise abrichteten und ihre Kriege nach den gleichen Prinzipien führten. Das zeigte sich spätestens, als die Heere der antifranzösischen Koalition gegen die kaum ausgebildeten Freiwilligen-Bataillone und die Reste der regulären Armee des revolutionären Frankreichs nicht, wie erwartet, einen leichten Sieg davontrugen. Daß die französischen Einheiten am 20. September 1792 in Valmy keineswegs schon beim manövermäßigen Aufmarsch der Preußen auseinander-

---

1 So Clausewitz' elementare Definition des Krieges; vgl. Carl von Clausewitz: Vom Kriege. Bonn [16]1952, S. 89.

2 Vgl. Delbrück: Geschichte der Kriegskunst, IV. Teil, S. 309.

3 Georg Heinrich von Berenhorst: Betrachtungen über die Kriegskunst (1797/1799). Neudruck: Osnabrück 1978, S. 214/215.

liefen,[4] sondern selbst schwerem Artilleriefeuer standhielten, allein das reichte aus, um die Invasionsarmee zum Rückzug zu bewegen – und den Augenzeugen Goethe eine neue Epoche der Weltgeschichte ausrufen zu lassen[5]. An den „moralischen Kräften“ der republikanischen Volontaires zerbrach der Nimbus der Überlegenheit preußischer Disziplin.

In Valmy prallten alte und neue Kriegsauffassung zum ersten Mal aufeinander. Zweieinhalb Jahrzehnte später, am Ende der Herrschaft Napoleons, hatte die von Frankreich ausgehende militärische Revolution auch dessen Gegner erreicht und das Bild des Krieges in Europa radikal verändert, wie Clausewitz resümierend feststellte: „Seit Bonaparte also hat der Krieg, indem er zuerst auf der einen Seite, dann auch auf der anderen wieder Sache des ganzen Volkes wurde, eine ganz andere Natur angenommen, oder vielmehr, er hat sich seiner wahren Natur, seiner absoluten Vollkommenheit sehr genähert. Die Mittel, welche aufgeboten worden sind, hatten keine sichtbare Grenze, sondern diese verlor sich in der Energie und dem Enthusiasmus der Regierungen und ihrer Untertanen. Die Energie der Kriegführung war durch den Umfang der Mittel und das weite Feld möglichen Erfolges sowie durch die starke Anregung der Gemüter ungemein erhöht worden, das Ziel des kriegerischen Aktes war Niederwerfung des Gegners; nur dann erst, wenn er ohnmächtig zu Boden liege, glaubte man innehalten und sich über die gegenseitigen Zwecke verständigen zu können. So war also das kriegerische Element von allen konventionellen Schranken befreit, mit seiner ganzen natürlichen Kraft durchgebrochen.“[6]

„Energie“, „Enthusiasmus“, „starke Anregung der Gemüter“, „natürliche Kraft“ – das waren die Schlüsselkategorien der neuen Epoche, die nicht allein

---

4 Das Auseinanderlaufen der Soldaten wurde vielmehr zum Problem der Koalitionsarmeen. Vgl. die Bemerkungen über das Ausmaß der Fahnenflucht in den Armeen der Koalition bei Friedrich Christian Laukhard, der den Feldzug als preußischer Infanterist miterlebte: „Die Desertion ist bey den Reichstruppen entsezlich stark. Es vergeht fast kein Tag, daß nicht von jedem Regimente einige weglaufen, und zu anderen Truppen übergehen. (…) Die Reichstruppen haben zwar unter sich, und mit den übrigen gegen Frankreich gemeinschaftlich mitkriegenden Mächten, Kartel (über die Auslieferung von Deserteuren, UB), aber diesen respektirt niemand, wenn gleich schon sehr viele Klagen darüber entstanden sind, die aber alle, wie gewöhnlich, auf Nichts hinauslaufen. Der Pfälzer läuft zu den Franken, der Franke zu den Schwaben, der Schwabe zu den Oestreichern und der Oestreicher zu der schönen Armee der Emigrirten, welche denn auch wieder zu andern überlaufen“ (Schilderung der jetzigen Reichsarmee nach ihrer wahren Gestalt. Kölln 1796, S. 161/162).

5 Johann Wolfgang von Goethe: Campagne in Frankreich 1792. In: ders.: Werke, Bd. X. Hamburg 1966, S. 235. Der Dichter beschrieb die Kanonade vor allem als ein intensives ästhetisches Erlebnis und stilisierte dabei das Geschehen in der Retrospektive. Tatsächlich war der Rückzug der Preußen in Valmy mehr den katastrophalen Wetterverhältnissen als dem revolutionären Enthusiasmus der Franzosen geschuldet. Vgl. als Kontrast zu Goethes Schilderung den Bericht Laukhards (Leben und Schicksale, S. 240–253).

6 Clausewitz: Vom Kriege, S. 870.

auf militärischem Gebiet den geometrischen Formalismus des Ancien régime ablösten. Wichtiger als das stoische Streben nach *constantia* und die filigranen Exerzitien der Disziplin wurde jetzt die Mobilisierung der Leidenschaften. Der von Clausewitz beschriebene Bruch mit der „beschränkten zusammengeschrumpften Gestalt des Krieges", den die absolutistischen Fürsten „vermittelst der Taler in ihrem Koffer und der müßigen Herumtreiber in ihren und den benachbarten Provinzen"[7] geführt hatten, war selbst nur ein Teil jener fundamentalen Transformation, die sich in der zweiten Hälfte des 18. Jahrhunderts vollzog und gleichermaßen Verhaltens- und Wissensformen, ästhetische Normen, politische Ordnungen sowie die Organisation von Produktion und Konsumtion erfaßte. Durchgängiges Merkmal der aus dieser Krise hervorgehenden Konfiguration war Dynamisierung: „von der Geometrie der Zirkel, Linien, Punkte und Formen zur Bewegung"; „von der Einhaltung einer Norm zur Steigerung ins Unbegrenzte"; „von der Zirkulation der Elemente zum Wirken einer inneren Kraft, des Lebens, der physikalischen Energie, der Produktivität"; „von der Repräsentation im tabellarischen Raum zur Beobachtung von Evolution, Stammesgeschichte und Historizität"; „von Ordnungsmaß und Angemessenheit zum Messen der Leistungssteigerung"; „von der positionellen Ordnung, von der Figur und Förmlichkeit zum Wettbewerb um Leistung"; „von der Rhythmik des im Raum gleichmäßig schlagenden Metronom zur Geschwindigkeitssteigerung und Spannung".[8]

Während die Fabrikation disziplinierter Individuen auf systematischer Ausschaltung aller spontanen Regungen beruhte, stand die Mobilisierung der Leidenschaften vor der paradoxen Aufgabe, Spontaneität zu organisieren. Enthusiasmus ließ sich nicht einüben, sondern allenfalls stimulieren. Das machte einen gänzlich anderen Diskurstyp nötig: Die Sprache der Disziplin war technisch, die Rhetorik der Leidenschaft evozierte, beschwor, berauschte. Die Drillmeister schrieben Manuale der Ordnung, die Künder des Enthusiasmus Oden an das Vaterland. Nicht in der militärischen Gebrauchsliteratur, sondern in Poesie und politischer Publizistik fand das Prinzip der Begeisterung daher seinen deutlichsten Ausdruck. Als literarisches Stürmen und Drängen begann,

---

7 Ebd., S. 865.

8 Henning Eichberg: Geometrie als barocke Verhaltensnorm. In: Zeitschrift für historische Forschung, 4. Jg., 1977, S. 50. Mehr als durch seine Fachpublikationen zur Militär- und Körpergeschichte ist Eichberg durch sein Engagement in verschiedenen Gruppierungen der „neuen Rechten" bekannt geworden. Während der Historiker Eichberg im Anschluß an Foucault die „Beobachtung von Evolution, Stammesgeschichte und Historizität", die diskursive Konstruktion von Rasse und Nation also, immerhin noch als Element derselben historischen Konfiguration begreift, die auch Industriekapitalismus und liberalen Verfassungsstaat hervorbrachte, streicht der völkische Publizist Eichberg die Einsicht in diesen strukturellen Zusammenhang durch, wenn er „nationale Identität" zur Basiskategorie einer gleichermaßen antiindustriellen wie antiliberalen „Kulturrevolution für ein neues Deutschland" erhebt. Vgl. ders.: Nationale Identität. Entfremdung und nationale Frage in der Industriegesellschaft. München 1978.

was vom Freikorps Lützows bis zu den Studentenbataillonen vor Langemarck zur praktischen Gewalt werden sollte.

Protagonisten der patriotischen Leidenschaft waren in Deutschland, wo anders als in England und Frankreich eine wirtschaftlich einflußreiche Bourgeoisie nur in Ansätzen existierte, die „Gebildeten". Diese Schicht, der sowohl Bürgerliche wie Adlige angehörten, war in besonders enger Weise mit dem Staat verbunden; ein großer Teil stand als Beamter, Offizier, Lehrer oder Pfarrer unmittelbar oder mittelbar in fürstlichen Diensten. Das schloß Kritik an den politischen Verhältnissen nicht aus, im Gegenteil: gerade die Intellektuellen fühlten sich durch Borniertheit und Willkür der Regenten, durch Standesschranken und Bevormundung besonders eingeengt. Die Nähe zur staatlichen Macht führte allerdings dazu, daß ihre Kritik in ein Erziehungsprogramm einmündete, das die bestehende staatliche und gesellschaftliche Ordnung von innen heraus erneuern sollte. Nicht als Opposition zur Obrigkeit sahen die Gebildeten sich, sondern als deren aufklärerisches Korrektiv. Kennzeichnend die Form ihres Denkens: „kritisierende, räsonnierende und rezensierende Beobachtung des Bestehenden und Geschehenden, das am Maßstab der Vernunft und der Nützlichkeit gemessen und dem Urteil der öffentlichen Meinung, also dem Urteil des lesenden, ‚aufgeklärten' Publikums unterworfen wurde. (...) In Regierungen und Behörden, auf Kanzeln und Kathedern wollten sie alle praktisch reformieren und das Bewußtsein der Menschen von ihrer Lage, ihrer Würde, ihren Aufgaben wecken."[9] Die Entstehung der Gebildetenkultur war eng verknüpft mit dem Aufstieg der Zeitschriften- und Buchpublizistik und der sich über diese „Leserevolution" konstituierenden bürgerlichen Öffentlichkeit, die in den Vereinen und Lesegesellschaften die ihr adäquate Organisationsform fand.[10]

Jenseits aller Differenzen zwischen gemäßigten und radikaleren Positionen ging es den deutschen Intellektuellen des ausgehenden 18. Jahrhunderts um eine tieferliegende Vermittlung von Individuum und Staat: Dieser sollte die Menschen nicht länger als bloße Rädchen einer seelenlosen Maschine behandeln, sondern ihre Mündigkeit anerkennen und ihnen Möglichkeiten politischer Partizipation einräumen. Umgekehrt sollte patriotische Erziehung bei den Individuen brachliegende moralische Ressourcen erschließen und sie bewegen, ihrem Vaterland aus freien Stücken die Loyalität und Opferbereitschaft entgegenzubringen, die Dressurpraktiken und policeywissenschaftliche Maßnahmen nicht hatten erzeugen können. Die Gebildeten erlebten den Individualisierungsschub, der in den Intimisierungsprozessen innerhalb der bürger-

---

[9] Rudolf Vierhaus: Politisches Bewußtsein in Deutschland vor 1789. In: ders.: Deutschland im 18. Jahrhundert. Göttingen 1987, S. 185; vgl. auch ders.: Umrisse einer Sozialgeschichte der Gebildeten in Deutschland, ebd., S. 167–182.

[10] Vgl. Bernhard Giesen/Kay Junge: Vom Patriotismus zum Nationalismus. In: Bernhard Giesen (Hrsg.): Nationale und kulturelle Identität. Frankfurt/M. 1991, S. 266–272; ders.: Die Intellektuellen und die Nation. Frankfurt/M. 1993, insbesondere S. 102–129 (dort auch weitere Literatur zur „Leserevolution" und zur Ausbreitung des Vereinswesens).

lichen Kleinfamilien des 18. Jahrhunderts seine psychosoziale Grundlage hatte, nicht nur als Subjektivitätsgewinn, sondern zugleich als Schrecken der Vereinzelung und Verlust an Bindung. Sich mit dem Vaterland zu identifizieren, bot auch eine Möglichkeit, das „unglückliche Bewußtsein" der bloß „fürsichseienden Einzelheit" kompensatorisch zu schlichten.[11]

Bildete das Vaterland das Objekt, so der Enthusiasmus die Antriebskraft dieser Identifikation. Der Begriff besaß ursprünglich eine religiöse Bedeutung und wurde häufig synonym mit Begeisterung oder Schwärmerei verwendet,[12] unverkennbar auch die Bezüge zur ästhetischen Kategorie des Erhabenen. Seine negativ pathologisierende, zumindest aber ambivalente Konnotation – der junge Kant etwa bestimmte Enthusiasmus als „den Zustand des Gemüths, da dasselbe durch irgendeinen Grundsatz über den geziemenden Grad erhitzt worden"[13] – verlor der Begriff erst in dem Maße, in dem er an ein politisches und moralisches Ideal gebunden wurde. Die in der französischen Revolution freigesetzten Leidenschaften wurden dabei zum Geschichtszeichen. Mit ihnen hielt das Erhabene Einzug in die Politik. Selbst Kant befand 1798, die „Theilnehmung am Guten mit Affect, der Enthusiasm," sei zwar, „weil aller Affect als ein solcher Tadel verdient, nicht ganz zu billigen", doch habe die Revolution nicht nur „in den Gemüthern aller Zuschauer" zu einer „Theilnehmung dem Wunsche nach, die nahe an Enthusiasm grenzt," geführt, sondern im „Eifer und der Seelengröße" der Franzosen liege auch, trotz aller Greueltaten, der Beweis dafür, „daß wahrer Enthusiasm nur immer aufs Idealische und zwar rein Moralische geht, desgleichen der Rechtsbegriff ist, und nicht auf den Eigennutz gepfropft werden kann"[14]. Zur Chiffre dieses Ideals, das dem Enthu-

---

[11] Georg Wilhelm Friedrich Hegel: Werke, Bd. 3: Phänomenologie des Geistes. Frankfurt/M. 1970, S. 173.

[12] So etwa bei [Leonhard Meister]: Auszüge aus einer Vorlesung über die Schwärmerey. In: Der Teutsche Merkur, 1775, 4. Vierteljahr, S. 134–151. Gegen Meisters Gleichsetzung von Enthusiasmus und Schwärmerei wandte sich Wieland mit einem „Zusatz des Herausgebers", in dem er der Schwärmerei die schlechten, dem Enthusiasmus die guten Seiten der Begeisterung zuordnete: „Ich nenne (...) Schwärmerey eine Erhitzung der Seele von Gegenständen, die entweder gar nicht in der Natur sind, oder wenigstens das nicht sind, wofür die berauschte Seele sie ansieht. (...) Dem Worte Schwärmerey, in dieser Bedeutung genommen, entspricht das Wort Fanatismus ziemlich genau; wiewohl dies leztere durch den Gebrauch einer besonderen Gattung von Schwärmerey, nehmlich der religiosen, zugeeignet worden ist. Aber es giebt auch eine Erhitzung der Seele die nicht Schwärmerey ist; sondern die Würkung des unmittelbaren Anschauens des Schönen und Guten, vollkommenen und Göttlichen in der Natur, und unserm Innersten, ihrem Spiegel. (...) Schwärmerey ist Krankheit der Seele, eigentliches Seelenfieber: Enthusiasmus ist ihr wahres Leben!" (ebd., S. 152).

[13] Immanuel Kant: Beobachtungen über das Gefühl des Schönen und Erhabenen (1764). In: ders.: Werke. Akademieausgabe, Bd. II. Berlin 1968, S. 251.

[14] Ders.: Der Streit der Facultäten (1798), ebd., Bd. VII. S. 85/86. Vgl. dazu auch die Lektüre Jean-François Lyotards: Der Enthusiasmus. Kants Kritik der Geschichte. Wien 1988, insbesondere S. 45–77; allgemein zum Enthusiasmus-Diskurs in Deutschland Peter Marx/Eckart Pankoke: Publizität und Enthusiasmus. Staatsreprä-

siasmus ein Ziel geben und so die Gefahr eines Abgleitens in schwärmerischen Wahn bannen sollte, avancierte in den Diskursen der aufklärerischen Gebildeten der Patriotismus.

Was dabei unter dem Vaterland jeweils verstanden wurde, war so bunt wie die politische Landkarte der deutschen Territorien und keinesfalls mit der Idee eines Nationalstaats nach französischem oder englischem Vorbild gleichzusetzen. Die Vaterlandsliebe war vor allem moralisch-pädagogisch codiert; Patriot zu sein, hieß zunächst nichts anderes, als sich staatsbürgerlichen Tugenden verpflichtet zu fühlen. Dem Postulat, sich mit aller Kraft für das „Gemeinbeste" einzusetzen, korrespondierte die Forderung nach politischen Reformen, die dem einzelnen diese Hingabe an das Ganze auch ermöglichen und sie lohnend erscheinen lassen sollten.[15]

Ein häufig wiederkehrender Gegenstand aufklärerischer Kritik war deshalb die maschinenhafte Künstlichkeit der absolutistischen Heere, waren Offiziersdünkel, gewaltsame Werbungen, Soldatenhandel und entwürdigende Strafrituale, die als Inbegriff despotischer Willkür angeprangert wurden.[16] Umgekehrt versuchten schon vor der französischen Revolution Dichter wie politische Publizisten ihren Zeitgenossen den „Saamen des kriegerischen und patriotischen Enthusiasmus"[17] einzupflanzen und sie zum Kampf für „Vaterland" und „Freiheit" zu entflammen. Dieser Patriotismus besaß häufig eine kräftige republikanische und weltbürgerliche Färbung, nach 1789 wurde das Wort geradezu zum Synonym für „Jakobinertum"[18]. Doch auch den radikal-

sentation und romantische Imaginationen in der „deutschen Bewegung" 1789–1815. In: Jörg-Dieter Gauger/Justin Stagl (Hrsg.): Staatsrepräsentation. Berlin 1992, S. 89–104; Hans-Wolf Jäger: Politische Kategorien in Poetik und Rhetorik der zweiten Hälfte des 18. Jahrhunderts. Stuttgart 1970, insbesondere das Kapitel „Das Prinzip der Begeisterung", S. 42–53.

15 Vgl. Christoph Prignitz: Vaterlandsliebe und Freiheit. Wiesbaden 1981, S. 36; Giesen/Junge: Vom Patriotismus zum Nationalismus, S. 273–275. Zum Begriff des Patriotismus in der deutschen Aufklärung vgl. ferner Werner Krauss: Zur Konstellation der deutschen Aufklärung. In: ders.: Perspektiven und Probleme. Neuwied/Berlin 1965, insbesondere S. 149–172. Rudolf Vierhaus: „Patriotismus" – Begriff und Realität einer moralisch-politischen Haltung. In: ders. (Hrsg.): Deutsche patriotische und gemeinnützige Gesellschaften. München 1980, S. 9–29; den Forschungsstand referiert aus literaturwissenschaftlicher Perspektive Hans Peter Herrmann in seiner Einleitung zu ders./Hans-Martin Blitz/Susanna Moßmann: Machtphantasie Deutschland. Nationalismus, Männlichkeit und Fremdenhaß im Vaterlandsdiskurs deutscher Schriftsteller des 18. Jahrhunderts. Frankfurt/M. 1996, S. 7–31.

16 Das bekannteste literarische Zeugnis ist die „Kammerdienerszene" in Schillers „Kabale und Liebe", in der die gängige Praxis deutscher Duodezfürsten angeprangert wird, ihre Landeskinder als Soldaten an die englische Regierung zu verkaufen. Einen Überblick über die aufklärerische Kritik am absolutistischen Militärwesen gibt Johannes Kunisch: Das „Puppenwerk" der stehenden Heere. In: Zeitschrift für historische Forschung, 17. Jg., 1990, S. 49–83; ders.: Friedensidee und Kriegshandwerk im Zeitalter der Aufklärung. In: Der Staat, Bd. 27, 1988, S. 547–568.

17 [Meister]: Auszüge aus einer Vorlesung über die Schwärmerey, S. 148.

18 So befürchtete Laukhard, man werde ihn aufgrund seines autobiographischen Berichts über die „Begebenheiten, Erfahrungen und Bemerkungen während des Feld-

sten Parteigängern der „Neufranken" ging es darum, den rückhaltlosen Einsatz für eine – in diesem Fall erst revolutionär zu erkämpfende – staatliche Ordnung einzufordern. Als „unsinniger Fanatismus" galt es ihnen zwar, „sich blos für die Person des Fürsten auf Leben und Tod zu schlagen"[19], vorbildhaft waren dagegen die französischen Revolutionäre, „die sich weder aus Prahlerey noch aus Privatinteresse aufgeopfert haben, (sondern um) ihrem Vaterlande eine bessere Verfassung zu geben"[20]. Wahrhaft patriotische Gesinnung erwies sich, auch wo der Sturz monarchischer Herrschaft propagiert wurde, letztlich an der Bereitschaft zum „Tode für das Vaterland".

2. Thomas Abbt und der Tod für das Vaterland

„Vom Tode für das Vaterland" lautete auch der Titel eines Buches, das der Popularphilosoph Thomas Abbt 1761 veröffentlichte – die Urschrift patriotischer Kriegsmobilisierung in Deutschland.[21] Verfaßt während des Siebenjährigen Krieges nach der preußischen Niederlage bei Kunersdorf, sollte der Appell „Sterbt freudig fürs Vaterland", so Abbts Hoffnung, „in den Ohren einer großen Anzal von Zuhörern donnern, den schläfrigen Bürger erwecken, und dem für seinen König erwärmten Unterthan ein Feldgeschrey seyn"[22]. Überflüssig wäre sein Buch erst, „wenn alle Unterthanen des Königs schon bereit und willig sind, ihr Leben für Ihn und für den Staat, wenn er es fordert, aufzuopfern"[23].

---

zugs gegen Frankreich" einer gewissen „Neigung für das System der Neufranken" verdächtigen und zu jenen zählen, „welche bei den politischen Kanngießern unsers Vaterlands unter dem verhaßten Namen der Jakobiner oder Patrioten bekannt sind" (Leben und Schicksale, S. 193).

19 Ueber Patriotismus. In: Beyträge zur Geschichte der französischen Revolution. Hrsg. von P. Usteri, Bd. 7, Leipzig 1796, S. 377; zit. nach Prignitz: Vaterlandsliebe und Freiheit, S. 58.

20 Ebd., S. 57.

21 Thomas Abbt: Vom Tode für das Vaterland. Im folgenden zit. nach der Ausgabe: Berlin 1770. Vgl. zu Abbt Hans Erich Bödeker: Thomas Abbt: Patriot, Bürger und bürgerliches Bewußtsein. In: Rudolf Vierhaus (Hrsg.): Bürger und Bürgerlichkeit im Zeitalter der Aufklärung. Heidelberg 1981, S. 221–253; Klaus Latzel: Vom Sterben im Krieg. Warendorf 1988, S. 20–22; Zwi Batscha: Thomas Abbts politische Philosophie. In: ders.: „Despotismus jeder Art reizt zu Widersetzlichkeit". Die französische Revolution in der deutschen Popularphilosophie. Frankfurt/M. 1989, S. 126–168. Allgemein zur Patriotismus-Debatte während des Siebenjährigen Krieges vgl. Reinhard Höhn: Der Soldat und das Vaterland während und nach dem Siebenjährigen Kriege. In: Festschrift Ernst Heymann, Bd. 1: Rechtsgeschichte. Weimar 1940, S. 250–312 (materialreich, aber in der Deutung faschistisch); Klaus Bohnen: Von den Anfängen des „Nationalsinns". In: Helmut Scheuer (Hrsg.): Dichter und ihre Nation. Frankfurt/M. 1993, S. 121–137; Hans Peter Herrmann: Individuum und Staatsmacht. Preußisch-deutscher Nationalismus in Texten zum Siebenjährigen Krieg. In: ders./Blitz/Moßmann: Machtphantasie Deutschland, S. 66–79.

22 Abbt: Vom Tode für das Vaterland, S. 7.

23 Ebd., S. 6.

Ein solches Ideal hatte mit der Praxis friderizianischer Heeresaufbringung denkbar wenig zu tun, folgte Friedrich II. doch dem Grundsatz, der Bürger solle nicht merken, wenn die Armee sich schlägt: „während der unerschrockene Soldat an den Grenzen auf Wache steht", sollte der Bauer hoffen können, „die Früchte seiner Arbeit durch reiche Ernten zu genießen", und „während der Krieger sich zu Land und zu Wasser dem Tod aussetzt, den er gibt oder empfängt", sollte „der Handelsmann weiter seine Geschäfte zur Blüte (bringen), ohne von seinen Aufgaben abgelenkt zu werden"[24]. Die Schichten, die zum Militär eingezogen oder angeworben wurden, waren mehrheitlich gar nicht in der Lage, Abbts Buch zu lesen; jene, die es lasen, vom Dienst befreit. Zudem wäre es ein aussichtsloses Unterfangen gewesen, enthusiastische Vaterlandsliebe bei Soldaten entfachen zu wollen, solange diese mit dem Stock dressiert und von ihren Offizieren mit dem Gewehr im Anschlag aufs Schlachtfeld getrieben wurden.

Abbt richtete sich denn auch an ein anderes Publikum: Seine Schrift ist kein Brevier für den Soldatentornister, sie ist ein Dokument patriotischer Selbststimulierung bürgerlicher Intellektueller. Eine nachträgliche Legendenbildung dürfte es jedenfalls sein, daß aus allen Teilen Deutschlands junge Männer „mit nicht sonderlich gefüllter Börse, aber jeder mit einem Exemplar von Abbts Schrift, Über den Thod für das Vaterland in der Tasche, unter vielen Wagnissen zur preußischen Armee"[25] gestoßen seien. Die Wirkung des Buchs läßt sich wohl eher in den Spuren fassen, die es in der zeitgenössischen Literatur hinterlassen hat.[26] Fernab der militärischen Realität seiner Zeit proklamierte Abbt den Bürgersoldaten, der nicht gezwungen oder nur um des Geldes

---

[24] Friedrich II.: Entgegnung auf den „Essay über die Vorurteile". In: ders.: Schriften und Briefe. Leipzig 1985, S. 276/277.

[25] Johann Georg Scheffner: Mein Leben, wie ich Johann Georg Scheffner es selbst geschrieben. Leipzig 1816 und 1823; zit. nach Höhn: Der Soldat und das Vaterland, S. 276.

[26] So bei Herder, der über Abbts Schrift urteilte, sie sei „von einem Manne, der als Mensch fühlte, als Bürger dachte, als Untertan schrieb" – eine Charakterisierung, die geradezu als Definition der „gebildeten Patrioten" gelten kann (Johann Gottfried Herder: Über Thomas Abbts Schriften. In: ders.: Werke, Bd. 2: Schriften zur Ästhetik und Literatur 1767–1781. Frankfurt/M. 1993, S. 582). Vgl. auch Friedrich Nicolai: Das Leben und die Meinungen des Herrn Magister Sebaldus Nothanker, Bd. 1. Berlin/Stettin 1773. Neudruck in: ders.: Gesammelte Werke, Bd. 3. Hildesheim/Zürich/New York 1988, S. 28–39. Nicolai, zugleich Abbts Verleger, zeigte satirisch, wohin es führte, wenn man dessen Schrift wörtlich nahm. In seinem Roman nötigt Wilhelmine, die „ohnedies zum romantischen geneigte" Gattin des Titelhelden, nach der Lektüre von Abbts Buch ihren Mann zu einer Predigt über den „Tod für das Vaterland", die diesen um Amt und Würden bringt. Seine Vorgesetzten halten ihm vor, daß zehn Bauernkerle, die sich aufgrund seiner Predigt von den Preußen hätten anwerben lassen, „vermuthlich hätten in den Stand der Gnade kommen können, daß sie aber nun in dem Lande wohin sie gebracht würden, Atheisten werden, und also ewig verdammt sein müßten". Als Wilhelmine erfährt, daß ihr Sohn unter Hinterlassung vieler Schulden von der Universität davongelaufen sei und sich ebenfalls habe anwerben lassen, besinnt sie sich nach kurzer Ohnmacht,

willen dient, sondern aus Überzeugung kämpft. Mit der Koppelung von Enthusiasmus und Patriotismus eröffnete er jenes Diskursfeld, das in den sogenannten „Befreiungskriegen“ völkisch radikalisiert und im weiteren Verlauf des 19. und im 20. Jahrhundert zur „Nationalisierung der Massen“ (George L. Mosse) erweitert wurde. Wenn auch Abbts „Vaterland“ in vieler Hinsicht der antiken *patria* noch näher steht als der „deutschen Nation“ Fichtes oder Arndts, so zeigt sein Buch bereits um so deutlicher die nekrophile Logik der Vaterlandsliebe: Der patriotisch gesinnte Bürger will alle Differenzen zwischen sich und der staatlichen Macht aufheben; weil die ersehnte Identität aber imaginär bleiben muß, verlangt sie nach permanenter Vergewisserung und kann nur im Selbstopfer zur Ruhe gelangen. Erst im Augenblick des Soldatentods hat der Bürger bewiesen, daß er dem Staat wirklich alles zu geben bereit war.

Abbt steigerte diese Konsequenz zu einem mit religiöser und sexueller Metaphorik aufgeladenen Todeskult. So, wenn er denen, die sich von der „Chimäre des Vaterlands“ nicht „schwindlich“ machen lassen wollten, antike Tugendvorbilder entgegenhielt: „waren die Römer etwa verrückte Köpfe? Waren es Schwärmer, die das Vergnügen des Lebens nicht kannten? Sie kannten es; aber sie kannten auch das Vergnügen – des Todes. Nicht des Todes, der auf dem weichlichen Sopha einen durch Wollüste ausgemergelten Körper vollends starr macht, (...) sondern des Todes, der sich in der Vertheidigung des Vaterlandes darbietet, der unsre Seele, gleich einer Königin, aus dem Gefängnisse ruft, und sie nicht gleich einer Sklavin darinn erdrosselt; der endlich, wenn ich mich so kühn ausdrücken dürfte, mit dem Blute, das aus unsern Adern quillt, das ächzende Vaterland tränkt, um es wieder aufleben zu lassen.“[27]

Viele Seiten verwendete Abbt darauf nachzuweisen, daß solcher Patriotismus nicht nur in Republiken, sondern auch und gerade in Monarchien möglich ist. Das Vaterland sei jener Staat, definierte er mit Hinweis auf Montesquieu, „mit dem mich die Geburt oder meine freye Entschließung (...) vereinigen, dessen heilsamen Gesetzen ich mich unterwerfe; Gesetzen die mir nicht mehr von meiner Freiheit entziehen, als zum Besten des ganzen Staats nöthig ist“[28]. Ob ein Vaterland existierte, hing also an der guten Regierung des Staates, die private und öffentliche Wohlfahrt zur Deckung zu bringen wußte. Eine „wohl eingerichtete Monarchie“, wie Abbt sie im Preußen Friedrichs II. verwirklicht sah, *konnte* man deshalb nicht nur, man *mußte* sie als Vaterland lieben, und diese Liebe war größer, als sie in Republiken je sein konnte, weil sie sich „zugleich auf die Gesetze und den Vater dererselben“[29] richtete.

„daß itzt die beste Gelegenheit sey, spartanische Gesinnungen zu zeigen“, und erklärt „mit thränenden Augen: Ich habe ihn dazu gebohren“.

27 Abbt: Vom Tode für das Vaterland, S. 32. Vgl. zur religiösen Überhöhung des Soldatentodes in der zeitgenössischen Literatur, insbesondere bei Klopstock, auch das Kapitel „Patriotischer Blut- und Wundenkult“, in: Gerhard Kaiser: Pietismus und Patriotismus im literarischen Deutschland. Frankfurt/M. 1973, S. 124–138.

28 Abbt: Vom Tode für das Vaterland, S. 17.

29 Ebd., S. 19.

Unter den „Triebfedern, welche die politische Maschine im Gang erhalten“[30], sei, so Abbt weiter, die Vaterlandsliebe Ehre und Religion weit überlegen. Zwar überwinde nichts „die Furcht vor dem Tode mit grösserm Triumph, als die Hoffnung der Freuden des Paradieses“, aber die Grundsätze christlichen Glaubens seien „nicht in jedem Herzen tief genug eingeprägt“, es gebe viele, „die sie nicht recht kennen; einige, die an ihrer Richtigkeit zweifeln, und vielleicht gar einige, die sie für falsch halten“[31]. Die Triebfeder der Ehre wiederum bewege nur jene, „welche einen vornehmen Posten bekleiden, welche nahe um den Monarchen sind, oder deren Familien wenigstens schon näher um den Thron stehen“[32]. Der gemeine Mann hingegen werde von ihr nicht gerührt: „Ein Soldat, der sich schämen würde, ein Schimpfwort ungerächt zu lassen, wird sich nicht schämen, mit einem ganzen Bataillon zu fliehen, weil alsdann seine Ehre gleichsam durch die übrigen gedeckt ist.“[33] Vergeblich auch alle Versuche, die Leidenschaft der Furcht „durch stoische Spitzfindigkeiten“ bannen zu wollen, „die man bey gesunden Tagen mit so viel Beifall ließt, und in den Stunden der Schwachheit so trostlos findet“[34]. Statt wie die Stoiker alle Affekte abzutöten, um so innere Freiheit zu gewinnen, plädierte Abbt dafür, „Leidenschaft durch Leidenschaft zu bezwingen“ und den Tyrannen der Todesfurcht durch einen anderen Tyrannen, die enthusiastische Vaterlandsliebe, zu bekämpfen, „bis wir unsern Zweck erreichen“[35].

Abbts Beschwörung des Opfertodes kulminierte in einer nach dem Modell der christlichen Nachfolge-Theologie gezeichneten *imitatio regis*: „Das Vaterland sagt gleichsam zum Könige: Setze dich zu meiner Rechten. Es verwirft unsere Opfer, wenn wir sie nicht zugleich aus Ergebenheit für seinen Vielgeliebten bringen.“[36] Mehr als alles andere sollte das Beispiel des Monarchen die patriotische Leidenschaft entzünden können: „Mit der Blutfahne in der Hand geht er vor seinem Heere dem Feind entgegen. Die Gefahren umzingeln ihn; jedes tödtliche Bley, das neben ihm niederfällt, schlägt den Gedanken meiner eigenen Gefahr aus mir heraus. Ich sehe auf sein Leben, und vergesse darüber, daß das meinige vielleicht den nächsten Augenblick mir entrissen wird. (...) Die Erinnerung, oder gleichsam das Gefühl, daß er sich für mich, für meine Familie, für meine Provinz, dieser Gefahr aussetzte, flammet meine übrigen Leidenschaften an, und treibt mich in die dickesten Haufen der Feinde.“[37] Vor der Größe des Königs, der am Firmament des Vaterlands „wie die Sonne glänzet“[38], sollten auch die Unterschiede zwischen den Ständen verschwinden: „Alles vereinigt sich, und stellt sich unter dem vor-

30 Ebd., S. 76.
31 Ebd., S. 68/69.
32 Ebd., S. 76.
33 Ebd., S. 77.
34 Ebd., S. 62.
35 Ebd., S. 63.
36 Ebd., S. 20.
37 Ebd., S. 74.
38 Ebd., S. 80.

mals so herrlichen Namen eines Bürgers dar. Dann ist jeder Bürger ein Soldat, jeder Soldat ein Bürger, und jeder Edelmann Soldat und Bürger."[39] Gleichheit der Bürger hieß Gleichheit vor dem Tod auf dem Schlachtfeld; politische Gleichberechtigung war allenfalls deren Resultat.

Mit dem beschwörenden Pathos von Pflichterfüllung und Opferbereitschaft, der Glorifizierung des Todes und seiner egalisierenden Wirkung sowie dem Bemühen, an die Stelle bloßer Subordination enthusiastische Liebe für die staatliche Macht und ihre Repräsentanten zu setzen, nahm Abbt Motive vorweg, die später zum festen Inventar des modernen Nationalismus gehören sollten. Gleichwohl blieb sein Appell im Vergleich zur Kriegsagitation Fichtes, Arndts oder Jahns noch auffällig abstrakt. Der Grund dafür lag weniger in dem Widerspruch zwischen Theorie und Praxis, den er sich von seinem Freund Moses Mendelssohn vorwerfen lassen mußte: „In Sparta würde man zu einem solchen Schriftsteller gesagt haben: Preise nicht den Tod fürs Vaterland, stirb ihn."[40] Entscheidender war, daß die „neue und große Denkungsart", die Abbt predigte, dem friderizianischen Staat und seiner Armee kaum zu implantieren war. Um es in der Maschinenmetapher auszudrücken: Während Abbt schon die Triebfeder des Patriotismus aufzuziehen versuchte, vertraute man auf preußischen Exerzierplätzen und Schlachtfeldern noch ganz auf die Kunst des Rädchenschleifens.

Dem aufklärerischen Landespatriotismus, wie Abbt ihn exemplarisch verkörperte, fehlten zwei Elemente noch völlig: Die Beschäftigung mit der Frage „was ist deutsch?" und die Bestimmung des Feindes. Nach beiden Seiten hin mußte der nationale Diskurs näher bestimmt werden, um über die Selbstenthusiasmierung gebildeter Kreise hinaus politische Wirkung entfalten zu können. Solange das „Vaterland" mit dem jeweiligen Territorialstaat identisch war und die Liebe zu diesem in der Verehrung für den Monarchen gründete, erschöpfte sich die literarische Mobilmachung darin, den ohnehin geforderten Untertanengehorsam mit den höheren Weihen freiwilliger Hingabe zu versehen. Im Anschluß an die revolutionären Ereignisse in Frankreich traten zwar Loyalität zum Fürstenstaat und patriotisches Engagement auseinander, doch noch 1796 spottete Lichtenberg, er „möchte was darum geben, genau zu wissen, für wen eigentlich die Taten getan worden sind, von denen man öffentlich sagt, sie wären *für das Vaterland* getan worden"[41]. Ein Jahr zuvor hatte sich bereits Wieland über die „Modetugend" des „Deutschen Patriotismus" lustig gemacht: „Insonderheit will und kann ich nicht läugnen, daß die Vorstellungsart, die ich über Vaterland und Vaterlandsliebe und über den schönen Tod fürs Vaterland oder das berühmte *Dulce et decorum est pro Patria mori!* aus dem

---

[39] Ebd., S. 16. Zum Bedeutungsgehalt des Begriffs „Bürger" in der deutschen Aufklärung vgl. auch Vierhaus: Politisches Bewußtsein in Deutschland vor 1789, S. 180/181.

[40] Zit. nach Annie Bender: Thomas Abbt. Ein Beitrag zur Darstellung des erwachenden Lebensgefühls im 18. Jahrhundert. Bonn 1922, S. 61.

[41] Georg Christoph Lichtenberg: Schriften und Briefe, Bd. 2. Frankfurt/M. 1994, S. 450 (Sudelbücher 2, Heft K, 292).

Lesen der alten Griechen und Römer unvermerkt einsog, nicht sehr geschickt war, mich auf den Gedanken zu bringen, daß die Altgriechischen Tugenden oder Gefühle so leicht auf Deutschen Grund und Boden verpflanzt werden könnten, oder, falls man es ja versuchen wollte, sonderliche Früchte tragen würden."[42] Zweifellos gebe es „Märkische, Sächsische, Baierische, Würtembergische, Hamburgische, Nürnbergische, Frankfurtische Patrioten u.s.w.", aber „Deutsche Patrioten, die das ganze Deutsche Reich als ihr Vaterland lieben, über alles lieben, bereit sind, nicht etwa bloß seiner Erhaltung und Beschützung gegen einen gemeinschaftlichen Feind, sondern auch, wenn die Gefahr vorüber ist, seinem Wohlstand, der Heilung seiner Gebrechen, der Beförderung seiner Aufnahme, seines innerlichen Flors, seines äußerlichen Ansehens, beträchtliche Opfer darzubringen: wo sind sie? Wer zeigt, wer nennt sie uns? Was haben sie bereits bewirkt? und was kann man noch von ihnen erwarten?"[43]

3. Befreiungsnationalismus

Anders als in Frankreich, wo der Kult der Nation sich aus dem Sieg der Revolution speiste und noch die napoleonische Expansionspolitik sich anfangs als Schutz der revolutionären Errungenschaften gegen äußere Feinde legitimieren konnte, war der Aufstieg nationaler Begeisterung in Deutschland das Produkt einer Niederlage. Zum imaginären Fluchtpunkt des politischen Bewußtseins der Bildungseliten wurde die „deutsche Nation" erst nach 1806, als das Reich formal aufgelöst war, französische Truppen weite Teile des Landes besetzt hielten, in den übrigen Fürsten von Napoleons Gnaden regierten und das preußische Heer bei Jena und Auerstedt vernichtend geschlagen war. Kriegsbereitschaft stand diesseits wie jenseits des Rheins im Zentrum der nationalen Propaganda, allerdings mit unterschiedlicher Stoßrichtung: Dort sollte die Nation die von ihr erkämpfte Freiheit verteidigen, hier im Befreiungskampf gegen die „Fremdherrschaft" erst entstehen. Für die deutschen Patrioten nach 1806 war Frankreich dabei Antagonist und Vorbild zugleich: „Die Nationalisierung der Feindschaft wurde zum Konstituens der eigenen nationalen Ambition. Anders gewendet: Die in der Revolution entstandene französische Nation ließ, als Feind gedacht, die eigene Nationwerdung als politisches Programm vorwegnehmen."[44]

---

[42] Christoph Martin Wieland: Über Deutschen Patriotismus. In: ders.: Sämmtliche Werke, Bd. 29. Leipzig 1797, Neudruck: Hamburg 1984, S. 474.

[43] Ebd., S. 482.

[44] Michael Jeismann: Das Vaterland der Feinde. Stuttgart 1992, S. 82. Vgl. zum Intellektuellen-Nationalismus nach 1806 auch Giesen: Die Intellektuellen und die Nation, S. 130–162; allgemein zur politischen Codierung der Nation Benedict Anderson: Die Erfindung der Nation. Frankfurt/M. 1988; Etienne Balibar: Die Nation-Form: Geschichte und Ideologie. In: Ders./Immanuel Wallerstein: Rasse Klasse Nation. Ambivalente Identitäten. Hamburg/Berlin 1990, S. 107–130.

Weil „Deutschland" nur als Wunschvorstellung existierte, der nationalen Leidenschaft also ein politisches Realobjekt, auf das sie ihre Identifikationswut richten konnte, vorerst noch fehlte, nahm der Befreiungsnationalismus den Charakter einer völkischen Erweckungsbewegung an, die frankophobe Emotionen schürte, um staatliche Einheit wie kollektives Gemeinschaftsgefühl im Kreuzzug gegen den welschen „Erzfeind" herzustellen. Nicht enthusiastische Liebe für Vaterland und König – wie bei Abbt – war gefordert, sondern nicht minder leidenschaftlicher „Haß gegen die Fremden, Haß gegen die Franzosen, gegen ihren Tand, ihre Eitelkeit, ihre Liederlichkeit, ihre Sprache, ihre Sitten, ja brennender Haß gegen alles, was nur von ihnen kommt"[45]. Genauer: Die Vaterlandsliebe hatte sich zu erweisen und konnte sich nur erweisen in unerbittlicher Feindschaft, die sich bis zum Vernichtungseifer steigerte, „das Franzosenungeziefer", schlechthin jeden Franzosen „als Scheusal zu vertilgen"[46]. Noch immer kreiste der patriotische Mobilisierungsdiskurs um den Tod, doch statt um das Sterben für das Vaterland ging es jetzt darum, seine vermeintlichen Feinde zu töten.

Konkret war nur diese negative Seite der Identitätsfindung; alle Versuche einer positiven Bestimmung „deutschen Wesens" mündeten dagegen in jene permanente Selbstbefragung, auf die noch Nietzsches Bemerkung zielte, es kennzeichne die Deutschen, daß bei ihnen die Frage „was ist deutsch?" niemals aussterbe.[47] Diese Frage konnte nicht nur keine, sie durfte auch keine definitive Antwort erhalten, weil ihre homogenisierende Wirkung gerade auf der Stimulation des Immer-davon-Redens beruhte.[48]

Den Mythen der Herkunft korrespondierten dabei Mythen der nationalen Sendung; Ursprung war Auftrag. Die Deutschen sollten werden, was sie immer schon waren, und sie sollten es nur werden können, sofern und soweit sie

---

45 Ernst Moritz Arndt: An die Preußen (1813). In: ders.: Für Vaterland und Freiheit. Berlin o.J., S. 136.

46 Ders., zit. nach Wehler: Deutsche Gesellschaftsgeschichte, Bd. 1, S. 523. Dort auch weitere Belege für antifranzösische Vernichtungsphantasien bei anderen zeitgenössischen Autoren. Zur Wirkung Arndts wie der übrigen „Freiheitssänger" vgl. Ernst Weber: Lyrik der Befreiungskriege (1812–1815). Gesellschaftspolitische Meinungs- und Willensbildung durch Literatur. Stuttgart 1991.

47 Friedrich Nietzsche: Jenseits von Gut und Böse. In: ders.: Werke, hrsg. von Karl Schlechta, Bd. II. München 1969, S. 709.

48 Daß jeder Versuch einer Substantialisierung der Nation scheitern muß, nicht obwohl, sondern gerade weil Substantialisierung das praktisch politische Ziel des nationalen Diskurses ist, gilt indes nicht nur für die deutsche: „*Jede* Nation ist die mit selektiv historisierenden Mitteln betriebene, interessierte Pathetisierung und emotive Aufladung einer existierenden oder angestrebten souveränen politischen Großorganisation, eine mythisierende Pathosformel für den Staat selber; und jede empirische Feststellung eines ‚Nationalbewußtseins' testet nur die Wirkung einer Propaganda: *Jede Nation ist Indoktrination*" (Rudolf Burger: Patriotismus und Nation. In: Leviathan, 22. Jg., 1994, S. 168). – Spezifisch deutsch ist jedoch die eschatologische Aufladung des nationalen Furors. Vgl. dazu auch Joachim Bruhn: Was deutsch ist. Zur kritischen Theorie der Nation. Freiburg 1994.

sich von allem „Undeutschen" freimachten. Weil es um die Mobilmachung gegen „Fremdherrschaft" ging, durfte das imaginäre Eigene nicht verwässert werden. Nation zu werden, hieß Reinheitsgebote aufzustellen. In Fichtes Worten: „Nur in den unsichtbaren und den eignen Augen verborgenen Eigentümlichkeiten der Nation als demjenigen, wodurch sie mit der Quelle ursprünglichen Lebens zusammenhängen, liegt die Bürgschaft ihrer gegenwärtigen und zukünftigen Würde, Tugend, Verdienstes; werden diese durch Vermischung und Verreibung abgestumpft, so entsteht Abtrennung von der geistigen Natur aus dieser Flachheit, aus dieser die Verschmelzung aller zu dem gleichmäßigen und aneinander hangenden Verderben."[49]

Als Medium der „Völkererzeugung"[50] fungierte bei Fichte die Sprache, der nationale Aufbruch hatte deshalb mit ihrer Säuberung zu beginnen. In der Sprache sollten die überindividuelle Homogenität als Volk und zugleich die substantielle Verschiedenheit von den übrigen Völkern bereits existieren, die es als politische und militärische Kraft noch zu entfesseln galt. Fichte beließ es jedoch nicht bei einem Kulturdifferentialismus Herderscher Prägung, die unterstellte Ursprünglichkeit der deutschen Sprache war ihm Beweis deutscher Überlegenheit: Aus der Vorgabe, „daß der Deutsche eine bis zu ihrem ersten Ausströmen aus der Naturkraft lebendige Sprache redet, die übrigen germanischen Stämme eine nur auf der Oberfläche sich regende, in der Wurzel aber tote",[51] folgerte er, daß auch „nur der Deutsche – der ursprüngliche und nicht in einer willkürlichen Satzung erstorbene Mensch – wahrhaft ein Volk hat und auf eins zu rechnen befugt ist, und daß nur er der eigentlichen und vernunftgemäßen Liebe zu seiner Nation fähig ist"[52]. Um die ursprüngliche Reinheit gegen alle ausländischen „Einmischungen" zu bewahren, mußten wie die fremden Soldaten aus dem Land auch die fremden Wörter aus der Sprache vertrieben werden.[53]

Die kulturelle Abgrenzung gegen den äußeren Feind sollte zugleich die „künstlichen" Standesunterschiede im Innern überwinden, die Spaltung „deutsch – nicht deutsch" die soziale Hierarchisierung ersetzen. Wenn Fichte den adligen „Glaube(n) an die größere Vornehmigkeit des romanisierten Auslandes nebst der Sucht, ebenso vornehm zu tun", als „Grundquell" der verderblichen „Ausländerei" ausmachte,[54] griff er damit zugleich auf ältere antihöfische Stereotype zurück: Schon die Literaten des Sturm und Drang hatten

---

[49] Johann Gottlieb Fichte: Reden an die deutsche Nation. In: ders.: Werke, hrsg. von Fritz Medicus, Bd. 5. Leipzig 1910, S. 578. Vgl. dazu Ulrich Bielefeld: Das Wie der nationalen Konstruktion. Vom „Culte de Moi" zum „Culte des Nous" bei Fichte und Barrès. In: Mittelweg 36, 4. Jg., 1995, H. 1, S. 15–31.

[50] Fichte: Reden an die deutsche Nation, S. 425.

[51] Ebd., S. 436.

[52] Ebd. S. 489.

[53] Hans-Dieter Bahr (Die Sprache des Gastes. Leipzig 1994, S. 289) hat auf die ungewollte Ironie hingewiesen, daß die verhaßte, tote „Fremdsprache", von der Fichte die deutsche säubern will, bereits im Titel seiner Schrift auftaucht: Reden an die deutsche *Nation*.

[54] Fichte: Reden an die deutsche Nation, S. 448.

deutsche Sprache und Kultur gegen das aristokratische Französisch gestellt und die Fürsten für ihre modische Orientierung am Hof von Versailles attakkiert.

Der von den Predigern der vaterländischen Ersatzreligion[55] geforderte Gehorsam bezog sich nicht länger auf staatliche Gesetze oder fürstliche Anordnungen, sondern auf die Erfüllung der Mission nationaler (Wieder-)Geburt. Das machte ihn prinzipiell unabschließbar. Nicht klar definierte Befehle galt es zu befolgen, sondern sämtliche Energien für Volk und Vaterland zu mobilisieren. Der einzelne sollte sich selbst zum Brennstoff für die nationale Bewegung machen. Erst als toter Patriot hatte er seine Pflicht rückhaltlos erfüllt und konnte Unsterblichkeit erhoffen. Seine individuelle Existenz besaß Bedeutung nur insoweit, als sie zur genealogischen Kette und politischen Autonomie des völkischen Kollektivs beisteuerte: „Das Leben bloß als Leben, als Fortsetzen des wechselnden Daseins, hat für ihn ja ohnedies nie Wert gehabt, er hat es nur gewollt als Quelle des Dauernden; aber diese Dauer verspricht ihm allein die selbständige Fortdauer seiner Nation; um diese zu retten, muß er sogar sterben wollen, damit diese lebe, und er in ihr lebe das einzige Leben, das er von je gemocht hat.“[56] Tod und Vaterland standen dabei in einem sich wechselseitig verstärkenden Begründungszusammenhang: Als vaterländische Pflichterfüllung erhielt der Kriegstod einen Sinn; umgekehrt verpflichtete das „Blutopfer“ der nationalen Märtyrer die Überlebenden, der Idee des Vaterlands, für das diese gestorben waren, praktische Geltung zu verschaffen. Todesbegeisterung war das finale Glied nationaler Leidenschaft, politischer Totenkult das Initiationsritual des Nationalstaats.[57]

Zum beschwörenden Gestus der militanten Patrioten gehörte es, den Kriegsenthusiasmus, den sie durch ihre Agitation erzeugen wollten, immer schon vorauszusetzen und jede andere Haltung als widernatürlich zu denunzieren. Die Suggestionskraft war größer, wenn das von außen Eingehämmerte als genuine Konstitution erschien. „Nur im vaterländischen Schutzkrieg“, erklärte Friedrich Ludwig Jahn, könne „der Mensch mit Ehre und Pflicht einstimmig, streiten, siegen und fallen. Nur da ist des Kriegers Herz im Einklange mit dem Verstande, ohne erkältet zu sein; es empört sich nicht wider die Vernunft, und hat doch Leben; es brennt fürs Große und glüht fürs Gute, und wird nicht von außenher *eingegeistert*, sondern von innen kommt die *Begeisterung*. Dagegen sind die Eingeisterungsmittel der Kriegsfürsten bald ver-

---

55 Zur religiösen Deutung der antinapoleonischen Erhebung als „heil'ger Krieg“ vgl. Hasko Zimmer: Auf dem Altar des Vaterlands. Religion und Patriotismus in der deutschen Kriegslyrik des 19. Jahrhunderts. Frankfurt/M. 1971; Otto Dann: Vernunftfrieden und nationaler Krieg. Der Umbruch im Friedensverhalten des deutschen Bürgertums zu Beginn des 19. Jahrhunderts. In: Wolfgang Huber/Johannes Schwerdtfeger (Hrsg.): Kirche zwischen Krieg und Frieden. Stuttgart 1976, S. 169–224.

56 Fichte: Reden an die deutsche Nation, S. 494.

57 Vgl. Jeismann: Das Vaterland der Feinde, S. 95–102; sowie ders./Reinhart Koselleck (Hrsg.): Politischer Totenkult. Kriegerdenkmäler in der Moderne. München 1994.

raucht und verbraucht. Über die Natur wird nie die Unnatur siegen, das Laster mächtiger sein als die Tugend!"[58]

Die Radikalisierung, die zwischen dem Patriotismus Abbts und dem Befreiungsnationalismus der „Franzosenzeit" erfolgte, liegt in dieser Ablösung der patriotischen Pflicht von der Loyalität gegenüber bestehenden staatlichen Instanzen. Der Regent war nicht länger per se die Personifizierung des Vaterlands. Verehrung und Gehorsam gebührten ihm nur, sofern er sich an die Spitze der nationalen Erhebung stellte. Paktierte er mit dem „Usurpator" wie die Fürsten der Rheinbundstaaten, wurde er zum Verräter und Auflehnung gegen seine Befehle zur Pflicht, wie Arndt in seinem „Kurzen Katechismus für den teutschen Soldaten" proklamierte: „Das ist die teutsche Soldatenehre, daß der brave Krieger dem Könige oder Fürsten, der ihm zu gebieten wagt für die Franzosen und ihren Despoten den Degen zu ziehen und gegen die Freiheit und Ehre ihres Landes zu fechten, den Degen im Angesicht zerbreche, weil er nicht den Muth hat, gleich seinen Vätern stolz und frei zu herrschen, oder freier und stolzer zu vergehen. Denn wer nicht mit dem Eisen in der Hand für das Vaterland zu sterben den Muth hat, wie mag der Fürst seyn und andern gebieten? Das ist teutsche Soldatenehre, daß der Soldat fühlt: er war ein teutscher Mensch, ehe er von teutschen Königen und Fürsten wußte; es war ein teutsches Land, ehe Könige und Fürsten waren; daß er es tief und inniglich fühlt: das Land und das Volk sollen unsterblich und ewig seyn, aber die Herren und Fürsten mit ihren Ehren und Schanden sind vergänglich."[59]

Das ließ auch Widerstände gegen den Militärdienst in anderem Licht erscheinen: Der Soldat besaß nun, zumindest für die Propagandisten der völkischen Erweckung, ein Vaterland, und er besaß einen Feind. Deshalb war Fahnenflucht nicht mehr bloße Dressurpanne oder Vertragsbruch, sondern entweder Verrat und Mangel an patriotischer Gesinnung oder umgekehrt, falls der Ungehorsam sich gegen die französische Armee oder ihre Verbündeten richtete, Ausdruck „wahrer Soldatenehre". Galt bis dahin für den gemeinen Mann unumstößlich die Maxime „Nicht räsonnieren!", so mußte man ihm jetzt zumindest soviel Mündigkeit zugestehen, wie es brauchte, um sich die Logik nationaler Befreiung zu eigen zu machen und zwischen Freund und Feind zu unterscheiden. Das Gebot, „du sollst den Menschen nicht ausziehen, wann du die Mondur anziehest"[60], war kein moralisierender Aufruf zur Humanität im Kriege, sondern der Appell, sein Gewissen auf unbedingte Feindschaft gegen Napoleon zu eichen, statt blindlings jedem zu gehorchen, dessen Uniform man gerade trug.

Arndts „Katechismus" war mehr als nur eine nationalistische Flugschrift, er war ein Instrument psychologischer Kriegführung mit präzisem Adressaten: Geschrieben und gedruckt 1812 im Petersburger Exil, richtete er sich an die deutschen Truppenteile in der Grande Armée, die zum Überlaufen und

---

[58] Friedrich Ludwig Jahn: Deutsches Volkstum (1810). Dresden 1930, S. 282.

[59] Ernst Moritz Arndt: Kurzer Katechismus für den teutschen Soldaten (1812). Faksimiledruck in: ders.: Drei Flugschriften. Berlin 1988, S. 12.

[60] Ebd., S. 8.

zum Eintritt in die auf russischer Seite kämpfende „Deutsche Legion" bewegt werden sollten. Der Erfolg war bescheiden, wie Arndt später selbst zugeben mußte.[61] Doch daß er die Soldaten im Namen völkischer Homogenität vom Eid gegenüber ihren Territorialherren freisprach, markierte die Abkehr von einem Gehorsamsdispositiv, das den einzelnen zum willfährigen Werkzeug fürstlicher Souveränität hatte machen wollen.[62]

Damit veränderte sich zugleich die soziale Verortung der Unzuverlässigkeit: Die Policeywissenschaft hatte Vorschläge zusammengestellt, um die widerspenstigen Unterschichten zu nützlichen Rädchen der Militärmaschine zu machen und die „Desertionsseuche" zu bekämpfen; die vaterländische Agitation rief die Regenten und das vom Soldatendienst bis dahin eximierte Bürgertum in die Pflicht. Schuld an der nationalen „Schmach" trugen die gekrönten „Schwächlinge und Weichlinge", die „nichts von der Ehre und der Hoheit (wußten), die in Fürstenseelen blühen sollen" und „teutsche Brüste von teutschen Soldaten durchstoßen" ließen[63]. Schuldig waren ebenso die in Egoismus verstockten Besitzenden, für die „das Leben das erste, die Güter das zweite, und der Staat erst das Dritte"[64] bedeuteten. Sarkastisch kommentierte Fichte die Mentalität des aus ökonomischer Vernunft pazifistischen Bourgeois, der sich in Kriegszeiten an die von der Obrigkeit ausgegebene Parole „Ruhe ist die erste Bürgerpflicht"[65] hielt: „*Bürger* heißt Eigentümer und Ge-

---

61 „Überläufer hatte man mehr gehofft, als kamen. Der deutsche Soldat fühlte, wie er als ein Vieh in Tod und Schande getrieben ward; die deutschen Offiziere und Edelleute, die ihm befahlen, fühlten das zuwenig, bei ihnen war das Vaterland und der Adel lange ausgestorben, und sie hielten die Gemeinen fest" (Ernst Moritz Arndt: Zwei Worte über die Entstehung und Bestimmung der deutschen Legion, zit. nach Georg Eckert: Von Valmy bis Leipzig. Quellen und Dokumente zur Geschichte der preußischen Heeresreform. Hannover/Frankfurt/M. 1955, S. 217).

62 Arndts „Katechismus" hatte Vorläufer in Desertionsaufrufen, die von den Franzosen in den Revolutionskriegen unter den Heeren der Koalition ausgestreut worden waren. Während Arndt jedoch an eine als präexistent gesetzte Identität als Volk appellierte, hatte sich die französische Soldatenagitation auf die in der Revolution erkämpfte politische Freiheit und Gleichheit berufen: „Sehet, Kameraden", hieß es etwa in einem nach der Kanonade von Valmy im preußischen Lager zirkulierenden Flugblatt, „wie wir die Soldaten behandeln, welche zu uns kommen, um unsre Freiheit zu verteidigen und sich derselben mit uns zu erfreuen. Kommet also hin nach Frankreich, ins Land der Gleichheit und der Freude! Verlaßt die Edelleute und die Könige, für welche Ihr wie eine Herde Schafe zur Schlachtbank geht, und kommt zu uns, Euren Brüdern, ein Glück zu suchen, welches der Menschen würdig ist! Wir schwören es Euch, daß wir Euch hernach helfen wollen, Eure Weiber, Eure Kinder, Eure Brüder, Eure Schwestern aus der Sklaverei zu retten, und Ihr sollt mit uns den Ruhm teilen, allen Völkern von Europa die Freiheit zu schenken." Das Flugblatt ist vollständig wiedergegeben bei Laukhard: Leben und Schicksale, S. 249/250.

63 Arndt: Kurzer Katechismus, S. 9.

64 Johann Gottlieb Fichte: Über den Begriff des wahrhaften Krieges. In: ders.: Werke, hrsg. von Fritz Medicus, Bd. 6. Leipzig 1912, S. 457.

65 Durch Maueranschläge hatte der Gouverneur von Berlin, Graf Schulenburg, unmittelbar nach dem Debakel von Jena und Auerstedt am 17. Oktober 1806 verkünden lassen: „Der König hat eine Bataille verlohren. Jetzt ist Ruhe die erste Bürger-

werbetreibende, im Gegensatze des Söldners. *Ruhe*, daß er ganz neutral, in sein Haus verschlossen, bei verrammelten Fenstern, den Ausgang abwarte und sehe, wen derselbe ihm zum künftigen Verteidiger geben werde, wo möglich für einen guten Vorrat weißen Brotes, frischen Fleisches und stärkender Getränke gesorgt habe, mit denen er, nach Ausgang des Kampfes, dem Sieger, welcher von beiden es sei, sich empfehle und dessen Gewogenheit gewinne. Macht er es anders, so könnte ja seine Person und seine Habe zu Schaden kommen."[66] Ruhe mochte erste Pflicht und Neigung jeden Bürgers sein, für deutsche Patrioten galt das Gegenteil. Solange Napoleon nicht geschlagen war, gab es für sie nur eine Pflicht – die zur nationalen Erhebung.

Der Nationalisierung des Bewußtseins entsprach die Vorstellung eines Volkskriegs, in dem mitzukämpfen jeder Deutsche aufgerufen war. Für Fichte war letztlich selbst die Kriegserklärung nicht länger Sache des Königs, sondern Entscheidung eines jeden Patrioten: „Kein Friede, kein Vergleich, von seiten des einzelnen zuvörderst. Das, worüber gestritten wird, leidet keine Teilung: die Freiheit ist, oder ist nicht. Kein Kommen und Bleiben in der Gewalt, vor allem diesem steht ja der Tod, und wer sterben kann, wer will denn den zwingen? Auch nicht, falls etwa der zeitige Herrscher sich unterwürfe, und den Frieden schlösse. Ich wenigstens habe den Krieg erklärt, und bei mir beschlossen, nicht für *seine* Angelegenheit, sondern für die *meinige*, meine Freiheit."[67] Es war eine philosophische Begründung des Partisanenkrieges, wenn nicht des Terrorismus, die der Philosoph der „Tathandlung" hier lieferte: Autonomie und völkerrechtliche Irregularität der Kämpfenden sollten die zentrale strategische Leitung und eine durch das Prinzip von Befehl und Gehorsam konstituierte Hierarchie ersetzen.[68] Der Aufstand gegen Napoleon erschien als praktisches Plebiszit; Enthaltung war ausgeschlossen, Unentschiedenheit schon Verrat. Die Konsequenzen solcher Überlegungen schreckten Fichte wohl selbst, so daß er wenige Sätze später einen Vorbehalt nachschob und die Mehrheit, die er für den Kampf gegen Frankreich zu mobilisieren erhoffte, zur Bedingung machte, ihn überhaupt aufzunehmen: Wo die „Mehrzahl der Menschen" ihr Leben und Gut höher schätzen als die Freiheit der Nation, „da geht den Erleuchteten ihr ganzes nichtiges Treiben ganz und gar nichts an. Er hat kein Vaterland auf der Erde, sondern sein Bürgerrecht im Himmel, in der unsichtbaren geistigen Welt, worauf das Recht er dadurch sich verdient, daß er nach Vermögen das Saatkorn in die Gegenwart werfe, woraus einst nach ihm sich auf Erden ein Vaterland für die Vernünftigen entwickeln möge."[69]

---

pflicht. Ich fordere die Einwohner Berlins dazu auf. Der König und seine Brüder leben!" (zit. nach Peter Bachmann/Kurt Zeisler: Der deutsche Militarismus. Illustrierte Geschichte, Bd. 1. Berlin 1986, S. 134).

[66] Fichte: Über den Begriff des wahrhaften Krieges, S. 456.

[67] Ebd., S. 462.

[68] Vgl. Herfried Münkler: Der Partisan. Politische Theorie und historische Gestalt. In: ders.: Gewalt und Ordnung. Frankfurt/M. 1992, S. 111–126 (zur Differenzierung zwischen regulärem Soldaten, Partisanen und Terroristen insbesondere S. 111–113).

[69] Fichte: Über den Begriff des wahrhaften Krieges, S. 463.

Den antibürgerlichen Affekt teilte Fichte mit den Protagonisten der politischen Romantik, die in ihren organizistischen Staatslehren der aufklärerischen Hoffnung auf ewigen Frieden eine „Apologie des Krieges"[70] als Lebenselixier und gemeinschaftsstiftende Kraft par excellence entgegensetzten. Adam Müller etwa hielt die Auffassung, daß „Armeen und Waffen nur ein nothwendiges Uebel zur Abwehrung der immer fortwährenden Kriegsbarbarei wären, und daß man es der Zukunft überlassen müsse, ob es nicht vielleicht noch endlich einmal der Moral oder der Industrie gelingen möchte, den Krieg aus Europa heraus zu industriren oder zu moralisiren", für den „allergefährlichsten Irrthum" und die „Brut des allerschlaffsten, allerentartetsten Privatlebens, welches sich nie über den eigenen Küchenschrank, die eigene Scheuer und die Sicherheit der eigenen Haut zu etwas Höherem und Göttlicherem erhoben"[71]. Bei allem Unglück – Jena und Auerstedt! – sei es deshalb „ein großes Glück, daß in unsern Tagen der Gedanke von der unbedingten Verpflichtung eines Jeden zum Kriegesdienste den weichlichen widerstrebenden Völkern praktisch gelehrt wird"[72].

Müllers Freund, der Militärschriftsteller und Stabsoffizier Johann Jakob Otto August Rühle von Lilienstern sekundierte, in langen Friedenszeiten müsse „die Erkenntniß daß der Staat ein auf Leben und Tod verbundenes Ganzes sei, daß ein Vaterland nur erst im Kampfe um Gut und Blut eigentlich erworben werde, allmälig verschwinden, oder doch erschwert werden, weil es an der Veranlassung fehlt, es thätig und anschaulich zu beweisen"[73]. Um zu verhindern, daß sich „das Zarteste und Innigste des gesellschaftlichen Verbandes" auflöse, müsse der Krieg im Staatsleben ständig präsent gehalten werden und

---

70 So der Titel einer Schrift von Johann Jakob Otto August Rühle von Lilienstern; im folgenden zit. nach ders.: Aufsätze über Gegenstände und Ereignisse aus dem Gebiete des Kriegswesens. Berlin 1818. Eine gekürzte Fassung war unter dem Autorennamen „Oberst von Rühl" bereits in Friedrich Schlegels „Deutschem Museum" erschienen (3. Bd., Wien 1813, S. 158–173, 177–192). Rühle von Lilienstern plagiiert in diesem Werk hemmungslos die „Elemente der Staatskunst" seines Lehrers Adam Müller. Zu Rühles Biographie und Werk vgl. Jean Jacques Langendorf: Rühle von Lilienstern oder Die „romantische" Einheit des Krieges. In: Johann Jakob Otto August Rühle von Lilienstern: Apologie des Krieges. Neudruck: Wien 1984, S. I – LIII. Zu den Verbindungslinien zwischen politischer Romantik und den preußischen Heeresreformern, insbesondere zu Clausewitz vgl. außderdem Benedikt Koehler: Ästhetik der Politik. Adam Müller und die politische Romantik. Stuttgart 1980, S. 135–147; Johannes Kunisch: Von der gezähmten zur entfesselten Bellona. Die Umwertung des Krieges im Zeitalter der Revolutions- und Freiheitskriege. In: Hans Joachim Kreuzer (Hrsg.): Kleist-Jahrbuch 1988/89. Berlin 1988, S. 44–63; eine vergleichende Untersuchung zum Bild des Krieges bei Adam Müller, Joseph Görres, Friedrich Schlegel, Achim von Arnim, Max von Schenckendorff und Theodor Körner unternimmt Albert Portmann-Tinguely: Romantik und Krieg. Freiburg/Schweiz 1989.

71 Adam Müller: Ueber König Friedrich II und die Natur, Würde und Bestimmung der Preussischen Monarchie. Berlin 1810, S. 309.

72 Ebd., S. 314.

73 Rühle von Lilienstern: Apologie des Krieges, S. 145.

alle Glieder des staatlichen Organismus erfassen. Zu einem Mittel, „die Volksfreiheit kräftiger aufblühen zu machen, den Volksgeist zu beleben, das Volksband enger zu schürzen, die Volkswohlfahrt überall im Großen zu befördern", könne er nur dann werden, wenn er nicht länger einem einzigen Stand überlassen, sondern „die alte absolute Schranke zwischen Civil und Militär ohne Vorbehalt eingerissen, das Heer nationalisirt, die Nation militarisirt werde"[74]. – Eine geradezu jakobinische Forderung, die Müller noch zum Postulat totaler Mobilmachung radikalisierte: „Wenn Armee und Nation Eins werden sollen", verkündete er apodiktisch, „so muß alle Creatur und aller Besitz im Staate bewaffnet oder vielmehr selbst Waffe seyn"[75].

In der Gleichzeitigkeit von rebellischem Gestus und völkischem Programm kündigte sich eine Verschiebung von dynastischer zu nationaler Legitimität an, die vorerst allerdings auf die politische Rhetorik beschränkt blieb. Den König als Verräter aus dem Lande zu jagen, wenn er zum Krieg gegen Frankreich nicht bereit war, stellte auch für die militanten Patrioten in Preußen „eine äußerst theoretische Konsequenz (dar), die weder praktisch erstrebt wurde noch revolutionär hätte umgesetzt werden können"[76]. Noch überlagerten sich alte und neue Legitimitätskerne in einer „Mischung von offener Kollision und versteckter Kollusion"[77], die in der Formel „Für König und Vaterland" ihren bündigsten Ausdruck fand. Als offizielle Inschrift auf den Gedenktafeln für die Gefallenen der antinapoleonischen Kriege[78] bezeugte diese Losung, daß die souveräne Macht, gleich ob sie im Namen des Königs sprach oder unter dem Banner der Nation auftrat, das Recht über Leben und Tod beanspruchte. Worauf politische Herrschaft ihre Legitimität auch gründete, unerbittlich beharrte sie auf dem Vorrang von Staatsräson und nationaler Selbstbestimmung über Vernunft und Autonomie der Individuen. Eine von „politisch freiheitlichen Idealen"[79] getragene „frühliberale Emanzipationsideologie"[80], auf die sich trotz aller Ambivalenz „fortschrittliche Kräfte" mit gutem Grund immer wieder berufen haben[81], wird man im Nationalismus der „Befreiungskriege" deshalb nur dann sehen können, wenn man gut demokratisch, modernisierungstheoretisch oder marxistisch-leninistisch den Nationalstaat zur geschichtsphilosophischen Notwendigkeit verklärt und Freiheit folgerichtig auf die Einsicht des Individuums in eben diese, auf freiwilligen Gehorsam reduziert.

---

74 Ebd., S. 150.

75 Müller: Ueber König Friedrich II, S. 317/318.

76 Jeismann: Das Vaterland der Feinde, S. 40.

77 Carl Schmitt: Clausewitz als politischer Denker. Bemerkungen und Hinweise. In: Der Staat, 6. Bd., 1967, S. 484.

78 Vgl. Jeismann: Das Vaterland der Feinde, S. 40. Dazu paßt auch die erweiterte Form „Mit Gott für König und Vaterland", die gemäß königlicher Anordnung die Mützen der Landwehrmänner von 1813 zierte. – Wo das Töten legitimiert und die Todesbereitschaft geweckt werden soll, darf die Berufung auf Religion nicht fehlen.

79 Prignitz: Vaterlandsliebe und Freiheit, S. 144.

80 Wehler: Deutsche Gesellschaftsgeschichte, Bd. 1, S. 511.

81 Rolf Weber: Einführung. In: Arndt: Drei Flugschriften, S. 14.

4. Der Bruch mit dem alten Kriegsbild

Vor der Schwierigkeit, sich im Labyrinth einander widersprechender Legitimitäten zurechtzufinden, standen vor allem die Reformkräfte im preußischen Militär. Anders als die philosophischen und literarischen Protagonisten der „deutschen Erhebung“ konnten sie es nicht bei der Mobilisierung nationaler Leidenschaften belassen, sondern mußten diese mit den Erfordernissen effizienter Kriegführung vereinbaren – und hatten dabei enorme Widerstände konservativer Kreise im Offizierskorps sowie des Königs zu überwinden. Diesem waren Enthusiasmus, allgemeine Wehrpflicht und Volkskrieg mehr als suspekt, haftete ihnen doch der Geruch von Aufruhr und Republikanismus an. In Preußen waren Militärverfassung und Sozialsystem so eng miteinander verzahnt, daß Reformen der einen nicht ohne durchgreifende Veränderungen des anderen zu haben waren, was zu einer wechselseitigen Blockade führte, die sich erst nach der vernichtenden Niederlage von Jena und Auerstedt im Oktober 1806 zu lockern begann. Dort hatte sich gezeigt, wie rasch die disziplinierte Ordnung eines stehenden Heeres sich in ein heilloses Chaos verwandeln konnte, wenn die „moralischen Kräfte“ fehlten. Der vergreiste Generalstab hatte sich vor allem durch Entscheidungsschwäche und taktische Unfähigkeit ausgezeichnet, große Teile der Truppen waren mitsamt ihren Offizieren geflohen oder hatten sich widerstandslos dem Feind ergeben, Festungskommandanten waren ihm gar entgegengeeilt, um ihre Kapitulation zu überbringen – auf allen Stufen der Hierarchie ein Verhalten, das den Mythos preußischer Militärmacht gründlich zerstört hatte.[82] Bis zu diesem Debakel, in dessen Folge

---

[82] Bezeichnend, daß schon das Gerücht vom Heranrücken Napoleons bei den preußischen Truppen in Jena eine regelrechte Panik ausgelöst hatte, wie der Augenzeuge Rühle von Lilienstern berichtete – auch ein Beitrag zur Bedeutung von Gerüchten im Krieg: „Hörte man gleich auf allen Straßen das Geschrei und die Versicherung, der Feind komme in großer Anzahl und sey gar nicht mehr weit, schon habe er die Vorposten zurückgeworfen u. dgl., so war dennoch niemand, der ihn selbst gesehen hätte, oder auch nur bestimmt hätte anzugeben vermocht, auf welcher Straße er anrücke. (...) Wie groß der panische Schrecken und die bereits für die feindliche leichte Infanterie eingerissene Scheu gewesen seyn muß, welche sich der meisten Gemüther bemächtigt hatte, kann man daraus abnehmen, daß einige Kavalleriepatrouillen nicht dahin gebracht werden konnten, in die Weinberge und Gebüsche vorzugehen, weil es nach ihrer Angabe darin von feindlichen Tirailleuren wimmele. (...) War dieser ganze Auftritt für eine disciplinirte und im Rufe des Muths und der Besonnenheit stehende Armee schon verdrießlich und beschämend genug an sich, so zeigten sich noch erst alsdann, nachdem Ruhe und Ordnung wieder hergestellt worden waren, die verderblichen und niederschlagenden Wirkungen desselben in einem höchst traurigen Lichte. Hinter allen Gebüschen und Hecken krochen einzelne Soldaten von allen Truppengattungen hervor; alle Wege und Felder waren mit weggeworfenen Gewehren, Bajonetten, Kuirassen und Montirungsstücken besäet; leere Futtersäcke und Patronenhülsen lagen umher; in den Gräben steckten drei bis vier umgeworfene demontirte und von ihren Leuten verlassene Kanonen und Munitionswagen. Preußen hatte sächsische, Sachsen preußische Bagage geplündert, die Stränge abgehauen und die Wagen zerschlagen; der größere Theil des Gepäckes,

Preußen etwa die Hälfte seines Territoriums verlor und zu enormen Tributzahlungen verpflichtet wurde, hatte seine Armee von vergangenem Ruhm gezehrt und sich gegen Kritik durch Berufung auf die Siege Friedrichs II. immunisiert. Eine schon seit den 1790er Jahren vor allem in Fachzeitschriften ausgetragene Debatte über den „militairischen Enthusiasmus" und die „allgemeinen Ursachen des Glücks der Franzosen in dem Revolutionskriege"[83] hatte bei der Armeeführung, sofern die entsprechenden Beiträge nicht einfach ignoriert worden waren, nur Abwehrreaktionen provoziert. Aber auch die Reformer um Scharnhorst, Gneisenau, Boyen und Clausewitz lösten sich selbst erst unter dem Eindruck der napoleonischen Feldzüge und der Nachrichten über die antifranzösische „Guerilla" in Spanien und den Bauernaufstand in Tirol vollends vom friderizianischen Kriegsbild.

Ausgangspunkt der Reformen war eine militärische und politische Lage, wie sie für einen absolutistischen Staat desolater gar nicht sein konnte: Sein stehendes Heer geschlagen, demoralisiert und in Auflösung begriffen, der Kriegsschatz aufgebraucht, die Steuerkraft der Einwohner durch die Kontributionsforderungen des Feindes weitgehend absorbiert, Mittel zur Aufstellung neuer Truppen daher so gut wie nicht vorhanden, die Magazine in gegnerischer Hand oder leer. Ein Bruch mit den überkommenen Auffassungen von Heeresaufbringung und Kriegführung war also unvermeidlich, was wiederum politische Reformen nötig machte. Die Gebietsverluste, der enorme finanzielle Druck durch die Tributzahlungen, die Gefahr weiterer militärischer Repressalien, falls die französischen Forderungen nicht erfüllt werden konnten, und schließlich die fundamentale Legitimationskrise der Monarchie nach dem Zusammenbruch stellte die preußischen Machteliten vor die Alternative, entweder eine „Revolution von oben" einzuleiten oder den Untergang des Staates als selbständige politische Einheit, zumindest sein Absinken in die Bedeutungslosigkeit in Kauf zu nehmen. Die zum Erhalt des Staates erforderliche Mobilisierung aller Ressourcen war ohne ein Mindestmaß an politischer Partizipation, vor allem aber ohne Beseitigung jener rechtlichen Schranken nicht zu haben, die der Durchsetzung einer nicht länger von ständischen und zünfti-

---

der sich der Plünderung von Freundeshand entzogen hatte, war auf das Geschrei, daß der Feind von Weimar her anrücke, nach der entgegengesetzten Seite davongejagt, hatte sich verirrt und vereinzelt und gerieth am folgenden Tage den feindlichen Streifparteien in die Hände" (R. v. L.: Bericht eines Augenzeugen von dem Feldzuge der während den Monaten September und October 1806 unter dem Kommando des Fürsten zu Hohenlohe-Ingelfingen gestandenen Königl. preußischen und Kurfürstl. sächsischen Truppen. Tübingen 1807, S. 89, 91).

83 Vgl. den anonym erschienenen Aufsatz: Ueber militairischen Enthusiasmus. In: Magazin der neuesten merkwürdigen Kriegsbegebenheiten, Bd. 6, 1796, S. 25–45; Gerhard von Scharnhorst: Entwicklung der allgemeinen Ursachen des Glücks der Franzosen in dem Revolutionskriege und insbesondere in dem Feldzuge von 1794 (1797). In: ders.: Ausgewählte militärische Schriften. Berlin 1986, S. 97–150. Zur Diskussion um Kriegsbild und Heeresverfassung vor 1806 vgl. die ausführliche Darstellung bei Höhn: Revolution – Heer – Kriegsbild.

gen Reglementierungen behinderten Marktgesellschaft entgegenstanden. Heeres-, Verwaltungs-, Agrar-, Gewerbe- und Finanzreformen gehörten schon deshalb zusammen, weil sie dem gleichen Ziel dienten: Preußen wieder in den Kreis der europäischen Großmächte zu führen. Die reformorientierten Kräfte in Staatsbürokratie wie Heer konnten sich gegen die „Altkonservativen" durchsetzen, weil sie plausibel machten, daß nur ein umfassendes Modernisierungsprogramm von Staats wegen aus der Krise herausführen und ähnliche Energien freisetzen konnte wie in Frankreich der politische Umsturz von 1789. Umgekehrt verlor das konservative Argument, Zugeständnisse an das Bürgertum und erst recht seine Bewaffnung müßten unweigerlich die Revolution nach Preußen importieren, in dem Maße an Überzeugungskraft, wie sich zeigte, daß stures Festhalten am Alten erst recht zum sicheren Untergang der monarchischen Ordnung führen würde.[84]

„Kriegerischer Geist" und die Bereitschaft zum Waffendienst ließen sich in der Bevölkerung nur wecken, wenn man die Untertanen zu Staatsbürgern beförderte, die überzeugt waren, es liege in ihrem eigenen Interesse, sich für die Belange des „Vaterlands" einzusetzen. Nationalisierung des Bewußtseins hieß auch Politisierung des Bewußtseins. In Scharnhorsts Worten: „Es scheint bei der jetzigen Lage der Dinge darauf anzukommen, daß die Nation mit der Regierung aufs innigste vereinigt werde, daß die Regierung gleichsam mit der Nation ein Bündnis schließt, welches Zutrauen und Liebe zur Verfassung erzeugt und ihr eine unabhängige Lage wert macht. Dieser Geist kann nicht ohne einige Freiheit in der Herbeischaffung und Zubereitung der Mittel zur Erhaltung der Selbständigkeit stattfinden. Wer diese Gefühle nicht genießt, kann auf sie keinen Wert legen und sich nicht für sie aufopfern."[85] Ohne rechtliche Gleichstellung und Gewerbefreiheit keine patriotische Begeisterung, ohne Patriotismus kein Wiederaufbau militärischer Macht – das war die Lehre, die die Reformer aus der französischen Revolution und den Erfolgen der napoleonischen Truppen zogen.

Das in der und durch die Revolution geschaffene Kriegswesen unterschied sich von seinem absolutistischen Vorläufer in dreifacher Weise: die Heere waren deutlich größer, sie tiraillierten und sie requirierten.[86] Nichts davon ließ sich im Rahmen der alten preußischen Heeresverfassung übernehmen, ohne das gesamte System aus den Angeln zu heben: Armeen einer Größenordnung, wie sie Carnots *levée en masse* oder Napoleons Konskriptionen (trotz Stellvertretungs-Prinzip) zustande gebracht hatten, waren auf der Grundlage von Ausländerwerbung, Kantonssystem und Eximierung bürgerlicher Schichten

---

[84] Vgl. zum Gesamtkomplex der Reformen in Preußen noch immer die grundlegende Arbeit von Reinhart Koselleck: Preußen zwischen Reform und Revolution. Allgemeines Landrecht, Verwaltung und soziale Bewegung von 1791 bis 1848. Stuttgart 1967. Zur Bewußtseinslage in Preußen nach der Niederlage vgl. Bernd von Münchow-Pohl: Zwischen Reform und Krieg. Göttingen 1987.

[85] Gerhard von Scharnhorst: Vorläufiger Entwurf zur Verfassung der Provinzialtruppen vom 15. März 1808. In: ders.: Ausgewählte militärische Schriften, S. 245.

[86] Vgl. Delbrück: Geschichte der Kriegskunst, IV. Teil, S. 484.

nicht aufzustellen. Die geschlossene Linienformation aufzulockern und kleine Gruppen oder einzelne Soldaten als relativ autonome Scharfschützen („Tirailleure") operieren zu lassen, hätte bei einem stehenden Heer friderizianischen Typs ebenso zur Auflösung durch Massendesertionen geführt wie die Umstellung von Magazinversorgung auf Ernährung der Truppe „aus dem Lande". Auch Napoleon konnte die Aushebung seiner Armeen häufig nur mit Gewalt durchsetzen und hatte hohe Verluste durch Desertionen hinzunehmen,[87] aber er verfügte durch seine nahezu ununterbrochenen Feldzüge über einen Stamm von ehrgeizigen und ihm treu ergebenen Berufssoldaten, die auf neue Siege und sozialen Aufstieg im Heer hofften. Die französische Armee blieb auch nach Wiedereinführung der Erbmonarchie insofern republikanisch, als nicht Geburtsstand und Anciennität, sondern Ausbildung und Leistung die Position des einzelnen in der militärischen Hierarchie bestimmten.

Ebenso wichtig wie das Vorbild Frankreichs wurden für die preußischen Militärreformer jedoch die Erfahrungen des Bürgerkriegs in der Vendée sowie der Volkserhebungen gegen Napoleon in Spanien und Tirol, wo die Okkupationsarmee auf einen bewaffneten Widerstand gestoßen war, der zwar von der jeweiligen Regierung legitimiert, in Österreich auch propagandistisch vorbereitet, aber wesentlich von irregulären „Guerilleros" ohne zentrale Kommandostrukturen und Koordination getragen wurde. Gegen den Zermürbungskrieg der sich aus Bauern, Klerikern, Handwerkern und desertierten Soldaten rekrutierenden Partisanengruppen vermochte Napoleon mit seiner Strategie der Kräftekonzentration und schnellen Entscheidungsschlacht nichts auszurichten. Die Guerillakämpfer „verzichteten darauf, um die äußerliche Vorherrschaft oder um den Besitz eines Gebietes zu kämpfen. Sie strebten vielmehr mit Hilfe einer beweglichen Kampfesweise an, die Kontrolle über die Verbindungs- und Nachschublinien des Feindes so vollständig zu erlangen, daß die französischen Truppen zu isolierten Verbänden wurden und nur dort das Land beherrschten, wo sie tatsächlich standen. Indem die Guerillaführer gar nicht versuchten, mit der Masse des Feindes zu kämpfen, sondern ihn nur unentwegt belästigten, schädigten sie seine Moral und seinen Kampf-

---

87 Delbrück (ebd.) mißt den hohen Desertionsziffern während des Rußlandfeldzugs und der Feldzüge von 1813, die das Ende von Napoleons Herrschaft einleiteten, sogar kriegsentscheidende Bedeutung zu. Zu Widerständen gegen Wehrpflicht und Zwangsaushebungen in Frankreich vgl. Michel Auvray: Objecteurs, insoumis, déserteurs. Histoire des réfractaires en France. Paris 1983; Alan Forrest: Conscripts and Deserters. The Army and the French Society during the Revolution and Empire. New York/Oxford 1989. Zur Desertion in der Armee des von Napoleon gegründeten Königreichs Westfalen vgl. die allerdings gleichermaßen orthodox marxistisch-leninistische wie nationalistische Darstellung von Heinz Heitzer: Insurrectionen zwischen Weser und Elbe. Berlin 1959, S. 133–135, 210–212, 246/247. Gewaltsame Proteste gegen außerordentliche Rekrutenaushebungen in Baden im Jahre 1813 beschreibt anhand einer Fallstudie Rainer Wirtz: ‚Widersetzlichkeiten, Excesse, Tumulte und Skandale'. Soziale Bewegung und gewalthafter sozialer Protest in Baden 1815–1848. Frankfurt/M. u.a. 1981, S. 54–59.

geist."[88] Der Unabhängigkeitskampf dieser „Partisanen der Tradition"[89] besaß eine wesentlich antimoderne Stoßrichtung: Zumal in Spanien speiste sich der Haß auf die französischen Okkupanten aus dem Willen zur Verteidigung des katholischen Glaubens gegen die säkularen Ideen der Revolution, aus Loyalität zur Herrscherdynastie und aus Opposition gegen oktroyierte Reformen, die nicht nur die Macht der Feudalordnung und der Inquisition brachen, sondern auch die überlieferten Lebensformen vor allem der Landbevölkerung zu zerstören drohten. All das amalgamierte zu einer nationalen Leidenschaft, die große Teile der Bevölkerung in der Entschlossenheit vereinte, das Vaterland von den fremden Eindringlingen zu befreien. Ohne daß es einer Mobilmachung von oben bedurft hätte, genauer: gerade weil die Spontaneität der verschiedenen Gruppen trotz entsprechender Anstrengungen der regulären Militärführung nicht einem zentralen strategischen Kalkül unterworfen werden konnte, flossen dem „Volkskrieg" immer neue Kräfte zu.

5. Die preußischen Heeresreformen

Die zahllosen Denkschriften und Immediatberichte, die der Kreis um Scharnhorst und Gneisenau zwischen 1807 und 1813 dem König vorlegte, dokumentieren nicht nur das Changieren zwischen radikalen Entwürfen und pragmatischen Kompromissen mit den konservativen Kräften am Hof und im Generalstab, sondern auch den widersprüchlichen Versuch, sowohl von Napoleon wie von der antinapoleonischen Guerilla zu lernen.[90] Was diese Intellektuellen-

---

[88] Rainer Wohlfeil: Der Volkskrieg im Zeitalter Napoleons. In: Wolfgang von Groote/Klaus-Jürgen Müller (Hrsg.): Napoleon I. und das Militärwesen seiner Zeit. Freiburg 1968, S. 114/115. Vgl. dazu auch Wohlfeils Habilitationsschrift: Spanien und die deutsche Erhebung 1808–1814. Wiesbaden 1965.

[89] Vgl. den so überschriebenen Aufsatz von Herfried Münkler, in: ders.: Gewalt und Ordnung, S. 127–141. Münkler weist darauf hin, daß im Gegensatz zum revolutionären Guerillakämpfer für den Partisanen der Tradition sein physischer Gegner zugleich immer auch der absolute Feind ist: „Offensichtlich resultiert die unterschiedliche Kampfesweise aus der Differenz zwischen politischer Idee und überkommener Tradition: Kann für eine politische Idee auch der gegnerische Soldat gewonnen werden, so sperrt sich die Authentizität der Tradition gegen jede Weitergabe an Fremde. Wird im einen Fall der einfache Soldat des gegnerischen Heeres freigelassen und so möglicherweise in einen Propagandisten der revolutionären Idee verwandelt, so wird er im anderen Fall als der absolute Feind massakriert" (ebd., S. 139). Das mag die ungeheure Grausamkeit erklären, mit der im spanischen Unabhängigkeitskrieg nicht nur das französische Militär, sondern auch die Guerilleros vorgingen. Goya hat sie in seinen *Desastres de la Guerra* festgehalten. Reguläre Truppen bekämpfen Partisanen gleich welchen Typs *immer* mit besonderer Härte und Brutalität, die sich tendenziell gegen die gesamte Bevölkerung richtet, da die Irregularität des Gegners die Unterscheidung zwischen Kombattanten und Nichtkombattanten nicht mehr erlaubt.

[90] Vgl. zum folgenden Eckert: Von Valmy bis Leipzig; Heinz G. Nitschke: Die preußischen Militärreformen 1807–1813. Berlin 1983; Heinz Stübig: Armee und Nation.

Offiziere ins Auge faßten, lief auf das paradoxe Unterfangen hinaus, Spontaneität und Gehorsam, nationalen Enthusiasmus und militärische Disziplin zu versöhnen.[91] Aus dem Willen zur Mobilisierung aller Kräfte entstanden dabei sowohl Überlegungen, von der Spitze der Militärbürokratie aus eine allgemeine Insurrektion auszulösen, wie Vorschläge zur Reorganisation der regulären Truppen und der Errichtung einer Nationalmiliz. Praktisch umgesetzt wurden die Pläne lediglich in reduzierter Form, und nur eine politisch motivierte Legende machte aus dem Krieg von 1813 bis 1815 eine „nationale Erhebung", aber gerade die Reformvorschläge, die Theorie[92] beziehungsweise Poesie[93] blieben, lassen den neuen Typus der Organisation militärischer Gewalt am

---

Die pädagogisch-politischen Motive der preußischen Heeresreform 1807–1814. Frankfurt/M. 1971; ders.: Pädagogik und Politik in der preußischen Reformzeit. Weinheim/Basel 1982; ders.: Bildung, Militär und Gesellschaft in Deutschland. Studien zur Entwicklung im 19. Jahrhundert. Köln 1994; ders.: Die Wehrverfassung Preußens in der Reformzeit. Wehrpflicht im Spannungsfeld von Restauration und Revolution 1815–1860. In: Roland G. Foerster (Hrsg.): Die Wehrpflicht. München 1994, S. 39–53.

91 Wolf Kittler hat herausgearbeitet, daß dieser Widerspruch und seine Überwindung ein zentrales Motiv in Kleists literarischem Werk bilden: „Statt ihn behutsam auszubalancieren, beharrt er (Kleist, UB) darauf, daß nur der totale Einsatz aller und das heißt auch einander widersprechender Kräfte zu militärischen Erfolgen führen kann. Weder darf die berechtigte Angst vor dem ‚natürlichen Hundsfott in uns' zur Unterdrückung der animalischen Kräfte des einzelnen Soldaten führen, noch darf man sich gänzlich auf die Natur verlassen und dabei die Ausbildung vernachlässigen. Das perfekte Heer, das Deutschland gegen Frankreich braucht, muß vielmehr die Brücke schlagen zwischen den äußersten Extremen: Drill und Instinkt. Denn beides ist jeweils nur bis zu einem bestimmten Punkt verläßlich. Der Drill vermag nichts gegen den natürlichen Enthusiasmus, umgekehrt aber bedarf dieser der Korrektur durch absolute Subordination" (Die Geburt des Partisanen aus dem Geist der Poesie. Freiburg 1987, S. 362).

92 Zum gegensätzlichen Verhältnis von Theorie und Praxis in Spanien und Preußen vgl. Schmitt: Clausewitz als politischer Denker, S. 487/488: „in Spanien wurde fünf Jahre hindurch, von 1808 bis 1813, ein effektiver Volks- und Kleinkrieg geführt, aber ohne die Spur einer Theorie des Volks- oder Kleinkrieges. (...) Wer damals in dieser Hinsicht überhaupt theoretisierte, war *afrancesado*, zu deutsch: Französling. In Preußen dagegen entstand damals eine glänzende Theorie des Kleinen Krieges und der bewaffneten Volkserhebung, während in der praktischen Wirklichkeit nur ein Kampf uniformierter Truppen und eine Entscheidung in offener Feldschlacht stattfand."

93 „Als Poesie gut", schrieb der König abschätzig an den Rand von Gneisenaus „Plan zur Vorbereitung eines Volksaufstands" aus dem Jahre 1811, was dieser mit der Bemerkung konterte: „Auf Poesie ist die Sicherheit der Throne gegründet." Vgl. August Wilhelm Anton Neidhardt von Gneisenau: Brief vom 8. August 1811 aus Berlin an Karl August Freiherr von Hardenberg mit dem Plan zur Vorbereitung eines Volksaufstandes. In: ders.: Ausgewählte militärische Schriften. Berlin 1984, S. 185. Vgl. zum folgenden auch Friedrich Thimme: Zu den Erhebungsplänen der preußischen Patrioten im Sommer 1808. In: Historische Zeitschrift, 86. Bd., 1901, S. 78–110.

deutlichsten hervortreten. Wie die Staatsphilosophie Fichtes und Hegels die politischen Umwälzungen ihrer Zeit idealistisch auf den Begriff brachte, so radikalisierte der militärische Idealismus der preußischen Reformer den Begriff des Volkskrieges zu philosophischer Reinheit.

Was zu tun war, um dem „wahren Geist des Krieges" Geltung zu verschaffen, umriß Clausewitz in einem vom 11. Juni 1809 datierten Brief an Fichte: „Dieser wahre Geist des Kriegs scheint mir darin zu bestehen, daß man die Kräfte eines jeden Einzelnen im Heere so viel als möglich in Anspruch nimmt und ihm eine kriegerische Gesinnung einflößt, damit so das Kriegsfeuer alle Elemente des Heeres durchglühe und es nicht in der großen Masse eine Menge todter Kohlen gebe. Dies geschieht (so viel in der Kriegskunst liegt) durch die Art, wie man den Einzelnen behandelt, noch mehr aber, wie man ihn gebraucht. Weit entfernt also, daß die Kriegskunst der Neuern die Tendenz haben sollte, die Menschen als bloße Maschinen zu gebrauchen, muß sie, so gut als jede andere, so weit es ihr die Natur ihrer Waffen erlaubt, die individuellen Kräfte beleben. Dies hat freilich seine Grenzen, denn eine unerläßliche Bedingung bei großen Streitmassen ist eine solche Einrichtung, daß sie ohne zu große Reibung von einem vernünftigen Willen geleitet werden können."[94]

Wem man eine „kriegerische Gesinnung" einflößen wollte, den durfte man nicht wie ehrloses Gesindel behandeln. Patriotischer Enthusiasmus konnte nicht aufkommen, solange „jeder 16jährige Fähnrich und rohe Unteroffizier jeden alten Soldaten (...) über einen unbedeutenden, unschuldigen Exerzier- oder Putzfehler halb zu Tode prügeln"[95] durfte. Wollte man auch die Söhne des gebildeten und besitzenden Bürgertums zu den Waffen rufen, war es nötig, „die für rohere Naturen und für ein roheres Zeitalter erfundenen Strafarten der fortgeschrittenen Bildung mehr analog abzuändern, und wohlerzogene junge Männer vor der Möglichkeit zu schützen, von übelwollenden Vorgesetzten mißhandelt zu werden"[96]. Die „Freiheit der Rücken" mußte daher, wie Gneisenau in seinem berühmten Aufsatz proklamierte, „der Verallgemeinerung der Waffenpflichtigkeit vorangehen"[97]. Die im August 1808 erlassenen neuen Kriegsartikel trugen dem Rechnung. Sie untersagten Stockprügeln und Spießrutenlaufen und setzten an ihre Stelle ein abgestuftes System von Arreststrafen. Wie bei der militärischen Gehorsamsproduktion die Mobilisierung „moralischer Kräfte" jetzt generell Vorrang vor der physischen Abrichtung erhielt, so sollten auch die militärischen Strafen vor allem auf den „Geist" der Soldaten einwirken. Boyen formulierte das pädagogische Credo, das dem

---

94 Ein ungenannter Militär an Fichte als den Verfasser des Aufsatzes über Machiavell. In: Carl von Clausewitz: Verstreute kleine Schriften. Osnabrück 1979, S. 162.

95 Gerhard von Scharnhorst: An Friedrich Wilhelm III. gerichtete Denkschrift von Anfang Juli 1809 über die Vergleichung der ehemaligen Geschäftsführung der militärischen Oberbehörden mit der jetzigen. In: ders.: Ausgewählte militärische Schriften, S. 274.

96 Neidhardt von Gneisenau: Freiheit der Rücken (1808). In: ders.: Ausgewählte militärische Schriften, S. 116.

97 Ebd.

Übergang von körperlicher Züchtigung zur Einsperrung zugrundelag: „Körperlicher Schmerz kann das augenblickliche, leicht vergessene Versprechen der Besserung abdringen; arbeitsvolle Einsamkeit erzeugt dauernde Vorsätze."[98] Soldaten, die sich „entehrender Verbrechen", etwa eines Diebstahls, schuldig machten, oder „von einem so bösartigen Gemüth" waren, daß Arreststrafen ihre Wirkung verfehlten, konnten allerdings standrechtlich in eine zweite Klasse zurückversetzt und dann doch „mit Stockschlägen und zwar mit kleinen Röhrchen" traktiert werden. Auf schwere militärische Vergehen, etwa tätlichen Widerstand gegen Vorgesetzte, Plünderung oder Überlaufen zum Feind stand weiterhin die Todesstrafe.[99]

Auch nach Einschränkung der Körperstrafen stand die Armee bei den bis dahin eximierten Schichten im Ruf einer Zwangsanstalt, die zwar Ungebildete und Habenichtse einer sinnvollen Beschäftigung zuführen mochte, der sich jedoch kein anständiger Mensch ohne Not auslieferte: Ein kostspieliges Machtinstrument in der Hand des Fürsten, das zugleich die Privilegien des Adels sicherte, dem der Zugang zum Offiziersstand vorbehalten war und dessen Dünkel der Bürger oft genug zu spüren bekam. Die Anstrengungen der Reformer, den Soldatendienst zur vaterländischen Pflicht aufzuwerten, fanden hier ihr stärkstes Gegengewicht. Ein bereits 1807 erlassenes Verbot der Ausländerwerbung eliminierte zwar die Reste des Söldnertums aus dem Heer, machte es aber noch lange nicht zu einer Nationalarmee. Solange die Erinnerung an gewaltsame Werbungen und entwürdigende Dressurpraktiken das Bild vom Militärdienst bestimmten, nützte es auch wenig zu verkünden, „daß es ein tiefes Versinken in Egoismus sei, wenn man die Waffenführung nicht für die ehrenvollste Beschäftigung zu jeder Zeit seines Lebens hält, von der nur Körpergebrechlichkeit, Blödsinn oder das Verbrechen ausschließen können"[100]. Appelle an den Patriotismus des Bürgertums wären fruchtlos geblieben, hätte man versucht, alle waffenfähigen Männer ohne Unterschied beim stehenden Heer einzustellen. Einer Einführung der allgemeinen Wehrpflicht in dieser Form standen aber auch die prekäre Finanzlage und die von Napoleon diktierte Beschränkung der Truppenzahl entgegen. So favorisierte die Militärreorganisationskommission zunächst eine zweigeteilte Heeresorganisation: Neben das aus Freiwilligen und Unterschichten rekrutierte stehende Heer sollte eine Nationalmiliz für die „bemittelte Klasse der Untertanen" treten. Die zur Miliz Einberufenen sollten für Ausrüstung und Unterhalt selbst aufkom-

---

[98] Zit. nach Eckert: Von Valmy bis Leipzig, S. 136.

[99] Krieges-Artikel für die Unter-Officiere und gemeinen Soldaten. In: Eugen von Frauenholz (Hrsg.): Entwicklungsgeschichte des deutschen Heerwesens, 5. Bd.: Das Heerwesen des XIX. Jahrhunderts. München 1941, S. 101–113; Verordnung wegen der Militairstrafen vom 3. August 1808, ebd., S. 113–116. Daß auch bei der Reorganisation des Strafwesens in Preußen zivile wie militärische Reformen parallel liefen, zeigt Reinhart Koselleck in seinem Exkurs „Über die langsame Einschränkung körperlicher Züchtigung", in: Preußen zwischen Reform und Revolution, S. 641–659.

[100] Gneisenau: Freiheit der Rücken, S. 116.

men, ihre Offiziere selbst wählen dürfen und militärisch vor allem für die innere Ruhe und Territorialverteidigung ihrer Heimatprovinzen zuständig sein.[101] Die entsprechenden Pläne scheiterten jedoch am Widerstand des Monarchen und den Bestimmungen des Friedensvertrages.

Mit dem „Krümpersystem" fand man schließlich einen Weg, die französischen Auflagen zu umgehen und auf der Grundlage der alten Kantonsverfassung eine zahlenstarke Kriegsreserve aufzubauen. Durch königliche Ordre wurde am 6. August 1808 verfügt, „dass die Infanterieregimenter und die Fussartillerie noch nach Massgabe ihres Bedarfs an Rekruten 3 bis 5 oder mehrere Mann auf Urlaub entlassen, in ihre Stelle aber eine gleiche Anzahl anderer Kantonisten einberufen und in dieser Art monatlich fortzufahren, bis sie so viele neue Leute exerziert haben, als sie zu ihrer Ergänzung nötigenfalls bedürfen werden"[102]. Eine solche Verkürzung der Ausbildungszeit war nur möglich, weil man den einzelnen Rekruten, wie Clausewitz es zur „Belebung der individuellen Kräfte" gefordert hatte, nicht nur anders „behandelte", sondern auch anders „gebrauchte": Für die beweglichere Kampfesweise des Kolonnenstoßes und des Tirailleurgefechts, die inzwischen die herkömmliche Lineartaktik weitgehend abgelöst hatte, war man nicht mehr auf über Jahre gedrillte „wohlexercirte Soldaten" angewiesen. Die „moralischen Kräfte" wurden wichtiger als die mechanischen.

Durch die Krümper – so wurden die in ihre Zivilberufe zurückkehrenden Kurzgedienten genannt – erhöhte sich kontinuierlich der Bestand an ausgebildeten Mannschaften, ohne das Heer zu vergrößern und den Militäretat zusätzlich zu belasten. Von einer Durchführung der allgemeinen Wehrpflicht konnte damit noch immer nicht die Rede sein, doch erweiterte sich der Kreis der tatsächlich eingezogenen Kantonspflichtigen beträchtlich. Regelmäßige Waffenübungen der Beurlaubten, die an Sonn- und Feiertagen in den Heimatorten stattfanden, sollten dazu beitragen, die Kluft zwischen militärischem und zivilem Leben abzubauen. Probleme brachte das Rotationsprinzip bei der Rekrutenausbildung allerdings für das Wirtschaftsleben; die Ausweitung der Einberufungen blieb nicht ohne Widerstand: „Da die ausgebildeten Krümper wegen der zwanzigjährigen Dienstzeit nicht entlassen wurden, konnten sie jederzeit wieder einberufen werden – ein Zustand der Unsicherheit für den Pflichtigen wie für seinen Dienstherrn, der dadurch noch fühlbarer wurde, daß anhaltend Rekruten neu einberufen wurden. Die Folgen waren Klagen auf der einen, Beschwerden auf der anderen Seite und ein ständiges Anwachsen der Deserti-

---

[101] Vgl. den von Scharnhorst verfaßten „Vorläufigen Entwurf zur Verfassung der Provinzialtruppen" vom 15. März 1808, In: ders.: Ausgewählte militärische Schriften, S. 243–254.

[102] Kabinettsordre betreffend die Ausbildung einer Kriegsreserve vom 6. August 1808. In: von Frauenholz (Hrsg.): Entwicklungsgeschichte des deutschen Heerwesens, 5. Bd., S. 120.

on."[103] Es kam sogar vor, daß sich Kantonisten ihrer Einberufung gewaltsam widersetzten, untertauchten und „Räuberbanden" bildeten.[104]

6. Insurrektionspläne

Bewegte man sich mit dem neuen System der Heeresaufbringung durchaus noch in vertrauten Bahnen, so bedeuteten die Pläne zur Vorbereitung eines Volksaufstands, mit denen die Reformer 1808, 1809 und 1811 an den König herantraten, einen Bruch mit der preußischen Militärtradition, wie er radikaler kaum denkbar war. Der absolutistische Staat hatte Insurrektionen mehr gefürchtet als einen verlorenen Krieg und große Anstrengungen darauf verwendet, sie zu unterbinden: ideologisch durch Entwicklung der Lehre von der fürstlichen Souveränität, militärisch durch Aufbau bewaffneter Organe zur Sicherung des Gewaltmonopols, sozialpräventiv durch Disziplinarinstitutionen und Maßnahmen der Policey. Nichts konnte der „Staatsmaschine" ferner liegen, als die Bewohner des Landes zu „Aufstand und Widersetzlichkeit" aufzureizen, wie es Gneisenau im Fall einer französischen Invasion verlangte.[105] Was er vorschlug, lief auf nicht weniger hinaus, als durch königlichen Befehl „alle bisherigen Verhältnisse" aufzuheben und den „Insurrektionsstand" auszurufen.[106] Es war ein Programm zur restlosen Kriegsmobilisierung, das die gesamte gesellschaftliche Ordnung dem Gesetz absoluter Feindschaft unterwarf: „Bewaffnung jeder Mannsperson schlechthin vom siebzehnten Jahre an; sofortige Amtsentsetzung aller Behörden, die sich als lau erweisen, Kontrolle ihrer Amtsführung durch die Geistlichen; Wahl der Offiziere und Unteroffiziere durch die Aufständischen selbst; königliche Kommissare in den Provinzen mit Vollmacht über Leben und Tod, über alles öffentliche und private Eigentum, ohne Verantwortlichkeit für ihre Kriegsmaßnahmen, mit Befehlsgewalt über alle Behörden; Befreiung aller Bauern, die sich am Krieg beteiligen, vom Frondienst; Einziehung der Güter aller Feigen und Landesverräter und deren Verteilung an die Kriegsopfer; vollständige Verwüstung aller Landschaften, in die der Feind eindringt, Flucht der Frauen und Kinder in die Wälder und Einöden; nächtlicher Überfall auf den ermüdeten Feind, unablässiger Kleinkrieg der Heckenschützen und Franktireurs gegen seine Flanken und seine Etappenlinien; Absetzung aller deutschen Fürsten, die es mit Frankreich halten, und Neuwahl würdigerer Regenten durch die Untertanen; ihre Mini-

---

[103] Rainer Wohlfeil: Vom stehenden Heer des Absolutismus zur Allgemeinen Wehrpflicht. In: Militärgeschichtliches Forschungsamt (Hrsg.): Deutsche Militärgeschichte 1648–1939, Bd. 1, Abschnitt II, München 1983, S. 122/123.

[104] Vgl. Großer Generalstab (Hrsg.): Urkundliche Beiträge und Forschungen zur Geschichte des Preußischen Heeres, 5. Bd. Berlin 1912, S. 366; dort auch Zahlen über die Zunahme der Desertionen.

[105] Gneisenau: Plan zur Vorbereitung eines Volksaufstandes, S. 183.

[106] Ebd., S. 181.

ster sind vogelfrei, wenn sie nicht mithelfen; aller Adel ist hinfällig, der nicht durch hervorragende Kriegsleistungen neu verdient wird!"[107]

Die „Befreiung des Vaterlandes" erhielt unbedingten Vorrang vor dem Erhalt des politischen Machtgefüges. Nicht Geburtsstand oder Besitz, sondern die kriegerischen Verdienste sollten die künftige Stellung in Staat und Gesellschaft bestimmen. Die Aussicht auf Emanzipation sollte die Unterschichten, den Adel die Furcht vor Privilegienverlust zu äußerstem Einsatz motivieren. Eine „freiere Gestalt" des Staates – Gneisenau dachte an eine „nach altdeutscher Art gemodelte Municipalverfassung" – würde die denkenden Köpfe befriedigen, die Enthusiasten mit sich fortreißen, die französisch Gesinnten bekehren und die Verräter schrecken.[108] Allein die Position des preußischen Monarchen, an den die Aufstandspläne adressiert waren und der die Insurrektion auslösen sollte, blieb unangetastet: „Gefahren für den Thron" bestünden in Preußen nicht, versuchte Gneisenau entsprechende Befürchtungen zu beschwichtigen, davor schütze „die Persönlichkeit des königlichen Paares", zudem werde eine „gute vom Thron ausgehende, von anderen Völkern beneidete Konstitution die Anhänglichkeit an den Regenten vermehren"[109]. Gegenüber der Feindschaft gegen Frankreich hatten die Gegensätze zwischen den deutschen Staaten, insbesondere zwischen Preußen und Österreich, zu verblassen; der Krieg sollte geführt werden „zur Befreiung von Deutschland durch Deutsche"[110]. Preußen sollte bei der „nationalen Erhebung" die Initiative übernehmen und zum Vorbild für die übrigen Staaten werden, ohne daß sich daraus territoriale Ansprüche ableiteten. „Wir erkennen alle Deutsche als unsere Brüder und erklären feierlich, daß wir nicht die Absicht haben, ihr Gebiet mit dem unsrigen zu vereinigen", versicherte Gneisenau ausdrücklich.[111] Die Militärreformer hofften zwar, der geplante Volksaufstand werde nicht an den preußischen Staatsgrenzen haltmachen, doch im Unterschied etwa zu Arndt war bei ihnen von einem gesamtdeutschen Sendungsbewußtsein wenig zu spüren. Was sie an patriotischer Leidenschaft und Kampfbereitschaft zu entfesseln suchten, zielte auf Vertreibung Napoleons und seiner Truppen, nicht auf nationalstaatliche Einigung.[112]

Freund oder Feind, dazwischen sollte es nichts geben. „Der Ausspruch: ‚Wer nicht mit uns ist, ist wider uns' lasse für Niemanden, selbst nicht für den Verräther, einen Ausweg übrig. Lauigkeit ist in solchen Krisen Hochverrath."[113]

---

107 Gerhard Ritter: Staatskunst und Kriegshandwerk, 1. Bd.: Die altpreußische Tradition. München 1954, S. 100.

108 Neidhardt von Gneisenau: Denkschrift vom Sommer 1808 über die Idee eines Volksaufstandes. In: ders.: Ausgewählte militärische Schriften, S. 118.

109 Ebd., S. 121.

110 Gerhard von Scharnhorst: Denkschrift über die Fortführung des Krieges gegen Napoleon vom August 1808. In: ders.: Militärische Schriften, S. 260.

111 Neidhardt von Gneisenau: Aus der Konstitution für die allgemeine Waffenerhebung des nördlichen Deutschlands gegen Frankreich vom August 1808. In: ders.: Ausgewählte militärische Schriften, S. 123

112 Vgl. Rudolf Ibbeken: Preußen 1807–1813. Köln/Berlin 1970, S. 125.

113 Gneisenau: Denkschrift vom Sommer 1808 über die Idee eines Volksaufstandes, S. 118.

Die biblischen Anklänge in der Wortwahl kamen nicht von ungefähr; eine vergleichbare Existentialisierung von Feindschaft hatte es seit den Konfessionskriegen des 16. und frühen 17. Jahrhunderts nicht mehr gegeben. War damals der sterbliche Gott Leviathan angetreten, den Bürgerkrieg religiöser Kontrahenten durch die säkulare Gewalt des fürstlichen Souveräns zu beenden, so predigten jetzt die Künder völkischer Wiedergeburt die patriotische Ersatzreligion, um der Freund-Feind-Unterscheidung jenen „äußersten Intensitätsgrad"[114] zu verleihen, den es für einen Volkskrieg brauchte. Clausewitz etwa erklärte in seiner „Bekenntnisdenkschrift" vom Februar 1812, die ebenfalls einen detaillierten Insurrektionsplan enthielt, man dürfe sicher sein, „daß ein Volk gedrängt durch die höchste Gefahr, also nicht ohne Noth, nicht muthwillig herausgetreten aus dem eingen Daseyn eines ruhigen Bürgerlebens, von einem Enthusiasmus ergriffen, von Haß und Rache gespornt werden wird, die man sehr mit Unrecht nur von religiöser Schwärmerei erwartet hat. Alles kann im Menschen groß werden, durch die Verhältnisse."[115] Der Freiherr von Stein wiederum sekundierte, der öffentliche Geist könne nur „durch Einrichtungen, welche die religieuse Gefühle erregen, anfeuern und unterhalten", belebt werden. Wie diese Gefühle dann „auf einen Punkt, den der Vaterlandsliebe gelenkt (werden könnten), welche lithurgische Einrichtungen zu treffen, welche Vorschriften zu erlassen" seien, das überlasse man allerdings am besten professionellen Seelenhirten wie dem „geistvollen Professor Schleiermacher".[116] Dem pastoralen Grundton entsprach auch die privilegierte Rolle, die Gneisenau und Scharnhorst in ihren Aufstandsplänen den Geistlichen zumaßen. Diese sollten auf dem Lande die Insurrektion organisieren, die Aufständischen in der Kirche einen Eid auf den König schwören lassen, sie zur Ablieferung allen Eisens auffordern, um daraus Pikenspitzen schmieden zu lassen, und insbesondere ihren Gemeinden einschärfen, „daß sie für König und Vaterland ihr Leben zu lassen bereit sein müssen".[117] Bei allem Enthusiasmus vergaß Gneisenau dabei doch nicht den irdischen Lohn: Eine Gehaltserhöhung für schlechtbezahlte Prediger, am besten unter dem Anschein, daß sie „unmittelbar aus des Königs Schatulle" bestritten werde, „möchte sehr zeitgemäß sein, um diesen Stand für die Maßregeln der Regierung zu gewinnen".[118]

---

[114] Vgl. Carl Schmitt: Der Begriff des Politischen (1932). Berlin 1963, S. 26/27. Clausewitz war sich durchaus bewußt, daß im Volkskrieg der Hobbessche *bellum omnium in omnes* auf zwischenstaatlicher Stufe wiederkehrte: „Der Krieg der jetzigen Zeit", erklärte er diesen zitierend, „ist ein Krieg Aller gegen Alle. Nicht der König bekriegt den König, nicht eine Armee die andere, sondern ein Volk das andere und im Volke sind König und Heer enthalten" (Carl von Clausewitz: Bekenntnisdenkschrift. In: ders.: Schriften – Aufsätze – Studien – Briefe, hrsg. von Werner Hahlweg, 1. Bd. Göttingen 1966, S. 750).

[115] Ebd., S. 739.

[116] Heinrich Friedrich Karl von Stein: Brief an Ernst Friedrich Herbert von Münster vom 6. Oktober 1811, zit. nach Eckert: Von Valmy bis Leipzig, S. 199.

[117] Gneisenau: Plan zur Vorbereitung eines Volksaufstandes, S. 182.

[118] Ebd., S. 186.

Die für den Planungsoptimismus der Reformbürokraten bezeichnende Vorstellung, ein Volksaufstand lasse sich klandestin vorbereiten und vom militärischen Führungskorps aus organisieren, gab ihren Entwürfen einen Ruch von Verschwörertum, in dem noch etwas vom Geist der Geheimgesellschaften des 18. Jahrhunderts fortlebte. Die Vorbereitung der Insurrektion sollte in der Hand einer nicht öffentlich in Erscheinung tretenden Direktion liegen, zu der die oberste Behörde in den verschiedenen Provinzen Männer berufen sollte, denen man „zu diesem Geschäft genug Charakter und Klugheit" zutraute.[119] Diese hatten weitere Mitglieder zu werben, ohne sie frühzeitig in den Gesamtplan einzuweihen. Dabei kam es, so Gneisenau, vor allem auf psychologisches Fingerspitzengefühl an: „Enragierte muß man höchst vorsichtig behandeln, sie aber an sich zu ziehen suchen; sie, sowie die Schwärmer, sind sehr wichtig. Den Schleichern, welche nur ihrem Interesse folgen, muß man höflich und zuvorkommend begegnen, damit sie nicht schaden oder ihr Interesse befriedigen. Sie werden sonst, sobald sie etwas merken, bei der einen oder der andern Partei den Denunzianten machen. Nie muß von Oberen, von Anführern die Rede sein, sonst entsteht sogleich Uneinigkeit, weil die Ehrgeizigen und Hitzköpfe Anführer sein wollen."[120] Den „öffentlichen Geist" zu heben, dafür zu sorgen, daß „der ausgestreute Funke Feuer fängt"[121], das war die Aufgabe der Aufstandsinstrukteure. Hatte – bildlich gesprochen – die Linearkriegführung den Feldherrn und Offizier zum Maschinenmeister gemacht, so brauchte man zur Vorbereitung des Guerillakampfes charismatische Pyrotechniker. Oder Elektroingenieure: Manfred Schneider hat darauf aufmerksam gemacht, daß man in den Propagandaschriften der preußischen Reformer nach 1806 allenthalben auf Begriffe aus dem Felde natürlicher und künstlicher Elektrizität stößt, die illustrieren sollen, wie der Volkskrieg zu entfesseln sei. Boyen etwa sprach von „Zauberschlägen", welche die neuen Heere aus dem Volke hervorgehen ließen, und der preußische Polizeipräsident Gruner schrieb an den König, der Geist des Volkes sei gut, wenn es auch „für keine große Idee so schnell als Spanien (...) zu elektrisieren, aber zu gleichen Opfern bereit seyn wird, wenn Kraft es bewegt und Konsequenz es erhält".[122] Gleich ob Feuer oder Elektrizität, weil es zum Fragen der Energiegewinnung ging, war für eine der Mechanik entlehnte Metaphorik, wie sie die militärische Literatur des 18. Jahrhunderts geprägt hatte, kein Platz mehr.

Kampfformen, wie sie Gneisenau und den übrigen Reformern vorschwebten, setzten das Prinzip der Freiwilligkeit voraus. Die Entschlossenheit zur Aufbietung aller Kräfte dagegen machte es nötig, die Kampfbereitschaft gegebenenfalls auch zu erzwingen. Die Zermürbungsstrategie eines Partisanenkrieges beruhte darauf, daß der Widerstand ohne Befehle „von oben" auskam. Um jedoch zu verhindern, daß der Aufstand sich revolutionär wendete und mit der

[119] Ebd., S. 167.
[120] Ebd., S. 168.
[121] Ebd., S. 169.
[122] Schneider: Hysterische Soldaten und ihre Feinde, S. 53, Anm.; Zitate nach Frank Haase: Kleists Nachrichtentechnik. Opladen 1986, S. 106, 113.

französischen Besatzung auch die monarchische Ordnung hinwegfegte, bedurfte er der Kontrolle und Koordination durch die Staatsführung. Man mußte die Leidenschaften entfesseln und zugleich lenken. Wenn es weder möglich noch sinnvoll war, alle Einzeloperationen zentral zu steuern, wurde es um so wichtiger, die Kontrolle über Anfang und Ende des Aufstands zu behalten. Statt um Gleichschaltung der Körper in einer Truppenmaschine ging es jetzt um Ausrichtung aller „Gemüther" auf „die Stufe des Gemeinsinns"[123], das heißt auf ein gemeinsames politisches wie militärisches Ziel. „Organisierte Unordnung" lautete Gneisenaus paradoxe Formel für den Zustand der Insurrektion. Auf die Frage des Königs, wer denn das entstehende „Wirrwar dirigieren können und wollen" werde, antwortete er: „Der Feind mag sehen, wie er Ordnung hineinbringe, und in der Absicht, ihn zu kränken, ist diese Unordnung organisiert."[124]

7. Der Krieg gegen Napoleon

Die Aufstandspläne wie überhaupt der militante Patriotismus der Reformer blieben dem König zutiefst fremd. Ob die preußische Regierung, wenn sie den „Sturm selbst hervorruft", auch „Herr desselben" bleiben werde,[125] wie Clausewitz es zweckoptimistisch prognostizierte, erschien Friedrich Wilhelm III. mehr als fraglich. Zögerlich scheute er vor einem Krieg mit Frankreich zurück, versuchte durch eine Politik der Neutralität wenigstens den nach der Niederlage von Jena und Auerstedt verbliebenen preußischen Schrumpfstaat zu retten und schloß schließlich im Februar 1812 unter dem Druck Napoleons sogar ein Bündnis mit Frankreich, das Preußen verpflichtete, die Hälfte seines Heeres als Hilfskorps für den Feldzug gegen Rußland bereitzustellen und der französischen Armee freien Durchmarsch durch preußisches Territorium zu gewähren. Doch auch die Stimmung in der Bevölkerung war keineswegs so, daß es nur eines königlichen Wortes bedurft hätte, um eine allgemeine Erhebung gegen die Okkupationsmacht auszulösen. Die Begeisterung für Ideologien völkischer Homogenität und Sendung, die Stimulierung nationaler Feindschaft und die Glorifizierung des Todes für das Vaterland blieben weitgehend Sache begrenzter Zirkel gebildeter Patrioten. Die ländlichen und städtischen Unterschichten, die durch die wirtschaftlichen Folgen von Krieg und Besatzung besonders hart getroffen wurden, standen zwar den französischen Truppen überwiegend ablehnend gegenüber, verhielten sich jedoch abgesehen von lokalen Einzelaktionen passiv. Daneben gab es ein weitgehend unpolitisches Bürgertum, eine Beamtenschaft, die „von Natur aus ‚obrigkeitlich' dachte und zum Teil ziemlich rasch bereit war, dem untertan und dienstbar zu sein, der nun einmal die Gewalt hatte"[126], und schließlich einen Adel, dem Volkskriegsgedanken ebenso suspekt waren wie dem König.

---

[123] Gneisenau: Denkschrift vom Sommer 1808 über die Idee eines Volksaufstandes, S. 118.
[124] Ders: Plan zur Vorbereitung eines Volksaufstandes, S. 182.
[125] Clausewitz: Bekenntnisdenkschrift, S. 740.
[126] Ibbeken: Preußen 1807–1813, S. 100.

An konspirativen Aufstandsvorbereitungen beteiligten sich am ehesten noch Offiziere, von denen viele nach den von Frankreich erzwungenen Truppenverminderungen entlassen oder auf halben Sold gesetzt worden waren. Der Versuch des Majors von Schill im Frühjahr 1809 mit seinem Husarenregiment eine Insurrektion in Norddeutschland zu entfachen, um so den König zum Kriegseintritt gegen Napoleon zu bewegen, endete – nicht anders als parallele Unternehmungen in Westfalen und Hessen – in einem militärischen Debakel, lieferte den Propagandisten der „nationalen Befreiung" jedoch einen populären Märtyrer. Schills eigenmächtiges Vorgehen – selbst Gneisenau sprach von Desertion – zeigte, daß patriotische Emotionen zumindest in Teilen des Offizierskorps die Loyalität zum Monarchen unterminierten, wenn auch die offene Insubordination als vorauseilender Gehorsam gerechtfertigt und die Legitimität der dynastischen Ordnung nicht grundsätzlich in Frage gestellt wurde.

Ein Akt des Ungehorsams auf höchster militärischer Ebene war es schließlich auch, der nach der verheerenden Niederlage der Grande Armée im Rußlandfeldzug den entscheidenden Impuls zur preußischen Kriegserklärung an Frankreich gab: Ohne entsprechenden Befehl hatte General Yorck am 30. Dezember 1812 in Tauroggen eine Konvention mit Rußland unterzeichnet, in der das von ihm kommandierte preußische Hilfskorps das Bündnis mit Napoleon aufkündigte und sich bis auf weiteres für neutral erklärte. Nachdem in Ostpreußen, wo Yorck mit seinen Truppen stand, bereits Freiwilligen- und Landwehrverbände aufgestellt wurden und die franzosenfeindliche Stimmung im Land eskalierte, beugte der König sich dem öffentlichen Druck und gab mit dem Aufruf „An mein Volk" das Signal zum Krieg, auf das die militanten Patrioten sechs Jahre lang gewartet hatten. Binnen Wochen wurde jetzt das Reformprogramm der Militärreorganisationskommission umgesetzt: Zunächst für die Dauer des Krieges wurden „alle Ausnahmen von der Verpflichtung zum Militairdienst nach der bisherigen Kantonsverfassung" aufgehoben.[127] Wer sich der allgemeinen Wehrpflicht entzog, verlor Bürgerrecht und Gewerbeschein und sollte keine öffentlichen Ämter mehr bekleiden dürfen. Für die bislang eximierten gebildeten Bürgersöhne wurden eigene Formationen, die Jägerdetachements, eingerichtet, zu denen sich „freiwillig" melden konnte, wer in der Lage war, seine Ausrüstung aus eigenen Mitteln aufzubringen. Parallel dazu wurde die Aufstellung einer Landwehr verfügt, die alle Männer bis zum vierzigsten Lebensjahr erfassen sollte, die nicht zur Linientruppe einberufen waren oder sich zu den „Jägern" gemeldet hatten.[128] Die Auswahl erfolgte zunächst durch freiwillige Meldung; kam auf diese Weise

---

[127] Verordnung über die Aufhebung der bisherigen Exemtion von der Kantonpflicht für die Dauer des Krieges vom 9. Februar 1813. In: von Frauenholz (Hrsg.): Entwicklungsgeschichte des deutschen Heerwesens, 5. Bd., S. 143/144. Befreit vom Militärdienst blieben lediglich Gebrechliche, Bewirtschafter und Eigentümer eines Bürgerhauses, Bauernhofs oder einer größeren Besitzung, Ernährer von Witwen, einzige Ernährer einer Familie sowie aktive Beamte und Geistliche.

[128] Vgl. die entsprechenden Edikte, ebd., S. 141–158.

die erforderliche Zahl nicht zusammen, entschied das Los. Freikauf oder Stellvertretung waren ausgeschlossen.

Mit der Verordnung über den Landsturm vom 21. April erhielten schließlich auch die Aufstandsentwürfe der Reformer Gesetzeskraft, allerdings in gouvernemental gebändigter Form: Jeder männliche Staatsbürger zwischen 15 und 60 Jahren wurde verpflichtet, sich bei Aufgebot des Landsturms mit „allen Arten Flinten mit und ohne Bajonett, Spiessen, Piken, Heugabeln, Morgensternen, Säbeln, Beilen, gerade gezogenen Sensen, Eisen etc." zu bewaffnen und „dem Feinde den Einbruch, wie den Rückzug zu versperren, ihn beständig ausser Athem zu halten; seine Munition, Lebensmittel, Couriere und Rekruten aufzufangen; seine Hospitäler aufzuheben, nächtliche Ueberfälle auszuführen, kurz, ihn zu beunruhigen, zu peinigen, schlaflos zu machen, einzeln und in Trupps zu vernichten, wo es nur möglich ist". Das Recht jedoch, den Landsturm aufzubieten und den Partisanenkampf, bei dem „alle Mittel geheiligt" und „die schneidigsten (...) die vorzüglichsten" sein sollten, zu eröffnen, erhielten ausschließlich die „Armee- und Corps-Kommandanten" sowie die für die Territorialverteidigung zuständigen Lokalbehörden. Im übrigen galt: „Ein Zusammenlaufen ohne Aufgebot wird als Meuterey bestraft."[129] Ein auf massiven Druck konservativer Kreise erlassenes modifiziertes Edikt beseitigte bald darauf die insurrektionellen Ansätze aus der ursprünglichen Verordnung und machte den Landsturm faktisch zu einer harmlosen Bürgergarde und Reserve für die Landwehr.

Auf der Grundlage dieser neuen Militärverfassung gelang es dem preußischen Staat, innerhalb eines halben Jahres etwa 280.000 Mann, elf Prozent der männlichen Bevölkerung, in Linientruppen, Jägerdetachements und Landwehr unter Waffen zu stellen. Knapp 30.000 meldeten sich zu den Freiwilligeneinheiten; von ihnen zählten allerdings nur etwa zwölf Prozent zu den „gebildeten Ständen", die man in diesen „Pflanzschulen für Offiziere" hatte zusammenfassen wollen.[130] Wenn auch zahlreiche zeitgenössische Dokumente belegen, daß die jahrelange Mobilisierung antifranzösischer Emotionen Früchte zeitigte und die Kriegserklärung von Teilen der Bevölkerung mit Zustimmung aufgenommen wurde, so konnte doch von einer „nationalen Erhebung der Massen" keineswegs die Rede sein. Weder rief der König, „und alle, alle kamen", wie die patriotische Legende später nicht müde wurde zu verkünden, noch traf es zu, daß „alle, alle riefen, und der König endlich kam", wie Eckart Kehr in polemischer Umkehrung formulierte.[131] Der Chor der Kriegsrufer war weit kleiner, als die preußisch-deutsche Nationalhistorie des 19. und 20. Jahrhunderts suggerierte, indem sie die veröffentlichte für die öffentliche Meinung ausgab. Und von denen, die im Frühjahr 1813 in den Krieg zogen,

---

[129] Verordnung über den Landsturm vom 21. April 1813, ebd., S. 162.

[130] Vgl. Ibbeken: Preußen 1807–1813, S. 398 u. 405. Ibbeken liefert auch eine sozialstatistische Analyse der Freiwilligen, die den Mythos vom hohen Anteil studentischer Freiwilliger widerlegt (ebd., S. 441–450).

[131] Vgl. Hans-Ulrich Wehler: Einleitung. In: Kehr: Der Primat der Innenpolitik, S. 15 (Anm.).

kamen viele erst nach Androhung von Strafe oder wurden mit Gewalt zum Soldatendienst gepreßt. Bezwungen wurde Napoleon nicht in einem Volkskrieg nach spanischem Vorbild, sondern durch die zahlenmäßig überlegenen Armeen Preußens, Rußlands und Österreichs.

Selbst in Freiwilligenverbänden wie dem Lützowschen Freikorps, in dem Jahn mit seinen deutschtümelnden Turnern kämpfte und Theodor Körner von „Kreuzzug" und „heil'gem Krieg" schwärmte[132], wurde „Drückebergerei" zum Problem: Der Begeisterung „erregter Studenten, Poeten und Turner trat die nüchterne Realität des Krieges bald recht brutal entgegen und machte sie zunichte"[133], wie die hohen Desertionsziffern beweisen, die mit 15,6 Prozent (bei der freiwilligen Infanterie sogar 24,4 Prozent) weit über dem Durchschnitt der übrigen Armee (die Zahlen schwankten dort zwischen ein und fünf Prozent) lagen.[134] Passiver Widerstand, wenn nicht gar offene Renitenz begleitete vielerorts auch die Bildung der Landwehr. Zumal in Gebieten mit hohem polnischen Bevölkerungsanteil waren Entziehungen und Desertionen an der Tagesordnung. In einigen Kreisen kam es bei der Auslosung der Landwehrpflichtigen zu stürmischen Auftritten; viele Männer flohen in die Wälder oder über die Grenze. Bürger verlangten die Verschonung von Dienstpflicht und Abgaben; Bauern befürchteten, eine Vertreibung der Franzosen könnte zur Wiederherstellung der alten Feudallasten führen; lokale Behörden verzögerten oder sabotierten die Aufstellung der Formationen, da sie nicht willens oder in der Lage waren, für deren Ausrüstung und Unterhalt aufzukommen; die Arroganz vieler Berufsoffiziere, die für die kaum exerzierten, miserabel bekleideten und bewaffneten Landwehrmänner nichts als Verachtung übrig hatten, gab dem Unmut zusätzliche Nahrung.[135] Gneisenau, inzwischen Generalgouverneur in Schlesien, sah sich genötigt, die Gemeinden unter Strafandrohung zur Auslieferung der Landwehrflüchtigen zu zwingen. Wenn nicht „strenge Maßregeln" ergriffen würden, so fürchtete er, werde sich ein großer Teil der schlesischen Landwehren auflösen, „da noch nicht genügend Disziplin unter ihnen vorhanden ist, um sie auch außer dem Gefecht zusammenzuhalten, Disziplin überhaupt nur durch Strenge erzeugt werden kann, und nur dadurch, daß die Soldaten es wissen, daß sie daheim nicht geduldet werden können"[136]. Übereinstimmend beklagen alle Quellen das Fehlen selbst not-

[132] Vgl. vor allem seinen Gedichtzyklus „Leier und Schwert". In: Sämtliche Werke, 1. Bd. Berlin o.J., S. 7–42. Körner starb 21jährig den „Tod fürs Vaterland", der Abbt dank militärischer Abstinenz erspart geblieben war.

[133] Ulrich Meurer: Die Rolle nationaler Leidenschaft der Massen in der Erhebung von 1813 gegen Napoleon. Phil. Diss. Freiburg 1953, S. 38.

[134] Ibbeken: Preußen 1807–1813, S. 426 u. 450. Vgl. dazu auch Peter Brandt: Einstellungen, Motive und Ziele von Kriegsfreiwilligen 1813/14: Das Freikorps Lützow. In: Jost Dülffer (Hrsg.): Kriegsbereitschaft und Friedensordnung in Deutschland 1800–1814. Münster 1995 (Jahrbuch für Historische Friedensforschung, 3, 1994), S. 211–233.

[135] Vgl. Meurer: Die Rolle nationaler Leidenschaft, S. 42/43.

[136] Zit. nach Ernst Wiehr: Napoleon und Bernadotte im Herbstfeldzuge 1813. Berlin 1893, S. 276/277.

wendigster Ausrüstungsgegenstände. So zogen ganze Bataillone barfuß ins Feld, und häufig mußten Piken oder Lanzen die fehlenden Gewehre ersetzen. Angesichts solcher Bedingungen war es kaum verwunderlich, daß sich lange Märsche, schlechte Witterungsverhältnisse oder Rückzüge verheerend auf die Disziplin auswirkten und nicht selten zur Desertion ganzer Bataillone führten.[137] Erstaunlich war vielmehr, daß Landwehreinheiten trotz allem in einigen Schlachten zum Einsatz kamen; Tausende der unerfahrenen und schlecht ausgebildeten Landwehrmänner wurden ins Feuer geschickt und getötet. Auf die Massendesertionen reagierte die militärische Führung mit hilfloser Härte, wie jener Brigadekommandeur, der in einem Rechenschaftsbericht das Scheitern seiner Anstrengungen eingestehen mußte, die Landwehr mit repressiven Mitteln zusammenzuhalten: „Ich kann mich dieserhalb auf keine Art verbürgen, daß künftig keine Nachzügler sein werden, weil ich auch schon durch Strafen und selbst sehr harte Strafen dem Übel vorzubeugen bemüht gewesen bin. Die Kommandeurs der Bataillone sind durch strenge Verweise bestraft, mehrere Offiziere haben Arrest gehabt und bei weitem der größere Teil der Landwehr sind in die zweite Klasse versetzt, mit verkehrten Montierungen durch die Reihen geführt, mit Hunger und Stockschlägen bestraft worden, und es bleibt weiter nichts übrig, als Totschießen."[138]

Bildete die Landwehr noch einen bedeutsamen militärischen Faktor – 120.000 Landwehrmänner wurden zwischen März und August 1813 ausgehoben –, so kam der Landsturm praktisch nicht zum Einsatz. Die Hoffnung der Militärreformer, den Kampf regulärer Truppen durch Volksaufstand und Guerilla zu unterstützen, erfüllte sich nicht. Wo man den Landsturm aufbot und auszubilden versuchte, ahmte man den militärischen Drill nach, statt die Kampfformen des Partisanenkriegs einzuüben. Das Ergebnis erinnerte eher an harmlose Kriegsspiele patriotischer Spießbürger, wenn es auch nicht überall so skurril zuging wie bei den Berliner Universitätsprofessoren, darunter Fichte, Schleiermacher und Niebuhr, deren sonntägliches Exerzieren mit der Pike schon den Spott der Zeitgenossen provozierte. Die preußische Bevölkerung, die über Generationen hinweg zum Gehorsam gegen die Obrigkeit erzogen worden war, war zu „poliziiert"[139], um einen Widerstand zu organisieren, der ohne militärische Ordnung und Autorität auskommen sollte. „Man wollte nicht Insurgent, nicht Guerilla-Bandit sein, sondern echter Soldat. Diesem Ziel galt alles Bemühen. Mit Macht strebten die Landstürmer danach, Uniform zu tragen. Auf dem Gipfel ihrer Wünsche aber befanden sie sich dann, wenn sie im Hochgefühl von Kraft und Stärke, unter den anfeuernden Klängen eines Mu-

[137] Vgl. zur militärischen Disziplin der Landwehr die Aufzeichnungen eines schlesischen Landwehrmajors, aus dessen Bataillon nach der Schlacht bei Dresden allein in einer Nacht 181 Mann desertierten (Johann Carl Theodor Doercks: Meine militairische Laufbahn geschrieben für meine Kinder. In: Herman Granier [Hrsg.]: Schlesische Kriegstagebücher aus der Franzosenzeit 1806–1815. Breslau 1904, S. 66–71).

[138] Zit. nach Wiehr: Napoleon und Bernadotte im Herbstfeldzuge 1813, S. 277.

[139] Hermann von Boyen, zit. nach Meurer: Die Rolle nationaler Leidenschaft, S. 68.

sikkorps, durch das Tor der Stadt ein- oder ausmarschieren konnten. Um so katastrophaler verliefen die Übungen im freien Gelände, wo das Aufgebot für das Gefecht vorbereitet werden sollte. Zwar schleppte man vielfach große Ladungen von Flaschen und Proviantkörben zum Manöver mit hinaus, um die notwendige Stärkung gleich bei der Hand zu haben; aber jeder ernsthafte Versuch, größere Verbände zu entfalten und in taktische Ordnung zu bringen, mißlang und führte zu einem Chaos, bei dem sich niemand mehr zurechtfand."[140] Eine Mobilmachung, „die nicht allein das stehende Heer, sondern auch die physischen und moralischen Kräfte der gesamten Nation in Anspruch"[141] nehmen sollte, wie Scharnhorst und Gneisenau sie wieder und wieder verlangt hatten, scheiterte an der Untertanenmentalität der preußischen Bevölkerung nicht minder als an den Revolutionsängsten des Königs und seiner konservativen Berater.

Die Jahre zwischen 1789 und 1815 waren eine Zeit beschleunigter Geschichte, ein Vierteljahrhundert Ausnahmezustand, in dem unentwegt Kriege geführt, Grenzen verschoben und politische Herrschaftsverhältnisse umgewälzt oder reformiert wurden. Am Ende zeigte sich zwar, daß die alten Gewalten keineswegs gestürzt waren, daß sie sich vielmehr in modernisiertem Gewand wieder durchsetzen konnten und auf die Periode der Revolution eine der Restauration folgte. Doch schon die Zeitgenossen waren sich über alle politischen und sozialen Parteiungen hinweg darin einig, eine Epochenschwelle mitzuerleben.

Im Bereich des Militärischen wurde mit einem neuen Kriegsbild auch ein neuer Modus zur Produktion soldatischen Gehorsams sichtbar. Die Mobilisierung der „moralischen Kräfte" erhielt Vorrang vor der disziplinierenden Kontrolle der Körper; nicht aufgrund äußeren Zwangs, sondern aus innerer Überzeugung sollten die Soldaten gehorchen. Affekte wurden nicht mehr bekämpft wie im *constantia*-Ideal des Justus Lipsius und den Exerzierritualen der altpreußischen Drillmeister, alle Anstrengungen waren jetzt vielmehr darauf gerichtet, den Enthusiasmus zu schüren und ihn als militärische Antriebskraft gegen die deklarierten Feinde des imaginären Vaterlands nutzbar zu machen. Allerdings war es eine Zeit mehr der politisch-literarischen Projektionen als ihrer Umsetzung: Die Entfesselung nationaler Leidenschaften beschränkte sich noch auf einen eng begrenzten Teil der Bevölkerung, und die radikalen Reformentwürfe schossen über das konkret Mögliche oft weit hinaus. Doch wie das Disziplinierungsprogramm des Lipsius den militärischen Gegebenheiten seiner Zeit weit vorauseilte, wurden hier die diskursiven wie praktischen Werkzeuge geschmiedet, mit denen für weit mehr als ein Jahrhundert und zum Teil bis in die Gegenwart hinein Kriegsbereitschaft geweckt und militärische Zuverlässigkeit erzeugt wurde.

---

[140] Ebd., S. 55.

[141] Denkschrift von Neidhardt von Gneisenau und Scharnhorst an Karl August Freiherr von Hardenberg vom April 1813 über den Landsturm. In: Scharnhorst: Ausgewählte militärische Schriften, S. 343.

Die Identifikation mit der imaginären Gemeinschaft von Nation oder Volk sollte dem politischen System inneren Zusammenhalt jenseits traditionaler Bindungen verschaffen. Loyalität und Opferbereitschaft in einem Maße, das die Bereitschaft zum „Tod für das Vaterland" einschloß, waren allein mit den Mitteln der Disziplinierung und Policey nicht hervorzubringen und verlangten permanente Stimulierung patriotischer Emotionen. Nichts war dazu besser geeignet als die Bestimmung eines zum nationalen Erz- und Erbfeind substantialisierten Gegners, auf den der identitätsstiftende Haß sich richten konnte. In die gleiche Richtung wirkte ein nationaler Totenkult, der den christlichen Märtyrergedanken beerbte und die „ewige Fortdauer des Volks"[142] zum Garanten irdischer Unsterblichkeit für den einzelnen verklärte. Da die Schlachtrufe zur „nationalen Befreiung" jedoch insbesondere bei den subbürgerlichen Schichten nur wenig Enthusiasmus zu wecken vermochten, glaubte die militärische Führung auf das erprobte System des Überwachens und Strafens auch weiterhin nicht verzichten zu können. Mit der Abkehr von geometrisierten Gefechtsformen, wie sie die Linearkriegführung gekennzeichnet hatten, verlor der Disziplinarzwang allerdings zunehmend die Funktion, die Tauglichkeit des individuellen Körpers für die Truppenmaschine zu steigern. Um so wichtiger sollte die Dressur als ein Instrument der Unterwerfung werden, das auch die kämpferische Leidenschaft unter das Prinzip von Befehl und Gehorsam stellte. Mit der Lehre von der Volkssouveränität gelangte auch die allgemeine Wehrpflicht auf die politische Tagesordnung; praktisch ging ihre Einführung – in Preußen wurde sie 1814 als dauerhafte Einrichtung gesetzlich verankert, wenn auch lange Zeit nur unvollständig durchgeführt – der des allgemeinen Wahlrechts weit voraus. Die Armee blieb vorläufig noch ein Mittel der Krone, aber die preußischen Befreiungsnationalisten lieferten mit ihren Plänen zur allgemeinen Volksbewaffnung die theoretische Folie, auf der die Milizdiskussionen von den Frühliberalen des Vormärz bis zum marxistisch geprägten Teil der Arbeiterbewegung geführt wurden. Die französische Revolution hatte das Startsignal für den Eintritt der Massen in die Politik gegeben, Carnots *levée en masse* hatte daraus die militärische Konsequenz gezogen. Die preußischen Militärreformer wollten Massen für den Krieg mobilisieren, aber keine Revolution. Als eine Generation später auch in Deutschland revolutionäre Massen auftauchten, beschäftigte die Militärs nur noch eins – sie unter Kontrolle zu halten.

---

[142] Fichte: Reden an die deutsche Nation, S. 493.

IV. Die Kontrolle der Massen I: Der Kampf gegen den „inneren Feind“

Das staatliche Gewaltmonopol hat zwei Seiten: Gesichert werden soll die politische und soziale Ordnung gegen äußere Feinde wie gegen Gesetzesbrecher und Aufrührer im Innern. Die Repressionsmacht des Staates zielt auf Integrität oder Vergrößerung des Territoriums, und sie zielt auf Pazifizierung des gesellschaftlichen Verkehrs innerhalb der Grenzen. Auch wenn dort, wo das Gewaltmonopol etabliert ist, seine professionellen Exekutoren, wie Norbert Elias schreibt, „nur noch am Rande des gesellschaftlichen Alltags Wache als eine Kontrollorganisation für das Verhalten“ stehen und körperliche Gewalt nur noch im Ausnahmefall unmittelbar in das Leben des einzelnen einbricht, geht „von dieser gespeicherten Gewalt in der Kulisse des Alltags ein beständiger gleichmäßiger Druck“ aus, den das Individuum oft kaum noch spürt, weil es sich völlig an ihn gewöhnt hat.[1]

Um auch aus der Latenz heraus zu wirken, muß das Gewaltpotential des Staates manifest werden *können* und bisweilen manifest werden. Was Clausewitz über die Bedeutung des Gefechts im Kriege schrieb, gilt für den Einsatz physischer Zwangsmittel durch staatliche Organe insgesamt: „Die Waffenentscheidung ist für alle großen und kleinen Operationen des Krieges, was die bare Zahlung für den Wechselhandel ist; wie entfernt diese Beziehungen auch sein, wie selten die Realisationen eintreten mögen, ganz können sie niemals fehlen.“[2] Nach außen erfüllt militärische Rüstung auch jenseits der Kriegszeiten eine Abschreckungsfunktion und entscheidet über das politische Gewicht eines Staates. Ebenso ist die binnenstaatliche Produktion von Ordnung darauf angewiesen, daß die bewaffnete Macht jederzeit zumindest symbolisch sichtbar bleibt. Meist entspricht der doppelten Aufgabenstellung auch eine institutionelle Zweiteilung in militärischen und polizeilichen Gewaltapparat. Doch sofern es nicht nur um Prävention und Ahndung individueller Gesetzesverstöße geht, sondern – aus der Sicht der Staatsorgane – die öffentliche Sicherheit gefährdet ist, bleibt stets die Option auf einen Einsatz der Armee gegen den „inneren Feind“.

1. Militär und Tumultbekämpfung im Vormärz

In der Ära des Ancien régime[3] hatten die absolutistischen Staatsgewalten die periodisch wiederkehrenden Bauernrevolten, städtischen Tumulte, gewaltsa-

---

1 Elias: Über den Prozeß der Zivilisation, Bd. 2, S. 325/326.

2 Clausewitz: Vom Kriege, S. 124.

3 Zum Epochenbegriff Ancien régime vgl. Heide Gerstenberger: Die subjektlose Gewalt. Theorie der Entstehung bürgerlicher Staatsgewalt. Münster 1990, insbesondere S. 509–522.

men Steuer- und Abgabeverweigerungen, Proteste gegen Zwangsrekrutierungen sowie Raub- und Plünderungszüge bewaffneter Banden regelmäßig mit Hilfe ihrer Soldaten unterdrückt. Der Einsatz von Truppen gegen die eigene Bevölkerung war in dieser Epoche kein Anzeichen tiefgreifender politischer Krise, sondern strukturtypische Herrschaftspraxis.[4] Die lokalen Obrigkeiten verfügten nicht über ausreichende Machtmittel, um bei eskalierenden Auseinandersetzungen die öffentliche Ruhe aus eigener Kraft wiederherzustellen. Allerdings blieb auch die Anforderung von Militär, zumal auf dem Lande und in garnisonsfreien Städten, ein riskantes Unternehmen, weshalb die Behörden in der Regel bemüht waren, einem Aufruhr durch Ermahnungen oder Konzessionen zuvorzukommen oder ihn bereits im Keim durch Polizeikräfte zu ersticken. Edward P. Thompsons Beschreibung der englischen Verhältnisse läßt sich – mutatis mutandis – auch auf andere europäische Staaten des 18. Jahrhunderts übertragen: „Die Obrigkeiten in der Provinz waren oft extrem isoliert. Truppen benötigten, wenn man sie anforderte, zwei, drei oder mehr Tage, bis sie endlich eintrafen, und die Menge wußte dies. (...) Die Ordnung aufrechtzuerhalten war keineswegs leicht, denn die Unzulänglichkeit der zivilen Ordnungskräfte verband sich mit einer Abneigung gegen den Einsatz von Militär. Die Offiziere selbst zögerten und waren sich durchaus im unklaren über ihre Vollmachten bei zivilen Konflikten. Dies alles war kein Anlaß zu großem Elan. Die lokalen Friedensrichter, die Truppen herbeigerufen oder den Gebrauch von Feuerwaffen genehmigt hatten, mußten, wenn die Truppen abgezogen waren, den Haß der Bevölkerung am Ort ertragen und damit rechnen, daß man ihnen die Fensterscheiben einschlug oder daß sie das Opfer von Brandstiftungen wurden. Truppen, die in einer Stadt einquartiert waren, wurden schnell selbst bei denen unpopulär, die sie gerufen hatten."[5]

Zwischen dem Ende der napoleonischen Herrschaft und den Erhebungen der Jahre 1848 und 1849 häuften sich mit der rapide anwachsenden Massenverelendung auch die sozialen Unruhen. Das Vordringen des Agrarkapitalismus wie des protoindustriellen Verlagswesens seit dem 18. Jahrhundert hatte, vermittelt durch die Logik der Familienökonomie, für die jedes Kind als zusätzliche Arbeitskraft zählte, eine Zunahme der Bevölkerung induziert, ohne daß auf der Grundlage dieser Form von Kapitalakkumulation die steigende Zahl von Menschen ausreichende Existenzmöglichkeiten gefunden hätte. Die Freisetzung ländlicher Unterschichten aus der ständischen Ordnung, die damit verbundene Auflösung traditioneller Formen der Subsistenzsicherung, der Niedergang des Heimgewerbes, das der Konkurrenz insbesondere der englischen Industrieproduktion nicht gewachsen war, die Überbesetzung und daraus resultierende ökonomische Krise des Handwerks und schließlich die durch Spekulation und Mißernten ausgelöste Verteuerung der Nahrungs-

---

4 Ebd., S. 407.

5 Edward P. Thompson: Die ‚sittliche Ökonomie' der englischen Unterschichten im 18. Jahrhundert. In: Detlev Puls (Hrsg.): Wahrnehmungsformen und Protestverhalten. Studien zur Lage der Unterschichten im 18. und 19. Jahrhundert. Frankfurt/M. 1979, S. 55.

mittel vermehrten das Heer der Armen in einem solchen Maße, daß Mitte der 1840er Jahre in Preußen 50 bis 60% der Bevölkerung am Rande der Hungergrenze lebten.[6] Diebstahl und Bettelei bildeten für viele die einzigen Möglichkeiten zu überleben; oft handelte es sich bei den Eigentumsdelikten zudem um Vergehen, „welche nichts als die Verlängerung bzw. Kompensation für den Fortfall bisheriger gewohnheitsmäßiger Nutzungsrechte und Existenzsicherungen“[7] darstellten. Scharen von Hungrigen vagabundierten auf der Suche nach Brot und Arbeit durch das Land. Ruhr- und Typhusepidemien forderten Zehntausende von Toten. Die Zahl der „Pöbelexzesse“ und „Tumulte“, wie die Behörden die unterschiedlichen kollektiven Protestaktionen zusammenfassend bezeichneten, stieg sprunghaft an. Zu den eher im traditionellen Rahmen einer „sittlichen Ökonomie“ (Edward P. Thompson) verbleibenden Agrarrevolten und städtischen Marktunruhen[8], häufig verbunden mit antisemitischen Ausschreitungen[9], kamen bis dahin unbekannte Formen des Protests wie Maschinenstürmerei oder Streiks von Eisenbahn- und Fabrikarbeitern.

---

6 Hans-Ulrich Wehler: Deutsche Gesellschaftsgeschichte, Bd. 2: Von der Reformära bis zur industriellen und politischen „Deutschen Doppelrevolution“ 1815–1845/49. München 1987, S. 288.

7 Ahlrich Meyer: Massenarmut und Existenzrecht. Geschichte der sozialen Bewegungen 1789–1848. In: Autonomie. Neue Folge, Nr. 14/1985, S. 34. Meyer verfolgt mit seiner historischen Analyse ein aktuelles Interesse: Er versucht zu zeigen, „daß die Durchsetzung der kapitalistischen Produktionsweise von Formen der massenhaften Verelendung, der außerökonomischen Gewalt und der Revolten begleitet war, die sich heute weltweit reproduzieren. Oder anders ausgedrückt: daß der Fortschritt des Kapitals weltweit die Konstellationen zeitigt, die wir in sozialhistorische Begriffe fassen“ (S. 19). Diese Parallelisierung von „pauperisierten“ Massen des Vormärz und dem „Weltmarktproletariat aus den Slums“ am Ende des 20. Jahrhunderts zum Zwecke einer „Rekonstitution revolutionärer Subjektivität von unten“ (S. 22) bleibt historische Rückprojektion und voluntaristische Beschwörung; fruchtbar ist jedoch Meyers Kritik sowohl am Klassenbegriff der marxistischen Orthodoxie wie auch an malthusianischen Ideologemen in den einschlägigen Arbeiten der westdeutschen Sozialgeschichtsschreibung zum „Pauperismus“.

8 Vgl. exemplarisch zu Ursachen und Verlauf die minutiöse Rekonstruktion eines Aufruhrs bei Manfred Müller-Harter: Ulm 1847. 1. Mai. 7.00 bis 13.00 Uhr. Auf der Suche nach den Hintergründen eines Teuerungstumultes. Tübingen 1993.

9 So waren ein Viertel der rund 100 Fälle gewaltsamen Protests, die Rainer Wirtz für den Zeitraum zwischen 1815 und 1848 in Baden ermitteln konnte, gegen Juden gerichtet (‚Widersetzlichkeiten, Excesse, Tumulte und Skandale‘, S. 233). Die „sittliche Ökonomie“ der Unterschichten besaß auch eine zu gewaltsamer Ausgrenzung tendierende Seite: Die mit der Auflösung der ständischen Ordnung infragegestellte traditionelle Außenseiterrolle der jüdischen Bevölkerung sollte durch die Pogrome wiederhergestellt werden. Auf die Bedrohung ihrer sozialen Existenz durch zunehmende Abhängigkeit von der abstrakten Logik des Marktes reagierten die Unterschichten durch Gewalt gegen jene, die sie – im Sinne einer paranoischen Projektion – als Personifikationen des Abstrakten identifizierten: die Juden. Hinzu kam, daß die Pogromisten ein vergleichsweise geringes Risiko eingingen. Die Obrigkeiten behandelten antisemitische Aktionen in der Regel mit weit größerer Nachsicht als andere „Exzesse“, und auch Teile des städtischen Bürgertums beobachte-

Nicht immer gaben unmittelbare Subsistenz- oder Arbeitsplatzgefährdungen den Anlaß zum Aufruhr. Die Unruhen konnten sich ebenso an religiös aufgeladenen Machtproben zwischen katholischem Klerus und staatlicher Obrigkeit entzünden, so nach Inhaftierung des Kölner Erzbischofs wegen seiner intransigenten Haltung in der Mischehenfrage, oder aus dem Gefühl „verletzter Ehre" entstehen wie die Massenproteste nach der unzeremoniellen Beerdigung von Choleraopfern in Breslau.[10]

Unter dem Eindruck allgemeiner sozialer Desintegration und Anomie verdichtete sich bei den besitzenden Klassen die Furcht vor dem Aufbegehren des gott- und sittenlosen „Pöbels" zur Schreckensvision eines unmittelbar bevorstehenden Umsturzes, der in den Vorstellungen der Bürger geradezu apokalyptische Dimensionen annahm. – Das Gespenst des Kommunismus ging um. Die Behörden sahen den Staat in permanenter Notwehrsituation und in der – notfalls gewaltsamen – Sicherung der öffentlichen Ruhe und Ordnung ihre wichtigste Aufgabe. Aus dem umfassenden Policey-Begriff, wie ihn noch Justi vertreten hatte, wurde in der Praxis die Förderung der allgemeinen Wohlfahrt zugunsten der Gefahrenabwehr eliminiert; Policey wurde zunehmend gleichbedeutend mit Sicherheitspolizei.[11] Deren erste Pflicht war, wie es in einem zeitgenössischen Handbuch des Polizeiwesens hieß, „der Schutz des Staats im Ganzen, seiner Verfassung und der allgemeinen Staats-Anstalten", woraus die Notwendigkeit abgeleitet wurde, „Zusammenrottungen vieler über ein bestimmtes Ereignis mißvergnügter Individuen zu verhindern oder zu unterdrükken"[12]. Auf die endemische Zunahme von Eigentumsdelikten und erst recht auf kollektive Proteste reagierten die Behörden mit verschärfter Repression. Schon Mundraub und „Forstfrevel" wurden mit drakonischen Strafen belegt, bei „Tumulten" war die unverzügliche Anforderung von Truppen die Regel.

---

ten die Ausschreitungen mit ‚heimlicher' Freude oder ließen sie gar ausdrücklich geschehen.

[10] Vgl. Wehler: Deutsche Gesellschaftsgeschichte, Bd. 2, S. 472/473; Alf Lüdtke: „Gemeinwohl", Polizei und „Festungspraxis". Staatliche Gewaltsamkeit und innere Verwaltung in Preußen, 1815–1850. Göttingen 1982, S. 294; eine Typologie sozialer Proteste für den Zeitraum von 1847 bis 1849 liefert Manfred Gailus: Straße und Brot. Göttingen 1990; ders.: Food Riots in Germany in the late 1840s. In: Past & Present, Nr. 145, Nov. 1994, S. 157–193.

[11] Vgl. zum Wandel des Policey-Begriffs und der Polizeipraxis im 19. Jahrhundert Lüdtke: „Gemeinwohl", S. 67–82; ders.: Von der „tätigen Verfassung" zur Abwehr von „Störern". Zur Theoriegeschichte von „Polizei" und staatlicher Zwangsgewalt im 19. und frühen 20. Jahrhundert. In: Der Staat, Bd. 20, 1980, S. 201–228; Bernd Wirsing: „Gleichsam mit Soldatenstrenge": Neue Polizei in süddeutschen Städten. Zu Polizeiverhalten und Bürger-Widersetzlichkeit im Vormärz. In: Alf Lüdtke (Hrsg.): „Sicherheit" und „Wohlfahrt". Polizei, Gesellschaft und Herrschaft im 19. Jahrhundert. Frankfurt/M. 1992, S. 65–94; Franz-Ludwig Knemeyer: Polizei. In: Otto Brunner/Werner Conze/Reinhart Koselleck (Hrsg.): Geschichtliche Grundbegriffe. Historisches Lexikon zur politisch-sozialen Sprache in Deutschland, Bd. 4. Stuttgart 1978, S. 875–897.

[12] Ludwig von Rönne/Heinrich Simon: Das Polizeiwesen des Preußischen Staates, Bd. 1. Breslau 1840, S. 664.

„Daß den Tumult- und Aufruhrsituationen von vornherein eine besondere und zugleich diffuse Bedrohlichkeit zugeschrieben wurde, resultierte offenbar in erster Linie aus der ‚Ansammlung' einer vielköpfigen ‚Menge' oder ‚Masse'. Auch bei deren – durchaus häufiger – relativer Passivität demonstrierte sie eine sonst ungewohnte potentielle Gegenmacht. Die sinnliche Anschaulichkeit von momentanem Ungehorsam vermittelte eine Ahnung möglicher Grenzen der staatlich-administrativen Autorität und Legitimität."[13] Gerade der amorphe Charakter der sozialen Bewegung machte sie in den Augen der Sicherheitsorgane gefährlich. Die „Zusammenrottungen", die sich so rasch wieder auflösten, wie sie sich gebildet hatten, um ebenso unvermittelt an anderem Ort, zu anderer Zeit und in anderer Zusammensetzung wieder aufzutauchen, galten ihnen als Inbegriff von Anarchie und Chaos, als das Andere der Ordnung schlechthin. Wie eine schicksalhafte Naturgewalt schienen die durch blanke Not zur Mobilität gezwungenen und zu eruptiver Gewalttätigkeit neigenden pauperisierten Massen das Land zu überziehen, zu ihrer Kontrolle sollten daher alle Mittel erlaubt sein. Tumultbekämpfung war Kriegführung im eigenen Land: „So lächerlich es ist, einem General vorzuschreiben, wo und wie er Schlachten liefern soll; eben so lächerlich ist es, der Polizei gebieten zu wollen, was sie zu tun habe, um der Verbreitung einer Feuersbrunst Einhalt zu tun, oder den Widerstand einer Räuberbande oder eines empörten Volkshaufens zu vernichten. Der General und der Polizeibeamte vertreten die Rechte und die Stelle des Staats gegen dessen Feinde, (...) und so wie jede Person gegen Gewalt zu jeder Gegenwehr und zu jeder Überwältigung des Feindes befugt ist, so auch die moralische Person des Staats und seine Stellvertreter."[14]

Da man die vielfältigen kollektiven Proteste, in denen sich unterschiedlichste Spannungen entluden, sämtlich als Vorzeichen der befürchteten sozialen Revolution deutete, wurde die militärische Logik des Staatsnotstands zunehmend zur Richtschnur der gesamten Verwaltungstätigkeit. Bezogen auf Preußen, wo die faktische wie rechtlich festgeschriebene Dominanz der Armee besonders ausgeprägt war, hat Alf Lüdtke diese Ausrichtung der Staatsbürokratie „Festungspraxis" genannt: „Orientierung der Beamten an militärisch interpretierten Kriterien von ‚Ruhe und Ordnung', verbunden mit der Bereitschaft, den örtlichen Militärbefehlshabern von vornherein die Definition und damit die Entscheidung auch über die administrativen Maßnahmen zu überlassen. (...) ‚Vorbild' waren Kompetenzen und Selbstverständnis der militärischen Festungskommandanten, die zur Sicherung der Festung den ‚Belagerungszustand' zu verhängen hatten und damit die absolute Gewalt über Leib und Leben aller Einwohner an sich zogen."[15]

---

[13] Lüdtke: „Gemeinwohl", S. 284.

[14] Maximilian Karl Friedrich Wilhelm Grävell: Über höhere, geheime und Sicherheitspolizei. Sondershausen/Nordhausen 1820, S. 188; zit. nach: Lüdtke: „Gemeinwohl", S. 53.

[15] Alf Lüdtke: Militärstaat und „Festungspraxis" – Staatliche Verwaltung, Beamtenschaft und Heer in Preußen, 1815–1850. In: Volker R. Berghahn (Hrsg.): Militarismus. Köln 1975, S. 176. Vgl. dazu auch weitere Arbeiten Lüdtkes zum gleichen

Nicht nur die Revolutionsfurcht der Behörden, sondern auch die numerische Schwäche der zivilen Ordnungskräfte erzwangen geradezu – das obrigkeitliche Primat öffentlicher „Ruhe und Ordnung“ vorausgesetzt – ein regelmäßiges Einschreiten von Truppeneinheiten. Selbst größere Städte verfügten lediglich über zwei oder drei Polizei-Offizianten, die bei Tumultsituationen wenig auszurichten vermochten. Kompetenzkonflikte zwischen Zivilbehörden und Garnisonskommandanten waren zwar an der Tagesordnung, doch an der Notwendigkeit militärischer Präsenz im zivilen Alltag und erst recht militärischer Tumult- und Aufstandsbekämpfung ließen beide Seiten keinen Zweifel. Umstritten waren die Verteilung der Entscheidungsbefugnisse sowie die konkreten Maßnahmen staatlicher Kontrolle und Repression, nicht das Ziel einer „polizierten“ Gesellschaft.[16]

Das Eingreifen der Sicherheitskräfte folgte ungeachtet der Protestanlässe und -formen meist einem ähnlichen Ablaufmuster.[17] Unterschiede bestanden

---

Themenkreis: Praxis und Funktion staatlicher Repression: Preußen 1815–50. In: Geschichte und Gesellschaft, 3. Jg., 1977, S. 190–211; The role of state violence in the period of transition to industrial capitalism: the example of Prussia from 1815 to 1848. In: Social History, 4. Jg., 1979, S. 175–221 (dort auch ein Vergleich mit England und Frankreich); „Wehrhafte Nation“ und „innere Wohlfahrt“: Zur militärischen Mobilisierbarkeit der bürgerlichen Gesellschaft. In: Militärgeschichtliche Mitteilungen, 30, 2/1981, S. 7–56.

16 Vgl. ders.: „Gemeinwohl“, S. 262. Einige deutsche Mittelstaaten unterhielten aus dem Besitzbürgertum rekrutierte Kommunalgarden, die insbesondere in den Städten als Sicherheitswachen fungierten. Ihre Einrichtung knüpfte an ältere Formen städtischer „Policey“ an, in ihnen lebte aber auch etwas vom liberalen Geist bürgerlicher Emanzipation. „Es will die Bürgerwache“, hieß es programmatisch in einem Wachtlied der Leipziger Garde, „allein die gute Sache, nicht Pöbels Raserei, doch auch nicht Tyrannei“. Von den Militärs wurden die Bürgermilizen als Spielerei und ihre Mitglieder als „Fronleichnamssoldaten“ belächelt, vor allem aber zweifelte man an ihrer politischen Loyalität. Daß die Bürger nicht nur ihr Eigentum gegen die rebellischen Unterschichten verteidigen wollten, sondern zumindest eine radikale Minderheit unter ihnen auch ihren Anspruch auf politische Partizipation mit Waffengewalt geltend zu machen gewillt war, zeigte sich in der Tat 1848/49, als zahlreiche Kommunalgardisten auf Seiten der Aufständischen kämpften. Zur Niederschlagung von Unruhen größeren Ausmaßes reichten die Kräfte der häufig mehr auf Repräsentation bürgerlichen Selbstbewußtseins denn auf sicherheitspolizeiliche Effizienz bedachten Bürgerwehren ohnehin nicht aus, so daß den kommunalen Behörden wiederum nur die Anforderung regulären Militärs übrig blieb. Vgl. zu den Bürgerwehrinstitutionen in Bayern, Hannover und Baden Gottfried Brückner: Der Bürger als Bürgersoldat. Phil. Diss. Bonn 1968; zu den entsprechenden Einrichtungen in Sachsen und Kurhessen Reinhard Höhn: Verfassungskampf und Heereseid. Leipzig 1937, S. 46–77. Auch diese Studie Höhns ist allerdings lediglich als Quellensammlung brauchbar, geht doch sein Interesse dahin zu zeigen, daß „der Zwiespalt zwischen Heer und Volk, der ein Jahrhundert lang zunächst vom liberalen Bürgertum und dann vom Marxismus im Kampf um und gegen den Staat genährt wurde“, „die besten Kräfte des deutschen Volkes“ verbraucht hat und erst durch die „nationalsozialistische Revolution“ endgültig überwunden wurde (S. XXIV).

17 Vgl. zum folgenden Lüdtke: „Gemeinwohl“, S. 283–296.

allenfalls zwischen dem Vorgehen auf dem Lande und in garnisonsfreien Städten einerseits, den Garnisonsstädten und Festungen andererseits: In letzteren war das Militär ständig in Form von Patrouillen und Wachposten präsent, die Kasernen, Depots, das Gefängnis und andere „sensible“ Örtlichkeiten zu bewachen hatten, aber auch generell als Hilfspolizei fungierten. Auf dem Lande und in Städten, in denen keine Truppen stationiert waren, erschien dagegen im Falle eines „Auflaufs“ die Staatsgewalt zunächst in Gestalt eines vom Bürgermeister, dem Schulzen oder Amtsvorsteher herbeigerufenen Polizei-Dieners oder Gendarmen. Falls dessen Ermahnungen oder Beschwichtigungsversuche und auch das Erscheinen des ebenfalls verständigten Landrats nichts fruchteten, wurde bei der nächstgelegenen Garnison militärische Unterstützung angefordert. Wenn nach einigen Stunden, oft auch erst am nächsten Tag eine Truppenabteilung von mindestens 80 bis 100 Mann am Ort des Geschehen eintraf, genügte nicht selten schon das Vorzeigen der leichten Waffen, um die „tumultuierenden Haufen“ zum Auseinandergehen zu bewegen. Wo bloße Einschüchterung nicht ausreichte, ließ man in die Menge reiten und mit flacher, häufig auch scharfer Säbelklinge einhauen oder ging mit gefälltem Bajonett vor. Kavallerie erwies sich als zur Aufstandsbekämpfung besonders geeignet, da sie mobiler war und die Menge von oben herab attackieren konnte. Der Gebrauch von Schußwaffen war bis zu den Kämpfen des Revolutionsjahres 1848/49 eher selten; traurige Berühmtheit erlangte die Niederschlagung des schlesischen Weberaufstands im Sommer 1844, wo elf Menschen durch Gewehrsalven getötet und dreißig schwer verletzt wurden.[18] Artillerie wurde gegen Aufständische erstmals bei den Berliner Märzunruhen 1848 eingesetzt.

Die Militärführung drängte in der Regel nicht von sich aus auf Übernahme regulärer Polizeifunktionen. Sie sträubte sich vielmehr gegen wiederholt geäußerte Gesuche der Zivilbehörden nach breiterer Streuung der Truppen im Land und Ausdehnung der Wachdienste in den Garnisonsstädten. Man befürchtete, die Rekrutenausbildung werde zu kurz kommen und die Soldaten könnten durch polizeiliche Tätigkeit nichtmilitärische Wahrnehmungs- und Verhaltensweisen übernehmen. Die Mentalität der zivilen Sicherheitskräfte war, so die Überzeugung der Militärs, eher auf Besonnenheit und mäßigendes Einwirken auf Ruhestörer angelegt, die Aufgabe der Armee erforderte es dagegen, jeden Soldaten darauf zu konditionieren, „keines Feindes eher zu schonen, als bis er völlig unterworfen, völlig wehrlos gemacht“ sei.[19]

Die Zurückhaltung der Befehlshaber in Fragen polizeilicher Prävention schlug jedoch in um so massiveres Auftreten um, wenn es tatsächlich zu Unruhen kam. Es entsprach nicht nur den Vorstellungen militärischer Effizienz,

---

[18] Zu Hintergründen und Verlauf des Weberaufstands vgl. den Augenzeugenbericht von Wilhelm Wolff: Das Elend und der Aufruhr in Schlesien. In: Hermann Püttmann (Hrsg.): Deutsches Bürgerbuch für 1845. Darmstadt 1845, Neudruck: Köln 1975, S. 174–199.

[19] Gutachten der Militär-, Innen- und Justizabteilungen des preußischen Staatsrates zum Waffengebrauchsgesetz vom 23. Januar 1837, zit. nach Lüdtke: „Gemeinwohl“, S. 252.

sondern auch dem Ehrgefühl des größtenteils junkerlichen Offizierskorps, mit dem verachteten Pöbel „kurzen Prozeß" zu machen und sich dabei von Zivilisten in keiner Weise hineinreden zu lassen. Die Kommandeure waren bestrebt, durch besonders entschlossenes und „würdiges" Einschreiten Loyalität und Schlagkraft ihrer Einheiten unter Beweis zu stellen. Auf dem Spiel stand immer auch der gute Ruf der Truppe (und damit die eigene Karriere), und nichts konnte hier mehr schaden als der Eindruck von Zögerlichkeit. Mit der Demonstration geballter militärischer Macht ließen sich die kollektiven Unmutsäußerungen zwar kurzfristig unterdrücken, doch oft genug wurden die brutalen Truppeneinsätze selbst zum Auslöser neuer Tumulte. Die Strategie der Pazifizierung durch Repression trug so nicht unwesentlich zur Radikalisierung der Proteste bei.

Die Befehlshaber folgten dem Prinzip des „kurzen Prozesses" nicht zuletzt deshalb, weil sie bei längerdauernden Einsätzen gegen die Zivilbevölkerung um die Zuverlässigkeit ihrer Truppen fürchteten. Berichte über Gehorsamsverweigerungen von Soldaten, die zur Niederschlagung von Unruhen eingesetzt wurden, finden sich für die Zeit des Vormärz jedoch äußerst selten. Wilhelm Weitling berichtet 1842 über entsprechende Vorfälle in den 1830er Jahren: „In Hanau weigerte sich ein ganzes Bataillon, auf das Volk zu feuern; ein andermal marschierte im Hannoverschen ein ganzes Regiment statt gegen eine im Aufstand begriffene Stadt, den Befehlen seiner Offiziere zuwider, gerade den entgegengesetzten Weg; noch ein andermal weigerte sich ein Teil der preußischen Landwehr in Görlitz nach der polnischen Grenze zu marschieren; andere 400 preußische Polen, die man unter die Garnison einer preußischen Festung stecken wollte, kehrten auf halbem Wege dahin um und gingen wieder nach Hause."[20] Obwohl, von solchen Ausnahmen abgesehen, Militärführung wie Zivilbehörden sich auf den Gehorsam der Mannschaften verlassen konnten, war man sich doch bewußt, daß es für die immer noch überwiegend aus den Unterschichten rekrutierten Mannschaften eine besondere Zumutung darstellte, als Wachposten oder bei Tumulteinsätzen den „eigenen Leuten" gegenübertreten zu müssen. Wenn der Kommandierende General eines preußischen Armeekorps 1844 erleichtert berichtete, in den Regimentern habe sich „noch nicht die geringste Spur gezeigt (...) etwaigen Abläufen und Exzessen weniger nachdrücklich entgegenzutreten"[21], so sprach daraus auch die Befürchtung, genau das könne geschehen. In Einzelfällen sorgte man durch Garnisonsverlegungen dafür, daß in „unruhigen Gebieten" Truppen stationiert waren, die ihren Ersatz aus anderen Landesteilen bezogen. Die systematische Einberufung in heimatferne Garnisonen, um bei Militäreinsätzen Fraternisierungen zu verhindern, und die Erfassung potentiell „unzuverlässiger Elemente" in schwarzen Listen wurden jedoch erst in der zweiten Jahrhunderthälfte üblich.[22] Die Kasernierung der Mannschaften nahm zwar zu – vor allem ehe-

---

20 Wilhelm Weitling: Garantien der Harmonie und Freiheit (1842). Berlin 1955, S. 78.
21 Zit. nach Lüdtke: „Gemeinwohl", S.299.
22 Vgl. dazu Reinhard Höhn: Sozialismus und Heer, Bd. 3. Bad Harzburg 1969.

malige Klostergebäude wurden zu Truppenunterkünften umgebaut –, doch war immer noch etwa die Hälfte der Soldaten in Bürgerquartieren untergebracht und damit der unmittelbaren Kontrolle ihrer Vorgesetzten zumindest zeitweise entzogen.[23]

2. Rekrutierungs- und Disziplinierungspraxis

Um den geforderten „blinden“ Gehorsam – das Adjektiv besaß in der zeitgenössischen Militärpublizistik einen durchaus positiven Klang – zu erzeugen, brauchte man vor allem ein homogenes Offizierskorps und ein längerdienendes, politisch zuverlässiges Unteroffizierskorps. Bei den Offizieren bedurfte es kaum besonderer Anstrengungen der Militärführung, für Loyalität sorgte schon der über adlige Herkunft, Ehrengerichte und Duellwesen reproduzierte Korpsgeist. Bürgerliche erhielten, anders als in der Zeit der napoleonischen Kriege, kaum mehr Zutritt zu den Offiziersrängen.[24] In Preußen wurde nach 1819 die Landwehr mit ihrem weitgehend bürgerlichen Offizierskorps der Kontrolle durch die Linientruppe unterstellt und auf die Funktion einer Reserve zurückgedrängt. Der Bürger mochte noch so tüchtig und gebildet sein, in den Augen der Militärs blieb er eine „Krämerseele“, dem die „Dignität des Standes“ fehlte. Während in anderen europäischen Staaten Offiziere sich an die Spitze republikanischer Aufstände und Verschwörungen stellten – die vom spanischen Oberst Raphael del Riego im Jahre 1820 ausgerufene Erhebung wurde als *Pronunciamento* zum feststehenden Begriff für einen Militärputsch –, fanden in den deutschen Staaten liberale oder gar radikaldemokratische Positionen kaum Eingang in das Offizierskorps. Die seltenen Ausnahmen bestätigen nur den Regelfall einer strikt monarchisch-restaurativen Haltung: 1833 wurde in Württemberg eine Verschwörung aufgedeckt, in die zwischen 200 und 250 Offiziere und Unteroffiziere verwickelt waren. Ihr Anführer Koseritz wurde zum Tode verurteilt, kurz vor der Exekution jedoch begnadigt und nach Amerika zwangsexiliert.[25] In Preußen mußten einige Subalternoffiziere in den

---

[23] Lüdtke: „Wehrhafte Nation“ und „innere Wohlfahrt“, S. 27. Viele Klöster standen infolge der Säkularisation leer und dem Staat zur Verfügung. Daß sie als Truppenunterkünfte besonders geeignet schienen, weist aber auch auf die „Wahlverwandtschaft“ von monastischer und militärischer Disziplin – und der entsprechenden Architektur. Vgl. dazu Hubert Treiber/Heinz Steinert: Die Fabrikation des zuverlässigen Menschen. München 1980.

[24] Zum quantitativen Verhältnis von Bürgerlichen und Adligen im preußischen Offizierskorps vgl. Manfred Messerschmidt: Die preußische Armee. In: Militärgeschichtliches Forschungsamt (Hrsg.): Deutsche Militärgeschichte 1648–1939, Bd. 2, Abschnitt IV, 2. Teil, S. 63/64.

[25] Vgl. dazu Gad Arnsberg: „... dem Volke unter die Arme greifen.“ Deutsche und polnische Beispiele zur emanzipatorischen Rolle der Armee in den 1830er Jahren. In: Tel Aviver Jahrbuch für deutsche Geschichte, Bd. XVI, 1987, S. 154–176; ders.: Der frühdemokratische Gegenzug. In: Otto Borst (Hrsg.): Aufruhr und Entsagung. Vormärz 1815–1848 in Baden und Württemberg. Stuttgart 1992, S. 65–86.

1840er Jahren den Dienst quittieren, weil sie sich an frühsozialistisch-kommunistischen Zirkeln beteiligt hatten.[26]

Das entscheidende Scharnier zu den Mannschaften bildeten die Unteroffiziere. Sie waren die Praktiker des militärischen Drills, und ihnen oblag es auch, den Rekruten den „wahren Soldatengeist" einzuimpfen. Praktisch ohne weitere Aufstiegsmöglichkeiten in der Armee und materiell schlecht gestellt, gewährte die Position des Unteroffiziers eine zwar äußerst bescheidene, dafür aber gesicherte Existenz, an die sich nach dem Abschied häufig eine Anstellung im Staatsdienst, etwa als Polizeidiener, anschloß. Getrennt vom Offizierskorps und von der Militärführung durch besondere Zeitschriften und Angebote organisierter Geselligkeit unterstützt, entwickelte die Klasse der Unteroffiziere eine eigene Mentalität – hier hatte der ebenso biedere wie brutale „Kommißgeist" seinen privilegierten sozialen Ort. Die Uniform, der routinierte Umgang mit dem militärischen Reglement und den „handwerklichen" Anforderungen des Dienstes und schließlich die enorme Macht über die unterstellten Rekruten verschafften das Gefühl, im Unterschied zum Zivilisten doch etwas darzustellen.

Anders als bei den langdienenden Unteroffizieren, die man durch gezielte Indoktrination und soziale Absicherung auch innerlich an den Staat zu binden versuchte, verließ man sich bei den gemeinen Soldaten auf die bewährten Strategien der Disziplinierung: Die Rekruten sahen sich der umfassenden Verfügungsgewalt einer „totalen Institution" ausgeliefert, in der sie Drill, fortwährende Überwachung, eine gesonderte Gerichtsbarkeit, aber auch körperliche Züchtigungen erwarteten. Nach dem preußischen Militärstrafrecht durfte die Prügelstrafe zwar nur bei denen zur Anwendung kommen, die in den zweiten Soldatenstand versetzt worden waren, doch fanden Unteroffiziere und Offiziere immer noch genügend Möglichkeiten, ihre Untergebenen mit Schlägen zu traktieren.[27] „Ein dichtes Netz von Geboten und Verboten, die hohe Verhaltenstransparenz und stete Überkontrolle zielten auf eine ‚Mortualisierung' des zivilen Ich. An seine Stelle trat eine Sonderrolle, bereits durch Uniform, Sprache, Haltung fixiert."[28]

Repression war indes nur die eine Seite der Zurichtung: Viele Rekruten erlebten ihre Einberufung nicht nur als leidige Pflicht, sondern auch als willkommenen Schritt aus familiärer oder dörflicher Enge, der ihnen neue Erfahrungen eröffnete und ihr Selbstbewußtsein im gleichen Maße wachsen ließ, wie sie sich den Härten des Dienstes gewachsen fühlten. Die nahezu vollstän-

---

[26] Vgl. die autobiographischen Berichte zweier Betroffener: Fritz Anneke: Ein ehrengerichtlicher Proceß. Leipzig 1846; August von Willich: Im preußischen Heere! Mannheim 1848. Anneke und Willich zählten 1849 zu den militärischen Führern der badisch-pfälzischen Revolutionsarmee.

[27] Vgl. die Berichte über Soldatenmißhandlungen bei Weitling: Garantien der Harmonie und Freiheit, S. 75–78.

[28] Werner K. Blessing: Disziplinierung und Qualifizierung. Zur kulturellen Bedeutung des Militärs im Bayern des 19. Jahrhunderts. In: Geschichte und Gesellschaft, 17. Jg., 1991, S. 470.

dige Reglementierung des Alltags bedeutete nicht nur erniedrigende Fremdbestimmung, sondern auch Entlastung vom Zwang zum Selbstzwang im zivilen Leben. Den Demütigungen durch Vorgesetzte korrespondierte die Herablassung, mit der noch der einfache Soldat dem Ungedienten begegnete. Die Nähe zur Gewalt konnte Angstgefühle auslösen, aber auch mit der Lust verbunden sein, Teil einer mächtigen Maschinerie zu sein, in der das gesellschaftliche Gewalttabu partiell suspendiert war. Der Konformitätsdruck in der männerbündischen Kameradengemeinschaft schließlich dehnte die Verhaltensnormierung noch auf jene Nischen aus, die der kontrollierende Blick des Unteroffiziers nicht erreichte, er gewährte aber auch emotionale Entschädigung für den erzwungenen Verzicht auf individuelle Freiräume. Da der aktive Dienst sich auf einen überschaubaren Zeitraum beschränkte – in Preußen betrug die Dienstzeit drei, ab 1837 für die Infanterie nur noch zwei, in den meisten übrigen Staaten sechs Jahre, die allerdings von langen Beurlaubungszeiten unterbrochen wurden –, konnte er die Funktion eines psychosozialen Moratoriums und Initiationsrituals erfüllen und kam damit durchaus Bedürfnissen der männlichen Jugendlichen entgegen.

Der Modus der Rekrutierung sorgte dafür, daß städtische, vor allem aber ländliche Unterschichten das Gros der Mannschaften stellten. Die Einberufung des Ehemanns oder Sohnes bedeutete hier für die übrigen Familienmitglieder oft genug eine unmittelbare Gefährdung der Subsistenz. Mit Ausnahme Preußens erfolgte in den meisten deutschen Staaten die Heeresaufbringung in Form der Konskription. Durch Los wurde bestimmt, wer aus dem jeweiligen Jahrgang einzurücken hatte. Begüterte Wehrpflichtige konnten sich jedoch, wenn sie nicht ohnehin zum Kreis der Eximierten zählten, vom Dienst freikaufen: „Nach französischem Vorbild bestand in fast allen Ländern die Möglichkeit, einen freiwilligen Stellvertreter zu benennen. ‚Einsteher‘ dieser Art wurden teils vom Staat, teils von darauf spezialisierten Firmen vermittelt. Der Dienstunwillige, der bisweilen schon als Kind für diesen Unglücksfall versichert worden war, zahlte dem Stellvertreter ein Handgeld, dessen Höhe sich nach der Marktlage richtete. Außerdem hatte er als Bürgschaft für dienstliches Wohlverhalten eine höhere Bürgschaftssumme (...) in einer staatlichen Amortisationskasse zu hinterlegen; dieses Geld erhielt der Einsteher nach Beendigung der Dienstzeit ganz oder teilweise ausgezahlt.“[29] Von vier Ausgelosten machte durchschnittlich einer vom Recht der Stellvertretung Gebrauch. Die Einsteher bildeten als Berufssoldaten auf Zeit den längerdienenden Kern der Mannschaften und stellten auch einen beträchtlichen Anteil der Unteroffiziere.

Die Konskription mit Loskaufrecht nahm eine Zwischenstellung ein zwischen den Rekrutierungssystemen des 18. Jahrhunderts und der tatsächlichen Einberufung sämtlicher tauglichen jungen Männer, wie sie das späte 19. und die erste Hälfte des 20. Jahrhunderts kennzeichneten. Der staatliche An-

---

29 Wolfgang Petter: Deutscher Bund und deutsche Mittelstaaten. In: Militärgeschichtliches Forschungsamt (Hrsg.): Deutsche Militärgeschichte 1648–1939, Bd. 2, Abschnitt IV, 2. Teil, S. 263.

spruch, jeder sei verpflichtet zu dienen, war formuliert, wurde aber noch nicht durchgesetzt. Entscheidendes Auswahlkriterium blieben die Vermögensverhältnisse: Wer genügend Geld besaß, brauchte nicht zu dienen. Soldat zu werden, war für das Bürgertum nicht gesetzlich fixierter Zwang oder vaterländischer Ehrendienst, sondern ein kalkulierbares Risiko, das bei entsprechendem finanziellen Einsatz abzuwenden war und gegen das folglich der Abschluß einer Versicherung eine geeignete Vorsorgemaßnahme darstellte.[30]

Auch in Preußen, wo dem Gesetz nach seit 1814 allgemeine Wehrpflicht herrschte, war man von ihrer Durchführung weit entfernt. Die vielfältigen Freistellungen, etwa für bestimmte Berufsgruppen, Studenten oder einzige Söhne mit Unterhaltsverpflichtung, erreichten fast den Umfang der altpreußischen Exemtionen, und von den tauglichen Dienstpflichtigen konnte aus finanziellen Gründen nur eine Minderheit – 1830 war es rund ein Drittel, in den 40er Jahren weniger als ein Viertel![31] – einberufen werden. Wenn auch mit der Ausmusterung wegen körperlicher oder „sittlicher" Nichteignung ein sozialer Filter nach unten existierte, um den pauperisierten „Pöbel" von der Armee fernzuhalten, so hatten die ärmeren Schichten doch bei der Truppenaufbringung weiterhin die Hauptlast zu tragen. Dafür sorgte schon das Institut des „Einjährig-Freiwilligen": Wer durch entsprechende Schulabschlüsse seine „wissenschaftliche" oder „künstlerische" Bildung nachwies, brauchte nur einen verkürzten Dienst abzuleisten, konnte Truppenteil und Garnison selbst wählen und einen erheblichen Teil seiner Dienstzeit zur Fortsetzung von Studium oder Berufsausbildung verwenden. Dieses Privileg der „Bildung" erwies sich vor allem als Privileg des „Besitzes". In hohem Maße profitierte von der Einjährigen-Regelung aber auch die angehende Beamtenschaft, da jeder Anwärter vor seiner Einstellung die Ableistung des Militärdienstes nachzuweisen hatte.[32]

Einen Grund für den überproportional hohen Anteil ländlicher Rekruten sah Wilhelm Rüstow, ein zeitgenössischer Kritiker des preußischen Militärsystems, nicht zuletzt in der Abneigung der Städter gegen den Heeresdienst: Während „die Beschäftigungen der Landbevölkerung für den Einzelnen eine zwei- bis dreijährige Entfernung aus ihnen weit weniger störend erscheinen (ließen) als die der städtischen Handels- und Gewerbetreibenden", ja „der Landmann unter einem passenden Vorwand sich nicht ungern eine Zeitlang das Stadtleben betrachtet(e)", herrschte unter den Stadtbewohnern eine ausgeprägte „Reklamationslust", und diese fanden auch weit eher Mittel und Wege, um eine Einberufung abzuwenden. „Man charakterisirt", resümierte Rüstow, „die Stellung, welche die Stadtbevölkerungen einnahmen, vielleicht am Besten, wenn man sie ein beständiges Schmollen mit der Regierung nennt, einer

[30] Zum Aufstieg der „Risikotechnologie" Versicherung im 19. Jahrhundert vgl. François Ewald: Der Vorsorgestaat. Frankfurt/M. 1993; Michael Makropoulos: Möglichkeitsbändigungen. Disziplin und Versicherung als Konzepte zur sozialen Steuerung von Kontingenz. In: Soziale Welt, 41. Jg., 1990, S. 407–423.

[31] Wehler: Deutsche Gesellschaftsgeschichte, Bd. 2, S. 384.

[32] Lüdtke: „Wehrhafte Nation und innere Wohlfahrt", S. 12.

feindlichen Macht, die man für zu stark hielt, als daß man sie offen bekriegen könnte, der man aber so wenig frohnen wollte, als möglich.“[33] Die eklatante Diskrepanz zwischen dem Gleichheitspostulat der allgemeinen Wehrpflicht und ungleichmäßiger Verteilung der Belastung in der Praxis wurde durch die massive Anti-Landwehrpolitik der restaurativen Armeeführung noch verstärkt. Um einer „Verbürgerlichung“ der Landwehr entgegenzuarbeiten, ging man in zunehmendem Maße dazu über, zu den Landwehrübungen nur noch Gediente einzuberufen, die dadurch auch nach ihrer aktiven Zeit jährlich für mehrere Wochen aus dem Erwerbsleben gerissen wurden, während die Ungedienten von jeglichem Dienst befreit blieben.

Wenn die Ausbildung der Rekruten sich auch in vieler Hinsicht noch an den Methoden des 18. Jahrhunderts orientierte, so zielte die Disziplinierung doch jetzt weniger auf den Körper als auf den „Geist“, genauer: Abrichtung und Überwachung der Körper dienten vor allem dazu, eine von der zivilen abgehobene Mentalität zu erzeugen. Nicht mehr der militärische (und ästhetische) Imperativ des „wohlexerzierten“, sondern der politische Imperativ des zuverlässigen Soldaten stand im Vordergrund. Repräsentanten der militärischen Restauration wie der preußische Prinz und spätere Kaiser Wilhelm I. kämpften aus diesem Grund vehement gegen eine Verkürzung der Dienstzeit: „Die Tendenz der revolutionären oder liberalen Partei in Europa ist es“, schrieb er, „nach und nach alle die Stützen einzureißen, welche dem Souverän Macht und Ansehen und dadurch im Augenblick der Gefahr Sicherheit gewähren. Daß die Armeen die vornehmlichsten dieser Stützen noch sind, ist natürlich; je mehr ein wahrer militärischer Geist dieselben beseelt, je schwerer ist ihnen beizukommen. Die Disziplin, der blinde Gehorsam sind aber Dinge, die nur durch lange Gewohnheit erzeugt werden und Bestand haben und zu denen daher eine längere Dienstzeit gehört, damit im Augenblick der Gefahr der Monarch sicher auf die Truppe rechnen könne.“[34]

Gegen die Dynamik sozialer Bewegung sah die Armee sich als stabiles Bollwerk des politischen Status quo. „Festungspraxis“ bedeutete, bezogen auf die Militärorganisation selbst, sich gegen alle „zersetzenden“ Einflüsse des Zeitgeistes abzuschotten. Nicht mehr patriotische Leidenschaft, wie sie die Reformer der antinapoleonischen Kriege zu schüren versucht hatten, sondern unerschütterlicher Gehorsam war gefordert. Die dominierende politische Differenzierung war – vorerst! – nicht mehr „deutsch gegen nichtdeutsch“, sondern „Kräfte der Ordnung gegen Kräfte der Anarchie“. Hatte sich schon nationale Homogenität als ein unabschließbares Projekt erwiesen, das permanente Identifizierung und Ausschließung des Heterogenen verlangte, so konnte es auch für die polizeilich-militärische Fabrikation von Ordnung kein Ende geben. Ordnung existiert nicht als Fertigprodukt, sondern nur als Produktionsprozeß, als unentwegter Kampf gegen ihre Auflösung.

---

[33] Wilhelm Rüstow: Der deutsche Militärstaat vor und während der Revolution (1850). Neudruck: Osnabrück 1971, S. 26.

[34] Zit. nach Messerschmidt: Die politische Geschichte der preußisch-deutschen Armee, S. 112.

Auch der Enthusiasmus erfuhr in der Wahrnehmung der Militärs eine radikale Umwertung: Er verschwand aus dem Katalog soldatischer Tugenden und tauchte, zum Fanatismus mutiert, als pathologisierende Zuschreibung für die vermeintlichen Kräfte des Umsturzes wieder auf. Beim Kampf gegen den „inneren Feind" konnte er jedenfalls nur stören. König und Vaterland brauchten keine begeisterten Patrioten, sondern verläßliche und folgsame Untertanen. Wenn von Vaterlandsliebe im offiziellen militärischen Schrifttum überhaupt noch die Rede war, so nur in der Koppelung mit Treue zur Krone.

Wer weiterhin nationale Emphase und völkisches Erwachen propagierte, stand im System der Restauration generell im Verdacht subversiver Bestrebungen. Der Ruf „Deutschland, Deutschland über alles" – Hoffmanns von Fallersleben 1841 verfaßtes „Lied der Deutschen" erlangte rasch enorme Popularität – war nicht nur mit der liberalen, konstitutionellen Forderung nach „Einigkeit und Recht und Freiheit" verbunden, die Bildung eines gesamtdeutschen Nationalstaats hätte auch den Verzicht auf partikularstaatliche Autonomie bedeutet. Beides mobilisierte die kompromißlose Abwehr der restaurativen Regime. Die militanten Patrioten der „Befreiungskriege", darunter Arndt und Jahn, wurden politisch verfolgt, ihre Schriften zensiert; nationalgesinnte Turnervereinigungen, Sängerbünde und studentische Burschenschaften verboten oder zumindest scharf überwacht.

Hatte die Epoche von 1789 bis 1815 im Zeichen einer Politisierung des Krieges wie der Krieger gestanden, so versuchte man jetzt wieder alles „Politische", insbesondere aber Diskussionen über Verfassung und Nation, aus der Armee zu verbannen. „Der Soldat darf keine Politik haben, sondern nur Gehorsam gegen seine Offiziere", hieß es in einem Entwurf für die Bearbeitung des preußischen Dienstreglements aus dem Jahre 1839,[35] und der Militärschriftsteller Louis Blesson erklärte in seinen „Betrachtungen über die Befugnis des Militairs, an politischen Angelegenheiten Theil zu nehmen", der „delibrierende Soldat" sei „eigentlich kein Soldat mehr, sondern ein Meuter"[36]. Das politische Abstinenzgebot betraf gleichermaßen Mannschaften wie höhere Ränge. Auch und gerade der Offizier stand in der militärischen Befehlshierarchie, und seine Loyalitätspflicht endete nicht mit dem Zapfenstreich. Bezeichnend ist der Ratschlag, den der spätere Kriegsminister Albert von Roon in jungen Jahren von seinem ehemaligen Erzieher in der Kadettenanstalt erhielt: „Uebrigens aber exponiren Sie sich weder öffentlich, noch nehmen Sie überhaupt zu lebhaften Antheil an den politischen Reden und Vorgängen; denn die Politik – selbst die besseren Ideen, welche sich dem Wahn entgegenstemmen – gehört nicht in Euren Gesichtskreis! *Jede Parthey* zieht Euch vom wahren Ziele ab; auch der guten sollt Ihr nicht angehören!"[37]

---

35 Zit. nach [Wilhelm I.]: Militärische Schriften weiland Kaiser Wilhelms des Großen Majestät, Bd.1. Berlin 1897, S. 297.

36 Louis Blesson: Betrachtungen über die Befugnis des Militairs, an politischen Angelegenheiten Theil zu nehmen. Berlin 1821, S. 86.

37 [Albert von Roon]: Denkwürdigkeiten aus dem Leben des General-Feldmarschalls Kriegsministers Grafen von Roon, Bd. 1. Breslau 1892, S. 31.

Politik bedeutete Parteienstreit, und der durfte auf keinen Fall in die Armee eindringen. Nur als von der zivilen Gesellschaft gesonderte, innerlich homogene Anstalt konnte sie, so das restaurativ-aristokratische Selbstverständnis der Militärs, ihrer Bestimmung gerecht werden, die bestehende staatliche Ordnung als Ganze zu verteidigen. Wenn sich in den Jahrzehnten nach 1815 dennoch so etwas wie eine „Militärpartei“ herausbildete, die über eine auflagenstarke Zeitschriftenpublizistik sowie den Aufbau eines Kriegervereinswesens auch über die Armee hinaus Einfluß zu nehmen versuchte, so handelte es sich dabei um die organisatorische Verfestigung eines militärischen Konservativismus, der seine Aufgabe gerade in der Verteidigung der absolutistischen Militärmonarchie gegen alle Parteiinteressen sah.[38] Maßgeblich sollte für die Armeeangehörigen allein der Wille des Königs sein. Im „Handbuch des Preußischen Militairrechts“ von 1826 hieß es entsprechend: „Die Pflicht des *unbedingten* Gehorsams gegen die Befehle des Staatsoberhauptes, welcher das Fundament des ganzen Militärinstituts ist, da dasselbe ohne ihn, statt, seinem Zwecke nach, die öffentliche Sicherheit zu schützen, und dem öffentlichen Wohl, durch Entfernung der ihm entgegenstehenden Hindernisse, förderlich zu seyn, beyde nur gefährden könnte, schließt die Befugnis, über die Zweckmäßigkeit und Rechtmäßigkeit der von dem Staatsoberhaupte zur Erhaltung oder Beförderung der öffentlichen Wohlfahrt gewählten Mittel zu urtheilen, – ein Urtheil, das ohnehin, in einem monarchischen Staate, keinem anderen irdischen Richter zusteht, – gänzlich aus.“[39]

Der Gegensatz zum Geist der Reformzeit hätte kaum größer sein können. Die militanten Patrioten kannten gegenüber der monarchischen Gewalt nur bedingten Gehorsam, unbedingt war für sie allein die Idee des Vaterlands und der Haß gegen die Franzosen. Den Befehl führen sollte die nationale Leidenschaft; Fürsten, Soldaten, schließlich alle Deutschen nichts als ihre Exekutoren sein. Wenn man jetzt versuchte, die „Maschine“ des absolutistischen Militärwesens wieder in Gang zu bringen, so durfte sie gleichwohl nicht mehr „seelenlos“ sein. Die vorausgegangenen Jahrzehnte hatten deutliche Spuren hinterlassen: Noch zu Friedrichs II. Zeiten hatte die Subordination der Soldaten keinerlei Rechtfertigung bedurft und die militärische Literatur sich deshalb auf praktische Fragen ihrer Abrichtung beschränken können. Jetzt dagegen wurde es nötig, sie zum Inbegriff „wahrer Soldatenehre“ aufzuwerten. Weil er nicht mehr fraglos war, brauchte der Gehorsam die wortreiche Legitimation.

---

[38] Vgl. dazu Eckhard Trox: Militärischer Konservatismus. Kriegervereine und „Militärpartei“ in Preußen zwischen 1815 und 1848/49. Stuttgart 1990; ders.: Kriegerfeste, militärische Männerbünde und politisierte Offiziere. In: Militärgeschichtliche Mitteilungen, 51, 1/1992, S. 23–46.

[39] Karl Gustav von Rudloff (Hrsg.): Handbuch des Preußischen Militairrechts oder Darstellung der im Preußischen Heere bestehenden Grundsätze über militairische Rechts- und Polizeiverhältnisse, Disciplin und Justizverwaltung, Bd. 1. Berlin 1826, § 481, S. 245/246. Vgl. zur militärischen Restauration im Vormärz auch Messerschmidt: Die politische Geschichte der preußisch-deutschen Armee, S. 112–132; sowie Ritter: Staatskunst und Kriegshandwerk, Bd. 1, S. 125–158.

In den Diziplinierungsdiskurs hielt ein moralisch-pädagogischer Ton Einzug, der sich von der eher technischen Diktion des 18. Jahrhunderts ebenso absetzte wie vom Leidenschaftspathos der napoleonischen Ära. Außen- und innengesteuerter Gehorsam, Dressur und Ausbildung des „militairisch-sittlichen Sinns" sollten zur Deckung kommen. Verhängnisvoll sei es, hieß es in einem Beitrag „Ueber das Prinzip der militairischen Disziplin", diese allein durch unerbittliche Strenge erreichen zu wollen: Die Furcht vor Strafe sei nicht im Stande, „Gesinnung zu erzeugen, zu irgend etwas anzufeuern, und um Vergehungen zu verhüten reicht sie nicht weiter, als die Wachsamkeit des Kommandirenden und seiner Organe, eine Kontrolle, die bei aller möglichen Anwendung von List und Schlauheit immer sehr unvollkommen bleibt; die Erfahrung zeigt, daß die gröbsten Exzesse, selbst Verrätherei, in solchen gesinnungslosen Heeren haben ausgeführt werden können". Ebenso unzureichend sei es allerdings, ausschließlich auf den „Geist" der Truppe zu setzen: „Eine Disziplin überhaupt, die einzig und allein aus der Gesinnung hervorgehen soll, wird immer sehr prekär und wankend seyn. Die militairischen Funktionen bedürfen einer Energie und Schnelle, welche der Reflexion nicht preis gegeben werden dürfen; dem militairischen Entschluß oder Befehl, wie er aus der Seele des Vorgesetzten kommt, darf nicht des Gedankens Blässe angekränkelt werden, er muß ohne Weiteres in der Seele walten und die That hervorbringen." Aus dem schlechten Entweder-oder ergab sich zwingend das angestrebte Sowohl-als-auch: „Die Disziplin in einem Volksheere muß also nothwendig zugleich an das Ehrgefühl anknüpfen, sowohl an das individuelle, welches sich auf die Person bezieht, oder auch auf Kameradschaft, Kompagnie, Regiment, als an das nationale, welches König und Vaterland mit Ehrfurcht und Liebe umfaßt. Hierbei sollte jedoch die Furcht vor der strengsten Strafe für grobe Vergehungen nicht verschwinden. (...) Die menschliche Natur ist nun einmal durchgängig eine solche, daß sie nicht durch Gesinnung und Weisheit allein, und besonders dann nicht gelenkt werden kann, wenn nicht eine überragende Gewalt im Hintergrunde steht."[40]

Ob und wie sich solche Ratschläge im Alltag der Rekrutenausbildung niedergeschlagen haben, ist schwer zu sagen. Vielleicht lag die entscheidende Verschiebung nicht in der Disziplinierungs*praxis*, sondern im Disziplinierungs*ideal*: Wenn jetzt die Synthese von Zwang und Überzeugung, von fungiblem Körper und loyalem Geist zum Programm erhoben wurde, war damit der Rahmen abgesteckt, in dem sich für die nächsten hundert Jahre sämtliche Konzepte militärischer Gehorsamsproduktion bewegen sollten.

[40] Franz Vorländer: Ueber das Prinzip der militairischen Disziplin. In: Zeitschrift für Kunst, Wissenschaft und Geschichte des Krieges, 52. Bd., 1841, S. 131–133.

3. Die liberale Militärkritik und der Streit um den Verfassungseid

Trat in der Praxis dem Militär der „innere Feind“ in Gestalt „tumultuierender“ Unterschichten entgegen, so fand es auf dem Feld ideologischer Auseinandersetzung im politischen Liberalismus seinen Hauptgegner. Dessen Sprecher aktualisierten die aufklärerische Kritik am stehenden Heer, das, so der Vorwurf, die Position des Monarchen befestigte und eine wirksame Bindung der fürstlichen Gewalt an Konstitution und Volksrepräsentation blockierte. Scharf wandte sich Carl von Rotteck in seiner Schrift „Ueber stehende Heere und Nationalmiliz“, dem militärpolitischen Manifest des deutschen Frühliberalismus, gegen jede Form von Berufssoldatentum: „Wohl zum vorübergehenden *Kriegsdienst*, wenn die Noth oder der Nationalwille ihn heischt, nicht aber zum bleibenden *Kriegerstand*“ sei der Bürger verpflichtet.[41] Der Dienst im stehenden Heer bedeute wirtschaftlich Zeit- und damit Geldverlust. Landwirtschaft, Industrie, Gewerbe und Handel hätten darunter zu leiden, daß das Militär ihnen die notwendigen Arbeitskräfte nehme. Kunst und Wissenschaft müßten verfallen, die unvermeidlichen Folgen seien „der Tod des Geistes“ und „sinesischer, unheilbarer Stupor“. Ebenso wirke das Kriegshandwerk auf den „sittlichen Zustand“ verderblich, es fördere Müßiggang und Arbeitsscheu und zerstöre die Ordnung der Familien. „Urbanität der Sitten, der edlere Geschmack im Genießen und Thun, Liebe für alles Gute, thätiges Wohlwollen, reinere Humanität und Weltbürgersinn“ könnten in Militärlagern nicht gedeihen.[42]

Über diese aus dem 18. Jahrhundert bekannten Argumente ging Rotteck jedoch hinaus. Anders als die Kritiker des friderizianischen Militärwesens sah er die eigentliche Bedrohung nicht in einer vom bürgerlichen Leben abgekapselten Armee, die dem fürstlichen Despotismus als willfähriges Werkzeug diente, sondern in einer militärischen Durchdringung der gesamten Gesellschaft. Der Übergang von Söldner- zu Konskriptionsarmeen hatte das Unheil stehender Heere allgemein gemacht. Was Rotteck 1816 noch unter dem Eindruck der napoleonischen Zwangsaushebungen in seiner badischen Heimat schrieb, sollte sich als treffende Prognose über die Genese des deutschen Militarismus erweisen: „Wenn alle nachwachsenden Jünglinge zum Heer berufen werden (...), so wird allerdings die ganze Nation soldatisch, d.h. von den Gesinnungen des Miethlings und Kriegsknechts durchdrungen werden. Alle Bürger haben alsdann die Schule des soldatischen Gehorsams gegen den Herrn, und des soldatischen Uebermuthes gegen das Volk durchlaufen; sie werden auch fernerhin soldatisch gehorsam, und verarmt an Freiheitsgedanken, so wie uneingedenk der Nationalwürde seyn. Es werden in alle Zweige der Verwaltung, anfangs durch die Denkweise der einzelnen Beamten, bald aber durch gesetzliches System, die Grundsätze und der Geist der militäri-

---

41 Carl von Rotteck: Ueber stehende Heere und Nationalmiliz (1816). In: ders.: Sammlung kleinerer Schriften meist historischen oder politischen Inhalts, Bd. 2. Stuttgart 1829, S. 223.

42 Ebd., S. 210–214.

schen Subordination eindringen, das ganze Volk auf soldatische Weise gleich einer Maschine beherrscht und geleitet werden, der Staat selbst einem Kriegslager oder einem militärischen Erziehungshaus ähnlich seyn."[43]

Rottecks eigene Militärkonzeption richtete sich deshalb gegen zwei Gefahren zugleich: Er suchte ein demokratisches Gegenmodell zur absolutistischen Militärdespotie, aber auch ein „liberales Palliativ gegen die Möglichkeiten der Militarisierung in der bürgerlichen Gesellschaft selbst"[44]. Dem angestrebten Verfassungsstaat sollte ein freiheitliches Wehrsystem entsprechen, der „Nationalstreiter" an die Stelle des „Miethlings" treten. Rotteck schlug vor, die stehenden Heere durch eine aus allen wehrfähigen Männern gebildete, aber nur im Kriegsfall aufgebotene Nationalmiliz zu ersetzen; zu ihrer geschichtlichen Rechtfertigung bemühte der Historiker den germanischen Heerbann, die „Heermannie". Ganz auf eine jederzeit verfügbare Truppe zu verzichten, schien jedoch selbst ihm nicht ratsam. Der „Stand der Kriegskunst und die nöthige Vorsicht gegen plötzlich eintretende Gefahren" ließen keine andere Wahl, als neben der Miliz auch eine „ständige Nationalwehr" zu unterhalten, die sich allerdings ausschließlich aus Freiwilligen rekrutieren sollte.[45]

Daß dieses Programm auf dem „streng gesetzlichen Wege" einer Verständigung mit den Verteidigern der absoluten Monarchie nicht durchzusetzen sein würde, spürte Rotteck nur allzu deutlich. Nicht an solchen Wunschbildern entzündete sich denn auch der politische Konflikt zwischen Armee und Liberalismus, im Zentrum der Auseinandersetzung stand vielmehr die Frage, ob das Heer allein auf den König oder auch auf die Verfassung zu vereidigen sei.[46] Schlaglichtartig erhellte dieser Streit die prekäre Gleichzeitigkeit einander ausschließender Legitimitäten, die das Zwitterwesen „konstitutionelle Monarchie" kennzeichnete. Die Liberalen sahen im Eid auf die „Staatsbibel"[47], die Verfassungsurkunde, ein probates Mittel, um die Armee zu verbürgerlichen und das konstitutionelle Element in der Staatsorganisation gegenüber dem monarchischen zu stärken. – Nicht mehr Fürsten-, sondern Staatsdiener sollten die Soldaten sein. Galt bisher das Prinzip, „des Fürsten Befehl geht über das Gesetz", so sollte es jetzt umgekehrt heißen: „das Gesetz geht über des Fürsten Befehl"[48]. Man werde, erklärte ein liberaler Abgeordneter im badischen Landtag, „keine wahre Sicherheit der Aufrechterhaltung der Verfassung haben, wenn nicht eben gegen diejenigen, welche in das Räderwerk der Staatsverwaltung eingreifen, welchen die Ausübung der einzelnen

---

43 Ebd., S. 208.

44 Michael Geyer: Der zur Organisation erhobene Burgfrieden. In: Klaus-Jürgen Müller/Eckardt Opitz: Militär und Militarismus in der Weimarer Republik. Düsseldorf 1978, S. 22.

45 Ebd., S. 236.

46 Vgl. zum Verlauf des Streits in Bayern, Baden, Sachsen und Kurhessen Höhn: Verfassungskampf und Heereseid, S. 78–119.

47 Ebd., S. 91.

48 Zit. nach ebd., S. 97.

Zweige der Staatsgewalt in untergeordneten Sphären anvertraut ist, ein Schutz bestände, welcher dem Mißbrauche der anvertrauten Gewalt vorbeugte“[49].

Gegen solche Versuche, die ausschließliche Treueverpflichtung der Armee gegen den Regenten auszuhöhlen, liefen die Vertreter des Militärs Sturm. Mit Erfolg: Nur in Kurhessen wurde vor 1848 der Verfassungseid eingeführt. Wenn der Soldat zwei Herren, König *und* Konstitution, zu dienen habe, argumentierten sie, sei die Einheitlichkeit des Kommandos zerstört. Eine Armee ohne klare Befehlshierarchie sei jedoch handlungsunfähig; endloses Räsonnieren über die Rechtmäßigkeit erhaltener Befehle werde deren unverzügliche Ausführung verhindern. Daß man auf Seiten der Armee dabei vor allem an innenpolitische Einsätze dachte, zeigt ein Lesebuch für Regimentsschulen, verfaßt vom sächsischen Militärschriftsteller Carl Eduard Pönitz.[50] Die auf eine französische Vorlage zurückgehende, in Form einer Erzählung gehaltene Erziehungsschrift schildert den Weg des Tischlersohns Paul Thalheim in der Armee. Als dieser sein Erstaunen darüber äußert, nicht auch auf die Verfassung vereidigt worden zu sein, erwidert ihm sein Mentor, der Rittmeister Raimund: „Abgesehen davon daß die constitutionellen Heuchler hierdurch Gelegenheit erhielten die bewaffnete Macht, die einzig haltbare Schranke gegen irre geleitete Volkshaufen, zum Ungehorsam zu verleiten, so würde der Soldat doch niemals genau zu beurtheilen vermögen, ob eine ihm anbefohlene Handlung, die sein Vorgesetzter jederzeit zu vertreten hat, constitutionell sey oder nicht.“ In der Argumentation des Rittmeisters steht die Ablehnung des Eids auf die Verfassung selbst im Dienste ihrer Verteidigung. „Es würde also“, fährt er fort, „ein Verrath an der Constitution seyn, wenn eine Truppe sich weigern würde, der rohen Willkür eines sich empörenden Volkshaufens mit den Waffen in der Hand ein Ziel zu setzen, denn jede Staatsregierung, insbesondere eine constitutionelle hat die Verpflichtung für die öffentliche Ordnung und Sicherheit zu sorgen. Die angeblichen Freunde des Volkes, welche die Welt durch Paragraphen zu regieren vermeinen, sind oft dessen gefährlichste Feinde.“[51]

4. Die Konstruktion des „inneren Feindes“

Gerade die biedermeierliche Naivität der belehrenden Erzählung – ihr Verfasser kann den pädagogischen Zeigefinger gar nicht hoch genug erheben – macht sein Lesebuch, das künftige Unteroffiziere auf ihre Pflichten vorbereiten sollte, zu einem Kompendium militärischer Wertvorstellungen und Verhaltensnormen. Was Pönitz in Gestalt des Rittmeisters seinen Lesern mit auf den Weg gibt, spricht klarer als alle Dienstreglements und Denkschriften aus, wie man sich das Idealbild eines tugendhaften Soldaten vorstellte. Nicht weniger deutlich zeigen die Kapitel, in denen die jungen Helden sich bei der Niederschla-

---

49 Zit. nach ebd.,S. 98.

50 Pz. [d.i. Carl Eduard Pönitz]: Der Soldat und seine Pflichten. Leipzig 1848.

51 Ebd., S. 32–34.

gung eines „Pöbelaufstands" sowie im Krieg gegen das von der „Umsturzpartei" beherrschte Frankreich bewähren können, wo man auf Seiten der Militärs den Gegner vermutete.

Den Söldnern und Kantonspflichtigen des 18. Jahrhunderts hatte man Furcht vor ihren Offizieren eingedrillt, feindselige Gefühle hielt man für überflüssig. Die militanten Patrioten der „Befreiungskriege" hatten den Haß gegen Napoleon und alle Franzosen gepredigt. Für sie war der Feind der durch Sprache und Kultur substantiell unterschiedene „Andere", dessen Austreibung der völkische Furor verlangte, weil er sich nur so der imaginären nationalen Identität vergewissern konnte. Die Armee der Restaurationsära setzte an die Stelle vaterländischer Leidenschaft wieder absolute Subordination; hier diktierte Revolutionsfurcht die Konstruktion des Feindbilds.

Anders als gegnerische Truppen war der „innere Feind" nicht in offener Feldschlacht zu schlagen, seine Abwehr erforderte vielmehr die Immunisierung gegen seine „zersetzenden" Einflüsse. Nicht als feindliche Kriegsmacht trat er auf, sondern im Gewand des Verführers: Paul Thalheim kommt, als er an freien Tagen seinen Sold durch Tischlerarbeiten aufbessert, in Kontakt mit Mitgliedern einer geheimen „Gesellschaft der Volksfreunde", die vorgeben, „das traurige Loos der armen Handwerker verbessern und ihnen eine freundlichere Zukunft verschaffen" zu wollen. Paul kann zunächst an ihren Reden von „Organisation der Arbeit", „gleichmäßiger Vertheilung des Gewinnes" und „Gemeinschaft der Güter" nichts Verwerfliches finden, ist er doch selbst „mehrmals Zeuge gewesen von der harten und lieblosen Behandlung, welche die Handwerker sich oft von den reichen Arbeitsbestellern gefallen lassen müssen". Mißtrauisch wird er erst, als die vermeintlichen Volksfreunde „zur Widersetzlichkeit und Gewaltthätigkeit anrathen" und fordern, „daß man den Wohlhabenden ihren Ueberfluß abnehmen und diesen unter die Aermeren vertheilen müsse"[52]. Als Paul später in einem Turnverein Unterricht erteilt, tauchen „ältere Männer" auf, die gedruckte Lieder und Abhandlungen verteilen und Reden halten, die „vom Zeitbewußtseyn, von der Selbstbestimmung, von der Gesinnungstüchtigkeit der Jugend" handeln, aber auch zum „Ungehorsam gegen die Landesregierung in jeder Gestalt" aufrufen. Der Rittmeister klärt ihn schließlich über das verborgene Treiben der „Glückseligkeitsmacher" auf, die „den Ministern und Räthen des Königs nur unreine Absichten zutrauen, weil sie selbst sich dergleichen bewußt sind und diese Männer deshalb auf jede Weise in schlimmen Verdacht zu bringen versuchen". Weil die „Apostel des Communismus" jedoch allein durch Täuschung der „Gutgesinnten im Volke" nicht zum Ziele gelangen, sind sie darauf bedacht, „die Macht der Regierung *thatsächlich* zu schwächen, oder eigentlich zu untergraben, und bei diesem Vorhaben spielt die *Verführung der Soldaten* eine Hauptrolle"[53].

Da die bestehende Eigentumsordnung ihren bewaffneten Verteidigern als sakrosankt zu gelten hatte, mußten soziale und politische Ursachen der „Tu-

---

52 Ebd., S. 123–128.
53 Ebd., S. 130–135.

multe“ systematisch ausgeblendet werden. Wenn „ein tiefer liegender Grund zur Unzufriedenheit nicht vorhanden war“, wie Pönitz kategorisch beschied, konnte das „Mißvergnügen“, das sich „in allen Klassen der Gesellschaft“ zeigte, nur daher rühren, daß „die unreifen Ideen der Weltverbesserer (...) vielen Leuten die Köpfe verrückt“ hatten.[54] Das spontane Moment der Unruhen – ein geringfügiger Anlaß reichte aus, um die pauperisierten Massen in Rage und auf die Straße zu bringen – mußte einem Vertreter der Armee, wo nichts ohne vorausgegangenen Befehl geschehen durfte, ebenso unverständlich wie verdächtig erscheinen. Identifizieren und erfolgreich bekämpfen ließ sich der „innere Feind“ nur, wenn man ihn nach eigenem Bilde umschuf. Die paranoide Logik sicherheitspolizeilichen Denkens verlangte und konstruierte Verschwörungstheorien, um die diffuse, aber allgegenwärtige Bedrohung in einen Gegner mit Gesicht und Adresse zu verwandeln.

Zunächst entwirft Pönitz noch ein durchaus tumultuarisches Szenario: „Große Pöbelhaufen“ rotten sich auf den Plätzen der Stadt zusammen, bewerfen Polizeidiener und Bürgerwehr mit Steinen, verbarrikadieren ein Stadttor und plündern Branntweinschänken sowie Häuser wohlhabender Bürger. Eine „nach der am Ende der Vorstadt gelegenen Stahlwaaren-Fabrik“ ausgeschickte Patrouille meldet, „daß viele Tausende von Arbeitern dort mit der Zerstörung aller Maschinen beschäftigt wären, nun aber gegen die Stadt marschiren wollten“[55]. Mehr und mehr zeigt sich jedoch, daß der Aufstand „förmlich organisirt“ ist und „ziemlich gut geleitet“ wird.[56] Nachdem die Massen mit Waffengewalt auseinandergetrieben worden sind, entdeckt Pauls Kamerad Stahlmann schließlich im „Gasthaus zum schwarzen Wolf“ das Hauptquartier der Aufständischen und kann „den feindlichen Oberbefehlshaber mit seinem Generalstabe“ gefangen nehmen. Es ist einer der Agitatoren aus dem Turnverein. In der Folge stellt sich heraus, daß dieser „nicht nur das Oberhaupt des Lokalaufstandes, sondern zugleich das Oberhaupt vieler Zweigvereine der Umwälzungsmänner (war), deren Absichten und Mittel man durch die weggenommene Correspondenz genauer kennen lernte“[57].

Um eine eindeutige Grenze zwischen Freund und Feind ziehen zu können und Skrupel über Waffeneinsätze gegen die eigenen Landsleute gar nicht erst aufkommen zu lassen, wird der „innere Feind“ kurzerhand zum äußeren gemodelt und die Revolution zur Importware erklärt. Dabei appelliert Pönitz auch an völkische Ressentiments: Die äußere Erscheinung der „Umsturzmänner“ – sie sprechen „etwas fremdländisch“ und tragen „selten ihr eigenes Haar“, ihr Anführer ist ein Mann mit „einer langen Habichtsnase“, der seine Briefe in „polnischer Chifferschrift“ verfaßt[58] – weist sie als Ausländer, vielleicht auch als Juden aus und nimmt ihre politische Ausbürgerung vorweg, die Pönitz wieder den Rittmeister aussprechen läßt: „Wer sich gegen die öffentliche

54 Ebd., S. 137/138.
55 Ebd., S. 139–146.
56 Ebd., S. 143.
57 Ebd., S. 156.
58 Ebd., S. 123, 155.

Ordnung vergeht, den Landesgesetzen Hohn spricht, den Umsturz der bestehenden Regierung mit Gewalt herbeiführen, seine eigenen Landsleute des rechtlich erworbenen Besitzes berauben und sich durch die Früchte ihres Fleißes bereichern will, der tritt eigenmächtig aus der Mitgliedschaft des Staates, *der ist nicht mehr unser Landmann*, der ist ein Fremder welcher unsere bürgerliche Wohlfahrt angreift und keine Schonung verdient."[59] Das Konstrukt des ausländischen Drahtziehers projizierte nicht nur die militärische Kommandostruktur auf den Gegner, es diente auch dazu, ihn moralisch zu denunzieren. Nicht Not noch hehre Ideale treibt die Aufstandsinstrukteure, so lautete die Botschaft, sondern Niedertracht und kriminelle Energie. Sozialer Protest verwandelte sich in gewöhnliches Verbrechen, die vermeintlichen „Volksfreunde" in fremdes Gesindel.[60]

Die pädagogische Intention gebot es, den Feind nicht nur als gefährlich, sondern auch als unterlegen zu zeichnen. Der Dämonisierung der „Umsturzmänner" korrespondierte deshalb ein Lobpreis des Soldatenlebens, das alle Zersetzungsversuche zum Scheitern verurteilte. Pönitz läßt die Verschwörer die Aussichtslosigkeit ihres Unterfangens selbst erkennen: Während der „Pöbel" sich hatte verführen lassen, waren sie bei ihren Versuchen, die „Truppen zur Untreue gegen ihre Dienstpflicht" zu verleiten, auf unerwartete Schwierigkeiten gestoßen. Die anvisierte Subversion des Gehorsams scheiterte an den „qualifizierenden" Effekten militärischer Sozialisation: „Aus den älteren Briefen ging deutlich hervor, daß man sich das sehr leicht gedacht hatte, weil man das Loos des gemeinen Soldaten sich immer als ein sehr trauriges zu denken gewohnt ist, während der größere Theil sich häufig viel besser befindet als vorher, und nach beendigter Dienstzeit kräftiger, gewandter, anstelliger und überhaupt unterrichteter zu den Seinigen zurückkehrt, wo er sich oft nach seinen Regimentskameraden und nach der nahrhaften Kasernenkost wieder zurücksehnt. Spätere Briefe sprachen jene Hoffnung weit weniger zuversichtlich aus und es wurde darauf hingedeutet, daß man die Soldaten, namentlich die Unteroffiziere, auf dieselbe Weise zu verführen suchen müsse wie die Jugend auf den Turnplätzen. (...) Die letzten Briefe über den erwähnten Punkt meldeten fast aus allen Theilen des Landes: ‚daß man darauf verzichten müsse

---

59 Ebd., S. 158/159.

60 Der Vorwurf, ausländische Agenten hätten die gewaltsamen Proteste angezettelt, findet sich auch in vielen Erklärungen der militärischen und politischen Führung nach dem Ausbruch der Revolution. Der preußische König Friedrich-Wilhelm IV. etwa erklärte in seiner berühmten Proklamation „An meine lieben Berliner" vom 19. März 1848, „eine Rotte Bösewichter, meist aus Fremden bestehend" habe „die erhitzten Gemüther von vielen Meiner treuen und lieben Berliner mit Rachegedanken erfüllt" und sei „so die gräuliche Ursache von Blutvergießen geworden". Immer wieder werden auch „jüdische Volksbeglücker" als Drahtzieher beschuldigt. Die antisemitische Projektion verbindet die reaktionären Politiker und Militärs mit dem verachteten „Pöbel": Dieser verfolgt die Juden als vom Zins lebende Wucherer, die nicht arbeiten; jene hassen sie als revolutionäre Kosmopoliten, welche die staatliche Ordnung zersetzen.

die Truppen verführen zu wollen, und nur noch darauf zu denken habe wie sie – unschädlich zu machen wären.‘“[61]

5. Der Krieg gegen die Revolution

Daß in der Tat alles davon abhing, ob es gelang, die Armee zu neutralisieren, wurde den radikalen Kräften spätestens klar, als wenige Monate, nachdem Pönitz sein Lesebuch im Oktober 1847 fertiggestellt hatte, die Revolution von Frankreich auf die deutschen Staaten übersprang.[62] Zunächst siegten die Aufständischen mit überraschender Leichtigkeit: Lokaler Adel und Landesfürsten kapitulierten vor dem Druck der von Süddeutschland ausgehenden, sich binnen Tagen über das ganze Land ausbreitenden Bauernrevolten und bewilligten die Aufhebung der noch bestehenden Feudallasten und Adelsprivilegien. Mit militärischen Mitteln war den gewaltsamen Aktionen der Bauern – meist zogen bewaffnete Haufen zum Sitz der Herrschaft und verbrannten Grundbücher, Lastenverzeichnisse und Schuldurkunden, in einigen Fällen wurden auch die Schlösser angezündet – kaum Einhalt zu gebieten, da die Truppen nicht an allen Unruheherden gleichzeitig zur Stelle sein konnten. Das Einlenken von Grundherren und Landesregierungen bannte nicht nur die Gefahr eines neuen Bauernkrieges, die befriedeten Rebellen verwandelten sich auch rasch wieder in fürstentreue Untertanen, die für die politischen Ziele der Liberalen und Demokraten wenig übrig hatten und im weiteren Verlauf der Revolution keine aktive Rolle mehr spielten.[63]

---

[61] Pz.: Der Soldat und seine Pflichten, S. 157.

[62] Vgl. zu 1848/49 allgemein Wolfram Siemann: Die deutsche Revolution von 1848/49. Frankfurt/M. 1985; Wehler: Deutsche Gesellschaftsgeschichte, Bd. 2, S. 703–779; sowie als immer noch umfassendste und quellennahe Gesamtdarstellung Veit Valentin: Geschichte der deutschen Revolution von 1848–49, 2 Bde. Berlin 1930; einen Überblick über Forschungsstand und -perspektiven gibt Dieter Langewiesche: Die deutsche Revolution von 1848/49 und die vorrevolutionäre Gesellschaft. In: Archiv für Sozialgeschichte, XXI. Jg., 1981, S. 458–498. Zur Rolle des Militärs jetzt umfassend Sabrina Müller: Soldaten in der deutschen Revolution von 1848/49. Phil. Diss. München 1996 (Ms.). Die Verfasserin untersucht das Verhalten der zur Unterdrückung der Revolution eingesetzten Truppen, das zwischen Gehorsam, eigenmächtigen Übergriffen gegen die Zivilbevölkerung und Insubordination bis hin zu Meutereien und Allianz mit der Revolutionsbewegung changierte. Vgl. außerdem Dieter Langewiesche: Die Rolle des Militärs in den europäischen Revolutionen von 1848/49. In: Wolfgang Bachhofer/Holger Fischer (Hrsg.): Ungarn – Deutschland. Studien zu Sprache, Kultur, Geographie und Geschichte. München 1983, S. 273–288; Bernhard Mann: Soldaten gegen Demokraten? Revolution, Gegenrevolution, Krieg 1848–1850. In: Dieter Langewiesche (Hrsg.): Revolution und Krieg. Paderborn 1989, S. 103–116; Jörg Calließ: Militär in der Krise. Die bayerische Armee in der Revolution 1848/49. Boppard a. Rh. 1976; Alan Sked: The Survival of the Habsburg Empire. Radetzky, the Imperial Army and the Class War 1848. London/New York 1979.

[63] Vgl. Wehler: Deutsche Gesellschaftsgeschichte, Bd. 2, S. 706–715.

Auch auf die erste Welle städtischer Massenproteste und Aufstände reagierten die Staatsgewalten mit Konzessionen. Fast überall wurden bekannte Liberale ins Kabinett berufen und die Erfüllung der „Märzforderungen" in Aussicht gestellt. In Wien und Berlin kam es zwar zu bürgerkriegsartigen Kämpfen zwischen Armee und Aufständischen – allein in Berlin waren mehr als 15.000 Soldaten im Einsatz, zwischen 200 und 400 Barrikadenkämpfer wurden im Artillerie- und Gewehrfeuer getötet. Armeeführungen und Regierungen mußten jedoch bald erkennen, daß sie die Revolution nicht im Handstreich niederzukämpfen vermochten. Die Truppen wurden zurückgezogen, bevor sie die umkämpften Hauptstädte wieder vollständig unter ihre Kontrolle bringen konnten. Vor länger andauernden Straßenkämpfen und einer anschließenden Besetzung der Städte schreckten die Militärs zurück, da sie befürchteten, die Mannschaften könnten zu den Aufständischen übergehen. Deutlich spricht die Sorge vor einem Verfall der Disziplin aus der Rechtfertigung des Generals von Prittwitz, der die Berliner Einheiten kommandierte: Er habe „gewiß nicht an der Treue und Hingebung" der Truppe gezweifelt, doch habe ihm seine Pflicht geboten „zu erwägen, daß sie nicht einem fremden Eroberer, nicht einem gehaßten Feind, sondern daß sie den eigenen Vätern und Brüdern gegenüberstand". Weil er die Soldaten der Probe eines längeren „Verweilens auf den Plätzen" nicht aussetzen wollte, habe er den Befehl zum geordneten Rückzug gegeben, „denselben für das einzige Mittel haltend, um die so höchst nötige Absonderung von den Gegnern herbeizuführen"[64]. Ein anderer Offizier berichtet von gezielten „Verführungen der Bürger und Aufrührer", die seine Einheit „fortgesetzt zum Wegwerfen der Waffen aufforderten, indem sie nach einander alle Regimenter der Garde, als zum Volke übergegangen, nannten". Nur mit Mühe habe man sie von den Soldaten fernhalten können, „denn sie näherten sich ihnen stets mit Lebensmitteln und Getränken, besonders mit Brantwein"[65].

Die schnellen Anfangserfolge nährten einen „Barrikadenmythos", der bei Teilen der Revolutionsbewegungen zu einer fatalen Überschätzung der eigenen Stärke führte.[66] Auf der anderen Seite profitierten von den Märzereignissen vor allem jene Kräfte, die auf Verrechtlichung und Institutionalisierung der Bewegung drängten. Sie waren von den Aufständen, an denen sich städtische Armutsbevölkerung, Handwerker, Fabrikarbeiter, aber auch Teile

[64] Karl Ludwig von Prittwitz: Beiträge zur Geschichte des Monats März 1849 mit besonderer Rücksicht auf die Garnison von Berlin (1854). In: ders.: Berlin 1848. Das Erinnerungswerk des Generalleutnants Karl Ludwig von Prittwitz und andere Quellen zur Berliner Märzrevolution und zur Geschichte Preußens um die Mitte des 19. Jahrhunderts, hrsg. von Gerd Heinrich. Berlin/New York 1985, S. 304. Vgl. dazu auch Manfred Messerschmidt: Die preußische Armee während der Revolution in Berlin 1848. In: ders.: Militärgeschichtliche Aspekte der Entwicklung des deutschen Nationalstaates. Düsseldorf 1988, S. 47–63.

[65] Philipp Theodor Graf von Lüttichau: Erinnerungen aus dem Straßenkampfe. Berlin 1849, S. 11.

[66] Langewiesche: Die Rolle des Militärs in den europäischen Revolutionen von 1848/49, S. 274.

des gebildeten Bürgertums beteiligt hatten, überrollt worden und machten sich nun mit Nachdruck daran, die spontane Massenmobilisierung in die geregelten Bahnen politischer Repräsentation zu lenken. Liberale und selbst die Mehrheit der Demokraten hielten die Revolution für abgeschlossen. Parlamentarisch legitimierte Reformen sollten an die Stelle von Aufruhr und Straßenkampf treten, die noch offenen Fragen der politischen und sozialen Neuordnung von der künftigen deutschen Nationalversammlung beantwortet werden.[67]

Während mit dem Gefühl des Sieges in Parlamenten, Vereinen und Versammlungen über die konkrete Form staatlicher Herrschaft gestritten wurde und die Fronten zwischen liberalen Verfechtern einer konstitutionellen Monarchie und republikanischen Demokraten sich verhärteten, formierten sich die alten Mächte zum Gegenschlag. Die entscheidenden Stützen der fürstlichen Gewalt, Staatsbürokratie, Justiz, diplomatisches Korps und vor allem die Armee, waren nahezu unangetastet geblieben und zeigten sich keineswegs gewillt, die Ergebnisse des März hinzunehmen. Wieder wurde das Geschehen in Paris zum Fanal: Nachdem die aus der Februarrevolution hervorgegangene republikanische Regierung die Schließung der Nationalwerkstätten verkündet hatte, kam es zu Massenprotesten der Pariser Arbeiter, die sich zur bewaffneten Insurrektion steigerten. Die Regierung übertrug daraufhin dem Kriegsminister Cavaignac diktatorische Vollmachten, und dieser ließ den Aufstand unter rücksichtslosem Einsatz schwerer Waffen durch Mobilgarde, Teile der Nationalgarde und reguläre Armee niederschlagen. Mehr als 10.000 Menschen fielen im vier Tage dauernden Straßenkampf oder wurden bei den anschließenden „Säuberungen“ massakriert.

Die blutige Unterdrückung der Juniinsurrektion zeigte, daß die schlecht ausgerüsteten und nur rudimentär militärisch organisierten Aufständischen einem entschlossenen Einsatz regulärer Truppen nicht dauerhaft standhalten konnten. Gegen das Artilleriefeuer der Armee war mit Barrikaden nicht anzukommen. Begeisterung oder pure Verzweiflung, die Friedrich Engels als Movens der Pariser Arbeiter ausmachte,[68] konnten technische Unterlegenheit höchstens kurzfristig kompensieren. Militärisch war das Militär überlegen – solange die Soldaten gehorchten. Ebenso bedeutsam war eine andere Konsequenz: In Paris war zum ersten Mal der soziale Gegensatz zwischen Bourgeoisie und eigentumslosen Klassen zum offenen Krieg eskaliert. Cavaignac, kommentierte Karl Marx die Pariser Ereignisse, „das war nicht die Diktatur des Säbels über die bürgerliche Gesellschaft, das war die Diktatur der Bour-

67 Vgl. Wehler: Deutsche Gesellschaftsgeschichte, Bd. 2, S. 717.

68 „Die Junirevolution ist die Revolution der Verzweiflung, und mit dem schweigenden Groll, mit der finstren Kaltblütigkeit der Verzweiflung wird sie gekämpft; die Arbeiter wissen es, daß sie einen Kampf auf Leben und Tod führen, und vor dem furchtbaren Ernst dieses Kampfes schweigt selbst der französische heitre Esprit“ (Friedrich Engels: Der 23. Juni (1848). In: Karl Marx/Friedrich Engels: Werke, Bd. 5. Berlin 1959, S. 118).

geoisie durch den Säbel"[69]. Das schürte auch in Deutschland die Angst vor der „roten Republik", der perhorreszierten Proletarierherrschaft, und drängte das Besitzbürgertum an die Seite der Reaktion. Während eine Minderheit radikaler Demokraten die Revolution weitertreiben wollte und dazu auf außerparlamentarische Mobilisierung setzte, befürwortete die Mehrheit der politischen Repräsentanten des Bürgertums sogar ein bewaffnetes Vorgehen gegen neue Aufstände. Auf lokaler Ebene wiederholte sich diese Konstellation in den Bürgerwehren, die sich vielerorts in einen „Ordnungs-" und einen „Bewegungs"-Flügel spalteten, wenn sie sich nicht ganz auf die Seite von Polizei und Militär stellten.[70]

Die Reaktion zog aus dem Pariser Juni ihre eigenen Schlußfolgerungen. Im Umkreis des preußischen Königs ging das Wort um, das souveräne Volk müsse „gecavaignact" werden[71], und die Armeeführung wartete nur auf ein Signal, um mit einem *coup d'État* dem revolutionären Spuk samt Parlament und Konstitution ein Ende zu machen. Daß die gegenrevolutionären Kräfte ihre Handlungsfähigkeit und ihr Selbstvertrauen zurückgewonnen hatten, zeigte sich nicht zuletzt am Widerstand, den sie den militärpolitischen Forderungen der Frankfurter Nationalversammlung entgegensetzten. Diese hatte zwar den von den Demokraten favorisierten Aufbau eines milizförmig organisierten Volksheeres abgelehnt, versuchte aber die einzelstaatlichen Armeen der deutschen Zentralgewalt zu unterstellen.[72] Österreich und Preußen weigerten sich jedoch, die militärische Kommandogewalt aufgrund eines Parlamentsbeschlusses abzugeben und ihre Truppen auf den Reichsverweser, das provisorische Oberhaupt des noch zu konstituierenden Nationalstaats, vereidigen zu lassen. Ohne Verfügungsgewalt über die Truppen blieb die Nationalversammlung aber machtpolitisch den Einzelstaaten ausgeliefert und stand vor der Alternative, sich entweder dem Diktat der monarchischen Führung in Österreich und Preußen zu unterwerfen oder an die Revolutionsbereitschaft der Bevölkerung zu appellieren. Zu letzterem war die Mehrheit des Parlaments, die ein erneutes Aufbegehren der Unterschichten mit unabsehbaren Folgen mehr fürchtete als einen Sieg der Reaktion, jedoch nicht bereit, und so konnte die Nationalversammlung nur hilflose Protestresolutionen verabschieden, als die beiden Militärmächte innerhalb eines Jahres Schritt um Schritt die Revolution liquidierten.

Für den Legalismus der Parlamentsvertreter hatten die Militärs nichts als Spott übrig: Als die preußische Nationalversammlung den Staatsstreich in Berlin und ihre drohende gewaltsame Auflösung mit einer Ermahnung an die „Mitbürger" beantwortete, „aber auch keinen Augenblick den Boden des Gesetzes" zu verlassen, und die Bürgerwehr mit einem Aufruf zu „friedlichem

---

[69] Karl Marx: Die Klassenkämpfe in Frankreich (1850). In: ders./Friedrich Engels: Werke, Bd. 7. Berlin 1971, S. 40.

[70] Siemann: Die deutsche Revolution von 1848/49, S. 190.

[71] Zit. nach Wehler: Deutsche Gesellschaftsgeschichte, Bd. 2, S. 723.

[72] Vgl. dazu Andreas Hohlfeld: Das Frankfurter Parlament und sein Kampf um das Heer. Phil. Diss. Marburg 1932.

Widerstand“ sekundierte,[73] ließ die Armeeführung unter den Truppen eine „Gegen Demokraten helfen nur Soldaten“ überschriebene Broschüre verteilen. Ihr Verfasser, Oberst von Griesheim, machte sich über die neue Art des Kampfes lustig: „Alles athmet Krieg – und nirgends ein Feind! (...) sie, die Demokraten haben nämlich eine gefahrlose Art des Gefechts erfunden, das nennen sie passives Gefecht, passiven Widerstand, d.h. sie fechten nicht, sie wehren sich nicht, sie halten stille wie die Lämmer und lassen sich entwaffnen, lassen sich bei Seite oder zur Thür hinausschieben. Und das, sagen sie, sei die höchste Art des Muthes.“[74] Den Truppen gegenüber durfte jedoch keineswegs ein harmloses Bild vom Gegner gezeichnet werden. Für die gegenrevolutionäre Soldatenagitation war die Lächerlichkeit des Feindes deshalb zugleich seine besondere Perfidie. Grund zur Entwarnung bestand jedenfalls nicht, denn, so Griesheim: „Sie haben sich zwar verkrochen (...), aber sie sind noch da und sie werden euch angreifen wo ihr geht und steht, wo sie euch allein finden oder zu zweien oder dreien. Sie werden euch mit glatten Worten das Gift beibringen, von dem sie voll sind, sie werden euch zu Verrath und Untreue zu verführen suchen und sie werden hoffen, ihr würdet nur jenen passiven Widerstand leisten, und würdet euch einzeln und durch ihre Waffen, Cigarren, Schnaps und Bier, entwaffnen lassen.“[75]

Wo die reaktionären Kräfte, anders als in Berlin, auf bewaffnete Gegenwehr stießen, stellte die Armee sich taktisch rasch auf den Kampf in den Städten ein. Um die eigenen Verluste gering zu halten, ließ man die Truppen nicht mehr frontal gegen die Barrikaden vorgehen, sondern beschoß diese, wo es die Straßenführung erlaubte, mit Artillerie und arbeitete sich im übrigen Karree für Karree *in* den Häusern vor: Zunächst griff man die beiden eine Straßenzeile abschließenden Eckhäuser an, danach wurden „die Mauern von einem Hause zum anderen (...) durch die Pioniere, oder vermittelst der etwa in den Häusern gefundenen Werkzeuge durchgebrochen und auf diese Weise ganze Häuserreihen bis zur nächsten Ecke oder Querstraße genommen“[76]. Neuauflagen der einschlägigen Lehrbücher für die Truppenausbildung wurden ab 1849 um Abschnitte über den „Straßen- und Häuserkampf“ ergänzt. Sie empfahlen vor allem jene erbarmungslose Härte, mit der die Aufstände in Frankfurt, Wien, Dresden, Iserlohn und anderen Städten niedergeschlagen worden wa-

73 Die beiden Aufrufe sind abgedruckt in Walter Schmidt u.a.: Illustrierte Geschichte der deutschen Revolution 1848/49. Berlin 1973, S. 233/234.

74 [Karl Gustav von Griesheim]: Gegen Demokraten helfen nur Soldaten. Berlin 1848, S. 4.

75 Ebd., S. 5.

76 F. G. Graf von Waldersee: Der Kampf in Dresden im Mai 1849. Berlin 1849, S. 184. Waldersee kommandierte die preußischen Truppen, die den Dresdner Aufstand niederschlugen. Vgl. dazu auch J. Heilmann: Die Zukunft der europäischen Armeen oder Bekämpfungssystem der Aufstände in großen Städten. Nach dem Französischen des: „Avenir des armées européennes ou le citoyen-soldat par le général de brigade Roguet“. Leipzig/Meißen 1851; Hermann Kriebel: Ueber die Bezwingung innerer Unruhen, nach den Erfahrungen der Geschichte in der ersten Hälfte des XIX. Jahrhunderts. Innsbruck 1929, S. 25–39.

ren. Als „Irregulären" wurde den Aufständischen nicht einmal jenes Mindestmaß an Anerkennung zuteil, das Kriegsrecht und militärischer Ehrenkodex dem regulären Gegner gewähren. Die Kriegführung der Gegenrevolution erhob das Massaker zum Programm: „Jeder in einem eroberten Hause oder auf einer Barrikade mit den Waffen in der Hand betroffene Empörer, selbst Jeder, welcher augenscheinliche Spuren an sich trägt, daß er sich der Waffen gegen uns bedient hat (...), ist auf der Stelle niederzumachen. Es dürfen hier nämlich nicht die Rücksichten eintreten, welche in einem ehrlichen Kampfe gegen einen ehrenwerthen Gegner, d.h. gegen geregelte Truppen einer mit uns im offenen Kriege begriffenen Macht, von der Menschlichkeit, dem Großmuth und dem Völkerrechte geboten werden. (...) Verdienten aufrührerische Verräther allerdings mehr den Tod von Henkershand, als den von ehrlichen Soldatenfäusten, so ist es zum Heile des Ganzen, doch besser, daß letztere bei solchen Gelegenheiten – *kurzen Prozeß* machen!"[77]

Der Kampf gegen den „inneren giftigen Feind"[78] folgte der Logik politischer Hygiene: Es reichte nicht, ihn zu schlagen, der „Auswurf des eigenen Volkes und fremder Nationen"[79], so die gängige Klassifizierung, mußte vernichtet werden, um die Ausbreitung des revolutionären „Bazillus" zu verhindern. Infektionsgefahr bestand insbesondere für die Truppen selbst. – Deshalb die Entgrenzung der Gewalt, das Drängen auf rasche Entscheidung und deshalb Kommunikationsverbote wie Griesheims Order: „In Unterhandlungen mit den Rebellen wegen Einstellung des Schießens und dergl., es sei unter welchem Vorwand es wolle, darf bei schwerer Verantwortung sich Niemand von den Truppen einlassen."[80] Zur Maxime der Gegenrevolution taugte die Parole „Gegen Demokraten helfen nur Soldaten" nur, wenn zwischen beiden Gruppen keine Vermischung stattfand. Genau das ließ sich jedoch im Klima allgemeiner Verunsicherung und Politisierung, die das Revolutionsjahr kennzeichnete, nicht vollständig verhindern. Welcher Belastungsprobe man die Mannschaften bei der Aufstandsbekämpfung aussetzte, war man sich im Offizierskorps durchaus bewußt. Durch sämtliche militärischen Schriften zieht sich die Angst, die „gewohnten Bande" der Disziplin könnten zerreißen.

Hier lag eine entscheidende Schwachstelle der reaktionären Mächte. Anders als in den Söldnerarmeen des 18. Jahrhunderts, wo der Schwund durch Desertion einen kalkulierbaren Faktor darstellte, der durch strengere Überwachung und bessere Versorgung nur begrenzt zu verringern war, anders auch als in den Armeen der napoleonischen Kriege, wo Widerstände gegen die Konskription und Fahnenflucht die Mobilisierung der Massenheere erschwerten, fürchteten die militärischen Befehlshaber jetzt nicht das *Weg*laufen oder -bleiben der Soldaten, sondern ihr *Über*laufen zu den Aufständischen. Das Haupt-

---

[77] F. G. Graf von Waldersee: Der Dienst des Preußischen Infanterie-Unteroffiziers. 9. Aufl. Berlin 1864, S. 262. Das entsprechende Kapitel findet sich zum ersten Mal in der 4. Auflage von 1849; vgl. Lüdtke: „Gemeinwohl", S. 295 (Anm.).

[78] [Griesheim]: Gegen Demokraten helfen nur Soldaten, S. 14.

[79] Waldersee: Der Dienst des Preußischen Infanterie-Unteroffiziers, S. 262.

[80] Ebd., S. 260.

problem der Staatsorgane bestand nicht mehr darin, die Untertanen – notfalls mit Gewalt – zu den Waffen zu bitten, sondern zu verhindern, daß die bewaffneten Untertanen ihre Waffen umdrehten und gegen die Repräsentanten des Staates richteten. Wichtiger als Maßnahmen gegen die Fahnenflucht zu treffen, war es, mit allen Mitteln zu verhindern, daß die Soldaten der schwarz-rot-goldenen oder gar der roten Fahne folgten. An der Verfügungsmacht über die Armee hing die staatliche Souveränität als Ganze.[81]

Wo es zu Meutereien größeren Ausmaßes oder gar zum Übertritt ganzer Truppeneinheiten kam, erhielt die Auseinandersetzung nicht nur eine völlig andere militärische Brisanz, da auf beiden Seiten ausgebildete Soldaten kämpften, die Fälle kollektiver Gehorsamsverweigerung waren für die Armee- und Staatsführungen vor allem von enormer symbolischer Bedeutung. Entsprechend massiv reagierten sie: Stets wurden unverzüglich loyale Einheiten oder Truppen anderer Staaten zusammengezogen, um die militärische Ordnung mit aller Gewalt wiederherzustellen. So in Wien, wo im Oktober 1848 die Weigerung der dort stehenden Truppen, zum Krieg gegen die aufständischen Ungarn auszurücken, den Auftakt zu einer bewaffneten Erhebung bildete, die ein in den Staaten des Deutschen Bundes bis dahin unbekanntes Ausmaß erreichte – die Zahl der revolutionären Schutztruppen wird auf etwa 100.000 Mann geschätzt. Noch im gleichen Monat bereitete eine vor allem aus tschechischen und kroatischen Truppenteilen bestehende Armee nach mehrtägigen schweren Kämpfen und Bombardierung der Innenstadt dem Aufstand und der Revolution in Österreich ein blutiges Ende.[82] In Preußen waren es insbesondere Landwehreinheiten, die sich ihrer Einberufung zu gegenrevolutionären Aktionen widersetzten. Sie plünderten in verschiedenen Städten die Zeughäuser und stellten sich an die Spitze lokaler Aufstände, die jedoch nach kurzer Zeit von Linientruppen oder Bürgerwehr niedergeschlagen wurden.[83]

6. Die Militärmeuterei in Baden

Geradezu traumatisch wirkten auf die militärischen Führungskorps jedoch die Ereignisse in Baden, wo im Mai 1849 nahezu die gesamte Armee meuterte. Ausgehend von der Festung Rastatt erfaßte die Soldatenrevolte innerhalb kürzester Zeit die meisten Garnisonsstädte und mündete in einen allgemeinen Aufstand. Der Großherzog und seine Minister flohen, ein von Demokraten angeführter Landesausschuß übernahm provisorisch die Regierungsgeschäfte.

---

[81] Vgl. dazu die machtsoziologische Studie von Katharine Chorley: Armies and the Art of Revolution. London 1943.

[82] Vgl. Wolfgang Häusler: Von der Massenarmut zur Arbeiterbewegung. Demokratie und soziale Frage in der Wiener Revolution von 1848. Wien/München 1979.

[83] Vgl. zum Aufstand preußischer Landwehreinheiten in Westfalen Wilhelm Schulte: Volk und Staat. Westfalen im Vormärz und in der Revolution 1848/49. Münster 1954, S. 309–323.

Diesem unterstellte sich auch das meuternde Heer. Manche Einheiten hatten sich allerdings nach Vertreibung oder Flucht ihrer Offiziere kurzerhand aufgelöst. Der bis dahin in Deutschland einmalige Vorgang eines offenen Aufstands der Linientruppen forderte aus der Sicht der gegenrevolutionären Kräfte in besonderem Maße eine Militärintervention heraus. Wenn irgendwo, so mußte hier ein Exempel statuiert werden. Preußische Regimenter und „Reichstruppen“ rückten daher rasch von der ebenfalls aufständischen Rheinpfalz her an und besetzten das Land. Gegen ihre erdrückende Übermacht hatte die badische Revolutionsarmee, die sich aus den übriggebliebenen Linientruppen und einer aus Bürgerwehren und Freischaren gebildeten Volkswehr zusammensetzte, keine Chance. Etwa 6.000 Kämpfer zogen sich in die Rastatter Festung zurück, wo sie am 23. Juni nach mehrwöchiger Belagerung kapitulieren mußten.[84]

Zeitlich gehörte die badische Militärmeuterei in den Zusammenhang der Reichsverfassungskampagne, des Versuchs der demokratischen Opposition, durch Mobilisierung von unten die deutschen Fürsten zur Anerkennung der vom Frankfurter Parlament verabschiedeten Verfassung zu bewegen.[85] Doch Forderungen nach nationaler Einheit und Konstitution spielten beim Ausbruch der Revolte offensichtlich nur eine begrenzte Rolle. Eine von 670 Rastatter Soldaten und Unteroffizieren verabschiedete Petition verlangte vor allem die Beseitigung des militärischen „Bevormundungssystems“: „Ungesäumte Revision“ des Militärstrafgesetzbuchs und des Dienstreglements; „Zulassung eines jeden Soldaten zur militärischen Bildungs-Schule“ und Beförderung der Befähigten zum Offizier „ohne Ansehen des Standes“; „würdigere Behandlung von Seite der Vorgesetzten, insbesondere Abschaffung des ‚Er‘ und ‚Du‘“; Reform des Beschwerderechts und Erhöhung des Solds. Der letzte Punkt des Forderungskatalogs bezog sich unmittelbar auf den Einsatz von Truppen zur Niederschlagung der Revolution: „Mit Wehmuth und tiefer Entrüstung blicken wir auf die entsetzlichen Vorgänge in Paris, Wien und Berlin, wo königliche Unmenschlichkeit den Soldaten zum Würger seiner Brüder und Väter herabwürdigte, die, des frechen Uebermuthes des Policeistaates müde,

---

84 Zu den Ereignissen in Baden vgl. Günter Richter: Revolution und Gegenrevolution in Baden 1849. In: Zeitschrift für die Geschichte des Oberrheins, 119. Bd., 1971, S. 387–425; Willy Real: Die Revolution in Baden 1848/49. Stuttgart 1983; Müller: Soldaten in der deutschen Revolution von 1848/49, S. 383–410. Zum Verlauf der Militärmeuterei zeitgenössisch aus gegenrevolutionärer Perspektive [Karl Leopold Freiherr Schilling von Cannstadt]: Die Militärmeuterei in Baden. Aus authentischen Quellen zusammengetragen von einem badischen Offizier. Karlsruhe 1849; D. J.: Der Aufstand in Baden. In: Minerva, Bd. 4/1849, S. 124–145; [Daniel] Staroste: Tagebuch über die Ereignisse in der Pfalz und Baden im Jahre 1849, Bd. 1. Potsdam 1852, S. 34–105.

85 Vgl. dazu Christoph Klessmann: Zur Sozialgeschichte der Reichsverfassungskampagne von 1849. In: Historische Zeitschrift, Bd. 218, 1974, S. 283–337; sowie die im Spätsommer 1849 unter dem Eindruck des Erlebten verfaßte fulminante Analyse von Friedrich Engels: Die deutsche Reichsverfassungskampagne (1850). In: Marx/Engels: Werke, Bd. 7, S. 109–197.

ihr freies Recht sich erkämpften. Sollte unser Gefühl im Widerspruch mit der sogenannten Soldatenpflicht stehen? Sollten wir unsern Diensteid verletzten, wenn wir einem ähnlichen Commando den Gehorsam weigern? Wir wollen uns nicht gegen unser Volk, das seinen eigenen Heerd vertheidigt, in den Kampf führen lassen, und dringen darauf, daß die Gesetzgebung sich hierüber so klar und unumwunden ausspreche, daß keinem braven Sohne des Vaterlandes ein Gewissenszweifel übrig bliebe.“[86]

Die zeitgenössischen, aus gegenrevolutionärer Perspektive geschriebenen Erklärungsversuche über „die Ursachen der Meuterei und des Zerfalles des großherzoglich badischen Truppencorps“[87] sprachen dagegen den revoltierenden Soldaten politische Motive völlig ab. „Von einem republikanischen Aufstand, den Soldaten erregt oder unterstützt hätten“, konnte, so das übereinstimmende Urteil, keine Rede sein: „Einzelne abgerechnet, war die große Mehrzahl auch im Moment der Katastrophe weder gegen den Großherzog noch für eine badische Republik gestimmt, aber Eines war vorherrschend: die Auflösung jeder Disciplin, der Untergang alles militärischen Zusammenhaltes, die Erschlaffung und Vernichtung aller derjenigen Bindemittel, welche die zusammengelosten Individuen zu einem festen moralischen Körper vereinigen.“[88]

Die Auflehnung der Soldaten richtete sich zunächst gegen ihre Offiziere. Wo diese sich den Meuterern entgegenstellten, wurden sie angegriffen, ihre Wohnungen demoliert. Nur knapp entkamen einige der zum Lynchen bereiten Menge. Aus Furcht um Leib und Leben ergriff der größte Teil des Offizierskorps die Flucht. Sie hätten sich nicht, heißt es in einer nachträglichen Rechtfertigungsschrift, „während dieses langanhaltenden Rausches zum willenlosen Spielball ihrer Untergebenen hergeben (können), welch Letztere bald einsehen lernten, daß hundert Arme stärker sind, als deren vier“[89]. In Rastatt stürmten die meuternden Soldaten als erstes das Militärgefängnis und befreiten ihre arretierten Kameraden; in Karlsruhe und anderen Garnisonen verbrannten sie ihre Gamaschen, Symbole der verhaßten Dressur. Überall kam es zu euphorischen Verbrüderungsszenen mit der Zivilbevölkerung.

Das Ganze hatte den Charakter einer kollektiven „Überschreitung“ mit in der Tat rauschhaften Zügen, wozu ausgiebiger Alkoholkonsum nicht unwesentlich beitrug. Was der die Ereignisse dokumentierende Offizier als „kanni-

---

86 Petition der Unteroffiziere und Soldaten des 1. und 3. Infanterie-Regimentes und der Kanoniere zu Rastatt an die II. Kammer. Undatiertes Flugblatt (April/Mai 1849). Ein Exemplar findet sich in der Sammlung „Flugblätter aus der badischen Revolution“ in der Universitätsbibliothek Freiburg (Signatur: H 3990–48).

87 [Friedrich von Hoffmann]: Beitrag zur Beantwortung der Frage: Welches sind die Ursachen der plötzlichen Auflösung aller Disciplin in dem badischen Armee-Corps? Karlsruhe 1849; [anonym]: Die Ursachen der Meuterei und des Zerfalles des großherzoglich badischen Truppencorps im Mai 1849. In: Deutsche Viertel-jahrs Schrift, 1850, H. 2, S. 130–158; Ludwig Häusser: Denkwürdigkeiten zur Geschichte der badischen Revolution. Heidelberg 1851, S. 272–294.

88 Häusser: Denkwürdigkeiten, S. 272/273.

89 [Schilling von Cannstadt]: Die Militärmeuterei in Baden, S. 93.

balische Wuth" einer „bestialischen Horde" perhorreszierte[90], war ein eruptives Ausbrechen aus der militärischen Zwangsordnung. Die soziale Hierarchie der „totalen Institution" war suspendiert. Daß diese „Explosion des Heeres"[91] etwas von der Fragilität sozialer Herrschaft überhaupt ahnen ließ, das vor allem machte sie für Konservative zum Schreckbild. Ein politisch motivierter Aufstand wäre dagegen weniger bedrohlich erschienen, hätte den Beteiligten doch alles daran gelegen sein müssen, „die Truppenkörper organisirt beisammen zu halten, diese als moralische Personen handeln zu lassen, und sie gewissermaßen in Reih und Glied der Revolution zuzuführen"[92]. Hier jedoch herrschten „Zuchtlosigkeit und Anarchie"; die Soldaten ließen sich von den „gemeinsten Motiven" treiben: „Der Haß gegen die Officiere als solche, das ehrsüchtige Gelüst, selbst zu befehlen, statt commandirt zu werden, weniger Schildwache stehen, aber mehr Löhnung und Urlaub zu haben, keine Gamaschen mehr anziehen und nicht mehr so viel zu exercieren – das waren die verständlichen und aufrichtigen Forderungen, die aus dem wirren Geschrei der Mairebellion vernehmlich herausklangen."[93]

Gründe für die Unzufriedenheit der Soldaten ließen sich im nachhinein viele finden: Die großherzogliche Regierung hatte wenige Wochen zuvor entsprechend den Bestimmungen der in Frankfurt erarbeiteten Bundeskriegsverfassung das alte Konskriptionssystem durch die allgemeine Wehrpflicht ersetzt und zugleich die Heeresstärke von ein auf zwei Prozent der Bevölkerung verdoppelt. Damit mußten auch zahlreiche junge Männer aus den Schichten einrücken, die sich bis dahin hatten loskaufen können. Viele von ihnen sympathisierten mit den demokratischen und nationalen Bestrebungen der Opposition, nicht wenige hatten auch an den gescheiterten Freischarenzügen vom April und September 1848 teilgenommen. Auf der anderen Seite erzeugte die neue Regelung auch bei den „Einstehern", die einen großen Teil der Unteroffiziere stellten, beträchtlichen Unmut. Ein Teil von ihnen wurde entlassen. Allen drohte soziale Deklassierung, da die Auszahlung der in der staatlichen Amortisationskasse zurückgelegten Einstandsgelder ersatzlos gestrichen wurde, die es den in der Regel langdienenden Einstehern ermöglicht hatten, sich nach dem Ausscheiden aus der Armee eine bescheidene bürgerliche Existenz aufzubauen. Die Beförderung einer größeren Zahl von Unteroffizieren wiederum sorgte für Mißstimmung bei den Übergangenen. Hinzu kam eine im badischen Heer offensichtlich besonders ausgeprägte Rohheit und junkerliche Anmaßung des Offizierskorps: „Vom Corporal an hatte man sich zu sehr daran gewöhnt, statt das Ehrgefühl zu wecken, mit würdeloser und erniedrigender Behandlung sich zu helfen; man behandelte die Soldaten wie ungezogene, rohe Bauernbursche – und sie blieben es dann auch meistens."[94]

---

90 Ebd., S. 31.
91 Häusser: Denkwürdigkeiten, S. 282.
92 [Anonym]: Die Ursachen der Meuterei, S. 156.
93 Häusser: Denkwürdigkeiten, S. 280–282.
94 Ebd., S. 277.

Das ereignishafte, anarchische Moment der Meuterei ließ jedoch die Ursachenforschung immer wieder ins Leere laufen: „Fast nicht erklärlich“ war beispielsweise „die Erscheinung, daß dieselben Soldaten, welche am Sonntag den Gehorsam aufkündigten und mit den Wühlern gemeinsame Sache machten, einige Tage vorher noch den Wühlern handgreiflich zeigten, daß sie ihre Gesinnung nicht theilten“. Hier lag der Grund für die fundamentale Verunsicherung der Militärs. Auf was sollte man sich noch verlassen können, wenn Soldaten, die am Morgen noch pünktlich und vollzählig zum Appell angetreten waren, am Abend „Arm in Arm, Heckerlieder singend“ in die Kaserne zurückkehrten, „von diesem Augenblick an keine Spur mehr von Disciplin“ einhielten und in der Zwischenzeit nichts anderes geschehen war, als daß sie von den Beschlüssen der Offenburger Landesversammlung, dem politischen Auftakt der badischen Erhebung, gehört hatten?[95]

Je unverständlicher zumal die rasche Ausbreitung der Militärrevolte blieb, desto mehr blühten die Verschwörungstheorien: Es schien „außer allem Zweifel: Von den Anführern bis zu den niedrigsten Handlangern waren längst vorher alle Rollen vertheilt“[96]; die Konspiration war „seit langem eingeleitet und die allerorts gefüllten Minen explodirten in dem Augenblick, wo ganz Deutschland einer neuen Krisis von ungewissem Ausgang hingegeben war“[97]. „Begriffsverwirrung“ und „allgemeine politische Aufregung“ des Revolutionsjahres hatten, so die übereinstimmende Auffassung, den Boden bereitet, „in welchen politische Wühler offen und ungehindert durch die Ohnmacht des Gesetzes ihren Saamen legten, den die ungezügelteste Presse in aller Weise befruchtete, so daß die politische Aufregung bald eine Höhe und Ausbreitung, und durch die auf das Festeste organisirten Volksvereine eine Stärke erreichte, die nur eines besonderen Anlasses bedurfte, um auf's Neue und in viel furchtbarerer Schärfe auszubrechen, und alles Bestehende mit der Umstürzung bedrohte.“[98] Wieder waren die Verschwörer zugleich die Verführer – beziehungsweise Verführerinnen: In keiner Schrift über die Soldatenrevolte fehlt ein Hinweis auf die „abenteuernde, kokette junge Frau“ des in Rastatt inhaftierten Revolutionsführers Struve, die sich, so die gegenrevolutionäre Männerphantasie, „den Soldaten auf jede mögliche Weise gefällig zu zeigen“ wußte, „kein Mittel der Verführung (scheute), auf die Garnison einzuwirken“ und „auch die äußern Gaben zu solch einer Propaganda besaß“[99]. Überhaupt schreckten die Demokraten vor nichts zurück: Im Wirtshaus des „Affenmüllers“ in Karlsruhe etwa, „wo schon in den Märzzeiten des vorigen Jahres die Brandstifter mit den Schwefelfäden in den Hosentaschen ihr Bier tranken“ wurden „stets alle übelgesinnten, liederlichen Subjekte des Militärs (...) mit

95 [Hoffmann]: Ursachen der plötzlichen Auflösung aller Disciplin, S. 14.
96 [Schilling von Cannstadt]: Die Militärmeuterei in Baden, S. 89.
97 Häusser: Denkwürdigkeiten, S. 295.
98 [Hoffmann]: Ursachen der plötzlichen Auflösung aller Disciplin, S. 4.
99 Ebd., S. 13; [Schilling von Cannstadt]: Die Militärmeuterei in Baden, S. 4; [anonym]: Die Ursachen der Meuterei, S. 154/155; Staroste: Tagebuch, S. 44; Häusser: Denkwürdigkeiten, S. 284/285.

Freibier traktirt"[100], und auch anderswo wurde das Bier „zur Erhöhung des Patriotismus und zur Exaltirung der durstigen Soldaten freigebig gespendet und in Strömen hinabgestürzt"[101].

Tatsächlich hatten die Volksvereine gezielte Agitation unter den Soldaten betrieben, nachdem die badische Armee sich zur Unterdrückung des Aufstandsversuchs vom September ohne nennenswerte Widerstände hatte einsetzen lassen. Ein besonders radikales Flugblatt verfluchte die „elenden Vater- und Brudermörder" und drohte Rache an, während die „braven republikanisch gesinnten Soldaten" dazu aufgefordert wurden, „die schlechten Soldaten, die lausigen Offiziere, die Hunde von Beamten und Pfaffen und die Fürsten tot(zuschießen), damit das Volk einmal Ruhe und Frieden hat"[102]. Von einer planmäßigen Vorbereitung und Auslösung der Meuterei konnte indes keine Rede sein.

Die Aufrechterhaltung beziehungsweise Wiederherstellung der Disziplin wurde vielmehr für die ebenfalls in vieler Hinsicht desorganisierte Revolutionsregierung selbst zum Problem. Je deutlicher sich die bevorstehende Militärintervention abzeichnete, desto dringlicher wurde es, die Verteidigungskräfte zu formieren. Angesichts der heranrückenden Preußen zog es jedoch nicht wenige Soldaten schleunigst nach Hause, und die neuen, von den Mannschaften gewählten Offiziere taten sich schwer, ihren Untergebenen Gehorsam abzuverlangen. Von einer allgemeinen Mobilmachung – alle Männer zwischen 18 und 30 sollten gemäß einer Anordnung des Landesausschusses zur Volkswehr einrücken – konnte keine Rede sein. Schon eine Woche nach dem Beginn der Meuterei sah die provisorische Regierung sich genötigt, die Soldaten zur Ordnung zu rufen: „Der Sieg wird unser sein, wenn zu der Begeisterung für Freiheit, Recht und Vaterland, welche Euere männlichen Herzen durchglüht, die festgeschlossene Ordnung hinzutritt, welche keinem Stande mehr notthut als dem Stande der Krieger."[103]

Der aufgezwungene Krieg forderte seinen Preis: Um sich gegen die militärische Übermacht der Gegenrevolution zu verteidigen, mußte die Revolution sich selbst militarisieren. Einen Partisanenkampf nach spanischem Vorbild zog man nicht ernstlich in Erwägung; es fehlte dafür der Rückhalt bei der ländlichen Bevölkerung, die schon wenig Bereitschaft zeigte, ihre Söhne zur Volkswehr einrücken zu lassen. So blieb nur die Alternative, kampflos zu kapitulieren oder das „Fest des Ungehorsams" zu beenden und eine disziplinierte Streitmacht aufzustellen. Mit meuternden Soldaten jedenfalls, die es leid waren, sich gleich von wem herumkommandieren zu lassen, ließ sich weder ein Staat machen noch ein feindliches Invasionsheer zurückschlagen.[104] Nie-

---

[100] [Schilling von Cannstadt]: Die Militärmeuterei in Baden, S. 28.

[101] Ebd., S. 5.

[102] Das Flugblatt ist abgedruckt bei Friedrich Lautenschlager (Hrsg.): Volksstaat und Einherrschaft. Dokumente aus der badischen Revolution 1848/1849. Konstanz 1920, S. 387–393.

[103] Aufruf „Badische Krieger!" vom 21. Mai, zit. nach ebd., S. 411.

[104] Der Zerfall der militärischen Disziplin äußerte sich indes nicht nur in anarchischer Gehorsamsverweigerung und Zunahme von Desertionen: Daß sich bei den badi-

mand sprach das deutlicher aus als der polnische Revolutionsgeneral Mieroslawski, der die badischen Truppen befehligte: „Insurrectionen beschränken sich gewöhnlich auf das Programm der individuellen Befreiung, welche von den Meisten nur als die Freiheit nicht zum zweiten Mal in den Kampf zu gehen, Niemandem mehr zu gehorchen, kein Opfer mehr zu bringen, mit einem Wort das Wohl des Vaterlandes auf das eigene Privatwohl und die Interessen des morgenden Tages auf die des heutigen zurückzuführen, aufgefaßt wird. Die Aufgabe jeder revolutionären Gewalt besteht darin, das Volk rasch aus diesem Zustand unergiebiger, auflösender, unlenksamer Aufregung in die revolutionäre Macht übergehen zu lassen, d.h. ein feuriges, Allen gemeinsames Gefühl für seine stoischen Pflichten gegen das Vaterland in ihm zu wecken. Dann erst wird die Insurrection zur Revolution, und sämmtliche öffentliche Streitkräfte bilden, von einem gemeinsamen Willen beseelt, einen disciplinirten Bund, der ebensowohl fähig ist, einer fremden Invasion Widerstand zu leisten, als die Widerspenstigkeiten im Innern sammt und sonders niederzuhalten.“[105]

„Stoische Pflichten“, „Widerspenstigkeiten niederhalten“ – die Sprache der Disziplin war unabhängig vom politischen Vorzeichen. Auch unter dem Banner der Revolution gebot es der „Geist des Krieges“, den Mieroslawski im Rückblick bei den badischen Truppen vermißte, „das Staatswohl als alleinige Norm und Richtschnur“ aufzustellen. Und weil ideologische Mobilmachung allein nicht ausreichte, waren doch nach den ersten Gefechten ganze Verbände der Revolutionsarmee auseinandergelaufen, hätte disziplinarischer Zwang sie ergänzen müssen. Die provisorische Regierung hätte, so die organisatorische Konsequenz des geschlagenen Generals, „die Ernennung der Obern sich selbst vorbehalten, nicht aber der Laune der Soldaten überlassen, jeder Ausreißerei dadurch, daß sie die ersten Fälle dieser scheußlichen Militärepidemie durch die furchtbarsten Strafen und ein unnachsichtiges Überwachungssystem (...) niederschlug, entgegenarbeiten, endlich das öffentliche Leben in die Feldlager verlegen und daselbst die ganze wehrfähige Nation zur Pünktlichkeit, zur Uniform, zu der heroischen Unempfindlichkeit der regelmäßigen Truppen

schen Truppen, als die militärische Niederlage sich abzeichnete und Verzweiflung die Euphorie der ersten Tage ablöste, Akte von Lynchjustiz gegen vermeintliche Verräter in den eigenen Reihen häuften, berichtet nicht nur die gegenrevolutionär gefärbte Geschichtsschreibung, sondern auch die Schriftstellerin Mathilde Franziska Anneke, die als Ehefrau eines Freikorpsführers und ehemaligen preußischen Offiziers den badisch-pfälzischen Feldzug auf Seiten der Revolutionsarmee miterlebte: Mutterland. Memoiren einer Frau aus dem badisch-pfälzischen Feldzuge (1853). Münster 1982, insbesondere S. 88/89, 98/99. Ähnliche Vorfälle berichtet aus der eingeschlossenen Festung Rastatt H. D. [d.i. Wilhelm Dietz]: Rastatter Casematten-Erzählungen eines Freigewordenen. Meisenheim 1850, S. 15–20.

105 [Ludwig Mieroslawski]: Berichte des Generals Mieroslawski über den Feldzug in Baden. Bern 1849, S. 49/50. Vgl. grundsätzlich zum Problem der militärischen Disziplin in revolutionären Organisationen Emilio Lussu: Theorie des Aufstands. Wien 1974, S. 122–137.

nötigen müssen“[106]. In solchen Formulierungen klingt nicht nur das jakobinische Erbe nach, sondern scheint auch bereits der Rigorismus auf, mit dem siebzig Jahre später die Bolschewiki ihre Rote Armee aufbauten.

Man mußte schon Anarchist sein, eine in Deutschland allemal rare Spezies, um entgegengesetzte Schlußfolgerungen aus der Niederlage zu ziehen: Für den radikalen Publizisten Christian Abt, der die Militärmeuterei als „den revolutionärsten Act unseres Jahrhunderts“ feierte, eine „Empörung des erwachten Gefühls für die individuellen Interessen, für das individuelle Glück und Wohl gegen die soldatische Ordnung“ – „Soldaten machten sich zu Menschen“ –, waren politische Befreiung und allgemeine Wehrpflicht schlichtweg unvereinbar: „‚Wenn keine Zwangspflicht zu Militärdiensten existirt, erwidert man mir, dann kann die Revolution nicht behauptet werden.‘ In diesem Falle, sage ich, hat die Mehrzahl der Bevölkerung kein Interesse für die Revolution und braucht keine Freiheit, und wird sie auch nicht behaupten; wenn aber Ihre Interessen an die Revolution geknüpft sind, dann stehen die Kämpfer freiwillig auf, um den Feind ihrer Freiheit zurückzuschlagen. Jede Revolution ist verloren, welche sich nicht auf das Prinzip der Freiwilligkeit stützt, und welche dieses Prinzip nicht zum leitenden Gedanken aller ihrer Maßregeln macht.“[107] Abt blieb eine solitäre Stimme im Chor der geschlagenen Demokraten, deren militärische Anführer aus dem Schweizer Exil das hohe Lied der revolutionären Disziplin sangen, die sie doch nicht hatten organisieren können.[108]

Das Skandalon der Militärmeuterei bestimmte auch Richtung und Härte der gegenrevolutionären „Pazifizierung“[109]: Auf die Besetzung Badens durch preußische Truppen, die bis 1851 im Lande blieben, folgten Massenverhaftungen, Standgerichte und Erschießungspelotons. Einem Teil der Revolutionstruppen, etwa vier- bis fünftausend Mann, gelang die Flucht zumeist in die Schweiz, die übrigen wurden in Internierungslagern festgehalten. Wer sich nicht kampflos ergeben hatte, sondern im Verlauf der Kämpfe gefangen worden war, wurde wegen Hoch- und Landesverrats vor ein Kriegsgericht gestellt. Die Besatzung von Rastatt wurde nach ihrer Kapitulation als Kriegsgefangene in die Festungskasematten zurückgebracht und dort unter Bedingungen zusammengepfercht, die bald eine Typhusepidemie ausbrechen ließen. Ein Teil der vermeintlichen Rädelsführer wurde hingerichtet, andere zu langjährigen Strafen verurteilt. Haussuchungen, polizeiliche Überwachung der Verkehrswege und Wirtshäuser sowie ein Paßzwang für alle Personen, die ihren Heimatort verlassen wollten, dienten der Fahndung nach flüchtigen oder heimlich zurückkehrenden Revolutionären.

---

[106] Berichte des Generals Mieroslawski, S. 52.

[107] [Christian] Abt: Die Revolution in Baden und die Demokraten. Vom revolutionären Standpunkt aus beleuchtet. Herisau 1849, S. 131, 162.

[108] Vgl. neben Mieroslawskis „Berichten“ etwa A. Zurkowski: Kurze Darstellung des Feldzuges in Baden und der Pfalz. Bern 1849; Johannes Philipp Becker/Chr. Essellen: Geschichte der süddeutschen Mai-Revolution des Jahres 1849. Genf 1849, S. 162–165; August Brass: Der Freiheitskampf in Baden und in der Pfalz im Jahre 1849. St. Gallen 1849, S. 28/29.

[109] Vgl. dazu Richter: Revolution und Gegenrevolution in Baden 1849, S. 402–425.

Erfolgten schon die Repressionsmaßnahmen unter preußischem Kommando, so bestand die Besatzungsmacht erst recht darauf, die Reorganisation der badischen Armee in ihre Regie zu nehmen. Der preußische Kriegsminister verlangte einen vollständigen Neubeginn, bis in die symbolische Ordnung der Bekleidung und Regimentsnamen hinein sollten die Spuren des kollektiven Ungehorsams ausgelöscht werden: „Das, was bestanden hat, Formationen, Benennung, Truppenkörper, Uniformen muß verschwinden, denn die badische Regierung kann keinen deutschen Truppen zumuten, künftig mit Truppen in einer Reihe zu fechten, die die Erinnerung eines in der Geschichte beispiellosen Verrats an sich tragen.“ Die neuen Kader seien auszubilden „nicht *durch*, sondern *unter* preußischen Offizieren, und zwar nicht in Baden, sondern in Preußen“, solange „bis sie vollständig diszipliniert sind“[110]. Wegen der „Reinerhaltung der neu zu organisirenden Truppen“ sollten im Offizers- und Unteroffizierskorps nur Personen von „unbefleckter Ehre“ Verwendung finden, während von den Mannschaften, bei denen „eine Sonderung in solchem Maße nicht möglich schien, da nur wenige sich ganz von der Theilnahme am Abfall zurückgehalten haben“, ausschließlich „solche Leute zur Wiedereinstellung gelangen (sollten), denen kein anderes Verbrechen zur Last gelegt werden kann, als daß sie der Masse gefolgt sind, ohne einen eigenen Willen zu offenbaren“[111]. Die zunächst geplante Errichtung von Strafabteilungen, in denen die „moralisch verpesteten Menschen“ zusammengefaßt und beim Ausbau der Rastatter Festung eingesetzt, also „dort verwendet und gezüchtigt werden (sollten), wo sie größtenteils gesündigt haben“[112], ließ man allerdings ebenso wieder fallen wie das Vorhaben, die badischen Kontingente dauerhaft Preußens Heer einzugliedern.

Für den „Kartätschenprinzen“ und späteren Kaiser Wilhelm I., der die Invasionstruppen kommandierte, war es keine Frage, daß die Militärverfassung Preußens als „Basis der Reorganisation“ dienen sollte, hatte seine Armee doch „die moralische und materielle Feuerprobe auf eine eklatante Weise bestanden“[113]. Doch das Revolutionsjahr hatte ebenfalls gezeigt, daß Reformen auch auf Seiten der Sieger nottaten. Die „drei Hauptpunkte“, von denen, so der Prinz in einem Brief an den badischen Großherzog, die Zuverlässigkeit einer Truppe künftig abhing, umrissen das Programm, das unter seiner Regentschaft dann auch in Preußen umgesetzt wurde: „1. dreijährige ununterbrochene Dienstzeit bei der Fahne für alle Waffengattungen, 2. Präsentstand von mindestens 500 Mann per Bataillon und Kavallerie-Regiment, 3. eine innige Verbindung der Landwehr mit der Linie, d.h. so, daß die Landwehr mehr als

---

110 Zit. nach ebd., S. 409.

111 Brief des Prinzen von Preußen an den König vom 7. Januar 1850, zit. nach [Wilhelm I.]: Militärische Schriften, Bd. 2, S. 291.

112 Grundzüge für die Neugestaltung der Heereinrichtungen im Großherzogthum Baden, zit. nach ebd., S. 287.

113 Brief an den Großherzog von Baden vom 11. Juli 1849, zit. nach ebd., S. 280/281.

die Beurlaubten der Linie erscheinen, in deren Reihen sie zu Friedensübungen und also auch im Kriege eintreten."[114]

Nur eine lange Dienstzeit ohne Beurlaubungen schien geeignet, jene „restlose Entbürgerlichung"[115] der Armee herbeizuführen, die man auf Seiten der Heeresführung für nötig hielt. Das Beispiel Badens, aber auch die Landwehrunruhen in Preußen selbst hatten gezeigt, wohin es führte, wenn liberale Ideen ins Heer eindrangen. Es bedurfte konsequenter Absonderung vom zivilen Leben, um die Rekruten abzurichten und ihnen den „richtigen festen Soldatengeist" einzupflanzen. Allein „Erziehung und Gewöhnung" erzeugten Gehorsam, nicht Appelle „an den ‚guten Willen' und die zuweilen nur supponirte ‚patriotische Gesinnung'". An der „Impotenz dieser moralischen Potenzen" konnte nach allem, was geschehen war, kein Zweifel mehr bestehen.[116] Was der Kriegsminister von Roon, mit dessen Namen sich die Heeresreform der 1860er Jahre verbindet, über das Verhältnis von vaterländischer Leidenschaft und soldatischer Disziplin schrieb, kann als Fazit der militärischen Erfahrungen zwischen 1813 und 1849 gelten: „Zeiten allgemeiner Begeisterung des Volks (können) wiederkehren, und wer wäre thöricht genug, die segensreiche Mitwirkung einer solchen zu leugnen! Aber wahrlich thörichter noch, diese Flamme als selbstverständlich vorauszusetzen und sie als muthmaßlichen Faktor eines unentbehrlichen Resultats in Ansatz zu bringen. Eine gute und gesunde Organisation muß jeder solcher durch patriotische Stimmungen hervorgerufenen Steigerung *fähig*, nicht aber *darauf berechnet sein*."[117] – Zur „Schule der Nation" sollte die Armee weniger als Ort patriotischer Indoktrination werden, denn als Disziplinierungsagentur für die männliche Jugend.

Erst mit der Reichsgründung von 1871 verlor der Nationalismus den Ruch des Unbeständigen, wenn nicht Oppositionellen und wurde zur offiziellen Staatsideologie. Patriotische Mobilmachung und militärische Gehorsamsfabrikation standen nun in einem Verhältnis wechselseitiger Verstärkung: Da Größe und Macht des unter preußischer Hegemonie konstituierten Nationalstaates nicht nur real von Größe und Macht seiner Armee abhingen, sondern von dieser auch symbolisch repräsentiert wurden, avancierte die soldatische Disziplin selbst zur nationalen Basistugend. Die Penetration der gesamten Gesellschaft mit militärischen Wertvorstellungen und Verhaltensnormen, für die nach 1860 der Begriff Militarismus aufkam,[118] war integrativer Bestand-

---

[114] Ebd., S. 281.

[115] Ritter: Staatskunst und Kriegshandwerk, Bd. 1, S. 154.

[116] Albert von Roon: Bemerkungen und Entwürfe zur vaterländischen Heeresverfassung vom 21. Juli 1858, zit. nach [Wilhelm I.]: Militärische Schriften, Bd. 2, S. 351.

[117] Ebd., S. 352.

[118] Vgl. zur Begriffsgeschichte die Einleitung des Herausgebers, in: Volker Berghahn (Hrsg.): Militarismus. Köln 1975, S. 9–38; Werner Conze/Reinhard Stumpf/Michael Geyer: Militarismus. In: Brunner/Conze/Koselleck (Hrsg.): Geschichtliche Grundbegriffe, Bd. 4, S. 1–47; Detlef Vogel: Militarismus – unzeitgemäßer Begriff oder modernes historisches Hilfsmittel?. In: Militärgeschichtliche Mitteilungen, 39, 1/1986, S. 9–35.

teil der „Nationalisierung der Massen“ (George L. Mosse), wie umgekehrt die nationalen Mythen – nicht zuletzt der Gründungsmythos des wilhelminischen Staates – um deutsche Kriege und Siege kreisten. Im Militärapparat selbst wirkte das Trauma von 1848/49 noch lange nach. Der Sieg der Gegenrevolution änderte nichts an der Revolutionsfurcht der Sieger, aber diese heftete sich bald an ein anderes Objekt: Nicht der „tumultuierende Pöbel“ bestimmte in der zweiten Hälfte des Jahrhunderts das Bild des „inneren Feindes“, sondern die sozialistische Arbeiterbewegung. Die Kontrolle der Massen bekam es nun selbst mit organisierten und durch ihre Organisationen kontrollierten Massen zu tun. Das auf die Sozialdemokratie gemünzte Bannwort von den „vaterlandslosen Gesellen“ unterstellte vor allem militärische Unzuverlässigkeit – zu Unrecht, wie sich spätestens 1914 erweisen sollte.

V. Die Kontrolle der Massen II: Der gehorsame Antimilitarismus

1. Souveräner und revolutionärer Kriegsdiskurs

In seiner Vorlesung „Vom Licht des Krieges zur Geburt der Geschichte" unterscheidet Michel Foucault zwei Formen der neuzeitlichen Rede vom Krieg: Gesprochen wird über den Krieg zum einen im philosophisch-juridischen Diskurs der Souveränität, zum anderen im historisch-politischen Diskurs der Revolution. Die Souveränitätserzählungen begründen und preisen die gesetzlich kodifizierte und policeylich gesicherte Pazifizierung und die damit einhergehende Verstaatlichung des Krieges, der an die Grenzen gedrängt und „zum professionellen und technischen Monopol eines sorgfältig definierten und kontrollierten Militärapparates"[1] gemacht wird. Der Diskurs der Revolution dagegen sieht im Krieg „eine dauernde soziale Beziehung", den „unauslöschlichen Grund aller Machtverhältnisse und -einrichtungen", „Motor der Institutionen und der Ordnung"[2]. Diese Rede erinnert daran, daß das Gesetz nicht Befriedung bedeutet, sondern daß unter der imperialen Pax der Krieg weitergeht. Gegen die pyramidalen, maschinenförmigen oder organismischen Gesellschaftskonstruktionen der Souveränität setzt sie ein binäres Modell fortwährender antagonistischer Kämpfe. „Der Gegner erscheint in dieser Rede nicht mehr als Gegner in einem Spiel oder wenigstens in einem Regelwerk, sondern als der Feind, der unbedingte Feind. Er ist vollkommen fremdartig, gehört einer anderen Rasse an. Diese Redeweise ist zunächst keineswegs biologistisch zu verstehen, sondern führt den Rassenbegriff synonym für die unvermittelbare Andersheit des Anderen, mit dem es am Tage des Sieges keine Gnade geben wird."[3] Hat innerhalb des Souveränitätsdiskurses die Geschichtsschreibung die Funktion, das Gesetz zu bewahren und den Glanz der Macht zu steigern, so geht es der revolutionären Gegenhistorie um „Entschlüsselung der Asymmetrien, Wiederaufdeckung des Krieges, Reaktivierung des Krieges, taktische Verwendung eines Wissens im Krieg, endgültige Umkehrung eines Kräfteverhältnisses in einem entscheidenden Sieg"[4].

Im 19. Jahrhundert gingen souveräner wie revolutionärer Kriegsdiskurs auf doppelte Weise eine Verbindung ein: Auf der einen Seite wurde die Rede vom absoluten Feind nationalistisch (später auch biologistisch) substantialisiert

---

1 Michel Foucault: Vom Licht des Krieges zur Geburt der Geschichte. Berlin 1986, S. 9.

2 Ebd., S. 10/12.

3 Lorenz Engell: Der gedachte Krieg. Wissen und Welt der Globalstrategie. München 1989, S. 126. Vgl. dazu auch Angelika Magiros: Foucaults Beitrag zur Rassismustheorie. Hamburg 1995, S. 13–29.

4 Foucault: Vom Licht des Krieges, S. 47.

und in dieser Form in den Diskurs der Souveränität eingegliedert. Das Motiv einer binären Spaltung der Gesellschaft in zwei feindliche Lager verwandelte sich dabei in die monistische Konstruktion eines homogenen Volkskörpers, der sich der Bedrohung durch heterogene Elemente von außen wie innen erwehren muß. Die staatliche Souveränität, deren Glanz und Kraft jetzt „nicht mehr durch magisch-rechtliche Rituale gewährleistet (wurde), sondern durch medizinisch-normalisierende Techniken"[5] der Disziplinar- und Biomacht, nahm das revolutionäre Thema des antagonistischen Kampfes auf, um es strategisch umzudrehen und antirevolutionär nach innen wie imperialistisch nach außen einzusetzen. Diese Transformation zum Staatsrassismus führte in Deutschland vom Franzosenhaß der Befreiungsnationalisten nach 1806, über die Feldzüge gegen den „inneren Feind", der als „Auswurf der Gesellschaft" perhorresziert und symbolisch wie real expatriiert wurde, über die Eroberung überseeischer Kolonien, wo deutsche Truppen 1904 bis 1907 einen Ausrottungskrieg gegen aufständische Hereros führten, bis zur nationalsozialistischen Rassengesetzgebung und Vernichtungspolitik.

Auf der anderen Seite wurde der Revolutionsdiskurs des „Kriegs der Rassen" zur Lehre vom „Krieg der Klassen" umgewandelt.[6] „Die Geschichte aller bisherigen Gesellschaft ist die Geschichte von Klassenkämpfen", heißt es programmatisch im „Kommunistischen Manifest". In dem Maße jedoch, in dem diese Kämpfe nach den Niederlagen von 1848/49 in ein evolutionistisches Schema gepreßt wurden, das die Übernahme der politischen Macht durch das organisierte Proletariat mit geschichtsphilosophischer Notwendigkeit prognostizierte, sickerte der Diskurs der Souveränität in die Rede vom Klassenkampf ein und höhlte sie gleichsam von innen aus.[7] Das Pathos der Befreiung wich staatsmännischem Kalkül. An die Stelle des kategorischen Imperativs, „alle Verhältnisse umzuwerfen, in denen der Mensch ein erniedrigtes, ein geknechtetes, ein verlassenes, ein verächtliches Wesen ist"[8], traten „Politische Betrachtungen über das Hineinwachsen in die Revolution", trat „Der Weg zur Macht"[9]. Daß diese Subversion des Revolutionsdiskurses durch den der Souveränität nicht ohne Verwerfungen vonstatten ging, davon zeugen die Flügelkämpfe, die in den Jahrzehnten vor dem Ersten Weltkrieg die sozialistische Bewegung in Atem hielten. Die Fehden zwischen „Ermattungs-" und „Niederwerfungsstrategen" und den Verfechtern eines „friedlichen Übergangs" zum

---

5 Ebd., S. 51.

6 Ebd., S. 26.

7 Foucault selbst beschreibt diese Transformation nicht in ihrer Genese, sondern von ihrem Endpunkt her: den Staaten sowjetischen Typs. Dort mutierte der Revolutionsdiskurs zur „Verwaltungsprosa" einer die gesamte Gesellschaft überziehenden Polizeibehörde, die aus dem „Klassenfeind" eine gleichsam biologische Gefahr machte und ihn in Gestalt der Kranken, Irren und anderer Abweichender zu eliminieren suchte (ebd., S. 52/53).

8 Karl Marx: Zur Kritik der Hegelschen Rechtsphilosophie. Einleitung (1843). In: ders./Friedrich Engels: Werke, Bd. 1. Berlin 1974, S. 385.

9 So Untertitel und Titel der berühmten Broschüre Karl Kautskys aus dem Jahre 1909.

Sozialismus, zwischen Apologeten einer ausschließlich parlamentarischen Taktik und Befürwortern von Massenstreik und direkter Aktion markieren das jeweils umkämpfte Feld. Sieht man jedoch von Anarchisten und Syndikalisten ab, die in Deutschland allerdings nur eine randständige Rolle spielten, imaginierte man sich über alle Fraktionen hinweg schon als künftige Regierung.

Indiz für das Vordringen des Souveränitätsdiskurses war die der Kriegswissenschaft entlehnte Parteiterminologie; kaum ein Ausdruck der Heerestaktik, der Strategie und des Kasernenhofes, der sich nicht in den Leitartikeln der sozialdemokratischen Presse wiederfände.[10] Der militärische Jargon bewahrte das Selbstverständnis als Kampforganisation und signalisierte zugleich die Umorientierung von antagonistischer Feindschaft der Unteren gegen die Oberen zum geregelten und zentral gesteuerten Konflikt von Souverän und Gegensouverän. Statt den Klassenhaß zu schüren, bemühte man sich um Aufbau und stetes Wachstum der „sozialistischen Streitkräfte". Parteidisziplin wurde wichtiger als subjektive Empörung, die Dämonen des Aufruhrs waren gebannt. Ohne Gehorsamsbereitschaft, so das Credo, mußte selbst der leidenschaftlichste Kampfeswille sinnlos verpuffen: „Alle elementaren Wutausbrüche einer unterdrückten Klasse haben eben in der Unterdrückung ihren zureichenden Erklärungsgrund, allein sie führen auch unweigerlich zu Niederlagen. Gerade sie zu verhindern, ist Zweck und Wesen der Sozialdemokratie, und die dämonischen Kräfte der proletarischen Bewegung in organisiertem Handeln zu rationalisieren."[11]

Wie der Soldat seine individuelle Existenz für das Vaterland aufzuopfern hatte, so sollte der Parteisoldat sich ganz in den Dienst der proletarischen Sache stellen. Und wie die Armee zugleich Machtinstrument und verkleinertes Modell des Obrigkeitsstaats war, so verstand sich die Partei der Arbeiter als Hebel und Vorbild sozialistischer Staatsorganisation. Ihr „Organisationspatriotismus"[12] kompensierte politische Ausgrenzung und Diffamierung, aber er antizipierte auch schon die Identifikation mit der künftigen Ordnung. Man kritisierte nicht das Prinzip der Subordination unter ein Gesamtinteresse, sondern daß die wilhelminische Militärmonarchie eben dieses Gesamtinteresse zugunsten einer privilegierten Minderheit verriet. Die Künder des Zukunftsstaats versprachen nicht Auflösung oder nur partielle Rücknahme staatlicher Herrschaft, sondern ihre Rationalisierung. Nichts und niemand sollte mehr ausgeschlossen bleiben. In den Worten Kautskys: „Wie aber die Einverleibung aller Persönlichkeiten in einen großen produktiven Mechanismus, dem sie als kleine Teilchen zu dienen haben, das *Ziel* des proletarischen Emanzipationskampfes bildet, ist es auch heute schon das wichtigste seiner *Kampfesmittel*. Durch die Entwicklung seiner Organisationen schreitet es siegreich vorwärts, Organisation heißt aber nichts anderes als Unterordnung des einzel-

---

10 Robert Michels: Zur Soziologie des Parteiwesens. Leipzig ²1925, S. 52.

11 Karl Leuthner: Sozialdemokratischer Antimilitarismus. In: Sozialistische Monatshefte, 11. Jg., 1907, 2. Bd., S. 628.

12 Dieter Groh: Negative Integration und revolutionärer Attentismus. Frankfurt/M. 1973, S. 59.

nen unter eine Gesamtheit, Einschränkung seiner persönlichen Freiheit."[13] – Ein Programm, das den policeywissenschaftlichen Maschinenstaatsvisionen des 18. Jahrhunderts näher stand als dem Gedanken einer freien Assoziation und das auf der Ebene individueller Verhaltensnormierung die „Erziehungsschule der Nation" noch zu übertreffen suchte. Während der Militärapparat, so die Überzeugung nicht allein Kautskys, durch äußeren Zwang und Indoktrination allenfalls „Kadavergehorsam" erzwingen konnte, sollte das durch sozialdemokratische Aufklärung vermittelte Klasseninteresse zu einem Gehorsam aus Überzeugung führen.

Das absolute Primat des Parteiaufbaus, die schon von Zeitgenossen bespöttelte Auffassung der sozialen Revolution als einer „tönernen Sparbüchse, die man ganz füllen müsse, ehe man sie öffne"[14], veränderte auch die Haltung zu den bewaffneten Staatsorganen.[15] Georg Büchners Hessischer Landbote hatte in den 1830er Jahren – Tucholskys bis heute inkriminierten Satz vorwegnehmend – die Soldaten als „die gesetzlichen Mörder" verflucht, „welche die gesetzlichen Räuber schützen",[16] und noch 1851 hatte Büchners Freund Wilhelm Schulz, demokratischer Abgeordneter des Paulskirchenparlaments, unter dem Eindruck des gegenrevolutionären Sieges erklärt: „Nie und nimmer wird eine Volkserhebung dauernde Erfolge erringen, wenn sie nicht von Anfang an die Befreiung des militärischen Proletariats aus seinen Fesseln zum Wahlspruche, wenn sie nicht in erster Linie die Erlösung von *diesem* Uebel zur Richtschnur ihrer Handlungen und Maßregeln hat."[17] Ein Vierteljahrhundert später war aus dem Übel nicht nur ein notwendiges, sondern ein durchaus produktives geworden. Friedrich Engels vertraute auch in militärischen Angelegenheiten auf die Dialektik des historischen Prozesses. Was für den Kapitalismus die Entfaltung der Produktivkräfte, sollte für den Militarismus die konsequente Durchführung der allgemeinen Wehrpflicht sein: „Die Konkurrenz der einzelnen Staaten untereinander zwingt sie einerseits, jedes Jahr mehr Geld auf Armee, Flotte, Geschütze etc. zu verwenden, also den finanziellen Zusammenbruch mehr und mehr zu beschleunigen; andrerseits mit der allge-

---

[13] Karl Kautsky: Patriotismus, Krieg und Sozialdemokratie. In: Die Neue Zeit, 23. Jg., 1905, 2. Bd., S. 345.

[14] Jean Jaurès, zit. nach Robert Michels: Die deutsche Sozialdemokratie im internationalen Verbande. In: Archiv für Sozialwissenschaft und Sozialpolitik, Bd. 25, 1907, S. 171.

[15] In die folgenden Ausführungen sind Überlegungen eingeflossen, die der Verfasser bereits an anderer Stelle veröffentlicht hat; vgl. Ulrich Bröckling (Hrsg.): Nieder mit der Disziplin! Hoch die Rebellion. Anarchistische Soldaten-Agitation im Deutschen Kaiserreich. Berlin 1988; Proletarischer Patriotismus. Nationalismus, Militarismus und Krieg in der deutschen Sozialdemokratie bis 1914. In: graswurzelrevolution, Nr. 141, Februar 1990, S. 10/11.

[16] Georg Büchner: Der Hessische Landbote. In: ders.: Werke. Berlin/Weimar 1967, S. 7

[17] Wilhelm Schulz: Nachgelassene Schriften von Georg Büchner (1851). In: Walter Grab: Georg Büchner und die Revolution von 1848. Königstein/Ts. 1985, S. 75/76.

meinen Dienstpflicht mehr und mehr Ernst, und damit schließlich das ganze Volk mit dem Waffengebrauch vertraut zu machen; es also zu befähigen, in einem gewissen Moment seinen Willen gegenüber der kommandierenden Militärherrlichkeit durchzusetzen. Und dieser Moment tritt ein, sobald die Masse des Volks – ländliche und städtische Arbeiter und Bauern – einen Willen *hat*. Auf diesem Punkt schlägt das Fürstenheer um in ein Volksheer; die Maschine versagt ihren Dienst, der Militarismus geht unter an der Dialektik seiner eigenen Entwicklung."[18]

Wer die Geschichte so auf seiner Seite wußte, der konnte getrost darauf verzichten, ihr durch Propaganda militärischen Ungehorsams oder gar Aufstandsvorbereitungen nachzuhelfen. Jede Aktivität in dieser Richtung mußte vielmehr gefährlich erscheinen, da sie die Gegenseite zu Repressionen oder Staatsstreich provozieren konnte, was den Sieg der Sozialdemokratie um Jahre verzögern, ihr in jedem Fall aber hohen Blutzoll abverlangen würde. Das einzige, „wodurch das stetige Anschwellen der sozialistischen Streitkräfte in Deutschland (...) aufgehalten und selbst für einige Zeit zurückgeworfen werden könnte", glaubte Engels, sei „ein Zusammenstoß auf großem Maßstab mit dem Militär"[19]. Hauptaufgabe der Sozialdemokratie sei es daher, so der selbsternannte „Repräsentant des großen Generalstabs der Partei"[20], Wählerstimmen und Mitglieder zu gewinnen und den „sich täglich verstärkenden Gewalthaufen nicht in Vorhutkämpfen auf(zu)reiben, sondern ihn intakt zu halten bis zum Tag der Entscheidung"[21].

2. Militarismus im Kaiserreich

Lag dem sozialistischen Gegendiskurs eine säkularisierte Apokalyptik zugrunde – „Es ist der Ruf des Klassenstaats: après nous le déluge; aber nach der Sündflut kommen wir und nur wir ..."[22] –, so folgten die Machteliten des

[18] Friedrich Engels: Herrn Eugen Dührings Umwälzung der Wissenschaft (1878). In: Karl Marx/Friedrich Engels: Werke, Bd. 20. Berlin 1972, S. 158. Zur Entwicklung von Engels' Kriegstheorie vgl. Wolfram Wette: Kriegstheorien deutscher Sozialisten. Stuttgart 1971, S. 22–101; Jehuda L. Wallach: Die Kriegslehre von Friedrich Engels. Frankfurt/M. 1968; Hartmut Soell: Weltmarkt – Revolution – Staatenwelt. Zum Problem einer Theorie internationaler Beziehungen bei Marx und Engels. In: Archiv für Sozialgeschichte, XII. Jg., 1972, S. 109–184; Panajotis Kondylis: Theorie des Krieges. Stuttgart 1981, S. 146–234.

[19] Friedrich Engels: Einleitung [zu Karl Marx' „Klassenkämpfe in Frankreich 1848 bis 1850"] (1895). In: Karl Marx/Friedrich Engels: Werke, Bd. 22. Berlin 1982, S. 524.

[20] Ders.: Brief an August Bebel vom 11./12.12.1884. In: Karl Marx/Friedrich Engels: Werke, Bd. 36. Berlin 1973, S. 253.

[21] Ders.: Einleitung [zu Karl Marx' „Klassenkämpfe in Frankreich 1848 bis 1850"], S. 524.

[22] Friedrich Engels: Brief an August Bebel vom 17.11.1885. In: Marx/Engels: Werke, Bd. 36, S. 391.

neugegründeten Deutschen Reichs einem gegenläufigen Modell politischer Theologie: Als weltlicher „Katechon“[23], als Aufhalter, sollte der starke Staat die Kräfte der Unordnung bannen und einen festen Damm gegen die „rote Flut“ bilden. Mit einem „Tag der Entscheidung“, dem die Sozialdemokraten so zuversichtlich entgegenblickten, rechneten auch ihre Gegner. Doch während die Führer der Arbeiterpartei sich darüber ausschwiegen, was an diesem Tag denn geschehen solle, lagen in den Schubladen von Regierung und Generalstab detaillierte Staatsstreich- und Bürgerkriegsszenarien bereit.

Die Frontstellung gegen die sozialistischen „Reichsfeinde“ war schon im Gründungsmythos des neugeschaffenen Nationalstaats präsent: Zur Ursprungserzählung des Deutschen Reichs von 1871 gehörten nicht nur die Sedanschlacht und der Tag von Versailles, sondern auch die „Gräuelscenen der Pariser Commune“[24], die vor den Augen der deutschen Besatzung und mit ihrer aktiven Beihilfe von französischen Regierungstruppen niedergeschlagen worden war. Für jeden Patrioten hatten die Sozialisten in Deutschland ihre nationale wie militärische Unzuverlässigkeit spätestens dadurch bewiesen, daß ihre Führer im Reichstag die Kriegsanleihen abgelehnt und sich leidenschaftlich zur Commune bekannt hatten. Bebels Rede nach dem Ende des Aufstands – ein Musterbeispiel revolutionären Kriegsdiskurses – hatte in den Ohren der konservativen und bürgerlichen Politiker noch lange als Drohung nachgeklungen: „Wenn auch im Augenblick Paris unterdrückt ist, dann erinnere ich Sie, daß der Kampf in Paris nur ein kleines Vorpostengefecht ist, daß die Hauptsache in Europa uns noch bevorsteht, und daß, ehe wenige Jahrzehnte vergehen, der Schlachtruf des Pariser Proletariats: Krieg den Palästen, Friede den Hütten, Tod der Not und dem Müßiggang, der Schlachtruf des gesamten Proletariats sein wird.“[25]

Daß man die Sozialdemokraten als „vaterlandslose Gesellen“ beschimpfte und bekämpfte, weist auf den konstitutiven Zusammenhang von antisozialistischer, militaristischer und nationalistischer Mobilmachung.[26] Diese drei Ideologeme verstärkten sich wechselseitig und entwickelten in den folgenden Jahrzehnten eine enorme politische Dynamik, die von den staatlichen Eliten als sozialintegrative Herrschaftstechnik strategisch eingesetzt wurde, die sich aber auch als kollektive Mentalität und mehr oder minder organisierte Bewegung „von unten“ artikulierte. Die Armee fungierte dabei als „Massensymbol

---

[23] Carl Schmitt hat den Begriff des Katechon aus der paulinischen Theologie übernommen und ins Politische gewendet; zum erstenmal in seinem Aufsatz: Beschleuniger wider Willen oder: Das Problem der westlichen Hemisphäre. In: Das Reich, 19.4.1942. Vgl. dazu auch Günter Meuter: „Der Katechon“. Carl Schmitts fundamentalistische Kritik der Moderne. Berlin 1994.

[24] Flugblatt „Das deutsche Volksfest“ vom Sommer 1871, zit. nach Theodor Schieder: Das Deutsche Kaiserreich von 1871 als Nationalstaat. Köln/Opladen 1961, S. 138.

[25] Zit. nach Messerschmidt: Die politische Geschichte der preußisch-deutschen Armee, S. 248.

[26] Vgl. dazu Kathrin Roller: Die „rote Gefahr“. Das Feindbild „Sozialdemokratie“ der Konservativen im frühen Kaiserreich. In: Christoph Jahr/Uwe Mai/Kathrin Roller (Hrsg.): Feindbilder in der deutschen Geschichte. Berlin 1994, S. 81–114.

der geeinten deutschen Nation", wirksam selbst in jenen, „die sich hochmütig gegen alles, was an Menge gemahnte, abzugrenzen verstanden"[27]. Als „Erziehungsschule" verkörperte und vermittelte sie wie keine andere Institution die patriotischen Primär- und Sekundärtugenden, von der militärischen Stärke hing die Reichweite der als nationale Selbstbehauptung legitimierten Weltmachtambitionen ab, und schließlich bot allein die bewaffnete Gewalt wirksamen Schutz vor der „roten Gefahr".

Der militärische Erfolg über Frankreich hatte, so wiederum der Ursprungsmythos, die Reichsgründung erst möglich gemacht. Während 1848/49 die Truppen der deutschen Staaten, allen voran die preußischen, gewaltsam die nationalstaatliche Einigung verhindert hatten, hatte zwei Jahrzehnte später ihr Sieg die Bismarcksche Nationalisierung von oben besiegelt. Das sicherte dem Militär nicht nur ein enormes gesellschaftliches Prestige, sondern auch eine privilegierte Machtposition innerhalb des politischen Systems. Das Bürgertum hatte aus Furcht vor dem Aufbegehren der besitzlosen Klassen zu weiten Teilen schon im Revolutionsjahr seine traditionelle Abneigung gegen stehendes Heer und Dienstpflicht aufgegeben; die im Zeichen des kriegerischen Triumphs erfolgte Reichsgründung versöhnte es vollends mit der Militärmonarchie und ihrer Armee. „Deutschland, einig Vaterland" war jetzt kein Zukunftsprojekt mehr, das gegen den Partikularismus der Fürsten durchgesetzt werden mußte, sondern politische Gegenwart. Aus der Selbstenthusiasmierung bürgerlicher Intellektuellenzirkel war die offizielle Staatsideologie geworden. Gleichwohl blieben Volk und Vaterland imaginäre Größen, die beständiger Stimulierung und Feindbeschwörung bedurften. Unabschließbar war die nationale Identifikation auch in ihrer neuen Gestalt, und ihr Verschmelzen mit der politischen Herrschaft potenzierte noch die Aggressivität und praktische Gewaltbereitschaft. Statt um Schaffung des Einheitsstaats ging es jetzt um Steigerung seiner Macht. Politische Opposition, die aus ihrer Kritik an der Wehrverfassung des Obrigkeitsstaats keinen Hehl machte und zumindest rhetorisch den Internationalismus hochhielt, mußte in diesem Klima als systematische Saboteurin nationaler Interessen erscheinen. Wer die kaiserliche Armee als Instrument der Klassenherrschaft attackierte und der Öffentlichkeit immer neue Fälle von Soldatenmißhandlungen präsentierte, der „zersetzte" die Wehrkraft und frevelte an der vaterländischen Ersatzreligion.

Der Schlüsselfunktion der Armee bei der „inneren Reichsgründung" entsprach ihre formale Stellung im neuen Staat: War die Verfassungskonstruktion Ausdruck eines „dilatorischen Herrschaftskompromisses"[28] zwischen aristokratisch-vorindustriellen Schichten und den verschiedenen Strömungen des Bürgertums, so sorgte die Präponderanz des Militärischen dafür, daß sich das politische Kräfteparallelogramm zugunsten der alten Eliten verschob. Die Ideologie des unpolitischen Heeres, das sich von allem Parteienstreit fernzu-

[27] Canetti: Masse und Macht, S. 198.

[28] Wolfgang J. Mommsen: Die Verfassung des Deutschen Reiches von 1871 als dilatorischer Herrschaftskompromiß. In ders.: Der autoritäre Nationalstaat. Frankfurt/M. 1990, S. 39–65.

halten hatte, fand ihren rechtlichen Niederschlag im Reichsmilitärgesetz von 1874, das Personen des Soldatenstandes nicht nur die Teilnahme an politischen Vereinen oder Versammlungen untersagte, sondern auch verfügte, daß für die Dauer des Dienstes ihr aktives Wahlrecht ruhte. Als harter Kern monarchischer Souveränität wurde die nahezu uneingeschränkte kaiserliche Kommandogewalt über das Heer aus der preußischen in die Reichsverfassung übernommen. Der Einfluß des Reichstags in Militärangelegenheiten blieb auf das Budgetrecht beschränkt, sämtliche Fragen der Heeresverwaltung und -organisation, der Personalpolitik und des Auftrags der Armee waren der parlamentarischen Kontrolle entzogen. Praktisch ausgefüllt wurde dieses vom „Obersten Kriegsherrn" hartnäckig verteidigte absolutistische Residuum in der konstitutionellen Ordnung durch ein Geflecht rivalisierender, allein dem Kaiser verantwortlicher Behörden, als deren wichtigste sich nach der weitgehenden Entmachtung des Kriegsministeriums das Militärkabinett und der Generalstab etablierten.[29]

Lieferte die monarchische Kommandogewalt die staatsrechtliche Grundlage, so bildete die Homogenität des Offizierskorps die entscheidende soziale Voraussetzung, um die Grundstruktur des preußischen Militärsystems in den Nationalstaat hinüberzuretten. Die Dominanz des Adels bei den Offizieren konservierte die privilegierte gesellschaftliche Stellung der ostelbischen Junkerschicht, die ihre Söhne traditionell die militärische Laufbahn einschlagen ließ, vor allem aber galt der aristokratische Korpsgeist als Garant für die innenpolitische Zuverlässigkeit der Armee. Es gehörte zu den Grundüberzeugungen der traditionalen Eliten, daß ihre Macht dort ihre Grenze finde, wo „das Junkermaterial zur Besetzung der Offiziersstellen"[30] aufhört. Je größer jedoch mit wachsender Truppenstärke der Bedarf an Offizieren wurde, desto weniger reichte dieses in den Kadettenanstalten von Jugend an zurechtgeschliffene „Material" aus, so daß der Kaiser im März 1890 die Order erließ, daß angesichts des bedrohlichen Offiziersmangels bei der Auswahl künftig der „Adel der Gesinnung" den Ausschlag geben solle. Es blieb bei der Rekrutierung aus „sozial erwünschten Kreisen", doch wurden diese neu definiert: Neben den Söhnen aus Adels-, Offiziers- und Beamtenfamilien sollte auch „Söhne(n) ehrenwerter bürgerlicher Häuser, in denen die Liebe zu König und Vaterland, ein warmes Herz für den Soldatenstand und christliche Gesittung gepflanzt und anerzogen werden", die Offizierslaufbahn offenstehen.[31] Daß nicht fachliche Qualifikation, sondern Herkunft und politische Zuverlässig-

29 Stig Förster: Der doppelte Militarismus. Die deutsche Heeresrüstungspolitik zwischen Status-Quo-Sicherung und Aggression 1890–1913. Stuttgart 1985, S. 17–27; Hans-Ulrich Wehler: Das deutsche Kaiserreich 1871–1918. Göttingen [4]1980, S. 151/152.

30 General von Schweinitz, zit. nach ebd., S. 160.

31 Der Erlaß ist wiedergegeben bei Karl Demeter: Das deutsche Offizierskorps in Gesellschaft und Staat 1650 -1945. Frankfurt/M. 1962, S. 21. Vgl. dazu auch Detlef Bald: Der deutsche Offizier. Sozial- und Bildungsgeschichte des deutschen Offizierskorps im 20. Jahrhundert. München 1982, S. 38–43.

keit über die Aussichten eines Bewerbers entschieden, förderte die Anpassung des bürgerlichen Nachwuchses an den alten *esprit de corps*. Auf diese Weise gelang es, die Rekrutierungsbasis für das Offizierskorps zu erweitern, ohne dessen politische Homogenität zu erschüttern.

Entscheidender noch für die Militarisierung der wilhelminischen Gesellschaft war das Institut des Reserveoffiziers. Die Aussicht, bei ausreichender militärischer „Gesinnung" den prestigeträchtigen und karrierefördernden Status des Reserveoffiziers zu erreichen, wurde für das Besitz- und gehobene Bildungsbürgertum zum Motor seiner Unterwerfung unter die aristokratisch-militärischen Konventionen. Ein Akademiker, der es nur bis zum Unteroffizier der Reserve gebracht oder gar überhaupt nicht gedient hatte, blieb Mensch zweiter Klasse. Eckart Kehr hat in dieser „Angliederung des Bürgertums an die Armee unter Umbildung der bürgerlichen Denkweise zur Denkweise des Offiziers und Verleihung eines sozialen Nimbus an die bürgerliche Schicht, die der Würde des Reserveoffiziers teilhaftig werden konnte", die endgültige Kapitulation des deutschen Bürgertums gesehen, „das aus Furcht vor dem Umsturz der besitzlosen Klassen sich intensiv an die bestehende Machtorganisation des Staates anzuschließen strebte"[32].

Der Ausbau des Reserveoffizier-Wesens zu einem „Mittel sozialer Assimilation an den kleinadligen und monarchischen Charakter des Militärstaats" konnte zwar die „Zuverlässigkeitskrisis"[33] der Armee entschärfen, indem die Befehlsränge weiterhin mit unbedingt loyalem Personal besetzt wurden, doch es blieb das Problem der Mannschaften. Wer sollte den „inneren Feind" in Schach halten, wenn dieser selbst in die Kasernen einrückte? Für die politischen und militärischen Eliten im Kaiserreich ergab sich aus dem Entstehen eines zahlenmäßig starken und sich politisch organisierenden Industrieproletariats eine paradoxe Situation: Um die deutschen Weltmachtambitionen aufrechterhalten und beim Wettrüsten der imperialistischen Staaten mithalten zu können, waren Truppenvergrößerungen und damit eine konsequente Durchführung der allgemeinen Wehrpflicht nötig. Das aber brachte eine immer größere Zahl vermeintlicher „Umstürzler" ins Heer, was dessen innenpolitische Funktion als bewaffneter Garant der bestehenden Ordnung unterminieren mußte. Die äußere Frontstellung verlangte ein Massenheer, die innere eine Prätorianergarde.[34] In den Führungsrängen des Heeres gab es daher zeitweise

---

[32] Eckart Kehr: Zur Genesis des königlich preußischen Reserveoffiziers. In: ders.: Der Primat der Innenpolitik, S. 59/60; vgl. an diese „klassische" Studie anschließend auch Hartmut John: Das Reserveoffizierkorps im Deutschen Kaiserreich, 1890–1914. Ein sozialgeschichtlicher Beitrag zur Untersuchung der gesellschaftlichen Militarisierung im Wilhelminischen Deutschland. Frankfurt/M./New York 1981; Lothar Mertens: Das Privileg des Einjährig-Freiwilligen im Kaiserreich und seine gesellschaftliche Bedeutung. In: Militärgeschichtliche Mitteilungen, 39, 1/1986, S. 59–66.

[33] Kehr: Zur Genesis des königlich preußischen Reserveoffiziers, S. 57/58.

[34] Stig Förster hat in diesem Zusammenhang die These aufgestellt und in seiner Untersuchung über die Heeresrüstungspolitik zwischen 1890 und 1913 materialreich belegt, daß im wilhelminischen Kaiserreich diesen gegensätzlichen Heereskonzeptio-

starke Kräfte, die sich gegen eine Aufstockung der Präsenzstärke aussprachen. Der spätere Chef des Generalstabs von Waldersee, überzeugt, daß es „unbedingt zum Kampf der Besitzlosen gegen die Besitzenden" kommen werde, dachte 1877 sogar an eine Rückkehr vom Wehrpflicht- zum Berufssoldaten: „wir brauchen bald eine Armee, klein und gut bezahlt, die ohne Bedenken, sobald es verlangt wird, die Kanaille zusammenschießt. Hiermit hätten wir die Kriegerkaste, die ich schon jetzt im Offizierskorps gern vorbereitet sehen würde."[35] Doch je mehr Expansionsbestrebungen und eine Konfrontationsstrategie hart am Rande des Krieges die Außenpolitik bestimmten, desto mehr drängte ein rein quantitatives Effektivitätsdenken solche Vorstellungen einer zahlenmäßig beschränkten, aber absolut zuverlässigen Truppe zurück.

Der gleiche Grundkonflikt entzündete sich an der Frage der Dienstzeit: Nachdem 1890 der Kriegsminister mit weitgehenden Aufrüstungsplänen gescheitert war, brachte 1892 Reichskanzler Caprivi eine Heeresvorlage ein, die erhebliche Truppenvergrößerungen und eine Einberufung aller tauglichen Wehrpflichtigen vorsah.[36] Gleichzeitig sollte – nicht zuletzt aus finanziellen Gründen – die Dienstzeit für die Infanterie von drei auf zwei Jahre verkürzt werden, was zugleich die Zahl der jährlich einzuziehenden Rekruten und damit die Gesamtzahl der an der Waffe Ausgebildeten beträchtlich steigerte. Die konservativen Kräfte in der Armee, allen voran der Kaiser und seine Kamarilla, bestanden dagegen aus Sorge um die Disziplin auf Beibehaltung der dreijährigen Dienstzeit. Um aus dem „Rekrutenmaterial" eine technisch brauchbare Truppe zu formen, mochten zwei Jahre genügen, um daraus königstreue Soldaten zu machen, bereit, auf Befehl selbst Eltern und Geschwister niederzuschießen, wie es Wilhelm II. in einer Rede an Rekruten verlangt hatte[37],

---

nen zwei konkurrierende Formen des Militarismus entsprachen: Auf der einen Seite ein „konservativer Militarismus", der auf die Erhaltung des politischen Status quo fixiert war und vor allem von der Reichsleitung, den Repräsentanten der ostelbischen Agrarier und dem konservativen Teil des Offizierskorps getragen wurde. Auf der anderen Seite ein „bürgerlicher Militarismus", der sich nicht nur gegen die Arbeiterbewegung, sondern auch gegen die Macht der vorindustriellen Eliten und ihre anachronistischen Privilegien richtete, der vor allem aber eine imperialistische Großmachtspolitik verfolgte und entsprechend durch eine nach außen gerichtete Aggressivität gekennzeichnet war. Seine politischen Repräsentanten rekrutierten sich aus den rechtsradikalen Agitationsverbänden, den Nationalliberalen sowie aus Offizieren vom Schlage Ludendorffs, denen es vor allem um die technische Effizienz der Streitkräfte ging (Der doppelte Militarismus, S. 9).

[35] Alfred Graf von Waldersee, Brief an Edwin von Manteuffel vom 8.2.1877, zit. nach Ritter: Staatskunst und Kriegshandwerk, Bd. 2. München 1960, S. 360.

[36] Vgl. dazu im einzelnen Förster: Der doppelte Militarismus, S. 28–74.

[37] Der Kaiser hatte in einer anläßlich einer Rekrutenvereidigung gehaltenen Rede am 23. November 1891 erklärt: „Ihr habt Mir Treue geschworen, daß – Kinder Meiner Garde – heißt, ihr seid jetzt Meine Soldaten, ihr habt euch Mir mit Leib und Seele ergeben; es giebt jetzt einen Feind, und der ist Mein Feind. Bei den jetzigen socialistischen Umtrieben kann es vorkommen, daß Ich euch befehle, eure eigenen Verwandten, Brüder, ja Eltern niederzuschießen – was ja Gott verhüten möge –, aber auch dann müßt ihr Meine Befehle ohne Murren befolgen" (zit. nach [Wilhelm II.]:

brauchte es ein Jahr mehr. Nur wer so lange dem „erzieherischen Wirken" von Offizieren und Unteroffizieren ausgesetzt war, dem würden, so die Überzeugung der Konservativen, alle staatsfeindlichen Flausen vergangen sein. Caprivi konnte sich zwar in der Frage der Dienstzeit schließlich durchsetzen, von einer vollständigen Durchführung der allgemeinen Wehrpflicht blieb man trotz weiterer Heeresverstärkungen jedoch weit entfernt. Von hundert jungen Männern durchliefen kaum mehr als fünfzig die „Schule der Nation".[38]

Auch wenn weiterhin bevorzugt Rekruten ländlicher Herkunft eingezogen wurden,[39] stieg der Anteil sozialdemokratischer Soldaten mit jedem Jahr. Den Militärbehörden erschien es daher um so dringlicher, deren Einfluß zu neutralisieren. Diesem Ziel dienten noch vor allen Sondermaßnahmen die regulären Techniken der Gehorsamsproduktion.[40] Kasernierung, Drill, der unüberblickbare Katalog der Kleidungs-, Sauberkeits- und Grußvorschriften, die selbst den Pflichteifrigsten heillos überforderten und jeden Rekruten einem Zustand permanenter Bestrafbarkeit aussetzten, schließlich ein abgestuftes System von Sanktionen sollten jenen Typus soldatischer Disziplin erzeugen, die der ältere Moltke auf die bündige Formel „Autorität von oben, Gehorsam von unten"[41] gebracht hatte.

In den innermilitärischen Diskussionen über Ziele und Methoden der Ausbildung spielten allerdings die Veränderungen im Kriegsbild eine größere Rolle als der Auftrag, die Rekruten antisozialistisch zu imprägnieren. Wie schon in der ersten Hälfte des Jahrhunderts kreisten die Beiträge um die Verbindung von zuverlässigem Körper und zuverlässigem „Geist"; zunehmend

---

Reden des Kaisers. Ansprachen, Predigten und Trinksprüche Wilhelms II. München 1966, S. 56). In den Jahren darauf führten Sozialdemokraten diese Rede immer wieder als Beleg für die gegen ihre Partei gerichteten Staatsstreichabsichten der Militärführung an.

38 Gerhard A. Ritter: Staat, Arbeiterschaft und Arbeiterbewegung in Deutschland. Bonn 1980, S. 31. Vgl. dazu auch Stig Förster: Militär und staatsbürgerliche Partizipation. Die allgemeine Wehrpflicht im Deutschen Kaiserreich 1871–1914. In: Foerster (Hrsg.): Die allgemeine Wehrpflicht, S. 55–70.

39 Wehler: Das deutsche Kaiserreich, S. 162; Stig Förster: Alter und neuer Militarismus im Kaiserreich. In: Jost Dülffer/Karl Holl (Hrsg.): Bereit zum Krieg. Kriegsmentalität im wilhelminischen Deutschland 1890–1914. Göttingen 1986, S. 141/142 (Anm. 19). Neben der Angst vor einer sozialdemokratischen Unterwanderung der Armee dürfte bei der verstärkten Einberufung ländlicher Dienstpflichtiger auch die im zeitgenössischen militärischen Denken vorherrschende Auffassung mitgespielt haben, „daß die Dumpfheit der Städte und der Industriegebiete, die sitzende Lebensweise unserer Arbeiterbevölkerung, die Neigung zu Alkohol und Nikotin allmählich, ganz allmählich eine Herabminderung der soldatischen Eigenschaften an sich bedingen muß" (zit. nach Dieter Storz: Kriegsbild und Rüstung vor 1914. Herford 1992, S. 310).

40 Vgl. dazu exemplarisch den autobiographischen Bericht über seine Militärzeit von Franz Rehbein: Aus dem Leben eines Landarbeiters (1911). Neuwied 1973, S. 168–209.

41 Helmuth Graf von Moltke: Über Arreststrafen (1872). In: ders.: Leben und Werk in Selbstzeugnissen, hrsg. von Max Horst. Leipzig o.J., S. 437.

wichtiger wurde die Frage nach dem Verhältnis von Eigeninitiative und zentraler Steuerung im Gefecht. Das traditionelle Verständnis von Befehl und Gehorsam war noch an der Linienkriegführung des 18. Jahrhunderts orientiert, als im Wortsinn jeder Schritt und jeder Handgriff auf Kommando erfolgt war. In einer offenen Gefechtsform wie dem Schützenschwarm dagegen veränderte sich die Funktion des Kommandos: Statt minutiös das Verhalten des einzelnen Soldaten zu reglementieren, mußten jetzt Aufträge erteilt werden, die genauen Modalitäten der Ausführung aber den Befehlsempfängern überlassen bleiben. Welche Konsequenzen sich daraus für die Disziplinierungspraxis ergaben, war in der militärischen Fachliteratur höchst umstritten. Grundsätzlich einig war man sich darin, daß es nicht Drill *oder* Erziehung, sondern Drill *und* Erziehung heißen müsse,[42] über den Stellenwert der Formalausbildung gingen die Auffassungen allerdings auseinander. Die Kritiker der herkömmlichen Praxis betonten, ein starres Festhalten an den überlieferten Drillanforderungen widerspreche der in den zeitgemäßen Kampfformen notwendigen Selbsttätigkeit und Flexibilität des einzelnen Soldaten. Sie forderten deshalb, den Drill zugunsten der eigentlichen Gefechtsausbildung auf ein Mindestmaß zu reduzieren. Die Vertreter der Gegenpartei wiederum rechtfertigten das Einexerzieren von Gewehrgriffen und Parademarsch gerade mit den gesteigerten Belastungen sowie Kontroll- und Führungsproblemen auf dem modernen Schlachtfeld. „In der sorgfältigen Einzelausbildung und im straffen geschlossenen Exerzieren der Kompagnie nachzulassen", warnte etwa der Militärschriftsteller Hugo Freiherr von Freytag-Loringhoven, „würde aller Kriegserfahrung widersprechen. Die stramm gedrillte Truppe hat dort, wo sie gut geführt wurde, stets ihren Mann gestanden. Dagegen ist es eine oft erwiesene Tatsache, daß ungeschulte Truppen im Felde nicht aus Mangel an Tapferkeit und gutem Willen versagt haben, auch nicht (...) aus Mangel an Schießfertigkeit und Fähigkeit, sich den Anforderungen des Schützengefechts anzupassen, sondern weil der feste Drill fehlte, der sie zu einem unbedingt sicheren Werkzeug in der Hand des höheren Führers auch außerhalb der Schlacht machte, und der allein durch die der Truppe auf dem Exerzierplatz anerzogene Genauigkeit der Bewegungen erziehlt wird."[43] Die Kontroverse blieb bis zum Ausbruch des Weltkriegs ohne eindeutigen Sieger, wenn auch – ablesbar an den Modifikationen in den Reglements von 1888 und 1906 – die langfristige Tendenz zu einer Verminderung des Drills ging. Die körperliche Dressur diente längst nicht mehr dazu, gefechtsrelevante Bewegungsfolgen einzuüben, als Mittel zur Erzeugung routinisierter Gehorsamsbereitschaft unter Extrembedingungen blieb sie jedoch unentbehrlich.

Stärker als früher wurden die Abrichtungspraktiken jetzt auch völkerpsychologisch legitimiert: „Die deutsche Disciplin", hieß es in einem Aufsatz aus dem Jahre 1884 noch eher appellativ, „soll weiter dringen, als es eine

---

[42] So Wilhelm II. gegenüber dem österreichischen Militärattaché, zit. nach Storz: Kriegsbild und Rüstung vor 1914, S. 117.

[43] Zit. nach ebd., S. 116.

gewöhnliche Vorschrift vermag. Sie ist darauf berechnet, bis in das Innerste des Gemüths zu wirken, wohin keine menschliche Kraft zu reichen pflegt." Gegründet „auf die faktische Anstrengung aller Willenskräfte" stelle sie „das Interesse des Dienstes bei jeder, auch der unbedeutend scheinenden Gelegenheit als das höchste Ziel aller Bestrebungen eines deutschen Soldaten dar"[44]. Im Militärwochenblatt avancierte sie zwei Jahre vor Ausbruch des Weltkriegs dann zur nationalen Basistugend, die das kaiserliche Heer von den Truppen der anderen Mächte unterscheiden sollte: Während Frankreich auf „Elan und Findigkeit der Soldaten" vertraue, Rußland auf „Standhaftigkeit und Folgsamkeit", England auf „freiwilligen Dienst und Stählung durch Sport" setze und das japanische Heer durch „Patriotismus und die dem Naturvolk anhaftende Nervenlosigkeit" gekennzeichnet sei, beruhe die Stärke der deutschen Armee auf ihrer Disziplin.[45]

Zielte schon die allgemeine Abrichtungspraxis auf bedingungslose Subordination auch der „vaterlandslosen Gesellen", so traf die Armeeführung darüber hinaus noch spezielle Vorkehrungen, um eine „Infizierung" der Truppe mit sozialdemokratischen Lehren auszuschließen.[46] Der kontrollierende Blick fand dabei seine Grenze nicht an den Kasernenmauern, sondern durchdrang auch das zivile Leben: Seit Mitte der 80er Jahre wurden dienstpflichtige Sozialdemokraten in Schwarzen Listen erfaßt. Die Polizeibehörden in den Heimatorten waren angehalten, „zielbewußte und führende Elemente", zeitweise sogar sämtliche Anhänger der Partei an die zuständige Ersatz-Kommission zu melden, eine Praxis, die Denunziationen und Willkür geradezu herausforderte. Eine „leidenschaftslose Behandlung und der erziehende Ernst des Dienstes" sollten die Gemeldeten dann „zu patriotischem Denken und Fühlen" zurückführen. Falls das nichts fruchtete, sahen entsprechende Erlasse die Strafversetzung in gesonderte Arbeiter-Abteilungen vor.[47] Generell blieben Sozialdemokraten alle Beförderungsmöglichkeiten, selbst die zum Unteroffizier, versperrt. Nicht einmal die Berechtigung zum Dienst als Einjährig-Freiwillige, für die sonst nur ein entsprechender Schulabschluß verlangt wurde, konnten sie erhalten.[48] Als weniger zweckdienlich erwies sich die Verteilung politisch suspekter Rekruten auf ländliche Garnisonen, die man vor allem in der Zeit des Sozialistengesetzes zwischen 1878 und 1890 praktizierte. Allzu

---

44 Georg Freiherr von der Goltz: Einiges über die Disciplin in der deutschen Armee. In: Internationale Revue, 2. Jg., 1884, S. 142.

45 Zit. nach Storz: Kriegsbild und Rüstung vor 1914, S. 128.

46 Vgl. zum folgenden Reinhard Höhn: Die Armee als Erziehungsschule der Nation. Das Ende einer Idee. Bad Harzburg 1963; ders.: Sozialismus und Heer, Bd. 3, Bad Harzburg 1969. Zur Kritik der impliziten Volksgemeinschaftsideologie dieser voluminösen Studien vgl. Wolfram Wette: Sozialismus und Heer. Eine Auseinandersetzung mit R. Höhn. In: Archiv für Sozialgeschichte, XIV. Jg., 1974, S. 610–622.

47 Vgl. zu den Arbeiter-Abteilungen die Erfahrungsberichte Betroffener: Victor Buhr: Der Sozialismus in der deutschen Armee. Selbst-Erlebtes. Berlin 1893; Hermann Schöler: Militärische Schreckensbilder in Friedenszeiten, II. Theil: Ein Jahr Arbeitssoldat. Stuttgart 1895.

48 Kehr: Zur Genesis des königlich preußischen Reserveoffiziers, S. 62.

oft führte das statt zur beabsichtigten Isolierung zur Ausbreitung der „zersetzenden" Lehren in bis dahin „sozialistenfreien" Orten. Der Besitz und erst recht die Verbreitung sozialdemokratischer Schriften wurden nach dem Militärstrafrecht verfolgt, der Besuch politischer Veranstaltungen war Soldaten verboten. Wiederholte Durchsuchung von Schlafräumen und Spinden, Postüberwachung sowie Kontrolle ziviler Kasernenbesucher sollten staatsfeindliche Literatur zutage fördern. Die Ergebnisse dieser Fahndungen blieben mager; um so härtere Sanktionen trafen allerdings diejenigen, bei denen etwas gefunden wurde. Die Überwachung erstreckte sich auch auf die Freizeit: Für Wirtshäuser, in denen Parteiversammlungen stattfanden oder regelmäßig Sozialdemokraten verkehrten, verhängten die Garnisonskommandeure spezielle Militärverbote, die in manchen Städten zeitweise auch auf sozialdemokratische Handwerker, Ärzte und Rechtsanwälte ausgedehnt wurden. Der Zutritt zu Wohnungen von Sozialdemokraten war Militärpersonen generell untersagt.

Die systematischen Überwachungsmaßnahmen wurden flankiert von verstärkten Anstrengungen zur ideologischen Immunisierung der Soldaten, wozu insbesondere der „christliche Geist" und die „vaterländische Geschichte" in Dienst genommen wurden. Die formelhaften Predigten der Militärgeistlichen, die gegen „Atheismus" und „Materialismus" wetterten und „Königstreue und Vaterlandsliebe um des Herrn willen" verkündeten, waren allerdings ebenso wenig geeignet, sozialdemokratische Rekruten wieder auf den Pfad der Tugend zurückzuführen, wie die Versuche, die militärische Ausbildung mit einem aus patriotischen Heldenmythen zusammengesetzten Geschichtsunterricht anzureichern.

Wirkungsvoller waren dagegen Initiativen, die dem Bedürfnis der Soldaten nach Geselligkeit entgegenkamen wie die feierlichen Militärspektakel aus Anlaß des Sedanstags und der Herbstmanöver.[49] Die Truppenaufmärsche und Huldigungsrituale vor dem „Obersten Kriegsherrn" demonstrierten jedem Soldaten anschaulich Macht und Würde des Obrigkeitsstaats und verlängerten ebenso wie der Aufbau von Reservistenverbänden[50] zugleich die militärische Wertordnung ins zivile Leben. Die Kriegervereine zählten um 1890 bereits über 400.000 Mitglieder, fünfzehn Jahre später waren es mehr als zwei Millionen. Von staatlicher Seite wurde versucht, sie gezielt als Werkzeuge antisozialistischer Agitation einzusetzen, aber noch vor aller direkten Indoktrination ging vom Wunsch, dazuzugehören und zusammen mit den „alten Kameraden" feiern zu können, ein politischer Konformitätsdruck aus. Wenn auch eher

---

[49] Vgl. dazu Jakob Vogel: Militärfeiern in Deutschland und Frankreich als Rituale der Nation (1871–1914). In: Etienne François/Hannes Sigrist/Jakob Vogel (Hrsg.): Nation und Emotion. Deutschland und Frankreich im Vergleich. 19. und 20. Jahrhundert. Göttingen 1995, S. 199–231.

[50] Vgl. dazu Thomas Rohkrämer: Der Militarismus der „kleinen Leute". Die Kriegervereine im Deutschen Kaiserreich 1871–1914. München 1990; Klaus Saul: Der „Deutsche Kriegerbund". Zur innenpolitischen Funktion eines „nationalen" Verbandes im kaiserlichen Deutschland. In: Militärgeschichtliche Mitteilungen, 6, 2/1969, S. 95–159.

Bierseligkeit als nationalistische Kampfstimmung die Vereinsversammlungen prägte – „Es wird eine Rede gehalten, dann wird ‚Hurrah' gerufen, man singt darauf ‚Heil Dir im Siegerkranz', dann wird getrunken und Bratwurst gegessen"[51], beschreibt ein Zeitgenosse ihren stereotypen Ablauf –, so gedieh doch gerade in dieser Atmosphäre dumpf-dröhnender Männerbündelei der Typus des wilhelminischen Untertanen, dem Gehorsam gegen die Autoritäten zur zweiten Natur geworden war und der schon deshalb mit „vaterlandslosen Gesellen" nichts zu schaffen haben wollte.[52]

Das Kriegervereinswesen bildete eine Schnittstelle zwischen Militarismus „von oben" und „von unten". Die staatlichen Instrumentalisierungsversuche belegen zugleich, daß die Militärmonarchie bei der Abwehr der Sozialdemokratie nicht mehr allein auf repressive und disziplinarische Methoden setzte, sondern die Möglichkeiten zu nutzen begann, die sich aus einer systematischen Mobilisierung der Öffentlichkeit ergaben. Vorreiter dabei waren das Reichsmarineamt unter Tirpitz und der Deutsche Flottenverein, die – von der Armee zunächst mißtrauisch beäugt – ab 1897 eine bis dahin nicht dagewesene Propagandamaschinerie in Gang setzten und dafür sorgten, daß die im Zeichen nationaler Sammlung und imperialistischer Expansion vorangetriebene Flottenpolitik sich auf eine breite Basis in Reichstag und Bevölkerung stützen konnte.[53] Bezogen auf seine außenpolitische Aggressivität wie auf die Methoden der Massenmobilisierung trug hier der wilhelminische Militarismus bereits präfaschistische Züge.

3. Proletarischer Patriotismus und parlamentarischer Antimilitarismus

Von einer Unterwanderung des Heeres durch die Sozialdemokratie konnte indes nicht die Rede sein, auch wenn man ihr in Militärkreisen geradezu paranoisch entsprechende Aktivitäten unterstellte. Da ja ohnehin „unaufhaltsam wie ein Schicksalsschluß" der Augenblick heranrückte, an dem die Armee „in ihrer Majorität sozialistisch sein" und der Regierung „entschlüpfen" würde[54], verlegte die Partei sich auf einen streng legalen Antimilitarismus, der den Reichstag zu seiner Haupttribüne machte. Dort nutzten die Sozialdemokraten insbesondere die zunächst alle sieben, später alle fünf Jahre anstehenden Debatten über den Militärhaushalt, um die Zustände im Heer anzuprangern und die allgemeine Volksbewaffnung zu fordern. Die entschiedenste antimilitari-

---

51 Zit. nach Jakob Vogel: Bratwurst im Siegerkranz. Zwei Studien zu den Kriegervereinen im Kaiserreich: Nationalrausch oder Bierseligkeit? In: Frankfurter Allgemeine Zeitung, 13.3.1991

52 Heinrich Mann hat in „Der Untertan" (1918) diesem Sozialcharakter mit der Gestalt des Diederich Heßling ein literarisches Denkmal gesetzt.

53 Wilhelm Deist: Armee und Arbeiterschaft 1905–1918. In: Francia, Bd. 2, 1974, S. 464.

54 Friedrich Engels: Der Sozialismus in Deutschland (1892). In: Marx/Engels: Werke, Bd. 22, S. 251.

stische „Tat“ der Partei blieb denn auch die regelmäßige Ablehnung des Militäretats. Ihre Parole, „Diesem System keinen Mann und keinen Groschen!“, war nicht Anstiftung zu Kriegsdienstverweigerung und Steuerboykott, sondern Abstimmungsanweisung für die Abgeordneten.

Diese Fixierung auf parlamentarische Praxis war nicht zuletzt ein Ergebnis staatlicher Repressionsmaßnahmen: In den Jahren des Sozialistengesetzes zwischen 1878 und 1890, als die Partei durch Presse- und Versammlungsverbote, Ausweisungen und gerichtliche Verfolgung in die Illegalität gezwungen wurde, waren Wahlversammlungen und die Reichstagssitzungen die einzigen Gelegenheiten, bei denen Sozialdemokraten öffentlich auftreten konnten. Das stärkte nicht nur die innerparteiliche Stellung der Abgeordneten, sondern führte auch dazu, daß Reichstagswahlen und -tätigkeit immer mehr ins Zentrum der politischen Agitation rückten[55], ein Vorgang, der durch die Suggestivkraft der trotz Unterdrückung steigenden Wählerzahlen noch unterstützt wurde.

Dem Vordringen des Souveränitätsdiskurses in der Sozialdemokratie entsprach ein Typus von Opposition, der einerseits bei jeder sich bietenden Gelegenheit zu beweisen suchte, daß die zur Begründung der staatlichen Anfeindungen und Repressionen angeführten Vorwürfe jeglicher Grundlage entbehrten, der andererseits den eigenen Anhängern gegenüber keinen Zweifel an seiner prinzipiellen Gegnerschaft zum Obrigkeitsstaat aufkommen ließ.[56] Das führte zu einer Strategie nicht der Um*wertung*, sondern der Um*deutung* aller Werte, aus denen sich die Staatsideologie des Kaiserreichs zusammensetzte. Das Argumentationsmuster war dabei stets ähnlich: Man bestritt nicht generell die Berechtigung von nationaler Identifikation und Aufopferung, aber man verlegte das Objekt von der Gegenwart in die Zukunft und ersetzte (oder ergänzte auch nur) die historisierenden oder biologisierenden Ideologien des Nationalen durch einen an demokratische Herrschaft und soziale Integration gebundenen Volks-Begriff. Die „Volksgemeinschaft“[57] war nicht auf-

---

[55] Gerhard A. Ritter: Staat, Arbeiterschaft und Arbeiterbewegung, S. 39.

[56] Zum sozialdemokratischen Antimilitarismus bis 1914 vgl. Groh: Negative Integration und revolutionärer Attentismus; Friedhelm Boll: Frieden ohne Revolution? Friedensstrategien der deutschen Sozialdemokratie vom Erfurter Programm 1891 bis zur Revolution 1918. Bonn 1980; ders.: Die deutsche Sozialdemokratie zwischen Resignation und Revolution. In: Wolfgang Huber/Johannes Schwerdtfeger (Hrsg.): Frieden, Gewalt, Sozialismus. Stuttgart 1976, S. 179–281; Karl-Heinz Rambke: Diesem System keinen Mann und keinen Groschen? Sozialdemokratische Wehrpolitik 1907–1914. Phil. Diss. Würzburg 1983; Ho-Seong Park: Sozialismus und Nationalismus. Berlin 1986; Jürgen Rojahn: Arbeiterbewegung und Kriegsbegeisterung. Die deutsche Sozialdemokratie 1870–1914, In: Marcel van der Linden/ Gottfried Mergner: Kriegsbegeisterung und mentale Kriegsvorbereitung. Berlin 1991, S. 57–71; Dieter Groh/Peter Brandt: „Vaterlandslose Gesellen“. Sozialdemokratie und Nation 1860–1990. München 1992, S. 13–157; Nicholas Stargardt: The German Idea of Militarism. Radical and Socialist Critics, 1866–1914. Cambridge 1994.

[57] Der Begriff „Volksgemeinschaft“ gehörte durchaus zum gängigen Vokabular der Partei. Für Karl Leuthner etwa entsprach „die Art, wie der Kampf der Sozialdemo-

grund gemeinsamer Geschichte oder rassischer Homogenität immer schon da, wie es die Interessenten der bestehenden Ordnung behaupteten, sondern mußte gegen Minderheitenherrschaft und ökonomische Ausbeutung erst hergestellt werden. Gegen die Unterstellung nationaler Unzuverlässigkeit setzten die Sozialdemokraten ihre Losung vom „proletarischen Patriotismus". Hieß es im „Kommunistischen Manifest" noch, „die Arbeiter haben kein Vaterland"[58], so machte die SPD mit Kautsky daraus ein: sie haben „noch kein Vaterland, sie wollen es sich aber erobern"[59]. Als wirkliche Patria wollten sie zwar erst den sozialistischen Zukunftsstaat anerkennen, wurden aber nicht müde zu versichern, falls Deutschlands Existenz durch äußere Aggressoren, zumal durch den „russischen Despotismus", bedroht werde, seien sie selbstverständlich auch schon vorher bereit, „die Flinte auf die Schulter zu nehmen und unseren deutschen Boden zu verteidigen"[60].

Unpatriotisch seien nicht sie selbst, so die Sozialdemokraten weiter, sondern die ihrem „inneren Wesen nach weit mehr international als national" eingestellte „herrschende Klasse": Dem Kapitalisten sei es schließlich gleichgültig, „ob ihm sein Geld die engeren Landsleute oder Feinde seines Landes verdienen, und seien es Heiden oder Andersfarbige, das stört nicht sein kapitalistisches Nationalgefühl und seine politische Ehre"[61]. Den Vorwurf, mit ihrer Ablehnung der Militärpolitik lieferten sie das Reich schutzlos seinen Feinden aus, konterten die Sozialdemokraten mit dem Hinweis, die Sozialistenfurcht der Armeeführung selbst verhindere eine größtmögliche Ausschöpfung der Wehrkraft, und verwiesen im übrigen auf ihr Parteiprogramm und die dort erhobene Forderung nach „allgemeiner Wehrhaftigkeit". Die „bewunderungswürdige Genialität der parlamentarischen Praxis der deutschen Sozialdemokratie" bestehe darin, hieß es in einem Grundsatzartikel zur Frage des Antimilitarismus, „dass sie den Missbrauch des Heeres vom Standpunkte des Heeres aus bekämpft"[62].

Als besonders öffentlichkeitswirksam erwies sich dabei die Skandalisierung der Soldatenmißhandlungen. Seit 1890 passierte kein Militäretat den Reichstag ohne eine von der SPD angefachte Debatte über dieses Konservati-

---

kratie gegen den Militarismus in der Fürsorge für den Soldaten und die Widerstandskraft eine positive Wendung gewinnt, den Stimmungen und Gefühlen einer Volksgemeinschaft, in der jeder taugliche Mann dem Dienst der Kaserne verfällt" (Sozialdemokratischer Antimilitarismus, S. 625). Vgl. exemplarisch zur Annäherung an nationalistische und völkische Ideologeme auch Eduard David: Sozialdemokratische Briefe über Vaterlandsliebe. In: Die Neue Gesellschaft, 1. Jg., 1905, S. 51–53, 78/79, 102–104, 125–127, 171–173, 246–249, 299–301.

58 Karl Marx/Friedrich Engels: Manifest der Kommunistischen Partei (1848). In: dies.: Werke, Bd. 4. Berlin 1959, S. 479.

59 Kautsky: Patriotismus, Krieg und Sozialdemokratie, S. 346/347.

60 August Bebel in einer Reichstagsrede aus dem Jahr 1904, zit. nach Christoph Butterwegge/Heinz-Gerd Hofschen: Sozialdemokratie, Krieg und Frieden. Heilbronn 1984, S. 63.

61 August Bebel: Nicht stehendes Heer sondern Volkswehr! Stuttgart 1898, S. 6/8.

62 Leuthner: Sozialdemokratischer Antimilitarismus, S. 626.

ven und Militärbehörden höchst unangenehme Thema.[63] In aller Ausführlichkeit dokumentierten die sozialdemokratischen Redner immer neue Fälle von Rekrutenschinderei, aber auch von Kameradenmißhandlungen, belegten die Wirkungslosigkeit der Erlasse, mit denen die Kommandobehörden Übergriffe von Vorgesetzten gegenüber Untergebenen zu unterbinden suchten, und betonten, „daß alle diese Uebelstände weit weniger an den Personen als an dem System liegen, daß das System es ist, das von Grund aus umgewandelt werden muß, wenn eben diese Mißhandlungen (...) verschwinden sollen"[64]. Der Grund für die ebenso menschenunwürdigen wie im Sinne militärischer Effizienz kontraproduktiven Grausamkeiten liege „in der Hauptsache darin, daß die Vorgesetzten ein Maß von Leistungen bei den ihnen zur Ausbildung übergebenen Mannschaften aufweisen sollen, das von den geistig unterentwickelten und körperlich schwerfälligeren Naturen in der vorgeschriebenen Zeit kaum erlangt werden kann. Daneben spielt allerdings der von Alters her im Militär genährte Glaube, daß es ohne harte Schimpfworte nicht gehe, und die weit verbreitete souveräne Verachtung gegen die ‚Kerls' ebenfalls eine große Rolle."[65] Opfer der Mißhandlungen wurden weniger Sozialdemokraten – aus Furcht, Übergriffe könnten publik gemacht werden, hielten sich ihnen gegenüber die militärischen Vorgesetzten eher zurück –, sondern in der Regel unsichere oder ängstliche Rekruten, die häufig auch von ihren Kameraden tyrannisiert wurden.

Abhilfe schaffen konnte aus sozialdemokratischer Sicht letztlich nur eine andere Heeresorganisation, die Ersetzung des stehenden Heeres durch eine Volkswehr. Doch neben dieser Maximalforderung zeigte man durchaus Sinn für pragmatische Reformen. Dabei bekämpfte man in der Tat die Mißstände im Heer „vom Standpunkt des Heeres aus"; der sozialdemokratische Antimilitarismus gipfelte in einem Programm zur konsequenteren Militarisierung der Gesellschaft: Bebel, ein ausgewiesener Experte in Heeresfragen, legte nicht nur detaillierte Vorschläge zur Rationalisierung der Truppenausrüstung und

---

63 Vgl. dazu Hartmut Wiedner: Soldatenmißhandlungen im Wilhelminischen Kaiserreich (1890–1914). In: Archiv für Sozialgeschichte, XXII. Jg., 1982, S. 159–199.

64 August Bebel: Rede im Reichstag am 15.2.1892. Stenographische Berichte über die Verhandlungen des deutschen Reichstags, Bd. 119, S. 4215.

65 Ders.: Nicht stehendes Heer sondern Volkswehr!, S. 50. Friedrich Engels führte noch einen weiteren, ganz materialistischen Grund für die endemische Zunahme der Mißhandlungen an: „Mit dem glattläufigen Vorderlader war es ein leichtes, beim Manöver einen Kiesel auf die Platzpatrone in den Lauf rollen zu lassen, und da kam es oft genug vor, daß verhaßte Vorgesetzte beim Manöver aus Versehen erschossen wurden. (...) Jetzt, mit dem kleinkalibrigen Hinterlader, geht das nicht mehr so leicht und so unbemerkt; dafür gibt uns die Statistik der Selbstmorde in der Armee den Barometerstand der Soldatenschinderei ziemlich genau an" (Kann Europa abrüsten? [1893]. In: Marx/Engels: Werke, Bd. 22, S. 394). – Ob allerdings die Zahl der Soldatenmißhandlungen und -selbstmorde wirklich anstieg oder ob dank der sozialdemokratischen Opposition nur in wachsendem Umfang öffentlich wurde, was in früheren Zeiten weitgehend unbemerkt und unbestraft geblieben war, ist schwerlich zu sagen.

-ausbildung vor, die den Vorgesetzten die Abrichtung der Rekruten erleichtern sollten, sondern forderte aus gleichem Grunde auch eine systematische vormilitärische Wehrertüchtigung: „Die Ausbildung der Mannschaften muß dahin gehen, die männliche Jugend so früh als möglich für den Dienst als künftige Vaterlandsverteidiger vorzubereiten. (...) Die Art und Dauer dieser Uebungen fänden auf Grund von Vereinbarungen zwischen der obersten Schul- und Militärverwaltung statt und würden schließlich gesetzlich sanktionirt. Alle diese Uebungen hätten etwa mit dem vollendeten zehnten Lebensjahr zu beginnen und währten bis zum Abgang von der Schule. Vom vollendeten elften oder zwölften Lebensjahr könnten Uebungen mit zweckentsprechend nachgebildeten Waffen vorgenommen werden, verbunden mit Recognoszierungsmärschen und Felddienstübungen. Die Jugend würde sich allen diesen Uebungen zweifellos mit großem Feuereifer widmen."[66]

Gegen die von militärischer Seite gebetsmühlenhaft wiederholte Behauptung schließlich, die Sozialdemokratie untergrabe die „Manneszucht" und verführe die Soldaten zum Ungehorsam, wies man nicht nur auf zahlreiche Parteitagsbeschlüsse hin, die sich scharf gegen eine politische Betätigung in der Armee aussprachen, sondern rühmte sich auch der erzieherischen Wirkung des Parteigehorsams: „Wo gibt es in Deutschland außer im Heere noch ein höheres Maß an Disziplin als in der sozialdemokratischen Partei und in den modernen Gewerkschaften?", fragte Gustav Noske 1907 im Reichstag, werde doch der Partei kurioserweise von denselben politischen Kräften, die ihr subversive Aktivitäten unterstellten, immer wieder vorgehalten, „daß wir eine zu stramme Disziplin in unseren Reihen forderten, und daß wir von dem einzelnen Mann Unterordnung verlangten im Interesse seiner Klasse"[67].

In der gleichen Rede – seiner ersten als Reichstagsabgeordneter – hatte Noske es als „verdammte Pflicht und Schuldigkeit" jedes Sozialdemokraten bezeichnet, „dafür zu sorgen, daß das deutsche Volk nicht etwa von irgend einem anderen Volk an die Wand gedrückt wird"[68]. Mehr noch als seine militärpolitischen Positionen hatte der „Kriegervereinston", auf den seine Rede gestimmt war, viele seiner Parteigenossen empört und eine heftige Kontroverse über die Frage der „Vaterlandsverteidigung" angestoßen. Hintergrund der Auseinandersetzung, die sich an Noskes Reichstagsdebüt anschloß, durch Veröffentlichungen Karl Liebknechts und eine Welle antimilitaristischer Aktivitäten in Frankreich weiteren Zündstoff erhielt und in den Debatten des Internationalen Sozialistenkongresses in Stuttgart und des Essener Parteitags kulminierte, war nicht zuletzt eine Wahlniederlage der SPD, die im Januar 1907 nach einem von Seiten der rechten Parteien extrem nationalistisch geführten Wahlkampf zum ersten Mal nach mehr als zwanzig Jahren Stimmenverluste hatte hinnehmen müssen. Mit ihrer Beschuldigung, die Sozialdemokraten seien, weil prinzipielle Gegner nationaler Wehr- und Weltpolitik, Hochverräter per Parteibuch,

---

66 Bebel: Nicht stehendes Heer sondern Volkswehr!, S. 50/51.

67 Gustav Noske: Rede im Reichstag am 25.4.1907. Stenographische Berichte über die Verhandlungen des deutschen Reichstags, Bd. 228, S. 1100.

68 Ebd., S. 1098.

nötigten die imperialistischen Kräfte der SPD eine Klärung der eigenen Haltung geradezu auf. In der Folge spitzten sich die innerparteilichen Flügelkämpfe zu: Während die SPD-Linke ihre Klassenkampfagitation radikalisierte und eine entsprechend revolutionäre Rhetorik pflegte, suchte der rechte Flügel eine Annäherung an die Ideologien des wilhelminischen Staats. Zu keinem anderen Zeitpunkt erreichte die Diskussion über Strategie und Taktik des sozialdemokratischen Antimilitarismus eine solche Dichte wie in diesem Jahr.

Eduard Bernstein etwa, theoretischer Kopf des Revisionismus, hielt die Nation nicht als ethnische „Abstammungsgemeinschaft", sondern als „soziologische Funktion" für durchaus progressiv und folgerte, daß in diesem Sinne auch „der Sozialismus national sein" könne und müsse: „Das Weltbürgertum, diese herrliche Errungenschaft der Kultur, wird, wo die Beziehung zu nationalen Aufgaben und nationalen Pflichten fehlen, zum schwammigen, charakterlosen Parasitismus. Selbst wenn wir singen, *Ubi bene, ibi patria*, erkennen wir noch eine *patria* an und, gemäss dem Motto *Keine Rechte ohne Pflichten*, auch Pflichten gegen sie."[69] Das Horaz'sche *dulce et decorum est pro patria mori*, das an solchen Stellen den patriotischen Pflichtdiskurs zu krönen pflegt, ließ Bernstein zwar aus, dafür versuchte er sich an einer Ehrenrettung des „vieldeutigen" Begriffs Militarismus: Als Militärherrschaft oder „Einrichtung eines vom Volk durch besondere Abhängigkeitsverhältnisse geschiedenen Heeres" habe die Sozialdemokratie ihn stets bekämpft und werde ihn auch weiter bekämpfen. Verstehe man darunter „aber die Erziehung des Volkes zur Wehrhaftigkeit und die Erhaltung der Nation im Stande der wirksamen Selbstverteidigung, zu der selbstverständlich auch die Fähigkeit gehört, im Notfall den Feind nicht nur ausser Landes zu treiben, sondern auch ausser Landes zu halten, so sind das Dinge, deren Notwendigkeit die Sozialdemokratie nicht bestreitet, für die sie vielmehr selbst eintritt".[70]

Clara Zetkin, prominente Sprecherin des linken Parteiflügels, mochte dagegen „nicht so blindlings als selbstverständlich die Versicherung abgeben, daß wir für den bürgerlichen Nationalstaat, für die Interessen der ausbeutenden Klassen die Flinte auf den Buckel nehmen". Sie bemühte in ihrer Kritik an Noske „die Worte des alten Hildebrandliedes: Mit dem Speer soll, muß das Proletariat die Gaben des Vaterlandes empfahen, Spitze gegen Spitze. Nur im Klassenkampf allein wird ihm das Vaterland zuteil, das auch ihm teuer ist." Was im Falle eines Krieges zu tun und zu lassen sei, hänge deshalb von den jeweils „vorliegenden geschichtlichen Verhältnissen", insbesondere von der Kraft und Reife des „klassenbewußten, organisierten Proletariats" ab.[71]

Darin war sie sich einig mit dem „Zentristen" Kautsky, dem Erfinder des „proletarischen Patriotismus", der die Auffassung vertrat, „Individuum wie

[69] Eduard Bernstein: Patriotismus, Militarismus und Sozialdemokratie. In: Sozialistische Monatshefte, 11. Jg., 1907, 1. Bd., S. 437.
[70] Ebd., S. 439/440.
[71] Protokoll über die Verhandlungen des Parteitages der Sozialdemokratischen Partei Deutschlands, abgehalten zu Essen vom 15. bis 21. September 1907. Berlin 1907, S. 250.

Nation (seien) dem internationalen Emanzipationskampf des Proletariats unterzuordnen"[72]. Vor allem aber bestritt Kautsky die Möglichkeit, Angriffs- und Verteidigungskriege unterscheiden zu können, und forderte, „nicht das Kriterium des Angriffskrieges an(zu)legen, sondern das der proletarischen Interessen, die gleichzeitig internationale Interessen sind". Hellsichtig prognostizierte er in diesem Zusammenhang: „Die deutsche Regierung könnte (...) eines Tages den deutschen Proletariern weismachen, daß sie die Angegriffenen seien, die französische Regierung könnte das gleiche den Franzosen weismachen, und wir hätten dann einen Krieg, in dem deutsche und französische Proletarier mit gleicher Begeisterung ihren Regierungen nachgehen und sich gegenseitig morden und die Hälse abschneiden."[73] Auf die mit dem Organisationsinteresse der Partei gleichgesetzten „proletarischen Interessen" berief sich Kautsky aber auch, wenn er dagegen polemisierte, als Mittel der Kriegsverhinderung die „Dienstverweigerung der Soldaten oder wenigstens der Reservisten" zu propagieren: „Würde die deutsche Sozialdemokratie den Militärstreik auf einem ihrer Kongresse als taktische Waffe anerkennen und dann diesen Beschluß entsprechend propagieren, so wäre dies das beste Mittel, die deutschen Gefängnisse zu füllen und die Redaktionen und Organisationen der deutschen Sozialdemokratie hinwegzufegen."[74]

Wenn auch die auf Parteitagen, Kongressen und in Zeitschriften ausgetragene Debatte bei der Basis nur wenig Widerhall fand,[75] so korrespondierte den ideologischen Differenzen der Parteiintellektuellen doch eine zwischen kämpferischem Selbstbewußtsein und Integrationswunsch changierende Mentalität auf Seiten der Anhängerschaft. Die widersprüchlichen Erfahrungen „negativer Integration", das „Gegeneinander von Legalität, ökonomischer Besserstellung, zunehmender, wenn auch sehr langsamer Fortschritte des parlamentarischen Systems und immer stärkerer Ausbildung der sozialdemokratischen Organisationen auf der einen und Verweigerung der politischen Gleichberechtigung, Fortdauer der ökonomischen Ausbeutung, der absoluten Unsicherheit in wirtschaftlicher Beziehung und der Unternehmerwillkür des ‚Herr-im-Hause-Standpunkts' auf der anderen Seite"[76], erzeugten ein ebenso widersprüchliches Verhältnis zur Militärmonarchie und ihren Institutionen. Dabei vertrugen sich Revolutionserwartungen durchaus mit einer zunehmend reformorientierten Praxis: Mit den steigenden Reallöhnen wuchs die Hoffnung auf Verbesserung der Lebensbedingungen innerhalb der kapitalistischen Ordnung. Materielle Verbesserungen waren für die Arbeiter eher zu erkämpfen, wenn auch die Akkumulationsbedingungen günstig waren. Diese hingen aber von der Position des national organisierten Kapitals auf dem Weltmarkt

72 Kautksy: Patriotismus, Krieg und Sozialdemokratie, S. 348.

73 Protokoll über die Verhandlungen des Parteitages der Sozialdemokratischen Partei Deutschlands, abgehalten zu Essen vom 15. bis 21. September 1907, S. 261.

74 Kautsky: Patriotismus, Krieg und Sozialdemokratie, S. 368, 370.

75 Rambke: Diesem System keinen Mann und keinen Groschen?, S. 82.

76 Groh: Negative Integration und revolutionärer Attentismus, S. 38. Vgl. dazu auch Boll: Frieden ohne Revolution?, S. 60–75.

sowie von seinem Anteil an der kolonialen Ausbeutung ab. Die wiederum sicherte der Nationalstaat mit seinem Militär. Diese partielle Interessenidentität schuf den Nährboden für die Wirksamkeit nationaler Ideologien auch in der Arbeiterbewegung und verfestigte Organisationsfetischismus wie Legalismus. Truppeneinsätze gegen streikende Arbeiter, Repressionen gegen Sozialdemokraten in der Armee und antisozialistische Agitation der militaristischen „pressure-groups" schürten zwar den Haß auf das Militär als Symbol der Klassenherrschaft, zugleich aber mochte man den Vorwurf, ein Verein „vaterlandsloser Gesellen" zu sein, nicht auf sich sitzen lassen und bemühte sich nach Kräften um den Beweis des Gegenteils. Bei der Truppe selbst jedenfalls gaben sozialdemokratische Rekruten den Regimentskommandeuren kaum Anlaß zur Klage.[77] Selbst bei Streikeinsätzen – so 1909 in Mansfeld und 1912 im Ruhrgebiet – kam es, obwohl sich unter den Soldaten viele Bergarbeiter befanden, nicht zu Ungehorsamsakten.[78] Die einberufenen Sozialdemokraten folgten in aller Regel der Direktive ihrer Partei, sich nichts zuschulden kommen zu lassen, vielmehr durch vorbildliche Tüchtigkeit der SPD Ehre zu machen, um im Falle schikanöser Behandlung darauf hinweisen zu können, daß hier die politische Gesinnung verfolgt werde.

Eine Agitation in den Kasernen lehnten die Sozialdemokraten schon deshalb ab, weil sie ihre Mitglieder nicht gefährden und den Staatsorganen keinen Vorwand für weitere Unterdrückungsmaßnahmen gegen die Partei als Ganze liefern wollten. Jedem Genossen, der seinen Einberufungsbefehl erhalten habe, könne er nur den Rat mit auf den Weg geben, erklärte Bebel: „So lange du in des Königs Rock steckst – wie es heißt –, halte deinen Mund und laß dir nicht merken, daß du Sozialdemokrat bist! das möchte dir sehr schlecht bekommen."[79] Bebels Empfehlung war mehr als nur taktisches Kalkül angesichts einer mit Parteiverbot und Staatsstreich liebäugelnden Regierung und eines mit drakonischen Sanktionen drohenden Militärstrafrechts, sie betraf den Kern des sozialdemokratischen Antimilitarismus: Der „revolutionäre Attentismus" der Partei, jenes Konglomerat aus „politischer Abwartehaltung, auf Umsturz der bestehenden Verhältnisse zielender Revolutionshoffnung und verbalem Radikalismus"[80], implizierte bezogen auf die Gehorsamsanforderungen der Militärmonarchie eine Haltung der Subordination mit mentalem Vorbehalt.[81] Man hoffte auf das nahe Ende des Kaiserreichs, doch bis dahin befolgte man das Gebot „Gebt dem Kaiser, was des Kaisers ist!" – und sei es das Leben als Soldat.

---

77 Vgl. entsprechende Armeeberichte bei Höhn: Sozialismus und Heer, Bd. 3, S. 137/138.

78 Deist: Armee und Arbeiterschaft 1905–1918, S. 461.

79 August Bebel: Rede im Reichstag am 28.11.1891. Stenographische Berichte über die Verhandlungen des deutschen Reichstags, Bd. 118, S. 3122.

80 Groh: Negative Integration und revolutionärer Attentismus, S. 36.

81 Diesem Programm entsprach auch ein von der Partei herausgegebener Ratgeber für angehende, also noch nicht eingezogene Rekruten, der vor allem über die Militärstrafgesetze und Beschwerderechte aufklärte und die künftigen Soldaten ideologisch gegen Chauvinismus und Militarismus zu immunisieren suchte (Peter Winnen: Wer

4. Karl Liebknecht und der „Hervéismus"

An dieser Grundposition hielten auch jene fest, die gegen den attentistischen Kurs der Parteimehrheit opponierten und den „nurparlamentarischen" Antimilitarismus durch außerparlamentarische Agitation insbesondere unter der wehrpflichtigen Jugend ergänzen wollten. Karl Liebknecht, der ab 1904 entsprechende Anträge auf den Parteitagen einbrachte und damit regelmäßig scheiterte, vermied konsequent jede Aufforderung zu gesetzwidrigem Verhalten. Seine Anstrengungen, den sozialistischen Nachwuchs gegen den Militarismus zu immunisieren, endeten vor dem Kasernentor und mündeten nicht in Überlegungen zur praktischen Subversion des Gehorsams. Erkennen, Durchhalten, Abwarten lautete auch Liebknechts Devise: „Nehmt diese Erkenntnis (über den Charakter des Militarismus, UB) in euch auf, ihr Proletarier, die ihr zu den Waffen gerufen werdet, und alle Versuche, euch in der Kaserne der großen Sache des proletarischen Befreiungskampfes abspenstig zu machen, müssen nicht nur zuschande werden, sondern die Begeisterung eurer Überzeugung, eurer Idee, nur umso höher und heißer entfachen. Als doppelt gestählte Streiter werdet ihr aus dem Heere des Kapitalismus in die Reihen der proletarischen Armee zurückkehren." So pathetisch wie unverbindlich schließt sein Artikel zum „Rekrutenabschied", in dem es an eindeutigen Worten gegen den Militarismus, diesen „Würgeengel der Kultur", „brutalen Exekutor und blutig-eisernen Schutzwall des Kapitalismus" sonst nicht fehlt.[82] Solche Vorsicht hatte ihren Grund in den massiven staatlichen Repressionsdrohungen. Wenn schon antimilitaristische Agitation so rigide verfolgt wurde, wie Liebknecht es am eigenen Leibe erfahren mußte – seine 1907 erschienene Broschüre „Militarismus und Antimilitarismus unter besonderer Berücksichtigung der internationalen Jugendbewegung"[83] brachte ihm einen Hochverratsprozeß und anderthalb Jahre Festungshaft ein –, um wieviel schärfer mußten dann erst die Strafen ausfallen, wenn es um antimilitaristische Aktionen ging! Da es ihm so unverantwortlich wie sinnlos erschien, durch Propaganda militärischer Insubordination Märtyrer zu produzieren, setzte Liebknecht auf eine Taktik des Loyalitätsentzugs, die dafür sorgen sollte, „daß, wenn es einmal zu heftigen Zusammenstößen zwischen der organisierten Staatsgewalt und dem organisierten Proletariat kommt, sich die Staatsgewalt nicht mehr so stark fühlt wie gegenwärtig, wo sie sicher ist, daß ihr die blindlings gehorchende Armee auch zu Ungesetzlichkeiten zur Verfügung steht."[84]

---

will unter die Soldaten? Elberfeld o.J. [1912]). Schon auf dem Umschlag wurde dringlichst davor gewarnt, die Broschüre oder andere sozialdemokratische Schriften mit in die Kaserne zu nehmen, und die juristische Information mündete in die Ermahnung, danach zu streben, „nie und nimmer mit den Disziplinar- und Strafgesetzen in Konflikt zu geraten, weil Ihr sonst nur zu leicht Euer ganzes Leben verpfuschen könnt" (S. 9).

[82] Karl Liebknecht: Rekrutenabschied. In: ders: Gesammelte Reden und Schriften, Bd. 1. Berlin 1958, S. 189.

[83] Ebd., S. 247–456.

[84] Ders.: Die Jugend und der Kampf gegen den Militarismus, ebd., S. 81.

Angeregt waren Liebknechts Initiativen nicht zuletzt durch eine weit radikalere antimilitaristische Kampagne in Frankreich, die insbesondere von den syndikalistisch ausgerichteten Gewerkschaften ausging.[85] Maßgeblichen Anteil an dieser Bewegung, die sich die militärfeindliche Stimmung nach der Dreyfus-Affäre und wiederholten Truppeneinsätzen gegen Streikende zunutze machte, hatte das Vorstandsmitglied der sozialistischen Partei Gustave Hervé, dessen Buch „Leur Patrie"[86] zur Programmschrift des antipatriotischen, auf Wehrkraftzersetzung zielenden Antimilitarismus wurde. Bereits 1902 hatte die Confédération Générale du Travail, der nationale Kongreß der Arbeiterbörsen, die Zusammenstellung eines Soldatenhandbuchs beschlossen, das innerhalb zweier Jahre in einer Auflage von über 200.000 Exemplaren verbreitet wurde.[87] In dieser Broschüre wurden ebenso wie in zahlreichen Soldatenzeitungen, am bekanntesten der von Hervé im ländlichen Departement Yonne herausgegebene „Pioupiou de l'Yonne", die Wehrpflichtigen aufgefordert, bei Einsätzen im Innern nicht auf Streikende oder Aufständische zu schießen, und bei Kriegsausbruch zu desertieren oder zu meutern, auf keinen Fall aber ins Feld zu ziehen. Die Agitation wurde begleitet von praktischer Solidaritätsarbeit. Die lokalen Arbeiterbörsen hielten engen Kontakt zu ihren eingezogenen Mitgliedern und den Rekruten der örtlichen Garnisonen; die Gewerkschaftshäuser veranstalteten regelmäßige Soldatenabende. Viele Syndikate richteten einen „Soldatenpfennig" ein. Die durch monatliche Abzüge von den Gewerkschaftsbeiträgen oder durch Sonderumlagen aufgebrachten Summen ließ man eingezogenen Genossen als Aufbesserung des kargen Solds zukommen. Planmäßig unterstützte man Fahnenflüchtige und Dienstverweigerer.

Die vielfältigen antimilitaristischen Aktivitäten blieben nicht ohne Wirkung: Im Stahlrevier von Montceau-les-Mines fraternisierten Truppen offen

---

85 Vgl. zum syndikalistischen Antimilitarismus in Frankreich den Bericht der Confédération Générale du Travail für die internationale Konferenz der Gewerkschaftssekretäre in Dublin: Antimilitarismus und Generalstreik. Berlin 1904; ferner Walther Borgius: Die neuere Entwicklung des Anarchismus. In: Zeitschrift für Politik, 1. Bd., 1908, S. 533/534; Max Nettlau: Geschichte der Anarchie, Bd. V, Anarchisten und Syndikalisten, Teil 1. Vaduz 1984, S. 371–374; Jean Rabaut: L'antimilitarisme en France 1810–1975. Faits et Documents. Paris 1975; zum französischen Syndikalismus allgemein Hubert Lagardelle: Die syndikalistische Bewegung in Frankreich. In: Archiv für Sozialwissenschaften und Sozialpolitik, 26. Bd., 1908, S. 96–143, 606–648.

86 Eine deutsche Übersetzung erschien 1907 unter dem Titel „Das Vaterland der Reichen" in Zürich, der wegen anarchistischer Positionen aus der SPD ausgeschlossene Arzt Raphael Friedeberg schrieb das Vorwort. Hervé rückte schon vor dem Ersten Weltkrieg von seinem Antimilitarismus und Antipatriotismus ab, entwickelte sich im Krieg zum fanatischen Nationalisten und näherte sich in der Folgezeit der faschistischen Action Française an.

87 Eine von Siegfried Nacht erstellte deutsche Bearbeitung dieses „Manuel du Soldat" wurde, getarnt als offizielle Propagandaschrift des Kriegsministeriums, 1907 in Berlin verteilt. Vgl. den Neudruck in Bröckling (Hrsg.): Nieder mit der Disziplin!, S. 39–84.

mit Streikenden; bei einer Arbeitsniederlegung in Limoges schossen Soldaten statt auf die Arbeiter über deren Köpfe hinweg; in Südfrankreich meuterte bei Winzerunruhen ein ganzes Regiment; die Zahl der Desertionen stieg beträchtlich. Spektakuläre Prozesse gaben der antimilitaristischen Bewegung zumindest kurzfristig noch weiteren Aufwind.

Liebknecht betrachtete den „Hervéismus" mit einer Mischung aus Bewunderung für die Erfolge der Agitation und der Sorge, der französische Funke könne auf Deutschland überspringen. Ausführlich stellte er in seinem Buch den „antipatriotisch-sozialistischen Antimilitarismus, der mancherlei anarchistelnde Züge aufweist", vor, gestand Hervé zu, „seinen Kampf mit anerkennenswerter Opferbereitschaft und Zähigkeit" zu führen und „als Erwecker und Anreger" eine wertvolle Mission zu erfüllen, um ihn im gleichen Zug „gefährlicher Illusionen" zu bezichtigen. Gegen Hervés Postulat, auf Kriegsgefahr oder Mobilmachung mit Militärstreik und allgemeiner Insurrektion zu antworten, argumentierte er ganz im Sinne des kautskyanischen Evolutionismus: „Zum Generalstreik und Militärstreik gegen jeden der Arbeiterklasse schädlichen Krieg ist die Zeit noch nicht reif. Hervé ruft: Energische antimilitaristische und antipatriotische Agitation und der Berg wird zu Mohammed kommen! Hier schillert er anarchistisch. Wir müssen sagen: Das Proletariat ist in seiner überwiegenden Mehrheit noch nicht klassenbewußt, noch nicht demokratisch aufgeklärt, geschweige denn in jedem Fall für jene antipatriotische Aktion zu haben, die eben soviel Opferwilligkeit und kalten Mut wie Besonnenheit im Strudel der leidenschaftlichsten chauvinistischen Brandung heischt. Ein voller Erfolg ist nicht zu erzielen; das Maß des Erfolges, der Wehrlosmachung, wird in direktem Verhältnis zu dem Maße an Schulung und Bildung stehen, deren die Arbeiterklasse jedes Landes teilhaftig ist: Das rückständigste Land bleibt am wehrhaftesten. Eine Aktion dieser Art wäre so lange eine Prämie auf kulturelle Rückständigkeit, als nicht die Schulung und Kampfbereitschaft der großen Masse des Proletariats in den vom Krieg betroffenen Ländern fast gleichmäßig aufs höchste gesteigert ist."[88]

Angetreten, den „Quietismus und Fatalismus" seiner Partei zu überwinden, wurde Liebknecht selbst zum Beschwichtiger, sein Aktivismus war zugleich präventive Disziplinierung: Für eine antimilitaristische Propaganda, die sich strikt an die sozialdemokratischen Dogmen hielt und deshalb auch „von einer Zentralstelle aus geleitet und kontrolliert"[89] werden sollte, plädierte er nicht zuletzt im Vereinsinteresse. Sie schnell und energisch auszubauen, schien ihm schon deshalb geboten, „um den anarchistischen Antimilitarismus, der sich auch in Deutschland bereits zu regen beginnt, im Keim zu ersticken"[90]. Des-

---

[88] Liebknecht: Militarismus und Antimilitarismus, S. 423/424.

[89] Ebd., S. 455/456.

[90] Ebd., S. 450. Liebknecht bezog sich dabei vor allem auf Beiträge in der anarchistischen Zeitschrift „Der freie Arbeiter", die zwischen Oktober 1905 und Oktober 1906 eine monatliche Sonderbeilage „Antimilitarismus" herausgebracht hatte. Vgl. dazu meinen Beitrag: Zwischen „Krieg dem Krieg" und „Widerstrebt dem Übel nicht mit Gewalt!". Anarchistischer Antimilitarismus im Deutschen Kaiserreich

sen theoretischer Widerlegung widmete er ein eigenes Kapitel seiner Schrift, in dem er die gängigen Attacken der „wissenschaftlichen Sozialisten" wiederholte: Die anarchistische Lehre sei utopisch, die anarchistische Praxis individualistisch oder putschistisch. Anarchisten hielten die Beeinflussung des Willens für die einzig wesentliche Voraussetzung des Erfolgs und bei gehöriger Anstrengung eine revolutionäre Mobilisierung jederzeit für möglich. Sie verkennten den „organisch-kapitalistischen Charakter des Militarismus" und begriffen daher seine isolierte Beseitigung als ihr Endziel. Die moralisierende Menschentümelei ihrer Propaganda ignoriere „die Klassenkampfinteressen des Proletariats" und gleiche so „in sehr diskreditierender Weise den pathetischen Deklamationen der Tolstoianer und den ohnmächtigen Kriegsbeschwörungen jener Weltfriedensfreunde vom Schlage der Bertha von Suttner". Der sozialdemokratische Antimilitarismus dagegen sei Klassenkampfpropaganda, sein Kampfmittel nicht eine heroische Propaganda der Tat, sondern „allmähliche organische Zersetzung und Zermürbung des militaristischen Geistes"[91].

Obwohl Liebknecht es nicht an Abgrenzungen gegenüber anarchistischen und syndikalistischen Positionen fehlen ließ, ging der Mehrzahl seiner Parteigenossen schon seine Forderung viel zu weit, „unter der proletarischen Jugend systematisch unsere Ideen zu propagieren, unter ganz besonderer Hervorhebung des Militarismus"[92]. Sie fürchteten, die Agitation könne bei den Rekruten auf fruchtbaren Boden fallen und die friedliche Koexistenz von Partei und Militärstaat aus dem Gleichgewicht bringen. Für Wolfgang Heine etwa, einen Vertreter des revisionistischen Parteiflügels, schien es kaum etwas Gefährlicheres geben zu können als ein Bröckeln der Disziplin: „Der berechtigte Widerwille gegen den Militarismus, das heißt gegen die unsittlichen und verkehrten Seiten des deutschen Heerwesens, kann von jungen, unreifen Leuten nur gar zu leicht als Abscheu vor dem Militärdienst und vor den Pflichten der nationalen Wehrhaftigkeit verstanden werden. In diesem Alter neigt man dazu, Gefühle auf die Spitze zu treiben und sich in volltönenden Phrasen zu bewegen, die man freilich ebenso schnell wieder vergißt, wie man sie angenommen hat. Immerhin ist zu befürchten, daß einige junge Leute in jugendlicher Demonstrationslust und falsch verstandenem Opfermut draußen angenommene Redensarten in der Kaserne anwenden und dadurch nicht nur sich selbst zu Grunde richten, sondern auch die Partei schädigen könnten."[93]

Noch vehementer als gegen Liebknecht waren die Abwehrreaktionen der deutschen Sozialdemokraten, als Gustave Hervé 1907 auf dem internationalen

---

vor 1914. In: Andreas Gestrich/Gottfried Niethart/Bernd Ulrich (Hrsg.): Gewaltfreiheit. Pazifistische Konzepte im 19. und 20. Jahrhundert (Jahrbuch für historische Friedensforschung, 5, 1996). Münster 1996, S. 39–59.

91 Liebknecht: Militarismus und Antimilitarismus, S. 427–438. Vgl. auch die Antikritik des niederländischen Anarchisten Domela Nieuwenhuis: Sozialdemokratischer und anarchistischer Antimilitarismus. In: Die freie Generation, 2. Jg., Bd. 2, Apr. 1908, S. 227–232.

92 Liebknecht: Die Jugend und der Kampf gegen den Militarismus, S. 81.

93 Wolfgang Heine: Wie bekämpfen wir den Militarismus? In: Sozialistische Monatshefte, 11. Jg., 1907, 2. Bd., S. 917.

Sozialistenkongreß in Stuttgart die Parole „Plutôt l'insurrection que la guerre!" ausgab und seine Forderung wiederholte, „jede Kriegserklärung, von welcher Seite sie auch kommen mag, mit dem Militärstreik und mit dem Aufstand zu beantworten"[94]. Für Bebel war die Anwendung dieser Mittel nicht nur schlichtweg „unmöglich und indiskutabel", er beschuldigte Hervé obendrein, wider Willen den Kriegstreibern in die Hände zu arbeiten. „In den Kreisen der deutschen Militärs und des deutschen Generalstabs", erklärte er, verfolge man die Agitation der französischen Antimilitaristen genau und begrüße sie als „eine Erscheinung, die den möglichen Gegner schwächt"[95]. Mit dem ganzen Gewicht der zahlenmäßig stärksten Arbeiterpartei bekämpfte die deutsche Delegation jeden Versuch, die sozialistische Bewegung auf konkrete Kampfmittel gegen den Krieg festzulegen, und stimmte am Ende einer von Lenin, Luxemburg und Martov ausgearbeiteten Kompromißresolution zu, die alle Sektionen der Internationale aufforderte, „durch Anwendung aller ihnen zweckmäßig erscheinenden Mittel" den Ausbruch eines Krieges zu verhindern, falls es dennoch dazu kommen sollte, für seine rasche Beendigung einzutreten, und weiterhin „die durch den Krieg herbeigeführte wirtschaftliche und politische Krise zur politischen Aufrüttelung der weitesten Volksschichten und zur Beschleunigung des Sturzes der kapitalistischen Klassenherrschaft auszunutzen"[96].

Die Auseinandersetzungen auf dem Stuttgarter Kongreß zeigten ebenso wie der innerparteiliche Streit über die Noske-Rede und über Liebknechts Forderung nach direkter antimilitaristischer Agitation das Dilemma der sozialdemokratischen Antikriegspolitik vor 1914: Man war auf Seiten der SPD einerseits überzeugt, daß die Macht der Arbeiterbewegung das wichtigste Präventionsmittel gegen einen Krieg der imperialistischen Staaten darstellte, schreckte andererseits aber davor zurück, diese Macht auch praktisch unter Beweis zu stellen. Um wirksam zu sein, hätte die Partei mit der sozialen Revolution als Kriegsfolge drohen und ihre Bereitschaft dazu durch entsprechende Agitation und Aktionen glaubhaft demonstrieren müssen, wie es der kleine linksradikale Parteiflügel verlangte. Für die Linksradikalen war ein möglicher Kriegsausbruch gleichbedeutend mit einer revolutionären Situation, die entsprechend der Stuttgarter Resolution durch Massenaktionen zur Revolution gesteigert werden sollte, was dann auch den Krieg verhindern oder zumindest abkürzen würde. Die Parteimehrheit sah darin eine halsbrecherische Strategie, die nur in einer verhängnisvollen Niederlage der Arbeiterbewegung enden konnte.[97] Gelang es nämlich nicht, „den Krieg zu verhindern, so hing der künftige Erfolg des Sozialismus von der Erhaltung der sozialdemokratischen Organisationen ab, denn nur mit diesen konnte die Sozialdemokratie den als sicher erwarteten Zusammenbruch des ökonomischen und politischen Systems

---

[94] Internationaler Sozialisten-Kongreß zu Stuttgart 18. bis 24. August 1907. Berlin 1907, S. 87.
[95] Ebd., S. 82/83.
[96] Ebd., S. 66. Vgl. dazu auch Michels: Die deutsche Sozialdemokratie im internationalen Verbande.
[97] Groh: Negative Integration und revolutionärer Attentismus, S. 293.

im Sinn der sozialistischen Endziele ausnutzen. Durch eine zu intensive und aggressive Antikriegspropaganda, ganz zu schweigen vom Übergang der Demonstrationen in Aktionen, wurden die Organisationen aber der Gefahr ausgesetzt, im Mobilmachungs- oder Kriegsfall vernichtet zu werden."[98] Fatalistisch beschied Kautsky, die resignierte Lähmung all jener Sozialdemokraten vorwegnehmend, die im August 1914 nicht in die nationalistische Kriegsbegeisterung einstimmten: „Sind wir nicht stark genug, die zum Kriege treibende Regierung zu stürzen, ehe sie den Krieg herbeigeführt hat – und dessen Ausbruch beweist, daß wir nicht die Macht dazu hatten –, dann werden wir noch weniger gegen sie vermögen, wenn der Feind im Anmarsch ist und das ganze Volk sich einmütig gegen ihn zusammenschart."[99]

5. Die Sozialdemokratie und der August 1914

Als dann Anfang August 1914 die allgemeine Mobilmachung verfügt wurde und die Parteiführung im Reichstag vor der „ehernen Tatsache des Krieges" kapitulierte, die drohenden „Schrecknisse feindlicher Invasionen"[100] beschwor und die Kriegskredite bewilligte, zeigte sich, in welchem Maße sie sich auf den Gehorsam ihrer Anhängerschaft verlassen konnte. So diszipliniert, wie die Sozialdemokraten noch wenige Wochen zuvor für den Frieden demonstriert hatten, zogen sie nun in den Krieg. Auch wenn die Bilder enthusiasmierter Kriegsfreiwilliger, die von jubelnden Frauen und Kindern begleitet in die Kasernen einrücken, das „Augusterlebnis" nur höchst selektiv widerspiegeln und angstvolle Niedergeschlagenheit die Stimmung zumal vieler Arbeiter eher kennzeichnete als patriotischer Taumel, so blieben Proteste gegen den Krieg oder Versuche, sich der eigenen Einberufung zu entziehen, seltene Ausnahmen.[101] Das öffentliche Auftreten der SPD war geradezu von einem

---

[98] Ebd., S. 359.

[99] Karl Kautsky: Krieg und Frieden. Betrachtungen zur Maifeier. In: Die Neue Zeit, 29. Jg., 1911, 2. Bd., S. 104.

[100] Erklärung der SPD-Fraktion im Reichstag vom 4. August 1914, zit. nach Groh: Negative Integration und revolutionärer Attentismus, S. 704.

[101] Vgl. zur Haltung der Sozialdemokratie im August 1914 Wolfgang Kruse: Krieg und nationale Integration. Essen 1994. Allgemein zum „Augusterlebnis": Berliner Geschichtswerkstatt (Hrsg.): August 1914. Ein Volk zieht in den Krieg. Berlin 1989; Wolfgang Kruse: Die Kriegsbegeisterung im Deutschen Reich zu Beginn des Ersten Weltkrieges. In: van der Linden/Mergner: Kriegsbegeisterung und mentale Kriegsvorbereitung, S. 73–87; Jeffrey Verhey: The „Spirit of 1914". The Myth of Enthusiasm and the Rhetoric of Unity in World War I Germany. Diss. University of California. Berkeley 1991; Benjamin Ziemann: Zum ländlichen Augusterlebnis 1914 in Deutschland. In: Bedrich Loewenstein (Hrsg.): Geschichte und Psychologie. Annäherungsversuche. Pfaffenweiler 1992, S. 193–203; Thomas Rohkrämer: August 1914 – Kriegsmentalität und ihre Voraussetzungen. In: Wolfgang Michalka (Hrsg.): Der Erste Weltkrieg. Wirkung, Wahrnehmung, Analyse. München 1994, S. 759–777.

Motivationsüberschuß geprägt;[102] vor allem die Parteipresse und ein großer Teil der Funktionäre versuchte nach der jahrzehntelangen Diffamierung als „vaterlandslose Gesellen“ nun ihre patriotische Zuverlässigkeit besonders lautstark unter Beweis zu stellen. Skeptischere Stimmen, die sich nicht vom aufgeputschten Klima mitreißen ließen, blieben eher leise.

Der Burgfriedenschluß bedeutete nur insofern einen Bruch mit der bis dahin verfolgten Parteistrategie, als er die Ambiguität zwischen Souveränitäts- und Revolutionsdiskurs definitiv zugunsten des ersteren aufhob, die Argumente für das Einschwenken auf den Kriegskurs waren indes alles andere als neu. Mit ihrer Parole vom „proletarischen Patriotismus“ hatte die Sozialdemokratie selbst der Nationalisierung der Arbeiterschaft massiv Vorschub geleistet, mit ihrer Unterscheidung zwischen Angriffs- und Verteidigungskriegen hatte sie die Konstruktion eines nationalstaatlichen „Wir“ akzeptiert, das sich gegen äußere Bedrohungen zur Wehr setzen müsse. Ihre Anhänger hatte sie niemals zu Ungehorsam, sondern stets zu einem Gehorsam mit Vorbehalt gegenüber der wilhelminischen Militärmonarchie angehalten. Daß die SPD jetzt ihre *reservatio mentalis* zurückstellte, war nicht mehr als die Einlösung des alten Versprechens, „in der Stunde der Gefahr das Vaterland nicht im Stich“[103] zu lassen. Vor allem aber hatte die SPD ihr Mitglieder- und Wählerpotential über Jahrzehnte auf ein Politikmodell konditioniert, das die Organisationssicherung zur obersten Maxime erhob und außerparlamentarische Massenaktionen, wenn überhaupt, so nur unter der Voraussetzung ihrer zentralen Steuerung erlaubte.[104]

Dem eigenen Verständnis nach hatte die Sozialdemokratie stets in radikaler Opposition zum Obrigkeitsstaat gestanden, ihre Gegner im konservativen Lager hatten sie gar als Umsturzpartei dämonisiert. Unterhalb der politisch-ökonomischen Interessengegensätze entpuppt sich die Feindschaft jedoch als ein Verhältnis antagonistischer Kooperation und die Partei als höchst effiziente Disziplinierungsagentur. Gerade ihr Selbstbild als Kampforganisation hatte es der Sozialdemokratie ermöglicht, die Kontrolle der proletarischen Massen weit wirkungsvoller zu betreiben, als die Staatsorgane es vermocht hätten.

Praktischer Ungehorsam gegenüber den Zumutungen des Militärstaats blieb in Deutschland, in den Jahrzehnten vor 1914 wie in der Anfangszeit des Krieges, Sache vereinzelter Anarchisten, Bohemiens, Tolstoianer und anderer Nonkonformisten, die aus welchen Gründen auch immer weder für die Staats- noch für eine Parteiräson ihren Kopf hinhalten wollten und deshalb das Land

[102] Vgl. Groh: Negative Integration und revolutionärer Attentismus, S. 718–727.

[103] Erklärung der SPD-Fraktion im Reichstag vom 4. August 1914, zit. nach ebd., S. 704.

[104] Hier liegt – neben der selektiven Wahrnehmung der historischen Quellen – das zutiefst Verlogene der parteikommunistischen These vom Verrat der SPD-Führung im August 1914, stellten doch die Parteien leninistischen Typs, was Zentralismus und rigide Organisationsdisziplin angeht, die Vorkriegssozialdemokratie noch in den Schatten.

verließen oder ins Gefängnis gingen.[105] Kein spektakulärer Widerstand, kein revolutionärer Antimilitarismus, eher individuelle „Fluchten aus der Zeit", wie sie Hugo Ball 1915 in ein Gedicht faßte:

„Ich liebte nicht die Totenkopfhusaren
Und nicht die Mörser mit den Mädchennamen
Und als am End' die großen Tage kamen,
da bin ich unauffällig weggefahren."[106]

[105] Einige Fälle der Kriegsdienstverweigerung und Landesflucht von Anarchisten dokumentiert Ulrich Linse: Organisierter Anarchismus im Deutschen Kaiserreich von 1871. Berlin 1969, S. 307 u. 320.

[106] Hugo Ball: Gesammelte Gedichte. Zürich 1963, S. 18. Lyrisches Ich und Autoren-Ich sind in diesem Gedicht allerdings nicht identisch: Ball hatte sich im August 1914 als Freiwilliger gemeldet, wurde jedoch aus gesundheitlichen Gründen abgewiesen. Erst im Juni 1915 emigrierte er, inzwischen zum Kriegsgegner geläutert, in die Schweiz.

VI. Die Disziplinierung der Nerven: Maschinenkrieg und Militärpsychiatrie

Am 1. August 1914, dem Tag der deutschen Mobilmachung, erschien in der Zeitschrift „Die Aktion" ein kurzer Artikel, überschrieben: „Die Besessenen". Franz Pfemfert, Herausgeber des politisch-literarischen Wochenblattes und einer der ganz wenigen Intellektuellen in Deutschland, die auch in den Tagen des August „die Ehre der Vaterlandslosigkeit"[1] zu wahren versuchten, stellte darin eine düstere Prognose: „... und alle, alle werden kommen. Der Not gehorchend – aber gehorchend. Anfangs werden sie heulen, da sie ihr bißchen Erdenglück zusammenbrechen sehen, – bald jedoch werden sie, wenn auch nicht mit ganz sauberer Unterwäsche, vom allgemeinen Taumel besessen sein und besinnungslos morden und ermordet werden."[2]

Recht behalten sollte Pfemfert nicht zuletzt hinsichtlich der Unterwäsche. Schon bald nach Kriegsbeginn häuften sich die Fälle, in denen Soldaten über den erlebten Schrecken (oder schon bei der Aussicht, sie bald erleben zu müssen) ihre Körper nicht mehr unter Kontrolle halten konnten. Die Sprache der Symptome war deutlich: Die Soldaten machten sich buchstäblich vor Angst in die Hosen; der Schreck fuhr ihnen in die Glieder und ließ diese zittern, erstarren oder sich in Krämpfen schütteln; anderen verschlug es die Sprache, und sie verstummten; wieder anderen verging Hören und Sehen, und sie ertaubten oder erblindeten; häufig waren auch Weinkrämpfe und Erbrechen. „Typisch war, daß sich diese Reaktionen erst einige Zeit später, im Verlauf längerer Kampfpausen und in den Einheiten der Etappe entwickelten. Die eigne Todesangst, der Horror vor dem Tötungshandwerk und die erbarmungslose Vernichtung der Persönlichkeit durch die bürokratischen Kommandostrukturen der Kriegsmaschinerie gerieten erst unter den Bedingungen relativer Erholung zu einer fundamentalen Erschütterung, um sich dann je nach den schlimmsten Schreckenserfahrungen und den jeweiligen Sozialisationsbedingungen spezifisch auszugestalten."[3]

---

1 Das hatte Pfemfert schon 1912 mit dem Pathos der Verzweiflung proklamiert: „Unsre Wirkung beschränkt sich auf einen kleinen Kreis; mögen es auch einige Zehntausende sein: die Parteipapiere beherrschen das Land. Laßt uns doch wenigstens den Zehntausenden unsre Sehnsucht ins Hirn hämmern! In einer Zeit, in der Berufssozialdemokraten es fertigbringen, ‚ein Volksheer, groß und stark an Zahl' zu wünschen, das ‚bereit dem fremden Eroberer ...', in dieser Zeit ist es heilige Pflicht, die Ehre der Vaterlandslosigkeit zu verteidigen" (Die Presse, in: Die Aktion, 10.4.1912, zit. nach Franz Pfemfert: Ich setze diese Zeitschrift wider diese Zeit. Sozialpolitische und literaturkritische Aufsätze, hrsg. von Wolfgang Haug. Darmstadt/Neuwied 1985, S. 78).

2 Ebd., S. 100.

3 Karl Heinz Roth: Die Modernisierung der Folter in den beiden Weltkriegen. Der Konflikt der Psychotherapeuten und Schulpsychiater um die deutschen „Kriegsneurotiker" 1915–1945. In: 1999, 2. Jg., 1987, H. 3, S. 12.

Je mehr die Kriegsmaschinerie sich in Stellungskampf und Materialschlachten festfraß, desto mehr breiteten sich diese Formen des Nichtfunktionierens aus, mit denen sich die militärische Gehorsamsfabrikation bis dahin nicht hatte beschäftigen müssen. Man hatte sich auf Dressur und patriotische Indoktrination verlassen, und in der Tat hatten viele Soldaten den Dienst „fürs Vaterland" als selbstverständliche Pflicht verinnerlicht, waren nicht wenige sogar aus freien Stücken und voller Enthusiasmus ins Feld gezogen. Wo der Kampfeswille fehlte, halfen Strafandrohung oder unmittelbare Offiziersgewalt nach. Doch weder körperliche Abrichtung noch patriotische Gleichschaltung konnten verhindern, daß Tausende dem industrialisierten Krieg psychisch ganz einfach nicht gewachsen waren. Pflichtgefühl, nationale Identifikationen sowie männliches Kameradschafts- und Tapferkeitsideal standen Gedanken an Flucht oder Auflehnung subjektiv entgegen, das militärische Zwangs- und Überwachungssystem ließ sie – zumindest solange Verweigerung nicht zum Massenphänomen wurde – objektiv aussichtslos erscheinen. So mußte sich schon das Unbewußte in Gestalt von Neurose oder Psychose aufbäumen, um dem Unerträglichen zu entkommen. Die gedrillten Körper versagten ihren Dienst, und der auf Subordination und Opferbereitschaft konditionierte Geist blieb machtlos, wenn die Nerven nicht mehr mitmachten.

1. Die Erfahrung der Front

Die an die Front kommandierten Soldaten fanden sich in eine Situation gestellt, die sich vom Kampfgeschehen früherer Kriege radikal unterschied.[4] Das betraf zunächst die zeitliche Dimension: Der Krieg machte keine Pause mehr, kannte allenfalls Phasen größerer und geringerer Intensität. Aus dem Kontinuum der Kämpfe ragten die Schlachten lediglich als Zeiten heraus, in denen die Wahrscheinlichkeit, verwundet oder getötet zu werden, höher war als sonst.[5] Da ohne ein Minimum an Erholungszeiten niemand der körperlichen wie seelischen Extrembelastung über längere Zeit gewachsen gewesen wäre, wurde der Krieg – zumindest im Grabenkrieg an der Westfront – als Schichtarbeit organisiert. Der Wechsel von Gefechts- und Ruhestellung bestimmte den Rhythmus des Soldatenalltags: Auf drei bis vier Tage in der vor-

---

4 Vgl. dazu – neben den als historische Quellen allerdings nur eingeschränkt tauglichen Kriegsromanen und -erinnerungen der zwanziger Jahre – vor allem John Keegan: Das Antlitz des Krieges. Düsseldorf 1978, S. 241–338; Dokumente zur Kriegserfahrung einfacher Soldaten versammeln Bernd Ulrich/Benjamin Ziemann (Hrsg.): Frontalltag im Ersten Weltkrieg. Frankfurt/M. 1994. Einem beträchtlichen Teil der Truppen blieb die Fronterfahrung allerdings erspart. Von den bis zu sieben Millionen mobilisierten Soldaten des Deutschen Reiches waren in den vier Kriegsjahren durchschnittlich mehr als zwei Millionen nicht im Feld-, sondern im Besatzungsheer eingesetzt.

5 Vgl. Jens Warburg: Das Leiden des Subjekts am Krieg. Zur Pathologie extremer Gewalterfahrungen. Unveröffentl. Diplomarbeit. Frankfurt/M. 1994 (Ms.), S. 31.

dersten Linie folgte in der Regel noch einmal die gleiche Zeit in den dahinter gestaffelten Schützengräben, an die sich dann eine ebenso lange Periode in den weit hinter der Kampflinie gelegenen Ruhestellungen anschloß. Häufig mußten die Einheiten jedoch auch sehr viel länger in den Gräben und Unterständen aushalten, da Artilleriebeschuß ihre Ablösung verhinderte.

Sich in der Feuerzone aufzuhalten, bedeutete Schlafentzug, häufig Kälte, Nässe, Durst, Hunger und Ungeziefer, vor allem aber wurde die unmittelbare Bedrohung des eigenen Lebens zum Dauerzustand. Diese Anspannung wurde dadurch potenziert, daß an der Front kurzen Momenten hektischer Aktivität – etwa bei Angriffen auf die feindliche Linie oder der Abwehr gegnerischer Vorstöße – lange Zeiten passiven Wartens gegenüberstanden, in denen die Soldaten im Schützengraben oder nur in einem Erdloch Deckung suchend dem Feuer ausgesetzt waren. Wenn die Beschießung sich zum Trommelfeuer steigerte, konnte der einzelne gezwungen sein, wie es in dem mit Pathos aufgeladenen Bericht eines „Frontkämpfers" heißt, „stunden-, tage-, ewigkeitenlang im Granattrichter (zu liegen) – untätig und mit keinem anderen Gedanken beschäftigt als: diese Granate ging links, diese rechts, diese hinter, diese vor – jetzt, jetzt muß sie hierher kommen (denn du fühlst ja dich, dein kleines bebendes Ich beschossen!) – nein, weiter weg! – gottlob, nun beschießen sie – die Reservestellung! – gottlob, nun die Artilleriestellung! Diese auf das erbärmliche und wirklich erbarmungswürdige Ich tagelang konzentrierten Gedanken waren es, die die Nerven-, ja Seelenkraft allmählich unterhöhlten, weshalb denn auch ein erfahrener Führer den scheinbar so unsinnigen Befehl des Gewehr- und Seitengewehrputzens erließ, einzig um für Beschäftigung zu sorgen, um der Truppe den zermürbenden Gedanken an das Zerstampftwerden des eigenen Ich zu entziehen."[6]

Die grundlegende Erfahrung an der Front war, daß das eigene Überleben vom Zufall abhing. Zwar lernten erfahrene Soldaten mit der Zeit, besonders riskante Situationen und Verhaltensweisen zu meiden, und besonders an der Westfront wurden vielerorts die Stellungen ausgebaut, doch gegen den jederzeit möglichen Volltreffer gab es nicht den geringsten Schutz. Nicht allein der Mythos heroischen Kämpfertums, sondern schon das elementare Selbstvertrauen in die Fähigkeit, durch „vernünftiges" Handeln das eigene Leben erhalten zu können, wurde von jeder Granatexplosion und jeder MG-Salve dementiert.

Neu war auch, in welcher Weise der Krieg den Raum okkupierte: An die Stelle von Schlachtfeldern traten Frontabschnitte, in denen die Kämpfe zeitweise zur Schlacht anschwellen, dann aber auch wieder abflauen konnten. Einerseits dehnte sich der Krieg über hunderte von Kilometern aus – allein die Westfront verlief von der belgischen Küste bis zur schweizerischen Grenze –, andererseits wurde, zumindest im Westen, mit einem bis dahin unvorstellbaren Einsatz an Menschen und Material um Geländegewinne von oft nur wenigen

---

6 Otto Germar: Trommelfeuer. In: Ernst Jünger (Hrsg.): Das Antlitz des Weltkriegs. Berlin 1930, S. 28/29.

Metern gekämpft. Im Stellungskrieg konzentrierte sich das Kampfgeschehen für den einzelnen Soldaten auf ein eng umgrenztes Terrain zwischen dem Labyrinth der eigenen Schützengräben, dem Niemandsland und den Stellungen des Gegners. Der Krieg erzeugte in seiner Wahrnehmung eine „gerichtete Landschaft“: Zur Frontseite hin schien die Gegend „ein Ende zu haben, dem ein Nichts folgt“[7]; nach hinten schlossen sich an die in mehreren Linien gestaffelt angelegten und netzartig verbundenen Schützengräben zunächst die Artilleriestellungen an, bevor sich der Raum zur Etappe hin öffnete. Offen war der Weg aus dem – durch die Reichweite der gegnerischen Geschütze bestimmten – Gefahrenbereich allerdings nur mit Passierschein des vorgesetzten Offiziers. Hinter den Stellungen patrouillierte Feldgendarmerie und überwachte, daß niemand den Schützengraben eigenmächtig verließ.

Auf bestimmte Raumsegmente, statt auf Personen war auch das Artillerie- und Maschinengewehrfeuer gerichtet. Den Gegner bekamen die Soldaten außer bei Vorstößen nur selten zu Gesicht. Die verheerende Wirkung der Geschütze zwang die Truppen unter die Erde, was das Gefühl, einer übermächtigen Vernichtungsmaschinerie ausgeliefert zu sein, noch verstärkte. Vor MG-Geschossen oder Granatsplittern war man in unterirdischen Unterständen zwar weitgehend geschützt, doch je tiefer man sich eingrub, desto größer die Gefahr, bei einem Treffer verschüttet oder nach dem Ende des Beschusses einem gegnerischen Infanterieangriff hilflos ausgeliefert zu sein – ganz abgesehen von der psychischen Belastung, in einem beklemmend engen, oft unbeleuchteten Stollen zu kauern und das Ende der Explosionen abzuwarten. Wegzulaufen bedeutete im flächendeckenden Feuer den sicheren Tod, eine Chance zu überleben besaß nur, wer in seinem Loch aushielt. Der Einsatz von Giftgas zermürbte die Nerven noch zusätzlich. Bei Beachtung entsprechender Vorsichtsmaßnahmen konnte man zwar hoffen, einen Gasangriff unverletzt zu überstehen, doch erschwerten die Schutzmasken nicht nur das Atmen, sondern es blieb auch, insbesondere bei Neulingen an der Front, die permanente Angst, überrascht zu werden und die Maske nicht schnell genug aufsetzen zu können. Von anderer Art, aber nicht minder belastend war die Dauerbedrohung durch gegnerische Scharfschützen: Um nicht zur Zielscheibe zu werden, durfte zumindest bei Tage niemand seinen Kopf über den Grabenrand erheben. Statt der auf den Exerzierplätzen eingedrillten militärisch „strammen“ Haltung wurde der gebückte Gang zum Signum des Frontsoldaten.

Die verwüstete und aufgewühlte Landschaft führte jedem unmittelbar vor Augen, welchem Gewaltpotential er sich aussetzte, solange er sich in der Todeszone aufhielt. „Binnen kürzester Zeit wurden alle vertrauten Landschaftsformen zerschlagen. Von ihnen blieb um so weniger übrig, je länger die Gefechte in einem Raum anhielten. Am extremsten war deshalb die Destruktion in den Abschnitten der Front, in denen jahrelang der Stellungskrieg wütete. Hier verwandelte sich die Landschaft in eine Wüste, die angefüllt ist mit Müll,

---

[7] Kurt Lewin: Kriegslandschaft. In: Zeitschrift für angewandte Psychologie, 12. Bd., 1917, S. 441.

Leichen(teilen) und zerstörtem Kriegsinventar. (...) Die Leichen zu verscharren, war hier nicht bloß gefährlich, sondern trug auch Züge des Sinnlosen, weil die Explosionen die Leichen(teile) wieder an die Oberfläche warfen bzw. zuschütteten."[8] Starker Verwesungsgeruch hing vor allem im Sommer über dem umkämpften Gelände und vermischte sich mit dem Gestank von Verbranntem, Gas, Kot und verfaulenden Lebensmittelresten. Hinzu kamen noch die akustischen Qualen: ohrenbetäubender Geschützlärm, umgekehrt, insbesondere nachts, beängstigende Stille, die beim kleinsten Geräusch aufschrekken ließ, das Angstgeschrei der Pferde, am unerträglichsten die Hilferufe und das Stöhnen der Verwundeten, die, wenn überhaupt, oft erst nach langer Zeit geborgen werden konnten.

Zum Frontalltag gehörte jedoch nicht nur die Omnipräsenz des Todes – als Leben zwischen Sterbenden und Leichen, als Gefahr, getötet zu werden, und als Nötigung zu töten –, sondern auch die Unterwerfung unter die Befehlsgewalt. Je niedriger die Stellung innerhalb der militärischen Hierarchie, desto undurchlässiger war der Gehorsamszwang und desto geringer waren die Chancen, die „Stachel" wieder loszuwerden, die, so Elias Canettis eindrückliches Bild, jeder Befehl im Gehorchenden hinterläßt.[9] In den Schützengräben selbst mochten die Rangunterschiede zwischen Vorgesetzten und Mannschaften sich zwar bisweilen lockern, doch lag es erstens im Ermessen des Offiziers, auf welche Weise er sein Kommando führte, und zweitens besaß dieser anders als der Gemeine vielfältige Möglichkeiten, seine Befehle von einer weniger gefährlichen Position aus zu erteilen. Überhaupt mußten nur niedere Offiziersränge sich für längere Zeit in der Gefechtszone aufhalten, während Stabsoffiziere der Front allenfalls kurze Besuche abstatteten. Enorme Unterschiede in der Besoldung – ein einfacher Soldat erhielt pro Tag 53 Pfennig, also 16 Mark im Monat, der Sold eines Leutnants betrug etwa 280 Mark monatlich[10] – wie, mit zunehmender Kriegsdauer noch entscheidender, bei der Verpflegung zementierten die soziale Hierarchie und sorgten für wachsenden Offiziershaß unter den Mannschaften.[11] Wenn auch in den Kampfverbänden Gemeine und Offiziere zweifellos näher zusammenrückten und sich in der Wut auf die „Etappenschweine" einig wußten, so konnte doch von einer Klassen und militärische Ränge nivellierenden „Frontgemeinschaft", wie sie nach 1918 als ebenso wirkungsvoller wie politisch fataler Mythos den öffentlichen Diskurs über den Weltkrieg bestimmte, im Frontalltag keine Rede sein.

Solidarische oder gar freundschaftliche Beziehungen zwischen Soldaten gleicher oder ähnlicher Rangstufe, die ein Gegengewicht zum Status des Be-

---

[8] Warburg: Das Leiden des Subjekts, S. 49.

[9] Canetti: Masse und Macht, S. 349–351.

[10] Angaben nach Dominik Richert: Beste Gelegenheit zum Sterben. Meine Erlebnisse im Kriege 1914–1918. München 1989, S. 153.

[11] Vgl. dazu die bereits im September 1916 verfaßte, aber erst nach dem Krieg zur Veröffentlichung gelangte Denkschrift des Juristen Hermann Kantorowicz: Der Offiziershaß im deutschen Heere. Freiburg 1919; ferner die detailreiche Schilderung eines namentlich nicht genannten Truppenarztes: Die Zermürbung der Front. In: Süddeutsche Monatshefte, 16. Jg., Dez. 1918, S. 176–192.

fehlsempfängers hätten bilden können, waren an der Front stets gefährdet: „Menschen, die heute zusammen im Trommelfeuer gelegen oder im gleichen Unterstand gewohnt haben, werden morgen voneinander getrennt: der eine fällt, der andere wird verwundet, der dritte scheidet vielleicht durch Krankheit aus, andere werden abkommandiert usw.; so entstehen Lücken, die numerisch bald wieder ausgefüllt werden. (...) Tod und Verwundung wurde das tägliche Bild, täglich kamen und gingen sie, daß man oft kaum Zeit und Gelegenheit fand, sich mit Namen zu kennen, geschweige denn, daß man sich persönlich näher kommen konnte. So folgte notwendigerweise daraus, daß das Leben des einzelnen sich zum Eigenleben konzentrierte, daß man in erster Linie für sich selbst sorgte – jeder wurde sich selbst der nächste."[12] Kameradschaft konnte unter solchen Voraussetzungen kaum anderes bedeuten als eine vom individuellen Überlebenswillen diktierte temporäre Zwangs- und Zweckgemeinschaft, die sich auf die jeweilige taktische Einheit beschränkte und häufig nicht weiter reichte, als man unmittelbar aufeinander angewiesen war. Kameradschaftsbeziehungen konnten zwar nicht verhindern, daß der industrialisierte Massenkrieg seine Soldaten zugleich radikal vereinzelte, aber sie konnten die Folgen dieser Atomisierungserfahrung ein Stück weit kompensieren – eine Funktion, deren Bedeutung für Kohäsion und „Moral" der Truppen kaum hoch genug veranschlagt werden kann.

Unter den Bedingungen des Maschinenkrieges erfuhren die traditionellen Dispositive militärischer Disziplin eine einschneidende Transformation: Technisch-funktionales Verhalten überlagerte den „blinden" Gehorsam gegenüber Vorgesetzten; für heroisches Kriegertum war auf dem industrialisierten Gefechtsfeld erst recht kein Platz mehr. Wer als enthusiasmierter Vaterlandsverteidiger ins Feld gezogen war, mutierte zum Zerstörungsarbeiter. Auf das Prinzip unbedingter Subordination konnte dennoch nicht verzichtet werden. Allerdings zielten Befehlszwang und disziplinarische Kontrolle kaum mehr auf eine detaillierte Verhaltensregulierung. Frontferne Befehlsstellen gaben Einsatzdirektiven, ohne deren Durchführbarkeit immer richtig einschätzen und ohne deren Durchführung im einzelnen überwachen zu können. Die Frontoffiziere wiederum fungierten zwar häufig als Antreiber, doch auch ihre Kommandos konnten allenfalls die Richtung vorgeben, während das konkrete Verhalten ihrer Untergebenen in weit höherem Maße durch äußere Bedingungen wie die Intensität des feindlichen Feuers, Geländeeigenschaften oder Sichtverhältnisse determiniert wurde.[13] In der Todeszone fanden Autorität der Offiziere wie Handlungsspielraum des einzelnen Soldaten gleichermaßen ihre Grenze am „stahlharten Gehäuse" der industrialisierten Destruktion: „Die Kriegsmaschine schien allmächtig zu werden und jenen, die an ihren undurchsichtigen Bewegungen teilnahmen, ihre Entscheidungen aufzuzwingen. Kein Raum für Abweichungen und persönliche Entscheidungen schien geblieben

[12] Paul Plaut: Psychographie des Kriegers. In: Beihefte zur Zeitschrift für angewandte Psychologie, Nr. 21: Beiträge zur Psychologie des Krieges. Leipzig 1920, S. 82.

[13] Vgl. Michael Geyer: Deutsche Rüstungspolitik 1860–1980. Frankfurt/M. 1984, S. 100.

zu sein. Das Subjekt hatte abgedankt. Der Soldat machte nicht mehr die Welt des Krieges, sondern wurde von ihr gemacht. Er wurde zum Mikrosystem, dessen Bewegungen den Schwung des Makrosystems erhielten, ohne daß er selbst oder irgendjemand anderes über diesen Zusammenhang eine Kontrolle bewahrt hätte."[14]

Dem gemeinen Soldaten trat die militärische Befehlsgewalt gleichwohl auf zweifache Weise entgegen: Auf der einen Seite als unmittelbare Abhängigkeit von der Person des vorgesetzten Offiziers, der seine Macht zu Willkürakten und Schikanen ausnutzen oder als gerechte und wohlwollende Autorität auftreten konnte. Wer bei seinen Vorgesetzten „eine gute Nummer" hatte, konnte auf Diensterleichterungen sowie bevorzugte Berücksichtigung bei Urlaub und Beförderung hoffen. Umgekehrt besaßen die Offiziere nahezu unbegrenzte Möglichkeiten, mißliebige Untergebene „dranzukriegen". Wer unangenehm auffiel, lief Gefahr, bei nächstbester Gelegenheit zu einem besonders gefährlichen Einsatz abkommandiert zu werden. Im Extremfall verschafften Offiziere ihren Befehlen mit unmittelbarer Gewalt Geltung. Dominik Richert berichtet in seinen Kriegserinnerungen mehrfach von Situationen, in denen die Mannschaften durch ihre Vorgesetzten mit gezogener Waffe zum Angriff getrieben oder am Zurückgehen gehindert wurden.[15]

Auf der anderen Seite erlebten die Soldaten die Militärorganisation als eine höchst abstrakte Macht. Nach undurchschaubaren Regeln wurden sie von unsichtbaren Befehlsgebern, die weitab von der Front das Kriegsgeschehen per Telefon und Telegraf dirigierten, als austauschbare und beliebig verschiebbare Masse bald hierhin, bald dorthin kommandiert, ohne Informationen über strategische und taktische Ziele ihrer Einsätze zu erhalten.[16] Was sich aus der Generalsstabsperspektive als unabdingbares Gebot militärischer Geheimhaltung darstellte, bedeutete für die Mannschaften eine potenzierte Ohnmachtserfahrung.[17] Ob Zehntausende in eine Materialschlacht geworfen wurden oder einige Dutzend irgendein Waldstück verteidigen sollten, der einzelne zählte, nicht anders als Waffen und Munition, nur nach Maßgabe seiner Ersetzbarkeit.

---

[14] Bernd Hüppauf: Schlachtenmythen und die Konstruktion des „Neuen Menschen". In: Gerhard Hirschfeld/Gerd Krumeich/Irina Renz (Hrsg.): Keiner fühlt sich hier mehr als Mensch ... Erlebnis und Wirkung des Ersten Weltkriegs. Essen 1993, S. 63.

[15] Richert: Beste Gelegenheit zum Sterben, S. 31, 70, 170. Bereits unter dem Datum 21. August 1914 berichtet er von einer Situation, in der nicht nur gedroht, sondern auch geschossen wurde: „Alles wollte nun zurücklaufen, Deckung suchen, denn wir wurden von unserer eigenen Fußartillerie beschossen, und das regte auf. Leutnant Vogel schrie: ‚Vorgehen!' Als einige Soldaten zögerten, schoß er kurzerhand vier derselben nieder, zwei waren tot, zwei waren verwundet."

[16] Wie sich militärische Disziplin und militärische Disziplinierung mit der Durchsetzung telegrafischer und telefonischer Kommunikationstechnologien veränderten, rekonstruiert minutiös Kaufmann: Kommunikationstechnik und Kriegführung.

[17] Vgl. Wolfram Wette: Die unheroischen Kriegserinnerungen des Elsässer Bauern Dominik Richert aus den Jahren 1914–1918. In: ders. (Hrsg.): Der Krieg der kleinen Leute. München 1992, S. 132/133.

In der Extremsituation des Fronteinsatzes als Infantrist verdichtete sich die Depersonalisierung – die Reduktion des Menschen zum Material –, die der Maschinenkrieg den Soldaten aufzwang. Sie schrumpften zu bloßen Anhängseln einer gigantischen Vernichtungsapparatur, die jede Zweck-Mittel-Relation außer Kraft zu setzen schien: „Die Mittel des Kampfes hatten sich von den politisch und militärisch definierten Zwecken in einem Grad gelöst, daß ihre Destruktionskräfte gegenüber jedem denkbaren politischen Ziel prinzipiell disproportional geworden zu sein schienen. (...) Der Krieg schien zum Selbstzweck geworden zu sein und sich selbst fortzuzeugen, ohne auf Einflüsse aus einer Sphäre jenseits seiner eigenen Gesetze oder auf Beziehungen zu Maßstäben des Lebens außerhalb seiner selbst angewiesen zu sein."[18] Zugleich waren die elementarsten Gesetze der Selbsterhaltung auf den Kopf gestellt: Verwundung – der sehnlich herbeigewünschte „Heimatschuß" – konnte das Leben retten, körperliche Unversehrtheit bedeutete, der Kriegsmaschinerie weiter zur Verfügung zu stehen. Selbst der Tod verlor jede Verbindung mit dem individuellen Schicksal: „Er war zu einem von außen kommenden und zu dieser Außenwelt gehörenden Schicksal geworden. Die Angst vor dem Tod war die rein kreatürliche Angst vor den Schmerzen des Gastodes oder den Qualen des langsamen Todes durch Verschüttung oder als Folge von Verwundungen. Der Tod der Soldaten gehörte nicht ihnen, auch nicht dem Vaterland, sondern der Front."[19]

In der Totalität des Grauens fanden sich gleichwohl Nischen. Zur Erfahrung der Front gehörte auch, was der Soziologe Tony Ashworth das *„live and let live system"* des Grabenkrieges genannt hat.[20] Immer wieder kam es zu informellen Waffenruhen zwischen den Kriegsgegnern, die manchmal nur wenige Stunden dauerten und auf einzelne Stellungen beschränkt blieben, manchmal auch länger hielten und größere Frontabschnitte umfaßten. Ebenso kam es vor, daß sich die Besatzungen gegenüberliegender Stellungen wechselseitig warnten, wenn ein Artilleriebeschuß bevorstand. Zu den merkwürdigsten Phänomenen des Weltkrieges zählen die Verbrüderungen an den Weihnachtstagen 1914: „Tagelang trafen sich die Soldaten im Niemandsland, tauschten Geschenke aus, besuchten einander in den Gräben, sangen gemeinsam Weihnachtslieder, organisierten regelrechte Musikvorträge, die Aufführung von Gauklerstücken und bestatteten gemeinsam Tote beider Parteien in Massengräbern."[21] Die Kommandostellen auf beiden Seiten versuchten solche Vorgänge, die sich nicht zuletzt die seltene Präsenz höherer Offiziere in den vor-

---

18 Hüppauf: Schlachtenmythen, S. 63.

19 Ders.: Über den Kampfgeist. In: Anton-Andreas Guha/Sven Papcke (Hrsg.): Der Feind, den wir brauchen oder: Krieg muß sein. Königstein/Ts. 1985, S. 88.

20 Tony Ashworth: Trench Warfare 1914–1918. The Live and Let Live System. London 1980; vgl. auch ders.: The sociology of trench warfare 1914–1918. In: British Journal of Sociology, Vol. XIX, 1968, S. 407–423.

21 Ulrich/Ziemann (Hrsg.): Frontalltag im Ersten Weltkrieg, S. 154; ebd., S. 153–159, auch Auszüge aus Feldpostbriefen und Kriegserinnerungen zu den Weihnachtsverbrüderungen.

dersten Linien zunutze machten, mit allen Mitteln zu unterbinden, gefährdeten doch das eigenmächtige Einstellen des Feuers und erst recht die Fraternisierungen den „Angriffsgeist“ und das Propagandabild vom grausamen, niederträchtigen Feind. Das System des wechselseitigen Lebenlassens blieb allerdings schon aufgrund der eingeschränkten Kommunikationsmöglichkeiten über die Fronten hinweg höchst fragil; eine Truppenverlegung, ein Befehl zur Offensive oder ein überraschendes Trommelfeuer reichten aus, um die einvernehmlichen Kampfpausen schlagartig zu beenden und die Kriegsmaschinerie wieder in Gang zu bringen.

Dazu genötigt, als quasi technischer Bestandteil der Kriegsmaschinerie zu fungieren, gleichzeitig ihrer Vernichtungskraft weitgehend schutzlos ausgeliefert, waren die Frontsoldaten physischen wie psychischen Belastungen ausgesetzt, die eine zumindest partielle Entwirklichung der Wirklichkeit unvermeidlich machten. Da der Destruktion nicht zu entkommen war, mußte sie auf die eine oder andere Weise ausgeblendet werden: Ein allgemeines Abstumpfen der Gefühle, Gleichgültigkeit und Mitleidslosigkeit angesichts des Tötens und Getötetwerdens ringsum, durch körperliche Erschöpfung verstärktes apathisches Dahindösen, übermäßiger Alkohol- oder Nikotinkonsum, aber auch tollkühnes Verleugnen der Todesgefahren oder magischer Glaube an die eigene Unverwundbarkeit, schließlich – vor allem im Bewegungskrieg und bei Vorstößen – die Wendung der Angst in Aggressivität und exzessive Brutalität bis hin zum Blutrausch. Blieben solche Reaktionen im Sinne militärischer Zweckrationalität noch durchaus funktional, so zeigte die lawinenartige Zunahme von Nervenzusammenbrüchen, Erschöpfungszuständen und neurotischen Symptombildungen, daß das „Menschenmaterial“ nicht unbegrenzt belastbar war. Die Zahl der Erkrankten ging in die Zehn-, wenn nicht Hunderttausende[22] – für die Heeresführung eine bedrohliche Schwächung der militärischen Einsatzfähigkeit.

2. Neurosenlehren des Krieges

Daß die Nervenkraft „das wichtigste Kapital für den Weltkrieg“[23] darstellte, gehörte zu den am weitesten verbreiteten Topoi der Mobilmachungs- und Durchhaltepropaganda zwischen 1914 und 1918. Hindenburgs Ausspruch,

---

[22] Jungblut gibt auf der Grundlage der im offiziellen Sanitätsbericht ausgewerteten Krankenrapporte an, daß während des Weltkriegs insgesamt 613.047 Fälle von Nervenkrankheiten in die Lazarette aufgenommen wurden. Da diese Zahl auch die neurologisch Erkrankten und Verletzten einschließt und zudem von einem erheblichen Prozentsatz an Mehrfacherkrankungen auszugehen ist, ist die Gesamtzahl der „Kriegsneurotiker“ um einiges niedriger anzusetzen. Der Anteil der Nervenkranken an der Gesamtzahl der Patienten stieg mit Beginn des Stellungskriegs auf etwa zehn Prozent (Jungblut: Die Tätigkeit der deutschen Ärzte im Weltkriege. In: Deutsches Ärzteblatt, 65. Jg., 1935, S. 372).

[23] E. Roth: Kriegsgefahr und Psyche. In: Aerztliche Sachverständigen-Zeitung, XXI. Jg., 1915, Nr. 1, S. 2.

„dasjenige Volk werde den Endsieg erringen, welches die besten Nerven habe", wurde ebenso wie entsprechende Äußerungen des Kaisers immer wieder zitiert, und von Beginn an meldeten sich auch die Spezialisten für Nervenfragen zu Wort und boten ihre Dienste an: „Aber was heißt das eigentlich: ‚gute *Nerven* haben'? Wodurch und in welcher Weise wirkt der Krieg gerade auf unser *Nervensystem* ein? Wie können wir unsere *Nerven* bessern, um sie gegen die Schädigungen des Krieges widerstandsfähiger zu machen? Dies sind offenbar Fragen, über die nachzudenken und die zu beantworten Sache des *Nervenarztes* ist."[24]

Nicht Drillmeister und Policeywissenschaftler, nicht vaterländische Dichter, schriftstellernde Offiziere oder militärisch ambitionierte Demokraten bestimmten den Diskurs über die geforderte Disziplinierung der Nerven, sondern Neurologen und Psychiater. Ihr Zugriff auf die Soldaten setzte auf einer anderen Ebene an, bediente sich anderer Techniken und beruhte auf einem anderen Wissensdispositiv als die traditionellen Formen militärischer Zuverlässigkeitsproduktion. Die Sprache der körperlichen Abrichtung war technisch, die der Kriegsartikel und Militärstrafgesetzbücher juridisch, die vaterländische Propaganda war poetisch-religiös gefärbt und erzählte historische Mythen – die militärische Formierung der Seelen erfolgte im Zeichen der medizinischen Wissenschaft. Die Militärpsychiatrie ersetzte jedoch keineswegs Drill, Überwachung und patriotische Mobilisierung, sie kam erst zum Einsatz, wenn diese nicht ausreichten, um Kampfwillen und -fähigkeit zu sichern. Um noch einmal die Maschinenmetapher zu bemühen: Während die Dressurtechniker dafür sorgten, daß jedes einzelne Rädchen sich ins große Räderwerk einfügte, und die nationalen Ideologen der Maschine die Antriebsenergie lieferten, übernahmen die Nervenärzte Wartungsaufgaben und kümmerten sich um Reparatur und Aussonderung des „ermüdeten Materials". Bei der Erfüllung ihres – in vorauseilendem Gehorsam übernommenen – militärischen Auftrags blieben sie jedoch Ärzte und bewegten sich theoretisch wie praktisch in den vorgespurten Bahnen ihrer Profession.

Am Anfang des psychiatrischen Kriegseinsatzes stand die Beschwörung deutscher Überlegenheit auch auf dem Gebiet der Nervenstärke: „Wie jedes Organ wollen auch die Nerven geübt und geschult sein; geistige und körperliche Zucht sind notwendig, um den höchstmöglichen Grad von Leistungsfähigkeit, von Nervenzucht und Stählung des Willens zu erreichen und zu erhalten. Daß wir uns auch durch eine Welt von Waffen nicht schrecken lassen, ist der beste Beweis dafür, daß unser Volk nicht bloß ethisch stark, von erhebenden Vorstellungen, Begeisterung und Vaterlandsliebe beherrscht wird,

---

24 Adolf Strümpell: Die Schädigungen der Nerven und des geistigen Lebens durch den Krieg. Leipzig 1917, S. 3. Vgl. dazu auch Bernd Ulrich: Nerven und Krieg. In: Bedrich Loewenstein (Hrsg.): Geschichte und Psychologie. Annäherungsversuche. Pfaffenweiler 1992, S. 163–192; allgemein zum Diskurs über die Nerven vor 1914 Joachim Radkau: Die wilhelminische Ära als nervöses Zeitalter, oder: Die Nerven als Netz zwischen Tempo- und Körpergeschichte. In: Geschichte und Gesellschaft, 20. Jg., 1994, S. 211–241.

sondern auch körperlich gesund ist, daß die Spannkraft der Nerven genügt, um, wenn es sein muß, die gewaltigsten, fast übermenschlichen Leistungen zu erfüllen. (...) Diese Spannkraft der Nerven bedarf aber zu ihrer Erhaltung der Zufuhr immer neuer, auch geistig ethischer Nahrung. Je zahlreicher und stärker die Fasern, mit denen unser geistiges und sittliches Leben an das Vaterland geknüpft ist, um so fester, um so stärker, um so sieghafter sind die Nerven."[25]

Blieben solche Predigten noch ganz im Rahmen der allgemeinen völkischen Selbstenthusiasmierung und unterschieden sich allenfalls durch ihr der populären Massenpsychologie entlehntes Vokabular von der Mobilmachungsprosa anderer Wissenschaftsdisziplinen, so beanspruchten die Nervenärzte das Deutungs- und Behandlungsmonopol, wenn es um die „Kriegsneurosen" und „-psychosen" ging. Im gleichen Maße, wie die neurologisch-psychiatrischen Abteilungen der Reservelazarette und Krankenhäuser sich füllten, wucherte auch der militärpsychiatrische Diskurs. Eine Flut von Vorträgen, Tagungen und Publikationen[26] setzte ein, wissenschaftliche Dogmengebäude gerieten ins Wanken und wurden umgebaut, das reichlich vorhandene „Krankenmaterial" wurde einer Vielzahl neu entwickelter Behandlungsmethoden unterworfen, die wiederum Anlaß zu weiteren fachlichen Auseinandersetzungen gaben.[27] Für die Psychiater und Neurologen bedeutete der Krieg, wie Karl

---

25 Roth: Kriegsgefahr und Psyche, S. 2.

26 Allein der fortlaufende Literaturüberblick von Karl Birnbaum, die wichtigste zeitgenössische Quelle zu den militärpsychiatrischen Diskussionen während des Weltkriegs, umfaßt für den Zeitraum von Kriegsbeginn bis Ende 1917 mehr als 450 Seiten und führt über 1.000 Einzelveröffentlichungen auf (Karl Birnbaum: Kriegsneurosen und -psychosen auf Grund der gegenwärtigen Kriegsbeobachtungen. In: Zeitschrift für die gesamte Neurologie und Psychiatrie. Referate und Ergebnisse, 1915–1918, Bd. XI, S. 321–369, Bd. XII, S. 1–89, 317–388, Bd. XIII, S. 457–533, Bd. XIV, S. 193–258, 313–351, Bd. XVI, S. 1–78). Noch weit umfangreicher dürfte der (bislang so gut wie nicht untersuchte) nicht-öffentliche Teil der militärpsychiatrischen Literatur sein: die ärztlichen Gutachten.

27 Zur Militärpsychiatrie während des Ersten Weltkriegs vgl. Peter Riedesser: Militär und Medizin. Materialien zur Kritik der Sanitätsmedizin am Beispiel der Militärpsychiatrie. In: Das Argument, Sonderband 4, 1974, S. 231–279; Esther Fischer-Homberger: Die traumatische Neurose. Vom somatischen zum sozialen Leiden. Bern u.a. 1975, S. 136–170; Eric J. Leed: No Man's Land. Combat & Identity in World War I. Cambridge 1979, S. 163–192; Hans-Ludwig Siemen: Das Grauen ist vorprogrammiert. Psychiatrie zwischen Faschismus und Atomkrieg. Giessen 1982, S. 14–39; Peter Riedesser/Axel Verderber: Aufrüstung der Seelen. Militärpsychiatrie und Militärpsychologie in Deutschland und Amerika. Freiburg 1985; dies.: Heilung oder Folter? Paradigmen der Militärpsychiatrie. In: Geschichtswerkstatt Marburg (Hrsg.): „Ich habe die Metzelei satt ..." Deserteure – Verfolgte der Militärstrafjustiz und der Militärpsychiatrie im Zweiten Weltkrieg. Marburg, 1992, S. 70–94; Roth: Die Modernisierung der Folter; Günter Komo: „Für Volk und Vaterland". Die Militärpsychiatrie in den Weltkriegen. Münster 1992; Ulrich: Nerven und Krieg; ders.: Kampfmotivationen und Mobilisierungsstrategien: Das Beispiel Erster Weltkrieg. In: Heinrich von Stietencron/Jörg Rüpke (Hrsg.): Töten im Krieg. Freiburg/München 1995, S. 399–419. Eine aktualisierte und erweiterte Fas-

Bonhoeffer, eine ihrer Koryphäen, 1916 ausführte, „ein ins Riesenhafte gehendes Experiment", das Erkenntniszuwachs überall dort erwarten ließ, wo der Krieg „uns im großen entgegenbringt, was wir im Frieden nur aus Einzelbeobachtungen kennen"[28], und sein Kollege Adolf Strümpell sekundierte, auf diese Weise dienten „schließlich auch die Opfer der sinnlosen Zerstörungswut im Kriege noch dem Fortschritte unseres Wissens und Erkennens"[29].

Die Vertreter von Psychiatrie und Neurologie drängten sich, sei es aus patriotischer Dienstbarkeit, sei es aus dem wissenschaftlichem Ehrgeiz einer noch vergleichsweise jungen Disziplin, den militärischen Instanzen geradezu auf.[30] Dabei ließen sie keinen Zweifel aufkommen, welcher Maxime ihr Einsatz an der „Kriegsneurotiker"-Front folgte. Wie ein österreichischer Vertreter auf der Kriegstagung des Deutschen Vereins für Psychiatrie programmatisch erklärte, hatte „sich der Arzt bei der Behandlung der Fälle, welche therapeutischen Maßnahmen immer die besondere Situation zweckmäßig erscheinen lassen möge, als Kardinalsgesichtspunkt in dieser ernsten Zeit nicht in erster Linie die Wohlfahrt des Einzelfalles vor Augen (zu) halten (...), sondern das Wohl unserer so eng verbündeten Vaterländer und die Schlagfertigkeit unserer verbündeten Heere"[31].

Fachlich konnten die Nervenärzte bei ihrem Beitrag zur Erhaltung der Wehrkraft insbesondere an die Diskussion um die „traumatische Neurose" anknüpfen. Unter dieser Diagnose hatten die Neurologen in den letzten Jahrzehnten des 19. Jahrhunderts all jene Leiden zusammengefaßt, die sich in der Folge eines Unfalls einstellten, ohne daß sich pathologisch-anatomische Verletzungen des Nervensystems nachweisen ließen. Dabei ging es zunächst vor allem um die Opfer von Eisenbahnunfällen – hier waren die Nervenärzte aufgrund der staatlich festgeschriebenen Haftpflicht der Eisenbahngesellschaften als Gutachter gefragt. Nachdem man zunächst eine durch physische Erschütterung hervorgerufene Läsion des Rückenmarks als Ursache der Symptome angenommen hatte, war man bald dazu übergegangen, der psychischen Er-

---

sung ihrer älteren Arbeiten haben jetzt Peter Riedesser und Axel Verderber vorgelegt: „Maschinengewehre hinter der Front". Zur Geschichte der deutschen Militärpsychiatrie. Frankfurt/M. 1996.

[28] Karl Bonhoeffer: Erfahrungen aus dem Kriege über Ätiologie psychopathologischer Zustände mit besonderer Berücksichtigung der Erschöpfung und Emotion. In: Allgemeine Zeitschrift für Psychiatrie, 73. Bd., 1917, S. 77. Es handelt sich um Bonhoeffers Vortrag auf der Münchner Kriegstagung des Deutschen Vereins für Psychiatrie vom 21.9.1916.

[29] Strümpell: Die Schädigungen der Nerven, S. 5.

[30] So zumindest das Bild, das sich aus der psychiatrisch-neurologischen Literatur und Fachpresse zwischen 1914 und 1918 ergibt. Quellen zur Auseinandersetzung des Militärsanitätswesens der deutschen Heeresleitung mit der „Kriegsneurotikerfrage" konnten bisher nicht nachgewiesen werden. Vgl. Roth: Die Modernisierung der Folter, S. 11 (Anm. 14).

[31] Diskussionsbeitrag Stransky, Kriegstagung des Deutschen Vereins für Psychiatrie zu München am 21. und 22. September 1916. In: Allgemeine Zeitschrift für Psychiatrie, 73. Bd., 1917, S. 218.

schütterung, dem Schock, eine traumatisierende Wirkung einzuräumen, ohne jedoch die Vorstellung eines organischen Krankheitssubstrats völlig aufzugeben. So ging Hermann Oppenheim, der den Begriff der traumatischen Neurosen geprägt hatte, davon aus, „daß nicht grob-anatomische und ebensowenig mikroskopisch nachweisbare Veränderungen die Grundlage derselben bilden, sondern zerebral funktionelle Störungen, die ihren Sitz aller Wahrscheinlichkeit nach in der Großhirnrinde haben und die Psyche sowie die Zentren für Motilität, Sensibilität und Sinnesfunktionen betreffen“[32]. Dieser Auffassung war von zahlreichen Fachkollegen entschieden widersprochen worden. Anlaß zur Kritik gab dabei nicht allein die Tatsache, daß die Oppenheim-Schule den Nachweis einer durch Schreckerlebnisse verursachten dauerhaften organischen Veränderung im Zentralnervensystem schuldig bleiben mußte, sondern auch die versicherungsrechtlichen Implikationen ihres Neurosenkonzepts. Bestätigten nämlich die ärztlichen Gutachter einen Kausalnexus zwischen Trauma und traumatischer Neurose, so hatte das zur Folge, daß die Gerichte den Patienten eine Entschädigung zubilligten, die derjenige zu zahlen hatte, der für den Unfall haftete. Die Einwände richteten sich daher vor allem gegen diese Vorstellung eines unmittelbaren ätiologischen Zusammenhangs: Man deutete die traumatische Neurose als durch das Trauma lediglich manifest gewordenes oder verschlimmertes konstitutionelles Nervenleiden – schließlich überstanden viele Menschen auch schwere Insulte ja ohne neurotische Symptombildungen. Oder man identifizierte als Krankheitsursache nicht das Trauma, sondern die Hoffnung auf Rente oder finanzielle Abfindung, und unterstellte den Neurotikern, sie seien entweder *bewußte* Simulanten oder entwickelten ihre Symptome aufgrund einer *unbewußten* „Begehrungsvorstellung“. Statt von traumatischen sprach man von „Unfall-“, „Zweck-“ oder gar von „Rentenkampfneurosen“[33]. In dem Maße, in dem der von Oppenheim beschriebene Symptomkomplex unter Simulationsverdacht gestellt oder, sofern dieser sich nicht verifizieren ließ, den hypochondrischen, neurasthenischen oder hysterischen Krankheitsbildern zugeordnet wurde, veränderte sich der ärztliche Blick grundlegend: Die Patienten galten dann entweder als Lügner oder als Menschen mit mangelndem „Gesundheitswillen“ beziehungsweise mit „Wunschtendenz zum Kranksein“, oder sie galten als „psychopathische Persönlichkeiten“, die aufgrund „minderwertiger Anlagen“, Alkoholismus

---

32 Zit. nach Fischer-Homberger: Die traumatische Neurose, S. 33; zum Trauma in der Folge von Eisenbahnunfällen vgl. auch Wolfgang Schivelbusch: Geschichte der Eisenbahnreise. Frankfurt/M. 1979, S. 121–151.

33 Fischer-Homberger: Die traumatische Neurose, S. 77, 191. Vgl. auch Greg Eghigian: Die Bürokratie und das Entstehen von Krankheit. Die Politik und die „Rentenneurosen“ 1890–1926. In: Jürgen Reulecke/Adelheid Gräfin zu Castell-Rüdenhausen (Hrsg.): Stadt und Gesundheit. Zum Wandel von „Volksgesundheit“ und kommunaler Gesundheitspolitik im 19. und frühen 20. Jahrhundert. Stuttgart 1991, S. 203–223; allgemein zum Machtdispositiv „Versicherung“ Ewald: Der Vorsorgestaat; ders.: Die Versicherungs-Gesellschaft. In: Kritische Justiz, 22. Jg., 1989, S. 385–393.

oder Syphilisinfektion für neurotische Störungen prädisponiert waren, wobei bewußte Vortäuschung, Hysterie und konstitutionelle Psychopathie nahtlos ineinander übergehen sollten.[34]

Damit war die fachwissenschaftlichen Matrix geschaffen, auf welcher der psychiatrische Diskurs über die „Kriegsneurotiker“ wie auch ihre praktische Behandlung aufbaute. Zu Beginn des Weltkriegs besaß Oppenheims Lehre allerdings noch einen gewissen Einfluß. So unhaltbar seine These einer durch Schock hervorgerufenen irreversiblen Hirnrindenschädigung auch war, für die nach Granatexplosion, Verschüttung oder anderen Kriegsschrecken erkrankten Soldaten wirkte sie sich durchaus positiv aus: Die auftretenden Nervenstörungen wurden als traumatische Neurosen diagnostiziert, „die davon Betroffenen“, so Ewald Stier, der Nestor der deutschen Militärpsychiatrie, in einem Rückblick aus dem Jahre 1936, „zu lediglich bedauernswerten Kriegsopfern gestempelt, die wegen ihres ‚Leidenszustands‘ auf unser Mitleid, auf freundlichste fürsorgerische Behandlung in Lazaretten und Kurorten, und schließlich auf die Anerkennung einer dauerhaften Rente Anspruch hätten“[35]. Mit diesem Neurosenverständnis und den daraus folgenden vergleichsweise schonenden Behandlungsmethoden mußte aufgeräumt werden, sollte der militärische Auftrag, das epidemieartige Anwachsen der „Kriegsneurosen“ einzudämmen, erfüllt werden können. Spätestens 1916 hatte sich die Auffassung durchgesetzt, daß diese Erkrankungen ausschließlich psychogen und als – größtenteils unbewußte – affektive Flucht- und Verweigerungsreaktionen anzusehen seien.

Mit der Abkehr vom somatischen Krankheitsmodell allein war es jedoch nicht getan, geriet doch die psychologisch-funktionelle Interpretation der „Kriegsneurosen“ unter der Hand allzu leicht zum Verständnis für den „Kriegsneurotiker“ – und trotz entgegengesetzter Intention zur verkappten Anklage gegen den Krieg[36]: „Wer sich mit der seelischen Eigenart dieser Leute genauer befasst“, schrieb etwa der Tübinger Ordinarius für Psychiatrie Robert Gaupp, „der findet immer wieder auf dem Grunde ihrer Seele als ursächlichen Faktor die mehr oder weniger bewusste *Angst vor der Rückkehr ins Feld*. Man braucht hier nicht gleich von ‚Drückebergerei‘ oder ‚Simulation‘ reden. Es gibt Menschen genug (und es mögen dies im übrigen recht tüchtige und moralisch einwandfreie Menschen sein), deren Nervensystem für Strapazen und Grauen des modernen Krieges schlechterdings nicht ausreicht. Begeisterung oder guter Wille sind anfangs da; manche von ihnen haben sich freiwillig zum Heer gemeldet, aber der Schwung der Seele hält nicht an, wenn die Gefahren, Greuel und Schrecken kommen; die innere Kraft nimmt mehr und mehr ab und, wenn nun eines Tages ein akuter Sturm auf die Nerven hereinbricht, wie bei einer Granatexplosion, die den Kameraden zur Seite in Stücke

---

[34] Fischer-Homberger: Die traumatische Neurose, S. 93–100; Roth: Die Modernisierung der Folter, S. 14.

[35] Ewald Stier: Psychiatrie und Heer. Ein Rückblick. In: Der deutsche Militärarzt, 1. Jg., 1936, H. 1, S. 19; vgl. Roth: Die Modernisierung der Folter, S. 13.

[36] Vgl. Siemen: Das Grauen ist vorprogrammiert, S. 27.

zerreisst, dann ist es vorbei mit dem inneren Halt; die seelische Kraft versagt und selbstherrisch tritt das in die Erscheinung, was man so landläufig ‚Hysterie' nennt. Im dunklen Gefühl, nicht mehr Herr der Lage zu sein, sondern unterliegen zu müssen, flüchtet sich die ‚erschöpfte' Seele in die Krankheit."[37]

Gaupps Beitrag, geschrieben im achten Kriegsmonat, zeigt die anfängliche Ratlosigkeit der Nervenärzte gegenüber den massenhaft in die Lazarette eingewiesenen „Kriegsneurotikern", allerdings deutet sich bereits an, auf welche Weise sie einen Ausweg aus dem Zustand „geschäftiger Resignation bzw. resignierter Geschäftigkeit"[38] finden sollten: „Als ich an die Behandlung der nervösen, namentlich der hysterischen Kriegsfolgen heranging, stand ich auf dem ärztlich-pädagogischen Standpunkt (den uns Neurologen namentlich die Erfahrungen mit der Unfallhysterie gebracht haben), dass ich mir sagte, es müsse mit allen Mitteln die Wiederkehr in die Felddienstfähigkeit angestrebt werden. Nicht bloss der eigene Patriotismus, sondern auch die wissenschaftliche Auffassung vom Wesen der Hysterie liessen es mir wünschenswert erscheinen, die Wiederaufnahme des Dienstes tunlichst zu erzwingen. Ich scheute mich auch nicht, manchmal zu einem ernsten Appell an das Ehrgefühl und die soldatische Pflicht meine Zuflucht zu nehmen. Allmählich wurde ich weniger zuversichtlich und neuerdings bin ich so weit gekommen, dass ich häufig vor der hysterischen Psyche die Waffen strecke und mich für besiegt erkläre. (...) Ich habe einsehen gelernt, daß ich im Kampfe mit der Hysterie doch meist der Schwächere bin, *solange der Krieg dauert.*" Das durfte nicht das letzte Wort bleiben, sollte nicht „die traurige negative Auslese, die der massenmordende Krieg trifft, noch dadurch verstärkt werden, dass hysterische Symptome, die auf der Basis der Angst und der Willensschwäche ruhen, den derart Schwachnervigen von der Pflicht der Vaterlandsverteidigung" befreiten. Die Gefahr war groß, daß „die Kenntnis dieser Dinge (...) eine verhängnisvolle Suggestivwirkung ausüben und ganze und halbe Simulation geradezu ins Kraut schießen lassen" würde.[39]

3. Der Feldzug gegen die „Kriegsneurotiker"

Waren die „Kriegsneurosen" als eine Willensfrage und ihre Behandlung als ein Kampf zwischen Arzt und Patient bestimmt, dann lag es nahe, daß die Ärzte aufrüsteten und Techniken entwickelten, um diese Form der Kriegsunwilligkeit zu brechen. Was bei Gaupp noch als logischer Widerspruch erscheint – die „hysterische Psyche" der als willensschwach und schwachnervig

---

[37] Robert Gaupp: Hysterie und Kriegsdienst. In: Münchener Medizinische Wochenschrift, 62. Jg., 1915, S. 361.

[38] Max Nonne: Therapeutische Erfahrungen an den Kriegsneurosen in den Jahren 1914–1918. In: Karl Bonhoeffer (Hrsg.): Handbuch der ärztlichen Erfahrungen im Weltkriege 1914/1918, Bd. IV: Geistes- und Nervenkrankheiten. Leipzig 1922, S. 105.

[39] Gaupp: Hysterie und Kriegsdienst, S. 362.

Denunzierten sollte zugleich so stark sein, daß der erfahrene Psychiater vor ihr kapitulierte –, wurde in der Folge praktisch aufgelöst. Die Auffassung, die „Kriegsneurosen" seien sowohl psychogen als auch willentlich zu beeinflussen, setzte sich in eben dem Maße durch, wie die Nervenärzte zu Behandlungsmethoden übergingen, die darauf zielten, die „Neurotiker dazu zu bringen, die Flucht in die Gesundheit der Flucht in die Krankheit vorzuziehen"[40]. Dem diagnostischen Konsens, „Nichtkönnenwollen und Nichtwollenkönnen"[41] seien kaum zu unterscheiden, die Übergänge zwischen „hysterischer Erkrankung, hysterischer Gewöhnung und hysterischer Vortäuschung"[42] fließend, entsprach ein Vorgehen, das die Grenzen zwischen Behandlung, Bestrafung und Abschreckung verschwimmen ließ. In der ärztlichen Wahrnehmung mutierten die Patienten zu „zersetzenden Elementen", und ihre „Therapie" folgte der militärischen Logik des Kampfes gegen den inneren Feind, der jetzt als innerpsychischer erschien. Die Revolte der Nerven mußte mit allen Mitteln niedergeschlagen werden. Die erkrankten Soldaten sollten daher den Aufenthalt im Lazarett und die von den Militärpsychiatern in Anschlag gebrachten Maßnahmen mehr fürchten als die Schrecken der Front. Sie erfuhren nicht länger eine „fürsorgliche Nicht-Behandlung"[43] in Gestalt von Kuren mit anschließender Dienstentlassung und Berentung, sondern wurden dem unterzogen, was man euphemistisch „aktive Therapie" nannte.

Ein wildes Experimentieren mit verschiedenen Aversions- und Suggestionstechniken setzte ein, die „den Kranken autoritativ vor die Wahl zwischen ärztlich verordneter Unlust oder Symptomenfreiheit"[44] stellten. Stolz präsentierten bald zahlreiche Lazarettärzte der Fachöffentlichkeit ihre „Erfolge" mit altbekannten und neu erfundenen Folterpraktiken[45]: Durch wochenlange absolute Isolierung, teilweise in abgedunkelten Räumen und in Verbindung mit Nahrungsmittelentzug, sollten die Patienten sich an ihren Symptomen „zu Tode langweilen"[46]. Die Behandlung von Bettnässern erfolgte nach einem Konditionierungsprogramm, das, so sein Erfinder, „kraß ausgedrückt an die

---

[40] Nonne: Therapeutische Erfahrungen an den Kriegsneurosen, S. 106.

[41] Julius Wagner-Jauregg, zit. nach Birnbaum: Kriegsneurosen und -psychosen, Bd. XI, S. 344.

[42] Ernst Kretschmer: Hysterische Erkrankung und hysterische Gewöhnung. In: Zeitschrift für die gesamte Neurologie und Psychiatrie, 37. Bd., 1917, S. 65.

[43] Roth: Die Modernisierung der Folter, S. 13.

[44] Friedrich Kehrer: Zur Frage der Behandlung der Kriegsneurosen. In: Zeitschrift für die gesamte Neurologie und Psychiatrie, 36. Bd., 1917, S. 5.

[45] Als Folter sind diese als psychiatrische Therapie maskierten Praktiken „nicht nur wegen ihrer Grausamkeit zu bezeichnen, sondern auch wegen ihrer klaren Funktion, eine Gruppe von Menschen, die sich einem Befehlsgefüge zu entziehen sucht, zu unterwerfen und zu bestrafen" (Jan Philipp Reemtsma: Zur politischen Semantik des Begriffs „Folter". In: ders. (Hrsg.): Folter. Zur Analyse eines Herrschaftsmittels. Hamburg 1991, S. 257).

[46] Kehrer: Zur Frage der Behandlung der Kriegsneurosen, S. 5; vgl. auch Ludwig Mann: Neue Methoden und Gesichtspunkte zur Behandlung der Kriegsneurosen. In: Berliner Klinische Wochenschrift, 53. Jg., 1916, S. 1336.

Methode der Erziehung eines jungen Hundes zur Stubenreinlichkeit erinnert, auf psychotherapeutischem Gebiet etwa einer milden Morphiumentziehungskur entspricht. Der Kranke wird bei genau dosierter Flüssigkeitszufuhr im Einzelzimmer ohne jede Möglichkeit, in diesem urinieren zu können, gehalten und vom strenggeschulten Krankenpersonal Tag und Nacht auf die Minute zum Urinieren abgeführt."[47] Man entdeckte die „therapeutische" Wirkung der militärischen Dressur und traktierte an Bewegungsstörungen leidende Patienten mit den gleichen Methoden, die auch „ein Reitkünstler anwenden muß, um ein durch schlechtes Reiten an zahlreiche Unarten gewöhntes gutes Reitpferd (...) wieder in die korrekten Gangarten zu bringen". Bei diesem durch Hypnose vorbereiteten „Gewalt- oder Zwangsexerzieren" wurde generell ein galvanischer Apparat als „Symbol und Suggestivikum herangezogen" und, falls Lob und Tadel nicht ausreichten, „wie vom Reiter der Sporn, so hier der schmerzhafte galvanische Schlag zur Anwendung gebracht"[48]. In Fällen von schwerem hysterischen Erbrechen wurde der Kranke genötigt, „sehr reichlich zu essen". Wenn der Brechreiz einsetzte, zwang man ihn „bevor er in die Lage kam, das Erbrochene wieder auszuspucken, dasselbe wieder herunterzuschlucken". Auch hier „spielte das Moment der militärischen Disziplin eine sehr erhebliche Rolle"[49]. Soldaten, die nach Schreckerlebnissen ihre Stimme verloren hatten, wurde im Rahmen der ärztlichen Behandlung überraschend eine Kugelsonde in den Kehlkopfbereich eingeführt; mit dem durch Erstikkungsangst ausgelösten Angstschrei kam die Stimme zurück.[50] Üblich waren weiterhin „tagelange feuchtkalte Packungen und Dauerbäder, verbunden mit der Erklärung, daß diese erst nach der Heilung abgesetzt würden"[51], ebenso Scheinoperationen, Narkosen, Kochsalzeinspritzungen, Lumbalpunktionen und Röntgenbestrahlungen[52], deren Suggestivwirkung nicht zuletzt darauf beruhte, daß stets die Drohung mitschwang, jeder, der nach einer solchen Pseudobehandlung nicht geheilt sei, erhalte seine Symptome willentlich aufrecht und sei deshalb als Simulant zu verfolgen.

Besonders große Aufmerksamkeit fanden zwei Verfahren, die, so gegensätzlich sie sich auf den ersten Blick ausnehmen, beide auf einer Überwältigung des erkrankten Soldaten beruhten: die nach ihrem Erfinder benannte „Kaufmannkur", bei der die Patienten systematisch mit schwersten Stromstößen gequält wurden, und die Methode der Suggestivhypnose, wie sie der

---

47 Kehrer: Zur Frage der Behandlung der Kriegsneurosen, S. 6.

48 Ebd., S. 8.

49 R. Hirschfeld: Zur Behandlung im Kriege erworbener hysterischer Zustände, insbesondere von Sprachstörungen. In: Zeitschrift für die gesamte Neurologie und Psychiatrie, 34. Bd., 1916, S. 201

50 Vgl. O. Muck: Heilungen von schwerer funktioneller Aphonie. In: Münchener Medizinische Wochenschrift, 63. Jg., 1916, Feldärztl. Beilage Nr. 12, S. 441; ders.: Psychologische Beobachtungen bei Heilungen funktionell stimmgestörter Soldaten. In: Ebd., 63. Jg., 1916, Feldärztl. Beilage Nr. 22, S. 804–806.

51 Riedesser/Verderber: Die Aufrüstung der Seelen, S.13.

52 Vgl. den Überblick bei Birnbaum: Kriegsneurosen und -psychosen, Bd. XIV, S. 242.

Hamburger Psychiater Max Nonne praktizierte. Kaufmann, der seine „Überrumpelungstherapie“ selbst als „etwas heroisch“ bezeichnete, ihre Wirkung aber gerade auf die „Rücksichtslosigkeit“ und „unerbittliche Hartnäckigkeit“ des Vorgehens zurückführte, rühmte sich ebenso wie Nonne, seine Patienten in nur einer Sitzung von ihren Symptomen zu befreien. Die Elektroschock-Behandlung sei selbst bei Widerstrebenden erfolgreich, zwinge sie doch „auch den Kranken, der nicht zur Heilung inkliniert, so gut wie immer in die Gesundung hinein; denn der gewaltige Schmerz verdrängt alle negativen Begehrungsvorstellungen“[53]. Die Tortur setzte sich im einzelnen aus vier Komponenten zusammen: „1. suggestiver Vorbereitung. 2. Anwendung kräftiger Wechselströme unter Zuhilfenahme von reichlicher Wortsuggestion. 3. strengem Innehalten der militärischen Formen unter Benutzung des gegebenen Subordinationsverhältnisses, und Erteilen der Suggestionen in Befehlsform. 4. unbeirrbar konsequenter Erzwingung der Heilung in einer Sitzung.“[54]

Wichtig war insbesondere der vierte Punkt. Die medizinische Marter reproduzierte die elementare Kriegserfahrung, die die Soldaten traumatisiert hatte. Auch auf dem Behandlungstisch waren sie einer übermächtigen Gewalt hilflos ausgeliefert. Wie die Granaten und Maschinengewehre an der Front mobilisierten die Stromstöße unmittelbare Vernichtungsangst, und die Kommandos der Ärzte-Offiziere geboten absolute Subordination. Der gesteigerten Destruktionskraft des industrialisierten Krieges entsprach die Elektrifizierung der Gehorsamsfabrikation in Gestalt eines „nicht aufhörenden Sturmangriffs“[55] auf Körper und Psyche der erkrankten Soldaten – eine Parallelität, die den Anhängern der „Kaufmannkur“ durchaus bewußt war: „Möge man es zunächst auch eigentümlich finden, wenn man die Wirkung einer faradischen Pinselung etwa mit der Wirkung des Trommelfeuers an der Somme vergleichen will; ich glaube aber doch sagen zu können, dass die faradische Pinselung eben nur dann heilend wirkt, wenn sie für den Patienten ein mächtiges neues Erlebnis vorstellt, welches dem Eindruck der Kriegsereignisse sich einigermassen an die Seite stellen kann.“[56] Im Äquivalenzprinzip von Trauma und Gegentrauma, das der Elektroschockbehandlung zugrundelag, lebte – trotz technischer Modernität der Folterwerkzeuge und naturwissenschaftlich-medizinischer Rechtfertigung der Tortur – etwas von den magischen Praktiken der Geisteraustreibung fort. Die Psychiater imaginierten sich nicht nur als Sturmtruppführer an der Neurosenfront, sondern zugleich als Exorzisten, die mit ihren Stromschlägen die dämonischen Kräfte des Unterbewußtseins bannten.

Angesichts einer solchen Behandlungslogik nimmt es nicht wunder, daß Patienten unter der Elektrofolter starben, was jedoch – trotz vereinzelter kriti-

---

53 Fritz Kaufmann: Die planmässige Heilung komplizierter psychogener Bewegungsstörungen bei Soldaten in einer Sitzung. In: Münchener Medizinische Wochenschrift, 63. Bd., 1916, Feldärztl. Beilage Nr. 22, S. 803/804.

54 Ebd., S. 803.

55 Kurt R. Eissler: Freud und Wagner-Jauregg vor der Kommission zur Erhebung militärischer Pflichtverletzungen. Wien 1979, S. 223.

56 Mann: Neue Methoden und Gesichtspunkte, S. 1337.

scher Stimmen[57] – den Siegeszug der „elektrosuggestiven Intensivbehandlung" in den Lazaretten nicht verhinderte, sondern lediglich dazu führte, daß man statt der zunächst verwendeten Wechselstromgeräte Induktionsapparate einsetzte, die mit geringeren, aber nicht weniger schmerzhaften Stromstärken funktionierten.[58] Das Kaufmannsche Zwangsverfahren avancierte, häufig abgewandelt und mit anderen Praktiken kombiniert, zur „Standardtherapieform des Ersten Weltkriegs"[59].

Die Methode eröffnete zwar sadistischen Quälereien Tür und Tor[60] und führte generell zu einer Enthemmung ärztlichen Handelns, doch nicht exzes-

---

[57] Vgl. exemplarisch den Diskussionsbeitrag Gustav Aschaffenburgs, Kriegstagung des Deutschen Vereins für Psychiatrie zu München am 21. und 22. September 1916, S. 215. Auf dieser Tagung wurde erstmals über Todesfälle bei der Elektroschockbehandlung berichtet; als Todesursache wurde Herzlähmung infolge starker sinusoidaler Ströme angegeben (vgl. ebd., S. 191–194, 211).

[58] Kaufmann selbst führte die Todesfälle auf eine angebliche „Organminderwertigkeit" der Getöteten, den sogenannten „status thymico-lymphaticus", oder auf falsche Elektrodenanordnung und Apparatefehler zurück, empfahl jedoch in einem späteren Beitrag ebenfalls die ausschließliche Verwendung von Induktionsstrom (Zur Behandlung der motorischen Kriegsneurosen. In: Münchener Medizinische Wochenschrift, 64. Bd., 1917, S. 1522). In einer Verfügung vom März 1918 verbot schließlich zumindest die Medizinalabteilung des bayrischen Kriegsministeriums die Anwendung von Wechselstrom bei der Behandlung von „Kriegsneurotikern" (vgl. Ulrich/Ziemann [Hrsg.]: Frontalltag im Ersten Weltkrieg, S. 106/107, Dok. 21h).

[59] Riedesser/Verderber: Heilung oder Folter?, S. 74.

[60] Vgl. die Beschreibung des Folterrituals durch eines ihrer Opfer: „Am 1.12. (...) wurden vor meiner Zelle im Saal Vorbereitungen zur Faradisation getroffen. Diese geschieht immer mit großem Aufwand an Lärm und Getue, Hin- und Herbefehlen, und es stellen sich zahlreiche Zuschauer (...) ein, als gälte es ein Autodafé. Ein Bett wird freigemacht, mit einem Laken überdeckt, die faradische Apparatur bereitgestellt, dazu ein Wasserbecken für die Befeuchtung der Elektroden, und der Strom eingeschaltet. Der Faradiseur nimmt den Metallpinsel, der an einem Leitungsdraht in Verbindung mit dem Apparat steht, und nun wird der Kandidat herbeigeholt. Ermunternde Zurufe aus dem Auditorium wie ‚Simulant, elender', oder ‚Wirst schon spitzen', oder ‚Dem werdns es schon außibeißn' usw. empfangen ihn. Das ist sehr bezeichnend für diese öffentliche Prozedur. Dem Arzt fällt es nicht ein, die Leute zurechtzuweisen, er betrachtet vielmehr ihre Haltung als einen Bestandteil seiner Einwirkung. (...) An dem oben erwähnten 1.12.17 sah ich durch das Guckloch meiner Isolierzelle, wie ein Mann ausgekleidet auf das Bett hingestreckt wurde. Sieben Männer hielten ihn fest, indem sich zwei quer über die Schienbeine setzten, die anderen ihn an Kopf, Brust, Schultern, Armen und Händen niederhielten. Kozlowski (der Arzt, UB) begann nun wie üblich mit dem Pinsel die besonders empfindlichen Stellen an den Zehenspitzen zu faradisieren. Der Mann schrie vor Schmerz wie besessen. Kozlowski begleitete die Prozedur mit unaufhörlichem Reden, zeigte Zuschauern schmunzelnd die empfindlichen Stellen des Patienten und benahm sich so, als handle es sich um ein ausgesprochenes persönliches Vergnügen. Mittlerweile ließ er mich durch einen Wärter aus der Zelle holen und sagte mit bissiger Betonung: ‚Sehen sie, das ist die Behandlung, die Sie nachher bekommen werden. Sie ist, wie sie sehen, sehr schmerzhaft.' Dann wurde ich wieder in meine Zelle zurück-

sive Grausamkeit kennzeichnete die Behandlung, sondern der genau dosierte, auf einer wissenschaftlich-medizinischen Diagnose aufbauende und durch das Versprechen einer raschen „planmässigen Heilung“[61] legitimierte Einsatz von Gewalt. Entscheidend für die Wirkung der „Kur“ waren weniger Intensität und Dauer des physischen Schmerzes als seine Einbindung in eine Situation absoluter ärztlicher Macht. Beim Patienten durfte kein Zweifel aufkommen, daß bei dem an seinem Körper ausgetragenen Kampf um das Symptom der Arzt der Stärkere sein würde.

Nonne versuchte eine solche Machtkonstellation zwischen Arzt und Patient mittels hypnotischer Suggestion zu schaffen. Er verzichtete darauf, körperliche Schmerzen zuzufügen, bestand aber wie Kaufmann auf Behandlung „bis zur Erzwingung des Erfolgs“: „Als Motto muß jeder Neurose-Arzt bei Beginn des Zweikampfes sich das Wort Jakobs im Kampf mit dem Engel in der Bibel vorhalten: ‚Ich lasse dich nicht, du segnest mich denn.‘ “[62] Nach Nonnes Beobachtung ließen sich Soldaten, da an „Befehlsautomatie“ gewöhnt, besonders leicht hypnotisieren; das selbstverständliche „Sichfügen-müssen“ gegenüber dem Arzt, der als Offizier zugleich militärischer Vorgesetzter war, begünstigte die Suggestibilität.[63] Aufklärung des Patienten oder das Einholen der Einwilligung, ihn in einen „willenlosen Zustand“ zu versetzen, hielt Nonne für kontraproduktiv, weil dadurch der Kranke „das Gefühl der absoluten Überlegenheit des Arztes verlieren“ würde.[64] Der Verlauf der Behandlung trug deutlich Züge einer sexuell aufgeladenen Nötigung, wobei, wie Kurt R. Eissler bemerkt, schwer zu entscheiden ist, „ob man an eine erotische Verführung in die Gesundheit oder eine Kastrationsangst des dem gewaltigen Übervater hilflos ausgelieferten Soldaten als therapeutisch ausschlaggebenden Mechanismus denken soll“[65]. Nonne zwang die Patienten, sich für die Behandlung nackt auszuziehen, um dadurch „das Gefühl der Abhängigkeit bzw. der Hilflosigkeit“ zu erhöhen, und versetzte sie, unter anderem durch „suggestives Bestreichen des Körpers“, in Tiefschlaf, was in der Regel nach wenigen

---

geschickt. Die Behandlung des Patienten dauerte noch sehr lange. Zuletzt konnte der Gefolterte nur mehr heiser röcheln und wurde dann in seine Zelle getragen“ (Bericht Walter Kauders, in: Eissler: Freud und Wagner-Jauregg, S. 151/152).

61 „Die planmässige Heilung komplizierter psychogener Bewegungsstörungen bei Soldaten in einer Sitzung“ hatte Kaufmann den Aufsatz überschrieben, mit der er seine Methode der Öffentlichkeit vorstellte.

62 Nonne: Therapeutische Erfahrungen an den Kriegsneurosen, S. 107. Eissler (Freud und Wagner-Jauregg, S. 309) weist im Zusammenhang mit diesem Zitat auf eine Fehlleistung Nonnes hin: „Es entbehrt nicht der Ironie, wenn Nonne, von dessen Patienten die Mehrzahl an funktionellen Störungen des Bewegungsapparats litten, gerade jene Episode aus dem Alten Testament zitierte, in der der Gottesgläubige hinkend entlassen wird“.

63 Max Nonne: Über erfolgreiche Suggestivbehandlung der hysteriformen Störungen bei Kriegsneurosen. In: Zeitschrift für die gesamte Neurologie und Psychiatrie, 37. Bd., 1917, S. 202.

64 Ders.: Therapeutische Erfahrungen an den Kriegsneurosen, S. 109.

65 Eissler: Freud und Wagner-Jauregg, S. 230.

Minuten gelang. Anschließend erzeugte er zunächst durch Verbalsuggestion neue Kontrakturen oder Lähmungen, um sicherzugehen, „daß der Kranke ‚in Rapport‘ ist“, und begann dann erst mit der „Heilsuggestion“, die wiederum durch „Berührung, Streichung oder Knetung der motorisch gelähmten oder gereizten Muskeln“ ergänzt wurde. Unmittelbar nach dem Erwecken demonstrierte er dem Patienten die wiedererlangte Bewegungsfähigkeit und ließ ihn den Behandlungserfolg auch seinen Mitpatienten vorführen.[66]

Weil ohnehin „jede Therapie nur durch den mehr oder weniger versteckten Kern der Suggestion“ wirkte, reduzierte sich für Nonne die Differenz zwischen Elektro- und Psychotechnik letztlich auf eine Frage des persönlichen Geschmacks – eine Auffassung, der sich die meisten seiner Kollegen anschlossen. Ausdrücklich plädierte Nonne für eine Vielfalt der Behandlungsformen, um „der an Tücke reichen Neurose auf verschiedenen Wegen beizukommen“[67]. Gleichgültig wie, das Symptom mußte zum Verschwinden gebracht, der Patient „wieder zu einem nützlichen Glied der staatlichen Gemeinschaft“[68] gemacht werden. Der Pessimismus Gaupps aus der Anfangszeit des Krieges war dem Ehrgeiz gewichen, „keinen Ungeheilten zu dulden“[69]. Um dieses Ziel zu erreichen, wurde die Statistik gesäubert und den „refraktären Fällen“, bei denen die ärztliche Tortur nicht die gewünschte Wirkung zeitigte, kurzerhand „Krankheitstrotz“, „endogene abnorme Willensrichtung“ oder ganz einfach Simulation[70] unterstellt, die betreffenden Soldaten häufig zwangspsychiatrisiert[71] oder militärstrafrechtlich verfolgt.

Da nicht zu verhindern war, daß „über kurz oder lang dem oder jenem (...) eine ‚Dämmerung‘ über die wahren Grundlagen der Heilwirkung“ aufging und in den Lazaretten sich „Antiligen“ bildeten, die die ärztlichen Suggestionsmittel ins Leere laufen ließen[72], eskalierte der von Nonne und Gaupp beschworene Kampf zwischen „Kriegsneurotiker“ und behandelndem Arzt. Die Patienten setzten den Suggestions- und Aversionstechniken nicht nur „passiven Widerstand“ entgegen, in einzelnen Lazaretten kam es sogar zu offenen Revolten.[73] Auf Gegenwehr stieß insbesondere die Kaufmannsche Methode, so daß manche Ärzte von ihr abrückten, weil sie nicht wagten, „ohne Deckung durch eine höhere militärische Autorität den laut schreienden und um sich schlagenden Kranken diese Behandlung aufzuzwingen“[74].

---

66 Nonne: Therapeutische Erfahrungen an den Kriegsneurosen, S. 110/111.

67 Ebd., S. 106.

68 Kaufmann: Zur Behandlung der motorischen Kriegsneurosen, S. 1523.

69 Ebd.

70 Nonne: Therapeutische Erfahrungen an den Kriegsneurosen, S. 114.

71 Vgl. den autobiographischen Bericht Oskar Maria Grafs, der acht Monate in verschiedenen Irrenanstalten festgehalten wurde: Wir sind Gefangene (1927). München 1978, S. 193–208.

72 Kehrer: Zur Frage der Behandlung der Kriegsneurosen, S. 13.

73 Vgl. Eissler: Freud und Wagner-Jauregg, S. 309 (Anm. 37).

74 Max Lewandowsky: Was kann in der Behandlung und Beurteilung der Kriegsneurosen erreicht werden? In: Münchener Medizinische Wochenschrift, 64. Jg., 1917, Feldärztl. Beilage Nr. 30, S. 991.

Um den traumatisierten Soldaten den sekundären Krankheitsgewinn einer Verlegung ins Lazarett oder in die Heimat abzuschneiden, ging man in den letzten beiden Kriegsjahren dazu über, sie möglichst in Frontnähe zu belassen und dort zu behandeln. „Die Psychotherapie so unmittelbar nach dem psychischen Trauma“ sei leicht, erklärte der Truppenarzt Kurt Schneider, vielfach genüge „Ruhe, ordentlicher Schlaf und die Versicherung, wirklich einige Tage oder etwa während der augenblicklichen Stellungsperiode nicht mehr vorn verwendet zu werden, völlig, um die Kranken wieder ganz genesen und wieder ‚k.v.‘ werden zu lassen“, wozu nicht unwesentlich beitrage, „daß hier Rentenfragen wohl so gut wie nie schon eine Rolle spielen“[75]. Wie die „frontnahe Behandlung“ jenseits solcher Schönfärbereien aussah, läßt sich aus dem Hinweis Nonnes schließen, es habe Truppenteile gegeben, „bei denen es therapeutische Gepflogenheit war, die Abwehrneurosen ins Trommelfeuer zu schicken“, was nach Mitteilung der zuständigen Ärzte „von großem prophylaktischem Wert gewesen sei“[76].

Offizieren blieb diese Art der „Frontbewährung“ wie überhaupt der Terror der Aversionstechniken in aller Regel erspart. Sie erkrankten, so die Diagnose ihrer ärztlichen Standesgenossen, an „Neurasthenie“, einer „nervösen Erschöpfung des von Hause aus gesunden Menschen“[77], und bedurften zur Genesung vor allem Schonung „in ruhiger, den kriegerischen Ereignissen ferner Umgebung“[78]. Wenn dennoch einmal ein Offizier „hysterische“ Symptome zeigte, handelte es sich „stets um einen ausgesprochen degenerativ Belasteten“. Die Prognose war jedoch in diesen Fällen ebenfalls „durchweg viel besser als die der Mannschaft, auch ohne Hypnose und heroische Prozeduren“[79], die nach Auffassung der Militärpsychiater bei Offizieren ohnehin kontraindiziert waren, da das für die Suggestivwirkung notwendige Subordinationsverhältnis fehlte.[80] Wer selbst ans Kommandieren gewöhnt war, der ließ sich nicht als Psychopath beschimpfen, mit Stromstößen traktieren oder durch hypnotischen Befehl seine Symptome wegsuggerieren.

---

[75] Kurt Schneider: Einige psychiatrische Erfahrungen als Truppenarzt. In: Zeitschrift für die gesamte Neurologie und Psychiatrie, 39. Bd., 1918, S. 311.

[76] Nonne: Therapeutische Erfahrungen an den Kriegsneurosen, S. 114.

[77] Robert Gaupp: Schreckneurosen und Neurasthenie. In: Bonhoeffer (Hrsg.): Handbuch der ärztlichen Erfahrungen, S. 85.

[78] Ebd., S. 98. Vgl. auch Willy Hellpach: Die Kriegsneurasthenie. In: Zeitschrift für die gesamte Neurologie und Psychiatrie, 45. Bd., 1919, S. 180. Hellpach konstatierte einen „vertikalen Verteilungsunterschied“ zwischen „Kriegsneurasthenie“ und „Kriegshysterie“: „Je höher wir sozial aufsteigen, desto einseitiger herrscht die Neurasthenie vor; je tiefer hinab, desto häufiger begegnet uns Hysterie.“

[79] Diskussionsbeitrag Curschmann, Kriegstagung des Deutschen Vereins für Psychiatrie zu München am 21. und 22. September 1916, S. 213.

[80] Vgl. Diskussionsbeitrag Rieder, ebd., S. 223.

4. Psychoanalyse und „Kriegsneurosen"

Im Rahmen des Methodenpluralismus, der auf ein gestaffeltes System unterschiedlicher Behandlungsformen hinauslief, erhielt auch die vor 1914 von den Neuropsychiatern leidenschaftlich bekämpfte Psychoanalyse ihren Platz.[81] Unter dem Eindruck der „Kriegsneurosen", die Oppenheims Spekulationen über ein somatisches Krankheitssubstrat tausendfach dementierten, hatte die offizielle Medizin Bruchstücke der Lehre Freuds, vor allem sein Verständnis der Hysterie als einer Konversion psychischer Konflikte in körperliche Symptome übernommen. Daß es sich bei den traumatischen Neurosen um eine „Flucht in die Krankheit" handelte, behaupteten auch die größten Feinde der Psychoanalyse, und in den „Begehrungsvorstellungen" und „Zweckreaktionen" der Schulpsychiatrie schien begrifflich wiederzukehren, was Freud als „Krankheitsgewinn"[82] des Neurotikers bezeichnet hatte. Seine Bemerkung jedoch, die neurotische Flucht sei in manchen Fällen „vollberechtigt", da es „nicht nur neurotisches Elend", sondern auch „reales, unabstellbares Leiden" gebe, und der Arzt, der diesen Sachverhalt erkannt habe, werde sich „schweigend und schonungsvoll zurückziehen"[83], stand dem Postulat der „aktiven Behandlung" diametral entgegen. Wo die militärische Räson unerbittlich verlangte, „der einzelne muß geheilt werden", schon um „die Verschleppung des nervösen Infektionsstoffs (zu) verhindern und das Volkskapital (zu) sparen"[84], war es undenkbar, daß der Arzt „die Partei der von ihm bekämpften Krankheit"[85] einnahm, weil für den Patienten die Neurose gegenüber den Schrecken und Gefahren der Front die harmlosere Alternative darstellte. Waren Freuds Bedenken gegen eine Heilung um jeden Preis, wie Esther Fischer-Homberger mit Recht feststellt, „bemerkenswert unvaterländisch"[86], so ließ sich das psychoanalytische Wissen sehr wohl zur Erhaltung und Steigerung der nationalen Wehrkraft einsetzten. – Durchaus mit Zustimmung Freuds, der zwar selbst keine neurotisch erkrankten Soldaten behandelte, sich aber, wie sein Biograph Ernest Jones berichtet, im Sommer 1914 weigerte, Neurotikern zu helfen, die der Mobilisierung entgehen wollten und ihn wegen eines ärztlichen Attests

---

[81] Vgl. dazu neben den bereits zitierten Arbeiten von Roth, Eissler und Fischer-Homberger Peter Büttner: Freud und der Erste Weltkrieg. Phil. Diss. Heidelberg 1975; Johannes Reichmayr: Psychoanalyse im Krieg. Zur Geschichte einer Illusion. In: Peter Passett/Emilio Modena (Hrsg.): Krieg und Frieden aus psychoanalytischer Sicht. Basel/Frankfurt/M. 1983, S. 36–58.

[82] Freud führt den Terminus „Flucht in die Krankheit" sowie die Unterscheidung zwischen primärem und sekundärem Krankheitsgewinn 1909 in dem Beitrag „Allgemeines über den hysterischen Anfall" ein (Studienausgabe, Bd. VI. Frankfurt/M. 1971, S. 201).

[83] Sigmund Freud: Vorlesungen zur Einführung in die Psychoanalyse (1916/17). In: ders.: Studienausgabe, Bd. I, Frankfurt/M. 1969, S. 371.

[84] Lewandowsky: Was kann in der Behandlung und Beurteilung der Kriegsneurosen erreicht werden?, S. 990.

[85] Freud: Vorlesungen zur Einführung in die Psychoanalyse, S. 371.

[86] Fischer-Homberger: Die traumatische Neurose, S. 153.

aufsuchten. „Er war der Meinung, sie sollten alle versuchen, dem gemeinsamen Interesse zu dienen, und dies würde ihnen nur gut tun.“[87]

Mit großer Sympathie verfolgte Freud auch die therapeutische Arbeit Ernst Simmels, der eine psychoanalytische Sonderstation in einem Lazarett für „Kriegsneurotiker“ leitete. Diese war eröffnet worden, nachdem die gängigen hypnotisch-suggestiven Behandlungstechniken nicht die gewünschte Wirkung gezeitigt hatten. Angesichts der großen Patientenzahl[88] und des Erfolgsdrucks, dem sich Simmel als Arzt in militärischer Funktion und als Anhänger einer verfemten Schule gleich doppelt ausgesetzt sah, hatte er die psychoanalytische Behandlung modifiziert und ein Verfahren entwickelt, das durch „Kombination von analytisch-kathartischer Hypnose mit wachanalytischer Aussprache und Traumdeutung“ in durchschnittlich zwei bis drei Sitzungen eine Befreiung von den kriegsneurotischen Symptomen erreichte.[89] Simmel ließ sich von seinen Patienen ihre Träume erzählen, forderte sie auf, ausgehend von diesen frei zu assoziieren und setzte „die in der Hypnose bestehende übernormale Gedächtnissteigerung“ ein, um die traumatisierenden Kriegserfahrungen zu rekapitulieren und die blockierten Emotionen abzureagieren: „Der ‚Film‘ wird noch einmal abgerollt; der Kranke träumt das Ganze noch einmal, das sensibilisierte Unterbewußtsein gibt den Affekt frei, dieser entlädt sich in einem adäquaten Gefühlsausdruck, und der Kranke ist geheilt.“[90] Simmels Rückgriff auf die Hypnose wurde vom Gründer der Psychoanalyse, der diese Vorstufe in der eigenen Praxis längst verworfen hatte, ausdrücklich gebilligt. Freuds auf dem Internationalen Psychoanalytischen Kongreß 1918 ausgesprochene Vermutung, bei einer künftigen Massenanwendung der Therapie werde man genötigt sein, „das reine Gold der Analyse reichlich mit dem Kupfer der Suggestion zu legieren, und auch die hypnotische Beeinflussung könnte dort wie bei der Behandlung der Kriegsneurotiker wieder eine Stelle finden“[91], bezogen sich unmittelbar auf die Erfahrungen Simmels, der selbst ebenfalls auf der Budapester Tagung referierte.

---

87 Ernest Jones: Sigmund Freud. Leben und Werk, Bd. 2. München 1984, S. 207.

88 Simmel berichtet in einem Rückblick aus dem Jahre 1944, er habe während der letzten beiden Jahre des Ersten Weltkriegs etwa 2000 „Kriegsneurotiker“ gesehen und von diesen die Hälfte selbst behandelt (Kriegsneurosen [1944]. In: ders.: Psychoanalyse und ihre Anwendungen. Frankfurt/M. 1993, S. 205).

89 Ders.: Zweites Korreferat. In: Zur Psychoanalyse der Kriegsneurosen. Leipzig/Wien 1919, S. 43.

90 Ders.: Kriegs-Neurosen und „Psychisches Trauma“. München/Leipzig 1918, S. 25.

91 Sigmund Freud: Wege der psychoanalytischen Therapie (1918). In: ders.: Studienausgabe. Ergänzungsbd. Frankfurt/M. 1975, S. 249. Als nach dem Krieg der „politische“ Nutzen wegfiel, den Freud sich für die psychoanalytische Bewegung von ihrem kriegspsychiatrischen Engagement erhofft hatte, erschienen ihm ärztliches Ethos und militärische Anforderungen wieder als unvereinbar. Was er als Gutachter im Untersuchungsverfahren gegen den Neurologen Julius Wagner-Jauregg ausführte, unter dessen Verantwortung während des Kriegs zahlreiche „Kriegsneurotiker“ mit Stromstößen mißhandelt worden waren, traf nicht zuletzt die von Freud selbst gutgeheißene Praxis seiner eigenen Schüler. – Die Möglichkeit, sich den Zumutun-

Hart ging Simmel mit den Aversions- und Überrumpelungstherapeuten ins Gericht; ihnen warf er vor, sie betrieben eine umgekehrte Psychoanalyse: „Jene Ärzte, welche ein System von Qualen ersonnen haben – Hungerkuren, Dunkelzimmer, Briefsperre, schmerzhafte Ströme u.a. – um die Preisgabe der neurotischen Symptome vom Kranken zu *erpressen*, erkennen unbewußt in der Umkehrung des Freudschen Prinzips seine Grundanschauung an. Sie *machen* die Behandlung zu einer Peinigung, um den Neurotiker zu veranlassen, aus ihr *‚in die Gesundheit zu fliehen'*."[92] Auch von der hypnotischen Suggestivbehandlung im Sinne Nonnes grenzte er sich ab. Sie stelle ungeachtet des großen Werts und der praktischen Bedeutung, die sie „für die Massenbewältigung der Kriegsneurosen"[93] zweifellos besitze, „nichts mehr und nichts weniger als eine Vergewaltigung des Kranken" dar, dessen ohnehin geschwächter Willenskomplex vollends ausgelöscht werde, um ihm sein Symptom wegzusuggerieren. Da der „eingeklemmte Affekt", den das Symptom lediglich symbolisch repräsentiere, nicht in die Behandlung einbezogen werde, müsse er bald „in seiner krankmachenden Wirkung wieder manifest werden"[94].

So deutliche Worte Simmel gegen die einschlägigen Verfahren zur Behandlung der „Kriegsneurotiker" fand, seine Kritik richtete sich gegen die Methoden, nicht gegen das Ziel der Therapie. Gerade weil die psychoanalytisch orientierte Behandlung den unbewußten Affekten der erkrankten Soldaten subtil nachging und auf Katharsis statt auf Aversion setzte, sollte sie nachhaltiger „heilen" können: „Der psychoanalytisch geschulte Seelenarzt hat nicht nötig, seinem, in die Krankheit gehetzten Patienten nach entgegengesetzter Richtung zu jagen. [sic!] Er nimmt ihm die Ketten seines Unbewußten und ist so imstande, den Neurotiker in die Gesundheit als Erlösung hinüberzugelei-

---

gen der militärischen Instanzen zu verweigern, zog er allerdings auch 1920 noch nicht in Erwägung, sondern sprach statt dessen den ärztlichen Stand von jeder Schuld frei. Bei seiner Befragung erklärte er, „daß wir ein Volksheer hatten, daß der Mann zum Kriegsdienst gezwungen war, daß er nicht gefragt wurde, ob er gerne in den Krieg geht, und man mußte daher darauf gefaßt sein, daß die Leute flüchten wollen, und den Ärzten ist etwas wie die Rolle von Maschinengewehren hinter der Front zugefallen, die Rolle, die Flüchtigen zurückzutreiben. Das lag bestimmt in der Absicht der Kriegsverwaltung. (...) Für den ärztlichen Stand war es eigentlich eine Aufgabe, die sich nicht recht damit verträgt. Der Arzt soll in erster Linie der Anwalt des Kranken sein, nicht der eines anderen. Wie der Arzt in den Dienst eines anderen tritt, ist seine Funktion gestört, und in dem Moment, wo der Auftrag käme, die Leute möglichst bald für den Kriegsdienst wieder tüchtig zu machen, mußte sich ein Konflikt ergeben, für den man den ärztlichen Stand unmöglich verantwortlich machen kann. Zwischen der Unterordnung unter die Humanität und der allgemeinen Wehrpflicht läßt sich ein Kompromiß nicht herstellen" (Sigmund Freud über Kriegsneurosen, Elektrotherapie und Psychoanalyse. In: Psyche, 26. Jg., 1972, S. 946/947; vgl. auch Eissler: Freud und Wagner-Jauregg).

92 Simmel: Zweites Korreferat, S. 59/60.

93 Ders.: Kriegs-Neurosen und „Psychisches Trauma", S. 81.

94 Ebd., S. 23.

ten."[95] – In eine Gesundheit, die darin bestand, den Kriegsdienst wieder aufnehmen zu können.

Anders als die Schulmediziner, die nervenkranke Soldaten zu „willensschwachen Psychopathen" stempelten, anders auch als manche seiner Psychoanalytikerkollegen, die ihnen narzißtische Veranlagung und Regression in das Stadium infantiler Selbstliebe attestierten,[96] denunzierte Simmel seine Patienten nicht, sondern zeigte großes Verständnis für die Genese und Dynamik ihrer psychischen Konflikte. Die Empathie war jedoch auf den Schonraum des Lazaretts begrenzt, was auch für das ärztliche Vorgehen nicht ohne Folgen blieb. Wenn Simmel etwa Kranke, „die bereits beim Anblick von Offiziersachselstücken oder eines Arztkittels Wutanfälle" bekamen, in Hypnose ermutigte, ihren Haß an einer gepolsterten Puppe abzureagieren,[97] so lag es auf der Hand, daß diese offensichtliche Ersatzhandlung dazu diente, Unruhestifter wieder an die pathogenen Zwänge militärischer Disziplin anzupassen. In der instrumentalisierten Form einer therapeutischen Technik bedeutete Katharsis nichts anderes als Konfliktneutralisierung durch Kompensationsangebote. Als im November 1918 aufständische Soldaten nicht mehr im Therapiezimmer auf Stoffpuppen eindroschen, sondern auf der Straße den Offizieren die Achselstücke abrissen, blieb auch das ein symbolisches Abreagieren, aber in der kathartischen Befreiung vom jahrelangen Gehorchenmüssen schien hier zumindest für kurze Zeit die Möglichkeit auf, den militärischen Zwang – und nicht nur diesen – auf Dauer loszuwerden.

Wie die übrigen Verfahren übernahm auch die psychoanalytisch orientierte Behandlung der „Kriegsneurosen" das Normalitätsverständnis der Militärs. Weil Krankheit Abweichung von der Norm des gehorsamen, opferbereiten Soldaten bedeutete, hieß „Heilung", die Patienten zu befähigen, sich der Realität des Krieges von neuem zu unterwerfen. Indem die behandelnden Ärzte Gesundheit mit militärischer Diensttauglichkeit identifizierten, mußten sie leugnen, daß gerade die Ausübung des militärischen Dienstes die Gesundheit aufs höchste gefährdete. Die Freiheit, die sie dem Patienten zurückgaben, wenn sie ihn von seinen Symptomen erlösten, raubten sie ihm im gleichen Moment wieder, wenn sie ihn der Kriegsmaschinerie zur weiteren Verwendung auslieferten. Auch Simmel entging diesem Dilemma nicht, selbst wenn er den Egoismus der Selbsterhaltung nicht pauschal pathologisierte. Die neurotische Symptombildung deutete er als Ausdruck eines inneren Konflikts zwischen „Todesangst und Lebenssehnsucht" auf der einen, verinnerlichter „Vaterlandsliebe und Soldatenpflicht" auf der anderen Seite. Krank werde der „Kriegsneurotiker", da er im Unterschied zum „Helden" und zum „Drückeberger" diesen Konflikt nicht auflösen könne. Der „Held" schlage sich auf die

---

95 Ders: Zweites Korreferat, S. 60.

96 Vgl. etwa Sandor Ferenczi: Über zwei Typen der Kriegshysterie (1916). In: ders.: Bausteine zur Psychoanalyse, Bd. III. Frankfurt/M. 1984, S. 73; ders.: Die Psychoanalyse der Kriegsneurosen. In: Zur Psychoanalyse der Kriegsneurosen, S. 27; Karl Abraham: Erstes Korreferat, ebd., S. 32.

97 Simmel: Zweites Korreferat, S. 55/56.

Seite der Pflichterfüllung und erfahre „in der bewußten Hingabe und Selbstverschwendung an ein Ideal" noch eine „lustbetonte Persönlichkeitssteigerung". Der „Drückeberger" wiederum ziehe die entgegengesetzte Konsequenz: „Er sieht in der Heldenmedaille nur eine Münze, bei der ihn weder der Reichsadler noch das Kaiserbild interessiert, sondern lediglich der ausgeprägte Nutz- und Zahlenwert, den die Sache für ihn hat. Er sieht nur den Verlust und die Gefährdung, den das liebe Ego durch den Krieg hat und lehnt diesen infolgedessen in seinem an sich gesunden Egoismus ab." Der „Kriegsneurotiker" dagegen habe „die altruistische Pflichterkenntnis des Helden, dazu die egozentrische, wunschbetonte Wertung der eigenen Existenz des Drückebergers". Unfähig sich zu entscheiden, bleibe ihm nur der Ausweg in die Krankheit, die ihm dazu verhelfe, von der Front wegzukommen, ohne sich einer Pflichtverletzung schuldig zu machen.[98]

Daß Simmel keinesfalls gewillt war, mittels Suggestions- und Gesprächstherapie die Zahl der „Drückeberger" zu erhöhen, sondern seine Patienten zur „heldischen Affektlösung"[99] befähigen wollte, zeigt seine Beschreibung einer „Schnellheilung": „Ein Landsturmmann St. meldet sich bei mir als ins Lazarett eingewiesen. Er steht vor mir, sein Päckchen in der linken Hand mit einer typischen Schüttellähmung des rechten Arms, wie so häufig mit Tic in der rechten Gesichtsmuskulatur. (...) Ich lasse den Patienten sein Päckchen aus der Hand legen, lasse mir von ihm das Kriegserlebnis erzählen, dem er Schuld gibt, und nach Aufklärung über die Hypnose schläfere ich ihn (...) ein. Dies gelingt, was nicht häufig ist, gleich zum ersten Male sehr schnell und lasse ich seine Erinnerung spielen. [sic!] Mitten drin schalte ich die Frage ein: ‚Das geht wohl übel her? Jetzt möchten Sie sich wohl am liebsten nach Hause drükken?' Ein promptes: ‚Nein! Ich bin kein Drückeberger!' antwortet mir. ‚Na, dann los', sage ich, ‚wieder ran an den Feind!' Jetzt zum Nahkampf! Bajonett aufgepflanzt! Hier, Gewehr in die rechte Hand! Sie wollen doch kämpfen?' Ein promptes ‚Ja!' Darauf ich: ‚Zum Teufel, so können Sie doch gar nicht kämpfen! Ihr rechter Arm schüttelt sich ja immerzu. Warum denn?' Aus gequälter Brust antwortet er mir: ‚Ich möchte doch aber mein Leben schonen.' Darauf ich: ‚Ihr Leben ist ja jetzt geschont. Sie sind zu Haus, kommen nach Haus!' Der Schütteltremor und der Tic verschwinden. Und nach 20 Minuten steht der Kranke wieder vor mir, sein Päckchen in der Hand, und sieht sich selbst mißtrauisch von oben bis unten an. Er hatte den Arm ein Jahr lang geschüttelt."[100]

Gegenüber den Folterpraktiken der Neuropsychiater nimmt sich Simmels Schrumpf- und Zerrform der Psychoanalyse geradezu sanft aus. Bezogen auf die Technologien militärischer Gehorsamsproduktion markierte sie jedoch

---

[98] Ders.: Kriegs-Neurosen und „Psychisches Trauma", S. 30/31. Zum Topos des „Drückebergers" vgl. auch die Diskursanalyse von Heike Buse: Reizwort „Drückeberger": Single-Subjekt – Kollektives Subjekt – Staats-Subjekt. In: kulturRevolution, Nr. 28, Apr. 1993, S. 35–43.

[99] Roth: Die Modernisierung der Folter, S. 22.

[100] Simmel: Kriegs-Neurosen und „Psychisches Trauma", S. 29/30.

eine wesentliche Erweiterung der Zugriffsebenen. Nach dem dressierten Körper und dem mobilisierten wie gleichgeschalteten Geist geriet jetzt auch das Unbewußte in die Reichweite der disziplinierenden Macht. Während die Kaufmanns und Nonnes die Symptome zu unterdrücken beziehungsweise zu überwältigen suchten und daher zu immer brutaleren Aversionstechniken greifen mußten, bemühte sich Simmel um Deeskalation des psychischen Konflikts. Er kämpfte nicht mit den „Kriegsneurotikern", sondern veranlaßte sie mittels ärztlicher Autorität und hypnotischer Suggestion, ihre Ängste und Aggressionen zu artikulieren, um nach dieser reinigenden Affektabfuhr ihr Symptom „freiwillig" abzulegen. – Eine „psychoorthopädische Behandlung des Über-Ichs"[101], die auf subtile Weise Fremdzwang und Selbstzwang verknüpfte: Das stumme Leiden wurde nicht gewaltsam ausgetrieben, sondern zum Sprechen gebracht; die Soldaten „redeten sich von der Seele", was sie zuvor nur im Symptom oder Alptraum hatten ausdrücken können. Die klagenden oder wütenden Einsprüche des Unbewußten kompensierten das kategorische „Keine Widerrede!" des militärischen Gehorsams, für den sie zugleich wieder zurichteten. Das Verständnis, das der Arzt für die Leiden seiner Patienten aufbrachte, bezahlten diese mit der Enteignung ihrer Träume und „freien Assoziationen". Nichts sollte mehr vor der therapeutischen Macht verborgen bleiben, die Widerstände neutralisierte, indem sie zum Geständnis nötigte: „Erzählen Sie ungeniert Alles, was Ihnen einfällt, – mag es ihnen heute auch unerlaubt, unfein, unanständig, ja als Schweinerei erscheinen, dem Arzt kann man alles sagen. Faseln Sie einfach drauf los."[102]

5. Die Logik der Selektion

So sehr sich die Nervenärzte gleich welcher Schule ihrer Behandlungserfolge rühmten, frontdienstfähig war auch von den „Geheilten" nur der geringste Teil.[103] Bei den meisten kehrten die Symptome schon bei der Entlassung zu ihrem Ersatztruppenteil oder spätestens bei der Aussicht auf einen erneuten Kampfeinsatz zurück. Für die Neurologen und Psychiater ergab sich daraus ein Dilemma: Stuften sie die „erfolgreich" Behandelten als lediglich garnisonsdienstfähig ein oder musterten sie ganz aus, blieben diese zwar meist symptomfrei und waren in der Lage, sich bei frontfernen Truppenteilen, in ihrem Zivilberuf oder in der Rüstungsproduktion „für das Vaterland" nützlich zu machen. Der industrialisierte Massenkrieg benötigte schließlich auch

[101] So charakterisierte Simmel selbst im Rückblick seine Arbeit (Kriegsneurosen, S. 223).

[102] Ders.: Kriegs-Neurosen und „Psychisches Trauma", S. 22.

[103] Wilmanns gibt 1916 für den Bereich des XIV. Armeekorps an, daß zwischen 1,1 und 3,2 Prozent der „hysterischen Kriegsneurotiker" wieder in vollem Umfang kriegsverwendungsfähig waren, während 74 Prozent aus dem Heeresdienst entlassen waren oder dieses kurz bevorstand (Bericht Wilmanns, Kriegstagung des Deutschen Vereins für Psychiatrie zu München am 21. und 22. September 1916, S. 180).

„eine Unmenge von Leuten in den Bekleidungsämtern, den Depots, den Bureaus, den Gefangenenlagern, dem Grenzschutz, den Armierungsbataillonen, Schlächtereien, Bäckereien usw., wo neben dem körperlich Schwachen oder Geschwächten auch der seelisch regelwidrig Veranlagte oder Gewordene seinen Posten auszufüllen vermag“[104]. Doch mit der Gewißheit, nicht zurück an die Front zu müssen, waren die „Kriegsneurotiker“ auch am Ziel ihrer unbewußten oder bewußten „Begehrungsvorstellungen“, und die Gefahr wuchs, daß die „Neurosenpest“ sich durch „psychische Infektion“[105] weiter ausbreitete.

Für die Nervenärzte war das nicht nur eine Frage des Heeresbedarfs und einer befürchteten Demoralisierung von Truppe und Heimatbevölkerung, sondern zugleich ein volkswirtschaftliches Problem. Die Linien der Vorkriegsdebatte um die Unfallneurosen aufgreifend – Rentenkampfneurose! –, setzten sie alles daran, dem Militärstaat Kosten zu ersparen und so weit wie möglich zu unterbinden, daß die psychogen erkrankten Soldaten in den Genuß einer finanziellen Entschädigung kamen. Daß in der militärpsychiatrischen Literatur zur Ätiologie der „Kriegsneurosen“ das Trauma hinter einer „minderwertigen Veranlagung“ verschwand, hing nicht nur mit dem auf Fronttauglichkeit geeichten Normalitätsbegriff zusammen, sondern diente unmittelbar der Abwehr von Rentenansprüchen. Der „Selbsterhaltungstrieb des Staates“ gebiete es, so wiederum Nonne, bei der Zuerkennung einer Dienstbeschädigung äußerst strenge Maßstäbe anzulegen: „Rezidive, die nicht durch ein aktives Kriegsereignis hervorgerufen waren“, sollten ebenso ausgeschlossen bleiben wie erstmalige Erkrankungen, wenn nicht ein akutes Schockerlebnis, sondern „die Einberufung zum Heeresdienst, ein Ärger oder ein Schreck in der Heimat oder in der Etappe, bei der Ausbildung oder beim Transport, während eines Urlaubs usw.“ die „neuropathischen Symptome“ ausgelöst habe. Grundsätzlich sei davon auszugehen, „daß die Neurose bei gutachtlichen Untersuchungen erheblich aktiviert“[106] werde und nicht nur der „timor belli“, sondern auch das „Rentenbegehren“ ihre Symptome aufrechterhalte. Schon auf der Kriegstagung der Neurologen und Psychiater im September 1916 war einstimmig eine Resolution angenommen worden, die forderte, bei „Kriegsneurosen“ generell keine Rente zu gewähren, sondern „im Interesse der einzelnen Geschädigten wie der gesamten Volksarbeitskraft die endgültige Erledigung der Entschädigungsansprüche in Form einer Kapitalabfindung“ anzustreben.[107]

Von der „Volksarbeitskraft“ zum „Volkskörper“, von den verweigerten Renten zur Bevölkerungspolitik war es nur ein kleiner Schritt. Selbst Simmel sprach die Hoffnung aus, daß mit dem „Ausbau der psychoanalytisch-hypno-

---

[104] Ebd., S. 181.

[105] Nonne: Therapeutische Erfahrungen an den Kriegsneurosen, S. 118.

[106] Ebd., S. 115.

[107] Antrag Hoche, Kriegstagung des Deutschen Vereins für Psychiatrie zu München am 21. und 22. September 1916, S. 195. Alfred E. Hoche, Ordinarius für Psychiatrie in Freiburg, radikalisierte nach dem Krieg die sozialdarwinistische Logik der Selektion und forderte in einer zusammen mit dem Juristen Karl Binding 1920 veröffentlichten Schrift „Die Freigabe der Tötung lebensunwerten Lebens“.

tischen Methodik" die Heilung aller nicht organisch bedingten Geisteskrankheiten in den Bereich des Möglichen rücke und infolgedessen die Zeit nicht mehr fern sei, in der „durch Entvölkerung der Irrenanstalten an einem Teil der Menschenökonomie gearbeitet wird, wie sie die Menschenverschwendung dieser Kriegsjahre für den Bestand aller Nationen nötig macht"[108]. Nicht Heilung, sondern Vernichtung der Patienten sollte zwei Jahrzehnte später die Anstalten leeren, und schon während des Ersten Weltkriegs ließ man durch systematische Kürzung der Lebensmittelrationen etwa ein Drittel ihrer Insassen verhungern.[109] Diese Art von „Menschenökonomie" entsprach den Vorstellungen der meisten Nervenärzte weit eher. Nonne etwa bedauerte, die „Darwinsche Zuchtwahl im umgekehrten Sinne", die der Krieg betreibe, von Berufs wegen unterstützen zu müssen. Seine Klage antizipierte gedanklich schon das nationalsozialistische Mordprogramm gegen „unnütze Esser": „die besten werden geopfert, die körperlich und geistig Minderwertigen, Nutzlosen und Schädlinge werden sorgfältig konserviert, anstatt daß bei dieser günstigen Gelegenheit eine gründliche Katharsis stattgefunden hätte, die zudem durch den Glorienschein des Heldentodes die an der Volkskraft zehrenden Parasiten verklärt hätte."[110]

Die tödlichen Abschreckungspraktiken der „frontnahen Behandlung", die solchen Vernichtungswünschen schon weit entgegenkamen, ließen sich aus militärischen Gründen indes keineswegs auf alle „Kriegsneurotiker" anwenden. Zwar waren sich die Nervenärzte einig, daß „nicht genug Wert darauf gelegt werden (kann), auch psychopathisch Minderwertige mit allen Mitteln in der Front zu erhalten"[111], doch ausschlaggebend mußte für die ärztliche Begutachtung letztlich die Frage sein: „Entspricht es dem Interesse des Heeres, daß der Mann eingezogen wird oder bleibt?"[112] Selektion zwischen Brauchbaren und Unbrauchbaren hatte deshalb die „therapeutische" Wiederherstellung der Dienstfähigkeit zu ergänzen.

Das betraf nicht nur die „neurotischen" Angst- und Verweigerungsreaktionen, sondern alle Formen militärisch abweichenden Verhaltens. Hatte im 18. Jahrhundert die Armee als Korrektionsanstalt fungiert und die Obrigkeit deviante oder „unproduktive" Untertanen zur Besserung unter die Soldaten gesteckt, so hatten sich am Beginn des 20. Jahrhunderts die Verhältnisse umgekehrt: Vor allem durch die Technisierung des Krieges waren die Anforderungen an das militärische Personal so weit gestiegen, daß unangepaßte, weniger belastbare oder lernbehinderte Rekruten nicht mehr funktional in die Militärmaschinerie zu integrieren und deshalb prophylaktisch auszumustern waren.

---

108 Simmel: Kriegs-Neurosen und „Psychisches Trauma", S. 84.
109 Vgl. Heinz Faulstich: Von der Irrenfürsorge zur „Euthanasie". Freiburg 1993, S. 77.
110 Nonne: Therapeutische Erfahrungen an den Kriegsneurosen, S. 112; ähnlich auch Robert Gaupp: Kriegsneurosen. In: Zeitschrift für die gesamte Neurologie und Psychiatrie, 34. Bd., 1916, S. 389.
111 Diskussionsbeitrag Reiß, Kriegstagung des Deutschen Vereins für Psychiatrie zu München am 21. und 22. September 1916, S. 187.
112 Bericht Wilmanns, ebd., S. 181.

Schon vor dem Ersten Weltkrieg hatten die Nervenärzte, die innerhalb des militärischen Sanitätswesens noch um Anerkennung kämpften, ein lückenloses System der Erfassung, Ausmusterung und Behandlung psychischer Auffälligkeiten durchzusetzen versucht. So sollten die Zivilbehörden verpflichtet werden, in den Stammrollen Aufenthalte in einer psychiatrischen Anstalt, den Besuch einer Sonderschule oder Vorstrafen wegen einschlägiger Vergehen „wie Körperverletzung, Widerstand gegen die Staatsgewalt, Vagabondieren, Betteln u.a." zu vermerken, um „geistige Defektmenschen" möglichst gar nicht erst einzuberufen. Die Militärärzte waren ferner angehalten, bei der Musterungsuntersuchung auf eine Häufung von „Degenerationszeichen" zu achten, wozu unter anderem angewachsene Ohrläppchen, asymmetrische Fleckung der Iris, auffallende Behaarung, Anomalien der Zahnbildung und -stellung oder Linkshändigkeit gerechnet wurden. Diese führten zwar für sich genommen noch nicht zum Ausschluß von der Dienstpflicht, galten aber als „ein objektiv sichtbares Zeichen schwerer erblicher Belastung". Soldat sollte grundsätzlich nur werden müssen (bzw. können), wer neben der körperlichen auch die entsprechende „geistige Tauglichkeit" besaß, eine Kategorie, mit der insbesondere „Geisteskranke", „Schwachsinnige" und „physiologisch dumme Leute" von der Armee ferngehalten werden sollten.[113]

6. Die Pathologisierung des Ungehorsams

Wichtiger als die vorbeugende Aussonderung potentieller „Störer" und „Versager" wurde während des Krieges die Neutralisierung der tatsächlichen. Insbesondere die Diagnose „konstitutionelle Psychopathie"[114] erlaubte es, disziplinarische Probleme jeder Art darunter zu subsumieren, die auffällig gewordenen Soldaten zu isolieren und sie je nach Einzelfall einer Bestrafung, Aussonderung oder einer Kombination von beidem zuzuführen. Bei militär-

---

[113] Ewald Stier: Ueber Verhütung und Behandlung von Geisteskrankheiten in der Armee. Hamburg 1902, Zitate S. 13, 17, 18, 28. Vgl. dazu auch die – Stiers Vorschlägen im wesentlichen folgende – amtliche Schrift der Medizinal-Abteilung des Königlich Preussischen Kriegsministeriums (Hrsg.): Ueber die Feststellung regelwidriger Geisteszustände bei Heerespflichtigen und Heeresangehörigen. Berlin 1905.

[114] Die Lehre von den „psychopathischen Persönlichkeiten" war innerhalb der deutschen Schulpsychiatrie von Emil Kraepelin kanonisiert worden. Unter diesem Begriff faßte er alle „psychische(n) Mißbildungen, deren Krankhaftigkeit nicht aus der Veränderung gegen frühere, gesunde Zeiten, sondern nur aus ihrer allgemeinen Abweichung von der Gesundheitsbreite erkennbar ist". Daß die Diagnose vor allem zur Stigmatisierung von sozial Unangepaßten und politischen Dissidenten sowie zur Legitimation des psychiatrischen Zugriffs auf diese diente, zeigt auch Kraepelins Untergliederung der „Psychopathen" in „Erregbare", „Haltlose", „Triebmenschen", „Verschrobene", „Lügner und Schwindler", „Gesellschaftsfeinde" und „Streitsüchtige" (Psychiatrie. Ein Lehrbuch für Studierende und Ärzte, IV. Bd., München ^{8}1915, S. 1973–2116).

gerichtlichen Verfahren wirkte sich die Hinzuziehung eines ärztlichen Sachverständigen vielfach strafmildernd aus. Die in Deutschland, gemessen an der Praxis der übrigen kriegführenden Staaten, geringere Zahl an Todesurteilen mag nicht zuletzt darauf zurückzuführen sein, daß hier die Richter häufiger psychiatrische Gutachten einholten und in der Folge auf verminderte oder fehlende Zurechnungsfähigkeit erkannten.[115]

In der Frage der Simulation beanspruchten die Nervenärzte ebenfalls das letzte Wort; nur sie als Spezialisten sollten entscheiden können, ob wirklich eine Geistesstörung oder körperliche Erkrankung vorlag oder ob sie nur vorgetäuscht wurde. Während die Juristen dazu neigten, einen Simulanten schon für entlarvt zu halten, sobald sie ihm einen Krankheitswunsch nachweisen konnten, bestanden die Ärzte auf der Unbrauchbarkeit einer solchen Beweisführung, da der gleiche Wunsch auch beim „echten" Hysteriker wirksam sei. Eine Differentialdiagnose zwischen Hysterie und Simulation sei nur aufgrund einer umfassenden Anamnese zu stellen, wobei „die willensmäßige Lebensgestaltung und der Nachweis früherer ähnlicher Erkrankungen" besondere Beachtung verdienten.[116] Je genauer die Ärzte aber hinschauten, desto mehr Pathologisches entdeckten sie, so daß schließlich die Unterschiede vollends verwischten und eine unterstellte Simulationsabsicht selbst wiederum als Beweis für eine Prädisposition zum „psychopathischen Lügner" diente.

Wie die Methoden der Suggestivbehandlung eine Tieferlegung – das eigensinnige Unbewußte wurde überrumpelt oder überlistet – und eine Medizinalisierung – „Kranke" wurden „geheilt" – der Zuverlässigkeitsfabrikation bedeuteten, so blieben unter dem Blick der ärztlichen Gutachter Gehorsam und Ungehorsam nicht mehr das, was sie für die Exerzierspezialisten und Erwecker vaterländischer Begeisterung gewesen waren. War die Bereitschaft, im Dienste der Staatsräson auf Befehl zu töten und sich töten zu lassen, bis dahin eindressierter Zwang oder verinnerlichte „patriotische Pflicht", so wurde aus der disziplinierenden Normierung und der moralischen sowie juridischen Norm jetzt Normalität im Sinne psychischer Gesundheit.[117] Im Umkehrschluß wurde Devianz mit Abnormität gleichgesetzt, der militärische Normbruch von einem verwerflichen und rechtlich zu ahndenden Vergehen zum Persönlichkeitsdefekt umgedeutet. „Normal" war, wer sich den Gehorsamsforderungen fügte, „verrückt", „minderwertig veranlagt" und „abnorm", wer sich ihnen

---

[115] Ulrich: Nerven und Krieg, S. 183. Die französischen Kriegsgerichte fällten zwischen 1914 und 1918 2.000 Todesurteile und ließen 700 vollstrecken; bei der britischen Armee standen 3.080 verhängten 346 vollstreckte Todesurteile gegenüber; in der mehr als doppelt so großen deutschen Armee wurden im Verlauf des Krieges 150 Soldaten zum Tode verurteilt und 48 von ihnen hingerichtet (Zahlen nach Franz W. Seidler: Fahnenflucht. München/Berlin 1993, S. 43).

[116] W. Mayer: Über Simulation und Hysterie. In: Zeitschrift für die gesamte Neurologie und Psychiatrie, 39. Bd., 1918, S. 328.

[117] Zum Verhältnis von Normierung, Norm und Normalität vgl. die grundlegende epistemologische Studie von Georges Canguilhem: Das Normale und das Pathologische. Frankfurt/M. 1977.

verweigerte oder nicht gewachsen zeigte. Für die militärischen Instanzen besaß das Vordringen des psychiatrischen Diskurses den strategischen Vorteil, Kriegsunwilligkeit in individuelle Pathologien umdeuten, Widerstände entpolitisieren und die Truppe als Ganze vom Ruch mangelnder Geschlossenheit oder wankender Moral freihalten zu können. Maßgeblich für die Beurteilung von Befehlsverweigerung, Widersetzlichkeit gegen Vorgesetzte, Fahnenflucht sowie Selbstverstümmelung oder -tötung war nicht länger ausschließlich das regelwidrige Verhalten selbst, sondern auch die „regelwidrigen Geisteszustände", aus denen jenes nach Auffassung der Nervenärzte resultierte.

Die mit Abstand häufigsten Delikte, über welche die Militärgerichte und ihre medizinischen Sachverständigen zu urteilen hatten, waren unerlaubte Entfernung und Fahnenflucht.[118] Wie bei den „Kriegsneurosen" korrespondierte dem praktischen Engagement auch hier eine rege fachwissenschaftliche Literaturproduktion. In den zahlreichen aus den Gutachten destillierten Beiträgen zur Psychopathologie der Desertion[119] bemühten sich die Nervenärzte

---

[118] Karl Weiler gibt auf Grundlage der Begutachtungsfälle bei den Kriegsgerichten des I. bayerischen Armeekorps für den Zeitraum von Kriegsbeginn bis Ende Juni 1918 folgende Verteilung der Straftaten an: Unerlaubte Entfernung und Fahnenflucht (55 %); Achtungsverletzung und Gehorsamsverweigerung (20 %); tätlicher Angriff auf Vorgesetzte (8 %); Feigheit und Selbstverstümmelung (5 %); andere Straftaten (12 %) (Kriegsgerichtspsychiatrische Erfahrungen und ihre Verwertung für die Strafrechtspflege im Allgemeinen. In: Monatsschrift für Kriminalpsychologie und Strafrechtsreform, 12. Jg., 1921/22, S. 290). Den Unterschied zwischen Fahnenflucht und unerlaubter Entfernung bestimmte das Militärstrafgesetzbuch (§§ 64ff.) dahingehend, daß bei der Fahnenflucht zum Tatbestand des eigenmächtigen Fernbleibens noch die Absicht hinzutreten mußte, sich dem Dienst dauernd zu entziehen. Das „dauernd" wurde in der Rechtssprechung so ausgelegt, daß dem Angeklagten nachgewiesen werden mußte, er habe niemals, also mindestens nicht bis zur Demobilisierung bei Kriegsende zu seiner Truppe zurückkehren wollen. Verurteilungen wegen Fahnenflucht waren deshalb relativ selten. Im weiteren wird, darin dem Sprachgebrauch in der zeitgenössischen psychiatrischen Literatur folgend, auch dann von Desertion oder Fahnenflucht gesprochen, wenn es sich juristisch um unerlaubte Entfernung handelt. Vgl. zur Desertion im Ersten Weltkrieg und ihrer militärgerichtlichen Sanktionierung umfassend Christoph Jahr: Gewöhnliche Soldaten. Desertion und Deserteure im deutschen und britischen Heer 1914–1918. Phil. Diss. Berlin 1996 (Ms.). Wie Jahr durch Auswertung von Militärjustizakten ermitteln konnte (S. 155), lag die Desertionsrate gemessen an den Verurteilungen während des Krieges nur unwesentlich höher als davor, und war im Heimatheer, wo sich eher Gelegenheiten ergaben zu desertieren als an der Front, rund viermal so hoch wie beim Feldheer. Einen Überblick über die Bandbreite militärischen Ungehorsams während des Weltkriegs gibt Benjamin Ziemann: Verweigerungsformen von Frontsoldaten in der deutschen Armee 1914–1918. In: Andreas Gestrich (Hrsg.): Gewalt im Krieg. Ausübung, Erfahrung und Verweigerung von Gewalt in Kriegen des 20. Jahrhunderts. Münster 1995 (Jahrbuch für Historische Friedensforschung 4), S. 99–122.

[119] Viktor Tausk: Zur Psychologie des Deserteurs. In: Internationale Zeitschrift für ärztliche Psychoanalyse, IV. Jg., 1916/17, S. 193–204, 229–240; Karl Pönitz: Psychologie und Psychopathologie der Fahnenflucht im Kriege. In: Archiv für Krimi-

vor allem, das Fortlaufen nach Motiven zu systematisieren und die angeklagten Soldaten in psychiatrische Klassifikationsschemata einzuordnen. So ausführlich die zum großen Teil aus Fallgeschichten kompilierten Aufsätze jedoch die Lebensgeschichte, traumatische Kriegserfahrungen sowie die näheren Umstände der Desertion dokumentieren, so wenig geben sie Aufschluß über die tatsächlichen Fluchtmotive der angeklagten Soldaten. Was diese im Rahmen der psychiatrischen Begutachtung über sich preisgaben, war allenfalls das, von dem sie hofften, es werde ihnen eine günstigere Beurteilung und in der Folge ein milderes Urteil einbringen. Und was die Psychiater daraus machten, stand unter dem Diktat ihres militärischen Selektionsauftrags und reduzierte sich letztlich auf die Frage, in welchem Umfang Schuldfähigkeit im strafrechtlichen Sinne gegeben war.

Ein „Delikt von psychologischer Eigenart" wollten sie in der Fahnenflucht allerdings nicht erkennen. Entweder genügte ihnen schon das begangene „Verbrechen" zum Beweis einer „allgemeinverbrecherischen Veranlagung": „der nicht disziplinierbare Mensch, der unter anderen Umständen stehlen, betrügen, morden würde, begeht auch die Desertion, weil diese unter den gegebenen Verhältnissen die naheliegendste Form des Konfliktes mit den gesellschaftlichen Anforderungen ist."[120] Oder sie diagnostizierten eine „abnorme Disposition", die im Frieden unsichtbar blieb und „erst unter dem kriminogenen Einfluß der spezifischen Kriegssituationen" manifest wurde. In diesen Fällen bestehe die „Abartigkeit" weniger „in dem Vorhandensein krimineller oder dem militärischen Leben widerstrebender Tendenzen, als vielmehr in einer allgemeinen krankhaft gesteigerten seelischen Labilität, in einer übermäßigen Bestimmbarkeit und allzu geringer seelischer Festigkeit"[121]. Ein nicht geringer Anteil der Begutachteten wurde als „imbezill" eingestuft; diese Fahnenflüchtigen seien „meist unter dem Einfluß von momentanen Unlustgefühlen und von Augenblickslaunen, denen sie keine Hemmungen entgegenzuset-

---

nologie, 68. Bd., 1917, S. 260–281; W. Tintemann: Unzulängliche im Kriegsdienst. In: Allgemeine Zeitschrift für Psychiatrie, 73. Bd., 1917, S. 34–76; Wilhelm Schmidt: Forensisch-psychiatrische Erfahrungen im Kriege. Berlin 1918; Fritz Byloff: Über den Beweggrund der Fahnenflucht (Desertion). In: Archiv für Kriminologie, 69. Bd., 1918, S. 161–185; B. Schwarzwald: Die Kriegsdelikte der Psychopathen. In: Zeitschrift für die gesamte Neurologie und Psychiatrie, 43. Bd., 1918, S. 215–259; Alfred Storch: Beiträge zur Psychopathologie der unerlaubten Entfernung und Fahnenflucht im Felde. In: Ebd., 46. Bd., 1919, S. 348–367; J. Raecke: Ueber krankhaften Wandertrieb und seine Beziehungen zur unerlaubten Entfernung. In: Vierteljahrsschrift für gerichtliche Medizin und öffentliches Sanitätswesen, 57. Bd., 1919, S. 253–306; K. Kleist/F. Wißmann: Zur Psychopathologie der unerlaubten Entfernung und verwandter Straftaten. In: Allgemeine Zeitschrift für Psychiatrie, 76. Bd., 1920, S. 30–88. Auch beim Thema Desertion waren die diskursiven Bahnen bereits lange vor Kriegsbeginn gespurt; die meisten der aufgeführten Aufsätze lehnen sich an eine umfangreiche Studie von Ewald Stier an: Fahnenflucht und unerlaubte Entfernung. Juristisch-psychiatrische Grenzfragen, II. Bd., H. 3/4. Halle/S. 1905.

[120] Byloff: Über den Beweggrund der Fahnenflucht, S. 183/184.

[121] Storch: Beiträge zur Psychopathologie der unerlaubten Entfernung, S. 350, 352.

zen vermocht hatten, von der Truppe fortgelaufen“[122]. Bemüht wurde nicht zuletzt ein „krankhafter Wandertrieb“ auf epileptischer, manisch-depressiver, schizophrener, hysterischer oder neurasthenischer Grundlage, häufig in Verbindung mit einer als Dämmer- oder Fuguezustand bezeichneten temporären Bewußtseinstrübung.[123]

Die größte Gruppe stellten jedoch, so die referierenden Gutachter übereinstimmend, die „Psychopathen“. Ein Sammelbegriff für störende „Abweichungen vom Typus des Normalmenschen“[124], der sich, so tautologisch er als Diagnose war, zur Denunziation bestens eignete: Wer aus Furcht vor den Kriegsgefahren weglief, war ein „ängstlicher“, wer aus „Widerwillen gegen den Dienst“ das Weite suchte, ein „unsteter“ oder „haltloser Psychopath“. Eng mit diesem verwandt war der psychopathische „Durchgänger“, dessen Kennzeichen seine „Freiheitssucht“ und Intoleranz gegen Zwang und Disziplin sein sollte. Für Soldaten, die nach Konflikten mit Vorgesetzten oder Kameraden sich von der Truppe entfernten, bot sich der Befund „affektlabiler“ oder „reizbarer Psychopath“ an. Stand die Desertion in Verbindung mit körperlichen Krankheitssymptomen, sollte es sich um „hysterische“ oder „hypochondrische Psychopathie“ handeln; kam mehreres zusammen, griff man zu Mischdiagnosen wie „leicht schwachsinniger, unsteter und reizbarer Psychopath mit hysterischen Zügen“[125]. Auch hinsichtlich der forensischen Bewertung bestand weitgehend Einigkeit: Auf der einen Seite durften diese „psychisch abnormen Individuen“ „sowohl aus militärisch-disziplinarischen Erwägungen als auch vom ärztlich psychiatrischen Standpunkt aus“ keinesfalls als unzurechnungsfähig eingestuft werden, auf der anderen Seite mußte ihnen gegenüber ebenso „die volle Zurechnung der Strafe im Vergleich zu normalen Menschen hart erscheinen“[126]. So wurde der Mehrzahl der Angeklagten mildernde Umstände aufgrund verminderter Zurechnungsfähigkeit zugebilligt, was manchem Deserteur das Leben rettete – wenn auch oft genug nur in der Form, daß die Strafvollstreckung aufgeschoben wurde oder in einer Militärstrafgefangenen-Kompanie erfolgte und der Verurteilte zurück in den Schützengraben geschickt wurde.[127]

---

[122] Ebd., S. 349.

[123] Raecke: Ueber krankhaften Wandertrieb.

[124] Gustav Aschaffenburg: Die konstitutionellen Psychopathen. In: Bonhoeffer (Hrsg.): Handbuch der ärztlichen Erfahrungen, S. 122. Aschaffenburg definierte „Psychopathie“ als „die seelische Eigenart eines Menschen, durch die seine Beziehungen zur Umwelt in Form, Stärke oder Dauer gegenüber dem Durchschnitt der Menschen erheblich beeinträchtigt werden“ (S. 123).

[125] Die aufgeführten Typen der „Psychopathie“, deren Nähe zur Klassifizierung Kraepelins unverkennbar ist, sind entnommen den Beiträgen von Kleist und Wissmann (Zur Psychopathologie der unerlaubten Entfernung und verwandter Straftaten) sowie Schwarzwald (Die Kriegsdelikte der Psychopathen, S. 240/41).

[126] Pönitz: Psychologie und Psychopathologie der Fahnenflucht, S. 274.

[127] Vgl. entsprechende Erlasse des Kriegsministeriums und Generalstabs vom 22.7. bzw. 1.8.1918, in: Albrecht Philipp (Hrsg.): Die Ursachen des Deutschen Zusammenbruchs im Jahre 1918, Vierte Reihe im Werk des Untersuchungsausschusses,

Die psychoanalytische Stimme im Chor der forensisch tätigen Psychiater zeichnete sich dadurch aus, daß sie bei der Klassifizierung der Fortläufer nicht auf eine krankhafte psychische Veranlagung rekurrierte, sondern auf – allerdings kaum weniger determinierende – frühkindliche Konfliktmuster. Victor Tausk, ausgebildeter Jurist und Mediziner und seit 1908 Mitglied des engsten Freud-Kreises in Wien,[128] war als Oberarzt der österreichischen Armee auch mit der Begutachtung von Fahnenflüchtigen befaßt. In einem 1917 publizierten Vortrag berichtete er, wie sich im Verlauf seiner Tätigkeit sein anfängliches Urteil über die gehorsamen wie die ungehorsamen Soldaten verändert hatte: „Ein Deserteur, dachte ich mir, ist ein trotziger Bursch, der dem Kaiser den Gehorsam verweigert; oder ein Feigling, der für sein Leben zittert, trotzdem seine Brüder um ihn herum fallen und verbluten und ihr Leben und das ihrer Nächsten und Liebsten dem Vaterland freudig zum Opfer bringen. Von diesen freudigen Opfern bekam ich eine leise Ahnung durch Soldaten, die an Stürmen teilgenommen hatten. Ich erfuhr nun, daß diese nichts opfern, und am allerwenigsten freudig, sondern daß sie selbst meistens Opfer einer irrsinnigen, besinnungslosen Angst sind, die kein Zurück weiß und das Vorwärts nicht sieht, sondern nur hört, und deren Heldentum im Überdauern eines unbegreiflichen Martyriums liegt." Bei den Deserteuren wiederum konnte er nichts als „geknicktes Elend" entdecken. So fiel ihm auf, daß die meisten nicht von der Front, sondern aus nichtkämpfenden Etappenformationen fortgelaufen waren, daß sie auf ihrer Flucht oft Entbehrungen und Gefahren erduldet hatten, die jene des Krieges noch übertrafen, und schließlich glaubte er die Hälfte von ihnen „auf den ersten Blick als psychische Krüppel, als schwachsinnige, stumpfsinnige, kindisch urteilslose und kindisch empfindende Menschen" identifizieren zu können.[129]

Die bestenfalls zu herablassendem Mitleid fähige Verachtung des gebildeten Großstädters gegenüber den ungarischen oder galizischen Bauernsöhnen, mit denen er sich nur mithilfe eines Dolmetschers verständigen und deren Verstummen in einer für sie gleichermaßen undurchsichtigen wie bedrohlichen Ausfrageprozedur er nur als intellektuellen Defekt deuten konnte, schlug sich auch in einigen der acht Kategorien nieder, in die er die Fahnenflüchtigen einteilte: Da gab es die „unruhigen, wandernden Seelen", meist „schon seit ihrer Jugend ‚Ausreißer'", bei denen „mit jedem Abhängigkeitsverhältnis, in das sie geraten, die unbewußte Auflehnung gegen den Familienzwang" wachgerufen wurde. Fixiert auf ihre „infantilen Wünsche" sahen sie, so Tausk, in

Bd. 11/I, Berlin 1929, Anhang 1, S. 385–388 (Dok. 38, 39 a). Zu den Maßnahmen der Militärführung gegen die Desertion sowie zur Praxis der Militärjustiz vgl. Jahr: Gewöhnliche Soldaten, S. 179–205.

[128] Vgl. die biographische, vor allem die äußerst konflikthafte Beziehung zu Freud erhellende Studie von Paul Roazen: Brudertier. Sigmund Freud und Victor Tausk: Die Geschichte eines tragischen Konflikts. Hamburg 1973. Roazen bescheinigt Tausk „wahres Heldentum, wenn er Deserteure vor der österreichischen Armee schützte"; durch „seine Gefälligkeit und Selbstlosigkeit im Interesse dieser Männer" habe er sich wiederholt selbst in Gefahr gebracht (S. 70/71).

[129] Tausk: Zur Psychologie des Deserteurs, S. 200.

jeder Autorität nur den verhaßten Vater: „Und so wie der Sohn seinem Vater entlaufen wollte und entlief, so entläuft er der Schule, dem Meister und dem Militär, das jetzt die Vaterstelle vertritt.“[130] Um den entgegengesetzten Typus sollte es sich bei jenen handeln, die „aus Angst vor Strafe für begangene Delikte“ ihre Einheit verlassen hatten: Sie „haben sich nicht bis zum Grad der Auflehnung emanzipiert, daß sie es wagen könnten, dem Vater entfliehen zu können. Sie sind ihm vielmehr ganz unterlegen und leben in steter hilfloser Angst vor ihm.“[131] Gab nicht Angst vor Strafe, sondern Versagensangst den Anstoß zur Desertion, vermutete Tausk „eine typische Verschiebung der sexuellen Impotenzangst auf nicht sexuelle Tätigkeiten und Objekte“[132]. Sehnsucht nach der Mutter stand dagegen, folgt man der psychoanalytischen Deutung, beim Fluchtmotiv Heimweh im Vordergrund: „Die Leute dieser Kategorie sind traurige Menschen. Sie gehören allen Gesellschaftsklassen an und sind gewöhnlich sehr jung. Meistens aber sind es Bauern, weil wohl die meisten Soldaten Bauern sind und weil wohl die meisten Bauern kindlich sind, das heißt, sie haben ein besonders starkes Zugehörigkeitsgefühl zum Heim und zur Scholle, zur Mutter und zur Erde, was in der Symbolik auch eines und dasselbe bedeutet und im Wort ‚Mutter Erde‘ zusammengezogen erscheint. Diese Leute (...) verweigern den Gehorsam nicht aus Trotz, sondern aus leidvollen Kindergefühlen.“[133] Eng verwandt waren dieser Gruppe jene Deserteure, die angaben, die Strapazen des Dienstes nicht ertragen zu haben, und deren Horizont, so Tausk, über ihr Heimatdorf nicht hinausreichte. Auch bei ihnen diagnostizierte er „psychischen Infantilismus“, der in der Unfähigkeit bestehen sollte, sich als Teil eines staatlichen Ganzen zu begreifen: „Ihre Beziehungen zu den Ideen des Staates gehen nicht weiter, als daß sie es stets als eine Ungerechtigkeit empfunden haben, Steuern zahlen zu müssen. Den Zusammenhang zwischen ihrer militärischen Tätigkeit und den allgemeinen Zielen des Staates vermögen sie auch nicht anders aufzufassen. (...) Sie haben am Staatsleben niemals teilgenommen, sie können es nicht verstehen, daß sie in einer ihnen fremden Aktion Opfer für etwas bringen sollen, was man die Allgemeinheit nennt.“[134] Bei zwei weiteren Kategorien, den „Deserteuren aus rein politischen Motiven“ und jenen, die aus „Uninteressiertheit an den Zielen des gegenwärtigen Krieges oder Gegnerschaft gegen den Krieg überhaupt“ geflohen waren, ließ Tausk es offen, ob sie in den Bereich des Pathologischen fielen. Er wollte zumindest nicht ausschließen, „daß ein geistig intakter, mit hohem Bewußtsein und großen moralischen Qualitäten ausgestatteter Idealismus mit einer solchen Einstellung gegen die von allen übernommene Pflicht, und unter Verzicht auf die Rettung der eigenen Existenz, vorkommen kann“[135].

---

[130] Ebd., S. 202/203, 231.
[131] Ebd., S. 232.
[132] Ebd., S. 235.
[133] Ebd., S. 236.
[134] Ebd., S. 234.
[135] Ebd., S. 237.

Tausk ersetzte die „konstitutionelle Psychopathie" der Schulmediziner durch den Begriff der infantilen Fixierung und führte die militärische Devianz statt auf angeborene „Minderwertigkeit" auf ein Sozialisationsdefizit zurück, ohne jedoch am Norm- und Normalitätsverständnis seiner Gutachterkollegen zu rütteln: Der Deserteur stand wie das Kind unter der Herrschaft des asozialen Lustprinzips; erwachsen zu sein und das Realitätsprinzip anzuerkennen, hieß dagegen, „sich einem Zwang, der alle trifft, unterzuordnen"[136].

7. „Drückeberger" und Soldatenräte

Eine im letzten Kriegsjahr immer größer werdende Zahl von Soldaten definierte das Realitätsprinzip allerdings ganz anders: Sie hielten es buchstäblich für gesünder, sich dem mörderischen Frontdienst auf die eine oder andere Weise zu entziehen. „Drückebergerei" wurde zum Massenphänomen.[137] Bereits im Herbst 1917 nutzten zwischen zehn und fünfzehn Prozent der Mannschaften Ersatztransporte an die Front, um sich unterwegs zu „verpissen", wie es im Soldatenjargon hieß. Bei den Truppen, die nach dem Waffenstillstand im Osten an die Westfront verlegt wurden, besonders unter den aus russischer Kriegsgefangenschaft entlassenen Soldaten, häuften sich Widersetzlichkeiten und Meutereien. „Aus den Fenstern der Züge wurde scharf geschossen. Die Mannschaften stiegen bei jeder Gelegenheit aus und waren nachher nur schwer zum Einsteigen zu bewegen. Viele entfernten sich ohne weiteres auf den Bahnhöfen."[138]

Der Verfall der Disziplin eskalierte nach dem Scheitern der deutschen Großoffensiven im Frühjahr 1918, mit denen sich für die Masse der Soldaten noch einmal die Hoffnung auf ein durch militärischen Sieg erzwungenes Ende des Krieges verbunden hatte. Die enormen Verluste, die katastrophale Versorgungssituation und vor allem die Aussicht auf einen erneuten Stellungskrieg von unabsehbarer Dauer ließen eine Situation entstehen, in der ein Großteil der Truppen einfach nicht länger mitmachen wollte.[139] Die Stimmung

---

[136] Ebd., S. 240.

[137] Vgl. zum folgenden Wilhelm Deist: Der militärische Zusammenbruch des Kaiserreichs. Zur Realität der „Dolchstoßlegende". In: ders.: Militär, Staat und Gesellschaft. München 1991, S. 211–233; ders.: Verdeckter Militärstreik im Kriegsjahr 1918. In: Wette (Hrsg.): Der Krieg des kleinen Mannes, S. 146–167.

[138] Gutachten Hermann von Kuhl: Der Dolchstoß. In: Philipp (Hrsg.): Die Ursachen des Deutschen Zusammenbruchs 1918, Bd. 6., S. 14/15.

[139] Vergleichbare Zusammenbrüche der Kampfbereitschaft gab es auch in den Heeren der anderen Kriegsparteien: Im Mai 1917 meuterten Teile der französischen Armee, im Sommer des gleichen Jahres weigerten sich die russischen Truppen weiterzukämpfen, in der italienischen Armee erreichte die Kriegsmüdigkeit im November 1917 ihren Höhepunkt, und im März 1918 brach schließlich die britische Fünfte Armee moralisch wie physisch zusammen. Vgl. Keegan: Das Antlitz des Krieges, S. 322. Zu den Meutereien im britischen Heer vgl. Gloden Dallas/Douglas Gill: The Unknown Army. Mutinies in the British Army in World War I. London 1985; zur

schlug radikal um; statt des Sieges schien jetzt nur eine möglichst rasche Niederlage den Frieden bringen zu können. Das Vertrauen in die Heeresleitung, insbesondere in das „militärische Genie“ der lange Zeit populären Hindenburg und Ludendorff, verwandelte sich in Haß auf die „Kriegsverlängerer“. Die militärische Führung verlor faktisch die Kommandogewalt und war schließlich nicht mehr in der Lage, die sich zu einem verdeckten Militärstreik ausweitenden Verweigerungsaktionen einzudämmen. Wiederholte Anordnungen, „die zur Erzwingung des Gehorsams im Felde zulässigen Mittel rücksichtslos anzuwenden“, also renitente Soldaten niederzuschießen, blieben wirkungslos, da die Offiziere wußten, daß Terror erst recht offenen Aufruhr provozieren würde, und mit Grund um ihr Leben fürchteten. „Der einzelne Pistolenschuß konnte nicht mehr viel retten, wo die Autorität – sei es des einzelnen Vorgesetzten oder der Befehlsgewalt überhaupt – nicht mehr zureichte, die Forderungen an die Mannschaft durchzusetzen.“[140]

Schätzungen gehen davon aus, daß sich in den letzten Kriegsmonaten zwischen 750.000 und einer Million Soldaten vor weiteren Kampfeinsätzen „drückten“.[141] Der Berliner Polizeipräsident vermutete im Frühherbst, daß sich 40 bis 50.000 Deserteure allein in der Hauptstadt aufhielten.[142] Wie der Militärhistoriker Wilhelm Deist ausführt, weist schon die Bezeichnung „Drückeberger“ darauf hin, daß es sich in den meisten Fällen nicht um eindeutige Fahnenflucht handelte. „Vielmehr wurde offenbar eine Fülle nicht mehr rekonstruierbarer Formen gesucht und gefunden, um dem Einsatz in der Frontzone zu entgehen und in der Riesenorganisation des Feldheeres unterzutauchen. Die gehäuften Verschiebungen von Verbänden von einer Angriffsfront zur anderen kamen diesen Bestrebungen zweifellos entgegen. Auch die kalkulierte unerlaubte Entfernung von der Truppe ist zu diesen Formen zu rechnen, denn sie brachte dem Delinquenten im Kriegsgerichtsverfahren eine Verurteilung von 2 bis 4 Monaten Gefängnis. Ein weiteres charakteristisches Beispiel, wie man dem Einsatz an der Front zu entgehen suchte: Die in Lazaretten des Feldheeres Wiedergenesenen wurden nicht zu ihren Ersatzbataillonen entlassen, sondern direkt zu ihren Fronttruppenteilen entlassen. Kamen sie dort mit mangelhafter Ausrüstung an, wurden sie zurückgeschickt. Auch die daraufhin eingerichteten Sammelstellen, die eine vollständige Ausrüstung gewährleisten sollten, konnten ihre Aufgabe nicht befriedigend lösen, da Aus-

---

französischen Armee vgl. Guy Pedroncini: Les Mutineries de 1917. Paris 1967; Leonard V. Smith: Between Mutiny and Disobedience. The Case of the French Fifth Infantry Division during World War I. Princeton 1994; zum österreichischen Heer vgl. Richard Georg Plaschka/Horst Haselsteiner/Arnold Suppan: Innere Front. Militärassistenz, Widerstand und Umsturz in der Donaumonarchie 1918, Bd. 1: Zwischen Streik und Meuterei. München 1974.

[140] Gutachten Martin Hobohm: Soziale Heeresmißstände als Teilursache des deutschen Zusammenbruchs von 1918. In: Philipp (Hrsg.): Die Ursachen des Deutschen Zusammenbruchs 1918, Bd. 11/I, S. 341/42.

[141] Gutachten Volkmann: Soziale Heeresmißstände, S. 66.

[142] Francis L. Carsten: War against War. British and German Radical Movements in the First World War. London 1982, S. 184.

rüstungsgegenstände in wachsendem Maße einfach versetzt wurden!"[143] Hunderttausende marschfähiger Leichtverwundeter und Kranker – etwa eine halbe Million Soldaten erkrankten an der im Juni und Juli 1918 grassierenden „spanischen Grippe" – wollten sich nicht auf den völlig überforderten Sanitätsdienst verlassen, sondern strömten auf eigene Faust von der Front nach hinten und stürmten dabei häufig Krankenzüge, um in Richtung Heimat zu kommen. Wie viele von den etwa 340.000 Mann, die zwischen Juli 1918 und Kriegsende als vermißt oder gefangen registriert wurden,[144] sich widerstandslos ergeben hatten oder übergelaufen waren, läßt sich verständlicherweise nicht angeben.

Mit den Auflösungserscheinungen in der Armee verlor die Oberste Heeresleitung das für ihre militärische Operationsfähigkeit wie politische Machtstellung unentbehrliche Handlungsinstrument, und sie sah sich genötigt, die Parlamentarisierung der Reichsregierung zu veranlassen und der Aufnahme von Waffenstillstandsverhandlungen zuzustimmen. Da es sich um einen verdeckten Militärstreik handelte, offene Meutereien ganzer Truppenteile bis zum Kieler Matrosenaufstand aber nicht stattfanden, blieb das Ausmaß der Gehorsamsverweigerungen der durch Zensur und Propaganda desinformierten Öffentlichkeit allerdings verborgen. So konnte das Kalkül der militärischen Führung aufgehen, die Verantwortung für die sich abzeichnende Niederlage den zivilen Instanzen zuzuschieben und den Mythos des im Felde ungeschlagenen Heeres aufrechtzuerhalten. Hier nahm die „Dolchstoßlegende" ihren Ausgang. Nach Abschluß des Waffenstillstands ging der verdeckte Militärstreik über in eine Demobilisierung von unten. Selbst Einheiten, die weitgehend geschlossen von der Front zurückkehrten, schmolzen nach Überqueren des Rheins einfach weg, weil die Soldaten sich auf eigene Faust nach Hause durchschlugen.[145]

Ohne die vorausgegangene Erosion des Heeres hätte allerdings auch die revolutionäre Bewegung, die sich Anfang November, ausgehend von der Rebellion der Matrosen, binnen weniger Tage über das gesamte Staatsgebiet ausbreitete, kaum eine solche Dynamik entwickeln können. Zu den ersten Aktionen der sich in vielen Städten bildenden Soldatenräte gehörte – eine Parallele zu den Militärmeutereien von 1849 – die Befreiung der Militärgefangenen. In München wurde das Kriegsgerichtsgebäude besetzt und ein Teil der Akten vernichtet.[146] Offiziere, die sich in Uniform auf den Straßen blicken ließen, wurden entwaffnet und ihre Rangabzeichen heruntergerissen. Politisch hatte die Bewegung der Soldaten zunächst nur ein einziges Ziel: das Ende der deutschen Kriegführung. Erst im Verlauf der Erhebung und mit wachsendem

---

143 Deist: Der militärische Zusammenbruch des Kaiserreichs, S. 226.

144 Gutachten von Kuhl: Der Dolchstoß, S. 4.

145 Vgl. dazu Richard Bessel: Germany after the First World War. Oxford 1993; Wolfram Wette: Die militärische Demobilmachung in Deutschland 1918/19 unter besonderer Berücksichtigung der revolutionären Ostseestadt Kiel. In: Geschichte und Gesellschaft, 12. Jg., 1986, S. 63–80.

146 Weiler: Kriegsgerichtspsychiatrische Erfahrungen, S. 284.

Selbstbewußtsein der Soldatenräte konzentrierten sich die Aktionen auf die Durchsetzung weitergehender politischer Ziele wie Aufhebung des Belagerungszustands, Demokratisierung des Wahlrechts und Abdankung der Hohenzollern. Daneben traten Forderungen nach einer Reform der militärischen Dienstverhältnisse: Die Soldaten verlangten Abschaffung der Briefzensur, vollständige Rede- und Pressefreiheit sowie materielle Verbesserungen; das Vorgesetztenverhältnis sollte ausschließlich während der Dienstzeit gelten, alle militärischen Maßnahmen von der Zustimmung des Soldatenrats abhängig sein und die Offiziere entweder sich diesem gegenüber zu Loyalität verpflichten oder ihren Dienst quittieren.[147]

Die Militärpsychiater, auch sie Offiziere, erlebten bei Ausbruch der Revolution nun selbst ein Trauma, als die meisten „Kriegsneurotiker" schlagartig genasen und nicht wenige von ihnen sich der Aufstandsbewegung anschlossen. Gaupp fand „unter den überlauten Führern revoltierender und disziplinloser Soldaten" manchen Patienten seiner Klinik wieder[148], und Nonne wunderte sich über einen „refraktären Zitterer", der „als Soldatenrat in Funktion (trat) und vom Morgen bis zum Abend in gehobener Stimmung tätig für seine ‚Untergebenen' (war), befreit von allen Unlustgefühlen und allen motorischen Reizerscheinungen, getragen vom Bewußtsein der Zweckhaftigkeit seines Daseins und seiner Tätigkeit"[149]. Einige der Folterärzte fürchteten die Rache ihrer ehemaligen Patienten und hielten es für angebracht, schleunigst die Flucht zu ergreifen. Die „uneigennützigen Bestrebungen der Ärzte, welche sich dieser aufreibenden Aufgabe der Energiebehandlung der Neurotiker unterzogen" hätten, lamentierte 1919 einer von ihnen, seien vielfach verkannt worden und manche hätten „ihr Pflichtgefühl und ihre ärztliche Überzeugung mit Bedrohung ihrer persönlichen Sicherheit schon vor und besonders während der Revolution bezahlen müssen"[150]. Vereinzelt versuchten mißhandelte Soldaten auch, ihre Peiniger juristisch zu belangen; am bekanntesten wurde das Untersuchungsverfahren gegen den späteren Nobelpreisträger Julius Wagner-Jauregg in Wien, in dem Freud als Gutachter aussagte.[151]

Theoretisch bereiteten die Spontanheilungen bei Kriegsende den Nervenärzten keine Probleme, bestätigten sie doch nur ihre Auffassung von der „Kriegsneurose" als einer reinen Begehrungs- und Wunschvorstellung. Die entscheidende Kränkung lag vielmehr darin, daß sie mit der Revolution ihre nahezu uneingeschränkte Gewalt über ihre Patienten verloren. Nur zu genau wußten sie, daß ausschlaggebend für die „Erfolge" ihrer Behandlungsmethoden „doch nur der Zwang der äußeren Verhältnisse, die militärische Disziplin,

[147] Ulrich Kluge: Soldatenräte und Revolution. Studien zur Militärpolitik in Deutschland 1918/19. Göttingen 1975, S. 113/14.

[148] Gaupp: Schreckneurosen und Neurasthenie, S. 99/100.

[149] Nonne: Therapeutische Erfahrungen an den Kriegsneurosen, S. 116.

[150] K. E. Mayer: Elektro-suggestive Behandlung hysterischer Stupor- und Dämmerzustände. In: Zeitschrift für die gesamte Neurologie und Psychiatrie, 45. Bd., 1919, S. 391.

[151] Vgl. die ausführliche Dokumentation von Eissler: Freud und Wagner-Jauregg.

die Machtvollkommenheit des Arztes und des Staates" gewesen waren: „Der Soldat war gewöhnt, ohne weiteres sich unterzuordnen, nachzugeben, zu gehorchen. Er war gezwungen, sich der Behandlung unweigerlich zu unterwerfen, wofern sie nur in vernünftigen Grenzen, erlaubten Weisen der Beeinflussung sich hielt. Er konnte nicht selbständig den Aufenthaltsort wechseln, die Behandlung seinerseits abbrechen. (...) Die Revolution hat dieses bequeme Werkzeug zerbrochen, sie hat dem Arzte die wirksamste Waffe aus der Hand geschlagen, mit der er die Heilung der Neurosen erzwingen konnte."[152] Die „Maschinengewehre hinter der Front", mit denen Freud die Militärpsychiater verglichen hatte, blieben machtlos, als die Soldaten nicht mehr „in die Krankheit flüchteten", sondern massenhaft den Krieg bestreikten und ihrerseits die Gewehre fortwarfen, verkauften oder sie umdrehten.

[152] F. Quensel: Die Behandlung der Unfallneurotiker. In: Zeitschrift für die gesamte Neurologie und Psychiatrie, 60. Bd., 1920, S. 87/88.

VII. Die Vernichtung der Unzuverlässigen: Totale Mobilmachung, totaler Staat, totaler Krieg

1918 hatte die Mehrzahl der deutschen Soldaten nichts sehnlicher gewünscht als ein rasches Ende des Krieges. Als deutlich wurde, daß dies mit der auf Siegfrieden fixierten Obersten Heeresleitung nicht zu erreichen war, hatten Hunderttausende zur Selbsthilfe gegriffen und durch kleine und große Verweigerungen die Fortsetzung der Kämpfe sabotiert. Einige Jahre später wollten nur noch wenige davon etwas wissen. Mit der patriotischen Opfermoral und dem ungebrochen fortbestehenden Ideal militarisierter Männlichkeit war das massenhafte *sauve qui peut* der letzten Kriegsmonate nicht in Übereinstimmung zu bringen, und je stärker Dolchstoßlegende und Beschwörung des Frontkämpfergeistes das Klima der Weimarer Republik prägten, desto mehr wuchs auch der Druck auf die ehemaligen Soldaten, ihr unheroisches Verhalten zu verbergen oder aus der Erinnerung zu tilgen. Um dem schambesetzten und mit sozialer Ächtung verbundenen Stigma des Feiglings und Verräters zu entgehen, mochten die meisten „Drückeberger" keine mehr gewesen sein.[1] Selbst viele Pazifisten fühlten sich bemüßigt, wie Tucholsky sarkastisch glossierte, auf die Frage „Wo waren Sie im Kriege?", ihre vormalige soldatische Zuverlässigkeit zu dokumentieren: „Sie drehen sich. Sie winden sich. Sie reden sich aus. Sie wollen ihren ethischen Standpunkt nicht verlassen, wollen aber auch nicht zugeben, feige gewesen zu sein. Im Gegenteil: es gibt sogar manche, die noch stolz auf ihre Mordtaten sind und erklären: Durch diese Morde habe ich erst das Recht erworben, Pazifist zu sein. Ich war ein tapferer Soldat – hier meine Orden, meine Kriegsandenken, meine Papiere –, ich war kein Drückeberger."[2]

Von den Repräsentanten der alten und neuen Armee sowie der antirepublikanischen Rechten wurden der verdeckte Militärstreik, die Soldatenräte und ihre Beteiligung an der Revolution in ein Verschwörungsszenario eingebaut, das vor allem die Oberste Heeresleitung, mittelbar aber auch die Masse der Soldaten von der Verantwortung für den „Zusammenbruch" freisprach. Nicht die aussichtslose militärische Lage und die intransigente Haltung der Obersten Heeresleitung, nicht Kriegsmüdigkeit, soziale Mißstände und Offiziershaß, sondern „Verrat an der Heimatfront" sollte das im Felde ungeschlagene Heer um Sieg oder wenigstens ehrenvollen Friedensschluß gebracht haben. Schuld an der Niederlage und ihren politischen Konsequenzen trugen, so die mit enormem Aufwand und Beteiligung amtlicher Stellen in

---

1 Vgl. Richard Bessel: Die Heimkehr der Soldaten: Das Bild der Frontsoldaten in der Öffentlichkeit der Weimarer Republik. In: Hirschfeld/Krumeich/Renz (Hrsg.): Keiner fühlt sich hier mehr als Mensch, S. 234/235.

2 Ignaz Wrobel [d.i. Kurt Tucholsky]: Wo waren Sie im Kriege, Herr –? In: Die Weltbühne, XXII. Jg., Nr. 13, 30.3.1926, S. 489/490.

Umlauf gebrachte Dolchstoßpropaganda, die sozialistischen „Wühler", die ihre „verhetzende Agitation von Mund zu Mund in den Betrieben, bei den Lebensmittelpolonäsen, durch Flugblätter und Versammlungen mit unheimlicher Rührigkeit"[3] verbreitet und auch die Disziplin der Truppen systematisch untergraben hätten. Nicht weniger Schuld traf aber auch, wie insbesondere Ludendorff zu verkünden nicht müde wurde, die allzu nachgiebige Regierung: Sie „trieb Politik nicht aus eigenem, starken Verantwortungsgefühl, sondern ließ sich schieben. Die Politik ging immer ausschließlicher von der international, pazifistisch, defaitistisch denkenden Reichstagsmehrheit aus und wurde weitergeführt von einer umstürzlerisch gesinnten Minderheit, die sich des Schutzes und der weitgehenden Rücksichtnahme der Mehrheit erfreute. Beide haben vollsten Anteil an der Schuld einer Politik, deren Frucht die Lahmlegung der Kriegführung und die Wehrlosmachung des deutschen Volkes war."[4]

Der Dolchstoßmythos speiste sich zunächst aus dem Entlastungsbedürfnis der militärischen Entscheidungsträger, seine Karriere beruhte jedoch ebensosehr auf seiner Eignung zur Denunziation der innenpolitischen Gegner. Was für den ideologischen Kampf gegen die Arbeiterbewegung vor 1914 der Topos des „vaterlandslosen Gesellen" gewesen war, wurde jetzt der nicht nur auf die revolutionäre Linke, sondern mittelbar auch auf die demokratischen Parteien gemünzte Vorwurf des „Landesverrats". In weiten Kreisen der Bevölkerung, die sich bei Kriegsende abrupt aus Siegeshoffnungen und Weltmachtträumen gerissen sahen, fanden die Rechtfertigungs- und Kampfparolen der Generäle und rechten Pressure-groups bereitwillige Aufnahme. So groß 1914 die Begeisterung für den zum nationalen Aufbruch verklärten Krieg gewesen war, so groß war nach seinem wenig ruhmvollen Ende die kollektive Kränkung, die einen fruchtbaren Boden für – meist antisemitisch gefärbte – Drahtzieherphantasmen bildete. Die Propaganda über die „Kriegsschuldlüge" und den „Schandfrieden von Versailles" stellte der Konstruktion des inneren Feindes das äußere Feindbild der Siegermächte zur Seite, die heimtückisch Deutschlands Demütigung und „Wehrlosmachung" verfolgten. Mit diesen Agitationsthemen verschmolz die Dolchstoßlegende zu einem hochwirksamen ideologischen Konglomerat, dessen Bedeutung für die Destabilisierung der Republik und den Aufstieg der nationalsozialistischen Bewegung kaum hoch genug veranschlagt werden kann.[5]

---

3 Hans von Zwehl: Der Dolchstoß in den Rücken des siegreichen Heeres. Berlin 1921, S. 15.

4 Erich Ludendorff: Kriegführung und Politik. Berlin 1922, S. 331.

5 Vgl. dazu Joachim A. Petzoldt: Die Dolchstoßlegende. Berlin 1963; Friedrich Frhr. Hiller von Gaertringen: „Dolchstoß"-Diskussion und „Dolchstoß"-Legende im Wandel von vier Jahrzehnten. In: Waldemar Besson/Friedrich Frhr. Hiller von Gaertringen (Hrsg.): Geschichte und Gegenwartsbewußtsein. Festschrift für Hans Rothfels. Göttingen 1963, S. 122–160; Ulrich Heinemann: Die verdrängte Niederlage. Politische Öffentlichkeit und Kriegsschuldfrage in der Weimarer Republik. Göttingen 1983; ders.: Die Last der Vergangenheit. Zur politischen Bedeutung der Kriegsschuld und Dolchstoßdiskussion. In: Karl Dietrich Bracher/Manfred Funke/

1. Totalitätslehren der Zwischenkriegszeit

Diese Deutung der Niederlage und das Trauma der Revolution gingen auch ein in die bereits während der Weimarer Jahre, erst recht aber ab 1933 in großer Zahl veröffentlichten Programme und Appelle zur „Wiederwehrhaftmachung" Deutschlands. Planungsstäbe von Reichswehr und Wehrmacht, publizistisch ambitionierte Offiziere, Protagonisten der „konservativen Revolution", „Wehrwissenschafter" unterschiedlicher Disziplinen, schließlich Hitler und seine Partei zogen zwar im einzelnen durchaus unterschiedliche militärische und militärpolitische Lehren aus dem Weltkrieg, ganz und gar einig waren sich Anhänger sowohl restaurativer wie nationalrevolutionärer und faschistischer Optionen jedoch darin, daß über den Ausgang eines als langfristig unvermeidbar eingeschätzten „Zukunftskriegs" entscheiden mußte, was 1918 vermeintlich gefehlt hatte: die „seelische Geschlossenheit des Volkes"[6].

Jenseits von propagandistischem Kalkül und paranoischen Schuldzuschreibungen reflektierte diese Überzeugung den tiefgreifenden Umbruch militärischer Realität im Ersten Weltkrieg: „Gewaltanwendung und Gewaltvorbereitung waren", so der Historiker Michael Geyer, „keine ausschließlich militärischen Akte mehr, die neben einer – mit Ausnahme der Kampfzonen – zivilen Gesellschaft erfolgen konnten, sondern ein äußerst komplexer politischer, gesellschaftlicher, wirtschaftlicher und schließlich militärischer Prozeß, der die gesamte Bevölkerung erfaßte."[7] Die Logik industrialisierter Kriegführung implizierte die Transformation der Gesellschaft in eine einzige große Rüstungsfabrik und Kaserne; die in den „Materialschlachten" aufs höchste gesteigerte Destruktion verlangte eine entsprechend gesteigerte Produktion der dazu nötigen Mittel. Die Periode der personal-intensiven Rüstung, „d.h. einer Rüstung, in der die Verpflichtung von Soldaten im Mittelpunkt stand und der Soldat das hauptsächliche Kriegsmittel war", wurde abgelöst durch eine Periode der material-intensiven Rüstung, „in der die Substitution von Waffen und Gerät für Soldaten in das Zentrum der Rüstungsanstrengungen rückte"[8] –

Hans-Adolf Jacobsen (Hrsg.): Die Weimarer Republik 1918–1933. Bonn 1987, S. 371–386.

6 Erich Ludendorff: Der totale Krieg (1935), im folgenden zit. nach der Ausgabe: München 1939, insbesondere S. 11–28. Zur innermilitärischen Diskussion der Weimarer Zeit vgl. vor allem die Arbeiten von Michael Geyer: Der zur Organisation erhobene Burgfrieden; Militär, Rüstung und Außenpolitik. Aspekte militärischer Revisionspolitik in der Zwischenkriegszeit. In: Manfred Funke (Hrsg.): Hitler, Deutschland und die Mächte. Düsseldorf 1976, S. 239–268; Aufrüstung oder Sicherheit. Die Reichswehr in der Krise der Machtpolitik 1924–1936. Wiesbaden 1980; Deutsche Rüstungspolitik 1860–1980, S. 118–153; ferner Andreas Hillgruber: Militarismus am Ende der Weimarer Republik und im „Dritten Reich". In: ders.: Deutsche Großmacht- und Weltpolitik im 19. und 20. Jahrhundert. Düsseldorf 1977, S. 134–148; Wilhelm Deist: Die Reichswehr und der Krieg der Zukunft. In: Militärgeschichtliche Mitteilungen, 45, 1/1989, S. 81–92.

7 Geyer: Aufrüstung oder Sicherheit, S. 501.

8 Ders.: Deutsche Rüstungspolitik 1860–1980, S. 13.

eine Umgewichtung, die gleichwohl einen quantitativ wie qualitativ gesteigerten Zugriff auf die Ressource Mensch nötig machte. Um im militärischen Sinne handlungsfähig zu sein, bedurfte es nicht allein der Aufstellung, Ausrüstung und Ausbildung bewaffneter Verbände, ebenso wichtig waren vielmehr „die neuartigen Heere des Verkehrs, der Ernährung, der Rüstungsindustrie, – das Heer der Arbeit überhaupt". Wenn letztlich keine Tätigkeit mehr existierte, „und sei es die einer Heimarbeiterin an ihrer Nähmaschine", „der nicht eine zum mindesten mittelbare kriegerische Leistung" innewohnte,[9] dann mußte die „Moral" der Bevölkerung in der Tat zum kriegsentscheidenden Faktor, mußte aus dem Volk in Waffen das Volk als Waffe[10] werden.

Im „Zukunftskrieg" würde die Bevölkerung jedoch, so das übereinstimmende Urteil der Fachleute, nicht allein als Rekruten- und Rüstungsarbeiterreservoir involviert, sondern den Kriegshandlungen auch unmittelbar ausgesetzt sein. Mit der bis 1918 erst in Ansätzen erfolgten, sich in den zwanziger Jahren dann durchsetzenden militärischen Erschließung des Luftraums hatte der Krieg eine neue Dimension gewonnen. Diese „Raumrevolution" ließ die Unterscheidung zwischen Front und Heimat ebenso hinfällig werden wie die zwischen Kombattanten und Nichtkombattanten.[11] Weil der Waffeneinsatz sich auf das gesamte Territorium des Gegners erstreckte und die Zerstörung von Verkehrswegen oder Industrien nicht weniger wichtig war als die Niederwerfung seiner Truppen, wurden alle Bewohner eines kriegführenden Landes zu Zielen feindlicher Angriffe. Damit blieben auch die „Friktionen", Clausewitz' Begriff für die auf die Kriegsmaschinerie einwirkenden menschlichen Bremskräfte, die den wirklichen vom idealtypischen Konstrukt des absoluten Krieges unterscheiden, nicht mehr auf das Militär beschränkt, sondern wuchsen sich zu einem gesamtgesellschaftlichen Problem aus.[12] Das militärische Denken stellt Friktionen zwar in Rechnung, alle militärischen Anstrengungen laufen aber darauf hinaus, sie zu minimieren. So folgte aus dem konstatierten Übergang zum gesamtgesellschaftlichen Krieg mit zwingender Logik das Postulat, auch die gesamte Gesellschaft nach Maßgabe militärischer Effizienz zu formieren.

Wie riskant es allerdings war, die Befriedigung ziviler Mindestbedürfnisse rücksichtslos den militärischen Interessen unterzuordnen, hatte sich 1918/19 gezeigt. Der Zusammenhang zwischen „Steckrübenwintern" und Lebensmit-

---

[9] Ernst Jünger: Die totale Mobilmachung. In: ders. (Hrsg.): Krieg und Krieger. Berlin 1930, S. 14.

[10] Vgl. Helmuth Plessner: Über das gegenwärtige Verhältnis zwischen Krieg und Frieden (1939). In: ders.: Zwischen Philosophie und Gesellschaft. Frankfurt/M. 1979, S. 374.

[11] Vgl. Armin Adam: Raumrevolution. Ein Beitrag zur Theorie des totalen Krieges. In: Martin Stingelin/Wolfgang Scherer (Hrsg.): HardWar/SoftWar. Krieg und Medien 1914 bis 1945. München 1991, S. 145–158; zur zeitgenösssichen Theorie des Luftkriegs vgl. das vieldiskutierte Buch des italienischen Generals Giulio Douhet: Luftherrschaft. Berlin 1935.

[12] Vgl. Geyer: Aufrüstung oder Sicherheit, S. 502; Clausewitz: Vom Kriege, S. 850–853.

telschlangen auf der einen, dem militärischen wie politischen Zusammenbruch des kaiserlichen Deutschlands auf der anderen Seite erschien selbst den Mythologen des „Dolchstoßes" evident. Grundsätzlich konnte ein mit gesamtgesellschaftlichen Mitteln geführter Krieg gerade so lange dauern, bis die letzte nichtmilitärische Substanz aufgezehrt war. Daß hier eine absolute Grenze existierte, war sicher, doch konnte niemand voraussagen, wann genau der kritische Punkt erreicht sein würde. Um so dringlicher wurde es, ihn möglichst weit hinauszuschieben.[13]

Die Erkenntnis, daß es ein „Genug" nicht geben konnte, erzeugte den Appell zum permanenten „Mehr". Darauf zielte die inflationäre Verwendung des Attributs „total", die zugleich Diagnose und Programm darstellte: Gerade weil der militärische Bedarf prinzipiell unabschließbar geworden war, traten die Doktrinäre der Totalität auf den Plan und lieferten in ihrer rhetorischen Radikalität kaum zu überbietende Anweisungen, wie die gesellschaftlichen Ressourcen bereitzustellen und die Individuen in Dienst zu nehmen seien. Wenn sie apodiktisch beschieden, „So und nicht anders ist der Krieg!", bedeutete das stets ein kategorisches „So soll er sein!". Die Lehre vom „totalen Krieg" war selbst Bestandteil jener „totalen Mobilmachung", die sie beschwor – ein aus der Deutung des Ersten Weltkriegs abgeleitetes Idealbild, das den konkreten Aufrüstungs- und Militarisierungsmaßnahmen weit vorauseilte, ihnen aber in einem allgemeinen Sinne die Richtung vorgab. So vielfältig die Stimmen, die sich in den zwei Jahrzehnten zwischen den Kriegen an diesem Diskurs beteiligten, so gegensätzlich die Orte, an denen er geführt wurde – sie reichten von der philosophischen Vorlesung bis zur Offizierszeitung –, so gleichgerichtet war die Intention, Deutschlands militärische Macht von allen Fesseln zu befreien.[14]

Die Parallele zu den Denkschriften der preußischen Militärreformer nach 1806 und der literarischen Kriegspropaganda ihrer patriotischen Gesinnungsgenossen liegt auf der Hand. Auch damals hatte eine neuartige Kriegserfah-

---

[13] Vgl. Geyer: Aufrüstung oder Sicherheit, S. 486.

[14] Vgl. kritisch zur Doktrin des totalen Krieges neben der bereits angeführten Literatur Albert Schreiner: Vom totalen Krieg zur totalen Niederlage Hitlers. Paris 1939; Hans Barth: Über den totalen Staat und seine ideologischen Voraussetzungen. In: ders.: Fluten und Dämme. Zürich 1943, S. 201–242; Hans-Ulrich Wehler: „Absoluter" und „totaler" Krieg. Von Clausewitz zu Ludendorff. In: Politische Vierteljahresschrift, 10. Jg., 1969, S. 220–248; Manfred Messerschmidt: Revision, Neue Ordnung, Krieg. Akzente der Völkerrechtswissenschaft in Deutschland 1933–1945. In: Militärgeschichtliche Mitteilungen, 9, 1/1971, S. 61–95; Dieter Senghaas: Abschreckung und Frieden. Studien zur Kritik organisierter Friedlosigkeit. Frankfurt/M. 1972, S. 49–58; Jürgen Langenbach: Über Krieg. Wien 1983; Michael Geyer: German Strategy in the Age of Machine Warfare, 1914–1945. In: Paret (Hrsg.): Makers of Modern Strategy, S. 527–597; Jan Philipp Reemtsma: Die Idee des Vernichtungskrieges. Clausewitz – Ludendorff – Hitler. In: Hannes Heer/Klaus Naumann (Hrsg.): Vernichtungskrieg. Verbrechen der Wehrmacht 1941–1944. Hamburg 1995, S. 377–401.

rung den Anstoß zu einem enormen Dynamisierungsschub gegeben, waren die Mobilisierungsprogramme weit über die militärischen und politischen Realitäten hinausgeschossen. Scharnhorst, Gneisenau und Clausewitz ging es allerdings um die Eskalation eines von Militärs geführten Krieges zur *levée en masse* und die Heranziehung bis dahin eximierter Bevölkerungsgruppen zum Militärdienst, gipfelnd im „Volksheer" der allgemeinen Wehrpflicht. Diese Form der Heeresorganisation hielt Ernst Jünger ein Jahrhundert später für hoffnungslos antiquiert. Der Weltkrieg, in dem sie zum ersten Mal konsequent durchgeführt worden war, hatte zugleich eine neue Dimension der Mobilisierung sichtbar gemacht: „Ebenso nämlich, wie sich das Leben des Soldaten an der Front immer mehr zum Leben eines Arbeiters, eines unter sehr gefährlichen Bedingungen arbeitenden Kriegstechnikers verwandelte, gestaltete sich das Leben des Arbeiters in der Heimat zu einem soldatischen Leben um."[15] Sichtbarer Ausdruck dafür war das als Kompromiß gegenüber noch erheblich weiter reichenden Forderungen der Obersten Heeresleitung im Dezember 1916 verabschiedete „Gesetz über den vaterländischen Hilfsdienst", das eine Arbeitspflicht für alle Sechzehn- bis Sechzigjährigen festgeschrieben und die Verhängung von Zwangsmitteln legalisiert hatte, um Arbeitsplätze in der Rüstungsindustrie zu besetzen. Die dirigistische Umformung der Volkswirtschaft in eine totale Kriegswirtschaft wies die Richtung zur planmäßigen Erfassung und Gliederung der gesamten *energie potentielle*. Im Zeitalter der „Massen und Maschinen" konnte, so Jünger, die allgemeine Wehrpflicht lediglich „den speziellen Fall eines Dienstverhältnisses von umfassenderer Art" darstellen. Als ihre Nachfolgerin deutete sich „eine umfassende Arbeitsdienstpflicht an, die sich nicht nur auf die waffenfähige Mannschaft, sondern auf die Gesamtbevölkerung und ihre Mittel erstreckt, und die zu verwirklichen wir die großen historischen Mächte am Werke sehen".[16] Weil alle in einem Krieg gleichermaßen bedroht waren – „Demokratie des Todes" –, sollte sich auch die Mobilmachung auf alle, „selbst auf das Kind in der Wiege", erstrecken.[17]

Was bei Jünger 1932 noch als allgemeine Signatur der Epoche erscheint, systematisierte der Militärpublizist Wolter drei Jahre später zu einem Arbeitsplan für „die Organisation des Sieges"[18]. Totalität bedeutete hier, „daß mit dem Augenblick des Kriegsausbruchs alles bloß private Dasein aufhört und

---

15 Ernst Jünger: Das große Bild des Krieges. In: ders. (Hrsg.): Das Antlitz des Weltkrieges, S. 257.

16 Ders.: Der Arbeiter. Hamburg 1932, S. 287/288. Jünger parallelisierte diesen Übergang von der allgemeinen Wehr- zur allgemeinen Arbeitspflicht unmittelbar mit der neuen Dreidimensionalität des Krieges durch die Entwicklung der Luftwaffe: „Die Bewegungen, die dieses System (der allgemeinen Wehrpflicht, UB) ermöglicht, verhalten sich jedoch zu denen der totalen Mobilmachung wie die Bewegungen, die auf einer Ebene, zu denen, die im Raume möglich sind" (S. 287).

17 Ders.: Die totale Mobilmachung. In: ders.: Blätter und Steine (1934), zit. nach der Ausgabe: Leipzig 1942, S. 131. Der zitierte Passus ist in der Erstveröffentlichung des Mobilmachungs-Essays noch nicht enthalten.

18 E. Wolter: Die Organisation des Sieges. In: Deutsche Wehr, 19.12.1935, Beilage: Die deutsche Volkskraft, Nr. 24, S. 218–220.

für die gesamte Nation von nun bis zum Ende die Kriegführung den einzigen Lebensinhalt bildet, daß es darum eine Zivilbevölkerung der Idee nach überhaupt nicht mehr gibt". In der Gesellschaftsordnung des totalen Krieges war „grundsätzlich jedermann Funktionär, das heißt unmittelbar oder mittelbar für den Kriegszweck tätig"[19]. Militärische Gehorsamspflicht und Prinzipien der Heeresorganisation – von der Befehlshierarchie über die Dienststrafordnung bis zur Uniform – sollten auf die gesamte Gesellschaft übertragen werden, der Staat „über die Kräfte und Fähigkeiten eines jeden nach freiem, nur von dem Gesichtspunkt des größtmöglichen Gesamtnutzens geleiteten Ermessen" verfügen: „Der Funktionär wird nicht angestellt, sondern einberufen, er wird nach Maßgabe dienstlicher Bedürfnisse befördert und versetzt; bei Ungeeignetheit wird er entlassen oder im Falle schwerer Verfehlungen ausgeschlossen. Dagegen hat er selber nicht das Recht seine Dienste zu versagen, da seine Treuepflicht gegenüber dem Staat als eine absolute, das heißt unbedingte und sachlich wie zeitlich unbegrenzte anzusehen ist." Um diese Wehrverfassung im akuten Kriegsfall funktionieren zu lassen, mußte sie bereits vorher in allen Teilen aufgebaut und eingeübt werden. Wie der Gegensatz zwischen Zivilist und Militär aufgehoben war, entfiel damit auch der zwischen Kriegs- und Friedenszeiten zugunsten eines nur noch zwischen „heißen" und „kalten" Phasen variierenden Dauerzustandes Krieg. Ihre höchste Steigerung erfuhr die Mobilmachung als „dauerndes Mobilsein, durch die ständige totale Bereitschaft der schon im Frieden auf den denkbar höchsten Stand der Wehrkraft gebrachten Volksgesamtheit".[20]

Mit bloßer Pflichterfüllung sollte es dabei längst nicht getan sein, gefordert war vielmehr der totale Einsatz der „geistigen und sittlichen Kräfte". Für den Funktionär hatte der Krieg nicht nur die einzige Beschäftigung zu sein, sondern – und das war ihm „mit allen Künsten der Massenbeeinflussung" beizubringen – „der alles beherrschende Gedanke, der ihn vollkommen ausfüllt und für nichts anderes mehr Raum läßt, seine große Leidenschaft, sein einziges Vergnügen, sein Laster und sein Sport: eine wahre Monomanie des Krieges". Eine solche „Selbstentäußerung" in pure militärische Energie war ohne Jenseitspathos nicht zu haben. Nur als religiöse Erweckung war die Mobilmachung wirklich total. Durch die „Magie des Opfers" verwandelte sich, so Wolter, die Annihilation des einzelnen in seine Apotheose: Gerade die Rücksichtslosigkeit, mit der das Ethos des Dienstes ihn „in Anspruch nimmt, ihn vergewaltigt und in Massen hinopfert", sollte zum Ausweis der „moralischen Wiedergeburt auf höherer Ebene" werden.[21]

Der Prototyp dieses Kriegs-Monomanen war die zum Heros verklärte Gestalt des Frontkämpfers. Als Gegenbild zum Drückeberger verkörperte er das soldatische Ideal, auf das hin die Programme der „Wehrhaftmachung" geeicht waren. Seine Leistung bestand in Mimesis an die Kriegsmaschinerie, psychologisch gesprochen: in der Fähigkeit zur Identifikation mit dem Aggressor.

---

19 Ebd., S. 219.
20 Ebd., S. 220.
21 Ebd., S. 219.

Ein Anpassungsvorgang, der bis in die Physiognomie reichte. Das Gesicht des Mannes unter dem Stahlhelm hatte, so wiederum Ernst Jünger, im Verlauf des Krieges an Schärfe und Bestimmtheit gewonnen, was es an Individualität eingebüßt hatte: „Es ist metallischer geworden, auf seiner Oberfläche gleichsam galvanisiert, der Knochenbau tritt deutlicher hervor, die Züge sind ausgespart und angespannt. Der Blick ist ruhig und fixiert, geschult an der Betrachtung von Gegenständen, die in Zuständen hoher Geschwindigkeit zu erfassen sind."[22] Mimesis an das Material bedeutete auch Abschied vom Leitbild des enthusiasmierten Vaterlandsverteidigers: „Mit Begeisterung gegen Material kämpfen, heißt nichts anderes als der Materialwirkung in die Hand arbeiten. Begeisterung macht blind. Gegen die kalte Macht des Materials gewinnt die Oberhand nur, wer mit offenem Auge kalt und sachlich abwägt."[23] Kaltblütigkeit trat an die Stelle des patriotischen Feuers, technische Effizienz wurde wichtiger als loyale Gesinnung. Ernst Jünger definierte den Typus des Frontsoldaten geradezu als einen Menschen, „in dem sich ein Mindestmaß an Ideologie mit einem Höchstmaß an Leistung trifft"[24]. Statt der eingedrillten Massendisziplin geschlossener Formationen besaß er die „Selbstdisziplin des Einzelkämpfers", der nicht für jede Bewegung einen gesonderten Befehl brauchte, sondern seinen Auftrag im Rahmen der operativen Zielvorgaben selbständig ausführte.[25]

Futuristische Modernität fiel zusammen mit mythischer Archaik: Als „geschmeidige Tiger der Gräben" und „Meister des Sprengstoffs", deren „Urtriebe mit kompliziertesten Mitteln der Vernichtung" wüteten, ausgestattet mit „Nerven wie Stahl", waren die Frontkämpfer „Sieger über das Material" geblieben.[26] Was sie erlebt hatten, war die Hölle? – „nun gut, es liegt im Wesen des faustischen Menschen, auch aus der Hölle nicht mit leeren Händen wiederzukehren", und so hatte sich ihnen „erst an der Gewalt der Materie die Gewalt der Idee offenbart", hatten sie „erst an der Fruchtbarkeit des Opfers (...) den Wert des Menschen und die Verschiedenheit seiner Rangordnung ganz erkannt"[27]. Mochten die Entente-Mächte zusammen mit Feiglingen und Verrätern in der Heimat auch Deutschlands Niederlage besiegelt haben, im Kampf mit dem Feind in ihrem eigenen Innern, mit der Todesangst, mit den zum Zerreißen angespannten Nerven, hatten die Frontsoldaten triumphiert, und dieser Sieg des Willens wog mehr als alle militärischen Erfolge.

---

[22] Jünger: Der Arbeiter, S. 107/108. Zum Selbstbild und zur Psychologie des „Frontkämpfers" vgl. grundlegend Klaus Theweleit: Männerphantasien, 2 Bde. Frankfurt/M. 1977/78.

[23] George Soldan: Der Mensch und die Schlacht der Zukunft. Oldenburg 1925, S. 34.

[24] Ernst Jünger: Die Geburt des Nationalismus aus dem Kriege. In: Deutsches Volkstum, 11. Jg., 1929, H. 8, S. 578.

[25] Ders.: Die Technik in der Zukunftsschlacht. In: Militär-Wochenblatt, 106. Jg., Nr. 14, 1.10.1921, Sp. 289/290.

[26] Soldan: Der Mensch und die Schlacht der Zukunft, S. 38. Soldan zitiert hier Ernst Jünger, ohne die genaue Quelle anzugeben.

[27] Ernst Jünger: Vorwort des Herausgebers. In: Friedrich Georg Jünger: Aufmarsch des Nationalismus. Berlin o.J. [1926], S. X.

„Frontkämpfergeist" meinte weder aristokratischen *esprit de corps*, noch bürgerlich-patriotischen Enthusiasmus, sondern „den veredelten Bandengeist einer abgehärteten Kriegerrotte"[28], in der Leistung mehr zählte als Herkunft oder Anciennität und die Autorität des Vorgesetzten weniger auf seinem Rang als auf dem kämpferischen Vorbild beruhte. Heidegger blieb es vorbehalten, diesem soldatischen Elitebewußtsein auch noch die fundamentalontologischen Weihen zu verleihen. Anders als Wolter und Jünger stilisierte er die Todesbereitschaft des Frontkämpferkollektivs (vom Willen zum und der Lust am Töten ist niemals die Rede ...) nicht zum blutigen Zeugungsakt eines neuen Menschenschlags oder Vehikel moralischer Wiedergeburt, sondern feierte sie als Stifterin einer aller bloßen Gesellschaftlichkeit vorgelagerten „ursprünglichen Gemeinschaft": „Die Kameradschaft der Frontsoldaten hat weder darin ihren Grund, daß man sich zusammenfinden mußte, weil andere Menschen, denen man fern war, fehlten, noch auch darin, daß man sich auf eine gemeinsame Begeisterung erst verabredete, sondern im tiefsten und einzigen darin, daß die Nähe des Todes als eines Opfers jeden zuvor in die gleiche Nichtigkeit stellte, so daß diese die Quelle des unbedingten Zueinandergehörens wurde."[29]

Der Heroisierung des Frontkämpfers und der Verklärung des Opfers entsprach die Überhöhung des Krieges zur *raison d'être* staatlicher Existenz. Der Soziologe Hans Freyer bemühte zu diesem Zwecke einmal mehr Heraklits Wort vom „Vater aller Dinge", der „nur für den friedlichen Bürger den Kontrast alles Normalen und Erwünschten", für den Staat dagegen „Lebensluft und bloße Steigerung seines wesentlichen Daseins" bedeute.[30] Schon Freyers Vorbild Hegel hatte den Krieg als Macht der Negativität gepriesen, als „Zustand, in welchem mit der Eitelkeit der zeitlichen Güter und Dinge, die sonst eine erbauliche Redensart zu sein pflegt, Ernst gemacht wird"[31] und „sich die Kraft des Zusammenhangs aller mit dem Ganzen" zeigt.[32] Während in der Hegelschen Staatsphilosophie der Krieg jedoch nur *ein* Moment darstellte, ein sittliches *memento mori*, um die Bürger aus der selbstzufriedenen Beschäftigung mit ihren beschränkten Interessen aufzurütteln, verabsolutierte Freyer ihn zur *einzigen* Bestimmung staatlichen Handelns. Alle Politik ließ sich für ihn zurückführen auf „Drohen mit dem Krieg, Vorbereiten des Kriegs, Hinausschieben oder Beschleunigen des Kriegs, Anzetteln oder Verhindern des Kriegs, kurz (um ein bekanntes Wort umzukehren), Fortsetzung des Kriegs

---

28 Soldan: Der Mensch und die Schlacht der Zukunft, S. 82.

29 Martin Heidegger: Hölderlins Hymnen „Germanien" und „Der Rhein". Vorlesungen Wintersemester 1934/35, Gesamtausgabe, Bd. 39. Frankfurt/M. 1980, S. 72/73; vgl. dazu auch Domenico Losurdo: Die Gemeinschaft, der Tod, das Abendland. Heidegger und die Kriegsideologie. Stuttgart/Weimar 1995.

30 Hans Freyer: Der Staat. Leipzig 1925, S. 143, 141.

31 Georg Wilhelm Friedrich Hegel: Grundlinien der Philosophie des Rechts. Werke, Bd. 7. Frankfurt/M. 1970, § 324 Anm., S. 492.

32 Ders.: Die Verfassung Deutschlands. In: Werke, Bd. 1. Frankfurt/M. 1971, S. 462. Vgl. dazu auch Shlomo Avineri: Hegels Theorie des modernen Staates. Frankfurt/M. 1976, S. 234–236.

mit veränderten Mitteln“[33]. War der Staat dann „am reinsten Staat, wenn er am offensten Krieg ist“, durfte er sich auch nicht auf bloße Verteidigung seines Territoriums beschränken. Sein Telos war Expansion: „Er muß erobern, um zu sein. Er teilt diese Notwendigkeit mit allem, was wirklich ist: der metaphysische Begriff der Wirklichkeit wird gradezu durch diesen Imperialismus ausgemacht.“[34] Grenzen setzte dem philosophisch geheiligten Eroberungswillen nur die Beschränktheit der eigenen Machtmittel. Auf ihre größtmögliche Entfaltung hin waren deshalb alle Staatsfunktionen auszurichten. Innenpolitik war Energietechnik im Dienste des Krieges. Diese Steigerung des militärischen Potentials mußte bei den Individuen beginnen; als „Ärzte und Lehrer des Volks in einem höchsten metaphysischen Sinn“[35] hatten die Exekutoren der Staatlichkeit das Menschenmaterial zu formen und sich dabei gleichermaßen repressiver wie produktiver Strategien zu bedienen: „Hier müssen Kräfte geweckt werden, die eingeschlafen sind; dort Kräfte unschädlich gemacht werden, die das Werk nicht haben will. Hier muß aufgepeitscht, dort gebremst, hier bestätigt, da umgezwungen, hier ausgelesen, da angeworben, hier diszipliniert, da befreit, hier entfaltet, da unterdrückt werden.“[36]

Ein solches Programm aufstellen, hieß nach dem Führer rufen. Nur ein – im Sinne Max Webers – charismatischer Herrscher vermochte die geforderte Freisetzung und Bündelung der Energien zu bewerkstelligen. Sein Modell fand Freyer im Frontoffizier des Weltkriegs: „Wie der Kompagnie während des ganzen Sturms, so ist dem Volk während seiner ganzen Geschichte der Führer unentbehrlich als derjenige Kraftpunkt, von dem aus seine Einheit als Gebilde immer hergestellt, immer gefestigt, immer aufrecht erhalten wird. Mag sein, wenn der Leutnant fällt, daß dann die Wucht des Angriffs weiterrollt und das starke Gebilde aus Menschen sich erhält. Es ist dennoch nicht ungeführt: der Geist des Toten führt. So mag auch das Volk über den Tod des Führers hinaus seinen Sinn und mit ihm sein Gefüge bewahren: weitergeführt vom Geiste des Führers. Aber solcher Geist verfliegt. Und wenn nicht irgendeiner an die Stelle des Gefallnen springt und seine Autorität usurpiert, in dem er sich zum Erben der Führertat macht, versackt dort der Angriff, verfallen hier Volk und Staat.“[37] Dieses Bild entsprach einem gewandelten Verständnis von militärischer wie staatlicher Autorität. Nicht mehr auf adliger Herkunft oder formalem Dienstrang sollte sie beruhen, sondern auf dem puren Willen zur Macht und ihrer durch nichts als sich selbst legitimierten Faktizität. Wie Kriegführung und Mobilmachung konnte auch das Führertum gar nicht weit genug gehen. Zu seiner Beschwörung mußte – wider alle sprachliche Logik – selbst das Totale noch zum Superlativ gesteigert werden: „Führerschaft ist die vollste Vollmacht und die grenzenloseste Kompetenz, weil sie der unum-

---

[33] Freyer: Der Staat, S. 142.
[34] Ebd., S. 145/146.
[35] Ebd., S. 154.
[36] Ebd., S. 116.
[37] Ebd., S. 112.

schränkteste Auftrag ist: mache uns reif, tüchtig und würdig zum Staat und bediene dich dazu jedes Mittels, das nötig ist."[38]

Während Freyer mit dem Leitbild des Sturmtrupp-Leutnants den Führerstaat vor allem als Kampfgemeinschaft konzipierte, stellte Erich Ludendorff die Gestalt des Feldherrn ins Zentrum. Der ehemalige Chef der Obersten Heeresleitung nahm die von ihm selbst angeführte Militärdiktatur der letzten beiden Kriegsjahre als Ausgangspunkt, um für den „Führer im totalen Krieg" der Zukunft noch weiterreichende Machtbefugnisse einzufordern. Führertum war für Ludendorff gleichbedeutend mit militärischer Befehlsgewalt, und da der kommende Krieg die gesamte Gesellschaft erfassen würde, mußte auch die gesamte Gesellschaft unter ein einheitliches Kommando gestellt werden: „Der Mann, der Feldherr ist, hat an erster Stelle zu stehen. (...) Nur von erster Stelle aus kann er allein die Einheitlichkeit und den Nachdruck seinem Wirken verleihen, das bestimmt ist, den Feind niederzuringen, und das Volk zu erhalten. Dieses Wirken ist allumfassend, wie der totale Krieg lebensumfassend ist. Auf allen Gebieten des Lebens muß der Feldherr der Entscheidende und sein Wille maßgebend sein."[39]

Die postulierte Ausweitung der Kommandogewalt und ihre Konzentration in der Person des Feldherrn brauchte allerdings ein Gegenlager „von unten". Ohne gleichfalls gesteigerte Gehorsamsbereitschaft der Geführten mußte die diktatoriale Macht verpuffen. Dem Ruf nach dem Führer korrespondierte der Ruf nach einer Gefolgschaft, die in der Bereitschaft zur bedingungslosen Unterordnung sich als seiner würdig zu erweisen hatte: „Nur dann verdient das Volk einen Feldherrn, wenn es sich in seinen Dienst, d.h. in den Dienst des Führers des totalen Krieges stellt, der um seine Lebenserhaltung geführt wird."[40] Aus dem militärischen Zwang zur größtmöglichen Mobilisierung der menschlichen und materiellen Ressourcen folgte daher die Existentialisierung des Krieges zur „höchsten Äußerung völkischen Lebenswillens"[41]. Die als Dreh- und Angelpunkt totaler Kriegführung ausgemachte „seelische Geschlossenheit des Volkes" ließ es Ludendorff geboten erscheinen, sie in einer homogenen Abstammungsgemeinschaft zu fundieren. Die Bevölkerung mußte sich den tendenziell unbegrenzten Zumutungen des kriegführenden Staates um so eher fügen, so seine propagandistische Logik, je gründlicher es gelang, ihr das Abverlangte als Manifestation einer völkischen Substanz erscheinen zu lassen. Der Rekurs auf „Rasseerbgut" und ein daraus resultierendes „arteigenes Gotterleben"[42] diente dazu, wie Hans Barth, ein früher Kritiker der

---

[38] Ebd., S. 113. Vgl. in diesem Zusammenhang auch die hymnische, in ihrer Diktion Nietzsches „Zarathustra" (schlecht) imitierende Beschwörung des Führers bei Kurt Hesse, der diesen vor allem als Charisma und Propaganda vereinenden „Herrscher der Seelen" sieht: Der Feldherr Psychologos. Ein Suchen nach dem Führer der deutschen Zukunft. Berlin 1922.

[39] Ludendorff: Der totale Krieg, S. 107.

[40] Ebd., S. 120.

[41] Ebd., S. 10.

[42] Ebd., S. 21.

Totalitätsideologie bemerkte, den „totalen Anspruch an alle Glieder des Volkes" auf die Fiktion „einer letzten verbindenden Einheit" zu gründen, die „nicht in der Verfügungsmacht des einzelnen steht, der er vielmehr unterworfen ist, wie einem unabwendbaren Schicksal"[43].

Wenn rückhaltlose Arbeits- und Opferbereitschaft die rassische Überlegenheit verbürgte, so folgte daraus im Umkehrschluß, daß all jene als „Schädlinge" aus dem „Volkskörper" auszuscheiden waren, die den Anforderungen des „Lebenskampfes" nicht nachkamen oder sich ihnen nicht gewachsen zeigten. Wer sich, etwa als Anhänger einer „volks- und staatsfremden Partei", in Opposition zum nationalen Aufbruch stellte, der bewies damit, so der Staatsrechtler Ernst Forsthoff, „daß er aus der seinsmäßigen Bindung an das deutsche Volk herausgetreten ist, daß er das Recht verwirkt hat, sich noch einen Deutschen nennen zu dürfen, daß er zum Feinde geworden ist"[44]. Die Gleichsetzung von völkischer Homogenität und „seelischer Geschlossenheit" implizierte vor allem aber den unerbittlichen Kampf gegen den Inbegriff der „Artverschiedenheit": „die Juden". Für die Doktrinäre des totalen Krieges waren sie die Inkarnation der Zersetzung schlechthin. Ihnen halluzinierten sie in paranoischer Projektion genau das als unabänderliche „Rasseneigenschaft" an – Marxismus, Kosmopolitismus, Liberalismus, Pazifismus –, was der mobilzumachenden „Volksgemeinschaft" ausgetrieben werden sollte und deshalb für ihre Konstruktion als Antithese benötigt wurde. Um die Gleichschaltung der „Volksgenossen" zu organisieren, bedurfte es eines personifizierten Gegenprinzips; allein in der Vernichtung der „Gegenrasse" konnte die Fiktion rassischer Reinheit sich praktisch erweisen. So sei die „große Säuberungsaktion" nach der nationalsozialistischen Machtübernahme nötig gewesen, sekundierte Forsthoff 1933 den Terror des sich konstituierenden totalen Staates, um „in Vollziehung der Unterscheidung von Freund und Feind alle diejenigen auszumerzen, die als Artfremde und Feinde nicht länger geduldet werden konnten". Die Begründung, mit der er in diesem Zusammenhang die – zunächst noch! – abgestufte Verfolgungspraxis der Nationalsozialisten rechtfertigte, machte den ideologischen Zusammenhang von völkischer Homogenisierung und militärischer Dienstbereitschaft deutlich: „Daß dabei die jüdischen Frontkämpfer in ihren Ämtern belassen wurden, ist eine sinnvolle Ausnahme, weil der Einsatz des Lebens im Kriege eine existenzielle Zugehörigkeit zum deutschen Volk ebenso begründet, wie die Kriegsdienstverweigerung sie vernichtet."[45]

Um die restlose Mobilmachung zu bewerkstelligen, mußte der Krieg zum Rassenkrieg, um den Gegensatz von Freund und Feind bis zum „äußersten Intensitätsgrad" zu steigern, mußte der Gegner zum „Artfremden" substantialisiert werden. Er war, so Forsthoffs Lehrer Carl Schmitt tautologisch, „eben der andere, der Fremde, und es genügt zu seinem Wesen, daß er in einem besonders intensiven Sinne existenziell etwas anderes und Fremdes ist"[46]. Erst

[43] Barth: Über den totalen Staat, S. 215.
[44] Ernst Forsthoff: Der totale Staat. Hamburg 1933, S.39.
[45] Ebd., S. 40.
[46] Schmitt: Der Begriff des Politischen, S. 27.

die Dreieinigkeit von totalem Krieg, totalem Staat und totalem Feind machte das System vollständig: „Von der Art des totalen Krieges her bestimmen sich Art und Gestalt der Totalität des Staates; von der besonderen Art der entscheidenden Waffen her bestimmt sich die besondere Art und Gestalt der Totalität des Krieges. Der totale Krieg aber erhält seinen Sinn durch den totalen Feind."[47]

Dieser „Sinn" war Vernichtung. Die Idee der Vernichtungsschlacht, mit der noch der ältere Moltke nicht die physische Auslöschung des Gegners, sondern seine vollständige Entwaffnung verbunden hatte, war bereits mit dem Schlieffen-Plan und erst recht mit der von deutscher Seite bewußt als „Ausblutungsschlacht" konzipierten monatelangen sukzessiven Menschenvernichtung vor Verdun radikalisiert worden. In den Totalitätslehren der Zwischenkriegszeit wurde sie noch einmal gesteigert – von der Vernichtungs*schlacht* zum Vernichtungs*krieg*.[48] Auch hier war die Diagnose zugleich Programm: Die Entgrenzung der Kriegsziele und Destruktionsmittel zerstörte die Logik wechselseitiger Anerkennung, die noch in der erbittertsten Feindschaft die Möglichkeit eines künftigen Friedensschlusses offengehalten hatte. Künftig würden sich nicht nur Armeen, sondern ganze Gesellschaften in einem Kampf gegenüberstehen, den die Doktrinäre des totalen Krieges als ein gigantisches Nullsummenspiel auf Leben und Tod ausmalten: „Entweder in glanzvoller Siegeslaufbahn zu den Sternen erhöht oder aber zu namenlosem Elend in ewige Nacht, in den Abgrund hinabgeschmettert zu werden – vor diese Alternative sieht sich heute jedes Volk gestellt, das von den großen Notwendigkeiten des Daseins angetrieben, die Würfel zu werfen unternimmt."[49] Kompromißlose Härte war deshalb ein Gebot der Selbsterhaltung; jeder Verlust, den man dem Gegner zufügte, ein ebenso großer Zuwachs an eigener Macht. Enden konnte ein solcher Krieg nur, wenn nicht nur die Truppen, sondern die gegnerische Bevölkerung vernichtet, zumindest wehrlos gemacht war – oder der Gegner einem selbst dieses Schicksal bereitete. Weil alles auf die Alternative Sieg oder Untergang zulief, erschien unbegrenzte Eskalation als kollektive Notwehr und militärischer Sachzwang. „Kein Volk kann in seinem Lebenskampfe auf die Anwendung von Mitteln verzichten, die sich auch gegen es richten", legitimierte und postulierte Ludendorff die Bombardierung gegnerischer Wohngebiete.[50]

Wie die Homogenisierung der Staatsinsassen zur imaginierten Einheit eines rassisch und weltanschaulich geschlossenen Volks durfte auch die Zurichtung des Gegners zum totalen Feind nicht sich selbst überlassen bleiben, sondern verlangte systematische Vorbereitung. Carl Schmitt jedenfalls hielt es für „das schlimmste Unheil (...), wenn, wie im Kriege 1914–1918, die Feindschaft sich aus dem Kriege entwickelt, statt daß, wie es richtig und sinnvoll ist,

---

[47] Ders.: Totaler Feind, totaler Krieg, totaler Staat. In: Völkerbund und Völkerrecht, 4. Jg., 1937/38, S. 141. Vgl. auch Norbert Gürke: Der Begriff des totalen Krieges, ebd., S. 207–212.

[48] Reemtsma: Die Idee des Vernichtungskrieges, S. 390, 394; vgl. dazu auch Jehuda Wallach: Das Dogma der Vernichtungsschlacht. München 1970

[49] Wolter: Die Organisation des Sieges, S. 218.

[50] Ludendorff: Der totale Krieg, S. 63.

eine vorherbestehende, unabänderliche, echte und totale Feindschaft zu dem Gottesurteil eines totalen Krieges führt."[51] Und wie zur Konstruktion der Volksgemeinschaft genau jene Verhaltensdispositionen zu spezifischen Rasseeigenschaften umgedeutet wurden, die man für die totale Mobilmachung brauchte, so lag es bei der Produktion des totalen Feindes nahe, das militärisch und politisch Intendierte zugleich als das immer schon Gegebene erscheinen zu lassen. Gewalthemmungen ließen sich am ehesten abbauen – und auf nichts anderes zielen Feindbilder –, wenn es gelang, den Gegner nicht nur als Erz- und Erbfeind, sondern auch als rassisch minderwertigen „Untermenschen" zu perhorreszieren.

Ihre enzyklopädische Systematisierung fand die Doktrin des totalen Krieges in der „Wehrwissenschaft". Der Anspruch dieser Disziplin ging, dem gesamtgesellschaftlichen Charakter des „Zukunftskrieges" entsprechend, über die traditionellen Lehren vom Heerwesen und die in der Offiziersausbildung vermittelten Wissensbestände weit hinaus. Die „Wehrwissenschaft" besaß, wie einer ihrer Protagonisten, der Geograph Ewald Banse, formulierte, kein eigenes Stoffgebiet, den Zusammenhang ihres Lehrgebäudes garantierte vielmehr „der besondere Standpunkt, nämlich jener der rücksichtslosen Wehrhaftigkeit des eigenen Volkes, von dem aus die verschiedenartigen Wissensstoffe ausgewählt, zusammengearbeitet, ausgewertet und betrachtet werden"[52]. Die Funktionalisierung des Forschens und Lehrens richtete sich zunächst auf Fragen „des Raumes, der Wirtschaft, des Verkehrs, der Völkerpsychologie und der Politik", in letzter Konsequenz zielte sie aber auf eine „geistige Atmosphäre", in der jede wissenschaftliche Betätigung nur nach Maßgabe ihrer Kriegstauglichkeit zählte: „In ihrer Verwendbarkeit für wehrwissenschaftliches Denken zeigt sich, was eine Wissenschaft national wert ist. Hier steht das Stahlbad zur Prüfung deutscher Geistigkeit bereit." Wenn das Prinzip Selektion schon auf die Wissenschaften selbst angewendet werden sollte, dann hatten diese erst recht die Instrumentarien bereitzustellen, um ihrerseits die Menschen auf „Wehrhaftigkeit" hin zu mustern, ihnen den Erfordernissen und ihren spezifischen Qualitäten entsprechende Funktionen zuzuweisen, ihre Leistungsfähigkeit und Opferbereitschaft zu steigern und die Schwachen oder Unwilligen auszusondern. „Wehrwissenschaft" war nichts anderes als methodisch durchgeführter Sozialdarwinismus für den völkischen Kampf ums Dasein: „Ebenso wie in jedem Stamme primitivster Völker der Mann nach seiner Verwendbarkeit für die Zwecke der Erhaltung und Verteidigung des Stammesdaseins gewertet wird, hat in aller Zukunft auch im deutschen Volke jeder Volksgenosse zu allererst und zu allerletzt und immer und ewig nach seiner Eingliederung in das wehrwissenschaftliche Denken und Handeln beurteilt zu werden. Wer da versagt, hat keinerlei Anspruch auf volles Staatsbürgerrecht."[53]

---

[51] Schmitt: Totaler Feind, totaler Krieg, totaler Staat, S. 145.

[52] Ewald Banse: Raum und Volk im Weltkriege. Oldenburg 1932, S. 404. Vgl. auch ders.: Wehrwissenschaft. Einführung in eine neue nationale Wissenschaft. Leipzig [2]1933.

[53] Ders.: Raum und Volk im Weltkriege, S. 405.

In ähnlicher Weise hatte Hitler bereits in „Mein Kampf" den Erwerb der Staatsbürgerrechte an die Ableistung des Militärdienstes geknüpft, von dem Juden als „wehrunwürdig" grundsätzlich ausgeschlossen bleiben sollten. Jedem „unbescholtenen gesunden jungen Mann" sollte erst nach „Vollendung seiner Heerespflicht", die seine „Erziehung zum rasse- und nationalbewußten Volksgenossen" abschloß, das entsprechende Diplom im Rahmen einer „weihevollen Vereidigung auf die Volksgemeinschaft und den Staat" verliehen werden.[54] Dem Postulat, der einzelne solle nur als Soldat auch vollgültiger Bürger werden können, korrespondierte umgekehrt die Forderung, mangelnden „Wehrwillen" als todeswürdiges Verbrechen zu ahnden. Allein die „rücksichtslose Anwendung der Todesstrafe" gegen „den feigen Egoisten, der in der Stunde der Not seines Volkes sein Leben höher schätzt als das der Gesamtheit", so der Führer der NSDAP in seiner Bekenntnis- und Programmschrift weiter, könne unsichere Kantonisten davon abhalten, ihren Platz zu verlassen: „Es muß der Deserteur wissen, daß seine Desertion gerade das mit sich bringt, was er fliehen will. An der Front *kann* man sterben, als Deserteur *muß* man sterben."[55] – Da im totalen Krieg das gesamte Territorium zur Front und alle Bewohner zu Kombattanten wurden, konnte dieser Urteilsspruch jeden treffen.

2. Mechanismen totaler Herrschaft

Es wäre ein intentionalistischer Kurzschluß, wollte man Rüstungs- und Militarisierungsanstrengungen, innenpolitischen Terror und schließlich Kriegführung und Vernichtungspolitik des NS-Staates als planmäßige Umsetzung des Programms begreifen, das die Doktrinäre der Totalität aufgestellt hatten. Expansionistische Großraumpolitik und Aufbau der dazu erforderlichen militärischen Machtmittel bildeten vielmehr den gemeinsamen Nenner, unter dem sich – bei allen Differenzen im Detail – die nationalsozialistische Massenbewegung und ihre Führer mit der Reichswehr- bzw. Wehrmachtsführung sowie mächtigen Interessengruppen insbesondere der Schwerindustrie und Großagrarier trafen. Vor allem die Militärs trauten zudem einer Regierung unter Führung Hitlers eher als allen anderen politischen Kräften zu, jene nationale Integration zu gewährleisten – die Homogenisierung der überwältigenden Bevölkerungsmehrheit zur „Volksgemeinschaft" bei Unterdrückung des verbleibenden Rests –, die sie als unabdingbar ansahen, um den technisch-industriellen Zukunftskrieg vorbereiten und führen zu können.[56] Die durch diesen breiten „imperialistischen Konsensus"[57] in Gang gesetzte Dynamik

---

[54] Adolf Hitler: Mein Kampf (1925/1927), zit. nach der Ausgabe: München 1935, S. 490/491.

[55] Ebd., S. 587/588.

[56] Klaus-Jürgen Müller: Armee und Drittes Reich 1933–1939. Paderborn 1987, S. 32.

[57] „Imperialistisch war dieser Konsensus deshalb, weil ein forciertes Aufrüstungsprogramm, wie es der Industrie und natürlich auch der Reichswehr vorschwebte (...),

führte dazu, daß sich aufs Ganze gesehen jeweils die radikalsten Optionen (und damit zugleich diejenigen Hitlers) durchsetzten und so die politisch-militärische Praxis sich den absoluten Postulaten der Ideologie annäherte. Aus der „Teilidentität der Ziele" wurde, wie Manfred Messerschmidt das Verhältnis von Wehrmacht und Nationalsozialisten kennzeichnet, „die Gemeinsamkeit des Handelns (...), in dessen Verlauf die innere Logik auf Seiten Hitlers und der Partei zu sein schien, wenn sie den ideologischen Krieg mit einer bedingungslos auf die Ideologie eingeschworenen Armee führen wollten".[58]

Ebenso wie die Doktrin des totalen Krieges folgte auch die nationalsozialistische Herrschaftspraxis einer prinzipiell unabschließbaren – und nur durch den Sieg der Alliierten von außen beendeten – Eskalations- und Vernichtungslogik. Angetrieben wurde diese nicht zuletzt von der inneren Struktur des Regimes, bei dem es sich nicht um eine monolithische, von einem Machtzentrum aus dirigistisch gesteuerte Diktatur, sondern um ein polykratisches System rivalisierender Apparate handelte, die um die Gunst des charismatischen Führers buhlten und sich darin überboten, seinen Willen zu realisieren.[59] „Die Politik des Führers und seiner Gefolgsleute bestand im wesentlichen darin, Krisensituationen zu erzeugen, um sie zum Anlaß permanenter politischer Mobilisierung und neuer Bewährungen des Charismas zu machen. Sie mündete nicht in eine stabile institutionelle Struktur, sondern entwickelte vielmehr eine ‚deinstitutionalisierende Dynamik', indem sie das Regierungszentrum entstrukturierte und dadurch originäre und kaum kontrollierbare Machtchancen für einzelne Funktionsträger eröffnete, aus denen zahlreiche konkurrierende bürokratieexterne Sonderorganisationen auf allen Ebenen hervorgingen."[60]

---

aufgrund der prekären außenwirtschaftlichen Situation Deutschlands nur durchführbar war, wenn es gelang, die angesichts des Bruchs mit dem Versailler Vertrag zu erwartenden Sanktionen der Westmächte durch eine Verlagerung des Außenhandels und der lebenswichtigen Rohstoffzufuhr auf blockadesichere Räume zu umgehen. Das Programm der Wiederaufrüstung war deshalb von Anfang an mit einem außenwirtschaftlichen Programm gekoppelt, das am besten mit dem Schlagwort ‚Autarkie im Großwirtschaftsraum' bezeichnet wird" (Stefan Breuer: Faschismus in Italien und Deutschland. Gesichtspunkte zum Vergleich. In: ders.: Aspekte totaler Vergesellschaftung. Freiburg 1985, S. 219). Vgl. dazu auch Hans-Erich Volkmann: Die NS-Wirtschaft in Vorbereitung des Krieges. In: Wilhelm Deist u.a.: Ursachen und Voraussetzungen des Zweiten Weltkrieges. Frankfurt/M. 1989, S. 209–435.

58 Manfred Messerschmidt: Die Wehrmacht im NS-Staat. Zeit der Indoktrination. Hamburg 1969, S. 488.

59 Das hat als erster Franz Neumann beschrieben: Behemoth (1944). Frankfurt/M. 1977.

60 Stefan Breuer: Anatomie der Konservativen Revolution. Darmstadt 1993, S. 192. Michel Foucault erkennt in dieser Dispersion des Gewaltmonopols die Voraussetzung für die spezifisch nationalsozialistische Verbindung von entgrenztem Terror und verallgemeinerter Sozialregulierung, übersieht dabei aber, daß im Willen des charismatischen Führers beide Seiten doch eine verbindliche Ausrichtung erfuhren: „Es gibt keine Gesellschaft, die zugleich disziplinärer und versicherungsförmiger organisiert gewesen wäre als die, die von den Nazis errichtet oder jedenfalls projektiert worden war. (...) In dieser universell versicherungsförmigen, universell versi-

Der charismatische Charakter der Herrschaft zeigte sich nicht nur im Ausmaß, in dem die für die „Bewegungszeit" typische Struktur personeller Gefolgschaften und konkurrierender Zuständigkeiten auf das politisch-administrative System durchschlug, sondern vor allem im Loyalitätswettlauf der verschiedenen Partei- und Staatsorgane und der daraus resultierenden Rücksichtslosigkeit ihres vorauseilenden Gehorsams: Die Direktiven des Führers wurden von der Gefolgschaft jeweils in der radikalsten Weise ausgelegt und mit einem Höchstmaß zweckrationaler Effizienz umgesetzt, weil nur die Unbekümmertheit gegenüber allen anderen Loyalitäten die größtmögliche Übereinstimmung mit dem Führerwillen verbürgte.[61] In Gang gehalten wurde diese Dynamik durch die spezifische Form seiner Weisungen: „Hitlers Befehle sind als Handlungsanweisungen betrachtet eher offen und vage, als Zielbestimmungen hingegen unbedingt und präzise. Die Bestimmtheit ist es, die beim Gefolgsmann Rücksichtnahmen auf andere Abhängigkeiten zerstört und den Führer als einzige Autorität etabliert, und das Unbestimmte des Befehls, das gedeutet werden will, weist auf die Abhängigkeit des Führers von der Deutungsfähigkeit des Gefolgsmannes hin. Die Grammatik von Befehl und Gehorsam wird im Nationalsozialismus folglich erweitert: Dem Imperativ ‚Du sollst' tritt ein Potentialis ‚Du darfst' zur Seite, die Last des Müssens wird durch die Lust des Dürfens kompensiert. Nur in diesem Konsens, der nicht einmal gegeben, sondern immer wieder hergestellt werden will, nur in dem Wissen um die wechselseitige Abhängigkeit, die im Idealfall zur Symbiose wird, bestätigt und erneuert sich dieser Typ von Herrschaft."[62]

Hannah Arendt hat darauf hingewiesen, daß totalitäre Systeme sich von anderen Herrschaftsformationen nicht durch spezifische Ideologien, wohl aber durch die Konsequenz unterscheiden, in der ideologische Aussagen buchstäblich ernstgenommen und zu einem „in sich stimmigen Netz von abstrakt logischen Deduktionen, Folgerungen und Schlüssen" verknüpft werden.[63]

---

chernden, in dieser universell regulierenden und disziplinären Gesellschaft sieht man zugleich das völlig entfesselte Wüten der mörderischen Macht, die diese Gesellschaft durchzieht, das heißt dieser alten souveränen Macht des Tötens. Diese Macht des Tötens, die den gesamten Körper der Nazigesellschaft durchzieht, manifestiert sich vor allem deshalb, weil die Macht über Leben und Tod nicht einfach dem Staat gegeben ist, sondern einer ganzen Reihe von Individuen, einer Vielzahl von Personen (sei es die SA, die SS usw.). Letztlich hat sogar jedermann das Recht über Leben und Tod seines Nachbarn inne, und sei es nur durch das Verhalten der Denunziation, das es tatsächlich ermöglicht, den, der neben uns steht, aus dem Wege zu räumen oder räumen zu lassen" (Leben machen und sterben lassen, S. 57).

[61] Vgl. Breuer: Faschismus in Italien und Deutschland, S. 209; Friedrich Pohlmann: Ideologie und Terror im Nationalsozialismus. Pfaffenweiler 1992, S. 338–348.

[62] Hannes Heer: Die Logik des Vernichtungskrieges. In: ders./Neumann (Hrsg.): Vernichtungskrieg, S. 114. Heer referiert hier Überlegungen von Jan Philipp Reemtsma: Charisma und Terror. Gedanken zum Verhältnis intentionalistischer und funktionalistischer Deutungen der nationalsozialistischen Vernichtungspolitik. Frankfurt/M. 1994 (Materialien des Fritz Bauer Instituts Nr. 10), S. 12/13.

[63] Hannah Arendt: Elemente und Ursprünge totaler Herrschaft, Bd. 3: Totale Herrschaft. Frankfurt/M. 1975, S. 254–258.

Was Arendt für die „Weltanschauungen" feststellt, trifft ebenso auf die Herrschaftspraktiken totalitärer Regime zu: Der Nationalsozialismus „erfand" so gut wie keine neuen Strategien zur Mobilisierung, Leistungsmaximierung, Kontrolle und Repression, sondern verallgemeinerte, radikalisierte und systematisierte mit wissenschaftlicher Gründlichkeit wie kompromißloser Brutalität die bereits bekannten und erprobten. Das gilt in besonderem Maße für die Methoden militärischer Zuverlässigkeitsproduktion: Von der Dressur der Körper bis zur Formierung der Seelen, vom Überwachen und Strafen bis zum Ein- und Aussortieren wurden alle Mobilisierungs- und Disziplinierungstechniken den Erfordernissen des industrialisierten Krieges angepaßt und entsprechend seinem gesamtgesellschaftlichen Charakter über die Armee hinaus auf große Teile der Bevölkerung ausgedehnt.

Die Kombination und Steigerung überlieferter Herrschaftspraktiken ließ gleichwohl *einen* neuen Typus von Machtorganisation entstehen, der einen fundamentalen Bruch zu allen vorangegangenen markiert und sich nicht auf einem Kontinuum zunehmender Beherrschung abtragen läßt: das nationalsozialistische Konzentrationslager. Die absolute Macht, wie sie sich in den Lagern realisierte, griff zwar ebenfalls auf Verfahren zurück, die beim Militär oder im Gefängnis seit langem in Gebrauch waren, stellte diese aber in einen gänzlich anderen Funktionszusammenhang. Im Gegensatz zu den traditionellen Disziplinarinstitutionen dienten Einsperrung, Drill, Zwangsarbeit, Körperstrafen und Selektionen im KZ-Kosmos allenfalls sekundär der Unterwerfung, Ausbeutung oder Normalisierung, das Ziel des organisierten Terrors war jedoch die Dehumanisierung und physische Vernichtung immer neuer Opfer.[64]

3. Die militarisierte Gesellschaft

Mit Verkündung der Wehrhoheit im Frühjahr 1935 wurde die mit dem Versailler Vertrag abgeschaffte allgemeine Wehrpflicht bei zunächst einjähriger, ab August 1936 zweijähriger Dienstzeit wiedereingeführt. Das neue Wehrgesetz stellte darüber hinaus für den Kriegsfall die Dienstleistungspflicht aller deutschen Männer und Frauen fest. Wenn die generelle Verpflichtung auch beide Geschlechter betraf, so war doch keineswegs an die Aufstellung von „Frauenbataillonen und Amazonenschwadronen", sondern „in erster Linie daran gedacht, daß im Entscheidungskampf des Volkes die Frau durch erhöhte Leistungspflichten in der Heimat die fehlenden Männerkräfte ersetzen soll"[65]. Frauen wurden im Rahmen der Arbeitsdienstverpflichtung nicht allein zu Tätigkeiten in Landwirtschaft und Industrie herangezogen, sondern auch zur Wehrmacht abkommandiert und sowohl im Reich wie in den besetzten Gebieten eingesetzt. Zwischen 450.000 und 500.000 Wehrmachtshelferinnen leiste-

---

[64] Vgl. Wolfgang Sofsky: Die Ordnung des Terrors. Das Konzentrationslager. Frankfurt/M. 1993, S. 27–40.

[65] Theo München: Das Volk in der Wehrgemeinschaft. Berlin 1941, S. 124/125.

ten während des Krieges in Schreibstuben, Fernmeldezentralen, im Flugmeldedienst oder bei der Luftabwehr Dienst.[66]

Der Militärdienst im engeren Sinne blieb nicht auf die Wehrmacht beschränkt. Hitler hatte dieser zwar das „Waffenträgermonopol“ zugesichert und mit der Entmachtung der SA und der Ermordung ihrer Führer in der sogenannten „Röhmkrise“ auch ihren zunächst wichtigsten Konkurrenten ausgeschaltet, doch begann bereits kurz darauf die SS mit dem Aufbau eigener Truppenverbände. Das militärische Potential des nationalsozialistischen Staates umfaßte schließlich außer der Wehrmacht noch die Formationen der Waffen-SS, die Einsatzgruppen der Sicherheitspolizei und des SD sowie die Regimenter und Bataillone der Ordnungspolizei. Bereits vor dem Eintritt in eine dieser Formationen wurden die Jugendlichen in der Hitlerjugend und im Arbeitsdienst erfaßt und durch körperliche Wehrertüchtigung wie weltanschauliche Schulung auf ihre künftigen Aufgaben als „Soldaten des Führers“ vorbereitet. Als gesetzliche Träger der „vor- und nachmilitärischen Wehrerziehung“ firmierten außerdem noch die SA sowie das NS-Kraftfahrer- und das NS-Fliegerkorps.

Parallel zur personellen wie materiellen Aufrüstung erfolgte eine ideologische Mobilmachung, „die darauf abzielte, den soldatischen Geist als gesellschaftliche Primärtugend durchzusetzen und so die Volksgemeinschaft in die Wehrgemeinschaft hinüberwachsen zu lassen“[67]. Militärische Rituale und Normen bestimmten das Leben im nationalsozialistischen Deutschland. Die Ästhetisierung der Politik, die Walter Benjamin als Grundzug des Faschismus ausmachte,[68] war zugleich die Militarisierung ihrer symbolischen Repräsentationen: Alle großen Parteiorganisationen besaßen eigene Uniformen und eine der militärischen Rangordnung entsprechende hierarchische Gliederung. Hitler selbst wie die anderen Größen des NS-Staates erschienen bei ihren öffentlichen Auftritten ebenfalls meist in militärischer Kleidung. Der politischen Gleichschaltung aller gesellschaftlichen Organisationen entsprach die Uniformierung ihrer Mitglieder. Die Sozialgeometrie von Truppenappellen lieferte das Modell für die politische Liturgie des Regimes, das mit zahllosen Aufmärschen uniformierter und gedrillter Massen seine Integrations- und Gleichschaltungsmacht zur Schau stellte. Im Kaiserreich hatten die Inszenierungen staatlicher Herrschaft dazu gedient, die als Bedrohung der Ordnung empfundenen Massen einzuschüchtern; diese selbst auf die Straße zu bringen, blieb Sache der sozialdemokratischen Opposition. Der Nationalsozialismus gliederte die Massen in seine Bewegung und Staat verschmelzenden Machtschauspiele ein. Die disziplinierte militärische Formation, genauer gesagt: die marschierende Truppe erschien dabei als Idealbild politischer Formierung

---

66 Franz W. Seidler: Frauen zu den Waffen? Marketenderinnen, Helferinnen, Soldatinnen. Koblenz/Bonn 1978, S. 59. Vgl. dazu auch Gaby Zipfel: Wie führen Frauen Krieg? In: Heer/Naumann (Hrsg.): Vernichtungskrieg, S. 460–474.

67 Heer/Naumann: Einleitung, ebd., S. 29.

68 Walter Benjamin: Das Kunstwerk im Zeitalter seiner technischen Reproduzierbarkeit. In: ders.: Illuminationen. Frankfurt/M. 1977, S. 168/169.

überhaupt, verband sie doch ein Höchstmaß an Mobilisierung mit rigidester Ordnung. Das äußere Arrangement entsprach der inneren Haltung, die es erzeugen sollte. Die Dramaturgen der Volksgemeinschaft erkannten, daß es nicht reichte, der Bevölkerung die Identität von Volk und Führer propagandistisch „einzuhämmern" – eine ihrer Lieblingsvokabeln –, die imaginäre Homogenität mußte augenfällig gemacht und praktisch einexerziert werden.[69] Wie zum Soldaten wurde man auch zum Volksgenossen allein durch regelmäßige Übung. In Hitlers Worten: „Es war notwendig, dem deutschen Volk jenes große Gefühl der Gemeinschaft zu geben, so wie der einzelne Soldat nichts ist, aber alles im Rahmen seiner Kompanie, seines Bataillons, seines Regiments, seiner Division, und damit im Rahmen der Armee, so ist auch der einzelne Volksgenosse nichts, aber alles im Rahmen seiner Volksgemeinschaft. Hier wird persönlich aus dem schwachen Willen von 60 Millionen Einzelner ein gigantischer, gewaltiger, zusammengeballter Wille aller. Das muß jedem Volksgenossen sichtbar werden und deshalb hat auch unsere Bewegung dieses ganz besondere Gepräge bekommen, deshalb diese Massenkundgebungen, diese Massendemonstrationen, diese Generalappelle der Nation."[70]

Den Höhepunkt der Aufmärsche, deren Suggestivwirkung durch ihre mediale Verdopplung im Propagandafilm noch gesteigert wurde, bildete regelmäßig die Ehrung der Gefallenen. Im Totenkult fand das nationalsozialistische Credo „Du bist nichts, dein Volk ist alles" seine adäquate Darstellung, wurde der „Generalappell" zur quasi-religiösen Verpflichtung. Nur wenn die Lebenden bereit waren, so die Botschaft der Zeremonie, für Volk und Führer das gleiche Opfer zu bringen wie die nationalen Märtyrer, würde deren Tod nicht vergebens gewesen sein. Erst durch sein Selbstopfer konnte der einzelne den Anspruch der Volksgemeinschaft einlösen. Sie einzuexerzieren, hieß die Individuen auf Todesbereitschaft zu konditionieren.

Aus gleichem Grund spielten in den militärischen Verbänden selbst Exerzierrituale weiterhin eine große Rolle. Für die eigentliche Gefechtsausbildung besaßen sie zwar längst keine Funktion mehr, wie auch Wehrmachtspädagogen betonten,[71] da die Soldaten nicht mehr in geschlossenen Formationen kämpften und die Bedienung komplexer Waffen-, Transport- und Kommunikationssysteme anderes erforderte, als auf Befehl automatisch ablaufende Bewegungsfolgen einzuüben. Beibehalten wurde die Dressur als Gehorsamstraining und zur Schulung soldatischer Haltung. Die Abrichtung des Körpers zielte auf den Geist, und es entbehrt nicht der Ironie, wenn in diesem Zusammenhang ausgerechnet der Stechschritt zum Ausdruck deutschen Wesens avancierte: „Dadurch, daß er Anspannung der Kräfte verlangt", heißt es in einem Beitrag der

69 Manfred Behrens: Ideologische Anordnung und Präsentation der Volksgemeinschaft am 1. Mai 1933. In: Projekt Ideologie-Theorie: Faschismus und Ideologie 1. Berlin 1980, S. 102–106.

70 Hitler am 1. Mai 1936, zit. nach ebd., S. 187 (Anm. 7).

71 Vgl. etwa Friedrich Altrichter: Das Wesen der soldatischen Erziehung. Oldenburg/Berlin 1935, S. 168/169; Erich Weniger: Wehrmachtserziehung und Kriegserfahrung. Berlin 1938, S. 15–58.

die „große erzieherische Wirkung" des Exerziermarsches pries, „führt er zu Strammheit und Zusammengerissenheit des Körpers, Eigenschaften, die in dem Soldaten das Gefühl der Stärke und militärisches Selbstbewußtsein auslösen. Er erfordert ferner eine Willensanspannung des Mannes, die in der gleichen Richtung wie der Wille des Vorgesetzten läuft und damit die Rolle einer Disziplinschule spielt. Psychologisch unentbehrlich ist der Exerziermarsch bei der Parade der Fußtruppen. Die Parade verlangt irgendwie einen gesteigerten Ausdruck des in ihr sich verkörpernden Gemeinschaftswillens. Bei den Heeren aller Staaten sieht man daher besondere Formen des Vorbeimarsches, in deren Verschiedenartigkeit sich deutlich die seelischen Unterschiede der Völker in ihrem Bedürfnis nach Kraftentfaltung widerspiegeln. Bei uns ist es der Exerziermarsch, der gerade deswegen den Höhepunkt der Parade bildet, weil er von jedem einzelnen die äußerste Anspannung verlangt. Er wird für jeden Teilnehmer das Sinnbild des höchsten militärischen Kraftbewußtseins und Zusammengehörigkeitsgefühls."[72]

4. Selektion I: Aussondern und Ausmerzen

Wie die Technologien der Mobilisierung und Formierung radikalisierte und systematisierte der NS-Staat auch die Mechanismen der Selektion. Die Verpflichtung zum „bedingungslosen Einsatz seiner Person für Volk und Vaterland bis zur Opferung seines Lebens", so die Formulierung in den noch von Hindenburg erlassenen „Pflichten des Soldaten" vom 24. Mai 1934,[73] schloß jeden Deutschen ein; diejenigen, die „blutsmäßig der deutschen Volksgemeinschaft nicht angehör(t)en"[74], waren von diesem „Ehrendienst"[75] dagegen ausgeschlossen. Schon vor Einführung der allgemeinen Wehrpflicht hatte die Reichswehrführung eine dem „Arierparagraphen" des „Gesetzes zur Wiederherstellung des Berufsbeamtentums" entsprechende Verfügung erlassen, nach der jüdische Offiziere und Soldaten aus dem Dienst zu entlassen waren.[76] Das neue Wehrgesetz deklarierte Juden als prinzipiell „wehrunwürdig".

In der Vergangenheit war es, sieht man vom Adel ab, stets ein soziales Privileg gewesen, nicht oder nicht allzu lang Soldat werden zu müssen. Von den Exemtionen des altpreußischen Heeres bis zum Institut des Einjährig-Freiwilligen in der kaiserlichen Armee blieb den gebildeten und begüterten Bevölkerungsgruppen der Kriegsdienst erspart, oder er wurde zumindest erheblich verkürzt. Diesen Klassengegensatz hatte zumal die Sozialdemokratie vor

---

[72] [Anonym]: Um den Exerziermarsch. In: Der Truppendienst. Beilage zur „Deutschen Wehr", 1. Jg., Nr. 1., 9.1.1936, S. 3.

[73] Zit. nach Manfred Messerschmidt/Ursula von Gersdorff (Hrsg.): Offiziere im Bild von Dokumenten aus drei Jahrhunderten. Stuttgart 1964, S. 256.

[74] München: Das Volk in der Wehrgemeinschaft, S. 86.

[75] „Wehrdienst ist Ehrendienst am deutschen Volk", lautete der erste Satz des Wehrgesetzes, zit. nach ebd., S. 89.

[76] Vgl. dazu Messerschmidt: Die Wehrmacht im NS-Staat, S. 40–47.

1914 immer wieder angeprangert und dagegen ihr Ideal eines mehr oder minder milizförmig konzipierten Volksheeres proklamiert, in dem jeder (männliche) Bürger in gleichem Umfang zur militärischen Verteidigung des Landes berufen und verpflichtet sein sollte.

Der nationalsozialistische Staat griff diese Gleichheitsforderung auf und beseitigte alle sozialen Dienstausnahmen, um im gleichen Zug rassische Ausschlußkriterien einzuführen. Aus dem Nichtdienen*müssen* wurde ein Nichtdienen*dürfen*, das jene, die es betraf, zur rücksichtslosen Verfolgung freigab. Wenn schon die Deutschen ohne Ausnahme ihr Leben aufs Spiel zu setzen hatten, durften erst recht die als „Artfremde" Definierten ihres Lebens nicht mehr sicher sein. So lag es in der Konsequenz der allgemeinen und gleichen Wehrpflicht, daß die Abwandlung von Hitlers Diktum über die Deserteure zur obersten Maxime nationalsozialistischer Herrschaftspraxis wurde: Als Deutscher *konnte* man sterben, als Jude *mußte* man sterben.

Der gleichen Logik gehorchten die in den „Euthanasie"-Morden gipfelnden Maßnahmen gegen Behinderte, psychisch Kranke und sozial Unangepaßte. Die Militärpsychiater des Ersten Weltkriegs waren nicht müde geworden zu klagen, „daß der Krieg Darwin'sche Zuchtwahl im umgekehrten Sinne" betrieb und „die körperlich und geistig Minderwertigen, Nutzlosen und Schädlichen" sorgfältig konservierte.[77] Wenn führende Repräsentanten der Psychiatrie sich in der Weimarer Zeit für Zwangssterilisierungen eingesetzt und einige von ihnen auch „Die Freigabe der Vernichtung lebensunwerten Lebens"[78] gefordert hatten, so nicht zuletzt, um für die Zukunft diese „negative Selektion" des Krieges zu kompensieren und die Zahl der „am Volkskörper zehrenden Parasiten"[79] zu verringern. Ab 1933 fanden sie dann ein politisches Regime vor, das auch in diesem Bereich den radikalsten Vorstellungen praktische Geltung verschaffte. Wie der Antisemitismus ließ sich allerdings auch die auf Beseitigung der „Ballastexistenzen" gerichtete Bevölkerungspolitik nicht allein aus den Postulaten der Kriegsvorbereitung und -führung ableiten, sondern speiste sich noch aus anderen Quellen. In der Praxis des NS-Staates verstärkten sich jedoch die sozialdarwinistischen und militaristischen Elemente wechselseitig, und erst unter den Bedingungen des Krieges wurde es möglich, von der Zwangssterilisation zur systematischen Massentötung überzugehen.

Dieser planmäßig vorbereitete Krieg war in der nationalsozialistischen Weltanschauung als ein Rassenkrieg konzipiert, in dem sich der völkische Selbsterhaltungswille zu erweisen hatte und der nur in Sieg oder Untergang enden konnte. Biologische Überlegenheit war somit gleichbedeutend mit militärischer, „bewußte Wehreugenik"[80] ein Gebot der totalen Mobilmachung. Dazu dienten Einrichtungen wie das Mutterkreuz oder der Lebensborn, die

---

[77] Nonne: Therapeutische Erfahrungen an den Kriegsneurosen, S. 114.

[78] Vgl. Karl Binding/Alfred E. Hoche: Die Freigabe der Vernichtung lebensunwerten Lebens. Ihr Maß und ihre Form. Leipzig 1920.

[79] Nonne: Therapeutische Erfahrungen an den Kriegsneurosen, S. 114.

[80] Banse: Wehrwissenschaft, S. 19.

jenen, die als „blutsmäßig" wertvoll galten, besonders günstige Bedingungen zur Fortpflanzung schaffen sollten. Weit größere Energie als auf die Steigerung der Geburtenrate verwendete man jedoch auf die Programme zur „Ausmerzung" der „Minderwertigen". Die Gewalt des Regimes richtete sich nicht nur gegen „Artfremde", sondern ebenso gegen die nicht oder nur eingeschränkt arbeits- und kampffähigen Vertreter des eigenen Volkes. Den Krieg zum Ausgangspunkt gesellschaftlicher Organisation zu machen, hieß die Unterscheidung zwischen Freund und Feind zu generalisieren, aber auch die Selektion zwischen Produktiven und Unproduktiven. In einer Bevölkerungspolitik, die auf Vernichtung all jener zielte, die für die „Wehrgemeinschaft" als unbrauchbar eingestuft wurden, fielen nationalsozialistische Rassen- und nationalsozialistische Leistungsideologie zusammen.

Bereits in der Aufrüstungsphase vor 1939 widmeten sich die Psychiater auch wieder verstärkt dem Problem der „Kriegsneurotiker". Man befürchtete, daß im Kriegsfall erneut eine Epidemie „psychisch abnormer Erlebnisreaktionen" ausbrechen könnte und zog aus den zwischen 1914 und 1918 gemachten Erfahrungen den Schluß, sich nicht auf die Behandlung zu beschränken, sondern Prophylaxe und Früherkennung auszubauen. So wurden im Rahmen der sanitätstaktischen Planungen allen Wehrkreisen und Armeen beratende Psychiater zugeordnet, ebenso erhielten alle Kriegslazarettabteilungen eine Planstelle für einen Psychiater. Gleichzeitig setzte eine hektische Aus- und Fortbildungstätigkeit ein, bei der auch „Veteranen" aus dem Ersten Weltkrieg wie Max Nonne noch einmal zum Einsatz kamen.[81]

Die Militärpsychiater wurden zunächst zur Begutachtung „schwieriger Rekruten" herangezogen, mit denen sich die Truppenkommandeure zunehmend konfrontiert sahen, als nach Wiedereinführung der allgemeinen Wehrpflicht junge Männer in die Kasernen einrückten, die allein auf ihre medizinische Wehrtauglichkeit hin untersucht worden waren. Die „Sorgenkinder" der Wehrmacht, so der amtliche Terminus für Soldaten, „die im Dienst oder in der Gemeinschaft ohne klar erkennbaren Grund auffällig versagen oder stören, insbesondere (...) Einzelgänger, Asoziale, Eigensinnige, Verkrampfte, Böswillige, Aufsässige, Willensschwache, Haltlose, Schwerfällige, Primitive, Drückeberger und ähnliche"[82], wurden von den Psychiatern (vereinzelt auch von Psychologen) sortiert in solche, die nicht können, und solche, die nicht wollen, und entweder wegen Dienstunfähigkeit oder mangelnder Eignung aus

---

[81] Vgl. zur Militärpsychiatrie zwischen 1933 und 1945 Roth: Die Modernisierung der Folter, S. 33–75; Riedesser/Verderber: Aufrüstung der Seelen, S. 24–35; dies.: „Maschinengewehre hinter der Front", S. 101–196; Rolf Valentin: Die Krankenbataillone. Sonderformationen der deutschen Wehrmacht im Zweiten Weltkrieg. Düsseldorf 1981, S. 125–145.

[82] Verfügung eines Stellvertretenden Generalkommandos über schwer zu behandelnde Soldaten, zit. nach Paul Brieler: „Sorgenkinder" in der Wehrmachtspsychologie. In: Psychologie & Gesellschaftskritik, 12. Jg., 1988, H. 3, S. 57. Eine ähnliche Kategorisierung liefert auch Helmut Ziemann: Die Stellung der Psychopathen im Militärstrafrecht. Jur. Diss. Marburg 1941, S. 10–21.

der Armee entlassen oder zur Bestrafung beziehungsweise zur Abrichtung unter verschärften Bedingungen in Sonderabteilungen versetzt.[83] Beide Maßnahmen hatten oft mörderische Konsequenzen: Brachte die Versetzung in eine Sonderabteilung nicht binnen eines Zeitraums von drei bis sechs Monaten die gewünschten Verhaltensänderungen, so wurden die betreffenden Soldaten in ein Konzentrations- oder Militärstraflager überstellt und der „Vernichtung durch Arbeit" anheimgegeben. Die Ausmusterung wiederum war häufig mit Zwangseinweisung in eine psychiatrische Anstalt verbunden, wo „Ausmerzung" als „lebensunwertes Leben" oder Hungertod drohten.

Besondere Aufmerksamkeit widmete man im Vorfeld des Krieges der präventiven Erfassung und Absonderung potentieller „Störer", die in der Fachliteratur als „linker Flügel der Psychopathen" firmierten. „Hier finden wir diejenigen", erläuterte ein Wehrmachtspsychiater 1938 diese explizit politische Selektionskategorie, „die sich teils heimlich, teils offen als Hetzer und Aufrührer betätigen. Hier sind diejenigen, die, vielleicht nicht unintelligent, gerissen und dabei gut getarnt, Unzufriedene um sich sammeln, diejenigen, die der feindlichen Propaganda am meisten zugänglich sind und sie verbreiten, diejenigen vor allem, die ihre Fahne nach dem Winde drehen."[84] Die Geschichte habe gelehrt, daß die „linken Psychopathen" sich einerseits nicht an der Front verwenden ließen, daß andererseits „die Anreicherung der Heimat mit diesen Elementen noch größere Gefahren" berge, da davon auszugehen sei, daß die „Störer" – wie 1918/19 geschehen – „die an sich schon schwer belastete seelische Widerstandskraft annagen und untergraben". Deshalb sei, so die Schlußfolgerung, eine Meldepflicht für das Vorliegen einer schweren Psychopathie einzuführen, „so daß man im Falle einer Bedrohung des Staates die gefährlichen Elemente sofort greifen kann, bevor sie ihre zersetzende Tätigkeit entfalten können"[85].

Anders als erwartet, kam es nach Kriegsbeginn zunächst nicht zur befürchteten Neurosenepidemie. „In einer ersten Phase scheinen die Klienten den Erkrankungs- und damit auch den Behandlungsschwerpunkt ‚gewechselt' zu haben, als ob ihnen irgendwie bewußt gewesen wäre, daß der gut gerüstete

---

83 Zu den Sonderabteilungen vgl. Messerschmidt: Die Wehrmacht im NS-Staat, S. 383–385; Hans-Peter Klausch: Die 999er. Von der Brigade „Z" zur Afrika-Division 999: Die Bewährungsbataillone und ihr Anteil am antifaschistischen Widerstand. Frankfurt/M. 1986; ders.: Die Geschichte der Bewährungsbataillone 999 unter besonderer Berücksichtigung des antifaschistischen Widerstands, 2 Bde. Köln 1987; ders.: „Erziehungsmänner" und „Wehrunwürdige". Die Sonder- und Bewährungseinheiten der Wehrmacht. In: Norbert Haase/Gerhard Paul: Die anderen Soldaten. Wehrkraftzersetzung, Gehorsamsverweigerung und Fahnenflucht im Zweiten Weltkrieg. Frankfurt/M. 1995, S. 66–82; ders.: Die Bewährungstruppe 500. Stellung und Funktion der Bewährungstruppe 500 im System von NS-Wehrrecht, NS-Militärjustiz und Wehrmachtsstrafvollzug. Bremen 1995.

84 Oberstabsarzt Dr. Simon: Das Problem der Psychopathen in der Wehrmacht. Zusammenfassung des am 2.11.1937 vor der Militärärztlichen Gesellschaft München gehaltenen Vortrags in: Der deutsche Militärarzt, 3. Jg., 1938, S. 35.

85 Ebd., S. 34/35.

militärmedizinische Apparat mit den ‚klassisch' ausgestalteten Kriegsneurosen nicht zimperlich verfahren würde." Zudem belasteten die Blitzkriegserfolge mit ihren raschen Truppenbewegungen und relativ geringen Verlusten auf deutscher Seite die Psyche der Soldaten nicht in der gleichen Weise wie das monotone Warten auf den Tod in den Schützengräben des Ersten Weltkriegs. Die Symptome verlagerten sich von den Gliedmaßen ins Körperinnere: „Der hochmechanisierte Krieg, bei dem ohnehin zunächst alles im Fluß war und sozusagen keine Zeit, die Schreckenserfahrungen zum Ausdruck zu formen, holte die für Affektreaktionen anfälligen Soldaten über einige Organsysteme ein. Migräneartige Kopfschmerzzustände entwickelten sich chronisch. Funktionelle Herz- und Kreislaufstörungen, oft gekoppelt mit kurzzeitigen Ohnmachtsanfällen, häuften sich. Die Feld- und Etappenlazarette füllten sich mit Soldaten, die an unspezifischen wie hartnäckigen und quälenden Beschwerden des Magen-Darmtrakts litten."[86] Für die diagnostische Abklärung, ob es sich um „echte organische" Erkrankungen oder um psychogene Störungen handelte, waren nun statt der Psychiater die Internisten zuständig. Sie installierten einen „M-Kreislauf" (M = Magenkranke), deren Mittelpunkt sogenannte „Schleusenabteilungen" bildeten. Von diesen Beobachtungsstationen aus wurden erkrankte Soldaten entweder zur Behandlung in internistische Sonderlazarette weiterüberwiesen oder, falls die Diagnose „psychopathischer Magenneurotiker" lautete, zu ihrer alten Einheit zurückgeschickt oder in eigens aufgestellte „Magenbataillone" versetzt. Auf Dienstentlassung hoffen durfte nur, wer mehrere Geschwürrezidive oder lebensbedrohliche Komplikationen durchgemacht hatte.

Ähnliche „Kreisläufe" wurden für Ohren-, Herz- sowie Nierenkranke eingerichtet, und als mit Beginn des Feldzugs gegen die Sowjetunion schließlich doch die „klassischen Kriegsneurosen" in großer Zahl wiederkehrten, wurden Richtlinien über den Aufbau eines „NP-Kreislaufs" (NP = Neurotiker und Psychotiker) erlassen. Statt wie im Ersten Weltkrieg zu versuchen, den Patienten möglichst rasch durch Folterpraktiken ihre „Flucht in die Krankheit" zu verstellen, setzte man jetzt auf ein abgestuftes Behandlungskonzept, das zunächst die Überweisung in ein Lazarett vorsah, wo „notfalls unter Anwendung leichter Beruhigungs- und Schlafmittel der Ausgleich der entstandenen seelischen Spannungen und etwa vorhandener körperlicher Erschöpfungszustände durch Ruhelagerung und seelischen Zuspruch erreicht werden" sollte.[87] Erst wenn diese Rückzugs- und Erholungspuffer versagten, trat die Isolierung und

---

86 Roth: Die Modernisierung der Folter, S. 36.

87 Entschließung der Beratenden Psychiater auf der 1. Arbeitstagung Ost, 19.5.1942, zit. nach ebd., S. 56. Roth deutet diese zunächst „weichere" Linie als Kompromiß zwischen den konkurrierenden Repräsentanten der traditionellen Neuropsychiatrie einerseits und den Verfechtern psychotherapeutischer Verfahren andererseits. Außerdem habe die NS-Führung verhindern wollen, daß durch ein allzu rücksichtsloses Vorgehen bei der Behandlung der „Kriegsneurotiker" noch einmal unfreiwillig Weichen gestellt würden, „die zu einer Wiederholung der sozialen Eruptionen von 1918 führen konnten" (S. 50).

Aussonderung der „Panikkeime“ in den Vordergrund. „Frontsoldaten mit fixierten Affektreaktionen sollten umgehend in die Nervenabteilungen der Kriegslazarette, Angehörige der Etappe und der Heimatreserven in besonders zu errichtende Speziallazarette gebracht werden. Blieben sie dort weiter ‚therapieresistent‘, so waren sie schließlich in abgesonderte Lazarettabteilungen der großen Irrenanstalten weiterzuverfrachten. Daneben blieb es den selektierenden Militärpsychiatern unbenommen, ‚abnorm reagierende‘ Soldaten mit zusätzlich diagnostizierten ‚seelischen oder konstitutionellen Abartigkeiten‘ in die Strafformationen des Ersatzheeres bzw. die Strafbataillone der Fronttruppen abschieben zu lassen. Fruchtete auch das nicht, so nannte der Erlaß die Konzentrationslager ausdrücklich als letzte Etappe des ‚Neurotikerkreislaufs‘.“[88]

Mit der Eskalation des Krieges und der parallelen Zunahme psychogener Erkrankungen radikalisierte sich auch der nervenärztliche Zugriff: In den psychiatrischen Lazarettabteilungen hielt in modifizierter Form die Elektrofolter wieder Einzug, und auch Ärzte, die gesprächs„therapeutischen“ Verfahren den Vorzug gaben, drohten „refraktären“ Patienten unverhohlen mit Zwangspsychiatrisierung oder Kriegsgericht. „Nach einwandfreier diagnostischer Klarstellung“, erläuterte etwa der Psychotherapeut Dr. Schott seine Behandlungsmethode, „erfolgt zunächst in offener Aussprache eine sachverständige Aufklärung darüber, daß lediglich eine eigenartige nervliche Reaktion vorliege, die sich unter dem Einfluß der eingehenden psychotherapeutischen Aussprache in Kürze von selbst abbauen werde. Komme es wider Erwarten nicht dazu, müsse ein Irrtum in der Persönlichkeitsbeurteilung unterlaufen sein. Man habe dann entweder einen bewußt Schlechtwilligen oder aber einen nicht verantwortlichen Geisteskranken vor sich. Im ersten Fall bliebe dann nur eine strafrechtliche Erledigung mit den nach der Kriegssonderstrafrechtsverordnung zu erwartenden überaus schweren Folgen übrig, im Falle etwaiger Geisteskrankheit mit Rücksicht auf ihre gemeinschädlichen Auswirkungen aber nur eine dauernde Irrenanstaltsverwahrung. Zugunsten des Untersuchten wie des ganzen mit ihm verbundenen Interessenkreises sei nun zu hoffen, daß bei ihm jene beiden dunklen Fälle und Möglichkeiten nicht zuträfen, vielmehr die somit einfach nervös bedingten Störungen in der erwarteten Zeit zum Schwinden kämen.“[89]

5. Selektion II: Führerauslese

Stand am einen Ende der verallgemeinerten Selektionsmechanismen die mörderische Praxis des Aussortierens, so am anderen die „positive“ Auswahl des brauchbaren Menschenmaterials. Im Bereich des Militärs ging es dabei insbesondere um die „Führerauslese“, also die Regelung des Zugangs zum Offi-

[88] Ebd., S. 58.

[89] Dr. Schott: Gedanken und Erfahrungen zur Behandlung der Kriegsneurosen, 15.12.1944, zit. nach ebd., S. 75.

zierskorps. Mit der Technisierung der Kriegführung wurden aber auch an die Mannschaften zunehmend differenziertere Qualifikationsanforderungen gestellt, so daß es zumindest für technische Verbände wie die Luftwaffe unumgänglich wurde, ihr Personal generell auf der Grundlage spezifischer Eignungsprüfungen auszuwählen.

In der kaiserlichen Armee war die Auswahl der Offiziere vor allem im Hinblick auf die Homogenität des Offizierskorps erfolgt. Soziale Exklusivität und eine nach den internen Regeln einer paternalistischen Standesorganisation funktionierende Nachwuchsrekrutierung galten als Garanten für die politische Loyalität des Heeres. Wer Offizier werden wollte, hatte sich bei einem Regiment seiner Wahl vorgestellt, wo er vom Kommandeur vor allem auf seine „außerdienstliche Eignung“ hin geprüft worden war. Eine größere Rolle als die eher bescheidenen formalen Bildungsvoraussetzungen hatten dabei familiäre Herkunft und politische Einstellung gespielt. Befördert wurde nach dem Anciennitätsprinzip.[90]

Bei der forcierten Aufrüstung der Wehrmacht, die von der 100.000 Mann starken Freiwilligenarmee der Weimarer Republik auf ein Feldheer von nahezu 2,8 Millionen bei Kriegsbeginn anwuchs,[91] entfielen jene Rücksichten, die sich in der wilhelminischen Ära aus der innenpolitischen Frontstellung des Heeres ergeben hatten. Nachdem in der Konstitutionsphase des NS-Regimes die Organisationen der sozialdemokratischen und kommunistischen Arbeiterbewegung zerschlagen, ihre Repräsentanten vertrieben, inhaftiert oder ermordet worden waren, blieb die Unterdrückung des „inneren Feindes“ der Polizei und SS überlassen.[92] Da ein Bürgerkriegseinsatz oder die Sorge vor einer revolutionären Unterwanderung des Heeres in den militärischen Planungen so gut wie keine Rolle mehr spielten, verlor auch die soziale Geschlossenheit des Offizierskorps an Bedeutung. Technische Professionalität und die am Frontkämpferideal ausgerichtete „Führerautorität“ des einzelnen Offiziers wurden wichtiger als ein durch Herkunft und Absonderung von der bürgerlichen Welt

90 Bernhard R. Kroener: Auf dem Weg zu einer „nationalsozialistischen Volksarmee“. Die soziale Öffnung des Heeresoffizierskorps im Zweiten Weltkrieg. In: Martin Broszat/Klaus-Dietmar Henke/Hans Woller (Hrsg.): Von Stalingrad zur Währungsreform. Zur Sozialgeschichte des Umbruchs in Deutschland. München 1988, S. 654; vgl. auch ders.: Strukturelle Veränderungen in der militärischen Gesellschaft des Dritten Reiches. In: Michael Prinz/Rainer Zitelmann: Nationalsozialismus und Modernisierung. Darmstadt 1991, S. 267–296. Daß Kroener den Strukturwandel des Offizierskorps als Modernisierungsvorgang begreift und seinen Beitrag in einem Sammelband veröffentlicht, der mit dem Gestus des Tabubruchs das nationalsozialistische System als Modernisierungsdiktatur präsentiert, dokumentiert einmal mehr die Unschärfe des Begriffs Modernisierung, der historische Transformationsprozesse in eine je nach Autor positiv, ambivalent oder negativ gewendete Teleologie funktionaler Differenzierung und Rationalisierung preßt.

91 Wilhelm Deist: Die Aufrüstung der Wehrmacht. In: ders. u.a.: Ursachen und Voraussetzungen des Zweiten Weltkrieges, S. 533.

92 Volker R. Berghahn: Militär, industrialisierte Kriegführung und Nationalismus. In: Neue Politische Literatur, XXVI. Jg., 1981, S. 35.

garantierter *esprit de corps*. Das traditionelle Standesdenken der militärischen Eliten starb zwar nicht völlig aus, verlor aber in dem Maße seine soziale Grundlage, in dem Qualifikations- und Leistungskriterien bei der Auswahl und Beförderung von Offizieren den Ausschlag gaben. Das Anciennitätsprinzip blieb zunächst in Kraft, wurde jedoch zunehmend zugunsten der dienstlichen Beurteilung aufgelockert und bei der Beförderung von Frontoffizieren 1942 vollends aufgehoben.

Die ideologischen Vorgaben des Regimes trugen den militärischen Erfordernissen Rechnung: Nach Hitlers Vorstellungen sollte das „nationalsozialistische Volksheer" die „sozialistischste Einrichtung" des Staates sein. Das Aufstiegsversprechen der napoleonischen Armee aufgreifend, verkündete er auf dem Parteitag von 1936 den Grundsatz, jeder Soldat müsse den Marschallstab im Tornister tragen.[93] Ein Jahr später sekundierte Reichskriegsminister von Blomberg, die Personalpolitik der Wehrmacht werde sich an „der schrittweisen Durchführung des Leistungsprinzips ohne Rücksicht auf Herkunft, Stand oder Geldbeutel des Vaters" orientieren. Schon weil man es sich einfach nicht leisten könne, „irgendwo ein Talent brach liegen zu lassen, das überdurchschnittliche Leistungen verspricht", solle „jedem Volksgenossen, sofern er gesund an Körper, Charakter und Geist ist", die Offizierslaufbahn erschlossen werden.[94]

Mit dem Übergang vom Prinzip ständischer Selbstrekrutierung zur Selektion nach dem Leistungsprinzip[95] verloren die Militärs ihr Auswahlmonopol über den Offiziersersatz. Zwar entschied bis in die erste Kriegshälfte hinein weiterhin letztlich der Regimentskommandeur über die Annahme eines Bewerbers, doch hatte sich dieser zuvor einem zunächst zwei- bis dreitägigen, später auf einen Tag verkürzten psychologischen Prüfungsverfahren zu unterziehen. Nachdem während des Ersten Weltkriegs die Psychiater zu einem guten Teil die Definition, Korrektur und Aussonderung devianter Soldaten übernommen hatten, erweiterte sich mit Einführung der obligatorischen Eignungsprüfung für Offiziersanwärter 1927 das Spektrum der militärischen Rekrutierungs- und Formierungsexperten noch einmal: Für die Entwicklung geeigneter Verfahren zur Eignungsdiagnostik und ihre praktische Durchführung in den Prüfstellen von Heer, Luftwaffe und Marine wurden Psychologen eingestellt. Die wissenschaftliche Psychologie, die sich gerade erst als eigenständige Disziplin an den Hochschulen etabliert hatte, fand in der Reichswehr bzw. Wehrmacht sowie im Bereich betrieblicher Psychotechnik ihre ersten außer-

---

93 Jürgen Förster: Vom Führerheer der Republik zur nationalsozialistischen Volksarmee. in: Jost Dülffer/Bernd Martin/Günter Wollstein (Hrsg.): Deutschland in Europa – Kontinuität und Bruch. Gedenkschrift für Andreas Hillgruber. Frankfurt/M./Berlin 1990, S. 314.

94 Rede vor den Kreisleitern der NSDAP auf der Ordensburg Vogelsang, 27. April 1937, zit. nach Messerschmidt/von Gersdorff (Hrsg.): Offiziere im Bild von Dokumenten, S. 268/269.

95 Vgl. dazu allgemein Detlef Bald: Vom Kaiserheer zur Bundeswehr. Sozialstruktur des Militärs: Politik der Rekrutierung von Offizieren und Unteroffizieren. Frankfurt/M. 1981; ders.: Der deutsche Offizier.

universitären Arbeitsfelder. „Man kann geradezu sagen, daß das berufsrelevante Wissen der Psychologie (...) ein Wissen zur Auslese und Motivierung des fähigen und tugendhaften Arbeiters und Armeespezialisten und ein Wissen zur Auslese willensbetonter, selbstbeherrschter und führungsfähiger Offiziersanwärter unter 17–19jährigen Gymnasialabsolventen war."[96] Wer Ende der dreißiger Jahre „Psychologie studierte, tat dies vor allem mit der Perspektive, Beamter der Wehrmachtspsychologie zu werden".[97]

Während bei den Spezialistenuntersuchungen, die zunächst für Kraftfahrer und Funker, dann auch für Entfernungsmesser, Gasspürer sowie für bestimmte Tätigkeiten im Bereich der Luftwaffe, Marine und Panzereinheiten eingeführt wurden, vor allem Sinnes- und Reaktionsleistungen geprüft wurden, handelte es sich bei der Prüfung der Offiziersbewerber um eine charakterologische Persönlichkeitsuntersuchung. Das allgemeine Verfahren der Prüfung, die sich aus den Bestandteilen „Lebenslaufdeutung, Ausdruckserforschung, Geisteserforschung und Verhaltens- und Handlungsuntersuchung" zusammensetzte, bestand darin, Leistung, Verhalten und Ausdruck eines Prüflings genau zu beobachten, zu registrieren, zu beschreiben und dann aus den „Einzelerkenntnissen ein der Wirklichkeit entsprechendes Ganzheitsbild" zu erhalten.[98]

Zu diesem Zwecke wurden die Bewerber in möglichst „lebensnahe" Situationen gestellt, „in denen die Fähigkeiten und Eigenschaften deutlich werden sollten, die von einem Offizier erwartet wurden".[99] Bei der „Geisteserforschung" etwa spielten Intelligenztests im engeren Sinne eine weit geringere Rolle als komplexe Übungsaufgaben, etwa militärische Planspiele, die persönliche Eigenarten sowie Zusammenhänge zwischen Denken und Charakter erkennen lassen sollten. „Führerproben", bei denen die Bewerber teilweise auch in Gruppen zusammengefaßt wurden, dienten zur Feststellung der „Kontaktgewinnung, der Anregungs-, Durchsetzungs- und Einordnungsfähigkeit, der Veranlagung zur Menschenführung in willentlicher und geistiger Beziehung".[100] Im Rahmen der Ausdrucksuntersuchung hatten die Prüflinge unter anderem ein lautes Kommando zu geben und eine Rede so zu halten, als ob sie vor einer Kompanie Soldaten stünden. Auf einer Prüfstation zur Anfertigung

---

[96] Ulfried Geuter: Die Professionalisierung der deutschen Psychologie im Nationalsozialismus. Frankfurt/M. 1988, S. 143. Zur Wehrmachtspsychologie sowie zu den Kontinuitätslinien zum Psychologischen Dienst der Bundeswehr vgl. auch Riedesser/Verderber: Aufrüstung der Seelen; materialreich, aber apologetisch sind: Peter R. Hofstätter u.a.: Deutsche Wehrmachtspsychologie 1914–1945. München 1985; Gotthilf Flik: Zur deutschen Wehrmachtpsychologie 1934–1945. Untersuchungen des Psychologischen Dienstes der Bundeswehr, Sonderreihe: Zur Geschichte der Wehrpsychologie, Bd. 1. o. O., o.J. [1989]; Werner Fritscher (Hrsg.): Dokumente zur deutschen Wehrpsychologie 1914–1945. München 1990.

[97] Geuter: Die Professionalisierung der deutschen Psychologie, S. 265.

[98] Max Simoneit: Wehrpsychologie. Berlin ^{2}1943, S. 47/52.

[99] Geuter: Die Professionalisierung der deutschen Psychologie, S. 194.

[100] Anweisungen für Eignungsuntersuchungen des Oberkommandos des Heeres, zit. nach ebd., S. 198.

mimischer Aufnahmen wurden sie von einer versteckten Kamera gefilmt, während sie einen Expander zogen, elektrisiert wurden oder sich vor einem Spiegel zurecht machten, was ebenso wie eine graphologische Begutachtung dazu diente, durch Beobachtung der unwillkürlichen Regungen und Äußerungen eines Menschen Aufschluß über seine Charaktereigenschaften zu gewinnen.

Dabei mußten die ausdruckspsychologischen und charakterologischen Konzepte für ihre wehrpsychologische Verwendung nicht erst umgeschrieben werden; in die Theorien und Methoden waren militärische Leitbilder vielmehr eingelassen, lange bevor sie bei den Offiziersbewerber-Prüfungen zum Einsatz kamen. Wenn man mit Ludwig Klages den Leib als Erscheinung der Seele begriff, lag es nahe, körperliche und seelische Anspannung zu analogisieren und die für künftige militärische Vorgesetzte als zentral angesehene Instanz des Willens aus dem Muskeltonus abzulesen. Auf diese Weise konnte dann das zackige Zusammenreißen der Füße beim Kommandorufen oder das Unterdrücken von Schmerzregungen bei einem Stromschlag zum Indikator von Willenskraft werden. „Es war nicht der Wille schlechthin, den die Ausdruckspsychologie erfaßte, sondern eine bestimmte Vorstellung von Willen. Wille war Haltung – daher auch Körperhaltung, Wille war Selbstbeherrschung, Zügelung des eigenen Körpers, die Fähigkeit, einen geradlinigen Eindruck zu erwecken, kurz: Durch die ausdrucksdiagnostische Willensanalyse schaut uns eine preußisch-militärische Willenskonzeption an. Dieser normative Gehalt ausdruckspsychologischer Theorie konfligierte nicht mit einer politischen Ideologie, die die Selbst-Abrichtung als Voraussetzung der Fremd-Abrichtung erforderte und die glaubte, von den Menschen schier Unmögliches verlangen zu können, wenn man es nur zum Bestandteil ihres Wollens macht."[101] Zum Wehrmachtsoffizier sollte taugen, wer schon bei seiner Bewerbung dem Ideal des „rechtwinklig gebaut an Leib und Seele" (Friedrich Nietzsche) entsprach. Zur konstitutionellen Charaktereigenschaft geronnen kehrte so in der wehrpsychologischen Eignungsdiagnostik wieder, was Disziplinartechnologen seit Justus Lipsius als Erziehungsziel militärischer Abrichtung aufgestellt hatten.

Rassenkunde und biologisch begründete Typenlehren spielten in den Offiziersbewerber-Prüfungen zunächst so gut wie keine Rolle. Erst Ende der dreißiger Jahre, als die Wehrmachtspsychologen zunehmend unter den Druck von Parteistellen gerieten, sahen sie sich genötigt, ihre Übereinstimmung mit der nationalsozialistischen Weltanschauung zu demonstrieren und rassenpsychologische Auslesemechanismen in ihre Untersuchungen einzubeziehen. Gegner besaß die Wehrmachtspsychologie auch unter den höheren Truppenführern, die ihre traditionelle Autonomie in der Offiziersauswahl verteidigten und den zivilen Fachleuten die Kompetenz absprachen, die militärische Eignung von Bewerbern zu beurteilen. Und schließlich erfuhr sie Ablehnung von den Militärärzten, unter denen insbesondere die Psychiater aus berufsständischer Rivalität den Einfluß der nicht medizinisch ausgebildeten Konkurrenten einzudämmen versuchten.

---

[101] Geuter: Die Professionalisierung der deutschen Psychologie, S. 185.

Doch nicht die Angriffe seitens der Partei, der Wehrmacht und der Psychiatrie, sondern die nach den großen Verlusten an der Ostfront prekäre Ersatzlage und ein verändertes Offiziersideal führten dazu, daß im Mai 1942 die psychologischen Abteilungen von Luftwaffe und Heer aufgelöst wurden.[102] Die hohen Ausfälle erzwangen eine radikale Vereinfachung der Auswahlprozedur. Zudem war nach den ersten großen Niederlagen mehr und mehr der Durchhalteoffizier, „Typ ‚Mein Hauptmann' ", gefordert, „der nach oben wenig hervortritt, für den seine Männer durchs Feuer gehen".[103] Um solche, der mythisierten Frontkämpfergestalt nachempfundene „Führerpersönlichkeiten" ausfindig zu machen, erschienen psychologische Bewerberprüfungen denkbar ungeeignet. „Das wissenschaftliche Ausleseverfahren war auf die Situation des Friedensoffizierskorps zugeschnitten gewesen. Im Kriege konnte dagegen die Eignung eines Bewerbers durchaus praxisnäher festgestellt werden, was zweifellos auch der nationalsozialistischen Vorstellung von der Auslese durch Kampf entsprach."[104] Frontbewährung sollte zum ausschließlichen Bewertungskriterium werden. Je länger der Krieg dauerte, desto schwieriger wurde es allerdings trotz weiter gelockerter Eignungsvoraussetzungen, die enormen Verluste überhaupt noch auszugleichen, so daß spätestens ab 1943/44 von „Auslese" kaum mehr die Rede sein konnte.

6. Geistige Mobilmachung

Die Verjüngung und soziale Öffnung des Offizierskorps beschleunigte nicht nur die Einebnung von bis dahin als homogenitätsstiftend angesehenen ständischen Auslesemechanismen, sondern verhalf auch einem Offizierstyp zum Durchbruch, der, häufig selbst Parteimitglied oder ehemaliger HJ-Führer, sich mit der „nationalsozialistischen Weltanschauung" weit stärker identifizierte als die konservativen Repräsentanten der alten Armee.[105] Zugleich führte die Eskalation des Krieges im Osten dazu, daß selbst Wehrmachtsoffiziere die nationalsozialistische Fanatisierungs- und Endkampfrhetorik übernahmen, die bis dahin Wert darauf gelegt hatten, bei aller praktischen Loyalität zum Führerstaat wenigstens ihre Unabhängigkeit gegenüber der Partei zu demonstrieren. Wer in dem Ausrottungsfeldzug, als der das „Unternehmen Barbarossa" geplant und geführt wurde, zu kommandieren hatte, dem kam eine Ideologie entgegen, die Judenvernichtung, Massenerschießungen von Kriegsgefangenen und vermeintlichen Partisanen, rücksichtslose Ausplünderung der Zivilbevölkerung und eine Politik der verbrannten Erde als notwendige Verteidigungs-

---

102 Zu den Gründen der Auflösung vgl. ebd., S. 390–404.

103 Generalmajor Schmundt, Chef des Heerespersonalamts, in einer Rede am 17.11.1942, zit. nach Kroener: Auf dem Weg zu einer „nationalsozialistischen Volksarmee", S. 658.

104 Kroener: Auf dem Weg zu einer „nationalsozialistischen Volksarmee", S. 659.

105 Vgl. ebd., S. 681.

maßnahmen gegen das „jüdisch-bolschewistische Untermenschentum“ rechtfertigte.

Als der Vormarsch steckenblieb, trat noch die Sorge vor einem neuen 1918 hinzu. Angesichts der demoralisierenden Wirkung der russischen Winter und des unerwartet ausdauernden Widerstands der Roten Armee würden die traditionellen Mittel militärischer Gehorsamssicherung nicht ausreichen, so fürchtete man, um Zusammenhalt und Kampfmotivation der Truppen über längere Zeit aufrechtzuerhalten. Aus der Überzeugung heraus, „daß eine Armee, die siegreich bestehen will, auch politisch fanatisiert sein muß, daß jeder Soldat wissen muß, wofür er kämpft“[106], wurde unter dem Oberbegriff „wehrgeistige Führung“, Ende 1943 umbenannt in „nationalsozialistische Führung“, eine Flut von Propagandamaßnahmen eingeleitet, um die Mannschaften auf den „Krieg als Weltanschauungskampf“ einzuschwören. Unter maßgeblicher Beteiligung der Parteikanzlei, die den Aufbau des entsprechenden Apparats nutzte, um ihren Einfluß auf die Wehrmacht zu erweitern, wurden bis Kriegsende allein 50.000 NS-Führungsoffiziere ausgebildet, die „unerschütterlichen Glauben“ und „rückhaltlose Hingabe“ zu predigen und aufkeimenden Defaitismus mit allen Mitteln psychologischer Kriegführung zu bekämpfen hatten.[107] Ihre über „Mundpropaganda“, Zeitungen, Schulungsbroschüren und nicht zuletzt über Funk verbreiteten Haßparolen und Durchhalteappelle stellten die Soldaten vor die Alternative „Sieg oder Sibirien“ und mobilisierten die Angst vor Vergeltung: „Noch wichtiger, als in der Truppe den Glauben an die Überlegenheit ihrer Führung, Weltanschauung und Rasse zu erhalten, war es, mit Schreckensbildern der drohenden Vernichtung durch den jüdischen Bolschewismus ihren Widerstandswillen zu stärken und sie davon zu überzeugen, daß sie im Falle einer Niederlage die Rechnung für all die Verbrechen, die sie begangen hatte, würde bezahlen müssen. Die Wehrmachtführung verstand es, ihre eigenen barbarischen Praktiken als Propagandamittel zu benutzen, als eindringliches und furchteinflößendes Abbild dessen, was Deutschland nach einer Niederlage drohte.“[108] Nicht aus der Hoffnung auf ein siegreiches Ende des Krieges bezog diese Propaganda ihre Schubkraft, sondern aus dem verbissenen Willen, den eigenen Untergang aufzuschieben.

Die Wehrmachtssoldaten waren gegen die Parolen, mit denen die Propaganda-Offiziere sie agitierten, alles andere als immun. Die Wehrmacht bildete ein Spiegelbild des nationalsozialistischen Deutschlands, und antisemitische und rassistische Stereotype waren, wie Feldpostbriefe belegen, in allen Rän-

---

[106] Willi Ruder, Leiter des Arbeitsstabes NSFO in der Parteikanzlei, in einer Rede am 23.2.1944 in München, zit. nach Waldemar Besson: Dokumentation zur Geschichte des nationalsozialistischen Führungsoffiziers (NSFO). In: Vierteljahrshefte für Zeitgeschichte, 9. Jg., 1961, S. 105.

[107] Vgl. dazu Messerschmidt: Die Wehrmacht im NS-Staat, S. 441–480; Volker R. Berghahn: NSDAP und „geistige Führung“ der Wehrmacht 1939–1943. In: Vierteljahrshefte für Zeitgeschichte, 17. Jg., 1969, S. 17–71; Arne W. G. Zoepf: Wehrmacht zwischen Tradition und Ideologie. Der NS-Führungsoffizier im Zweiten Weltkrieg. Frankfurt/M. u.a. 1988.

[108] Omer Bartov: Hitlers Wehrmacht. Reinbek 1995, S. 190/191.

gen der militärischen Hierarchie weit verbreitet.[109] Zudem begann die Indoktrination ja nicht erst in der Kaserne und an der Front, sondern war eingebettet in die Kampagnen zur „geistigen Mobilmachung", mit denen der NS-Staat seit 1933 die gesamte Gesellschaft überzogen hatte.[110] Gleichwohl ist schwer zu bestimmen, welchen Einfluß die hektischen Aktivitäten der Führungsoffiziere letztlich auf die Kampfbereitschaft der Truppen ausübten.

Zu kurz greifen jedenfalls Deutungen, die dem nationalsozialistischen Propagandaapparat eine nahezu unbegrenzte Macht über die Köpfe und Herzen zusprechen und Soldaten wie Zivilbevölkerung zu bloßen Opfern einer großangelegten Verführung degradieren. Trotz massiver propagandistischer Vorbereitung war es schon bei Kriegsbeginn nicht gelungen, auch nur den Eindruck allgemeiner Begeisterung zu erwecken. Statt eines erneuten „Augusterlebnisses" hatte besorgte, niedergedrückte Stimmung geherrscht. Erst recht klafften in der akzelerierenden Krise des Regimes ab 1943 veröffentlichte Meinung und tatsächliche Meinungsbildung auseinander. Daß sich das Trauma vom November 1918 nicht wiederholte und, selbst als die totale Niederlage sich immer deutlicher abzeichnete, weder die Truppen auseinanderliefen oder meuterten noch die „innere Front" zusammenbrach, bedeutete keineswegs auch, daß die Masse der Deutschen den offiziellen Durchhalteparolen und Endsieg-Versprechen Glauben geschenkt hätte. Die Bereitschaft mitzumachen war nicht unbedingt ein Propagandaeffekt und die praktische Loyalität längst nicht immer ein Indiz ideologischer Übereinstimmung. Ob die Propaganda „geglaubt" wurde, spielte für ihren Einfluß allerdings eine weniger wichtige Rolle, als das Klima, das sie erzeugte. Entscheidender als das, was gesagt wurde, war die Demonstration, wie weit die Stimme der Macht reichte. Das Trommelfeuer der Agitation verknüpfte Stimulation und Einschüchterung; in der Beschwörung der „Volksgemeinschaft" schwang stets die Drohung mit, daß es für jene, die sich den Imperativen des völkischen Überlebenskampfes nicht bedingungslos unterordneten, keine Gnade geben werde.

Im Gegensatz zur Formierung der öffentlichen Meinung während des Ersten Weltkriegs, beschränkten sich die Organe des NS-Staates nicht auf Propaganda- und Zensurmaßnahmen, sondern versuchten darüber hinaus, über ein dichtes Informanten- und Spitzelnetz die Stimmung in Zivilbevölkerung wie Armee zu erfassen. Meinungsforschung und -lenkung waren eng gekoppelt –

---

[109] Vgl. Walter Manoschek (Hrsg.): „Es gibt nur eines für das Judentum: Vernichtung". Das Judenbild in deutschen Soldatenbriefen 1939–1944. Hamburg 1995; Klaus Latzel: Tourismus und Gewalt. Kriegswahrnehmungen in Feldpostbriefen. In: Heer/Naumann (Hrsg.): Vernichtungskrieg, S. 447–459.

[110] Zur nationalsozialistischen Propagandapolitik vgl. Marlis G. Steinert: Hitlers Krieg und die Deutschen. Stimmung und Haltung der deutschen Bevölkerung im Zweiten Weltkrieg. Düsseldorf 1970; Jutta Sywottek: Mobilmachung für den totalen Krieg. Die propagandistische Vorbereitung der deutschen Bevölkerung auf den Zweiten Weltkrieg. Opladen 1976; Jörg Bohse: Inszenierte Kriegsbegeisterung und ohnmächtiger Friedenswille. Meinungslenkung und Propaganda im Nationalsozialismus. Stuttgart 1988.

auch in diesem Bereich wurden ältere Herrschaftstechniken systematisiert und verallgemeinert. Obwohl die Lageberichte, insbesondere die vom SD zusammengetragenen „Meldungen aus dem Reich"[111], der politischen Führung ein vergleichsweise zuverlässiges Bild über Reaktionen und Einstellungen der Bevölkerung zum Tagesgeschehen lieferten und dem Propagandaapparat erlaubten, gezielt zu reagieren, liefen die Kampagnen zur ideologischen Mobilmachung den situativ schwankenden Massenstimmungen oft genug hinterher. Die Diskrepanzen zwischen dem Bild, das sich die Bevölkerung von der Realität machte, und deren offizieller Version, zwischen realitätsgerechtem Überlebensverhalten und geforderten Opferhaltungen erwiesen sich für die Meinungslenker als Aporie, auf die sie am Ende nur mit einer Propaganda des Terrors zu antworten wußten: „Die Propaganda setzt(e) immer weniger auf Formen der Überredung, sie (wurde) zum bloßen Organ der Einschüchterung, das die Bevölkerung in Angst vor der NS-Herrschaft zu halten hat(te). Dem diente nicht nur die Publikation von Abschreckungsurteilen in den Zeitungen, sondern auch die jetzt zunehmend offenen Drohungen mit dem KZ-System."[112]

7. Der Terror der Militärjustiz

Propaganda des Terrors gegen „Drückeberger" und „Defaitisten" kennzeichnete die letzte Phase des Krieges; auf Terror selbst als Mittel der Disziplinierung stützte sich das Regime dagegen von Beginn an. Neben den genuin nationalsozialistischen Repressionsorganen wie Gestapo, SD und SS leistete dazu auch die Justiz ihren Beitrag und stellte die rechtlichen Abschreckungsinstrumente bereit, um gegen mangelnde Wehrbereitschaft mit unerbittlicher Härte vorzugehen. Vor allem die Militärjuristen zeigten, daß sie ihre Lektion aus dem Ersten Weltkrieg gelernt hatten und sich nicht noch einmal den Vorwurf unzureichender gesetzlicher Mittel und allzu großer Milde machen lassen wollten. Besondere Bedeutung kam dabei dem Straftatbestand „Zersetzung der Wehrkraft" zu, worunter, so die verbindliche Auslegung des entsprechenden Paragraphen in der Kriegssonderstrafrechtsverordnung, jede „Störung oder Beeinträchtigung der totalen völkischen Einsatzbereitschaft zur Erringung des Endsieges in diesem Kriege"[113] zu verstehen war. Unter dieser so vagen wie umfassenden Definition ließen sich politische und religiöse Überzeugungen, die dem „Willen des deutschen oder verbündeten Volkes

[111] Vgl. Heinz Boberach (Hrsg.): Meldungen aus dem Reich. Die geheimen Lageberichte des Sicherheitsdienstes der SS, 17 Bde. Herrsching 1984.

[112] Bohse: Inszenierte Kriegsbegeisterung, S. 95.

[113] So die einleitende Definition der 1940 veröffentlichten „Grundsätze, nach denen die Reichskriegsanwaltschaft bei der Behandlung von Zersetzung der Wehrkraft verfährt (§ 5 KSSVO)", zit. nach Detlef Garbe: „In jedem Einzelfall bis zur Todesstrafe ..." Der Militärstrafrechtler Erich Schwinge. Ein deutsches Juristenleben. Hamburg 1989, S. 50.

zur wehrhaften Selbstbehauptung" entgegenstanden, ebenso subsumieren wie Versuche, sich der allgemeinen Dienstpflicht etwa durch Krankheitsvortäuschung oder Selbstverstümmelung zu entziehen. Die Anstiftung zu Ungehorsam oder Fahnenflucht fiel genauso darunter wie die „Untergrabung der Manneszucht", und schließlich ermöglichte es der Zersetzungs-Paragraph, selbst das Abhören von „Feindsendern", „defaitistische" Äußerungen oder bloße Zweifel am militärischen Erfolg als todeswürdige Verbrechen zu ahnden. Wegen „Wehrkraftzersetzung" verurteilt wurden auch Kriegsdienstverweigerer, die dem Einberufungsbefehl keine Folge leisteten oder nicht bereit waren, den Fahneneid zu schwören. Die offene Verweigerung war mit wenigen Ausnahmen religiös motiviert; die meisten Kriegsdienstverweigerer gehörten zur Gruppe der Ernsten Bibelforscher. Etwa 250 wehrpflichtige Zeugen Jehovas sowie einige Angehörige anderer Religionsgemeinschaften wurden hingerichtet.[114]

Wie schon beim „Gesetz gegen heimtückische Angriffe auf Staat und Partei und zum Schutz der Parteiuniformen" vom Dezember 1934, das systemkritische Äußerungen unter Strafe stellte, wurde auch in der Rechtsprechung zur „Wehrkraftzersetzung" die Grenze zwischen öffentlich und nichtöffentlich bewußt relativiert, so daß auch private Äußerungen kriminalisiert werden konnten, was der Denunziation vollends Tür und Tor öffnete.[115] Genaue Angaben über die Gesamtzahl der wegen „Wehrkraftzersetzung" ergangenen Urteile sind nicht möglich, doch gehen Schätzungen auf Grundlage der erhaltenen Statistiken davon aus, daß bis zum Kriegsende allein mehr als 30.000 Angehörige der Wehrmacht oder des Wehrmachtsgefolges abgeurteilt und gegen nicht weniger als 5.000 von ihnen Todesurteile ausgesprochen wurden, wobei diese Zahlen nur die Spruchpraxis der Militärjustiz, nicht aber die Urteile ziviler Gerichte einbeziehen.[116]

Der im Verlauf des Krieges noch verschärfte Zersetzungs-Paragraph weitete die Loyalitätsgebote des traditionellen Militärstrafrechts in doppelter Hinsicht

---

[114] Vgl. dazu die Überblicksdarstellungen von Detlef Garbe: „Du sollst nicht töten" Kriegsdienstverweigerer 1939–1945. In: Haase/Paul (Hrsg.): Andere Soldaten, S. 85–104; ders.: Radikale Verweigerung aus Prinzipientreue und Gewissensgehorsam. Kriegsdienstverweigerung im „Dritten Reich". In: Gestrich (Hrsg.): Gewalt im Krieg, S. 132–158; zur Verfolgung der Ernsten Bibelforscher allgemein ders.: Zwischen Widerstand und Martyrium. Die Zeugen Jehovas im „Dritten Reich". München 1993. Vorwiegend biographisch ausgerichtet sind die Studien von Albrecht Hartmann/Heidi Hartmann: Kriegsdienstverweigerung im Dritten Reich. Frankfurt/M. 1986; sowie Karsten Bredemeier: Kriegsdienstverweigerung im Dritten Reich. Baden-Baden 1991 (dort auch weitere Literatur zu einzelnen Verweigerern).

[115] Bernward Dörner: „Der Krieg ist verloren!". „Wehrkraftzersetzung" und Denunziation in der Truppe. In: Haase/Paul (Hrsg.): Andere Soldaten, S. 109.

[116] Manfred Messerschmidt/Fritz Wüllner: Die Wehrmachtjustiz im Dienste des Nationalsozialismus. Baden-Baden 1987, S. 138 u. 143; Fritz Wüllner: Die NS-Militärjustiz und das Elend der Geschichtsschreibung. Baden-Baden 1991, S. 502/503.

aus: Zum einen konnten nicht nur Soldaten, sondern letztlich alle Staatsinsassen verfolgt werden, zum anderen wurde nicht erst der praktische Ungehorsam, sondern bereits der Dissens zum Regime unter Strafe gestellt. Die Gesinnungsrepression verlängerte den Zugriff des Staates in alle Lebensbereiche, erzeugte ein Klima des Mißtrauens und der wechselseitigen Überwachung und nötigte, da sie den Verdacht „zersetzender" Einstellung universalisierte, zum präventiven Loyalitätsbeweis.

Wenn schon ein offenes Wort über den Krieg den einzelnen ins Gefängnis, Lager oder gar vor das Erschießungspeloton bringen konnte, so traf der Terror der Militärjustiz erst recht diejenigen, die wegen Fahnenflucht, Kriegsdienstverweigerung, Insubordination oder Selbstverstümmelung angeklagt wurden. Die Wehrmachtsrichter legten dabei einen Säuberungseifer an den Tag, der zeitweise offenbar selbst Hitler zu weit ging. Schon bald nach dem Überfall auf Polen verhängten sie eine solche Flut von Todesurteilen, daß ihr vorauseilender juristischer Gehorsam ausgerechnet durch einen „Führererlaß" gebremst wurde, der bei Fahnenflucht im Falle jugendlicher Unüberlegtheit, falscher dienstlicher Behandlung, schwieriger häuslicher Verhältnisse oder anderer „nicht unehrenhafter Beweggründe" eine Zuchthausstrafe für ausreichend erklärte.[117] Spätestens mit Beginn des Rußlandfeldzugs konnten die Richter jedoch wieder sicher sein, dem Willen des Führers zu entsprechen, wenn sie die geltenden Bestimmungen im strengsten Sinn auslegten und auf das höchstmögliche Strafmaß erkannten. Pauschale Verweise auf die „Erhaltung von Disziplin und Manneszucht", auf die „Gemeinschaftswidrigkeit" der Tat und den „wehrfeindlichen, asozialen Tätertyp", schließlich auf den Ernst der Kriegslage reichten aus, um mögliche Milderungsgründe auszuschließen und die zu „Wehrmachtsschädlingen" erklärten Delinquenten „auszumerzen". Je deutlicher sich die militärische Niederlage abzeichnete, desto brutaler wurde auch die Urteilspraxis der Wehrmachtsgerichte, die bei Kriegsende etwa 23.000 Todesurteile wegen Desertion gefällt hatten, wovon mindestens 15.000 auch vollstreckt wurden.[118] Zu diesen von der regulären Militärge-

---

[117] Vgl. die „Richtlinien des Führers und Obersten Befehlshabers der Wehrmacht für die Strafzumessung bei Fahnenflucht vom 14. April 1940", abgedruckt ebd., S. 160.

[118] Dieter Knippschild: „Für mich ist der Krieg aus". Deserteure in der Deutschen Wehrmacht. In: Haase/Paul (Hrsg.): Andere Soldaten, S. 123. Zur Problematik der Zahlenangaben über die verhängten und vollstreckten Todesurteile vgl. auch Wüllner: Die NS-Militärjustiz, S. 263–330, 439–494. Über die NS-Militärjustiz und ihren Terror gegen Deserteure, „Wehrkraftzersetzer" und Dienstverweigerer sind außer der bereits zitierten Literatur in den letzten Jahren zahlreiche Forschungsarbeiten entstanden, von denen nur einige genannt seien: Jörg Kammler: Ich habe die Metzelei satt und laufe über ... Kasseler Soldaten zwischen Verweigerung und Widerstand (1939–1945). Fuldabrück 1985; Norbert Haase: Deutsche Deserteure. Berlin 1987; Günter Fahle: Verweigern – Weglaufen – Zersetzen. Deutsche Militärjustiz und ungehorsame Soldaten 1939–1945. Das Beispiel Ems-Jade. Bremen 1990; Franz W. Seidler: Die Militärgerichtsbarkeit der Deutschen Wehrmacht 1939–1945. Rechtsprechung und Strafvollzug. München/Berlin 1991; Geschichtswerkstatt Marburg (Hrsg.): Deserteure – Verfolgte der Militärstrafjustiz und der Militärpsychiatrie im

richtsbarkeit verantworteten Justizmorden kamen noch die Todesurteile der Gerichte der Waffen-SS sowie die Massentötungen der Standgerichte, die in den letzten Kriegsmonaten noch einmal mehrere Tausend Soldaten in Schnellverfahren aburteilten und zur Abschreckung „unverzüglich im Angesicht der Truppe"[119] erschießen oder aufhängen ließen.

8. Die Einsamkeit des Deserteurs

Der Terror gegen Deserteure, Kriegsdienstverweigerer und andere „Wehrkraftzersetzer" dokumentiert, daß trotz Disziplinierung und Propaganda, trotz Bespitzelung und Todesurteilen eine beträchtliche Zahl von Soldaten nicht oder nur bis zu einem bestimmten Zeitpunkt bereit waren, den von ihnen geforderten „bedingungslosen Einsatz bis zum Opfer des Lebens" zu leisten. Allein die vermutliche Zahl der Fahnenflüchtigen überstieg die des Ersten Weltkriegs: Für die Zeit bis Ende 1944 nimmt Fritz Wüllner ausgehend von den als „flüchtige Beschuldigte" bei den Militärgerichten Gemeldeten eine Zahl von nicht weniger als 300.000 Wehrmachtsdeserteuren an.[120] Realistische Schätzungen für die Endphase des Krieges sind schlechterdings unmöglich, da in der allgemeinen Auflösung kaum mehr zwischen Fahnenflüchtigen, Überläufern, von der Truppe Versprengten, die sich auf eigene Faust durchzuschlagen versuchten, und Soldaten, die sich kampflos gefangennehmen ließen oder von den alliierten Truppen auf der Flucht aufgegriffen wurden, unterschieden, geschweige denn ihre Zahl statistisch erfaßt werden konnte. Der Leiter der Parteikanzlei Martin Bormann ging Ende Februar 1945 immerhin davon aus, daß 500.000 bis 600.000 Mann „sich in Soldatenuniform im Reich irgendwie und irgendwo herumdrücken"[121]; die zu ihrer Ergreifung von ihm vorgeschlagene Generalrazzia kam jedoch nicht mehr zustande. Nimmt man die zahlenmäßig ebenfalls kaum zu erfassenden Fälle hinzu, in denen Soldaten aufhörten zu funktionieren, indem sie psychisch oder psychosomatisch erkrankten oder sich durch Vortäuschung einer Krankheit der (weiteren) Beteiligung am Krieg zu entziehen suchten, ferner die Fälle von Selbstbeschädigung und Selbstmord[122] und schließlich die noch weniger quantifi-

---

Zweiten Weltkrieg. Marburg 1992; Michael Eberlein u.a.: Militärjustiz im Nationalsozialismus. Das Marburger Militärgericht. Marburg 1994; Norbert Haase: Das Reichskriegsgericht und der Widerstand gegen die nationalsozialistische Herrschaft. Katalog zur Sonderausstellung der Gedenkstätte Deutscher Widerstand. Berlin 1993.

[119] So die Anweisung in Himmlers Erlaß über die „Bildung von Sonderstandgerichten für Bekämpfung von Auflösungserscheinungen" vom 26. Februar 1945. Zum Durchhalteterror der Standgerichte vgl. auch Hans-Joachim Schröder: „Ich hänge hier, weil ich getürmt bin". Terror und Verfall im deutschen Militär bei Kriegsende 1945. In: Wette (Hrsg.): Der Krieg des kleinen Mannes, S. 279–294.

[120] Wüllner: Die NS-Militärjustiz, S. 461.

[121] Zit. nach Seidler: Fahnenflucht, S. 168/169.

[122] Vgl. dazu ders.: Prostitution Homosexualität Selbstverstümmelung. Probleme der deutschen Sanitätsführung 1939–1945. Neckargemünd 1977, S. 233–275.

zierbaren Formen von „Drückebergerei“, Befehlsverweigerung und militärischer Sabotage, so wird deutlich, daß die Mobilmachung auch im Bereich der Wehrmacht keineswegs so total war, wie der nationalsozialistische Propagandaapparat immer wieder zu suggerieren bemüht war. Zwischen der angestrebten Totalität des Zugriffs und der tatsächlich erreichten Formierung des „Menschenmaterials“ blieb eine Lücke.

Ungehorsam in der einen oder anderen Form wurde zum Massenphänomen, zumindest als sich abzeichnete, daß die Niederlage Deutschlands nur noch eine Frage der Zeit sein würde. Dennoch blieben die kampfunwilligen und davonlaufenden Soldaten eine Minderheit; die Mehrzahl gehorchte und kämpfte bis zum Schluß – und sei es nur, weil sie auf diese Weise eher zu überleben hoffte. Anders als 1918 mündeten die Verweigerungs- und Fluchthandlungen auch nicht in ein kollektives Aufbegehren. Vom Glauben an den „Endsieg“ war zwar in den letzten Kriegsmonaten so gut wie nichts mehr zu spüren, doch kam es weder zu Militärstreiks oder Meutereien noch zur kampflosen Kapitulation größerer Truppenverbände. Nicht die Erosion der Wehrmacht, sondern die militärische Überlegenheit der Alliierten beendete das Morden deutscher Uniformträger.

Sieht man von den äußerst raren Beispielen organisierten militärischen Widerstands „von unten“ ab[123] und läßt auch die völlig anders gelagerte nationalkonservative Opposition hochrangiger Offiziere außer Acht, die im gescheiterten Umsturzversuch vom 20. Juli 1944 gipfelte, so bildet Vereinzelung das hervorstechende Merkmal soldatischen Ungehorsams im Zweiten Weltkrieg. Selbst wenn es am Ende viele waren, die sich davonmachten, so blieb

---

[123] Singulär war der Widerstand überwiegend kommunistischer und sozialdemokratischer Soldaten aus den Einheiten der Bewährungstruppe 999, in denen seit 1942 bis dahin als „wehrunwürdig“ eingestufte ehemalige politische Häftlinge sowie wegen krimineller Vergehen Vorbestrafte zusammengefaßt wurden: In Griechenland stationierte 999er unterhielten Verbindungen zu Resistance-Gruppen; eine größere Zahl von Soldaten schloß sich selbst den Partisanen an und betrieb in deren Auftrag unter anderem Überlaufpropaganda für die deutschen Truppen. Im Sommer 1944 bereiteten Widerstandsgruppen in zwei Bataillonen auf dem Peloponnes sogar einen Aufstand vor, ihre Pläne wurden jedoch verraten und konnten nicht ausgeführt werden. Ein halbes Jahr zuvor hatte der Versuch, drei 999er-Bataillone an der Ostfront einzusetzen, mit einem Fiasko geendet: Nachdem kurz nach der Ankunft am geplanten Einsatzort die ersten Soldaten zur Roten Armee übergelaufen waren und einige von ihnen dabei sogar ihre unmittelbaren Vorgesetzten als Gefangene mitgenommen hatten, sahen sich die örtlichen Befehlshaber genötigt, rund 450 politische 999er zu entwaffnen und nach Deutschland zurückzuschicken. Vgl. dazu Klausch: Die 999er, S. 197–273; ders.: Die Geschichte der Bewährungsbataillone 999, S. 529–691; sowie biographisch orientiert Antje Dertinger: Der treue Partisan. Ein deutscher Lebenslauf: Ludwig Gehm. Bonn 1989. Zu den 999ern, die zu den Partisanen überliefen, gehörten auch der Politikwissenschaftler Wolfgang Abendroth sowie Falk Harnack, der vor seiner Einberufung mit der Widerstandsgruppe Weiße Rose zusammengearbeitet hatte. Vgl. Wolfgang Abendroth: Ein Leben in der Arbeiterbewegung. Frankfurt/M. 1976, S. 182–191; Eberhard Rondholz: Mit den Griechen gegen Hitler. In: die tageszeitung, 4.3.1988.

doch das Nicht- oder Nicht-mehr-Mitmachen schon wegen des verbreiteten Denunziantentums[124] fast immer Sache einzelner. Kaum jemals verabredeten sich mehr als zwei oder drei gemeinsam zur Flucht. Ähnliches gilt für die religiösen Kriegsdienstverweigerer: Allein die Zeugen Jehovas besaßen Rückhalt in ihrer Glaubensgemeinschaft; katholische und protestantische Verweigerer sahen sich dagegen von ihren Kirchen verlassen, deren Repräsentanten mit allen Mitteln amtskirchlicher Autorität versuchten, die schwarzen Schafe auf den Weg des vermeintlich gottgefälligen Gehorsams gegen die Obrigkeit zurückzuführen. Da die Nationalsozialisten dem Individuum eine Existenzberechtigung überhaupt nur nach Maßgabe seiner Kampf- und Opferbereitschaft für das völkische Ganze zubilligten und die Militärs sein Recht von jeher unter Verweis auf Eid, Subordinationspflicht und Kameradschaftstreue durchstrichen, war Absonderung Voraussetzung und Preis eines jeden Versuchs, sich dem totalen Anspruch des Staates zu entziehen.[125]

Das als Befreiung, aber auch als bedrückende Isolierung erfahrene solitäre Heraustreten aus dem militärischen Zwangskollektiv zieht sich als Leitthema durch nahezu alle Selbstzeugnisse ehemaliger Wehrmachtsdeserteure. „Sie hingen mir meterlang zum Hals heraus, die sogenannten Kameraden", heißt es in Alfred Anderschs „Kirschen der Freiheit", dem wohl bekanntesten literarischen Dokument einer Fahnenflucht. „Sie kotzten mich regelrecht an. Das Schlimmste an ihnen war, daß sie immer da waren. Kameradschaft, – das bedeutete, daß man niemals allein war. (...) Ich weiß nicht, ob sie in jenen Tagen noch an den Sieg glaubten. Aber sie waren jedenfalls immer noch bereit, ihn herbeizuführen. Ihretwegen etwa sollte ich nicht desertieren? Aus ‚Kameradschaft' sollte ich ‚beim Haufen bleiben'? Es war zum Lachen. Sie machten mir den Abschied leicht. Ich lief mit einem herrlichen anarchistischen Gefühl in diesem Haufen herum. Ich wußte, daß sie in irgendeine Form der Vernichtung liefen. Ich wußte, daß ich ihre Vernichtung nicht teilen würde: entweder würde ich durchkommen oder mir eine besondere, allein mir gehörige Form der Vernichtung bereiten. Es gab keine Möglichkeit, darüber auch nur mit einem einzigen dieser ‚Kameraden' zu sprechen, – ich wäre nicht sicher gewesen, nicht angezeigt zu werden. Ich mußte das Wagnis vollständig auf eigene Faust unternehmen."[126]

---

[124] So hat Manfred Messerschmidt ermittelt, daß von 143 Verurteilungen wegen „Wehrkraftzersetzung", welche die im April 1944 eingerichtete Wiener Außenstelle des Zentralgerichts des Heeres aussprach, allein 47 Verfahren auf Kameradendenunziation zurückgingen. Vgl. Der „Zersetzer" und sein Denunziant. Urteile des Zentralgerichts des Heeres – Außenstelle Wien – 1944. In: Wette (Hrsg.): Der Krieg des kleinen Mannes, S. 258.

[125] Vgl. dazu exemplarisch die Erinnerungen Peter Brückners: Das Abseits als sicherer Ort. Kindheit und Jugend zwischen 1933 und 1945. Berlin 1980.

[126] Alfred Andersch: Die Kirschen der Freiheit. Frankfurt/M. 1952, S. 65–69. Vgl. allgemein zum Motiv der Desertion in der Nachkriegsliteratur Thomas Kraft: Fahnenflucht und Kriegsneurose. Gegenbilder zur Ideologie des Kampfes in der deutschsprachigen Literatur nach dem Zweiten Weltkrieg. Würzburg 1994; Norbert

Die Desertion als praktizierter Existentialismus, das war mehr als nur Ausdruck einer philosophischen Nachkriegsmode, sondern reflektierte die Bedingungen widerständigen Handelns unter totaler Herrschaft. Wenn Andersch mit Sartreschem Gestus seine Entscheidung als den Augenblick beschreibt, in dem „sich die Möglichkeit der absoluten Freiheit" verwirklicht,[127] so bezeugt diese trotzige Überhöhung individueller Autonomie *ex negativo* noch die Geschlossenheit jener „Volksgemeinschaft", aus der er sich durch seine Fahnenflucht unwiederbringlich ausgeschlossen hatte. Das Hohe Lied des Einzelgängers war zugleich verzweifelte Klage über die Masse der Mittäter und Mitläufer. Auch in früheren Epochen hatte Deserteure das Verdikt der Ehr- und Vaterlandslosigkeit getroffen, war die Flucht von den Fahnen oftmals gleichbedeutend mit Heimatverlust und Emigration, doch erst das nationalsozialistische System hatte konkurrierende Loyalitätsansprüche, wie sie aus der Bindung etwa an Familie, Dorf, religiöse Gemeinde oder politische Klasse erwachsen konnten, so weit absorbiert oder zerstört, daß der Ungehorsame einen *point de resistance* letztlich nur in sich selbst finden konnte. Deshalb waren Deserteure, so Anderschs Formel, „Leute, die sich selbst in die Wüste schicken".[128]

Das existentialistische Freiheitspathos dokumentierte zugleich seine Weigerung, die Frage nach dem „Warum" zu beantworten. Als Entscheidung *sans phrase* bedurfte die Fahnenflucht keiner weiteren Legitimation; zu rechtfertigen, warum man aus Hitlers Wehrmacht desertiert war, hätte bedeutet anzuerkennen, es hätte auch gute Gründe geben können, eben dies nicht zu tun. Ob einer aus Abscheu vor dem Morden oder aus Angst, selbst getötet zu werden, ob aus Heimweh oder aus Unfähigkeit, die Anstrengungen und Demütigungen des militärischen Dienstes zu ertragen, ob aus Liebe zu einer Frau oder aus Haß auf das Regime davongelaufen war, ob dem Entschluß zur Flucht lange Überlegungen vorausgegangen waren oder Gelegenheit den Deserteur gemacht hatte, war vollkommen gleichgültig, so ließ sich Anderschs Bekenntnisverweigerung lesen, wenn er nur den Eid auf den Führer gebrochen und dem nationalsozialistischen Krieg den Rücken gekehrt hatte. Diese „Bindungslosigkeit", das Fehlen irgendeiner „großen Sache", die den „Abfall vom Volk" hätte begründen können, machten ihm die Kritiker bei Erscheinen der „Kirschen der Freiheit" denn auch vor allem zum Vorwurf, sofern sie ihn nicht umstandslos als Verräter und Feigling verfemten.[129]

Andersch rührte mit seiner literarischen Kampfansage an den Konformismus der Nachkriegsgesellschaft – das Buch erschien 1952 auf dem Höhepunkt der Remilitarisierungsdebatte – an ein Tabu, das in den bundesrepublikanischen Diskussionen über die Wehrmachtsdeserteure bis heute weiterwirkt.

Mecklenburg: Hilfloser Antimilitarismus? Deserteure in der Literatur. In: Krieg und Literatur, 2. Jg., 1990, Nr. 3, S. 135–158.

[127] Andersch: Die Kirschen der Freiheit, S. 86.

[128] Ebd., S. 128.

[129] Vgl. Johannes Hirzel: Wenn ein Deserteur spricht. Anderschs „Kirschen der Freiheit" in der deutschen Kritik. In: Frankfurter Hefte, 8. Jg., 1953, S. 709–715.

Aus der Empörung, die es noch mehr als fünfzig Jahre nach Kriegsende auslöst, dem „unbekannten Deserteur" ein Denkmal setzen zu wollen, und der Hartnäckigkeit, mit der den überlebenden Opfern der NS-Militärjustiz Rehabilitation und materielle Entschädigung verweigert wird,[130] spricht ein geradezu religiöser Eifer, der zeigt, in welchem Maße die nationalsozialistische „Volksgemeinschafts"-Religion auch im postfaschistischen Deutschland fortlebt. Der völkische Glaube (der selbst wiederum nur die Radikalisierung des patriotischen ist) kennt nur ein Gebot: die Bereitschaft zum bedingungslosen Opfer. Deshalb gilt ihm der Deserteur, der dieses Opfer verweigert, als der Ketzer schlechthin. Ihn zu rehabilitieren, seine Tat gar als Widerstand gegen ein Unrechtsregime zu ehren, hieße einzugestehen, daß es Alternativen zum Mitmachen gab und daß die Opfer, die man gebracht hat oder wenigstens zu bringen gewillt war, nicht nur sinnlos, sondern auch Teil einer durch und durch verbrecherischen Politik waren. Die Ungehorsamen müssen ehrlos bleiben, damit die Ehre der Gehorsamen gewahrt wird.[131]

---

[130] Vgl. dazu Manfred Messerschmidt: Zur neueren Diskussion um Opposition und Verweigerung von Soldaten. Deserteure, Zersetzer und Verweigerer. In: Gerd R. Ueberschär (Hrsg.): Der 20. Juli 1944. Bewertung und Rezeption des deutschen Widerstands gegen das NS-Regime. Köln 1994, S. 309–336; Wolfram Wette: Verweigerung und Desertion im Wandel der öffentlichen Meinung (1980–1995). In: Haase/Paul (Hrsg.): Andere Soldaten, S. 189–204; ders. (Hrsg.): Deserteure der Wehrmacht. Feiglinge – Opfer – Hoffnungsträger? Dokumentation eines Meinungswandels. Essen 1995.

[131] Die Tabuisierung schlug sich auch in der historischen Forschung nieder: Ausmaß und Vielfalt militärischen Ungehorsams während des Zweiten Weltkriegs sind erst in den letzten Jahren eingehender untersucht worden. Lange Zeit hatte die Geschichtswissenschaft den militärischen Widerstand gegen den Nationalsozialismus auf den 20. Juli reduziert, wobei autoritäre Ordnungsvorstellungen und Antisemitismus der meisten beteiligten Offiziere in der Regel ebenso ausgeblendet blieben wie ihre Sympathien für Hitlers Aufrüstungsprogramm und ihr bereitwilliges Mitwirken als hochrangige Funktionsträger, solange sie an den militärischen Erfolg des Eroberungskriegs glaubten. Selbst als die Historiker sich im Zuge der alltagsgeschichtlichen Orientierung ihres Fachs seit den siebziger Jahren verstärkt der Untersuchung nichtorganisierter, vielfach spontaner Formen oppositionellen Handelns widmeten und dabei zeitweise den Widerstandsbegriff soweit überdehnten, daß noch die „bloß innere Bewahrung dem NS widerstrebender Grundsätze und die dadurch bedingte Immunität gegenüber nationalsozialistischer Ideologie und Propaganda" (Martin Broszat) wenn nicht als Widerstand, so doch als „Resistenz" durchgingen, interessierten sie sich so gut wie nicht für die Geschichte der ungehorsamen Soldaten. Eine breitere wissenschaftliche Beschäftigung mit dem Thema setzte erst ein, als im Rahmen der Anti-Nachrüstungsbewegung Anfang der achtziger Jahre verschiedene lokale Initiativen für die Errichtung von Denkmälern für den „unbekannten Deserteur" eintraten und damit heftige Debatten auslösten. Zur gleichen Zeit traten auch Wehrmachtsdeserteure und überlebende Opfer der Militärjustiz an die Öffentlichkeit, um gemeinsam ihre Rehabilitation und die jahrzehntelang verweigerten Renten- und Entschädigungsansprüche durchzusetzen. Den besten Überblick über den Forschungsstand gibt der bereits mehrfach zitierte Sammelband von Haase/Paul (Hrsg.): Andere Soldaten. Zur alltagsgeschichtlichen

9. Verbrechen und Gehorsamsbereitschaft

Das stererotyp wiederholte Argument, eine öffentliche Anerkennung der Deserteure verhöhne die Millionen Soldaten, die gehorsam ihren Dienst geleistet hätten, hilft zugleich ein anderes, noch brisanteres Tabu aufrechtzuerhalten: die Verbrechen der Wehrmacht. Aus der Aufspaltung in das nationalsozialistische Unrechtsregime einerseits, die mißbrauchte, aber im Grunde „saubere" Wehrmacht andererseits bezog eine ganze Generation ihre exkulpierende Vergangenheitsdeutung. Indem die kollektive Erinnerung insbesondere Judenvernichtung und Weltkrieg strikt trennte, konnte das eine exterritorialisiert und mörderischen SS-Schergen zugeschrieben werden, während die Masse der Landser eben „nur Krieg" geführt hatte, ohne von den Ausrottungsaktionen gewußt oder selbst irgendwelche Verbrechen begangen zu haben. Um die Geschichte so erzählen zu können, mußte aus dem Gedächtnis getilgt (und daher die Rede darüber mit Tabu belegt) werden, in welchem Maße die deutschen Soldaten durch bloßes „Funktionieren, Anpassen, Mittun oder Zuschauen – vom Engagement ganz zu schweigen –" dazu beigetragen hatten, „das Räderwerk von Verfolgung und Vernichtung – den Krieg im Krieg – in Gang zu halten".[132]

Die Wehrmacht war in die arbeitsteilig organisierte Massenvernichtung schon dadurch involviert, daß ihre Eroberungen die meisten der dann ermordeten Juden überhaupt erst in den deutschen Machtbereich brachten und die Tötungsfabriken nur weiterbetrieben werden konnten, solange die Fronttruppen den Vormarsch vor allem der Roten Armee aufhielten. Die Wehrmacht war darüber hinaus nicht nur über die Massenerschießungen der hinter der Front operierenden Einsatzgruppen genauestens informiert und arbeitete eng mit ihnen zusammen, sondern Wehrmachtseinheiten gingen unter dem Vorwand der Partisanenbekämpfung auch selbst systematisch auf „Judenjagd".[133]

Ausweitung des Widerstandsbegriffs vgl. Martin Broszat: Resistenz und Widerstand. In: ders./Elke Fröhlich/Anton Grossmann: Bayern in der NS-Zeit, Bd. IV. München 1981, S. 691–709; kritisch dazu Ian Kershaw: „Widerstand ohne Volk?". Dissens und Widerstand im Dritten Reich. In: Jürgen Schmädecke/Peter Steinbach (Hrsg.): Der Widerstand gegen den Nationalsozialismus. München 1986, S. 779–798; Paul Mallmann: Resistenz oder loyale Widerwilligkeit? Anmerkungen zu einem umstrittenen Begriff. In: Zeitschrift für Geschichtswissenschaft, 41. Jg., 1993, S. 99–116.

132 Heer/Naumann: Einleitung. In: dies. (Hrsg.): Vernichtungskrieg, S. 33.

133 Vgl. zur Beteiligung der Wehrmacht an der Judenvernichtung Helmut Krausnick/Hans-Heinrich Wilhelm: Die Truppe des Weltanschauungskrieges: die Einsatzgruppen der Sicherheitspolizei und des SD 1938–1942. Stuttgart 1981; Manfred Messerschmidt: Harte Sühne am Judentum. Befehlslage und Wissen in der deutschen Wehrmacht. In: Jörg Wollenberg (Hrsg.): „Niemand war dabei und keiner hat's gewußt". Die deutsche Öffentlichkeit und die Judenverfolgung 1933–1945. München 1989, S. 113–128; ders.: Das Heer als Faktor der arbeitsteiligen Täterschaft. In: Hanno Loewy (Hrsg.): Holocaust: Die Grenzen des Verstehens. Frankfurt/M. 1992, S. 166–190; Hans-Heinrich Wilhelm: Rassenpolitik und Kriegführung. Sicherheitspolizei und Wehrmacht in Polen und der Sowjetunion. Passau

Die Ermordung der männlichen Juden in Serbien etwa erfolgte ohne Beteiligung von SS- und SD-Verbänden.[134]

Rücksichtsloser Terror richtete sich auch gegen die nichtjüdische Zivilbevölkerung vor allem in den besetzten Gebieten der Sowjetunion; hier lieferte ebenfalls die „Bekämpfung des Bandenunwesens" den Vorwand, Dörfer niederzubrennen und ihre Bewohner umzubringen. Opfer des Vernichtungswillens der Wehrmacht wurden schließlich mehr als drei Millionen russischer Kriegsgefangener. Sie wurden entweder aufgrund des „Kommissarbefehls" und anderer Anordnungen zur „Gegnervernichtung" den Einsatzgruppen der SS zur Exekution übergeben oder, das gilt insbesondere für verwundete russische Soldaten sowie für Gefangene, die auf den Fußmärschen zu den Sammellagern wegen Erschöpfung zusammenbrachen, direkt von Wehrmachtsangehörigen erschossen. Hunderttausende starben in den Gefangenenlagern an Hunger, Unterkühlung oder Seuchen.[135]

Das Gros der im Osten eingesetzten Wehrmachtssoldaten brauchte ebenso wie die Angehörigen der Waffen-SS, der Einsatzgruppen und Polizeitruppen zur mittelbaren oder unmittelbaren Beteiligung an der Ausrottungspolitik nicht genötigt zu werden – hätte man sie überhaupt dazu nötigen *können*, beispielsweise stundenlang wehrlose Opfer im Fließbandverfahren durch Genickschuß zu töten? –, sondern legte im Gegenteil einen Eifer an den Tag, der über das befohlene Maß noch hinausging. Die militärisch angeordnete Entgrenzung der Gewalt erzeugte eine Form des ungehorsamen Gehorsams, der noch im Verstoß gegen konkrete Befehle die Zielvorgaben des Vernichtungskrieges erfüllte. „Im Gegensatz zu anderslautenden Behauptungen aus der Nachkriegszeit wurden Tötungsbefehle mit bemerkenswerter Gründlichkeit befolgt, während Anweisungen, die Morde auf bestimmte Gruppen von Menschen zu begrenzen und später mit Rücksicht auf die veränderte Lage weiter einzuschränken, von der Truppe weitgehend ignoriert wurden."[136] Zwar waren nicht alle Wehrmachtssoldaten an der Ostfront persönlich an Massakern und Mordaktionen beteiligt, aber alle wußten davon, und die Täter konnten auf ein Klima allgemeiner Billigung rechnen. So sahen sie in der Regel keinen Anlaß, ihre Untaten zu verheimlichen, sondern – zahllose Fotos, die bei gefallenen Soldaten gefunden wurden und sie in stolzer Pose vor ihren erhängten oder erschossenen Opfern zeigen, belegen es – brüsteten sich im Gegenteil noch mit ihnen.

Weigerungen, sich an Mordaktionen zu beteiligen, waren selten und zogen für die Betreffenden keine schwerwiegenden Konsequenzen nach sich. Der

---

1991; Hannes Heer: Killing Fields. Die Wehrmacht und der Holocaust. In: ders./ Naumann (Hrsg.): Vernichtungskrieg, S. 57–77; weitere Literatur in der „Auswahlbibliographie zum Thema Wehrmachtsverbrechen", in: Mittelweg 36, 3. Jg., 1994, H. 3, S. 52–56.

134 Vgl. dazu Walter Manoschek: „Serbien ist judenfrei!". Militärische Besatzungspolitik und Judenvernichtung in Serbien 1941/42. München 1993.

135 Vgl. dazu Christian Streit: Keine Kameraden: Die Wehrmacht und die sowjetischen Kriegsgefangenen 1941–1945. Bonn 1991.

136 Bartov: Hitlers Wehrmacht, S. 128.

angebliche „Befehlsnotstand", auf den sich nach 1945 so viele beriefen, erweist sich als Schutzbehauptung: Trotz intensiver Bemühungen von Verteidigern und Angeklagten in den NS-Prozessen, eine Zwangslage nachzuweisen, ist es bis heute nicht gelungen, „auch nur in einem einzigen Fall zu belegen, daß auf die Weigerung, unbewaffnete Zivilisten zu töten, jene gnadenlose Bestrafung gefolgt wäre, die angeblich zwangsläufig damit verbunden war. Die Strafe oder der Verweis, zu dem ein solcher Akt des Ungehorsams gelegentlich führte, war niemals mit der Schwere der Verbrechen zu vergleichen, die von den Männern verlangt wurden."[137] Wenn Truppenkommandeure im Zusammenhang von „Säuberungen" über Verstöße gegen die militärische Disziplin klagten, handelte es sich meist um Fälle, in denen Wehrmachtsangehörige das Morden und Niederbrennen auf eigene Faust fortgesetzt und ausgeweitet hatten. Während die Gefechtsdisziplin mit drakonischen Kriegsgerichtsurteilen aufrechterhalten wurde, konnten die Soldaten allerdings davon ausgehen, daß eigenmächtige Plünderungen und Gewalttaten trotz formaler Verbote nicht oder nur als Bagatelldelikte geahndet wurden. Wenn überhaupt, so hatten sie sich nicht für die Verbrechen, sondern für die Verletzung ihrer Gehorsamspflicht zu rechtfertigen.

Da die Bereitschaft zu morden offensichtlich nicht erzwungen zu werden brauchte und die Masse der Täter auch nicht aus sadistischer Lust oder im „Blutrausch" handelte, reichen weder der Verweis auf das militärische Prinzip von Befehl und Gehorsam noch der Rekurs auf individuelle Pathologien aus, um die Brutalisierung der Soldaten zu erklären. Die Dynamik des Vernichtungskrieges selbst zersetzte systematisch das Unrechtsbewußtsein, sofern überhaupt vorhanden, und beförderte so das Niederreißen aller Gewalthemmungen. Die Routinisierung des Tötens tat das ihre dazu.[138] Zwischen den

---

[137] Christopher R. Browning: Ganz normale Männer. Das Reserve-Polizeibataillon 101 und die „Endlösung" in Polen. Reinbek 1993, S. 222/223. Vgl. dazu auch Herbert Jäger: Verbrechen unter totalitärer Herrschaft. Frankfurt/M. 1982.

[138] Zur Brutalisierung der Wehrmachtssoldaten vgl. vor allem die Arbeiten von Omer Bartov, außer der bereits zitierten Studie „Hitlers Wehrmacht" insbesondere: Extremfälle der Normalität und die Normalität des Außergewöhnlichen: Deutsche Soldaten an der Ostfront. In: Ulrich Borsdorf/Mathilde Jamin (Hrsg.): Überleben im Krieg. Reinbek 1989, S. 148–161; Brutalität und Mentalität. Zum Verhalten deutscher Soldaten an der „Ostfront". In: Peter Jahn/Reinhard Rürup (Hrsg.): Erobern und Vernichten. Der Krieg gegen die Sowjetunion. Berlin 1991, S. 183–199; The Conduct of War: Soldiers and the Barbarization of Warfare. In: Journal of Modern History, Vol. 64, 1992, Suppl.: Resistance against the Third Reich, S. 32–45. Allgemein zur Eliminierung des Unrechtsbewußtseins bei den Exekutoren der nationalsozialistischen Vernichtungspolitik vgl. Browning: Ganz normale Männer, insbesondere S. 208–247; Herbert C. Kelman: Violence without Moral Restraint: Reflections on the Dehumanisation of Victims and Victimizers. In: Journal of Social Issues, Vol. 29, 1973, Nr. 4, S. 25–61; Willi Schumacher: Psychologische Mechanismen bei der Manipulation des Rechtsbewußtseins in totalitären Systemen. In: Klaus Lüderssen/Fritz Sack (Hrsg.): Vom Nutzen und Nachteil der Sozialwissenschaft für das Strafrecht, Bd. 1. Frankfurt/M. 1980, S. 169–199; Herbert Jäger: Bedingungen und Mechanismen der Neutralisation. In: ders.: Makrokrimi-

rigiden Gehorsamsforderungen auf dem Schlachtfeld, dem Morden auf Befehl bei den „offiziellen“ Massakern, der faktischen Duldung „wilder“ Requirierungen und wahlloser Erschießungen außerhalb der Kampfeinsätze und der propagandistischen Dehumanisierung des Gegners, dem man exakt jene Greueltaten unterstellte, die man selbst an ihm verübte, bestand ein enger Zusammenhang. Ob die Soldaten die Verbrechen begingen, weil sie der nationalsozialistischen „Untermenschen“-Propaganda glaubten, die ihnen eingehämmert wurde, oder ob sie die Propaganda für wahr hielten, weil sie einen Grund für die begangenen Verbrechen brauchten, im Ergebnis bestätigten und verstärkten ideologische Indoktrination und Vernichtungspraxis sich wechselseitig. Daß die uniformierten Täter lediglich das exekutierten, was Hitler und Wehrmachtsführung über den „totalen Krieg“ sagten, potenzierte die schon in der militärischen Kommandostruktur angelegte Externalisierung persönlicher Verantwortung und entlastete von aufkeimenden Schuldgefühlen. Die Soldaten konnten sich nicht nur weitgehend gefahr- und straflos gegenüber der Zivilbevölkerung und den Kriegsgefangenen als Herren über Leben und Tod gebärden, sondern je rücksichtsloser sie gegen diese vorgingen, desto größer war die Übereinstimmung mit dem Willen des Führers. Das Unrecht gegen wehrlose Opfer verkehrte sich so im Bewußtsein zur Tugend der Pflichterfüllung unter härtesten Bedingungen.

Ebenso wichtig wie die Abtretung des Gewissens nach „oben“ war die vertikale Entlastung durch das „Wenn ich es nicht tue, tut es ein anderer“. Unmittelbarer noch als die Autorität der Vorgesetzten und die propagandistisch vermittelten Feindbilder dürfte der Konformitätsdruck in der Kameradengruppe zum Klima des bereitwilligen Mitmachens beigetragen haben. Für die von außermilitärischen Beziehungen weitgehend abgeschnittenen Soldaten waren die Kameraden die einzigen Bezugspersonen, von deren Wohlwollen oftmals das Überleben unter den Extrembedingungen des Krieges abhing. Wer für das Morden zu „weich“ war und die „Drecksarbeit“ seinen Kameraden überließ oder sich sträubte, sie auf einem Plünderungszug zu begleiten, verstieß gegen die Gruppennormen und konnte rasch zum Außenseiter werden. Umgekehrt ließ der kollektive Zwang, sich stets von neuem der eigenen Härte und Schneidigkeit zu versichern, die Verrohung weiter eskalieren. Die deutsche Wehrmacht führte nicht nur einen verbrecherischen Krieg, sondern verwandelte sich auch ihrer sozialen Organisation nach in eine Verbrecherbande, die durch die gemeinsam verübten Untaten zusammengeschweißt wurde und jedes ihrer Mitglieder in die Komplizität hineinnötigte. In diesem Sinne läßt sich auch die

---

nalität. Studien zur Kriminologie kollektiver Gewalt. Frankfurt/M. 1989, S. 187–213; Harald Welzer: Männer der Praxis. Zur Sozialpsychologie des Verwaltungsmassenmordes. In: ders. (Hrsg.): Nationalsozialismus und Moderne. Tübingen 1993, S. 105–127; Daniel J. Goldhagen: Hitlers willige Vollstrecker. Ganz gewöhnliche Deutsche und der Holocaust. Berlin 1996. Goldhagen dokumentiert wie Browning eindrücklich die „Normalität“ der Täter und betont mit Recht die Bedeutung ihres Judenhasses; seine reduktionistische Ableitung der Vernichtungspraxis aus einem „eliminatorischen Antisemitismus“ vermag jedoch nicht zu überzeugen.

von amerikanischen Militärsoziologen nach 1945 aufgestellte These übersetzen, entscheidend für die „Moral" der deutschen Truppen sei weniger die politische Fanatisierung als der Zusammenhalt der „Primärgruppen" gewesen: Die „Primärgruppe" war nicht nur Überlebens-, sie war auch Mordgemeinschaft; sie gewährte Schutz, aber sie beseitigte auch mögliche Skrupel und entgrenzte so die Gewaltbereitschaft.[139]

Gewiß gab es Soldaten, die Ekel und Widerwillen gegenüber den Grausamkeiten empfanden, aber der Vernichtungskrieg eröffnete selbst dem einfachen Landser auch die verlockende Chance, vom Gefühl totaler Macht zu kosten – gegenüber den „Untermenschen" war ihm alles erlaubt: „Ob er das Haus eines Juden plünderte oder diesen zwang, auf einem Bein hüpfend ‚Die Internationale' zu singen, ob er einen Gefangenen ‚umlegte', weil der ein paar warme Filzstiefel trug oder weil er nur einem Befehl zu langsam nachgekommen war, alles das konnte zur Verbesserung der Stimmung, zur Komplettierung der Versorgung oder der Ausrüstung und d.h. insgesamt zur Steigerung der eigenen Überlebenschancen benutzt werden."[140]

Omer Bartov hat darauf hingewiesen, daß die gemeinsam begangenen Verbrechen nicht zuletzt eine kompensatorische Funktion erfüllten und deshalb für die Kohäsion der Truppe von kaum zu überschätzender Bedeutung waren: „Im Gegensatz zu den Erwartungen einiger Generale wurde es gerade wegen und nicht etwa trotz der ‚Verwilderung' der Truppe, wie sie es nannten, möglich, den Soldaten an der Front eine brutale Disziplin aufzuzwingen, ohne daß sie erkennbare Anzeichen von Aufsässigkeit zeigten oder gar meuterten. Zum einen war es leichter, die Brutalität der Offiziere zu ertragen, wenn man andere brutal behandeln durfte, zum anderen wurde die rücksichtslose Durchsetzung des Willens immer mehr zur Regel. Und schließlich schien der Teufelskreis der Brutalität nur die nationalsozialistische Sicht des Krieges zu bestätigen – eines Krieges, dessen Charakter zunächst mit ideologischen Argumenten gerechtfertigt worden war. Dies bestärkte die Soldaten immer mehr in dem Glauben, daß es unbedingt notwendig sei, Hitlers Weltanschauungskrieg zu führen und zu gewinnen. Das Ostheer wurde also durch eine Kombination aus eiserner Disziplin im Feld und einer allgemeinen Lizenz zur barbarischen Behandlung des Feindes zusammengehalten."[141]

Folgt man dieser Auffassung, so wird auch verständlicher, warum die Wehrmacht selbst dann noch weiterkämpfte, als die Aussichtslosigkeit der

---

[139] Vgl. M. I. Gurfein/Morris Janowitz: Trends in Wehrmacht Morale. In: Public Opinion Quarterly, Vol. X, 1946, S. 78–84; Edward A. Shils/Morris Janowitz: Cohesion and Disintegration in the Wehrmacht in World War II, ebd., Vol. XXII, 1948, S. 280–315. Kritisch dazu Bartov: Hitlers Wehrmacht, S. 51–92. Bartov geht davon aus, daß aufgrund der hohen Verluste und der damit verbundenen häufigen Neuzusammenstellung von Truppenverbänden an der Ostfront bestehende Primärgruppen-Bindungen zerstört und neue kaum aufgebaut werden konnten.

[140] Hannes Heer: Bittere Pflicht. Der Rassenkrieg der Wehrmacht und seine Voraussetzungen. In: Mittelweg 36, 4. Jg., 1995, H. 6, S. 74/75.

[141] Bartov: Hitlers Wehrmacht, S. 112/113.

militärischen Lage jedem klar sein mußte, und warum sie den Krieg im Osten auch unter Bedingungen fortsetzte, „bei denen die meisten anderen Armeen – einschließlich derer, die zuvor so gründlich von der Wehrmacht besiegt worden waren, auseinandergebrochen wären“[142]: Der auch für die Gegner erstaunliche Durchhaltewille der deutschen Truppen war eine Konsequenz der von ihnen verübten beispiellosen Verbrechen, deutlicher ausgedrückt: ihr Zusammenhalt bis zum Ende das verzweifelte Nichtaufhörenkönnen einer Armee, die allen Grund hatte, die Rache jener zu fürchten, die ihrem Wüten entkamen.

[142] Ders.: Brutalität und Mentalität, S. 187.

VIII. Die Substitution der Menschen: Das System der Abschreckung und die Antiquiertheit der Soldaten

1. Die atomare Situation

Militärische Rüstung, der kontinuierliche Herrschaftsakt der Aneignung gesellschaftlicher Ressourcen und ihrer Umformung in Kriegsmittel,[1] besaß und besitzt stets eine materielle und eine personelle Seite. Wer Kriege führen können will, braucht effiziente Waffen, Transport- und Kommunikationssysteme, und er braucht zuverlässige Soldaten und Rüstungsproduzenten. Beide Seiten sind nicht voneinander zu trennen; jedem Niveau materieller Kriegsrüstung entsprechen spezifische Sozialtechnologien zur Rekrutierung und Zurichtung des „Menschenmaterials". Der Krieg mit in Linie oder in offenen Formationen kämpfenden Gewehrträgern und Kavalleristen erfordert andere Soldaten und einen anderen Gehorsam als eine Militärorganisation, die sich vor allem auf Artillerie oder Panzerverbände stützt, und diese wiederum stellt andere Anforderungen an ihr Personal als die Streitkräfte im Zeitalter nuklearer Vernichtungsmittel und computergesteuerter Kriegführung. So wenig die moderne Rüstungstechnik mit der vergleichsweise simplen Mechanik einer Steinschloßflinte gemein hat, so wenig verbindet die Disziplin des Techniker-Soldaten von heute mit dem „mechanischen Gehorsam" seiner Vorgänger.

Auch in quantitativer Hinsicht verschiebt sich das Verhältnis von Personal und Material: Erzeugte die Industrialisierung des militärischen Gewaltpotentials seit Mitte des letzten Jahrhunderts zunächst auch einen gesteigerten Bedarf an Menschen, so haben die Potenzierung der Vernichtungskapazitäten und die parallele Automatisierung der Kriegführung inzwischen Massenheere zumindest unter dem Gesichtspunkt militärischer Effizienz entbehrlich werden lassen.[2] In den Jahren des Ersten Weltkriegs, in der Aufrüstungsphase nach 1935 und erst recht während des Zweiten Weltkrieges erreichte trotz forcierter Ersetzung von Menschen durch Maschinen auch die Mobilisierung der personellen Ressourcen ein bis dahin nicht gekanntes Ausmaß. Niemals wurden mehr Soldaten auf die Schlachtfelder geworfen, niemals wurden auf ihnen mehr getötet als zwischen 1939 und 1945. Erst die Entwicklung der „totalen

---

1 So die Definition von Michael Geyer: Deutsche Rüstungspolitik, S. 9.

2 Geyer unterscheidet drei große Phasen dieses Prozesses: Auf die von ihm zwischen 1860 und dem Ersten Weltkrieg datierte Periode personal-intensiver Rüstung, folgte zwischen 1914/16 und 1945 eine Periode material-intensiver Rüstung; diese „wurde wiederum von einer kapital-intensiven Rüstung abgelöst, in welcher statt der Massenproduktion von Waffen und Gerät die Steigerung der Vernichtungskapazität und eine damit verbundene Betonung von Forschung und Entwicklung in den Mittelpunkt rückten" (ebd., S. 13).

Waffe" und ihr Einsatz in Hiroshima und Nagasaki machte einen totalen Krieg ohne totale Mobilmachung der Gesellschaft möglich. Seit dem 6. August 1945 ist Clausewitz' idealtypisches Konstrukt des „absoluten Krieges", eines von allen „Friktionen" freien, zu einem „einzigen Schlag ohne Dauer" zusammengezogenen „totalen Entladens" der Kräfte,[3] nicht länger kriegsphilosophische Abstraktion, sondern ein technisch realisierbares Projekt. Ein Minimum an Personal reicht aus, um ein Maximum an tötender Gewalt zu erzeugen und ganze Gesellschaften, wenn nicht die menschliche Gattung insgesamt auszulöschen.[4] Soldaten sind zum bloßen Anhängsel des gigantischen Vernichtungsapparates geworden, den sie zu bedienen und zu warten haben, aber längst nicht mehr überblicken können. Am Ende steht das apokalyptische Bild vom Präsidenten (oder verrückten Wissenschaftler), der den roten Knopf betätigt und damit den nuklearen Vernichtungsschlag auslöst. Und selbst dieser letzte Feldherr und Soldat in einer Person verschwindet noch im Szenario eines durch Computerfehler oder andere Pannen ausgelösten „Atomkriegs wider Willen", das die militärischen Planungsstäbe in der Ära des Kalten Krieges hochgradig beunruhigte und zu einem entscheidenden Movens permanenter technischer Nachrüstung der Atomwaffenpotentiale, Aufklärungs- und Nachrichtensysteme wurde.[5]

---

3 Clausewitz: Vom Kriege, S. 95, 851.

4 Die technische Vision eines menschenleeren Schlachtfelds entwickelte der durch seine Erfahrungen im Ersten Weltkrieg zum Pazifisten geläuterte ehemalige Generalstabsoffizier Franz Carl Endres bereits in den zwanziger Jahren: „Rein theoretisch könnte man sich vorstellen, daß auf einem Zukunftsschlachtfelde gar keine Menschen mehr auftreten, sondern nur Maschinen, die durch Fernsteuerung zum Schuß gebracht, aufeinander losstürmen, und daß erst die siegreichen Maschinen bei weiterem Vordringen auf die von Menschen bedienten Leitungszentralen treffen. (...) Heute sind wir erst soweit fortgeschritten, daß wir zwar in Geschützen und Tanks, in Flugzeugen und Maschinengewehren, in Gas- und Brisanzbomben und sonstigen Maschinen die Kraft von Hunderten von Menschen auf kleinstem Raum aufhäufen und in kürzester Zeit zur Wirkung bringen können, daß aber die direkte Bedienung dieser Maschinen durch den Menschen notwendig ist. Das führerlose Bombenflugzeug, der führerlose Tank sind noch nicht gebrauchsfertig" (Vom nächsten Krieg. In: Archiv für Sozialgeschichte und Sozialpolitik, 59. Bd., 1928, S. 55).

5 „*Unbeabsichtigte* oder *Kriege aufgrund von Pannen (accidental wars)* gehörten", so Dieter Senghaas 1969, „zu den realsten Gefahren der letzten zwanzig Jahre. Der eigentliche Charakter dieses Konflikts ist, daß ein Krieg entfesselt wird in dem Glauben, daß er schon ausgebrochen ist oder unvermeidlich sei. In den meisten hypothetischen Fällen akzidenteller Kriege liegt eine Fehlinterpretation der verfügbaren Daten vor. Der Auslassermechanismus (...) ist in Ereignissen wie dem Zusammenbruch der militärischen Disziplin an einer entscheidenden Stelle, der unbeabsichtigten Detonation einer Bombe, einem nachrichtendienstlichen Versagen oder in Irrtümern im Kommunikations- und Entscheidungsprozeß zu suchen. In Zeiten normaler und durchschnittlicher Spannungen brauchen solche technischen Pannen nicht unbedingt zum Ausbruch eines Krieges zu führen. Mit der Intensivierung eines politischen Konflikts wächst jedoch die Gefahr, daß technisch bedingte Pannen als Katalysatoren eines großen Krieges wirken" (Abschreckung und Frieden, S. 96).

„Entmenschlicht" wird der Krieg nicht allein durch die absolute Entgrenzung der Gewalt, sondern auch durch die technische Beschleunigung der militärischen Abläufe. Paul Virilio hat darauf aufmerksam gemacht, daß Kriegführungsfähigkeit heute vor allem darauf beruht, Geschwindigkeit zu produzieren.[6] Bestimmte und begrenzte den Krieg bis ins 19. Jahrhundert noch ein labiles Gleichgewicht zwischen Beschleunigungs- und Bremswirkungen – die Beschaffenheit des geographischen Raums und der Festungsanlagen war nicht weniger wichtig als das Tempo der Truppenbewegungen und die Reichweite der Geschosse –, so herrscht inzwischen das uneingeschränkte Primat der Geschwindigkeit. Die Blitzkriege Nazi-Deutschlands waren noch eine Sache von wenigen Wochen, die Pershing-Raketen, gegen die die Friedensbewegung der achtziger Jahre demonstrierte, sollten den Gegner in acht bis zwölf Minuten entwaffnen. Die Technik erzwingt Entscheidungen praktisch ohne Bedenkfrist, weshalb man sie besser elektronischen Rechnern überträgt. Konstitutionell überfordert, die Masse an Informationen in der gegen Null tendierenden Zeit zu verarbeiten, ist der Mensch lediglich Risikofaktor. Nachdem die Feldzüge jahrtausendelang von bewaffneten Männern geführt wurden und danach für ein halbes Jahrhundert bemannte Waffen das Kriegsgeschehen dominierten, ist die Epoche der unbemannten, „intelligenten" Waffen angebrochen.

Angesichts von Overkill-Kapazitäten und Echtzeit-Technologien erscheint die Gestalt des Soldaten antiquiert – ein Spezialfall jener Antiquiertheit des Menschen, die Günther Anders in seiner Anthropologie des Atomzeitalters diagnostiziert hat.[7] Aufgrund ihrer Nähe zu den hochtechnisierten Destruktionsmitteln gilt für die Soldaten vielleicht noch mehr als für ihre zivilen Zeitgenossen Anders' Feststellung, „daß wir der Perfektion unserer Produkte nicht gewachsen sind; daß wir mehr herstellen, als wir uns vorstellen und verantworten können; und daß wir glauben, das, was wir können, auch zu dürfen"[8].

---

[6] Virilio geht dieser „dromokratischen Revolution" in nahezu jeder seiner Veröffentlichungen von neuem nach, vgl. für einen Überblick: Geschwindigkeit und Politik. Berlin 1980; sowie den Gesprächsband mit Sylvère Lotringer: Der reine Krieg, Berlin 1984. Zur Auseinandersetzung mit Virilio vgl. auch meinen Aufsatz: Krieg und Geschwindigkeit. Paul Virilios „Dromologie". In: Schwarzer Faden, 12. Jg., 1991, H. 2, S. 16–25; eine Kritik aus techniksoziologischer und militärhistorischer Perspektive unternimmt Kaufmann: Kommunikationstechnik und Kriegführung.

[7] Günther Anders: Die Antiquiertheit des Menschen, 2 Bde., München 1956/1980.

[8] Ebd., Bd. 1. München [6]1980, S. VII. Nicht zuletzt aufgrund dieses „prometheischen Gefälles" (ebd., S. 267) stellt der Öffentlichkeit wie Gerichte seit Jahren beschäftigende Satz „Soldaten sind (potentielle) Mörder" eine eklatante Verharmlosung dar: Mörder haben Motive – der Definition des Delikts im Strafgesetzbuch nach töten sie „aus Mordlust, zur Befriedigung des Geschlechtstriebs, aus Habgier oder sonst aus niedrigen Beweggründen" –, die ihre Gewalt nicht nur antreiben, sondern dieser auch eine Grenze setzen. Diese subjektive Schranke fehlt dem Soldaten, genauer: sie spielt für sein Tun eine immer geringere Rolle. Weil er, zumindest der disziplinarischen Norm nach, unabhängig von persönlichen Motivationen in staatlichem Auftrag Befehle ausführt und dabei im Atomzeitalter arbeitsteilig und in großer räumlicher Distanz zu seinen (potentiellen) Opfern technische Geräte bedient, de-

Die als antiquiert Ausgemachten sind allerdings keineswegs verschwunden. Im Gegenteil: Auch nach Hiroshima und Nagasaki unterhalten Staaten Streitkräfte und trainieren ihr Personal für den Krieg, und es gab seither kaum einen Tag, an dem nicht irgendwo militärische Verbände aufeinander geschossen oder Krieg gegen Zivilisten geführt hätten.

2. Die Remilitarisierung der Bundesrepublik

Ein Jahrzehnt, nachdem die alliierten Truppen das nationalsozialistische Deutschland zur totalen Kapitulation gezwungen und den Eroberungs- und Vernichtungskrieg der Wehrmacht sowie die fabrikmäßigen Massentötungen in den Konzentrationslagern mit militärischer Gewalt beendet hatten, verfügten auch beide Nachfolgestaaten des „Dritten Reichs" wieder über eigene Truppen. Die Siegermächte, die zunächst die „völlige Abrüstung und Entmilitarisierung Deutschlands"[9] beschlossen hatten, waren davon wieder abgerückt, als ihre Allianz auseinanderbrach und die Frontstellung des Kalten Krieges alle weiteren Planungen diktierte. Spätestens mit Beginn des Korea-Krieges hatte sich insbesondere in der amerikanischen und britischen Administration die Auffassung durchgesetzt, daß im Rahmen der westlichen Eindämmungspolitik nicht nur die Teilung Deutschlands, sondern auch ein „Wehrbeitrag" der Bundesrepublik den eigenen strategischen Interessen entsprach. Die politische Führung des sich konstituierenden westdeutschen Staates – nur um die Militärorganisation dieser Seite geht es im folgenden – nutzte ihrerseits die Blockkonfrontation, um über die Frage der Wiederbewaffnung ein möglichst großes Maß an politischer Autonomie zu gewinnen. „Für die Adenauer-Regierung war die Remilitarisierung eine Trumpfkarte gegenüber den Westmächten, mit der weniger ein unmittelbar militärischer Zweck verbunden war als vielmehr das Ziel, über sie die Wiederherstellung der vollen staatlichen Souveränität und eine bindende wirtschaftliche, militärische und kulturelle Eingliederung in die westliche Welt zu erlangen."[10] Souverän, so die Grundüberzeugung des ersten Kanzlers, war nur, wer auch über Soldaten verfügte.

Anknüpfen konnten alliierte und deutsche Remilitarisierungsbefürworter an die Virulenz des antisowjetischen Feindbilds. Daß auch die Westmächte nun zum Feldzug gegen den „Weltkommunismus" riefen, schien im nachhinein zu bestätigen, was die nationalsozialistische Propaganda über die drohende „asiatisch-bolschewistische Flut" verkündet hatte. Die gemeinsame Frontstellung mit den Siegern gegen die „Gefahr aus dem Osten" erlaubte es den besiegten Deutschen, sich von Hitler und dem NS-Regime zu distanzieren und

---

ren Vernichtungseffekte seine Vorstellungskraft übersteigen, ist seine Fähigkeit zu töten tendenziell unbegrenzt.

[9] So die Formulierung im Potsdamer Abkommen vom 2. August 1945.

[10] Matthias Jopp: Zur Entstehungsgeschichte der deutschen Sicherheitsproblematik: Politische Interessen und militärische Planung bei der Integration der Bundeswehr in das NATO-Bündnis. In: Steinweg (Red.): Unsere Bundeswehr?, S. 23.

zugleich die nationalsozialistischen Bedrohungsphantasmen über die Niederlage von 1945 hinaus in die postfaschistische Ordnung hinüberzuretten. Das Zeitalter der Totalität war keineswegs zu Ende, der totale Krieg im Abschrekkungssystem nur auf Latenz gestellt. In der „antitotalitären" Dichotomie von freier Welt und kommunistischer Diktatur lebte das Dogma des totalen Feindes fort und wurde zur Durchsetzung der Aufrüstungspläne mit allen Mitteln der Meinungslenkung geschürt. Seinem auf Weltherrschaft gerichteten Machtstreben sollte allein die Androhung totaler Vernichtung Einhalt gebieten können.[11] Die ideologische Mobilisierung der Angst zielte jedoch, anders als die NS-Propaganda, nicht darauf, die gesamte Gesellschaft durchzumilitarisieren, sondern sollte eine relativ entpolitisierte, weil mit Wiederaufbau und „Wirtschaftswunder" beschäftigte Bevölkerung dazu bewegen, ihre Vorbehalte gegen die Aufstellung deutscher Soldaten aufzugeben und die Entscheidungen der Regierung als unvermeidlich hinzunehmen.

Obwohl die Bundeswehr von ehemaligen Wehrmachtsoffizieren aufgebaut wurde, obwohl eine öffentliche Auseinandersetzung über die Verbrechen der nationalsozialistischen Armee unterblieb[12] – der kollektive Entlastungsmechanismus funktionierte über die Berufung auf einen Befehlsnotstand sowie die Spaltung in „verbrecherische SS" einerseits, „saubere Wehrmacht" andererseits –, obwohl positive Identifikationen mit den militärischen Leistungen der Wehrmacht zum festen Bestandteil der Traditionspflege gehören und regelmäßig Skandale provozieren,[13] ist die Bundeswehr kein bevorzugtes Refugium alt- oder neofaschistischer Kräfte geworden. Kontinuitätslinien zu ihrer nationalsozialistischen Vorgängerin liegen weniger im Bereich ideologischer Übereinstimmungen oder der Übernahme bestimmter Traditionsbestände, als vielmehr darin, daß „das Ziel und der Endpunkt auch dieser Armee die effektive

---

[11] Daß Abschreckung und Dämonisierung des Gegners einander bedingen, erkannte niemand besser als Carl Schmitt. Hatte er in den Dreißiger Jahren die systematische Konstruktion des „totalen Feindes" selbst propagiert, so war er 1963 aus der Rolle des Programmatikers in die des Diagnostikers gewechselt: „Solche absoluten Vernichtungsmittel", schrieb er in seiner „Theorie des Partisanen" über die Atomwaffen, „erfordern den absoluten Feind, wenn sie nicht absolut unmenschlich sein sollen" (S. 94). – „Menschlicher" wird die Vernichtungsdrohung durch die propagandistische Entmenschlichung des Gegners zwar nicht, aber die Hemmung, die Vernichtungspotentiale bereitzuhalten und gegebenenfalls einzusetzen, wird herabgesetzt, und diesem Zweck dient die ideologische Mobilmachung.

[12] Das gilt auch für die historische Forschung; umfassend destruierten erst Manfred Messerschmidts „Die Wehrmacht im NS-Staat" sowie Klaus-Jürgen Müllers „Das Heer und Hitler", beide 1969 erschienen, den Mythos der „sauberen Wehrmacht". Vgl. zur Historiographie über die Wehrmacht auch Omer Bartov: Wem gehört die Geschichte? In: Heer/Naumann (Hrsg.): Vernichtungskrieg, S. 601–619.

[13] Vgl. den vieldiskutierten „Traditionserlaß" vom 1. Juli 1965, in dem „die Pflege kameradschaftlicher Beziehungen zu ehemaligen Soldaten" angeregt und ausdrücklich erklärt wird, die Bundeswehr würdige ihre „soldatische Leistung" und ihr „Opfer". Der Erlaß ist dokumentiert bei Hans-Joachim Harder/Norbert Wiggershaus: Tradition und Reform in den Aufbaujahren der Bundeswehr. Herford/Bonn 1985, S. 155–160.

Organisation von Gewalt und nichts anderes ist. Gesinnungsmäßig mag die Bundeswehr eine demokratische Armee mit gelegentlichen nationalistischen Rückfällen sein, in ihrer Herrschaftsausübung ist sie jedoch eine technokratische Armee."[14] Welche Spuren allerdings die gespeicherten Gewalterfahrungen der Akteure des Vernichtungskrieges trotz der massiven Verleugnungs- und Rationalisierungsleistungen beziehungsweise durch diese hindurch in der neuen Armee und in der Nachkriegsgesellschaft hinterlassen haben, das wäre eine der wichtigsten Fragen für eine noch zu schreibende Mentalitätsgeschichte der Bundesrepublik.

Gründlich destruiert hatte die Niederlage der Wehrmacht (nicht ihre Verbrechen!) den Nimbus des deutschen Militärs und seine privilegierte gesellschaftliche Stellung. Entmachtet waren außerdem die schon sprichwörtlichen ostelbischen Junker, die für mehr als zwei Jahrhunderte eine der wichtigsten sozialen Stützen des preußisch-deutschen Militarismus gebildet hatten. Während vom Kaiserreich bis zum Nationalsozialismus der Beruf des Soldaten ein sehr hohes Sozialprestige besessen hatte, stand er vor allem in der Aufbauphase der Bundeswehr in schlechtem Ruf – Wehrpflichtige oder Freiwillige wurden nicht selten beschimpft, bisweilen sogar tätlich angegriffen, wenn sie in Uniform Gaststätten oder öffentliche Veranstaltungen besuchten[15] – und erreichte auch später niemals wieder das alte Ansehen.

Von der Wehrmacht wie von der kaiserlichen und der Weimarer Reichswehr unterschied sich die Armee der Bundesrepublik nicht zuletzt durch ihre Einbindung in ein supranationales Militärbündnis. Aufgebaut wurde sie nicht zum Zwecke imperialistischer Expansion oder der Domestizierung des „inneren Feindes" und erst recht nicht als Instrument rassistischer „Lebensraum"-Politik. Sie sollte vielmehr zur Stabilisierung des politischen Status quo in Mitteleuropa beitragen und übernahm im Rahmen der NATO-Arbeitsteilung Aufgaben konventioneller Abschreckung. Als Repräsentantin nationaler Wehrhaftigkeit taugte sie nur bedingt. Schließlich stand auf der anderen Seite des „Eisernen Vorhangs" noch eine zweite deutsche Armee, deren Soldaten sich mit gleichem Recht als „Verteidiger des Vaterlands" begriffen, was immerhin zur wechselseitigen Neutralisierung patriotischer Emotionen beigetragen haben dürfte. Nationale Großmachtträume konnten sich an die Bundeswehr – zumindest bis 1989 – schon deshalb kaum heften, weil für jedermann offenkundig war, daß sie ihren militärischen Auftrag nur unter dem „atomaren Schild" der USA erfüllen konnte. Der direkte Zugriff auf Atomwaffen blieb ihr verwehrt, obwohl die Bundesregierung Ende der fünfziger Jahre mit Nachdruck auch auf „nukleare Gleichberechtigung" gedrängt hatte.

Der breite Protest, der sich gegen die Atombewaffnungspläne wie zuvor schon gegen die Remilitarisierung formierte,[16] weist noch auf eine andere Dif-

---

14 Geyer: Deutsche Rüstungspolitik, S. 190.

15 Über einen solchen Vorfall berichtet Walter Dirks: Schlagen ist unsinnig! In: Aufwärts, 15.10.1956.

16 Vgl. dazu Hans Karl Rupp: Außerparlamentarische Opposition in der Ära Adenauer. Köln 1970; Karl A. Otto: Der Widerstand gegen die Wiederbewaffnung der Bun-

ferenz zur deutschen Militärvergangenheit: Die Legitimität der Streitkräfte war und ist in der Bundesrepublik nicht mehr selbstverständlich. Ob überhaupt westdeutsche Truppen aufgestellt, mit welchen Waffensystemen sie ausgerüstet werden sollten und wie ihr Auftrag zu definieren sei, das unterlag mehr als jemals zuvor einer in hohem Maße kontroversen öffentlichen Diskussion. Millionen Täter und Mitläufer des NS-Regimes hatten sich zwar nicht in Pazifisten verwandelt, aber nachdem totale Militarisierung und Politisierung 1945 in einem totalen Desaster geendet hatten, wollte die Mehrheit der Bevölkerung von militärischen Zumutungen jeder Art verschont werden. Das „Ohne mich" des Wirtschaftswunder-Deutschen gegen die Wiederbewaffnung war nicht zuletzt eine verspätete Antwort auf die zwölf Jahre des nationalsozialistischen „Du bist nichts, dein Volk ist alles". Hinzu kamen die Sorge, Remilitarisierung und Westintegration der Bundesrepublik würden die deutsche Teilung zementieren, sowie die – von nationalistischen Tönen nicht freie – Befürchtung, die Supermächte würden Deutschland zum Schauplatz eines mit Atomwaffen ausgetragenen Krieges machen. Daß weder die nuklearen Waffenpotentiale der NATO noch der Aufbau deutscher Streitkräfte und ihre atomare Aufrüstung einen solchen Krieg dauerhaft verhindern würden, daß ein Versagen der Abschreckung jedenfalls nicht auszuschließen sei, ein atomarer und selbst ein mit modernen Waffen geführter konventioneller Krieg aber all das vernichten würde, was durch ihn verteidigt werden sollte, dieser Einwand der Remilitarisierungs- und Atombewaffnungsgegner war zweifellos der gewichtigste, zielte er doch auf das grundlegende Paradox militärischer (Selbst-)Legitimation im Atomzeitalter.

3. Die Paradoxie der Abschreckung und der Streit um die Innere Führung

Was in der gesellschaftlichen Auseinandersetzung als Argument gegen deutsche Soldaten und Atomwaffen angeführt wurde, kehrte in der Bundeswehr als immanenter Widerspruch ihres Abschreckungsauftrags wieder: Als „Armee gegen den Krieg"[17] sollte sie, nach der griffigen Formel für den Dienstgebrauch, „kämpfen können, um nicht kämpfen zu müssen". Das System der Abschreckung beruhte auf Kriegführungsfähigkeit; um wirksam abzuschrekken, mußte man in der Lage sein, den Krieg zu führen, den Abschreckung verhindern sollte. Die durch umfassende Rüstungsanstrengungen beglaubigte Bereitschaft zur Anwendung auch nuklearer Gewaltmittel sollte, so die militärpolitische Logik, den gegnerischen Machtblock von Aggressionen abhalten. Ein „Mittel" sind Atomwaffen jedoch allenfalls so lange, wie sie nicht

desrepublik. Motivstruktur und politisch-organisatorische Ansätze. In: Steinweg (Red.): Unsere Bundeswehr?, S. 52–105.

[17] Unter diesem Titel erschien 1966, herausgegeben von Wolfram von Raven, ein Sammelband, in dem führende bundesrepublikanische Politiker und Militärs eine Funktionsbestimmung der Bundeswehr vornahmen.

eingesetzt werden. Ihr Einsatz ließe aller Voraussicht nach auch diejenigen zugrundegehen, die damit gleich welche Ziele zu erreichen hofften, würde „mithin das Mittel-Zweck-Prinzip als solches auslöschen“[18]. Ein Atomkrieg wäre nicht führbar, auch wenn er und gerade weil er herbeiführbar ist. Das gilt, zumindest in dichtbesiedelten, industrialisierten Regionen wie Mitteleuropa, nicht nur für den Einsatz strategischer Nuklearpotentiale, sondern auch für einen Krieg mit taktischen Atomwaffen. Unabhängig von der möglichen Eskalation zur atomaren Totalvernichtung würden auch ein „begrenzter“ Nuklearkrieg und selbst der Einsatz der den taktischen Atomwaffen an Destruktionswirkung kaum nachstehenden konventionellen Waffensysteme vernichten, was der militärpolitischen Doktrin nach verteidigt werden soll.

Soldaten einer Abschreckungsarmee wie der Bundeswehr standen daher vor einer doppelt widersprüchlichen Aufgabe: Jeder von ihnen hatte nicht nur – wie bereits seit Aufrichtung des staatlichen Gewaltmonopols – den Gegensatz zwischen zivilem Gewaltverbot und militärischem Gewaltgebot auszubalancieren, sondern dazu noch den „ungelösten Widerspruch zwischen der totalen Rationalität moderner Technik und der totalen Irrationalität jedes möglichen Krieges in seinem Dienste täglich auszutragen“[19]. Die Bundeswehr trainierte, was anzuwenden selbst nach Maßgabe ihres offiziellen Verteidigungsauftrags nicht zu rechtfertigen war. „Käme es zum Krieg“, faßte Thomas Ellwein 1972 diese „Paradoxie des modernen Soldatenberufs“ zusammen, „könnten sich die Streitkräfte nicht im eigentlichen Sinne des Wortes bewähren, weil sie selbst und die politische Führung bereits versagt hätten. Abstrakt: Es wäre ein Versagen, wenn man den proklamierten Verteidigungsauftrag durch eigenen Angriff verleugnen würde, und es wäre ein Versagen, wenn die Streitkräfte der Verbündeten nicht den Gegner von Angriffsabsichten zurückgehalten hätten. Man hätte dann eben nicht genügend ‚Abschreckung‘ produziert. Damit stellt sich die Frage nach dem Sinn und der Qualität eines Berufes, der etwas einübt, um es nicht auszuüben; der sich auf etwas vorbereitet, damit es nicht eintritt; der sich nur bewährt, wenn man sein Können zuletzt nicht benötigt.“[20]

Da dieser Widerspruch im Rahmen des Abschreckungssystems nicht aufzulösen war, prozessierte er als fortwährender Konflikt zwischen den Polen des „Kämpfenkönnens“ und des „Nicht-kämpfen-Müssens“, die in der Bundeswehr jeweils rasch ihre Protagonisten fanden. Ausgetragen wurde er in den ersten beiden Jahrzehnten ihres Bestehens vor allem als Streit zwischen „Traditionalisten“ und „Reformern“ über das Konzept der „Inneren Führung“. Die „Reformer“-Position verkörperte exemplarisch Wolf Graf von Baudissin, der ab 1951 zunächst in der Dienststelle Blank, danach bis 1958 im Verteidigungsministerium die Unterabteilung „Innere Führung“ leitete und mit dessen Namen die Entwicklung der Konzeption vor allem verbunden ist. Wortführer der

---

18 Anders: Die Antiquiertheit des Menschen, Bd. 1, S. 249.

19 Georg Picht: Einleitung. In: Studien zur politischen und gesellschaftlichen Situation der Bundeswehr, Erste Folge. Witten/Berlin 1965, S. 21/22.

20 Thomas Ellwein: Die Zukunft des Soldaten und seine Ausbildung. In: Neues Hochland, 64. Jg., 1972, S. 78.

„Traditionalisten" war sein anfänglicher Mit- und späterer Widerstreiter Heinz Karst, ab 1959 Referent für Erziehung und Bildung im Führungsstab der Streitkräfte und von 1967 bis 1970 General des Erziehungs- und Bildungswesens im Heer.

Unter der Bezeichnung Innere Führung hatte die Bundeswehr sich bei ihrer Gründung auf ein Reformmodell militärischer Menschenführung verpflichtet, das funktionale Anforderungen einer hochtechnisierten Armee mit dem politischen Anspruch der Integration des Militärs in Staat und Gesellschaft vermitteln und zugleich die Sorgen der NATO-Partner vor einem neuen deutschen Militarismus entkräften sollte.[21] Es umfaßte sowohl die Gesetze und Erlasse, in denen die innere Ordnung der Bundeswehr und die rechtliche Stellung des Soldaten geregelt waren – das „Innere Gefüge" der Armee –, wie auch die Erziehungsprinzipien, die der militärischen Ausbildung zugrundegelegt werden sollten. Das Konzept changierte zwischen einer Übertragung von Human-Relations-Techniken auf das Militär und weitreichenden politischen Bildungsansprüchen, die wiederum zwischen Erziehung zum mündigen „Staatsbürger in Uniform" und „geistiger Rüstung" für die „Auseinandersetzung zwischen dem totalitären und dem freiheitlichen Lebensprinzip"[22] schillerten.

Innere Führung bezog sich einerseits auf den einzelnen Soldaten: Schon der Begriff signalisierte das Disziplinmodell eines innengeleiteten Gehorsams aus Überzeugung, den die Bundeswehr von jedem ihrer Angehörigen fordern und bei jedem fördern sollte. „Als Verteidiger", schrieb Baudissin bereits 1951, „kann nur der überzeugte und handwerklich hochwertige Einzelkämpfer bestehen, der sich aus Einsicht ein- und unterordnet. Die Streitkräfte müssen also alles tun, die Persönlichkeitswerte zu entwickeln, d.h. dem einzelnen weitgehend Raum zu persönlicher Verantwortung und Initiative zu gewähren; sie haben dem Individuum aus dem fatalen Gefühl des ‚Nur-Objekt-Seins' herauszuhelfen."[23]

Innere Führung besaß andererseits eine institutionelle Seite; gemeint war dann die effektive Betriebsorganisation des Großunternehmens Bundeswehr.

---

21 „Innere Führung ist", definierte Anfang der sechziger Jahre eine Arbeitsgruppe an der Führungsakademie der Bundeswehr, „die Aufgabe aller militärischen Vorgesetzten, einen Soldaten zu erziehen, der fähig und willens ist, Freiheit und Recht des deutschen Volkes im heißen und kalten Krieg gegen jeden Angreifer zu verteidigen. Hierbei geht sie von den politischen und gesellschaftlichen Gegebenheiten aus, bekennt sie sich zu den Grundwerten unserer demokratischen Verfassung, übernimmt sie bewährte soldatische Tugenden und Erfahrungen in unsere heutigen Lebensformen und berücksichtigt sie die Folgen der Anwendung und Wirkung moderner technischer Mittel" (zit. nach Carl-Gero von Ilsemann: Die Bundeswehr in der Demokratie. Zeit der Inneren Führung. Hamburg 1971, S. 11). Für den Reformgeist der Konzeption, aber auch für ihre Fixierung in den Feindbildstereotypen des Kalten Krieges vgl. vor allem das vom Verteidigungsministerium herausgegebene und für die Offiziersausbildung vorgesehene Handbuch Innere Führung, o. O. 1957.

22 Wolf Graf von Baudissin: Das Leitbild des zukünftigen Soldaten (1955). In: ders.: Soldat für den Frieden. München 1969, S. 211.

23 Ders.: Diskussionsbeitrag in Hermannsburg (1951), ebd., S. 25.

Unverkennbar eingeflossen in die Konzeption waren Forschungen der Industriesoziologie und -psychologie über die Bedeutung des „Betriebsklimas“: „Es ist wirklichkeitsfremd zu glauben,“ so wiederum Baudissin, „daß moderne Streitkräfte ohne Technik und entsprechende Organisation ihre Aufgabe erfüllen könnten; aber das gleiche Urteil trifft auf die entgegengesetzte Tendenz zu, alles einer angeblichen Klarheit, Überschaubarkeit und Zweckmäßigkeit wegen nur von der Materie her bestimmen zu wollen, die Technik und die Organisation zum Selbstzweck zu erheben. Der einzig gangbare Weg läuft zwischen beiden Extremen und führt zu einer vermenschlichten Organisation – einer Organisation, die dem Menschen dient, seinen Vorrang anerkennt und ihm Entfaltungsmöglichkeiten einräumt. Es entsteht dann eine fruchtbare Spannung zwischen Freiheit und Ordnung, welche in gleicher Weise den Aufgaben des militärischen Apparates wie den Belangen des einzelnen gerecht wird.“[24]

Wie die Dogmatiker des totalen Krieges ging Baudissin davon aus, daß die traditionelle Trennung zwischen ziviler und militärischer Sphäre obsolet geworden war. Doch während jene die gesamte Gesellschaft in den Dienst der Kriegführung hatten stellen wollen, hielt er es umgekehrt „für politisch, psychologisch wie pädagogisch verfehlt, aber auch für unrationell, die *militärische Ordnung* nicht, so weit es irgend geht, der Gesellschaft und ihren Usancen anzupassen“[25]. Hatten die Ludendorffs und Jüngers und erst recht die Nationalsozialisten die Militarisierung aller Lebensbereiche propagiert, so forderte Baudissin umgekehrt, „die soldatische Ordnung (müsse) ein kongruenter Teil der Gesamtordnung sein“[26]. Das Leitbild des „Staatsbürgers in Uniform“ sollte nicht zuletzt „endlich die Legende vom Widerspruch zwischen Demokratie und Soldat zerstören helfen“[27].

Die Pointe des Reformprogramms lag darin, daß es militärische Erfordernisse einer zeitgemäßen Armeeorganisation und normative Vorgaben einer Demokratisierung der Streitkräfte im gleichen Soldatenbild konvergieren ließ. Der mündige „Staatsbürger in Uniform“ – und nur er! – sollte zugleich ein Soldat von höchster Effizienz sein; der Militärdienst nicht nur eine „schlagkräftige Truppe“ heranbilden, sondern im günstigen Fall auch als „Erlebnistherapie“[28] in Sachen Freiheit und Demokratie fungieren. Ein Modell mit geradezu geschichtsphilosophischen Implikationen, in dem das politisch Gewollte auch als das sachlich Geforderte erschien und das Militärische sich „mit den Funktionsgesetzen der modernen Industriegesellschaft“ und „den Prinzipien des freiheitlichen Lebens“ zu einem harmonischen „Gleichklang aller Forderungen“ verband.[29]

---

[24] Ders.: Das „Innere Gefüge“ der Streitkräfte (1952), ebd., S. 134.

[25] Ders.: Staatsbürger in Uniform und Innere Führung – Zwei Prinzipien zur Demokratisierung des Militärs am Beispiel der Bundeswehr (1971). In: ders.: Nie wieder Sieg. Programmatische Schriften 1951–1981. München 1982, S. 155.

[26] Ders.: Innere Führung, S. 122.

[27] Ders.: Das Leitbild des zukünftigen Soldaten, S. 217.

[28] Ders.: [Vortrag bei der Gutachter-Tagung in Siegburg, 28.4.1953]. In: Soldat für den Frieden, S. 147.

[29] Ders.: Innere Führung (1965). In: Soldat für den Frieden, S. 122.

Der Krieg war in dieser Konzeption zwar nicht verschwunden, aber doch in den Hintergrund gedrängt. Baudissin sah mit der Fähigkeit zum wechselseitigen Overkill die Aufgabe des Soldaten „in die Nähe des Polizeidienstes" gerückt; sie müsse „mehr auf Bewahren als auf Vernichten eingestellt" sein und „die Vorbeugung und Erhaltung, nicht die maximale Gewaltanwendung, äußerstenfalls die Entwaffnung, keinesfalls den Untergang des Gegners zum Ziel" haben.[30] Obwohl er überzeugt war, daß auch „vor dem drohenden Hintergrund der alles zerstörenden Waffen noch einmal mit Aussicht auf Erfolg verteidigt werden kann" und im Falle eines Versagens der Abschreckung „der sorgfältig bemessene und gezielte Schlag", gegebenenfalls auch unter Einsatz taktischer Atomwaffen, unvermeidlich werden könne,[31] gehörte er doch eindeutig zu jenen, die vom Primat des „Nicht-kämpfen-Müssens" ausgingen.

Für die Protagonisten des „Kämpfenkönnens" war es nichts als Vernebelung der Fronten, wenn Baudissin erklärte, „der eigentliche ‚Feind' (sei) nicht mehr der Soldat des anderen Bündnisses, sondern der alle Existenz bedrohende Krieg". Noch mehr Widerspruch provozierte seine Folgerung, der Ernstfall beginne nicht am Tag der Kriegserklärung, sondern „hier und jetzt, wenn der Soldat seinen Beitrag zur strategischen Stabilität, d.h. zur Glaubwürdigkeit der Abschreckung durch gewissenhafte Funktionserfüllung im alltäglichen Dienst leistet"[32]. Heinz Karst sah darin eine Verkehrung von Primär- und Sekundärzweck der Bundeswehr: „Nicht der Soldat hat den Krieg zu verhindern", hielt er dagegen, „sondern die politische Führung, die für die Geschicke des Staates Verantwortung und Vorrang hat. Der Soldat hat sich allemal auf den Krieg vorzubereiten. Es wäre Selbsttäuschung zu sagen, der Soldat sei nicht dazu da, einen etwaigen Krieg zu gewinnen, sondern ihn zu verhindern. Der Soldat hat nur die Aufgabe, einen etwaigen Krieg zu gewinnen, wo immer er steht und kämpft. Je besser er das wahrzumachen verspricht, desto wahrscheinlicher ist der Friede gesichert."[33]

Aus der gegensätzlichen Gewichtung des militärischen Auftrags folgte eine ebenso konträre Auffassung über das Verhältnis zwischen Armee und ziviler Gesellschaft: Während Baudissin die „Integration als Voraussetzung der Funktionstüchtigkeit"[34] für unverzichtbar hielt und der Bundeswehr als staatlichem Dienstleistungsunternehmen zur Produktion von Sicherheit einen Platz „ne-

---

30 Ders.: Soldat in der offenen Gesellschaft. In: von Raven (Hrsg.): Armee gegen den Krieg, S. 304.

31 Ebd.

32 Ders.: Staatsbürger in Uniform und Innere Führung, S. 148.

33 Heinz Karst: Das Bild des Soldaten. Versuch eines Umrisses. Boppard 1964, S. 14. Karsts Versuch, die Paradoxie der Abschreckung durch Arbeitsteilung zwischen Politik und Militär aufzulösen, führt aus dem Dilemma nicht heraus, weil ein militärischer Erfolg auch die Vernichtung des Siegers einschlösse. Vgl. dazu Ludwig von Friedeburg: Zum Verhältnis von Militär und Gesellschaft in der Bundesrepublik. In: Picht (Hrsg.): Studien zur politischen und gesellschaftlichen Situation der Bundeswehr, Zweite Folge, S. 39/40.

34 von Baudissin: Staatsbürger in Uniform und Innere Führung, S. 150.

ben Bahn und Post, neben Schule und Finanzamt"[35] zuwies, sah Karst in einer solchen „Verzivilisierung" eine Gefahr für die Schlagkraft der Truppe. Dramatisch beschwor er das Szenario einer gutintegrierten, aber kriegsuntüchtigen Armee von Werktags-Soldaten: „Die Bundeswehr ist eine weithin unsichtbare Armee, die sich am Freitagnachmittag zum großen Teil auflöst und sich in der Nacht zum Montag wieder neu zusammenfindet. Indem sie sich an die Wohlstandsgesellschaft anpaßt, ist in der Bundeswehr die Fünf-Tage-Woche eingeführt worden, die den zivilen Bedürfnissen der Menschen von heute entspricht. (...) Von 540 Diensttagen seines Grundwehrdienstes hat der Soldat mindestens 220 Tage frei. Es ist für die Disziplinarvorgesetzten nicht leicht, den Soldaten klarzumachen, weshalb sie fünf Tage in der Woche alarmbereit sein müssen, während sie am Wochenende drei Nächte und zwei Tage in alle Winde zerstreut sind. (...) Die Soldaten fahren vom ersten Tag an in der Mehrzahl in Zivil nach Hause oder gehen nach Dienst in Zivil aus. Es bleibt zu fragen, warum. Man kann aber auch die Frage nicht unterdrücken, wie es um Zusammenhalt und Geist einer Truppe bestellt ist, die sich scheut, in Uniform auszugehen."[36]

Aus Karsts Klage über die „unsichtbare Armee" sprach unverkennbar die konservative Forderung nach Sichtbarkeit der Macht sowie die Melancholie des Berufssoldaten über den Verlust an „Glanz und Gloria", doch es entging ihm auch nicht, daß es für die Abwesenheit des Militärs im zivilen Alltag durchaus zwingende Gründe gab: „Das bekannte Soldatenlied: ‚Wenn die Soldaten durch die Stadt marschieren, öffnen die Mädchen Fenster und die Türen', stimmt nicht mehr. Heute kann kaum noch ein Bataillon, ob Panzer, Artillerie oder Grenadiere, schon gar nicht ein Versorgungsbataillon, durch eine Stadt marschieren, ohne ein Verkehrschaos heraufzubeschwören oder Schäden an der Straßendecke zu verursachen. Im Ernstfall könnten Verbände oder Großverbände kaum noch abfließen. So muß die Truppe notgedrungen in abgelegene Standorte verlegt werden."[37]

Einer Abschottung der Armee von der übrigen Gesellschaft redete auch Karst nicht das Wort, er postulierte vielmehr statt einer Verbürgerlichung des Militärs die Militarisierung der Bürger: Integration dürfe keine „Einbahnstraße" sein; sie vollziehe sich „weniger über zivile Gepflogenheiten der Soldaten als über die Verteidigungsbereitschaft der Bürger über alle Parteiungen hinweg. Maos Satz ‚Der Soldat muß im Volk schwimmen wie der Fisch im Wasser' trifft auch auf die freien Demokratien zu."[38] Weil im Atomzeitalter „weniger denn je der Soldat allein, sondern das ganze Volk verteidigt", könnten die

[35] Ders.: Der Beitrag des Soldaten zum Dienst am Frieden (1968). In: Soldat für den Frieden, S. 36.

[36] Heinz Karst: Die verkannte Armee. Über das Verhältnis von Primärzweck und sekundären Aufgaben der Bundeswehr. In: Hochland, 60. Jg., 1967/68, S. 24/25.

[37] Ebd., S. 27.

[38] Ders.: Die Bundeswehr – Eine Armee, die keine sein soll. In: Gerd-Klaus Kaltenbrunner (Hrsg.): Der Soldat. Dienst und Herrschaft der Streitkräfte. Freiburg 1981, S. 146.

Streitkräfte nur „als Exponent eines opferwilligen Freiheitswillens der Bürger“[39] ihren Auftrag erfüllen.

Ausgehend vom Primat der Kriegstauglichkeit machte Karst die Differenz zwischen militärischer und ziviler Tätigkeit stark und insistierte darauf, daß Soldaten einen Beruf *„sui generis“* ausüben, da dieser von ihnen die Bereitschaft verlange, auf Befehl zu töten und sich extremer Todesgefahr auszusetzen. Dem widersprach Baudissin, der die tötende Gewalt zwar aus den Aufgaben des Soldaten nicht gänzlich zu eskamotieren vermochte, aus ihr jedoch keinesfalls das soldatische Selbstverständnis abgeleitet wissen wollte: „Die ständig wachsende Vernichtungskraft der modernen Waffen hat die Dimension des Überschaubaren längst überrollt. Sie hat den Blick auch dafür verstellt, daß das Töten von Menschen weder die Hauptaufgabe des Soldaten ist, noch sein darf; daß sein Auftrag vielmehr darin besteht, ein gestecktes sachliches Ziel zu erreichen und zugleich die militärischen Gegner vom Erreichen ihrer Ziele abzuhalten. Dabei kann er zu Gewaltanwendung gezwungen sein, die jedoch das Maß dessen nicht überschreiten soll, das notwendig ist, um den Gegner mattzusetzen. Das erste Mittel dazu ist seine Entwaffnung, erst ein zweites seine physische Außergefechtsetzung, und nur als deren extremer Sonderfall ist seine Tötung zu rechtfertigen. Den Soldaten konsequent zum Töten zu erziehen, hieße ihn bestialisieren, das heißt ihm diejenige Ordnung zerstören, zu deren Schutz er antreten soll.“[40] Das war gerichtet gegen die Doktrin des Vernichtungskriegs, wie ihn die Wehrmacht und in ihr ein großer Teil der ersten Generation von Bundeswehroffizieren geführt hatten. Ausblenden mußte Baudissin dabei freilich, daß eben jene „ständig wachsende Vernichtungskraft der modernen Waffen“ ein „Mattsetzen des Gegners“ ohne tötende Gewalt ausschloß und eine konsequente Erziehung zum Töten schon deshalb überflüssig machte, weil die Bedienung dieser Waffen sich kaum von der anderer technischer Geräte unterschied.

Während Baudissin sein Konzept in eine Traditionslinie zu den preußischen Heeresreformern nach 1806 stellte, aber auch an die militärpolitischen Vorstellungen des Paulskirchenparlaments anknüpfen wollte, holte Karst sich seine Vorbilder in einer anderen Epoche der Militärgeschichte. Der Katalog soldatischer Tugenden, den er 1964 auflistete, entsprach einem Offiziersideal, das noch aus friderizianischen Zeiten stammte: „Treue zum Dienstherrn, strenge Ehrauffassung, Ritterlichkeit, Freiheit im Gehorsam, Tapferkeit und schweigende Tat, Dienst um der Aufgabe und nicht um des Geldes willen, Unerschütterlichkeit auch im Unglück, Verachtung für große Worte, Selbstzucht und Strenge mehr noch gegen sich als gegen andere, aufrechte Haltung gegenüber Vorgesetzten und freiwillige Hingabe an ein großes Ziel“[41]. Für Baudissin waren das Restbestände eines feudalen Ehrbegriffs, die „den Grad

---

39 Ders.: Die verkannte Armee, S. 23.

40 von Baudissin: Soldat in der Welt von heute (1957). In: Soldat für den Frieden, S. 172.

41 Karst: Das Bild des Soldaten, S. 242/243.

des *cultural lag*, des Nachhinkens der Bewußtseinsformen hinter den objektiven Sachverhalten"[42] demonstrierten. Ohne Pathos kam auch er jedoch nicht aus. Klangen Karsts Worte unüberhörbar nach Kasernenhof, so waren Baudissins Beiträge eher im Ton protestantischer Erbauungspredigten gestimmt: Das Ethos des künftigen Bundeswehrsoldaten lasse sich „nicht in der Retorte" herstellen, erklärte er beispielsweise, sondern müsse aus „konkret Gelebtem" erwachsen, „sonst bleibt es unwahr und ohne tragende Kraft. Wir sollten uns deshalb zusammenfinden als freie Menschen, welche für die Möglichkeit eines selbstbestimmten Lebens und aus Nächstenliebe im weitesten Sinne zu kämpfen bereit sind. Wird es uns geschenkt, dieses konsequent zu leben, dann wird sich die Frage nach dem Ethos von selbst beantworten."[43]

Zweifellos spiegelt der Streit um die Innere Führung die politische Differenz von Liberalen und Konservativen in der Bundeswehr. Nicht wenige „Traditionalisten" strebten nach einem Law-and-order-Staat, während die „Reformer" die Demokratisierung in Staat und Armee vorantreiben wollten. Man kann darin auch die Aktualisierung der Kontroverse sehen, ob Militär und Industriegesellschaft in einem Verhältnis der Inkompatibilität oder der Konvergenz stehen.[44] Die diskursiven Fronten waren dabei allerdings verschoben: Während in der soziologischen Diskussion seit Saint-Simon, Comte und Spencer mit dem Theorem der Inkompatibilität die fortschrittsoptimistische Prognose eines Absterbens des Militärs verbunden war, diente es in der Argumentation Karsts gerade zur Perpetuierung militärischer Strukturen und tradierter soldatischer Wertvorstellungen. Baudissins These einer Konvergenz, wenn nicht Kongruenz von Zivilem und Militärischem wiederum mündete nicht wie bei Weber in das „stahlharte Gehäuse" einer total rationalisierten und bürokratisierten Gesellschaft, sondern in das Freiheitsversprechen einer sich gegen die „totalitäre Bedrohung" verteidigenden westlichen Welt. Man kann schließlich die Auseinandersetzung im Sinne der funktionalistischen Systemtheorie interpretieren und zeigen, daß die Kontrahenten jeweils nur eine der Funktionsvoraussetzungen des Systems Militär im Blick hatten, die übrigen Systemaufgaben aber vernachlässigten.[45] In das Parsons'sche AGIL-Schema übersetzt, handelte es sich um einen Konflikt zwischen Adaptations- und Goal-attainment-Problem bzw. der entsprechenden funktionalen Subsysteme:

---

[42] von Baudissin: Soldat in der Welt von heute, S. 170.

[43] Ders.: [Diskussionsbeitrag in Hermannsburg, 3.12.1951]. In: Soldat für den Frieden, S. 25.

[44] Vgl. zur Diskussion über das Inkompatibilitätstheorem von Friedeburg: Zum Verhältnis von Militär und Gesellschaft, S. 10–65; Wolfgang R. Vogt: Das Theorem der Inkompatibilität. Zur Unvereinbarkeit von atomarer Militärgewalt und fortgeschrittener Gesellschaft. In: ders. (Hrsg.): Sicherheitskräfte und Streitkräfte in der Legitimitätskrise. Baden-Baden 1983, S. 21–57; ders.: Militärische Gewalt und Gesellschaftsentwicklung. Zur Inkompatibilitätsproblematik und Friedenssicherung im Nuklearzeitalter – ein soziologischer Entwurf. In: ders. (Hrsg.): Militär als Gegenkultur? Leverkusen 1986, S. 37–87.

[45] Eine solche Deutung liefert z. B. Ulrich Simon: Die Integration der Bundeswehr in die Gesellschaft. Heidelberg/Hamburg 1980, S. 78–88.

„Traditionalisten" wie Karst machten die Adaptation, die Eingliederung des Militärs in die zivile Gesellschaft, zu einem Randeffekt des Goal-attainment, der Organisation von Kriegführungsfähigkeit. Tenor war hier: „Militärische Tüchtigkeit integriert den Soldaten am allerbesten."[46] Umgekehrt neigten „Reformer" wie Baudissin dazu, die Anforderungen eines möglichen Kriegseinsatzes, insbesondere die Nähe des Soldaten zu tötender Gewalt, zu bagatellisieren und den Militärdienst auf eine Stufe mit anderen Dienstleistungsberufen zu stellen. Sie reduzierten das Goal-attainment-Problem weitgehend auf Fragen rein militärfachlicher Ausbildung, um sich im übrigen auf die Lösung von Adaptations-Fragen zu konzentrieren.

So plausibel diese Deutungen sind, sie unterschlagen, daß zwischen „Traditionalisten" und „Reformern" die Paradoxie des Soldatenberufs im Atomzeitalter selbst verhandelt wurde und schon deshalb keine Seite gegen die andere Recht behalten konnte. Solange die Existenz der Bundeswehr und ihr Abschreckungsauftrag außer Frage standen, wurden ihre Soldaten den Widerspruch zwischen Kämpfenkönnen und Nicht-kämpfen-Müssen nicht los. Der Widerspruch ließ sich jedoch entschärfen und verlor an Virulenz, je länger der Kalte Krieg andauerte und die Bundeswehr bestand, ohne sich an Kriegseinsätzen zu beteiligen. Im Gefolge des Aufbruchs von 1968 und dem Wechsel zu einer sozialliberalen Regierung ein Jahr später geriet die Innere Führung zwar noch einmal in die Schlagzeilen, als hochrangige „Traditionalisten", darunter auch Karst, provokativ die Bundeswehr als „Ordnungsfaktor" für die Politik ins Spiel brachten und angesichts der „Autoritätskrise als Zeiterscheinung" unter anderem beklagten, die militärischen Vorgesetzten verfügten „nicht über die erforderlichen Möglichkeiten, den Gehorsam auch dort sicherzustellen, wo es an Einsicht und Bereitschaft fehlt"[47]. Die zur Hebung der Kampfkraft geforderte „Reform an ‚Haupt und Gliedern', an Bundeswehr und Gesellschaft"[48] blieb der einen wie der anderen jedoch erspart.

In den Bundeswehralltag war von den hehren Idealen und hochfliegenden Leitbildern der Gründungszeit allerdings ohnehin wenig eingegangen. Viele Offiziere hatten der Inneren Führung von Beginn an äußerst skeptisch gegenübergestanden; in der Bundeswehr verbreitete sich bald die Auffassung, das Konzept tauge zwar für Festtagsansprachen, nicht jedoch für die Truppenpraxis. Widerstände kamen zunächst von jenen Offizieren, die ihre militärische Sozialisation in der Wehrmacht und teilweise noch in der Reichswehr

---

[46] Ebd., S. 83.

[47] Gedanken zur Verbesserung der Inneren Ordnung des Heeres („Schnez-Studie"), zit. nach Klaus Heßler (Hrsg.): Militär Gehorsam Meinung. Dokumente zur Diskussion in der Bundeswehr. Berlin/New York 1971, S. 61. Schnez war zu dieser Zeit Inspekteur des Heeres; sein zusammen mit Karst und weiteren Generälen erarbeitetes und zunächst geheimgehaltenes Memorandum gelangte Anfang Dezember 1969 an die Presse und löste einen Skandal aus. Vgl. zu den autoritären Vorstellungen in der Bundeswehrführung auch die Dokumentation bei Hans-Helmut Thielen: Der Verfall der Inneren Führung. Frankfurt/M. 1970, S. 197–279.

[48] Gedanken zur Verbesserung der Inneren Ordnung des Heeres, S. 90.

erhalten hatten und ihr traditionelles Selbstverständnis als militärische Führer durch die Reformkonzeption radikal infrage gestellt sahen. Auf Ablehnung stieß Baudissins Programm jedoch auch von anderer Seite: „Gegen das Visionäre des Konzepts sträubten sich jene pragmatisch denkenden Soldaten, die mit der Umsetzung der Anforderungen an den ‚neuen Soldaten' nicht vorankamen und deshalb lieber auf bewährte Mittel der Ausbildung und Erziehung zurückgriffen, also z.B. auf einen autoritären Führungsstil. Ebenso widersetzten sich jene Offiziere, für die die Bundeswehr vor allem als technische Organisation faszinierend war und die mit umfassenden geistig-politischen Entwürfen nicht viel anzufangen wußten."[49] In der Tat war es schwierig, sich in der Rekrutenausbildung an einer Handreichung wie den amtlichen „Leitsätzen für die Erziehung des Soldaten" zu orientieren, die mit der für eine „Zentrale Dienstvorschrift" der Bundeswehr allerdings befremdlichen Losung schließen: „Streben nach Gerechtigkeit ist die Voraussetzung aller erzieherischen Wirkung. Liebe die Kraft, die auch Unvollkommenes erträgt. Gerechtigkeit wächst aus Ehrfurcht, Liebe aus Gottesfurcht."[50]

Die Vorbehalte im Offizierskorps, aber auch die immanenten Widersprüche der Konzeption selbst führten dazu, daß die Innere Führung in der Praxis weitgehend auf ihre rechtliche Seite verkürzt wurde. Was gesetzlich verankert war, wie das aktive und passive Wahlrecht für Soldaten, die Abschaffung der Militärgerichtsbarkeit, die Trennung von Dienst und Freizeit, die Einschränkungen der Disziplinar- und Machtbefugnisse der Vorgesetzten, die Institution des Wehrbeauftragten und die Mitwirkungsrechte der Vertrauensleute, stand – trotz der „traditionalistischen" Attacken – zu keinem Zeitpunkt ernstlich zur Diskussion. Die pädagogische Ambition jedoch, durch den Militärdienst auch die „sittlichen, geistigen und seelischen Kräfte" der Soldaten zu entwickeln,[51] wich bald einer pragmatischen Orientierung an militärischer Effizienz; der politische Bildungsanspruch verkümmerte zur psychologischen Mobilmachung gegen „den Bolschewismus".[52]

---

49 Wilfried von Bredow: Die Zukunft der Bundeswehr. Gesellschaft und Streitkräfte im Wandel. Opladen 1995, S. 66/67.

50 Leitsätze für die Erziehung des Soldaten, Nr. 31. In: Bundesministerium für Verteidigung (Hrsg.): Handbuch Innere Führung, S. 95.

51 Ebd., Nr. 2, S. 91.

52 Zur Auseinandersetzung über die Konzeption und ihre (Nicht-)Umsetzung vgl. Franz Albrecht Klausenitzer: Die Diskussion um die Innere Führung. In: Picht (Hrsg.): Studien zur politischen und gesellschaftlichen Situation der Bundeswehr, Zweite Folge, S. 159–244; Wido Mosen: Eine Militärsoziologie. Neuwied/Berlin 1967, S. 109–135; Thielen: Der Verfall der Inneren Führung; Wilfried von Bredow: Die unbewältigte Bundeswehr. Frankfurt/M. 1973; Bernd C. Hesslein (Hrsg.): Die unbewältigte Vergangenheit der Bundeswehr. Reinbek 1977; Tjarck G. Rössler: „Innere Führung" und „Staatsbürger in Uniform" – Ideologie oder Sozialtechnologie? In: Ralf Zoll (Hrsg.): Wie integriert ist die Bundeswehr? München 1979, S. 77–97; Simon: Die Integration der Bundeswehr in die Gesellschaft; Detlef Bald/Thomas Krämer-Badoni/Roland Wakenhut: Innere Führung und Sozialisation. Ein Beitrag zur Sozio-Psychologie des Militärs. In: Steinweg (Red.): Unsere Bundes-

4. Die Technisierung des Dienstes

Der Streit um die Innere Führung war vor allem Ausdruck der Legitimitätskrise der Abschreckungsarmee Bundeswehr, die entscheidenden Transformationen militärischer Disziplinierung erfolgten indes auf einem anderen Terrain. Mehr als die Reformkonzepte für eine demokratisierte Armee, mehr als der soldatische Konservativismus vieler Offiziere veränderte die Technisierung des Dienstes den Charakter der militärischen Ausbildung und drängte die traditionellen Formen der Soldatenfabrikation in den Hintergrund. Nicht das politische Leitbild des „Staatsbürgers in Uniform", sondern die fachlichen Anforderungen einer hochgradig technisierten Armee bestimmten den geheimen Lehrplan des Militärdienstes, und sie waren es auch, die es im Alltag immer schwieriger werden ließen zu erkennen, was die Tätigkeit des Soldaten noch zu einem „Beruf sui generis" machen sollte.

Zwischen den verfügbaren Waffen-, Transport- und Kommunikationstechniken und den von der militärischen Organisation intendierten und produzierten Verhaltensnormierungen bestand in allen Epochen der Militärgeschichte ein enger (wenn auch von Ungleichzeitigkeiten nicht freier) Zusammenhang. So hatte der Drill in den Heeren des Absolutismus nicht zuletzt dazu gedient, den Körper des Soldaten mit seinem Gewehr zusammenzuschalten. Beim Exerzieren hatte die Funktionsweise der Vorderlader vorgegeben, wieviele und welche Griffe jeder Soldat synchron zu seinen Nebenmännern auszuführen hatte; jede technische Innovation hatte entsprechende Modifikationen im Exerzierreglement nach sich gezogen. Der technischen Struktur des Gewehrs, das – sieht man von der Artillerie ab – nicht nur die Hauptwaffe, sondern auch das einzige Instrument technischen Charakters darstellte, korrespondierten auch die Anforderungen an die Rekruten sowie der zeitgenössische Typus militärischer Autorität: „Technische Spezialausbildungen vor oder nach Eintritt werden nicht benötigt. Irgendwelche besonderen Eigenarten, Fähigkeiten und Kenntnisse eines Soldaten sind nicht erforderlich und werden auch nicht berücksichtigt. (...) Der von der militärischen Führung mit uneingeschränkter Amtsautorität über seine Rekruten ausgestattete Unteroffizier gilt auch in sachlicher Hinsicht als qualifizierter Vorgesetzter: die zahlreichen, jedoch standardisierten Tätigkeiten und Bewegungen weiß er besser als alle ihm unterstellten Soldaten fachgerecht anzuwenden. Die ihm von der Obrigkeit verliehene Amtsautorität füllt er auch mit Sachautorität. Die Benutzung des Korporalstocks sorgt dafür, daß selbst der stupideste Soldat die vom Militär verlangten Fertigkeiten begriff und bald automatisch beherrschte."[53]

Ganz anders dagegen in einer motorisierten und mit elektronischen Waffen- und Nachrichtensystemen ausgerüsteten Armee wie der Bundeswehr: Dem

---

wehr?, S. 134–166; Franz H. U. Borkenhagen: Innere Führung als Ideologie? Zur technokratischen Verkürzung eines Reformkonzepts im Truppenalltag. In: Wolfgang R. Vogt (Hrsg.): Militär als Gegenkultur? Leverkusen 1986, S. 273–282; Detlef Bald: Militär und Gesellschaft 1945–1990. Baden-Baden 1994, S. 53–88.

[53] Mosen: Eine Militärsoziologie, S. 36/37.

hohen Technisierungsgrad entspricht hier das Maß an funktionaler Differenzierung der militärischen Tätigkeiten. An die Stelle des durch Dressur genormten Einheitsinfanteristen tritt eine Vielzahl technischer Spezialisten, deren Aufgaben ebenso sehr variieren wie die erforderlichen Qualifikationen. In der Bundeswehr ist nur noch eine Minderheit der Soldaten unmittelbar mit Kampfaufgaben betraut. Bereits 1964, also vor den technischen Innovationsschüben der siebziger und achtziger Jahre, betrug der Anteil der „kämpfenden Truppe" am Gesamtpersonal lediglich 29 Prozent, während die übrigen Soldaten Funktionen ausübten, die 250 verschiedenen Zivilberufen entsprachen.[54] Was den „Output" angeht, unterscheidet sich das Militär zwar von einem zivilen Großbetrieb – die Abschreckungsarmee produziert ihrem offiziellen Selbstverständnis nach „Sicherheit", zivile Unternehmen Güter oder Dienstleistungen –, die konkreten Tätigkeiten von Armeeangehörigen auf der einen, zivilen Arbeitern und Angestellten auf der anderen Seite gleichen sich jedoch einander an. Das Spezifische des Militärdienstes verschwimmt: „Die Armee läßt sich insgesamt mit vielen anderen Organisationen vergleichen; unzählige Funktionen in ihr entsprechen Funktionen in anderen Berufsfeldern; den Piloten oder Kraftfahrer, den Personalsachbearbeiter oder den Fernmeldetechniker gibt es innerhalb und außerhalb der Armee ebenso wie Planungstechniken, Personalführungsprobleme, Materialverwaltung oder Forschung und Entwicklung."[55] – Auch dieser Mangel an Unterscheidbarkeit macht einen Aspekt der Antiquiertheit des Soldaten aus, den es zwar weiterhin gibt, aber immer weniger als die vom Zivilisten eindeutig sich abhebende Gestalt, die der Begriff einmal bezeichnete.

Schon seit der zweiten Hälfte des 19. Jahrhunderts war die Zahl und die Vielfalt technischer Fachleute im Militär rapide gewachsen, so daß man den Durchbruch technischer Rationalität in der Bundeswehr ebenso als eine quantitative Steigerung von Entwicklungen beschreiben kann, die bereits in der kaiserlichen und republikanischen Reichswehr sowie der Wehrmacht zum Tragen kamen. Bis 1945 hatten allerdings mit dem Traditionalismus der alten Militäreliten und später mit der nationalsozialistischen Rassenkriegsideologie noch zwei konkurrierende, beziehungsweise nur partiell kompatible „Rationalitäten" die militärischen Ausbildungspraktiken mitbestimmt, deren Soldatenbild nicht der „sachliche Techniker", sondern der gehorsame Befehlsempfänger oder der weltanschaulich fanatisierte Kämpfer entsprach. In der Bundeswehr gewann dagegen ein technisches (Selbst-)Verständnis des Soldaten auch deshalb die Oberhand, weil unter den Bedingungen atomarer Abschrekkung Kampf nur simuliert werden konnte, die „Bewährung" aber ausfiel. Wenn eine riesige Organisation sich jahre-, jahrzehntelang damit beschäftigte, die Maschinerie im Probelauf zu fahren, sie zu warten, zu modernisieren und sich selbst bürokratisch zu verwalten, so ließ diese Geschäftigkeit auch vergessen, was die Maschinerie anrichten würde, brächte man sie zum Einsatz. Die Routine des Abschreckungsalltags erwies sich so zugleich als ein höchst

[54] Ebd., S. 24.
[55] Ellwein: Die Zukunft des Soldaten, S. 81.

wirksamer Mechanismus zur Erzeugung jener „moralischen Indifferenz“[56], die es für den Umgang mit den Vernichtungspotentialen (und erst recht für ihre Anwendung) braucht.

Technisierung bedeutet nicht nur Spezialisierung, sondern ebenso Professionalisierung. Für die Bedienung der komplizierten und hochempfindlichen Geräte, aber auch für Management-Aufgaben benötigt die Bundeswehr Fachleute, die bereits entsprechende Ausbildungen mitbringen oder diese bei der Armee erhalten müssen. Zu diesem Zwecke unterhält sie eigene Lehrwerkstätten, Fach- und Hochschulen. Sie bildet nicht nur und gemessen an der aufgewendeten Zeit nicht einmal in erster Linie zum Soldaten aus, sondern – neben vielen anderen Berufen – zum KFZ-Mechaniker, Nachrichtentechniker, Programmierer oder Verwaltungsfachmann. „Militärisch“ im engeren Sinne ist nur noch ein kleiner Teil der militärischen Ausbildung.

Weil die geforderten Kompetenzen nur unter hohem Kosten- und Zeitaufwand zu vermitteln sind, verschiebt sich das Personalgefüge: Trotz allgemeiner Wehrpflicht ist die Bundeswehr eine Armee, in der die für die Einsatzfähigkeit relevanten Aufgaben von Berufs- und Zeitsoldaten erfüllt werden, während die Wehrpflichtigen Tätigkeiten verrichten, die denen unqualifizierter Hilfskräfte in einem Industriebetrieb entsprechen. Eine berufliche Ausbildung erhalten nur jene, die sich für mehrere Jahre verpflichten, die übrigen werden angelernt. Der Bedarf an langdienenden Freiwilligen konnte jedoch selbst mit aufwendigen Werbekampagnen zu keinem Zeitpunkt gedeckt werden. Auf dem Arbeitsmarkt war die zivile Konkurrenz der Bundeswehr selbst nach dem Ende der Vollbeschäftigung überlegen. Mit finanziellen Anreizen und Beamtenstatus für die Berufssoldaten ließen sich das negative Sozialprestige und Zumutungen wie häufige Standortwechsel oder Bereitschaftsdienste nur begrenzt kompensieren.

Für die soldatische Basissozialisation sind bei den wehrpflichtigen Rekruten wie bei den Längerdienenden nur wenige Monate – über viele Jahre waren es die ersten drei – reserviert. Während dieses Grundwehrdienstes nehmen traditionelle Disziplinierungspraktiken wie Drill-, Gruß- und Sauberkeitsrituale samt der zugehörigen Sanktionstechniken weiterhin einen großen Raum ein.[57] Hier werden die jungen Männer zu Soldaten initiiert, das heißt vor

[56] Vgl. Bauman: Dialektik der Ordnung, S. 32–37.

[57] Zu den Mechanismen vgl. detailliert Treiber: Wie man Soldaten macht; Steinert: Militär, Polizei, Gefängnis usw.; ders./Treiber: Erziehungsziel: Soldat. Der Rückgriff der beiden auf Goffmans Konzept der „totalen Institution“, das dieser am Modell psychiatrischer Anstalten entwickelt, ist für die Beschreibung der Sozialisation in der Bundeswehr jedoch nur eingeschränkt sinnvoll: Selbst während des Grundwehrdienstes ist die Durchlässigkeit zwischen Kaserne und ziviler Gesellschaft vergleichsweise groß; von einer „Mortualisierung des zivilen Ichs“ wird man trotz militärischer Initiationsrituale und disziplinarischer Reglementierung der Dienstzeit bei Wochenendheimfahrern kaum sprechen können. Da Goffman und, diesem folgend, auch Treiber und Steinert ihren Analysen eine lediglich institutionsinterne Perspektive zugrundelegen, blenden sie zudem die unterschiedlichen gesellschaftlichen Funktionen und die sich daraus ergebenden gegensätzlichen Wertschätzun-

allem: sie lernen routiniertes Gehorchen. Auch eine technisierte Armee muß dazu abrichten, gegebene Befehle automatisch durch bestimmte Reaktionsmuster zu befolgen. Ihre unmittelbare Bedeutung für mögliche Gefechtssituationen hat diese Haltungsdisziplin zwar verloren, für die Erzeugung kontrollierter Gewaltbereitschaft ist sie jedoch schon deshalb unverzichtbar, weil sie den Rekruten trotz, beziehungsweise gerade durch Entmündigung auch psychisch entlastet: „Die tägliche Pflichterfüllung, das Befolgen detaillierter Anweisungen, die sich auch auf Unwichtiges und Unsinniges beziehen, lassen das Nachdenken über Zwecke von Wenn-Dann-Weisungen verlernen, dienen aber gleichzeitig dazu, Wenn-Dann-Weisungen einzuüben. (...) Aus jemandem einen Soldaten machen, heißt also ihn das Gehorchen in alltäglichen Situationen lehren, die das Gehorchen auch dann noch als etwas Alltägliches erscheinen lassen, wenn die Situationen alles andere als alltäglich sind. Da die Einübung des schematischen und automatischen Gehorsams mittels normativer Forderungen erfolgt, die sich auf einen routinisierten Alltag beziehen, außerdem jene Ausbildungssituationen, die sich auf den Kampf beziehen, ‚naturgemäß' fiktiv sind, tritt das eigentliche Ziel der militärischen Ausbildung, im Ernstfall mit dem Töten Ernst zu machen, in den Hintergrund – eine der wichtigsten Voraussetzungen dafür, daß das Töten als ‚Handwerk' gelehrt und gelernt werden kann."[58]

Soll die Grundausbildung bei den Rekruten vor allem eine allgemeine Gehorsamsbereitschaft erzeugen, so verlangt und vermittelt der übrige Dienst, insbesondere der Zeit- und Berufssoldaten, weniger Haltungs- als Funktionsdisziplin.[59] Um die technische Apparatur zu bedienen und zu warten oder die nicht minder komplexen Planungs- und Organisationsaufgaben zu bewältigen, braucht es mehr und anderes als das Befolgen von Wenn-Dann-Anweisungen. Das Prinzip von Befehl und Gehorsam wird nicht außer Kraft gesetzt, aber die Funktion und Form des Befehls verändert sich: „Ein bestimmtes Kommando des Vorgesetzten löst nun nicht mehr stets dieselbe Bewegungsfolge aus. Vielmehr wird die Antwort des Untergebenen auch durch Informationen, die er bei seiner Arbeit durch seine Arbeit erhält, und durch sie erst vollständig, bestimmt. Nicht mehr starre Zeichen-Reaktions-Schemata, die vom Vorgesetzten jederzeit eingesetzt und nach seinem Plan komponiert werden können, müssen den Soldaten vermittelt werden, sondern variationsfähige und transponierbare Rückkopplungs-Muster. Der Soldat selbst muß lernen, mit Rücksicht auf das gegebene Ziel sachgerecht zu improvisieren."[60] Die Vorgesetzten reglemen-

---

gen von Psychiatrie und Militär aus, welche die Erfahrungen der Individuen in diesen Institutionen präformieren. Für einen Psychiatrieinsassen ist der Anstaltsaufenthalt weit eher in den Kategorien von individueller Krise und gesellschaftlicher Ausgrenzung zu fassen, während die Bundeswehrzeit für einen Wehrdienstleistenden eine willkommene oder widerwillig in Kauf genommene, aber stets gesellschaftlich akzeptierte Unterbrechung von Ausbildung oder Berufsleben darstellt. Vgl. dazu Birckenbach: Wehrdienst als Verlust, S. 226/227 (Anm. 7).

58 Steinert/Treiber: Erziehungsziel: Soldat, S. 121.

59 Zur Unterscheidung vgl. von Heiseler: Militär und Technik, S. 116–126.

60 Ebd., S. 119/120.

tieren nicht mehr den Ablauf, sie bestimmen das Ziel und kontrollieren das Ergebnis. Das war wiederum nicht völlig neu; schon die Tirailleurs des ausgehenden 18. Jahrhunderts „improvisierten", und auf der Kommandeursebene hatte bereits Moltke 1866 den Übergang von der Befehls- zur Auftragstaktik erprobt. Mit dem Grad der Technisierung und der Komplexität der eingesetzten Technologien potenziert sich jedoch der Anteil an Tätigkeiten, die Eigenverantwortung, Fachkompetenz und die Fähigkeit zu nicht befehlsgesteuerter Kooperation erfordern.

In einer wesentlich auf Funktionsdisziplin gestützten, weil aus technischen Spezialisten bestehenden Armee treten Amts- und Sachautorität auseinander. „Das ehemals in der Person des militärischen Vorgesetzten gebündelte Autoritätskonzentrat verflüchtigt sich auf die Menge der kooperierenden Techniker-Soldaten. (...) Schon aus Zeitgründen könnte ein Offizier niemals alle technischen Spezialkurse besuchen, deren Absolvieren die Voraussetzung zu fachlicher Gleichwertigkeit oder gar Überlegenheit gegenüber seinen Untergebenen wäre. (...) Das gesteigerte Fachwissen versetzt die technischen Spezialisten in die Lage, den Verlauf und die Durchführung der militärischen Arbeit nach eigenem, fachlich fundiertem Gutdünken zu gestalten. Dieser erweiterte Handlungsspielraum reduziert die Eingriffsmöglichkeiten der Vorgesetzten in die militärische Arbeit."[61] Durch diese „Sachemanzipation der Untergebenen" verlagert sich die Tätigkeit der Vorgesetzten von unmittelbaren Befehls- und Kontrollfunktionen auf bürokratische und administrative Aufgaben. Der Offizier wird zum Manager; er exerziert nicht mehr vor, sondern organisiert und verwaltet. Anachronistisch wird damit auch das Modell der Führung durch Beispiel, der Typus des „seine Leute" durch sein eigenes Vor-

[61] Mosen: Eine Militärsoziologie, S. 46/47. Mosen, der in dieser Arbeit den Einfluß der Technisierung auf die militärische Disziplin untersucht, ist in der Auseinandersetzung um das Selbstverständnis der Bundeswehr selbst Partei. Wenn er der Entwicklung des Militärs eine Fortschrittslogik unterstellt, in der Technisierung und Demokratisierung einander bedingen und verstärken, so liegt er damit ganz auf der Linie Baudissins und tendiert wie dieser dazu, das auch in einer Abschreckungsarmee nicht völlig eliminierbare Element des Kampfes auszublenden. Wie dieser sieht Mosen die Gefahr, daß die traditionellen Amtshierarchien statt durch demokratisch-egalitäre Kooperationsformen auch durch eine Herrschaft der Techniker abgelöst werden könnten. Obwohl er in der gleichen Arbeit die ideologischen Aspekte der Inneren Führung herausarbeitet, läßt sich das von ihm vorgeschlagene anti-technokratische Gegengift unschwer als Versuch entziffern, die ursprünglichen Intentionen des Baudissinschen Konzepts aufzunehmen und zu überbieten: „Die von der technischen Ausstattung erzwungene Demokratisierung des interpersonellen Verkehrs in modernen Armeen kann nur dann mit Sicherheit vor ihrem Rückschlag in ihr Gegenteil bewahrt werden, wenn der funktionell notwendige Abbau unzeitgemäßer Autoritätsverhältnisse vom gleichzeitigen Aufbau ebenfalls funktionell erforderlicher, konkret formulierter Schutzrechte für Untergebene begleitet wird. Ein Autoritätsabbau ohne einen parallelen, rechtlich fixierten Autonomiezuwachs der Befehlsempfänger schafft ein nur schwer kontrollierbares Vakuum, durch dessen Sog unter dem Deckmantel formaldemokratischen Gebarens neue, indirekt autoritäre, technokratische Strömungen angezogen werden" (ebd., S. 55/56).

bild mitreißenden Frontoffiziers, der in beiden Weltkriegen noch als Ideal des militärischen Vorgesetzten fungiert hatte.

Um Rekruten auf Haltungsdisziplin zu dressieren, hatte es der Präsenz einer damit beauftragten und dazu befähigten Person bedurft, die kommandierte, überwachte und sanktionierte. Um opferwillige Vaterlandsverteidiger zu erzeugen, brauchte es Menschen, die „kriegerischen Geist" und patriotischen Enthusiasmus selbst verkörperten und dadurch weitergaben. Die Produktion von Funktionsdisziplin dagegen hat ein anderes Subjekt: Nicht Worten, sondern technischen Notwendigkeiten soll der Soldat folgen. Die Maschinerie selbst erzieht ihr Personal. „Sie übernimmt die einst vom Vorgesetzten ausgeübte Züchtigung des Soldaten, jedoch mit dem wichtigen Unterschied, daß diese neue Sachdisziplin nicht die Gesamtperson, sondern nur dessen Arbeitsverrichtungen involviert."[62] Bedienungsanleitungen und Wartungshandbücher sprechen eine andere Sprache als Dienstreglements oder vaterländische Mobilisierungsprosa: Die technische Apparatur als Disziplinierer unterdrückt nicht die Leidenschaften wie die Drillmeister, sie schürt sie nicht wie die Pyrotechniker des Nationalen, sie kann sie vielmehr ignorieren, weil sie ihre Forderungen mit der Unabweislichkeit sachadäquaten Verhaltens erhebt. Damit die Maschinen funktionieren, müssen es auch die Menschen – aber mehr müssen sie nicht.

„Die Mannschaft an den Bordkanonen sowie die Bombenwerfer", notierte der britische Militärhistoriker Basil H. Liddell Hart 1951 über das Personal des Luftkriegs, „lösen ihre Geschosse in einer vorwiegend unpersönlichen Geisteshaltung aus. Mit flammender Vaterlandsliebe werden sie kaum besser treffen. Je mechanischer die Waffen werden, desto weniger wird man die nationale Gesinnung vermissen."[63] Wenn schon der technisierte Krieg traditionelle soldatische Tugenden zu einem Anachronismus macht, so nivellieren sich erst recht im permanenten Probelauf der Abschreckung die Differenzen zwischen militärischer und ziviler Disziplin. Der Gehorsam, den die Maschinerie fordert, ist abhängig von ihrer technischen Struktur, aber weitgehend unabhängig von dem, was sie „produziert". Die spezifisch „soldatische Haltung" hängt an der Haltungsdisziplin, die Funktionsdisziplin ist so „neutral" wie das Prinzip der Funktionalität selbst.

Die Zurichtung für und durch die technische Apparatur bezieht sich nicht nur auf den einzelnen Soldaten, sondern strukturiert auch die Formen der Zusammenarbeit. Auf der einen Seite beschneidet sie Möglichkeiten: „Art der Kooperation und Arbeitsteilung sind durch die technische Anlage determiniert, Dispositions- und Bewegungsfreiheit des einzelnen Teammitglieds werden durch die Maschine eingeschränkt, die technische Apparatur fixiert die zeitliche Abfolge der einzelnen Arbeitsvorgänge; eine funktionale Austauschbarkeit der Crew-Mitglieder untereinander ist während des Arbeitsprozesses nur begrenzt möglich."[64] Auf der anderen Seite eröffnet sie jedoch auch neue

---

62 Ebd., S. 70.
63 Basil H. Liddell Hart: Die Verteidigung des Westens. Zürich 1951, S. 315.
64 Mosen: Eine Militärsoziologie, S. 64.

Optionen: „Die technisch erforderliche Delegation von Verantwortung bewirkt nicht nur einen allgemeinen Autoritätsschub ‚nach unten‘, sondern weitet den einst strikt vertikalen Dienstweg in zahlreiche horizontale Verästelungen aus, da die Untergebenen als technische Ausführungsorgane durch den Zuwachs an Verantwortung nicht nur quantitativ stärker in den offiziellen Dienst- und Meldeweg eingeschaltet werden, sondern diesen Instanzenweg durch direkte, arbeitsorganisatorisch notwendige Kontaktaufnahme zu benachbarten Arbeitsteams informell ausdehnen.“[65]

Die Aufwertung des Teams entsprach indes nicht allein organisatorischen Erfordernissen, sie diente ebenso dazu, im Interesse eines störungsfreien Funktionierens die menschlichen Anhängsel der Destruktionsmaschinerie bei guter Laune zu halten. Ein unzufriedener Soldat leistete nicht nur weniger, er konnte auch erheblichen Schaden an der kostspieligen Apparatur anrichten. Was bei den Maschinen die regelmäßige Wartung, war bei ihrem Personal deshalb die Pflege des Betriebsklimas. Aus ihrem instrumentellen Charakter machten die Programme zur „zeitgemäßen Menschenführung“ keinen Hehl: „Die kleine Gruppe“, heißt es im Handbuch Innere Führung, „ist überschaubar, ist nicht überorganisiert, darum wird sie als unverdächtig empfunden. (...) Hier fühlt der einzelne den Raum für Initiative und für verantwortliche Mitarbeit. Hier entwickelt er Selbstvertrauen, weil er den eigenen Wert erlebt. Aus der kleinen Gruppe kommt auch in der Truppe die beste Arbeitsleistung, der beste ‚Geist‘. Darum ist es notwendig, daß kleine Gruppen gebildet werden, die die Chance haben, an ihrer Aufgabe weiter zu wachsen. (...) Diese Forderung wird von den technischen und taktischen Notwendigkeiten unterstützt und gerechtfertigt: das technische Team ist ebenso die Zelle technischer Leistung, wie die kleine kämpfende Gruppe (als Besatzung oder als Mannschaft) die kraftvolle Einheit im heißen Gefecht.“[66]

5. Militärsoziologie als Disziplinierungsdiskurs

„Verantwortliche Mitarbeit“, „Arbeitsleistung“, „technisches Team“ – schon die Diktion ließ erkennen, wo die militärischen Menschenführer ihre Konzepte abgeschaut hatten. Weil der Soldat einem Arbeiter oder Angestellten immer ähnlicher sah, sollte sich auch die Kaserne nach dem Modell von Fabrik oder Großraumbüro organisieren lassen.[67] Die Armee adaptierte Methoden des

---

[65] Ebd., S. 58/59.

[66] Bundesministerium für Verteidigung (Hrsg.): Handbuch Innere Führung, S. 33.

[67] Systematisch entwickelt den Vergleich ziviler und militärischer Arbeit van Doorn: Militärische und industrielle Organisation; auf die strukturellen Unterschiede zwischen „Dienst“ und „Arbeit“ weist dagegen Hans Paul Bahrdt hin: „Arbeit ist ein gekonntes, kontinuierliches, geordnetes, anstrengendes, nützliches Handeln, das auf ein Ziel gerichtet ist, welches jenseits des Vollzugs der Arbeitshandlung liegt. Dienst ist dagegen nicht unbedingt kontinuierliches Handeln. Dienst im expliziten Sinn umfaßt auch jene Zeiträume, in denen eine aktuelle Bereitschaft besteht, das

Personalmanagements, die für wirtschaftliche Großunternehmen entwickelt worden waren. Solange es um Anwerbung, Auswahl, Verteilung und Motivierung vor allem der längerdienenden „Mitarbeiter" ging, erforderte der Transfer ziviler Sozialtechnologie auf das Militär kaum größere Umstellungen.

Die Doktrin von der „Primärgruppe" als Hauptstütze militärischer Effizienz hatte allerdings auf einem anderen Weg Eingang in die Bundeswehr gefunden. Sie ging auf Studien amerikanischer Soziologen und Sozialpsychologen zurück, die während des Zweiten Weltkriegs und des Koreakriegs im Auftrag der Armeeführung systematisch Gefechtsverhalten, Kampfmotivation und Kohäsion der US-Truppen, aber auch Zusammenhänge zwischen ziviler Biographie und militärischen Leistungen der Soldaten, Fragen der sozialen Mobilität in der Armee oder der Diskriminierung farbiger Soldaten untersucht hatten.[68] Die Forscher des *Research Branch* hatten unter anderem herausgefunden, daß die Fähigkeit der Soldaten, extreme Angst- und Anstrengungssituationen durchzustehen, weniger von ihrer Einstellung zum Krieg oder individuellen Prägungen als vielmehr davon abhing, ob sie in eine informelle Bezugsgruppe von Kameraden eingebunden waren. Zu ähnlichen Ergebnissen waren andere Forschungsteams gelangt, die noch während des Krieges gefangene Wehrmachtssoldaten befragt und dabei herausgefunden hatten, daß die Kampfmoral der deutschen Truppen trotz aussichtsloser militärischer Lage erst dann zusammengebrochen war, wenn die Soldaten isoliert, ohne den Rückhalt einer Kameradengruppe zu kämpfen gezwungen waren.[69]

Die Untersuchungen des *Research Branch* markierten auch die Geburtsstunde der Militärsoziologie. Methodisches Rüstzeug wie theoretische Modelle dieser neuen Disziplin entstammten wiederum dem zivilen Sektor; Militärsoziologie war zunächst nichts anderes als empirische Sozialforschung in der Armee und angewandte Betriebssoziologie der militärischen Organisation. Dem praktischen Interesse der Auftraggeber entsprechend ging es gut funktionalistisch vor allem um das *personal adjustment*, die Anpassung insbesondere der unteren Dienstgrade an die Zumutungen von Militärdienst und Kriegseinsatz. Mit ihren Resultaten hatten die Forscher, darunter eine große Zahl prominenter US-Soziologen, wesentlich zur Effizienzsteigerung der Kriegführung beigetragen. „Durch die rein instrumentelle Anwendung der

---

zu tun, wozu man im Hinblick auf die Erreichung oder Bewahrung eines Zielzustandes verpflichtet ist" (Die Gesellschaft und ihre Soldaten. München 1987, S. 70/71).

[68] Die Ergebnisse sind dokumentiert bei Samuel A. Stouffer u.a.: Studies in Social Psychology in World War II, Bd. 1: The American Soldier: Adjustment during Army Life; Bd. 2: The American Soldier: Combat and Its Aftermath. Princeton N.J. 1949. Vgl. zu den Untersuchungen der Forschungsgruppe auch den Überblick von Rolf Ziegler: Einige Ansatzpunkte der Militärsoziologie und ihr Beitrag zur soziologischen Theorie. In: Kölner Zeitschrift für Soziologie und Sozialpsychologie, Sonderheft 12: Beiträge zur Militärsoziologie, hrsg. von René König. Köln/Opladen 1968, S. 13–37.

[69] Vgl. Shils/Janowitz: Cohesion and Disintegration in the Wehrmacht; Gurfein/Janowitz: Trends in Wehrmacht Morale.

den Generalen neuen soziologischen Ansätze und Methoden bei der Verbesserung militärischer Organisationsstrukturen, der Lösung von Führungs- und Leitungsproblemen bei der Personalsteuerung sowie die Analyse fremder Sozialsysteme und der Kampfmoral der verschiedenen Feinde hatten sie sich ‚bewährt'. Umgekehrt führten die Resultate aus den Befragungen und Experimenten im Felde zu einer deutlichen Konturierung zumindest der sozialwissenschaftlichen Methodologie."[70]

Die Überzeugung, daß für die Soldatenfabrikation bloßes Erfahrungswissen nicht genüge, die Praxis vielmehr gesicherter methodischer Grundlagen bedürfe, reichte bis in die Anfänge neuzeitlichen Militärwesens zurück: Mit wissenschaftlicher Gründlichkeit hatte schon Justus Lipsius die Disziplinierung betrieben wissen wollen, und von der Sozialgeometrie und Policeywissenschaft des Absolutismus, von der Volks- und Völkerkunde des 19. Jahrhunderts, von der Geschichtsmechanik des „wissenschaftlichen Sozialismus" über Psychiatrie und Psychologie bis hin zur nationalsozialistischen „Wehrwissenschaft" hatte stets systematische Wissensproduktion die Zurichtungspraxis begleitet und diese (wenigstens dem Anspruch nach) angeleitet. Wenn nun die Soziologie als Leitwissenschaft fungierte, bedeutete dies vor allem eine gesteigerte Selbstreflexivität der militärischen Sozialtechnologien. Indem die Armee systematisch das Instrumentarium empirischer Sozialforschung nutzte, wurde ein Rückkopplungsmechanismus zwischen Theorie und Praxis installiert: Militärsoziologen durchleuchteten individuelle Anpassungsprobleme, organisationsinterne Friktionen sowie Verwerfungen zwischen Militär und ziviler Gesellschaft und stellten damit die Daten bereit, auf welche Armee oder staatliche Administration mit entsprechenden organisatorischen Schritten reagieren konnten, deren Wirkung dann durch erneute Untersuchungen evaluiert wurde, die ihrerseits wiederum den Anstoß für eine Modifikation der Maßnahmen gaben usw. Dieses – idealtypisch skizzierte – Modell sollte es erlauben, die Integration der Individuen in die Armee ebenso wie die der Armee in die Gesellschaft unter möglichst geringen Reibungsverlusten sicherzustellen.

Dem amerikanischen Vorbild folgend, etablierte sich die Militärsoziologie in der Bundesrepublik von wenigen Ausnahmen abgesehen[71] ebenfalls als Auftragsforschung für die Bundeswehr. Das Ausmaß organisatorischer Verflechtung und finanzieller Abhängigkeit von ihrem Gegenstandsbereich unterschied sie von den meisten anderen Bindestrichsoziologien und ließ sie über weite Strecken zu einer „Führungshilfswissenschaft", einer „Soziologie nur für den Dienstgebrauch" werden, wie 1982 zwei Mitarbeiter des Sozialwis-

70 Ekkehard Lippert: Verzögerte Aufklärung. Zur jämmerlichen Lage der deutschen Militärsoziologie. In: Mittelweg 36, 4. Jg., 1995, H. 3, S. 24.

71 Zu diesen Ausnahmen zählen vor allem die von Georg Picht im Auftrag der Evangelischen Studiengemeinschaft herausgegebenen dreibändigen „Studien zur politischen und gesellschaftlichen Situation der Bundeswehr" (Witten/Berlin 1965/66), in der die bereits zitierten Arbeiten von Friedeburgs und von Heiselers publiziert wurden, sowie Wido Mosens ebenfalls bereits zitierte „Militärsoziologie".

senschaftlichen Instituts der Bundeswehr monierten. Sie beklagten den vorwiegend deskriptiv-theorielosen Charakter der Forschungen, „ihre Konzentration auf Detailprobleme, sowie eine Beschränkung auf einige wenige Themenbereiche, die als empirisch vergleichsweise leicht und ohne Theorie erschließbar erscheinen und die mit der aufs tagespolitische Geschehen abgehobenen Interessenlage der militärischen Führung korrespondieren“[72]. Ein großer Teil der Untersuchungen falle in den Bereich der herkömmlichen Kleingruppenforschung und konzentriere sich auf Fragen der Motivation, Kohäsion, des Führungsverhaltens und der Sozialisation im Militär: „Die Auswahl der Untersuchungsvariablen ist dabei gekennzeichnet durch das Bestreben, den ‚output‘ an erwünschtem Verhalten zumeist wehrpflichtiger Soldaten in Abhängigkeit von nicht weiter problematisierten militärspezifischen Organisations- und Handlungsbedingungen zu analysieren. Ähnlich wie in der Human-Relations-Forschung der Betriebssoziologie ist es Ziel solcher Untersuchungen, der militärischen Führung Informationen über Möglichkeiten zur Steigerung der Kampf- und Einsatzbereitschaft zur Verfügung zu stellen. Dabei werden zumeist unmittelbare Kausalbeziehungen zwischen den als unabhängig erachteten Struktur- bzw. Systemparametern und den betrachteten Variablen unterstellt. Dieser Typus militärsoziologischer Arbeiten folgt weitgehend einem empirisch-naturwissenschaftlichen Wissenschaftsverständnis und reduziert dabei militärsoziologische Probleme auf subjektive Interaktionsschwierigkeiten.“[73]

Wie die übrigen Disziplinierungswissenschaften produzierte auch die Soziologie nicht nur Wissen darüber, was einen gehorsamen Soldat ausmacht und wie man ihn herstellt, sondern fragte auch danach, wie Ungehorsam zu begreifen und wie mit denen zu verfahren sei, die nach militärischen Maßstäben nicht oder nur unzureichend funktionierten. Während Psychologen Eignungstests entwarfen und durchführten, Psychiater „pathologische Fälle“ behandelten oder aussonderten, Juristen Strafen verhängten und Disziplinarvorgesetzte „erzieherische Maßnahmen“ einleiteten, betrieben die Soziologen Devianzforschung und untersuchten Häufigkeiten, Einflußfaktoren und „Karrieren“ militärisch dysfunktionalen Verhaltens. Dem entsprach eine spezifische Konstruktion von Norm(alität) und Abweichung: Der juridische Diskurs unterschied zwischen regelkonformem und regelwidrigem Verhalten, der medizinische Diskurs zwischen gesunden und kranken Menschen, der sozialwissenschaftliche Diskurs ersetzte Ideal- durch Durchschnittsnormen und bestimmte Abweichungen anhand der statistischen Normalverteilung.[74]

Die Ergebnisse der entsprechenden Studien waren freilich kaum weniger denunziatorisch als die Psychopathie-Diagnosen der Nervenärzte. So konstruierten zwei Sozialpsychologen Anfang der siebziger Jahre aus der empiri-

---

[72] Lippert/Wachtler: Militärsoziologie – eine Soziologie „nur für den Dienstgebrauch“?, S. 347.

[73] Ebd., S. 345.

[74] Vgl. dazu Jürgen Link: Normalismus. Konturen eines Konzepts. In: kultuRRevolution, Nr. 27, Aug. 1992, S. 50–70.

schen Analyse von Abwesenheitsdelikten bei der Bundeswehr die „Modalpersönlichkeit des wehrpflichtigen Delinquenten", eine statistische Modellfigur, die „der plastischen Zusammenfassung der angefallenen Daten und Einzelbefunde" dienen sollte. Anders ausgedrückt: sie konstruierten einen fiktiven Otto-Normal-Deserteur. Der typische Delinquent „F.", gebildet aus der Summe der in der Untersuchungsgruppe am häufigsten vertretenen Merkmale, kam demnach „aus einer Familie, die wirtschaftlich schlecht und ziemlich zerrüttet dasteht, obgleich die Mutter mitarbeitet. Dies bleibt nicht ohne Auswirkung auf die psychische Entwicklung von F., der nach eigenen Angaben eine nicht sehr glückliche Kindheit und Jugendzeit erleben durfte, aus Protest auch schon einmal von zu Hause ausgerückt und später mit dem Gesetz in Konflikt geraten ist. Im Gefolge der als unangenehm empfundenen Einberufung tut er sich nicht leicht, sich der fremden Umgebung anzupassen, mit dem knappen Wehrsold auszukommen, Kameraden zu finden, die Anweisungen seiner militärischen Vorgesetzten auszuführen sowie persönlichen Kontakt und Vertrauen zu ihnen zu bekommen und schließlich die ihm zugewiesene militärische Verwendung für sich nutzbar zu machen. Der Grundwehrdienst wird immer stärker unlustbesetzt erlebt, der tägliche Dienst erscheint langweilig, belastend und es entsteht das Gefühl, nicht so recht gebraucht zu werden. So kommt es eines Tages nach mehreren disziplinarisch geahndeten kleineren Dienstvergehen als Kurzschlußreaktion im Anschluß an einen Wochenendurlaub zur eigenmächtigen Urlaubsüberschreitung." Abschließendes Urteil der Devianzexperten: „F. ist insgesamt gesehen ein psychisch wenig stabiler, knapp durchschnittlich intellektuell befähigter, wenig umstellfähiger, mangelhaft leistungs- und pflichtorientierter junger Mann, der zu unangepaßtem sozialem Verhalten neigt."[75]

Daß man zu ähnlichen Ergebnissen auch mit den Instrumenten qualitativer Sozialforschung gelangen konnte, zeigte Wido Mosen in einer Untersuchung über „Ursachen und Motive für Eigenmächtige Abwesenheit (EA) von der Truppe", bei der er sich methodisch ausgerechnet an die „Studien zum autoritären Charakter" des Instituts für Sozialforschung anzulehnen behauptete. Nach mehrstündigen „qualitativen Tiefeninterviews" mit insgesamt sechzehn Soldaten kam er zu der bemerkenswerten Erkenntnis: „Intelligente Leute tendieren mehr zur Verantwortungsethik und weniger zur Gesinnungsethik. Ist diese Verantwortungsethik *gegen* die Bundeswehr eingestellt, findet dieser Personenkreis – frühzeitig rational kalkulierend – ganz andere Möglichkeiten, den Wehrdienst überhaupt zu umgehen. Fazit: EA ist die Drückebergerei der materiell und intellektuell Zukurzgekommenen."[76]

---

[75] Herbert Feser/Klaus Puzicha: Eigenmächtige Abwesenheit und Fahnenflucht von Wehrpflichtigen, Schriftenreihe Wehrpsychologische Untersuchungen, Nr. 4/71, hrsg. vom Bundesminister der Verteidigung, Bonn 1971, S. 34/35, zit. nach Bernhard Fleckenstein/Dietmar Schössler: Jugend und Streitkräfte. In: Beiträge zur Konfliktforschung, 2. Jg., 1973, H. 2, S. 56/57.

[76] Wido Mosen: Ursachen und Motive für Eigenmächtige Abwesenheit (EA) von der Truppe. In: Wehrkunde, Nr. 1/1973, S. 31.

Wenn die Mehrzahl der Militärsoziologen an grundsätzlicher Dienstbarkeit den Psychiatern des Ersten und Zweiten Weltkriegs oder den Wehrmachtspsychologen auch kaum nachstand, so hatte sich doch das Verhältnis von Wissenschaft und Militär nach 1945 zumindest insofern verändert, als Kritiker an der instrumentellen Engführung der Disziplin auch aus den eigenen Reihen kamen. Daß einige von ihnen sogar vorsichtig damit begannen, „die Voraussetzungen der Existenz ihres Erkenntnisobjekts“ in Frage zu stellen,[77] bestätigte zwar das Mißtrauen vieler Militärs gegenüber den „linken Rollkragenheinis“[78], galt aber auch als Beweis von Pluralität und Forschungsfreiheit. Die Bundeswehrführung versuchte verschiedentlich, unliebsame Wissenschaftler zu disziplinieren, schätzte jedoch insgesamt den legitimatorischen Nutzen ihrer „Lizenzsoziologen“ höher ein als die potentiell „zersetzende“ Wirkung der militärkritischen Beiträge, die manche von ihnen verfaßten. Der Zuwachs an Selbstreflexivität, den die sozialwissenschaftliche Forschung den militärischen Instanzen lieferte, war nur um den Preis einer relativen Unabhängigkeit der Forscher zu haben.

6. Die legalisierte Kriegsdienstverweigerung

Bis 1945 waren Widerstände gegen den Militärdienst entweder kriminalisiert, pathologisiert oder als Vaterlandsverrat geächtet worden. Dienstunwillige hatten untertauchen, das Land verlassen oder Krankheit vortäuschen müssen, um nicht zum Dienst gezwungen zu werden oder für ihre Verweigerung harte Sanktionen bis hin zur Todesstrafe erleiden zu müssen. Fürstliche Toleranzedikte, die in der Zeit des Absolutismus Angehörige pazifistischer Glaubensgemeinschaften gegen eine jährliche Geldzahlung vom Militärdienst freigestellt hatten,[79] waren im 19. Jahrhundert abgeschafft, eine Verurteilung religiös moti-

---

[77] Lippert: Verzögerte Aufklärung, S. 30; dort auch ein Überblick über die militärkritische militärsoziologische Literatur.

[78] Hubert Seipel: Bist du dabeigewesen in Blankenese? In: Kursbuch 67: Militär, 1982, S. 144. Im Hamburger Stadtteil Blankenese befindet sich die Führungsakademie der Bundeswehr, an der auch zivile Sozialwissenschaftler lehren.

[79] Noch Hegel hatte Toleranz gegenüber religiös motivierten Kriegsdienstverweigerern als Beweis staatlicher Machtfülle gewertet, diesen die volle Staatsbürgerschaft aber nicht zubilligen wollen: „Von Quäkern, Wiedertäufern usf. kann man sagen, daß sie nur aktive Mitglieder der bürgerlichen Gesellschaft sind und als Privatpersonen nur im Privatverkehr mit anderen stehen, und selbst in diesem Verhältnisse hat man ihnen den Eid erlassen: die direkten Pflichten gegen den Staat erfüllen sie auf eine passive Weise, und von einer der wichtigsten Pflichten, ihn gegen Feinde zu verteidigen, die sie direkt verleugnen, wird etwa zugegeben, sie durch Tausch gegen andere Leistung zu erfüllen. Gegen solche Sekten ist es im eigentlichen Sinne der Fall, daß der Staat *Toleranz* ausübt; denn da sie die Pflichten gegen ihn nicht anerkennen, können sie auf das Recht, Mitglieder desselben zu sein, nicht Anspruch machen. (...) Nur durch seine sonstige Stärke kann der Staat solche Anomalien übersehen und dulden und sich dabei vornehmlich auf die Macht der Sitten und der

vierter Kriegsdienstverweigerer aber meist dadurch umgangen worden, daß man diesen die Möglichkeit zum waffenlosen Sanitätsdienst eingeräumt hatte. Während des Ersten Weltkriegs waren die militärischen Behörden in der Regel davon ausgegangen, „ein Soldat, der sich angesichts der Notlage unseres Vaterlandes aus angeblichen religiösen oder moralischen Gründen zur Dienstverweigerung entschliesse und der auf dieser Weigerung auch noch nach Bekanntgabe der schweren seiner wartenden Strafe beharre, müsse geisteskrank sein“[80]. Entsprechend hatte man die kleine Zahl der Verweigerer den Psychiatern zur Begutachtung überstellt, die dann religiöse Wahnvorstellungen, „verschrobenen Fanatismus“ oder Fixierung auf eine „überwertige Idee“ diagnostizierten. In der Zeit des Nationalsozialismus schließlich fiel Kriegsdienstverweigerung unter den Straftatbestand der „Wehrkraftzersetzung“ und wurde mit dem Tode bestraft.

Noch unter dem Eindruck der nationalsozialistischen Greuel wurde nach 1945 das Recht auf Kriegsdienstverweigerung in der Verfassung der Bundesrepublik verankert.[81] Artikel 4,3 des Grundgesetzes bestimmt: „Niemand darf gegen sein Gewissen zum Kriegsdienst mit der Waffe gezwungen werden.“ Verfassungsrechtlich hat dieser Grundsatz Vorrang vor der Allgemeinen Wehrpflicht, die erst bei der Aufstellung der Bundeswehr 1956 rechtlich festgeschrieben wurde. Während die Wehrpflicht durch einfache Gesetzesänderung abgeschafft werden kann, bedürfte es zur Abschaffung des Artikels 4,3 einer Verfassungsänderung.[82] Von ihrem Zustandekommen her war die Entscheidung, dem Staat zwar weiterhin das Recht zuzubilligen, alle männlichen Bürger zu den Waffen zu rufen, gleichzeitig aber eine individuelle Ausnahmeregelung mit staatlicher Gewissensprüfung und obligatem zivilen Ersatzdienst zu schaffen, zweifellos eine Reaktion auf die terroristische Rekrutierungspraxis und totale Militarisierung vor dem und während des Zweiten

---

inneren Vernünftigkeit seiner Institutionen verlassen“ (Grundlinien der Philosophie des Rechts, § 270, Anm., S. 421). Zur Politik der preußischen Könige gegenüber den Kriegsdienste verweigernden Mennoniten vgl. mit ausführlichem Dokumentenanhang Wilhelm Mannhardt: Die Wehrfreiheit der Altpreußischen Mennoniten. Marienburg 1863.

80 Robert Gaupp: Dienstverweigerung aus religiösen (und politischen) Gründen und ihre gerichtsärztliche Beurteilung. In: Medicinisches Correspondenz-Blatt des Württembergischen ärztl. Landesvereins, Bd. LXXXVIII, Nr. 19, 11. Mai 1918, S. 168. Zum psychiatrischen Diskurs über Kriegsdienstverweigerung vgl. außerdem Adolf Hoppe: Militärischer Ungehorsam aus religiöser Überzeugung. In: Zeitschrift für die gesamte Neurologie und Psychiatrie, 45. Bd., 1919, S. 393–412; W. Horstmann: Religiösität oder Wahn?, ebd., 49. Bd., 1919, S. 218–242; Georg Sterz: Verschrobene Fanatiker. In: Berliner Klinische Wochenschrift, 56. Jg., 1919, S. 586–588.

81 Die Diskussionen in der verfassungsgebenden Versammlung dokumentiert Dieter S. Lutz: Krieg und Frieden als Rechtsfrage im Parlamentarischen Rat 1948/49. Baden-Baden 1982.

82 Ekkehard Lippert: Die Debatte um die Wehrpflicht. In: Opitz/Rödiger: Allgemeine Wehrpflicht, S. 178.

Weltkriegs. Daß man das Grundrecht auf Kriegsdienstverweigerung im gleichen Artikel wie die Glaubens- und Gewissensfreiheit und das Recht auf ungestörte Ausübung der Religion ansiedelte, deutet darauf hin, daß vor allem daran gedacht war, eine strafrechtliche Verfolgung religiöser Minderheiten wie der Zeugen Jehovas zu vermeiden.

Unabhängig von den Intentionen der „Verfassungsväter und -mütter" und trotz aller Klagen militärischer Kreise über hohe Verweigererzahlen und zunehmende „Wehr-Verneinung"[83] erwies sich die Legalisierung der Kriegsdienstverweigerung als durchaus kompatibel mit den Erfordernissen zeitgemäßer Militärorganisation. In den Verhandlungen des Parlamentarischen Rates hatte der spätere Bundespräsident Theodor Heuss bereits darauf hingewiesen, das Problem des Kampfes mit der Waffe und damit auch das seiner Verweigerung sei „heute völlig obsolet geworden, weil das Herstellen von Bomben oder die Arbeit an Panzerwagen in viel höherem Maße eine Kriegsdienstleistung ist, als wenn einer mit einer Knarre an der Brücke herumsteht"[84]. Die hochtechnisierte Kriegführung ersetzte menschliche durch maschinelle Destruktionskraft und erlaubte nicht nur, sondern forderte geradezu den Abschied von personal-intensiver Rüstung. Der Staat brauchte längst nicht mehr alle jungen Männer als Soldaten, und er brauchte im Rahmen seiner Rüstungsanstrengungen junge Männer auch an anderer Stelle als in der Armee. Es erschien daher allemal opportuner, potentielle „Störer und Versager" gar nicht erst in die Kasernen gelangen zu lassen, als aus ihnen mit großem disziplinarischem Aufwand und möglicherweise erfolglos effiziente Soldaten machen zu wollen. Die Waffen-, Transport- und Kommunikationssysteme waren zu empfindlich und kostspielig, um ihre Bedienung und Wartung einem widerwilligen und deshalb unzuverlässigen Personal zu überlassen. Das Grundrecht auf Kriegsdienstverweigerung fungierte als ein Filter, der diejenigen fernhielt, die in der Bundeswehr zum Sand im Getriebe hätten werden können.

Baudissin formulierte das Kalkül pädagogisch und hielt es vom Standpunkt der Inneren Führung aus für sinnvoller, die militärischen Verbände von denjenigen zu entlasten, „die offensichtlich überhaupt nicht oder nur schwer für die Dienstleistung zu motivieren sind". Er denunzierte die Dienstunwilligen nicht mehr als Psychopathen oder Drückeberger, er sah in ihnen Schwererziehbare, die in eine professionellen Organisation wie der Bundeswehr nicht zu integrieren waren: „Sie stören die Entwicklung eines förderlichen Betriebsklimas und machen vor allem die Grundforderung nach prinzipieller Vertrauensvorgabe fragwürdig. (…) Vorgesetzte (sind) weder nach Vorbildung noch aus zeitlichen Gründen in der Lage, zugleich den *‚Schwierigen'* wie der Führung ihrer Einheit gerecht zu werden. Militärische Verbände sind keine Schule der

---

[83] Vgl. exemplarisch die allerorten „Zersetzung" witternde Schrift von Gerhard Ludwig Binz: Wehr-Verneinung. Eine Studie über ihre Entstehung und ihre Erscheinungsformen. Beiheft 4 der Wehrwissenschaftlichen Rundschau. Berlin/Frankfurt/M. 1956.

[84] Zit. nach Lutz: Krieg und Frieden als Rechtsfrage, S. 51.

Nation. Ihre Ausbildungs-, Erziehungs- und Bildungsarbeit ist allein auf die Erfüllung der militärischen Funktion gerichtet."[85]

Erschien der Verzicht auf Zwangsrekrutierung und Kriminalisierung, sofern sich die Dienstunwilligen an das gesetzlich vorgegebene Procedere hielten und den staatlichen Prüfern ihren Gewissenskonflikt glaubhaft machen konnten, schon aus militärinterner Perspektive angezeigt, so entsprach das Recht zur Kriegsdienstverweigerung aus Gewissensgründen erst recht den allgemeinen Integrationsanforderungen einer funktional differenzierten Gesellschaft. Der Nutzen institutionalisierter Gewissensfreiheit für diese besteht, wie Niklas Luhmann gezeigt hat, paradoxerweise nicht darin, daß sie dem einzelnen „die Gewissensorientierung ermöglicht, sondern darin, daß sie sie erspart"[86]. Ausgangspunkt seiner Überlegungen ist die Diagnose, daß Recht und Gewissensethos in modernen Gesellschaften auseinandergetreten sind, weil ein verbindlicher, beide übergreifender Wahrheitskosmos nicht mehr existiert und auch nicht wiederhergestellt werden kann. Das Recht hat sich veräußerlicht, das Gewissen dagegen radikal subjektiviert. Es „ist nicht mehr syn-eidesis, con-scientia, Ge-Wissen, gemeinsames Wissen, ist überhaupt kein Wissen mehr, sondern eine Art Eruption der Eigentlichkeit des Selbst, die man nur mit staunender Toleranz zur Kenntnis nehmen und respektieren, aber inhaltlich nicht überprüfen kann."[87] Die Instanz des Gewissens dient dem einzelnen als identitätsstiftender und -sichernder Mechanismus normativer Selbststeuerung. Mit seiner Hilfe balanciert das Individuum zwischen einem starren Perpetuieren bestimmter Selbstbilder, das seine Interaktionsfähigkeit beschneiden, und einem *„identity switching"*, das seine Konsistenz als Person gefährden würde.[88]

Obwohl diese Autonomie für die Sozialordnung ein enormes Desintegrationspotential birgt und Individuen, die auf ihr Gewissen hören, stets zu einer „Quelle sozialer Störungen und Enttäuschungen" zu werden drohen,[89] erzwingen funktional differenzierte Gesellschaften Individualisierung. Nur Persönlichkeiten, die sich nicht zuletzt über die Instanz des Gewissens in hohem Maße selbst identifizieren und steuern, vermögen die vielfältigen Rollenerwartungen zu koordinieren, die das soziale System ihnen abverlangt. Die Gesellschaft muß sich deshalb gegen die Auswirkungen individueller Gewissensentscheidungen immunisieren, ohne jedoch die Persönlichkeitsfunktion des Gewissens als solche antasten zu dürfen. Das geschieht, indem sie die Anlässe für Gewissensorientierung abbaut und dafür sorgt, daß „der Einzelne an seinem Gewissen normalerweise vorbeigeleitet wird, ohne daß ihm indes

---

85 von Baudissin: Staatsbürger in Uniform und Innere Führung, S. 163.

86 Niklas Luhmann: Die Gewissensfreiheit und das Gewissen. In: Archiv des öffentlichen Rechts, 90. Jg., 1965, S. 280.

87 Ebd., S. 260/261.

88 Ders.: Das Phänomen des Gewissens und die normative Selbstbestimmung der Persönlichkeit. In: Franz Böckle/Ernst-Wolfgang Böckenförde (Hrsg.): Naturrecht in der Kritik. Mainz 1973, S. 234/235.

89 Ders.: Die Gewissensfreiheit und das Gewissen, S. 280.

die *Möglichkeit* einer auf das Gewissen abstrahierten Persönlichkeitssteuerung genommen würde"[90].

Vor allem drei Mechanismen tragen dazu bei, Situationen, in denen Individuen gezwungen sind, zwischen gewissens- und rechtswidrigem Verhalten zu entscheiden, gar nicht erst entstehen zu lassen: Moderne Sozialordnungen stellen dem einzelnen erstens eine Vielzahl von Handlungsalternativen bereit und ermöglichen ihm so, „durch wählende Entscheidungen im Rahmen vorgenormter Variablen" seine Persönlichkeit zu individualisieren und nach seinem Gewissen zu leben, ohne es je zu beanspruchen. Sie entlasten zweitens durch Institutionalisierung „unpersönlicher" Handlungsweisen. In dem Maße, in dem sein Tun technisch vermittelt, arbeitsteilig organisiert und bürokratisch formalisiert ist, verliert der Handelnde Gesamtbedingungen und Gesamtfolgen aus dem Blick, fühlt sich frei von persönlicher Verantwortung und sieht deshalb auch keinen Anlaß, sein Handeln vor dem internen Forum seines Gewissens zu überprüfen. Als ein dritter Entlastungsmechanismus fungiert schließlich das Grundrecht auf Gewissensfreiheit: „Es ergänzt und komplettiert die Funktion des Alternativenreichtums und der Unpersönlichkeit des Verhaltens für den Fall von Situationen, in denen der Staat direkt oder indirekt die Handlungsalternativen reduziert und für den Einzelnen Zwangslagen schafft. Das bedeutsamste und akuteste Beispiel für direkten Zwang liefert die Wehrpflicht. (...) Der Einzelne soll nicht in Situationen gepreßt werden, in denen sein Gewissen sich gegen ihn selbst wendet und ihn zerstört. An die Stelle des Ringens um Selbstbestimmung tritt die Beweisführung im Gerichtssaal [bzw. vor dem Prüfungsausschuß für Kriegsdienstverweigerer, UB]. Damit wird aus der Darstellung vor sich selbst eine Darstellung vor anderen. Man kann sich über die aussichtsreichen Argumente bei den dafür geschaffenen Organisationen unterrichten und die Begegnung mit dem eigenen Gewissen vermeiden."[91]

Der Artikel 4,3 des Grundgesetzes erwies sich so als probates Mittel sozialer Planung. Er trug zur „funktionalen Stabilisierung der Gesamtordnung, das heißt: zur Stabilisierung durch Ersetzbarkeit aller Einzelbeiträge"[92] bei, indem er ein Äquivalent für die Ableistung des Wehrdienstes installierte und auf diese Weise die Entstehung von Märtyrern und Dissidenten verhinderte. Deren Verfolgung hätte die rechtliche Integration der Gesellschaft mit unnützen Reibungsverlusten belastet und zudem erhebliche Kosten verursacht, während die amtlich geprüften Kriegsdienstverweigerer dem Staat weiterhin als Zivildienstleistende zur Verfügung standen. Und diese brauchte er im Zeitalter gesamtgesellschaftlicher Rüstung und expandierender Staatsfunktionen nicht weniger als die Diener im Waffenrock – in den Zeiten des Kalten Krieges als billige Arbeitskräfte im sozialen Bereich, im „Verteidigungsfall" für Hilfsdienste an der Heimatfront.[93] Die gewissensentlastende Alternative Wehr-

---

[90] Ebd., S. 279.
[91] Ebd., S. 273–276 (Zitat, S. 276).
[92] Ebd., S. 273.
[93] Vgl. dazu Peter Birke/Rudi Friedrich: Zivildienstleistende: Zwangsarbeiter im sozialen Kleid. In: Vorgänge, 27. Jg., 1988, H. 3, S. 58–65; Günter Saathoff: Gefan-

oder Zivildienst gewährleistete zugleich eine sinnvolle Verteilung der Kräfte. Der (auf den männlichen Teil der Bevölkerung beschränkte) gesetzliche Zwang zu dienen blieb bestehen, aber an die Stelle der alternativlosen Nötigung zum Militärdienst trat die Nötigung, zwischen alternativen Diensten zu wählen. „Wilde" Verweigerung wurde und wird weiterhin streng geahndet. Wer nicht bereit ist, überhaupt einen staatlichen Zwangsdienst zu leisten oder den zuständigen Organen in der vorgeschriebenen Form und mit den von der Rechtsprechung anerkannten Argumenten seine Glaubwürdigkeit zu demonstrieren, hat in der Regel eine Haftstrafe zu gewärtigen.[94]

Mitte der sechziger Jahre, als Luhmann seine Abhandlung zur Gewissensfreiheit verfaßte, stellten weniger als ein Prozent der Wehrpflichtigen einen Antrag auf Anerkennung als Kriegsdienstverweigerer. Seit 1968 stieg die Zahl der Anträge; inzwischen ist die Ableistung des Militärdienstes „längst nicht mehr die Regel und die Verweigerung nicht mehr die Ausnahme."[95] Etwa ein Drittel der Wehrpflichtigen eines Musterungsjahrgangs verweigert den Dienst bei der Bundeswehr. Die schikanösen Prüfungsverfahren mit ihren inquisitorischen Befragungen der Antragsteller wurden weitgehend abgeschafft. In der Regel reicht eine schriftliche Begründung des Antrags; lediglich „Spätverweigerer", die sich erst nach ihrer Einberufung, bei der Bundeswehr oder als Reservisten zur Kriegsdienstverweigerung entschließen, müssen sich immer noch einer Gewissensprüfung unterziehen. Standen in der Anfangszeit kaum Zivildienstplätze zur Verfügung, so sind die „Zivis" heute im Sozialsystem der Bundesrepublik eine fest einkalkulierte Größe, ohne deren Einsatz insbesondere die Versorgung alter, kranker und behinderter Menschen kaum mehr gewährleistet werden könnte. Entsprechend ihrer Schlüsselstellung im bundesdeutschen Sozialwesen stellen die freien Wohlfahrtsverbände auch die größte Zahl der Zivildienstplätze. Mit der für jeden Krankenhauspatienten, Heimbewohner oder Bezieher von „Essen auf Rädern" unmittelbar einsichti-

---

gen im magischen Dreieck. Zivildienst im Spannungsfeld von Friedensdienst, Arbeitsdienst und Militärinteressen, ebd., S. 66–79; Werner Schmitt: Zivilverteidigung, zivilmilitärische Zusammenarbeit und Planungen für den Verteidigungsfall. In: K.A.K.-Rundbrief, II/1989, Themenheft: Kriegsdienstverweigerer und Zivildienstleistende im Spannungs- und Verteidigungsfall, hrsg. von der Kath. Arbeitsgemeinschaft für Kriegsdienstverweigerung und Zivildienst, S. 3–18; Peter Tobiassen: Der Zivildienst und seine militärische Einbindung. In: antimilitarismus information, 24. Jg., 1994, H. 10, S. 33–38.

94 Vgl. dazu Günter Werner: Die Entwicklung der Rechtsprechung in Strafverfahren gegen Totale Kriegsdienstverweigerer. In: 4/3. Fachzeitschrift zu Kriegsdienstverweigerung, Wehrdienst und Zivildienst, 13. Jg., 1995, S. 120–128. Eine von zahlreichen Dienstpflichtigen genutzte Möglichkeit, sich dem Zugriff der Bundeswehr zu entziehen ohne Zivildienst leisten zu müssen, bildete bis 1989 die Übersiedlung nach Berlin, wo aufgrund des Viermächtestatus der Stadt keine Wehrpflicht existierte.

95 Lippert: Die Debatte um die Wehrpflicht, S. 184; ebd., S. 180–183 auch ein Überblick zur zahlenmäßigen Entwicklung von Kriegsdienstverweigerung und Zivildienst.

gen Bedeutung des sozialen Engagements der Zivildienstleistenden hat sich auch die gesellschaftliche Wertung der Kriegsdienstverweigerung gewandelt. Aus den entweder des politischen Radikalismus verdächtigten oder als empfindsame Seelen belächelten „Drückebergern", die noch in den siebziger Jahren vielerorts Anfeindungen ausgesetzt waren, sind im öffentlichen Bild weithin anerkannte Sozialhelfer und Krankenpfleger auf Zeit geworden. Der gesellschaftliche Nutzen ihrer Tätigkeit leuchtet häufig weit eher ein als jener des Dienstes als Soldat.

Die Hoffnung antimilitaristischer Gruppen im Umfeld der Neuen Linken, daß steigende Verweigererzahlen auch die radikale Opposition in der Bundesrepublik stärken würden, hat sich allerdings nicht erfüllt.[96] In der individuellen politischen Sozialisation markierte die Kriegsdienstverweigerung oftmals zwar einen wichtigen, aber eben auch einen individuellen Schritt; eine Politisierung der Verweigerung selbst blieb die Ausnahme. Auch in der Anti-Nachrüstungsbewegung der frühen achtziger Jahre spielten organisierte Kriegsdienstverweigerer so gut wie keine Rolle. Wer den Kriegsdienst verweigerte, wollte selbst kein Soldat werden, war aber nicht unbedingt ein prinzipieller Gegner des Militärs oder bundesdeutscher Militärpolitik.[97] Daß massenhafte Dienstverweigerung ein probates Mittel sein könnte, um die Einsatzfähigkeit der Bundeswehr zu schwächen, mochte auch von den Verweigerern kaum einer glauben. Die friedensbewegte Parole „Stell' dir vor, es ist Krieg und keiner geht hin", die zahllose Hauswände zierte, entsprach nicht mehr dem technischen Niveau einer Kriegsrüstung, die immer weniger auf die Bereitschaft „hinzugehen" angewiesen war.[98] Für Luhmann war es ohnehin nicht mehr als

---

[96] Vgl. exemplarisch die Stellungnahme des Verbandes der Kriegsdienstverweigerer zur Anti-Bundeswehr-Kampagne des SDS: „Ein Kernpunkt der Anti-Bundeswehr-Kampagne, die mit dem Ziel der Verunsicherung und Lähmung der Bundeswehr geführt wird, ist der Versuch, die Kriegsdienstverweigerung zu einer politischen Massenbewegung werden zu lassen. Es gilt, den ethisch-pazifistischen Naturschutzpark, den die Herrschenden den a priori als sektiererische Spinner diffamierten Kriegsdienstverweigerern als Alibi für ihre Liberalität nur allzu gern eingeräumt haben, zu sprengen, indem wir die Kriegsdienstverweigerung als Mittel der massenhaften Politisierung und Aktivierung einer politischen Entscheidung auffassen. (...) Über die Kriegsdienstverweigerung ist zumal den sozialistischen Schülerorganisationen eine Möglichkeit gegeben, ihre verhängnisvolle Isolation von den Schülermassen partiell zu überwinden, zu einer Verbreiterung ihres Aktionspotentials zu kommen und generell ihr Theorie-Praxis-Verhältnis entscheidend zu verbessern" (zit. nach Horst Mahler/Ulrich K. Preuss/Deserteur-Kollektiv: BIG LIFT oder Freiheit für die Deserteure. Berlin 1969, S. 44).

[97] Vgl. dazu, auf dem Stand von 1985, Stefan Moes: Zum politischen Bewußtsein von Zivildienstleistenden. In: Vorgänge, 24. Jg., 1985, H. 5, S. 23–27.

[98] Daß die Dienstverweigerung als Mittel zur Kriegsverhinderung im Zeitalter industrieller Kriegführung nicht ausreichte, hatte der Radikalpazifist Kurt Hiller bereits 1931 seinen friedensbewegten Gesinnungsgenossen vorgehalten: „Jene Sektion des Kriegsgegnertums, die in der Dienstverweigerung das Allheilmittel gegen den Krieg sieht, humpelt hinter der Entwicklung her – hinter der Entwicklung der Kriegs-Technik und der politischen Theorie. Nieder die Wehrpflicht! Es lebe die Dienst-

eine „gern gepflegte Illusion", „vom Gewissen im Namen natürlicher Sittlichkeit Widerstand gegen eine falsch laufende soziale Maschinerie zu erwarten". Illusionär schon deshalb, weil entsprechende Hoffnungen auf der Vermischung unterschiedlicher Systemebenen beruhten: „Eben weil die Anerkennung des individuellen Gewissens die Autonomie *personaler* Steuerungssysteme sichert und deren Ausdifferenzierung legitimiert, können auf diese Weise nicht zugleich Planungsfehler im *sozialen* System korrigiert werden."[99]

Luhmanns funktionalistische Beschreibung, das Grundrecht auf Kriegsdienstverweigerung diene dazu, dem einzelnen eine Gewissensentscheidung zu ersparen, hat sich als zutreffend erwiesen, wirkt heute aber zugleich anachronistisch. Der von ihm diagnostizierte Prozeß der Individualisierung hat sich seit den sechziger Jahren zweifellos verstärkt, aber zumindest in der Frage der Kriegsdienstverweigerung haben inzwischen andere personale Selbststeuerungsmechanismen dem Gewissen den Rang abgelaufen. Bei der Wahl zwischen Bundeswehr und Zivildienst spielen Gewissensgründe im herkömmlichen Sinne jedenfalls nur noch eine untergeordnete Rolle. Auf religiös oder politisch motivierte pazifistische Grundüberzeugungen berufen sich am ehesten noch die Totalverweigerer, die sich in keiner Weise zum Werkzeug staatlicher Rüstungsplanungen machen lassen wollen und deshalb auch die Ableistung des Zivildienstes ablehnen.[100] Die Mehrzahl der Wehrpflichtigen entscheidet sich nach einem individuellen Kosten-Nutzen-Kalkül, bei dem erwartete Vor- und Nachteile für die weitere Lebensplanung, Dienstdauer und -ort sowie Chancen zur beruflichen Qualifikation im Vordergrund stehen. Nicht weniger wichtig sind die Wünsche und Befürchtungen, die sich für die Jugendlichen an Bundeswehr oder Zivildienst heften: Ist für die einen die Aussicht auf kasernierte Zwangsgemeinschaft, Uniformierung, Gehorsamspflicht, Waffenausbildung und Geländemärsche ein Graus und Grund genug, eine Tätigkeit im Krankenhaus oder Altersheim vorzuziehen, so liegt für andere gerade in den (realen oder imaginierten) Härten des Militärdienstes die Her-

---

verweigerung! So rufe ich noch heute. Aber mit dem Kampf gegen die Wehrpflicht und mit einer selbst grandios glückenden Propaganda der Dienstverweigerung wird ein Krieg, der einmal ausgebrochen ist, umso weniger erschwert oder gar zum Abbruch gebracht werden, als, aller Voraussicht nach, der Zukunftskrieg gerade in seinen aggressivsten Formen durch technische Elitetruppen geführt wird, die sich aus Freiwilligen zusammensetzen. Nicht etwa aus Schein-Freiwilligen, wie es die ‚Einjährig-Freiwilligen' des Zweiten Reiches waren (...), sondern aus wahrhaft Freiwilligen, nämlich Fanatikern des Kriegs oder sportlichen Enthusiasten des Kriegs. Der Appell zur Dienstverweigerung erreicht die Menschen dieses Typus wohl, aber depotenziert sie nicht. Im Gegenteil: er fordert ihren Protest heraus und steigert so ihren kriegerischen Willen" (Kurt Hiller: Einen Schritt noch, Einstein! In: ders.: Der Sprung ins Helle. Leipzig 1932, S. 167/168).

[99] Luhmann: Das Phänomen des Gewissens, S. 233.

[100] Vgl. dazu Gruppe Kollektiver Gewaltfreier Widerstand gegen Militarismus (Hrsg.): Widerstand gegen die Wehrpflicht. Texte und Materialien. Kassel 1982; Christian Herz: Totalverweigerung – eine Streitschrift zur totalen Kriegsdienstverweigerung. Sensbachtal 1995.

ausforderung, die diesen als männliches Initiationsritual und willkommene Unterbrechung des zivilen Alltags attraktiv erscheinen läßt.[101] Wenn schließlich Ereignisse wie der Golfkrieg die Verweigererzahlen sprungartig in die Höhe schnellen lassen – 1991 verdoppelte sich im Vergleich zum Vorjahr die Zahl der Anträge auf mehr als 150.000, darunter viele Reservisten und Soldaten –, so macht das deutlich, in welchem Maße die individuelle Wehrdienstbereitschaft davon abhängt, ob der Jugendliche, der sich zwischen Militär- und Zivildienst zu entscheiden hat, fürchtet, als Soldat zu einem Kriegseinsatz abkommandiert zu werden.

7. Die Rückkehr des Krieges

In den Jahrzehnten des Kalten Krieges war – sieht man von der Aufbauphase der Bundeswehr und wenigen akuten Konfliktsituationen wie der Kubakrise und dem Mauerbau 1961 ab – die Vorstellung, tatsächlich in einen Krieg ziehen zu müssen, eine Möglichkeit, mit der kaum ein deutscher Soldat ernsthaft rechnete und auch nicht rechnen mußte. Die militärischen Verbündeten der Bundesrepublik führten zwar Kriege, doch sie führten sie „weit hinten" in der Dritten Welt, und eine deutsche Beteiligung stand niemals zur Diskussion. In Mitteleuropa dagegen, dem geographischen Zentrum der Ost-West-Konfrontation, wurde der Zustand „organisierter Friedlosigkeit" (Dieter Senghaas) auf Dauer gestellt, da eine „heiße" militärische Auseinandersetzung für beide Seiten das Risiko nuklearer Totalvernichtung bedeutet, mit Sicherheit aber ihre Selbstzerstörung als politische Systeme zur Folge gehabt hätte. Paradoxerweise ermöglichte, so läßt sich im Rückblick sagen, diese Substitution des Krieges durch permanente Kriegsdrohung „eine Demobilisierung, sogar Zivilisierung der Gesellschaft"[102]. Nimmt man den Grad der militärischen Durchdringung des gesamten sozialen Lebens und nicht das aufgehäufte und unentwegt nachgerüstete technische Destruktionspotential sowie die Virulenz antikommunistischer Feindbilder zum Maßstab, so war die Bundesrepublik vor 1989 verglichen mit der nationalsozialistischen, aber auch mit der wilhelminischen Gesellschaft zweifellos weitgehend entmilitarisiert.

Diese Epoche ging 1989 zu Ende. Mit dem Zusammenbruch des parteikommunistischen Herrschaftssystems hatte sich die Aufgabe, für die die Bundeswehr gegründet worden war und aus der sie mehr als dreißig Jahre lang

[101] Zur Sozialpsychologie der Wehrdienstbereitschaft vgl. Birckenbach: Mit schlechtem Gewissen. Die Gruppeninterviews mit Jugendlichen, die der Autorin als empirische Grundlage ihrer Untersuchung dienten, fanden 1981 statt; inwieweit sich die Einstellung Jugendlicher zum Militärdienst seither verändert hat, verdiente eine erneute Untersuchung. Die Bedeutung des Zivildienstes in der Biographie männlicher Jugendlicher untersucht Heinz Bartjes: Der Zivildienst als Sozialisationsinstanz. Weinheim/München 1996; ders.: „Ich tu' es für die Leute und ich tu' es für mich, was ich tue". In: neue praxis, 26. Jg., 1996, H. 1, S. 16–33.

[102] Ulrich Beck: Der feindlose Staat. In: Die Zeit, 23.10.1992, S. 65.

ihre Existenzberechtigung hergeleitet hatte, ganz und gar unmilitärisch erledigt. Strategische und taktische Konzepte, Beschaffungsprogramme und Ausbildungsrichtlinien waren mit einem Schlag überholt. Als Armee ohne Feind drohte sie in der öffentlichen Wahrnehmung überflüssig zu werden. Die berufsmäßigen Militärs sahen nicht nur ihr bisheriges professionelles Selbstverständnis, sondern auch ihre materielle Existenz in Frage gestellt, zumal mit der Zusammenführung der beiden deutschen Staaten auch eine Reduzierung der Truppenstärke auf 370.000 Mann verbunden war und gleichzeitig ein Teil der NVA-Soldaten in die Bundeswehr übernommen wurde.

Die Verunsicherung war jedoch nur von kurzer Dauer. Die vom Institutionsinteresse geleitete Suche der Militärs nach neuen Aufgaben fiel zusammen mit einer aus Bundeswehrperspektive günstigen politischen Gesamtkonstellation. Gleichzeitig mit der Vereinigung der beiden deutschen Staaten waren die letzten aus der militärischen Niederlage von 1945 noch verbliebenen Souveränitätsschranken gefallen, und die politischen Repräsentanten der um die ehemalige DDR erweiterten Bundesrepublik arbeiteten mit Nachdruck daran, die Sicherheitsinteressen Deutschlands unter den veränderten internationalen Rahmenbedingungen neu zu definieren und seinen außenpolitischen Aktionsradius zu erweitern.

Unter den Stichworten „Normalisierung" und „weltpolitische Verantwortung" vollzieht sich seither eine Neuorientierung der Außen- und Militärpolitik, die den Anspruch des deutschen Staates erkennen läßt, künftig seine Interessen weltweit auch unter Einschluß militärischer Mittel durchzusetzen.[103] Die vom Generalinspekteur der Bundeswehr verfaßten und vom Verteidigungsminister im November 1992 erlassenen „Verteidigungspolitischen Richtlinien" formulieren ein Programm, das der Bundeswehr globale Einsatzmöglichkeiten in Aussicht stellt, die mit dem ursprünglichen Verteidigungs- und Abschreckungsauftrag nichts mehr gemein haben: Die „vitalen Sicherheitsinteressen" deutscher Politik schlössen, heißt es in diesem amtlichen Dokument, die „Aufrechterhaltung des freien Welthandels und des ungehinderten Zugangs zu Märkten und Rohstoffen in aller Welt" ein; die deutsche Sicherheitspolitik dürfe sich deshalb „weder inhaltlich noch geographisch eingrenzen" lassen; die Bundeswehr sei qualitativ wie quantitativ auf „flexible Krisen- und Konfliktbewältigung im erweiterten geographischen Umfeld, Friedensmissionen und humanitäre Einsätze" auszurichten; wesentliche Kennzeichen der dazu benötigten Truppenverbände seien „rasche Verfügbarkeit sowie ein hohes Maß an Flexibilität und Mobilität".[104]

Nachdem aus der Sicht der militärischen Planer „das deutsche Sicherheitsdilemma der Nachkriegszeit – der Widerspruch zwischen schützender nuklea-

---

[103] Vgl. zum folgenden Wolfram Wette: Rückkehr zu „Normalität" und Weltmachtdenken. Die Renaissance des Militärischen im neuen Deutschland. In: Blätter für deutsche und internationale Politik, 39. Jg., 1994, S. 981–990.

[104] Die „Richtlinien" sind dokumentiert in: Blätter für deutsche und internationale Politik, 38. Jg., 1993, S. 1137–1151 (Zitate S. 1139, 1144, 1148).

rer Abschreckung und der Gefahr, nukleares Schlachtfeld zu werden"[105], sich aufgelöst hat, soll die Bundeswehr zwar nicht unbedingt Krieg führen, aber sie soll ihn unbedingt wieder führen *können* und diese Fähigkeit auch praktisch unter Beweis stellen. Die Legitimitätskrise der Abschreckungsarmee mündet ein in die Relegitimierung des Krieges als Mittel bundesdeutscher Politik. Atomare Massenvernichtungsmittel, die ja weiterhin, wenn auch nicht der Bundeswehr, zur Verfügung stehen oder verfügbar gemacht werden können, spielen in den Planungen nur noch eine untergeordnete Rolle; die wahrscheinlichen Krisen- und Interventionsszenarien sind unterhalb der Schwelle zur atomaren Eskalation angesiedelt. Was auf den ersten Blick wie eine „Hegung des Krieges" (Carl Schmitt) erscheinen mag, erweist sich als Rückgewinnung militärischer Optionen, die in der Ära des Kalten Krieges verstellt waren.

Das Bild künftiger Militäreinsätze ist dabei so disparat wie die wechselnden Feindbilder. Die Bundeswehr rüstet sich für einen High-Tech-Krieg, wie ihn die USA und ihre Verbündeten 1991 gegen den Irak führten, aber auch für den Einsatz in Banden- und Bürgerkriegen wie in Somalia oder dem ehemaligen Jugoslawien. Gemeinsam ist den unterschiedlichen Szenarien die Exterritorialisierung der militärischen Gewalt. Wie zu Friedrichs II. Zeiten sollen die Bürger in Ruhe ihren Geschäften nachgehen können und im Alltag kaum merken, wenn die Regierung Krieg führt. Anders als damals besitzen sie heute allerdings einen Fernseher, der ihnen erlaubt, vom eigenen Wohnzimmer aus risikolos „live" an allen Fronten dabei zu sein. Gesamtgesellschaftliche Kriegführung bedeutet im Zeitalter der Mediengesellschaft nicht mehr unmittelbare Mobilisierung auch der Zivilbevölkerung für Kriegszwecke, sondern die Notwendigkeit, wie jede Politik auch deren Fortsetzung mit militärischen Mitteln publikumsgerecht zu inszenieren.

Parallel zur Umrüstung der Bundeswehr sorgt deshalb eine dosierte Akzeptanzpolitik dafür, daß Schritt für Schritt rechtliche Barrieren und politische Vorbehalte gegen „Out-of-area"-Einsätze beseitigt werden. Nach einem halben Jahrhundert, in dem deutsche Soldaten nicht zu kämpfen brauchten und nicht kämpfen durften, kehrt der Krieg zunächst testweise und unter anderem Namen zurück. Die Semantik des Polizeieinsatzes ersetzt die des Krieges; statt Feinde zu besiegen, wird die Ordnung wiederhergestellt. Militärische Missionen der Bundeswehr haben, schon um die fragile öffentliche Zustimmung nicht zu gefährden, risikoarm, aber imagefördernd zu sein; nationale Alleingänge verbieten sich wegen der Sorgen der Verbündeten vor einem neuen deutschen Militarismus. Statt von Kriegseinsätzen spricht man von „friedenserhaltenden", „friedensschaffenden" oder auch „friedenserzwingenden Maßnahmen". Aus dem „Kämpfen können, um nicht kämpfen zu müssen" ist ein „Kämpfen-Können und Helfen-Wollen"[106] geworden, das allerdings durchaus die Bereitschaft und Fähigkeit einschließen soll, „auf der Grundlage eines dazu erteilten Mandats gegebenenfalls auch Offensivhandlungen mit begrenz-

---

[105] Ebd., S. 1139.

[106] Klaus Naumann: Zuverlässiges Instrument in den Händen der Politik. In: Frankfurter Rundschau, 27.10.1995, Sonderbeilage „Armee im Wandel".

tem Ziel als Gegengewalt zur Bestrafung von Friedensbrechern"[107] durchzuführen. Ihrer Selbstdarstellung nach tritt die Bundeswehr nicht als Kriegsmacht auf den Plan, sondern als eine Art „bewaffneter Sozialarbeiter in globaler Mission"[108].

Nicht mehr ein hochgerüstetes gegnerisches Staatensystem, sondern gerade der Zerfall staatlicher Souveränität, nicht eine feindliche Ordnung, sondern das „Versinken in Bürgerkrieg und Chaos" legitimiert Aufstellung und Einsatz der Truppen. Gegenüber den Fehden rivalisierender *warlords* und marodierender Banden präsentiert sich die geordnete militärische Gewalt als kleineres Übel, wenn nicht als wahre Hüterin der Humanität. Um noch einmal Foucaults Unterscheidung von souveränem und revolutionärem Kriegsdiskurs aufzugreifen: Die Ost-West-Konfrontation hatte das revolutionäre Modell antagonistischer Feindschaft zum Kalten Krieg eingefroren, aber auch konserviert. Nach ihrem Ende bestimmt – in Deutschland wie in den übrigen westlichen Industriestaaten – wieder die souveräne Logik imperialer Pazifizierung das außenpolitische Denken und Handeln.

Welche Konsequenzen sich aus den militärischen Weichenstellungen und Probeläufen für Rekrutierung und Gehorsamsproduktion der Soldaten ergeben werden, ist bis jetzt nur in Umrissen erkennbar: Die Verkürzung der Grundwehrdienstzeit auf zehn Monate signalisiert, daß die Aufspaltung der Armee in einen Kern von langdienenden Freiwilligen einerseits, wehrpflichtigen Kurzzeitsoldaten andererseits sich verstärken wird. In den für die neuen Aufgaben aufgestellten und ausgebildeten „Krisenreaktionskräften" werden Wehrpflichtige kaum zum Einsatz kommen. Für Dienstunwillige bleibt das Recht auf Kriegsdienstverweigerung. Daß in der Bundesrepublik anders als in anderen NATO-Staaten an der gesetzlichen Zwangsrekrutierung – noch? – festgehalten wird, hat andere Gründe als die militärischer Effizienz. Jenseits des Mythos, sie sei „das legitime Kind der Demokratie"[109], demonstriert die allgemeine Wehrpflicht das souveräne Recht des Staates über Leben und Tod und fungiert zunächst als Indikator dafür, was dieser seinen Bürgern zumuten kann. Wichtiger für ihren Fortbestand ist vermutlich noch ein anderes Kalkül: Fiele die Wehrpflicht, gingen dem Staat auch die Zivildienstleistenden verlo-

---

[107] Ders.: Die Bundeswehr in einer Welt im Umbruch. Berlin 1994, S. 127/128.

[108] von Bredow: Die Zukunft der Bundeswehr, S. 21.

[109] So der spätere Bundespräsident Theodor Heuss 1949 im Parlamentarischen Rat; ähnlich schon Carl Schmitt 1928 in seiner „Verfasssungslehre": „So wenig wie eine echte Demokratie ohne allgemeines Wahlrecht, gibt es eine echte Demokratie ohne allgemeine Wehrpflicht" (S. 254). Im historischen Rückblick bleibt von dem vermeintlichen „wesensmäßigen Zusammenhang" wenig übrig: In Deutschland verliefen Militarisierung und Demokratisierung – zumindest bis 1945 – keineswegs parallel, sondern die Gesellschaft wurde mithilfe der allgemeinen Wehrpflicht militarisiert, nicht zuletzt um jene politischen Kräfte niederzuhalten, die auf demokratische Partizipation drängten. „Legitimer Vater" der Wehrpflicht ist nicht die Demokratie, sondern der moderne Nationalstaat, der – gleich ob als monarchischer, faschistischer, staatssozialistischer oder parlamentarisch verfaßter – die politische wie militärische Mobilisierung der Massen ins Werk setzte.

ren, auf die das soziale Versorgungssystem mehr denn je angewiesen ist. Die Alternative einer allgemeinen Dienstpflicht, der Männer wie Frauen wahlweise in der Armee oder in zivilen Einsatzstellen nachzukommen hätten, findet allerdings in der Öffentlichkeit eine wachsende Zahl von Fürsprechern.[110] Bezeichnend für die Diskussion ist dabei, daß die meisten Kritiker des Status quo zwar die Wehrpflicht, nicht aber einen staatlichen Zwangsdienst als solchen ablehnen, diesen vielmehr noch auf den weiblichen Teil der Bevölkerung ausdehnen wollen. Die staatliche Nötigung, Soldat zu werden, mag antiquiert erscheinen, die gesetzliche Verpflichtung, dem Staate zu dienen, steht außer Frage.

In der Bundeswehr selbst rückt, weil nicht mehr Kriegsverhinderung durch Abschreckung, sondern der „Ernstfall Krieg" den Auftrag definiert, das Kämpfen können wieder ins Zentrum der Zurichtung zum Soldaten. Weiterhin rangiert zwar technische Professionalität vor heroischem Draufgängertum, doch der Ton ist rauher geworden, die industriesoziologische Human-Relations-Rhetorik dem Appell an traditionelle soldatische „Tugenden" gewichen. Postum triumphiert Karst über Baudissin.

Technologisch wird die militärische Disziplinierung den Bedingungen des Informationszeitalters angepaßt. Beim Training für den Ernstfall ergänzt das virtuelle Gefecht im Cyberspace Manöver und Truppenübungsplatz. Doch gleich ob die geforderte „kampfnahe Ausbildung" im Gelände oder in elektronischen Simulatoren stattfindet, nicht simulieren läßt sich die Angst, selbst getötet oder verletzt zu werden. Trotz aller Substitution durch technische Apparate braucht es zum Kriegführen noch Menschen, und deren Körper sind verwundbar, ihr „Geist" potentiell unzuverlässig. Inwieweit die präventiven Sinnstiftungen des Soldatentodes durch nationale Pflicht- und Opferdiskurse oder Anrufung des „Ethos" noch greifen, ist offen. Was geschieht, sollte nach mehr als fünfzig Jahren wieder „im Kampf gefallen" werden, steht noch dahin. Mehr als für andere Bereiche militärischer Rüstung gilt für die Gehorsamsproduktion: Friktionen zeigen sich erst im Krieg.

---

110 Vgl. etwa Sibylle Tönnies: Arbeitsdienst? Warum nicht! In: Die Zeit, 12.7.1996, S. 53, und die sich an diesen Aufsatz anschließende Debatte; kritisch dazu Heiner Möller: Dem Staate dienen. In: konkret, H. 10/1996, S. 24–26.

IX. Schlußthesen

(1) Militärischer Gehorsam ist freiwillige oder erzwungene Komplizität mit staatlich organisierter Gewalt. Soldaten sichern das staatliche Gewaltmonopol, indem sie töten und ihr Leben aufs Spiel setzen, während die staatliche Macht an ihnen ihren Anspruch exekutiert, souverän über Leben und Tod zu verfügen. Für die Armee zählt der einzelne Soldat nur nach Maßgabe seiner Fungibilität für den militärischen Auftrag. Disziplinieren heißt fungibel machen, heißt Bearbeitung des „Menschenmaterials“ zum Zwecke gesteigerter Tauglichkeit und vertiefter Unterwerfung.

(2) Militärische Disziplinierung zielt auf Erwartbarkeit des Verhaltens – Befehle sollen befolgt werden – und muß doch stets mit dem Unerwarteten rechnen. Sie setzt voraus, was sie zu eliminieren versucht: die Kontingenz des Handelns. Wäre das menschliche Verhalten vollständig determiniert, brauchte es keine Gehorsamsproduktion; ließe es sich nicht determinieren, könnte es keine geben. Disziplinierung impliziert stets eine Utopie totaler Ordnung, ohne sie jedoch einlösen zu können. Sie realisiert sich daher als permanente Abwehr drohender Unordnung.

(3) Die militärische Ordnung ist besonders prekär, die militärische Gehorsamsproduktion besonders rigide, weil sie sich unter den Bedingungen eines Kampfes auf Leben und Tod zu bewähren haben. Armeen unterscheiden sich von anderen Disziplinarinstitutionen nicht dadurch, daß sie den einzelnen auf die Seite seiner gesellschaftlichen Funktion zwingen, sondern dadurch, daß die gesellschaftliche Funktion des Soldaten seine Tötungs- und Todesbereitschaft einschließt. Jenseits aller historischen Transformationen liegt hierin das Kontinuum militärischer Disziplinierung.

(4) Militärisches Handeln setzt sich aus zwei Momenten zusammen: Der Krieg ist, nach Clausewitz' Wort, „ein erweiterter Zweikampf“, und er ist effiziente Anwendung von Gewalt – *killing people and destroying things*. Beide Momente lassen sich nicht voneinander ablösen, aber nicht zu allen Zeiten besitzen beide den gleichen Stellenwert. Zu beidem soll die Gehorsamsproduktion befähigen, aber jedes von beiden impliziert einen anderen Gehorsamstyp: Die Disziplinierung zum Kämpfen ist „heiß“ – sie mobilisiert, entgrenzt, schürt die Leidenschaften; die Disziplinierung zu effizienter Gewaltanwendung ist „kalt“ – sie kontrolliert, reglementiert, zügelt die Affekte. Die Mischungsverhältnisse ändern sich, und die Geschichte militärischer Disziplinierung läßt sich schreiben als Wechsel zwischen eher „heißen“ und eher „kalten“ Epochen.

(5) Militärische Disziplinierung produziert zuverlässige Körper, sie erzeugt loyalen „Geist“, und sie schließt die Soldaten mit der technischen Kriegsmaschinerie zusammen. Stand in der Frühzeit stehender Heere die körperliche Abrichtung im Zentrum der Disziplinierungsanstrengungen, so rückte im 19.

Jahrhundert die ideologische Mobilisierung und Gleichschaltung in den Vordergrund. In der industrialisierten Kriegführung des 20. Jahrhunderts avanciert schließlich die Technik zur obersten Disziplinierungsinstanz, ohne daß auf traditionelle Dressurpraktiken und Maßnahmen zur „geistigen Rüstung" völlig verzichtet wird. Die Verschiebungen markieren zugleich eine Verinnerlichung und eine Versachlichung der Gehorsamsproduktion: Die Disziplin des gedrillten Söldners war an die Präsenz des überwachenden und strafenden Offiziers gebunden, die patriotische Indoktrination setzte auf einen innengeleiteten „Gehorsam aus Überzeugung", während die Funktionsdisziplin des Techniker-Soldaten von diesem vor allem die sachadäquate Bedienung und Wartung der Maschinen verlangt.

(6) Die Transformationen der Disziplin korrespondieren den technischen Niveaus der Kriegführung und, damit verbunden, dem Grad der militärischen Arbeitsteilung. Wenn auch am Prinzip von Befehl und Gehorsam durchgängig festgehalten wird, so verschiebt sich doch die Reichweite dessen, was die Befehle reglementieren: In der Linienkriegführung der absolutistischen Heere hatte jeder Handgriff und jeder Schritt auf Kommando zu erfolgen, um die Synchronizität der Truppenbewegung zu sichern. In den offeneren Gefechtsformen, wie sie sich während des 19. Jahrhunderts durchsetzten, und erst recht, seit nicht mehr Massenheere von Einheitsinfanteristen, sondern eine Vielzahl technischer Spezialisten das Kriegsbild bestimmen, wurde es nötig, die Befehle auf die Definition des Auftrags zu beschränken, die Modalitäten der Ausführung aber den Befehlsempfängern zu überlassen. Dazu brauchte es Soldaten, auf deren Loyalität und Kampfbereitschaft auch dann Verlaß war, wenn kein Offizier mit der Waffe im Anschlag hinter ihnen marschierte. Für die Ausbildung des Liniensoldaten hatte es genügt, ihn regelmäßig exerzieren zu lassen; die fachlichen Kompetenzen, die es zur Bedienung der hochkomplexen Rüstungstechnologien bedarf, lassen sich nur in aufwendigen Ausbildungen erwerben. Die Einheitlichkeit militärischer Disziplin verliert sich in der Vielfalt technischer Spezialdisziplinen.

(7) Disziplinierung provoziert Widerstand. Soldaten meutern, laufen davon, gehen zum Feind über, begehen Sabotageakte oder weigern sich, Befehle auszuführen, sie werden krank oder simulieren Krankheiten, fügen sich Verletzungen zu oder begehen Selbstmord. Gehorsamsproduktion heißt deshalb immer auch Prävention und Ahndung von Ungehorsam. Setzte im 16. und 17. Jahrhundert das Problem ausbleibender Soldzahlungen und unregelmäßiger Lebensmittelversorgung den Disziplinierungsanstrengungen eine Grenze, so etablierten die Armeen des 18. Jahrhunderts zur Desertionsprävention ein System lückenloser Überwachung sowie der Abschreckung durch Körperstrafen und Konfiszierung des Vermögens. Um „umstürzlerische Elemente" unter Kontrolle zu halten, wurde seit dem Vormärz das Militär zur „totalen Institution" ausgebaut. Mit Durchsetzung der allgemeinen Wehrpflicht erwies es sich für den Militärapparat als immer wichtiger, potentielle „Störer und Versager" bereits vor der Einberufung zu erkennen und sie auszumustern. Als Selektionsspezialisten betätigten sich seit der Jahrhundertwende die Militärpsy-

chiater, die dann während des Ersten Weltkriegs einen ebenso vergeblichen wie grausamen Kampf gegen die „Kriegsneurotiker" führten. Das nationalsozialistische Regime radikalisierte die Aussonderung der Unzuverlässigen bis zu ihrer physischen Vernichtung. In der Bundesrepublik schließlich erwies sich die Legalisierung der Kriegsdienstverweigerung als probates Mittel, um unwillige Wehrpflichtige von der Armee fernzuhalten und sie zugleich für Dienste im zivilen Bereich zu verpflichten.

(8) Disziplinierung ist Sozialtechnologie. Die den Disziplinierungsdiskursen adäquate Metaphorik ist deshalb die der Maschinen, die disparaten Formen der Gehorsamsproduktion finden ihre Entsprechung in den der jeweiligen Epoche spezifischen Maschinentypen: Das Disziplinideal des absolutistischen Zeitalters war mechanisch – präzise wie ein Uhrwerk sollten die Bewegungen der Truppen-Körper-Maschine ablaufen, und Soldatenabrichtung war die Kunst des Rädchenschleifens. Von den napoleonischen Kriegen bis zum Zweiten Weltkrieg dominierte das Modell der energetischen Maschine – der Funke des Enthusiasmus sollte überspringen, das patriotische Feuer geschürt werden, und die Soldaten sich in Brennstoff verwandeln, um das Kräftepotential von Armee und Nation zu steigern. Die Disziplin des Informationszeitalters ist kybernetisch – wie die Rüstungstechnologie und die Truppe als Ganze erscheint auch der einzelne Soldat als komplexes System; disziplinieren heißt die verschiedenen Systemelemente und Teilsysteme kompatibel zu machen und so zusammenzuschalten, daß die Leistungsfähigkeit optimiert wird.

(9) Militärkritik, sofern sie nicht bloß die Ineffizienz der Heeresorganisation attackierte oder sich in der Skandalisierung von Gewalt und Beschwörung des Friedens erschöpfte, war stets auch Kritik militärischer Gehorsamsproduktion. Die Maschinenmetaphorik affizierte dabei noch die Modelle oppositioneller Praxis, die – von der Kriegsdienstverweigerung bis zum Militärstreik – die Kriegsmaschinerie aufhalten, zumindest aber bremsen sollten. Eine Militärkritik, welche die Subversion des Gehorsams noch immer nach dem Vorbild des Sands im Getriebe oder der Energiekrise („Stell dir vor, es ist Krieg, und keiner geht hin!") begreift, reicht an ihren Gegenstand längst nicht mehr heran. Zeitgemäßer wäre vielleicht das Bild vom Computervirus, der den Rechner bis zum Sankt-Nimmerleins-Tag auf Hochtouren laufen läßt, ohne daß je ein Ergebnis herauskäme.

Literatur

Abbt, Thomas: Vom Tode für das Vaterland. Berlin 1770
Abel, Günter: Stoizismus und frühe Neuzeit. Berlin/New York 1978
Abendroth, Wolfgang: Ein Leben in der Arbeiterbewegung. Frankfurt/M. 1976
Abraham, Karl: Erstes Korreferat. In: Zur Psychoanalyse der Kriegsneurosen, Leipzig/Wien 1919, S. 31–41
Abt, [Christian]: Die Revolution in Baden und die Demokraten. Vom revolutionären Standpunkt aus beleuchtet. Herisau 1849
Acta Borussica. Denkmäler der Preußischen Staatsverwaltung im 18. Jahrhundert, 1. Abt.: Die Behördenorganisation und die allgemeine Staatsverwaltung Preußens im 18. Jahrhundert, 16 Bde. Berlin 1892ff.
Adam, Armin: Raumrevolution. Ein Beitrag zur Theorie des totalen Krieges. In: Stingelin, Martin/Scherer, Wolfgang (Hrsg.): HardWar/SoftWar. Krieg und Medien 1914 bis 1945. München 1991, S. 145–158
Altrichter, Friedrich: Das Wesen der soldatischen Erziehung. Oldenburg/Berlin 1935
Anders, Günther: Die Antiquiertheit des Menschen, 2 Bde. München 1956/1980
Andersch, Alfred: Die Kirschen der Freiheit. Frankfurt/M. 1952
Anderson, Benedict: Die Erfindung der Nation. Frankfurt/M. 1988
Anneke, Fritz: Ein ehrengerichtlicher Proceß. Leipzig 1846
Anneke, Mathilde Franziska: Mutterland. Memoiren einer Frau aus dem badisch-pfälzischen Feldzuge (1853). Münster 1982
[Anonym]: Ueber militairischen Enthusiasmus. In: Magazin der neuesten merkwürdigen Kriegsbegebenheiten, Bd. 6, 1796, S. 25–45
[Anonym]: Die Ursachen der Meuterei und des Zerfalles des großherzoglich badischen Truppencorps im Mai 1849. In: Deutsche Vierteljahrs Schrift, 1850, H. 2, S. 130–158
[Anonym]: Die Zermürbung der Front. In: Süddeutsche Monatshefte, 16. Jg., Dez. 1918, S. 176–192
[Anonym]: Um den Exerziermarsch. In: Der Truppendienst. Beilage zur „Deutschen Wehr“, 1. Jg., Nr. 1., 9.1.1936, S. 2–4
[Anonym]: Zufällige Gedanken über die Pedanterie im Kriege. Frankfurt/Leipzig 1758, Nachdruck in: Johannes Hofmann: Die Kursächsische Armee 1769 bis zum Beginn des Bayrischen Erbfolgekrieges. Phil. Diss. Leipzig. Rudolstadt 1914, S. 136–156
Antimilitarismus und Generalstreik. Berlin 1904
Arendt, Hannah: Elemente und Ursprünge totaler Herrschaft, 3. Bde. Frankfurt/M. 1975
–: Was heißt persönliche Verantwortung unter einer Diktatur? In: dies.: Nach Auschwitz. Berlin 1989, S. 81–97
Arndt, Ernst Moritz: Drei Flugschriften (1812). Faksimiledruck: Berlin 1988
–: Für Vaterland und Freiheit. Berlin o.J.
Arnsberg, Gad: „... dem Volke unter die Arme greifen.“ Deutsche und polnische Beispiele zur emanzipatorischen Rolle der Armee in den 1830er Jahren. In: Tel Aviver Jahrbuch für deutsche Geschichte, Bd. XVI, 1987, S. 154–176
–: Der frühdemokratische Gegenzug. In: Borst, Otto (Hrsg.): Aufruhr und Entsagung. Vormärz 1815–1848 in Baden und Württemberg. Stuttgart 1992, S. 65–86
Aschaffenburg, Gustav: Die konstitutionellen Psychopathen. In: Bonhoeffer, Karl (Hrsg.): Handbuch der ärztlichen Erfahrungen im Weltkriege 1914/1918, Bd. IV: Geistes- und Nervenkrankheiten. Leipzig 1922, S. 122–153

Ashworth, Tony: The sociology of trench warfare 1914–1918. In: British Journal of Sociology, Vol. XIX, 1968, S. 407–423
–: Trench Warfare 1914–1918. The Live and Let Live System. London 1980
Auvray, Michel: Objecteurs, insoumis, déserteurs. Histoire des réfractaires en France. Paris 1983
Avé-Lallement, Friedrich Christian Benedikt: Das deutsche Gaunertum in seiner sozialpolitischen, literarischen und linguistischen Ausbildung zu seinem heutigen Bestande. Leipzig 1858–1862, Nachdruck: Berlin 1914
Avineri, Shlomo: Hegels Theorie des modernen Staates. Frankfurt/M. 1976

Bachmann, Peter/Zeisler, Kurt: Der deutsche Militarismus. Illustrierte Geschichte, Bd. 1. Berlin 1986
Bahr, Hans-Dieter: Die Sprache des Gastes. Leipzig 1994
Bahrdt, Hans Paul: Die Gesellschaft und ihre Soldaten. München 1987
Bald, Detlef: Vom Kaiserheer zur Bundeswehr. Sozialstruktur des Militärs: Politik der Rekrutierung von Offizieren und Unteroffizieren. Frankfurt/M. 1981
–: Der deutsche Offizier. Sozial- und Bildungsgeschichte des deutschen Offizierskorps im 20. Jahrhundert. München 1982
–: Militär und Gesellschaft 1945–1990. Baden-Baden 1994
–/ Krämer-Badoni, Thomas/Wakenhut, Roland: Innere Führung und Sozialisation. Ein Beitrag zur Sozio-Psychologie des Militärs. In: Steinweg, Reiner (Red.): Unsere Bundeswehr? Frankfurt/M. 1981, S. 134–166
Balibar, Etienne/Wallerstein, Immanuel: Rasse Klasse Nation. Ambivalente Identitäten. Hamburg/Berlin 1990
Ball, Hugo: Gesammelte Gedichte. Zürich 1963
Banse, Ewald: Raum und Volk im Weltkriege. Oldenburg 1932
–: Wehrwissenschaft. Einführung in eine neue nationale Wissenschaft. Leipzig ²1933
Barth, Hans: Über den totalen Staat und seine ideologischen Voraussetzungen. In: ders.: Fluten und Dämme. Zürich 1943, S. 201–242
Barthes, Roland: Sade Fourier Loyola. Frankfurt/M. 1974
Bartjes, Heinz: Der Zivildienst als Sozialisationsinstanz. Weinheim/München 1996
–: „Ich tu' es für die Leute und ich tu' es für mich, was ich tue". In: neue praxis, 26. Jg., 1996, H. 1, S. 16–33
Bartov, Omer: Extremfälle der Normalität und die Normalität des Außergewöhnlichen: Deutsche Soldaten an der Ostfront. In: Ulrich Borsdorf/Mathilde Jamin (Hrsg.): Überleben im Krieg. Reinbek 1989, S. 148–161
–: Brutalität und Mentalität. Zum Verhalten deutscher Soldaten an der „Ostfront". In: Jahn, Peter/Rürup, Reinhard (Hrsg.): Erobern und Vernichten. Der Krieg gegen die Sowjetunion. Berlin 1991, S. 183–199
–: The Conduct of War: Soldiers and the Barbarization of Warfare. In: Journal of Modern History, Vol. 64, 1992, Suppl.: Resistance against the Third Reich, S. 32–45
–: Hitlers Wehrmacht. Reinbek 1995
–: Wem gehört die Geschichte? In: Heer, Hannes/Naumann, Klaus (Hrsg.): Vernichtungskrieg. Verbrechen der Wehrmacht 1941–1944. Hamburg 1995, S. 601–619
Batscha, Zwi: Thomas Abbts politische Philosophie: In: ders.: „Despotismus jeder Art reizt zu Widersetzlichkeit". Die französische Revolution in der deutschen Popularphilosophie. Frankfurt/M. 1989, S. 126–168
Baudissin, Wolf Graf von: Soldat in der offenen Gesellschaft. In: Raven, Wolfram von (Hrsg.): Armee gegen den Krieg. Stuttgart-Degerloch 1966, S. 286–306
–: Soldat für den Frieden. München 1969

–: Nie wieder Sieg. Programmatische Schriften 1951–1981. München 1982
Bauman, Zygmunt: Dialektik der Ordnung. Die Moderne und der Holocaust. Hamburg 1992
Baumann, Reinhard: Das Söldnerwesen im 16. Jahrhundert im bayerischen und süddeutschen Beispiel. München 1978
–: Landskechte. Ihre Geschichte und Kultur vom späten Mittelalter bis zum Dreißigjährigen Krieg. München 1994
Bebel, August: Nicht stehendes Heer sondern Volkswehr! Stuttgart 1898
Beck, Ulrich: Der feindlose Staat. In: Die Zeit, 23.10.1992, S. 65/66
Becker, Johannes Philipp/Essellen, Chr.: Geschichte der süddeutschen Mai-Revolution des Jahres 1849. Genf 1849
Behrens, Manfred: Ideologische Anordnung und Präsentation der Volksgemeinschaft am 1. Mai 1933. In: Projekt Ideologie-Theorie: Faschismus und Ideologie 1. Berlin 1980, S. 81–106
Bender, Annie: Thomas Abbt. Ein Beitrag zur Darstellung des erwachenden Lebensgefühls im 18. Jahrhundert. Bonn 1922
Berenhorst, Georg Heinrich von: Betrachtungen über die Kriegskunst (1797/1799). Neudruck: Osnabrück 1978
Berghahn, Volker R.: NSDAP und „geistige Führung“ der Wehrmacht 1939–1943. In: Vierteljahrshefte für Zeitgeschichte, 17. Jg., 1969, S. 17–71
– (Hrsg.): Militarismus. Köln 1975
–: Militär, industrialisierte Kriegführung und Nationalismus. In: Neue Politische Literatur, XXVI. Jg., 1981, S. 20–41
–: Militarismus. Die Geschichte einer internationalen Debatte. Hamburg 1986
Berliner Geschichtswerkstatt (Hrsg.): August 1914. Ein Volk zieht in den Krieg. Berlin 1989
Bernstein, Eduard: Patriotismus, Militarismus und Sozialdemokratie. In: Sozialistische Monatshefte, 11. Jg., 1907, Bd. 1, S. 434–440
Bessel, Richard: Germany after the First World War. Oxford 1993
–: Die Heimkehr der Soldaten: Das Bild der Frontsoldaten in der Öffentlichkeit der Weimarer Republik. In: Hirschfeld, Gerhard/Krumeich, Gerd/Renz, Irina (Hrsg.): Keiner fühlt sich hier mehr als Mensch ... Erlebnis und Wirkung des Ersten Weltkriegs. Essen 1993, S. 221–239
Besson, Waldemar: Dokumentation zur Geschichte des nationalsozialistischen Führungsoffiziers (NSFO). In: Vierteljahrshefte für Zeitgeschichte, 9. Jg., 1961, S. 76–116
Bielefeld, Ulrich: Das Wie der nationalen Konstruktion. Vom „Culte de Moi“ zum „Culte des Nous“ bei Fichte und Barrès. In: Mittelweg 36, 4. Jg., 1995, H. 1, S. 15–31
Binding, Karl/Hoche, Alfred E.: Die Freigabe der Vernichtung lebensunwerten Lebens. Ihr Maß und ihre Form. Leipzig 1920
Binz, Gerhard Ludwig: Wehr-Verneinung. Eine Studie über ihre Entstehung und ihre Erscheinungsformen. Beiheft 4 der Wehrwissenschaftlichen Rundschau. Berlin/Frankfurt/M. 1956
Birckenbach, Hanne: Wehrdienst als Verlust – und Befreiung von der zivilen Lebensweise. In: Steinweg, Reiner (Red.): Unsere Bundeswehr? Zum 25jährigen Bestehen einer umstrittenen Institution. Frankfurt/M. 1981, S. 197–233
–: Mit schlechtem Gewissen – Wehrdienstbereitschaft von Jugendlichen. Baden-Baden 1985
Birke, Peter/Friedrich, Rudi: Zivildienstleistende: Zwangsarbeiter im sozialen Kleid. In: Vorgänge, 27. Jg., 1988, H. 3, S. 58–65

Birnbaum, Karl: Kriegsneurosen und -psychosen auf Grund der gegenwärtigen Kriegsbeobachtungen. In: Zeitschrift für die gesamte Neurologie und Psychiatrie. Referate und Ergebnisse, 1915–1918, Bd. XI, S. 321–369, Bd. XII, S. 1–89, 317–388, Bd. XIII, S. 457–533, Bd. XIV, S. 193–258, 313–351, Bd. XVI, S. 1–78

Black, Jeremy: A Military Revolution? Military Change and European Society 1550–1800. London 1991

Blessing, Werner K.: Disziplinierung und Qualifizierung. Zur kulturellen Bedeutung des Militärs im Bayern des 19. Jahrhunderts. In: Geschichte und Gesellschaft, 17. Jg., 1991, S. 459–479

Blesson, Louis: Betrachtungen über die Befugnis des Militairs, an politischen Angelegenheiten Theil zu nehmen. Berlin 1821

Boberach, Heinz (Hrsg.): Meldungen aus dem Reich. Die geheimen Lageberichte des Sicherheitsdienstes der SS, 17 Bde. Herrsching 1984

Bödeker, Hans Erich: Thomas Abbt: Patriot, Bürger und bürgerliches Bewußtsein. In: Vierhaus, Rudolf (Hrsg.): Bürger und Bürgerlichkeit im Zeitalter der Aufklärung. Heidelberg 1981, S. 221–253

Bohnen, Klaus: Von den Anfängen des „Nationalsinns". In: Scheuer, Helmut (Hrsg.): Dichter und ihre Nation. Frankfurt/M. 1993, S. 121–137

Bohse, Jörg: Inszenierte Kriegsbegeisterung und ohnmächtiger Friedenswille. Meinungslenkung und Propaganda im Nationalsozialismus. Stuttgart 1988

Boll, Friedhelm: Die deutsche Sozialdemokratie zwischen Resignation und Revolution. In: Huber, Wolfgang/Schwerdtfeger, Johannes (Hrsg.): Frieden, Gewalt, Sozialismus. Stuttgart 1976, S. 179–281

–: Frieden ohne Revolution? Friedensstrategien der deutschen Sozialdemokratie vom Erfurter Programm 1891 bis zur Revolution 1918. Bonn 1980

Bonhoeffer, Karl: Erfahrungen aus dem Kriege über Ätiologie psychopathologischer Zustände mit besonderer Berücksichtigung der Erschöpfung und Emotion. In: Allgemeine Zeitschrift für Psychiatrie, 73. Bd., 1917, S. 77–95

Borgius, Walther: Die neuere Entwicklung des Anarchismus. In: Zeitschrift für Politik, 1. Bd., 1908, S. 514–538

Borkenau, Franz: Der Übergang vom feudalen zum bürgerlichen Weltbild. Paris 1934

Borkenhagen, Franz H. U.: Innere Führung als Ideologie? Zur technokratischen Verkürzung eines Reformkonzepts im Truppenalltag. In: Vogt, Wolfgang R. (Hrsg.): Militär als Gegenkultur? Leverkusen 1986, S. 273–282

Bräker, Ulrich: Lebensgeschichte und Natürliche Ebentheuer des Armen Mannes im Tockenburg (1789). Zürich 1978

Brandt, Peter: Einstellungen, Motive und Ziele von Kriegsfreiwilligen 1813/14: Das Freikorps Lützow. In: Dülffer, Jost (Hrsg.): Kriegsbereitschaft und Friedensordnung in Deutschland 1800–1814. Münster 1995 (Jahrbuch für Historische Friedensforschung, 3, 1994), S. 211–233

Brass, August: Der Freiheitskampf in Baden und in der Pfalz im Jahre 1849. St. Gallen 1849

Bredemeier, Karsten: Kriegsdienstverweigerung im Dritten Reich. Baden-Baden 1991

Bredow, Wilfried von: Die unbewältigte Bundeswehr. Frankfurt/M. 1973

–: Die Zukunft der Bundeswehr. Gesellschaft und Streitkräfte im Wandel. Opladen 1995

Breuer, Stefan: Faschismus in Italien und Deutschland. Gesichtspunkte zum Vergleich. In: ders.: Aspekte totaler Vergesellschaftung. Freiburg 1985, S. 199–225

–: Sozialdisziplinierung. Probleme und Problemverlagerungen eines Konzepts bei Max Weber, Gerhard Oestreich und Michel Foucault. In: Sachße, Christoph/Tennstedt,

Florian (Hrsg.): Soziale Sicherheit und soziale Disziplinierung. Frankfurt/M. 1986, S. 45–69
–: Max Webers Herrschaftssoziologie, Frankfurt/M. 1991
–: Die Gesellschaft des Verschwindens. Von der Selbstzerstörung der technischen Zivilisation. Hamburg 1992
–: Anatomie der Konservativen Revolution. Darmstadt 1993
–: Erinnerungen an die Zivilisation. In: Mittelweg 36, 3. Jg., 1994, H. 6, S. 14–25
Brieler, Paul: „Sorgenkinder" in der Wehrmachtspsychologie. In: Psychologie & Gesellschaftskritik, 12. Jg., 1988, H. 3, S. 51–75
Bröckling, Ulrich: Nieder mit der Disziplin! Hoch die Rebellion. Anarchistische Soldaten-Agitation im Deutschen Kaiserreich. Berlin 1988
–: Proletarischer Patriotismus. Nationalismus, Militarismus und Krieg in der deutschen Sozialdemokratie bis 1914. In: graswurzelrevolution, Nr. 141, Febr. 1990, S. 10/11
–: Krieg und Geschwindigkeit. Paul Virilios „Dromologie". In: Schwarzer Faden, 12. Jg., 1991, H. 2, S. 16–25
–: Zwischen „Krieg dem Krieg" und „Widerstrebt dem Übel nicht mit Gewalt!". Anarchistischer Antimilitarismus im Deutschen Kaiserreich vor 1914. In: Gestrich, Andreas/Niethart, Gottfried /Ulrich, Bernd (Hrsg.): Gewaltfreiheit. Pazifistische Konzepte im 19. und 20. Jahrhundert. Münster 1996 (Jahrbuch für historische Friedensforschung, 5, 1996), S. 39–59
Broszat, Martin: Resistenz und Widerstand. In: ders./Fröhlich, Elke/Grossmann, Anton: Bayern in der NS-Zeit, Bd. IV. München 1981, S. 691–709
Browning, Christopher R.: Ganz normale Männer. Das Reserve-Polizeibataillon 101 und die „Endlösung" in Polen. Reinbek 1993
Brückner, Gottfried: Der Bürger als Bürgersoldat. Phil. Diss. Bonn 1968
Brückner, Peter: Das Abseits als sicherer Ort. Kindheit und Jugend zwischen 1933 und 1945. Berlin 1980
Bruhn, Joachim: Was deutsch ist. Zur kritischen Theorie der Nation. Freiburg 1994
Büsch, Otto: Militärsystem und Sozialleben im alten Preußen 1713–1807. Frankfurt/M. 1981
Büttner, Peter: Freud und der Erste Weltkrieg. Phil. Diss. Heidelberg 1975
Buhr, Victor: Der Sozialismus in der deutschen Armee. Selbst-Erlebtes. Berlin 1893
Bundesministerium für Verteidigung, Führungsstab der Bundeswehr – B (Hrsg.): Handbuch Innere Führung. o.O. 1957
Bundesministerium für Verteidigung: Verteidigungspolitische Richtlinien für den Geschäftsbereich des Bundesministers der Verteidigung vom 26. November 1992. In: Blätter für deutsche und internationale Politik, 38. Jg., 1993, S. 1137–1151
Burger, Rudolf: Patriotismus und Nation. In: Leviathan, 22. Jg., 1994, S. 161–170
Burkhardt, Johannes: Der Dreißigjährige Krieg. Frankfurt/M. 1992
Burschel, Peter: Krieg, Staat und die europäische Expansion in der frühen Neuzeit. In: Göttingische Gelehrte Anzeigen, 241. Jg., 1989, S. 264–274
–: Söldner im Nordwestdeutschland des 16. und 17. Jahrhunderts. Göttingen 1994
–: Zur Sozialgeschichte innermilitärischer Disziplinierung im 16. und 17. Jahrhundert. In: Zeitschrift für Geschichtswissenschaft, 42. Jg., 1994, S. 965–981
Butterwegge, Christoph/Hofschen, Heinz-Gerd: Sozialdemokratie, Krieg und Frieden. Heilbronn 1984
Buse, Heike: Reizwort „Drückeberger": Single-Subjekt – Kollektives Subjekt – Staats-Subjekt. In: kultuRRevolution, Nr. 28, Apr. 1993, S. 35–43
Byloff, Fritz: Über den Beweggrund der Fahnenflucht (Desertion). In: Archiv für Kriminologie, 69. Bd., 1918, S. 161–185

Calließ, Jörg: Militär in der Krise. Die bayerische Armee in der Revolution 1848/49. Boppard a. Rh. 1976

Canetti, Elias: Masse und Macht. Frankfurt/M. 1980

Canguilhem, Georges: Das Normale und das Pathologische. Frankfurt/M. 1977

Carl, Horst: Okkupation und Regionalismus. Die Preußischen Westprovinzen im Siebenjährigen Krieg. Mainz 1993

Carsten, Francis L.: War against War. British and German Radical Movements in the First World War. London 1982

Choné, Paulette: „Die Schrecken des Krieges" oder „Das Leben des Soldaten": die Gewalt und das Recht. In: Jacques Callot. Das druckgraphische Werk im Kupferstich-Kabinett zu Dresden, bearb. von Christian Dittrich. Dresden 1992, S. 16–19

Chorley, Katharine: Armies and the Art of Revolution. London 1943

Clausewitz, Carl von: Vom Kriege. Bonn [16]1952

–: Schriften – Aufsätze – Studien – Briefe, hrsg. von Werner Hahlweg, 1. Bd. Göttingen 1966

–: Verstreute kleine Schriften. Osnabrück 1979

Conze, Werner/Stumpf, Reinhard/Geyer, Michael: Militarismus. In: Brunner, Otto/Conze, Werner/Koselleck, Reinhart (Hrsg.): Geschichtliche Grundbegriffe. Historisches Lexikon zur politisch-sozialen Sprache in Deutschland, Bd. 4. Stuttgart 1978, S. 1–47

D., H. [d.i. Dietz, Wilhelm]: Rastatter Casematten-Erzählungen eines Freigewordenen. Meisenheim 1850

Dallas, Gloden/Gill, Douglas: The Unknown Army. Mutinies in the British Army in World War I. London 1985

Dann, Otto: Vernunftfrieden und nationaler Krieg. Der Umbruch im Friedensverhalten des deutschen Bürgertums zu Beginn des 19. Jahrhunderts. In: Huber, Wolfgang/Schwerdtfeger, Johannes (Hrsg.): Kirche zwischen Krieg und Frieden. Stuttgart 1976, S. 169–224

David, Eduard: Sozialdemokratische Briefe über Vaterlandsliebe. In: Die Neue Gesellschaft, 1. Jg., 1905, S. 51–53, 78/79, 102–104, 125–127, 171–173, 246–249, 299–301

Deist, Wilhelm: Armee und Arbeiterschaft 1905–1918. In: Francia, Bd. 2, 1974, S. 458–481

–: Die Aufrüstung der Wehrmacht. In: ders. u.a.: Ursachen und Voraussetzungen des Zweiten Weltkrieges. Frankfurt/M. 1989, S. 437–637

–: Die Reichswehr und der Krieg der Zukunft. In: Militärgeschichtliche Mitteilungen, 45, 1/1989, S. 81–92

–: Der militärische Zusammenbruch des Kaiserreichs. Zur Realität der „Dolchstoßlegende". In: ders.: Militär, Staat und Gesellschaft. München 1991, S. 211–233

–: Verdeckter Militärstreik im Kriegsjahr 1918. In: Wette, Wolfram (Hrsg.): Der Krieg des kleinen Mannes. München 1992, S. 146–167

Delbrück, Hans: Geschichte der Kriegskunst im Rahmen der politischen Geschichte, IV. Teil: Die Neuzeit. Berlin 1920

Demeter, Karl: Das deutsche Offizierskorps in Gesellschaft und Staat 1650–1945. Frankfurt/M. 1962

Dertinger, Antje: Der treue Partisan. Ein deutscher Lebenslauf: Ludwig Gehm. Bonn 1989

Dette, Erwin: Friedrich der Große und sein Heer. Phil. Diss. Göttingen 1914

Dinges, Martin: Frühneuzeitliche Armenfürsorge als Sozialdisziplinierung? Probleme mit einem Konzept. In: Geschichte und Gesellschaft, 17. Jg., 1991, S. 5–29

Dirks, Walter: Schlagen ist unsinnig! In: Aufwärts, 15.10.1956
Doercks, Johann Carl Theodor: Meine militairische Laufbahn geschrieben für meine Kinder. In: Granier, Herman (Hrsg.): Schlesische Kriegstagebücher aus der Franzosenzeit 1806–1815. Breslau 1904, S. 1–140
Dörner, Bernward: „Der Krieg ist verloren!". „Wehrkraftzersetzung" und Denunziation in der Truppe. In: Haase, Norbert/Paul, Gerhard (Hrsg.): Andere Soldaten. Wehrkraftzersetzung, Gehorsamsverweigerung und Fahnenflucht im Zweiten Weltkrieg. Frankfurt/M. 1995, S. 105–122
Doorn, Jacques van: Militärische und industrielle Organisation. In: Matthes, Joachim (Hrsg.): Soziologie und Gesellschaft in den Niederlanden. Neuwied/Berlin 1965, S. 276–300
Douhet, Giulio: Luftherrschaft. Berlin 1935
Dreitzel, Horst: Justis Beitrag zur Politisierung der deutschen Aufklärung. In: Bödeker, Hans Erich/Hermann, Ulrich (Hrsg.): Aufklärung als Politisierung – Politisierung der Aufklärung. Hamburg, 1987, S. 158–177
Dreyfus, Hubert L./Rabinow, Paul: Michel Foucault. Jenseits von Strukturalismus und Hermeneutik. Frankfurt/M. 1987
Droysen, Gustav: Die erste Kriegsschule in Deutschland. In: Zeitschrift für deutsche Kulturgeschichte, Neue Folge, IV. Jg., 1875, S. 36–52

Eberlein, Michael u.a.: Militärjustiz im Nationalsozialismus. Das Marburger Militärgericht. Marburg 1994
Eckert, Georg: Von Valmy bis Leipzig. Quellen und Dokumente zur Geschichte der preußischen Heeresreform. Hannover/Frankfurt/M. 1955
Eghigian, Greg: Die Bürokratie und das Entstehen von Krankheit. Die Politik und die „Rentenneurosen" 1890–1926. In: Reulecke, Jürgen/Castell-Rüdenhausen, Adelheid Gräfin zu (Hrsg.): Stadt und Gesundheit. Zum Wandel von „Volksgesundheit" und kommunaler Gesundheitspolitik im 19. und frühen 20. Jahrhundert. Stuttgart 1991, S. 203–223
Ehlert, Hans: Ursprünge des modernen Militärwesens. Die nassau-oranischen Heeresreformen. In: Militärgeschichtliche Mitteilungen, 38, 2/1985, S. 27–56
Eichberg, Henning: Geometrie als barocke Verhaltensnorm. In: Zeitschrift für historische Forschung, 4. Jg., 1977, S. 17–50
–: Nationale Identität. Entfremdung und nationale Frage in der Industriegesellschaft. München 1978
Eissler, Kurt R.: Freud und Wagner-Jauregg vor der Kommission zur Erhebung militärischer Pflichtverletzungen. Wien 1979
Elias, Norbert: Über den Prozeß der Zivilisation, 2 Bde. Frankfurt/M. 1980
–: Zivilisation und Gewalt. Über das Staatsmonopol der körperlichen Gewalt und seine Durchbrechungen. In: Matthes, Joachim (Hrsg.): Lebenswelt und soziale Probleme. Verhandlungen des 20. deutschen Soziologentags zu Bremen 1980. Frankfurt/M. 1981, S. 98–112
Ellwein, Thomas: Die Zukunft des Soldaten und seine Ausbildung. In: Neues Hochland, 64. Jg., 1972, S. 78–87
Endres, Franz Carl: Vom nächsten Krieg. In: Archiv für Sozialgeschichte und Sozialpolitik, 59. Bd., 1928, S. 48–74
Engell, Lorenz: Der gedachte Krieg. Wissen und Welt der Globalstrategie. München 1989
Erben, Wilhelm: Ursprung und Entwicklung der deutschen Kriegsartikel. In: Mitteilungen des Instituts für Oesterreichische Geschichtsforschung, VII. Ergänzungsbd. Innsbruck 1901, S. 473–529

Ewald, François: Der Vorsorgestaat. Frankfurt/M. 1993
–: Die Versicherungs-Gesellschaft. In: Kritische Justiz, 22. Jg., 1989, S. 385–393

Fahle, Günter: Verweigern – Weglaufen – Zersetzen. Deutsche Militärjustiz und ungehorsame Soldaten 1939–1945. Das Beispiel Ems-Jade. Bremen 1990
Fann, Willerd R.: Peacetime Attrition in the Army of Frederick William I, 1713–1740. In: Central European History, Vol. XI, 1978, S. 323–334
Faulstich, Heinz: Von der Irrenfürsorge zur „Euthanasie“. Freiburg 1993
Feld, Maury D.: Middle-Class Society and the Rise of Military Professionalism. The Dutch Army 1589–1609. In: Armed Forces and Society, Vol. 1, 1975, No. 4, S. 419–442
Felhofer, Gisela: Die Produktion des disziplinierten Menschen. Phil. Diss. Wien 1987
Ferenczi, Sandor: Über zwei Typen der Kriegshysterie (1916). In: ders.: Bausteine zur Psychoanalyse, Bd. III. Frankfurt/M. 1984, S. 58–79
–: Die Psychoanalyse der Kriegsneurosen. In: Zur Psychoanalyse der Kriegsneurosen, Leipzig/Wien 1919, S. 9–30
Fiedler, Siegfried: Kriegswesen und Kriegführung im Zeitalter der Kabinettskriege. Koblenz 1986
Fichte, Johann Gottlieb: Werke, hrsg. von Fritz Medicus, 6 Bde. Leipzig 1908–1912
Fischer, Fritz: Griff nach der Weltmacht. Die Kriegszielpolitik des kaiserlichen Deutschland 1914/18. Königstein/Ts. 1979
Fischer-Homberger, Esther: Die traumatische Neurose. Vom somatischen zum sozialen Leiden. Bern u.a. 1975
Fleckenstein, Bernhard/Schössler, Dietmar: Jugend und Streitkräfte. In: Beiträge zur Konfliktforschung, 2. Jg., 1973, H. 2, S. 31–72
Fleming, Hanss Friedrich von: Der vollkommene Teutsche Soldat (1726). Neudruck: Osnabrück 1967
Flik, Gotthilf: Zur deutschen Wehrmachtpsychologie 1934–1945. Untersuchungen des Psychologischen Dienstes der Bundeswehr, Sonderreihe: Zur Geschichte der Wehrpsychologie, Bd. 1. o.O., o.J. [1989]
Förster, Jürgen: Vom Führerheer der Republik zur nationalsozialistischen Volksarmee. in: Dülffer, Jost/Martin, Bernd/Wollstein, Günter (Hrsg.): Deutschland in Europa – Kontinuität und Bruch. Gedenkschrift für Andreas Hillgruber. Frankfurt/M./Berlin 1990, S. 311–328
Förster, Stig: Der doppelte Militarismus. Die deutsche Heeresrüstungspolitik zwischen Status-quo-Sicherung und Aggression 1890–1913. Stuttgart 1985
–: Alter und neuer Militarismus im Kaiserreich. In: Dülffer, Jost/Holl, Karl (Hrsg.): Bereit zum Krieg. Kriegsmentalität im wilhelminischen Deutschland 1890–1914. Göttingen 1986
–: Militär und staatsbürgerliche Partizipation. Die allgemeine Wehrpflicht im Deutschen Kaiserreich 1871–1914. In: Foerster, Roland G. (Hrsg.): Die allgemeine Wehrpflicht. München 1994, S. 55–70
Forrest, Alan: Conscripts and Deserters. The Army and the French Society during the Revolution and Empire. New York/Oxford 1989
Forsthoff, Ernst: Der totale Staat. Hamburg 1933
Foucault, Michel: Überwachen und Strafen. Frankfurt/M. 1976
–: Dispositive der Macht. Berlin 1978
–: Der Staub und die Wolke. Bremen 1982
–: Das Leben der infamen Menschen. In: Tumult, Nr. 4, 1982, S. 41–57
–: Sexualität und Wahrheit, Bd. 1: Der Wille zum Wissen, Frankfurt/M. 1983
–: Vom Licht des Krieges zur Geburt der Geschichte. Berlin 1986

–: Für eine Kritik der politischen Vernunft. In: lettre international, Nr. 1, Sommer 1988, S. 58–66
–: Regieren – ein späte Erfindung. In: die tageszeitung, Buchmessenausgabe 1989, S. 17–19
–: Leben machen und sterben lassen: Die Geburt des Rassismus. In: diskus, 41. Jg., H. 1, Februar 1992, S. 51–58
–: Die Maschen der Macht. In: Freibeuter 63, März 1995, S. 22–42
Frauenholz, Eugen von (Hrsg.): Entwicklungsgeschichte des deutschen Heerwesens, 3. Bd.: Das Heerwesen in der Zeit des Dreißigjährigen Krieges, 1. Teil: Das Söldnertum. München 1938
– (Hrsg.): Entwicklungsgeschichte des deutschen Heerwesens, 4. Bd.: Das Heerwesen in der Zeit des Absolutismus. München 1940
– (Hrsg.): Entwicklungsgeschichte des deutschen Heerwesens, 5. Bd.: Das Heerwesen des XIX. Jahrhunderts. München 1941
Frensdorff, Ferdinand: Über das Leben und die Schriften des Nationalökonomen J. H. G. von Justi. Göttingen 1903 (Nachrichten der Kgl. Ges. d. Wiss. Göttingen, phil.-hist. Klasse, H. 4)
Freud, Sigmund: Studienausgabe, 11 Bde. Frankfurt/M. 1969–1975
–: über Kriegsneurosen, Elektrotherapie und Psychoanalyse. In: Psyche, 26. Jg., 1972, S. 939–951
Freyer, Hans: Der Staat. Leipzig 1925
Friedeburg, Ludwig von: Zum Verhältnis von Militär und Gesellschaft in der Bundesrepublik. In: Picht, Georg (Hrsg.): Studien zur politischen und gesellschaftlichen Situation der Bundeswehr, Zweite Folge. Witten/Berlin 1966, S. 10–65
[Friedrich Wilhelm I.]: Instruktion König Friedrich Wilhelms I. an seinen Nachfolger. In: Die politischen Testamente der Hohenzollern, bearb. von Richard Dietrich. Köln/Wien 1986, S. 221–243
Friedrich der Große: Militärische Schriften. Berlin 1882
–: Schriften und Briefe. Leipzig 1985
Fritscher, Werner (Hrsg.): Dokumente zur deutschen Wehrpsychologie 1914–1945. München 1990

Gailus, Manfred: Straße und Brot. Göttingen 1990
–: Food Riots in Germany in the late 1840s. In: Past & Present, Nr. 145, Nov. 1994, S. 157–193
Garbe, Detlef: „In jedem Einzelfall bis zur Todesstrafe ..." Der Militärstrafrechtler Erich Schwinge. Ein deutsches Juristenleben. Hamburg 1989
–: Zwischen Widerstand und Martyrium. Die Zeugen Jehovas im „Dritten Reich". München 1993
–: „Du sollst nicht töten" Kriegsdienstverweigerer 1939–1945. In: Haase, Norbert/ Paul, Gerhard (Hrsg.): Andere Soldaten. Wehrkraftzersetzung, Gehorsamsverweigerung und Fahnenflucht im Zweiten Weltkrieg. Frankfurt/M. 1995, S. 85–104
–: Radikale Verweigerung aus Prinzipientreue und Gewissensgehorsam. Kriegsdienstverweigerung im „Dritten Reich". In: Gestrich, Andreas (Hrsg.): Gewalt im Krieg. Ausübung, Erfahrung und Verweigerung von Gewalt in Kriegens des 20. Jahrhunderts. Münster 1995 (Jahrbuch für Historische Friedensforschung, 4, 1995), S. 132–158
Gaupp, Robert: Hysterie und Kriegsdienst. In: Münchener Medizinische Wochenschrift, 62. Jg., 1915, S. 361–363
–: Kriegsneurosen. In: Zeitschrift für die gesamte Neurologie und Psychiatrie, 34. Bd., 1916, S. 357–390

–: Dienstverweigerung aus religiösen (und politischen) Gründen und ihre gerichtsärztliche Beurteilung. In. Medicinisches Correspondenz-Blatt des Württembergischen ärztl. Landesvereins, Bd. LXXXVIII, Nr. 19 u. 20, 11. u. 18. Mai 1918, S. 167–169, 175–177

–: Schreckneurosen und Neurasthenie. In: Bonhoeffer, Karl (Hrsg.): Handbuch der ärztlichen Erfahrungen im Weltkriege 1914/1918, Bd. IV: Geistes- und Nervenkrankheiten. Leipzig 1922, S. 68–101

Gembruch, Werner: Staat und Heer. Ausgewählte historische Studien zum ancien régime, zur Französischen Revolution und zu den Befreiungskriegen. Berlin 1990

Germar, Otto: Trommelfeuer. In: Jünger, Ernst (Hrsg.): Das Antlitz des Weltkriegs. Berlin 1930, S. 27–35

Gerstenberger, Heide: Die subjektlose Gewalt. Theorie der Entstehung bürgerlicher Staatsgewalt. Münster 1990

Geschichtswerkstatt Marburg (Hrsg.): Deserteure – Verfolgte der Militärstrafjustiz und der Militärpsychiatrie im Zweiten Weltkrieg. Marburg 1992

Geuter, Ulfried: Die Professionalisierung der deutschen Psychologie im Nationalsozialismus. Frankfurt/M. 1988

Geyer, Michael: Der zur Organisation erhobene Burgfrieden. Heeresrüstung und das Problem des Militarismus in der Weimarer Republik. In: Müller, Klaus-Jürgen/Opitz, Eckhardt (Hrsg.): Militär und Militarismus in der Weimarer Republik, Düsseldorf 1978, S. 15–100

–: Militär, Rüstung und Außenpolitik. Aspekte militärischer Revisionspolitik in der Zwischenkriegszeit. In: Funke, Manfred (Hrsg.): Hitler, Deutschland und die Mächte. Düsseldorf 1976, S. 239–268

–: Aufrüstung oder Sicherheit. Die Reichswehr in der Krise der Machtpolitik 1924–1936. Wiesbaden 1980

–: Deutsche Rüstungspolitik 1860–1980. Frankfurt/M. 1984

–: German Strategy in the Age of Machine Warfare, 1914–1945. In: Paret, Peter (Hrsg.): Makers of Modern Strategy from Machiavelli to the Nuclear Age. Princeton 1986, S. 527–597

–: Eine Kriegsgeschichte, die vom Tode spricht. In: Lindenberger, Thomas/Lüdtke, Alf (Hrsg.): Physische Gewalt. Studien zur Geschichte der Neuzeit. Frankfurt/M. 1995, S. 136–163

Gheyn, Jacob de: Wapenhandelinghe van roers, musquetten ende spiessen. Amsterdam 1607. Faksimileausgabe mit Einleitung von J.B. Kist: The Exercise of Arms. New York 1971

Giesen, Bernhard: Die Intellektuellen und die Nation. Frankfurt/M. 1993

–/Junge, Kay: Vom Patriotismus zum Nationalismus. In: Giesen, Bernhard (Hrsg.): Nationale und kulturelle Identität. Frankfurt/M. 1991, S. 255–303

Gilbert, Felix: Machiavelli: The Renaissance of the Art of War. In: Paret, Peter (Hrsg.): Makers of Modern Strategy from Machiavelli to the Nuclear Age. Princeton 1986, S. 11–31

Gneisenau, August Wilhelm Anton Neidhardt von: Ausgewählte militärische Schriften. Berlin 1984

Goethe, Johann Wolfgang von: Campagne in Frankreich 1792. In: ders.: Werke, Bd. X. Hamburg 1966, S. 188–363

Goffman, Erving: Asyle. Über die soziale Situation psychiatrischer Patienten und anderer Insassen. Frankfurt/M. 1972

Goldhagen, Daniel J.: Hitlers willige Vollstrecker. Ganz gewöhnliche Deutsche und der Holocaust. Berlin 1996

Goltz, Georg Freiherr von der: Einiges über die Disciplin in der deutschen Armee. In: Internationale Revue, 2. Jg., 1884, S. 141–145
Gordon, Colin: The Soul of the Citizen: Max Weber and Michel Foucault on Rationality and Government. In: Turner, Bryan S. (Ed.): Max Weber. From History to Modernity. London/New York 1992, S. 293–316
Graf, Oskar Maria: Wir sind Gefangene (1927). München 1978
Greffarme, M. F.: Grund-Riß oder Entwurf en Squelette Wie Ein Regent ohne Beschwerde seiner Landes-Einkünften weder einiger Anlagen seiner Unterthanen, Eine ewige Recrouten-Colonie anlegen und errichten könne. Bamberg/Frankfurt/Leipzig 1766
[Griesheim, Karl Gustav von]: Gegen Demokraten helfen nur Soldaten. Berlin 1848
Grimmelshausen, Hans Jakob Christoffel von: Der Abentheurliche Simplicissimus Teutsch (1669). Tübingen 1967
Groehler, Olaf: Die Kriege Friedrich II. Berlin 1968
Groh, Dieter: Negative Integration und revolutionärer Attentismus. Frankfurt/M. 1973
–/ Brandt, Peter: „Vaterlandslose Gesellen". Sozialdemokratie und Nation 1860–1990. München 1992
Großer Generalstab (Hrsg.): Urkundliche Beiträge und Forschungen zur Geschichte des Preußischen Heeres, 5. – 7. Bd. (H. 21–35): Das Preußische Heer der Befreiungskriege. Berlin 1912–1914
Gruppe Kollektiver Gewaltfreier Widerstand gegen Militarismus (Hrsg.): Widerstand gegen die Wehrpflicht. Texte und Materialien. Kassel 1982
Gürke, Norbert: Der Begriff des totalen Krieges. In: Völkerbund und Völkerrecht, 4. Jg., 1937/38, S. 207–212
Gurfein, M. I./Janowitz, Morris: Trends in Wehrmacht Morale. In: Public Opinion Quarterly, Vol. X, 1946, S. 78–84

Haase, Frank: Kleists Nachrichtentechnik. Opladen 1986
Haase, Norbert: Deutsche Deserteure. Berlin 1987
–: Das Reichskriegsgericht und der Widerstand gegen die nationalsozialistische Herrschaft. Katalog zur Sonderausstellung der Gedenkstätte Deutscher Widerstand. Berlin 1993
Häusler, Wolfgang: Von der Massenarmut zur Arbeiterbewegung. Demokratie und soziale Frage in der Wiener Revolution von 1848. Wien/München 1979
Häusser, Ludwig: Denkwürdigkeiten zur Geschichte der badischen Revolution. Heidelberg 1851
Hahlweg, Werner: Die Heeresreform der Oranier und die Antike. Berlin 1941
– (Hrsg.): Die Heeresreform der Oranier. Das Kriegsbuch des Grafen Johann von Nassau-Siegen. Wiesbaden 1973
Harder, Hans-Joachim/Wiggershaus, Norbert: Tradition und Reform in den Aufbaujahren der Bundeswehr. Herford/Bonn 1985
Harnisch, Hartmut: Preußisches Kantonsystem und ländliche Herrschaft. Das Beispiel der mittleren Kammerdepartements. In: Kroener, Bernhard R./Pröve, Ralf (Hrsg.): Krieg und Frieden. Militär und Gesellschaft in der Frühen Neuzeit. Paderborn 1996, S. 137–165
Hartmann, Albrecht/Hartmann, Heidi: Kriegsdienstverweigerung im Dritten Reich. Frankfurt/M. 1986
Heer, Hannes: Killing Fields. Die Wehrmacht und der Holocaust. In: ders./Naumann, Klaus (Hrsg.): Vernichtungskrieg. Verbrechen der Wehrmacht. Hamburg 1995, S. 57–77

–: Die Logik des Vernichtungskrieges. In: ders./Naumann, Klaus (Hrsg.): Vernichtungskrieg. Verbrechen der Wehrmacht 1941–1944. Hamburg 1995, S. 104–138
–: Bittere Pflicht. Der Rassenkrieg der Wehrmacht und seine Voraussetzungen. In: Mittelweg 36, 4. Jg., 1995, H. 6, S. 65–80
–/ Naumann, Klaus (Hrsg.): Vernichtungskrieg. Verbrechen der Wehrmacht 1941–1944. Hamburg 1995
Hegel, Georg Wilhelm Friedrich: Werke, 20 Bde. Frankfurt/M. 1970/1971
Heidegger, Martin: Hölderlins Hymnen „Germanien" und „Der Rhein". Vorlesungen Wintersemester 1934/35, Gesamtausgabe, Bd. 39. Frankfurt/M. 1980
Heilmann, J.: Die Zukunft der europäischen Armeen oder Bekämpfungssystem der Aufstände in großen Städten. Nach dem Französischen des: „Avenir des armées européennes ou le citoyen-soldat par le général de brigade Roguet". Leipzig/Meißen 1851
Heine, Wolfgang: Wie bekämpfen wir den Militarismus? In: Sozialistische Monatshefte, 11. Jg., 1907, 2. Bd., S. 911–918
Heinemann, Ulrich: Die verdrängte Niederlage. Politische Öffentlichkeit und Kriegsschuldfrage in der Weimarer Republik. Göttingen 1983
–: Die Last der Vergangenheit. Zur politischen Bedeutung der Kriegsschuld- und Dolchstoßdiskussion. In: Bracher, Karl Dietrich/Funke, Manfred/Jacobsen, Hans-Adolf (Hrsg.): Die Weimarer Republik 1918–1933. Bonn 1987, S. 371–386
Heiseler, Johannes Henrich von: Militär und Technik. In: Picht, Georg (Hrsg.): Studien zur politischen und gesellschaftlichen Situation der Bundeswehr, Zweite Folge. Witten/Berlin 1966, S. 66–158
Heitzer, Heinz: Insurrectionen zwischen Weser und Elbe. Berlin 1959
Hellpach, Willy: Die Kriegsneurasthenie. In: Zeitschrift für die gesamte Neurologie und Psychiatrie, 45. Bd., 1919, S. 177–229
Herbell, Hajo: Staatsbürger in Uniform 1789 bis 1961. Berlin 1969
Herder, Johann Gottfried: Werke, Bd. 2: Schriften zur Ästhetik und Literatur 1767–1781. Frankfurt/M. 1993
Herrmann, Hans Peter/Blitz, Hans-Martin/Moßmann, Susanna: Machtphantasie Deutschland. Nationalismus, Männlichkeit und Fremdenhaß im Vaterlandsdiskurs deutscher Schriftsteller des 18. Jahrhunderts. Frankfurt/M. 1996, S. 66–79
Hervé, Gustave: Das Vaterland der Reichen. Zürich o.J. [1907]
Herz, Christian: Totalverweigerung – eine Streitschrift zur totalen Kriegsdienstverweigerung. Sensbachtal 1995
Hesse, Kurt: Der Feldherr Psychologos. Ein Suchen nach dem Führer der deutschen Zukunft. Berlin 1922
Hesslein, Bernd C. (Hrsg.): Die unbewältigte Vergangenheit der Bundeswehr. Reinbek 1977
Heßler, Klaus (Hrsg.): Militär Gehorsam Meinung. Dokumente zur Diskussion in der Bundeswehr. Berlin/New York 1971
Hiller, Kurt: Der Sprung ins Helle. Leipzig 1932
Hiller von Gaertringen, Friedrich Frhr.: „Dolchstoß"-Diskussion und „Dolchstoß"-Legende im Wandel von vier Jahrzehnten. In: Besson, Waldemar/ Hiller von Gaertringen, Friedrich Frhr. (Hrsg.): Geschichte und Gegenwartsbewußtsein. Festschrift für Hans Rothfels. Göttingen 1963, S. 122–160
Hillgruber, Andreas: Militarismus am Ende der Weimarer Republik und im „Dritten Reich". In: ders.: Deutsche Großmacht- und Weltpolitik im 19. und 20. Jahrhundert. Düsseldorf 1977, S. 134–148
Hinrichs, Carl: Preußentum und Pietismus. Göttingen 1971
Hintze, Otto: Staatsverfassung und Heeresverfassung. Dresden 1906

–: Der Commissarius und seine Bedeutung in der allgemeinen Verwaltungsgeschichte. In: ders.: Gesammelte Abhandlungen, Bd. 1: Staat und Verfassung. Göttingen 1962, S. 242–274
Hirschman, Albert O.: Leidenschaften und Interessen. Frankfurt/M. 1980
Hirschfeld, R.: Zur Behandlung im Kriege erworbener hysterischer Zustände, insbesondere von Sprachstörungen. In: Zeitschrift für die gesamte Neurologie und Psychiatrie, 34. Bd., 1916, S. 195–205
Hirzel, Johannes: Wenn ein Deserteur spricht. Anderschs „Kirschen der Freiheit" in der deutschen Kritik. In: Frankfurter Hefte, 8. Jg., 1953, S. 709–715
Hitler, Adolf: Mein Kampf (1925/1927). München 1935
Hobbes, Thomas: De cive. Oxford 1983
Höhn, Reinhard: Verfassungskampf und Heereseid. Leipzig 1937
–: Der Soldat und das Vaterland während und nach dem Siebenjährigen Kriege. In: Festschrift Ernst Heymann, Bd. 1: Rechtsgeschichte. Weimar 1940, S. 250–312
–: Revolution Heer Kriegsbild. Darmstadt 1944
–: Scharnhorsts Vermächtnis. Bonn 1952
–: Sozialismus und Heer, 3 Bde. Bad Harzburg 1959–1969
–: Die Armee als Erziehungsschule der Nation. Das Ende einer Idee. Bad Harzburg 1963
[Hoffmann, Friedrich von]: Beitrag zur Beantwortung der Frage: Welches sind die Ursachen der plötzlichen Auflösung aller Disciplin in dem badischen Armee-Corps? Karlsruhe 1849
Hofstätter, Peter R. u.a.: Deutsche Wehrmachtspsychologie 1914–1945. München 1985
Hohlfeld, Andreas: Das Frankfurter Parlament und sein Kampf um das Heer. Phil. Diss. Marburg 1932
Hoppe, Adolf: Militärischer Ungehorsam aus religiöser Überzeugung. In: Zeitschrift für die gesamte Neurologie und Psychiatrie, 45. Bd., 1919, S. 393–412
Horstmann, W.: Religiösität oder Wahn? In: Zeitschrift für die gesamte Neurologie und Psychiatrie, 49. Bd., 1919, S. 218–242
Hüppauf, Bernd: Über den Kampfgeist. In: Guha, Anton-Andreas/Papcke, Sven (Hrsg.): Der Feind, den wir brauchen oder: Krieg muß sein. Königstein/Ts. 1985, S. 71–98
–: Schlachtenmythen und die Konstruktion des „Neuen Menschen". In: Hirschfeld, Gerhard/Krumeich, Gerd/Renz, Irina (Hrsg.): Keiner fühlt sich hier mehr als Mensch ... Erlebnis und Wirkung des Ersten Weltkriegs. Essen 1993, S. 43–84

Ibbeken, Rudolf: Preußen 1807–1813. Köln/Berlin 1970
Ignatius von Loyola: Geistliche Übungen. Freiburg 1960
Ilsemann, Carl-Gero von: Die Bundeswehr in der Demokratie. Zeit der Inneren Führung. Hamburg 1971
Internationaler Sozialisten-Kongreß zu Stuttgart 18. bis 24. August 1907. Berlin 1907

J., D.: Der Aufstand in Baden. In: Minerva, Bd. 4/1849, S. 124–145
Jacobi von Wallhausen, Johann: Kriegskunst zu Fuß. Oppenheim 1615, Faksimiledruck: Graz 1971
Jäger, Hans-Wolf: Politische Kategorien in Poetik und Rhetorik der zweiten Hälfte des 18. Jahrhunderts. Stuttgart 1970
Jäger, Herbert: Verbrechen unter totalitärer Herrschaft. Frankfurt/M. 1982
–: Bedingungen und Mechanismen der Neutralisation. In: ders.: Makrokriminalität. Studien zur Kriminologie kollektiver Gewalt. Frankfurt/M. 1989, S. 187–213
Jahn, Friedrich Ludwig: Deutsches Volkstum (1810). Dresden 1930

Jahr, Christoph: Gewöhnliche Soldaten. Desertion und Deserteure im deutschen und britischen Heer 1914–1918. Phil. Diss. Berlin 1996 (Ms.)
Jany, Curt: Geschichte der Königlich Preußischen Armee bis 1806, 3 Bde. Berlin 1928/1929
Jähns, Max: Geschichte der Kriegswissenschaften vornehmlich in Deutschland, 3 Bde. München/Leipzig 1889–1891
Jeismann, Michael: Das Vaterland der Feinde. Stuttgart 1992
–/ Koselleck, Reinhart (Hrsg.): Politischer Totenkult. Kriegerdenkmäler in der Moderne. München 1994
John, Hartmut: Das Reserveoffizierkorps im Deutschen Kaiserreich, 1890–1914. Ein sozialgeschichtlicher Beitrag zur Untersuchung der gesellschaftlichen Militarisierung im Wilhelminischen Deutschland. Frankfurt/M./New York 1981
Jopp, Matthias: Zur Entstehungsgeschichte der deutschen Sicherheitsproblematik: Politische Interessen und militärische Planung bei der Integration der Bundeswehr in das NATO-Bündnis. In: Steinweg, Reiner (Red.): Unsere Bundeswehr? Zum 25jährigen Bestehen einer umstrittenen Institution. Frankfurt/M. 1981, S. 15–51
Jünger, Ernst: Die Technik in der Zukunftsschlacht. In: Militär-Wochenblatt, 106. Jg., Nr. 14, 1.10.1921, Sp. 287–290.
–: Vorwort des Herausgebers. In: Jünger, Friedrich Georg: Aufmarsch des Nationalismus. Berlin o.J. [1926], S. VII – XIII
–: Die Geburt des Nationalismus aus dem Kriege. In: Deutsches Volkstum, 11. Jg., 1929, H. 8, S. 576–582
–: Die totale Mobilmachung. In: ders. (Hrsg.): Krieg und Krieger. Berlin 1930
–: Das große Bild des Krieges. In: ders. (Hrsg.): Das Antlitz des Weltkrieges. Berlin 1930, S. 238–259
–: Der Arbeiter. Hamburg 1932
–: Die totale Mobilmachung. In: ders.: Blätter und Steine (1934). Leipzig 1942
Jütte, Robert: „Disziplin zu predigen ist eine Sache, sich ihr zu unterwerfen eine andere" (Cervantes) – Prolegomena zu einer Sozialgeschichte der Armenfürsorge diesseits und jenseits des Fortschritts. In: Geschichte und Gesellschaft, 17. Jg., 1991, S. 92–101
Jungblut: Die Tätigkeit der deutschen Ärzte im Weltkriege. In: Deutsches Ärzteblatt, 65. Jg., 1935, S. 368–372
Justi, Johann Heinrich Gottlob von (Hrsg.): Deutsche Memoires oder Sammlung verschiedener Anmerkungen Die Staatsklugheit, das Kriegswesen, die Justiz, Morale, Oeconomie, Commercium, Cammer- und Polizey- auch andere merkwürdige Sachen betreffend, welche im menschlichen Leben vorkommen, 2 Bde. Leipzig 1741/1744
–: Die Chimäre des Gleichgewichts von Europa. Altona 1758
–: Der Grundriß einer guten Regierung in fünf Büchern. Frankfurt/Leipzig 1759
–: Die Grundfeste zu der Macht und Glückseeligkeit der Staaten; oder ausführliche Vorstellung der gesamten Policey-Wissenschaft, 2 Bde. Königsberg/Leipzig 1760/1761
–: Gesammlete Politische und Finanzschriften über wichtige Gegenstände der Staatskunst, der Kriegswissenschaften und des Cameral- und Finanzwesens, 3 Bde. Kopenhagen/Leipzig 1761–1764

Kaiser, David: Kriege in Europa. Hamburg 1992
Kaiser, Gerhard: Pietismus und Patriotismus im literarischen Deutschland. Frankfurt/M. 1973
Kammler, Jörg: Ich habe die Metzelei satt und laufe über ... Kasseler Soldaten zwischen Verweigerung und Widerstand (1939–1945). Fuldabrück 1985

Kant, Immanuel: Werke. Akademie-Textausgabe, 9 Bde. Berlin 1968
Kantorowicz, Ernst H.: *Pro Patria Mori* in Medieval Political Thought. In: ders.: Selected Studies. New York 1965, S. 308–324
–: Die zwei Körper des Königs. München 1990, S. 241–278
Kantorowicz, Hermann: Der Offiziershaß im deutschen Heere. Freiburg 1919
Karst, Heinz: Das Bild des Soldaten. Versuch eines Umrisses. Boppard 1964
–: Die verkannte Armee. Über das Verhältnis von Primärzweck und sekundären Aufgaben der Bundeswehr. In: Hochland, 60. Jg., 1967/68, S. 14–35
–: Die Bundeswehr – Eine Armee, die keine sein soll. In: Kaltenbrunner, Gerd-Klaus (Hrsg.): Der Soldat. Dienst und Herrschaft der Streitkräfte. Freiburg 1981, S. 142–166
Kaufmann, Fritz: Die planmässige Heilung komplizierter psychogener Bewegungsstörungen bei Soldaten in einer Sitzung. In: Münchener Medizinische Wochenschrift, 63. Bd., 1916, Feldärztl. Beilage Nr. 22, S. 802–804
–: Zur Behandlung der motorischen Kriegsneurosen. In: Münchener Medizinische Wochenschrift, 64. Bd., 1917, S. 1520–1523
Kaufmann, Stefan: Kommunikationstechnik und Kriegfürhung 1815–1945. Stufen telemedialer Rüstung. München 1996
Kautsky, Karl: Patriotismus, Krieg und Sozialdemokratie. In: Die Neue Zeit, 23. Jg., 1905, 2. Bd., S. 343–348, 364–371
–: Der Weg zur Macht. Berlin 1909
–: Krieg und Frieden. Betrachtungen zur Maifeier. In: Die Neue Zeit, 29. Jg., 1911, 2. Bd., S. 97–107
Keegan, John: Das Antlitz des Krieges. Düsseldorf 1978
Kehr, Eckart: Der Primat der Innenpolitik. Frankfurt/M. u.a. 1976
Kehrer, Friedrich: Zur Frage der Behandlung der Kriegsneurosen. In: Zeitschrift für die gesamte Neurologie und Psychiatrie, 36. Bd., 1917, S. 1–22
Kelman, Herbert C.: Violence without Moral Restraint: Reflections on the Dehumanisation of Victims and Victimizers. In: Journal of Social Issues, Vol. 29, 1973, Nr. 4, S. 25–61
Kershaw, Ian: „Widerstand ohne Volk?“. Dissens und Widerstand im Dritten Reich. In: Schmädecke, Jürgen/Steinbach, Peter (Hrsg.): Der Widerstand gegen den Nationalsozialismus. München 1986, S. 779–798
Kittler, Wolf: Die Geburt des Partisanen aus dem Geist der Poesie. Freiburg 1987
Klausch, Hans-Peter: Die 999er. Von der Brigade „Z“ zur Afrika-Division 999: Die Bewährungsbataillone und ihr Anteil am antifaschistischen Widerstand. Frankfurt/M. 1986
–: Die Geschichte der Bewährungsbataillone 999 unter besonderer Berücksichtigung des antifaschistischen Widerstands, 2 Bde. Köln 1987
–: „Erziehungsmänner“ und „Wehrunwürdige“. Die Sonder- und Bewährungseinheiten der Wehrmacht. In: Haase, Norbert/Paul, Gerhard: Die anderen Soldaten. Wehrkraftzersetzung, Gehorsamsverweigerung und Fahnenflucht im Zweiten Weltkrieg. Frankfurt/M. 1995, S. 66–82
–: Die Bewährungstruppe 500. Stellung und Funktion der Bewährungstruppe 500 im System von NS-Wehrrecht, NS-Militärjustiz und Wehrmachtsstrafvollzug. Bremen 1995
Klausenitzer, Franz Albrecht: Die Diskussion um die Innere Führung. In: Picht, Georg (Hrsg.): Studien zur politischen und gesellschaftlichen Situation der Bundeswehr, Zweite Folge, Witten/Berlin 1966, S. 159–244
Kleinschmidt, Harald: Tyrocinium Militare. Militärische Körperhaltungen und -bewegungen im Wandel zwischen dem 14. und dem 18. Jahrhundert. Stuttgart 1989

Kleist, K./Wißmann, F.: Zur Psychopathologie der unerlaubten Entfernung und verwandter Straftaten. In: Allgemeine Zeitschrift für Psychiatrie, 76. Bd., 1920, S. 30–88

Klessmann, Christoph: Zur Sozialgeschichte der Reichsverfassungskampagne von 1849. In: Historische Zeitschrift, Bd. 218, 1974, S. 283–337

Kloosterhuis, Jürgen: Bauern, Bürger und Soldaten. Quellen zur Sozialisation des Militärsystems im preußischen Westfalen 1713–1803. Münster 1992

–: Zwischen Aufruhr und Akzeptanz. Zur Ausformung und Einbettung des Kantonsystems in die Wirtschafts- und Sozialstrukturen des preußischen Westfalen. In: Kroener, Bernhard R./Pröve, Ralf (Hrsg.): Krieg und Frieden. Militär und Gesellschaft in der Frühen Neuzeit. Paderborn 1996, S. 167–190

Kluge, Ulrich: Soldatenräte und Revolution. Studien zur Militärpolitik in Deutschland 1918/19. Göttingen 1975

Knemeyer, Franz-Ludwig: Polizei. In: Brunner, Otto/Conze, Werner/Koselleck, Reinhart (Hrsg.): Geschichtliche Grundbegriffe. Historisches Lexikon zur politisch-sozialen Sprache in Deutschland, Bd. 4. Stuttgart 1978, S. 875–897

Knippschild, Dieter: „Für mich ist der Krieg aus". Deserteure in der Deutschen Wehrmacht. In: Haase, Norbert/Paul, Gerhard (Hrsg.): Andere Soldaten. Wehrkraftzersetzung, Gehorsamsverweigerung und Fahnenflucht im Zweiten Weltkrieg. Frankfurt/M. 1995, S. 123–138

Koehler, Benedikt: Ästhetik der Politik. Adam Müller und die politische Romantik. Stuttgart 1980

Komo, Günter: „Für Volk und Vaterland". Die Militärpsychiatrie in den Weltkriegen. Münster 1992

Kondylis, Panajotis: Theorie des Krieges. Stuttgart 1981

Koselleck, Reinhart: Preußen zwischen Reform und Revolution. Allgemeines Landrecht, Verwaltung und soziale Bewegung von 1791 bis 1848. Stuttgart 1967

Kraepelin, Emil: Psychiatrie. Ein Lehrbuch für Studierende und Ärzte, IV. Bd., München ^{8}1915

Kraft, Thomas: Fahnenflucht und Kriegsneurose. Gegenbilder zur Ideologie des Kampfes in der deutschsprachigen Literatur nach dem Zweiten Weltkrieg. Würzburg 1994

Krausnick, Helmut/Wilhelm, Hans-Heinrich: Die Truppe des Weltanschauungskrieges: die Einsatzgruppen der Sicherheitspolizei und des SD 1938–1942. Stuttgart 1981

Krauss, Werner: Zur Konstellation der deutschen Aufklärung. In: ders.: Perspektiven und Probleme. Neuwied/Berlin 1965, S. 143–265

Kretschmer, Ernst: Hysterische Erkrankung und hysterische Gewöhnung. In: Zeitschrift für die gesamte Neurologie und Psychiatrie, 37. Bd., 1917, S. 64–91

Kriebel, Hermann: Ueber die Bezwingung innerer Unruhen, nach den Erfahrungen der Geschichte in der ersten Hälfte des XIX. Jahrhunderts. Innsbruck 1929

Kriegstagung des Deutschen Vereins für Psychiatrie zu München am 21. und 22. September 1916. In: Allgemeine Zeitschrift für Psychiatrie, 73. Bd., 1917, S. 163–233

Krieken, Robert van: Violence, self-discipline and modernity: beyond the ‚civilizing process'. In: The Sociological Review, Vol. 37, 1989, S. 193–218

–: Die Organisierung der Seele. Elias und Foucault über Disziplin und das Selbst. In: Prokla, 21. Jg., 1991, Nr. 85, S. 602–619

Krippendorff, Ekkehart: Staat und Krieg. Die historische Logik politischer Unvernunft. Frankfurt/M. 1985

Kroener, Bernhard R.: Soldat oder Soldateska? Programmatischer Aufriß einer Sozialgeschichte militärischer Unterschichten in der ersten Hälfte des 17. Jahrhunderts. In: Messerschmidt, Manfred (Hrsg.): Militärgeschichte. Probleme – Thesen – Wege. Stuttgart 1982, S. 100–123

–: Vom „extraordinari Kriegsvolck“ zum „miles perpetuus“. Zur Rolle der bewaffneten Macht in der europäischen Gesellschaft der Frühen Neuzeit. In: Militärgeschichtliche Mitteilungen, 43, 1/1988, S. 141–188

–: Auf dem Weg zu einer „nationalsozialistischen Volksarmee“. Die soziale Öffnung des Heeresoffizierskorps im Zweiten Weltkrieg. In: Broszat, Martin/Henke, Klaus-Dietmar/Woller, Hans (Hrsg.): Von Stalingrad zur Währungsreform. Zur Sozialgeschichte des Umbruchs in Deutschland. München 1988, S. 651–682

–: Materielle Grundlagen österreichischer und preußischer Kriegsanstrengungen 1756–1763. In: ders. (Hrsg.): Europa im Zeitalter Friedrich des Großen. Wirtschaft. Gesellschaft. Kriege. München 1989

–: Strukturelle Veränderungen in der militärischen Gesellschaft des Dritten Reiches. In: Prinz, Michael/Zitelmann, Rainer: Nationalsozialismus und Modernisierung. Darmstadt 1991, S. 267–296

–: „Das Schwungrad an der Staatsmaschine“? Die Bedeutung der bewaffneten Macht in der europäischen Geschichte der Frühen Neuzeit. In: ders./Pröve, Ralf: Krieg und Frieden. Militär und Gesellschaft in der Frühen Neuzeit. Paderborn 1996, S. 1–23

Krünitz, Johann Georg: Oekonomisch-technologische Encyclopädie, oder allgemeines System der Stats- Stadt- Haus- und Land-Wirthschaft, und der Kunst-Geschichte, 52. Bd., Berlin 1790

Kruse, Wolfgang: Die Kriegsbegeisterung im Deutschen Reich zu Beginn des Ersten Weltkrieges. In: Linden, Marcel van der/Mergner, Gottfried: Kriegsbegeisterung und mentale Kriegsvorbereitung. Berlin 1991, S. 73–87

–: Krieg und nationale Integration. Essen 1994

Kuczynski, Jürgen: Geschichte des Alltags des deutschen Volkes, Studien 2: 1650–1810. Berlin 1981

Kunisch, Johannes: Friedensidee und Kriegshandwerk im Zeitalter der Aufklärung. In: Der Staat, Bd. 27, 1988, S. 547–568

–: Von der gezähmten zur entfesselten Bellona. Die Umwertung des Krieges im Zeitalter der Revolutions- und Freiheitskriege. In: Kreuzer, Hans Joachim (Hrsg.): Kleist-Jahrbuch 1988/89. Berlin 1988, S. 44–63

–: Das „Puppenwerk“ der stehenden Heere. In: Zeitschrift für historische Forschung, 17. Jg., 1990, S. 49–83

Lagardelle, Hubert: Die syndikalistische Bewegung in Frankreich. In: Archiv für Sozialwissenschaften und Sozialpolitik, Bd. 26, 1908, S. 96–143, 606–648

Langenbach, Jürgen: Über Krieg. Wien 1983

Langendorf, Jean Jacques: Rühle von Lilienstern oder Die „romantische“ Einheit des Krieges. In: Johann Jakob Otto August Rühle von Lilienstern: Apologie des Krieges. Neudruck: Wien 1984, S. I – LIII

Langewiesche, Dieter: Die deutsche Revolution von 1848/49 und die vorrevolutionäre Gesellschaft. In: Archiv für Sozialgeschichte, XXI. Jg., 1981, S. 458–498.

–: Die Rolle des Militärs in den europäischen Revolutionen von 1848/49. In: Bachhofer, Wolfgang/Fischer, Holger (Hrsg.): Ungarn – Deutschland. Studien zu Sprache, Kultur, Geographie und Geschichte. München 1983, S. 273–288

Latzel, Klaus: Vom Sterben im Krieg. Warendorf 1988

–: Tourismus und Gewalt. Kriegswahrnehmungen in Feldpostbriefen. In: Heer, Hannes/Naumann, Klaus (Hrsg.): Vernichtungskrieg. Verbrechen der Wehrmacht 1941 bis 1944. Hamburg 1995, S. 447–459

Laukhard, Friedrich Christian: Leben und Schicksale, von ihm selbst beschrieben. Halle 1792–1802, Neudruck: Leipzig 1955

–: Schilderung der jetzigen Reichsarmee nach ihrer wahren Gestalt. Kölln 1796

Leed, Eric J.: No Man's Land. Combat & Identity in World War I. Cambridge 1979
Lehmann, Max: Werbung, Wehrpflicht und Beurlaubung im Heere Friedrich Wilhelm's I. In: Historische Zeitschrift, 67. Jg., 1891, S. 254–289
Lemke, Thomas: „Der Eisberg der Politik". Foucault und das Problem der Regierung. In: kultuRRevolution, Nr. 31, Apr. 1995, S. 31–41
Lessing, Gotthold Ephraim: Werke, hrsg. von Kurt Wölfel, 3 Bde. Frankfurt/M. 1982
Leuthner, Karl: Sozialdemokratischer Antimilitarismus. In: Sozialistische Monatshefte, 11. Jg., 1907, 2. Bd., S. 624–631
Lewandowsky, Max: Was kann in der Behandlung und Beurteilung der Kriegsneurosen erreicht werden? In: Münchener Medizinische Wochenschrift, 64. Jg., 1917, Feldärztl. Beilage Nr. 30, S. 989–991
Lewin, Kurt: Kriegslandschaft. In: Zeitschrift für angewandte Psychologie, 12. Bd., 1917, S. 440–447
Lichtenberg, Georg Christoph: Schriften und Briefe, 4 Bde. Frankfurt/M. 1994.
Liddell Hart, Basil H.: Die Verteidigung des Westens. Zürich 1951
Liebknecht, Karl: Gesammelte Reden und Schriften, Bd. 1. Berlin 1958
Link, Jürgen: Normalismus. Konturen eines Konzepts. In: kultuRRevolution, Nr. 27, Aug. 1992, S. 50–70
Linse, Ulrich: Organisierter Anarchismus im Deutschen Kaiserreich von 1871. Berlin 1969
Lippert, Ekkehard: Verzögerte Aufklärung. Zur jämmerlichen Lage der deutschen Militärsoziologie. In: Mittelweg 36, 4. Jg., 1995, H. 3, S. 18–31
–: Die Debatte um die Wehrpflicht. In: Opitz, Eckardt/Rödiger, Frank S.: Allgemeine Wehrpflicht. Geschichte, Probleme, Perspektiven. Bremen 1995, S. 168–189
–/ Wachtler, Günther: Militärsoziologie – eine Soziologie „nur für den Dienstgebrauch"? In: Beck, Ulrich (Hrsg.): Soziologie und Praxis, Soziale Welt, Sonderband 1. Göttingen 1982, S. 335–355
Lipsius, Justus: De constantia. Antwerpen 1585, deutsch: Von der Bestendigkeit. Faksimiledruck der deutschen Übersetzung des Andreas Viritius nach der zweiten Auflage von c. 1601, hrsg. von Leonard Forster. Stuttgart 1965
–: Politicorum sive Civilis Doctrinae Libri Sex. Leiden 1589
List- und lustige Begebenheiten derer Herren Officiers auf Werbungen (1741). Nachdruck: Osnabrück 1971
Losurdo, Domenico: Die Gemeinschaft, der Tod, das Abendland. Heidegger und die Kriegsideologie. Stuttgart/Weimar 1995
Lottes, Günther: Disziplin und Emanzipation. In: Westfälische Forschungen, 42. Jg., 1992, S. 63–74
Lüdtke, Alf: Militärstaat und „Festungspraxis" – Staatliche Verwaltung, Beamtenschaft und Heer in Preußen, 1815–1850. In: Berghahn, Volker R. (Hrsg.): Militarismus. Köln 1975, S. 164–185
–: Praxis und Funktion staatlicher Repression: Preußen 1815–50. In: Geschichte und Gesellschaft, 3. Jg., 1977, S. 190–211
–: The role of state violence in the period of transition to industrial capitalism: the example of Prussia from 1815 to 1848. In: Social History, 4. Jg., 1979, S. 175–221
–: Von der „tätigen Verfassung" zur Abwehr von „Störern". Zur Theoriegeschichte von „Polizei" und staatlicher Zwangsgewalt im 19. und frühen 20. Jahrhundert. In: Der Staat, Bd. 20, 1980, S. 201–228
–: „Wehrhafte Nation" und „innere Wohlfahrt": Zur militärischen Mobilisierbarkeit der bürgerlichen Gesellschaft. In: Militärgeschichtliche Mitteilungen, 30, 2/1981, S. 7–56

–: „Gemeinwohl", Polizei und „Festungspraxis". Staatliche Gewaltsamkeit und innere Verwaltung in Preußen, 1815–1850. Göttingen 1982
Lüttichau, Philipp Theodor Graf von: Erinnerungen aus dem Straßenkampfe. Berlin 1849
Ludendorff, Erich: Kriegführung und Politik. Berlin 1922
–: Der totale Krieg (1935). München 1939
Luhmann, Niklas: Die Gewissensfreiheit und das Gewissen. In: Archiv des öffentlichen Rechts, 90. Jg., 1965, S. 257–286
–: Das Phänomen des Gewissens und die normative Selbstbestimmung der Persönlichkeit. In: Böckle, Franz/Böckenförde, Ernst-Wolfgang (Hrsg.): Naturrecht in der Kritik. Mainz 1973, S. 223–243
–: Staat und Staatsräson im Übergang von traditionaler Herrschaft zu moderner Politik. In: ders.: Gesellschaftsstruktur und Semantik, Bd. 3. Frankfurt/M. 1989, S. 65–148
Lussu, Emilio: Theorie des Aufstands. Wien 1974
Lutz, Dieter S.: Krieg und Frieden als Rechtsfrage im Parlamentarischen Rat 1948/49. Baden-Baden 1982
Lyotard, Jean-François: Der Enthusiasmus. Kants Kritik der Geschichte. Wien 1988

Machiavelli, Niccolo: Die Kriegskunst. Karlsruhe 1833
Magiros, Angelika: Foucaults Beitrag zur Rassismustheorie. Hamburg 1995
Mahler, Horst/Preuss, Ulrich K./Deserteur-Kollektiv: BIG LIFT oder Freiheit für die Deserteure. Berlin 1969
Maier, Hans: Die ältere deutsche Staats- und Verwaltungslehre (Polizeiwissenschaft). Neuwied 1966
Makropoulos, Michael: Möglichkeitsbändigungen. Disziplin und Versicherung als Konzepte zur sozialen Steuerung von Kontingenz. In: Soziale Welt, 41. Jg., 1990, S. 407–423
Mallmann, Paul: Resistenz oder loyale Widerwilligkeit? Anmerkungen zu einem umstrittenen Begriff. In: Zeitschrift für Geschichtswissenschaft, 41. Jg., 1993, S. 99–116
Mann, Bernhard: Soldaten gegen Demokraten? Revolution, Gegenrevolution, Krieg 1848–1850. In: Langewiesche, Dieter (Hrsg.): Revolution und Krieg. Paderborn 1989, S. 103–116
Mann, Heinrich: Der Untertan (1918). München 1964
Mann, Ludwig: Neue Methoden und Gesichtspunkte zur Behandlung der Kriegsneurosen. In: Berliner Klinische Wochenschrift, 53. Jg., 1916, S. 1333–1338
Mannhardt, Wilhelm: Die Wehrfreiheit der Altpreußischen Mennoniten. Marienburg 1863
Manoschek, Walter: „Serbien ist judenfrei!". Militärische Besatzungspolitik und Judenvernichtung in Serbien 1941/42. München 1993
– (Hrsg.): „Es gibt nur eines für das Judentum: Vernichtung". Das Judenbild in deutschen Soldatenbriefen 1939–1944. Hamburg 1995
Marx, Karl/Engels, Friedrich: Werke, 41 Bde. Berlin 1956ff.
Marx, Peter/Pankoke, Eckart: Publizität und Enthusiasmus. Staatsrepräsentation und romantische Imagninationen in der „deutschen Bewegung" 1789–1815. In: Gauger, Jörg-Dieter/Stagl, Justin (Hrsg.): Staatsrepräsentation. Berlin 1992, S. 89–104
Mayer, K. E.: Elektro-suggestive Behandlung hysterischer Stupor- und Dämmerzustände. In: Zeitschrift für die gesamte Neurologie und Psychiatrie, 45. Bd., 1919, S. 381–392
Mayer, W.: Über Simulation und Hysterie. In: Zeitschrift für die gesamte Neurologie und Psychiatrie, 39. Bd., 1918, S. 315–328

McNeill, William H.: Keeping together in Time. Dance and Drill in Human History. Cambridge 1995

Mecklenburg, Norbert: Hilfloser Antimilitarismus? Deserteure in der Literatur. In: Krieg und Literatur, 2. Jg., 1990, Nr. 3, S. 135–158

Medizinal-Abteilung des Königlich Preussischen Kriegsministeriums (Hrsg.): Ueber die Feststellung regelwidriger Geisteszustände bei Heerespflichtigen und Heeresangehörigen. Berlin 1905

[Meister, Leonhard]: Auszüge aus einer Vorlesung über die Schwärmerey. In: Der Teutsche Merkur, 1775, 4. Vierteljahr, S. 134–155

Mertens, Lothar: Das Privileg des Einjährig-Freiwilligen im Kaiserreich und seine gesellschaftliche Bedeutung. In: Militärgeschichtliche Mitteilungen, 39, 1/1986, S. 59–66

Messerschmidt, Manfred: Die Wehrmacht im NS-Staat. Zeit der Indoktrination. Hamburg 1969

–: Revision, Neue Ordnung, Krieg. Akzente der Völkerrechtswissenschaft in Deutschland 1933–1945. In: Militärgeschichtliche Mitteilungen, 9, 1/1971, S. 61–95

–: Die politische Geschichte der preußisch-deutschen Armee. In: Militärgeschichtliches Forschungsamt (Hrsg.): Deutsche Militärgeschichte 1648–1939, Bd. 2, Abschnitt IV, 1. Teil. München 1983

–: Die preußische Armee. In: Militärgeschichtliches Forschungsamt (Hrsg.): Deutsche Militärgeschichte 1648–1939, Bd. 2, Abschnitt IV, 2. Teil. München 1983, S. 10–225

–: Die preußische Armee während der Revolution in Berlin 1848. In: ders.: Militärgeschichtliche Aspekte der Entwicklung des deutschen Nationalstaates. Düsseldorf 1988, S. 47–63

–: Harte Sühne am Judentum. Befehlslage und Wissen in der deutschen Wehrmacht. In: Wollenberg, Jörg (Hrsg.): „Niemand war dabei und keiner hat's gewußt". Die deutsche Öffentlichkeit und die Judenverfolgung 1933–1945. München 1989, S. 113–128

–: Das Heer als Faktor der arbeitsteiligen Täterschaft. In: Loewy, Hanno (Hrsg.): Holocaust: Die Grenzen des Verstehens. Frankfurt/M. 1992, S. 166–190

–: Der „Zersetzer" und sein Denunziant. Urteile des Zentralgerichts des Heeres – Außenstelle Wien – 1944. In: Wette, Wolfram (Hrsg.): Der Krieg des kleinen Mannes, München 1992, S. 255–278

–: Zur neueren Diskussion um Opposition und Verweigerung von Soldaten. Deserteure, Zersetzer und Verweigerer. In: Ueberschär, Gerd R. (Hrsg.): Der 20. Juli 1944. Bewertung und Rezeption des deutschen Widerstands gegen das NS-Regime. Köln 1994, S. 309–336

–/ Gersdorff, Ursula von (Hrsg.): Offiziere im Bild von Dokumenten aus drei Jahrhunderten. Stuttgart 1964

–/ Wüllner, Fritz: Die Wehrmachtjustiz im Dienste des Nationalsozialismus. Baden-Baden 1987

Meurer, Ulrich: Die Rolle nationaler Leidenschaft der Massen in der Erhebung von 1813 gegen Napoleon. Phil. Diss. Freiburg 1953

Meuter, Günter: „Der Katechon". Zu Carl Schmitts fundamentalistischer Kritik der Moderne. Berlin 1994

Meyer, Ahlrich: Massenarmut und Existenzrecht. Geschichte der sozialen Bewegungen 1789–1848. In: Autonomie. Neue Folge, Nr. 14/1985, S. 15–145

Michels, Robert: Die deutsche Sozialdemokratie im internationalen Verbande. In: Archiv für Sozialwissenschaft und Sozialpolitik, Bd. 25, 1907, S. 148–231

–: Zur Soziologie des Parteiwesens. Leipzig ^{2}1925

[Mieroslawski, Ludwig]: Berichte des Generals Mieroslawski über den Feldzug in Baden. Bern 1849

Möller, Hans-Michael: Das Regiment der Landsknechte. Untersuchungen zu Verfassung, Recht und Selbstverständnis in deutschen Söldnerheeren des 16. Jahrhunderts. Wiesbaden 1978

Möller, Heiner: Dem Staate dienen. In: konkret, H. 10/1996, S. 24–26

Moes, Stefan: Zum politischen Bewußtsein von Zivildienstleistenden. In: Vorgänge, 24. Jg., 1985, H. 5, S. 23–27

Moltke, Helmuth Graf von: Leben und Werk in Selbstzeugnissen, hrsg. von Max Horst. Leipzig o.J.

Mommsen, Wolfgang J.: Der autoritäre Nationalstaat. Frankfurt/M. 1990, S. 39–65.

Morill, J. S.: Mutiny and Discontent in English Provincial Armies 1645–1647. In: Past and Present, No. 56, Aug. 1972, S. 49–74

Mosen, Wido: Eine Militärsoziologie. Neuwied/Berlin 1967

–: Ursachen und Motive für Eigenmächtige Abwesenheit (EA) von der Truppe. In: Wehrkunde, Nr. 1/1973, S. 28–36

Mosse, George L.: Die Nationalisierung der Massen. Politische Symbolik und Massenbewegungen in Deutschland von dem Napoleonischen Krieg bis zum Dritten Reich. Frankfurt/M./Berlin/Wien 1976

Muck, O.: Heilungen von schwerer funktioneller Aphonie. In: Münchener Medizinische Wochenschrift, 63. Jg., 1916, Feldärztl. Beilage Nr. 12, S. 441

–: Psychologische Beobachtungen bei Heilungen funktionell stimmgestörter Soldaten. In: Münchener Medizinische Wochenschrift, 63. Jg., 1916, Feldärztl. Beilage Nr. 22, S. 804–806

Müller, Adam: Ueber König Friedrich II und die Natur, Würde und Bestimmung der Preussischen Monarchie. Berlin 1810

–: Die Elemente der Staatskunst (1810), 2 Bde. Jena 1922

Müller, Johann Conrad: Der wohl exercirte Preußische Soldat (1759). Neudruck: Osnabrück 1978

Müller, Karl August: Das Söldnerwesen in den ersten Zeiten des dreißigjährigen Krieges. Dresden/Leipzig 1832

Müller, Klaus-Jürgen: Heer und Hitler. Stuttgart 1969

–: Armee und Drittes Reich 1933–1939. Paderborn 1987

Müller, Sabrina: Soldaten in der deutschen Revolution von 1848/49. Phil. Diss. München 1996 (Ms.)

Müller-Harter, Manfred: Ulm 1847. 1. Mai. 7.00 bis 13.00 Uhr. Auf der Suche nach den Hintergründen eines Teuerungstumultes. Tübingen 1993

München, Theo: Das Volk in der Wehrgemeinschaft. Berlin 1941

Münchow-Pohl, Bernd von: Zwischen Reform und Krieg. Göttingen 1987

Münkler, Herfried: Gewalt und Ordnung. Frankfurt/M. 1992

Musil, Robert: Der Mann ohne Eigenschaften, 2 Bde. Reinbek 1978

Mylius, Christian Otto: Corporis Constitutionum Marchicarum, Continuatio I–IV. Berlin/Halle 1751

Naumann, Klaus: Die Bundeswehr in einer Welt im Umbruch. Berlin 1994

–: Zuverlässiges Instrument in den Händen der Politik. In: Frankfurter Rundschau, 27.10.1995, Sonderbeilage „Armee im Wandel“

Negt, Oskar/Kluge, Alexander: Geschichte und Eigensinn. Frankfurt/M. 1981

Nettelbeck, Joachim: Ein Mann. Des Seefahrers und aufrechten Bürgers Joachim Nettelbeck wundersame Lebensgeschichte von ihm selbst erzählt. Ebenhausen 1910

Neuenhaus, Petra: Max Weber und Michel Foucault. Über Macht und Herrschaft in der Moderne. Pfaffenweiler 1993

Neumann, Franz: Behemoth (1944). Frankfurt/M. 1977

Nicolai, Friedrich: Das Leben und die Meinungen des Herrn Magister Sebaldus Nothanker. Berlin/Stettin 1773–1776. Neudruck in: ders.: Gesammelte Werke, Bd. 3. Hildesheim/Zürich/New York 1988

Nieuwenhuis, Domela: Sozialdemokratischer und anarchistischer Antimilitarismus. In: Die freie Generation, 2. Jg., Bd. 2, Apr. 1908, S. 227–232

Nietzsche, Friedrich: Werke, hrsg. von Karl Schlechta, 3 Bde. München 1969

Nitschke, Heinz G.: Die preußischen Militärreformen 1807–1813. Berlin 1983

Noll, Monika: Jenseits des Subjekts? Zur Philosophie Michel Foucaults. In: Bindseil, Ilse/Noll, Monika (Hrsg.): Frauen 4. Mit Foucault und Fantasie. Freiburg 1995, S. 34–51

Nonne, Max: Über erfolgreiche Suggestivbehandlung der hysteriformen Störungen bei Kriegsneurosen. In: Zeitschrift für die gesamte Neurologie und Psychiatrie, 37. Bd., 1917, S. 191–218

–: Therapeutische Erfahrungen an den Kriegsneurosen in den Jahren 1914–1918. In: Bonhoeffer, Karl (Hrsg.): Handbuch der ärztlichen Erfahrungen im Weltkriege 1914/1918, Bd. IV: Geistes- und Nervenkrankheiten. Leipzig 1922, S. 103–121

Obert, Marcus: Die naturrechtliche „politische Metaphysik" des Johann Heinrich Gottlob von Justi (1717–1771). Frankfurt/M. 1992

Oestreich, Gerhard: Calvinismus, Neustoizismus und Preußentum. In: Jahrbuch für die Geschichte Mittel- und Ostdeutschlands, Bd. 5, 1956, S. 157–181

–: Soldatenbild, Heeresreform und Heeresgestaltung im Zeitalter des Absolutismus. In: Bundesministerium für Verteidigung (Hrsg.): Schicksalsfragen der Gegenwart, Bd. 1. Tübingen 1957, S. 295–321

–: Geist und Gestalt des frühmodernen Staates. Berlin 1969

–: Strukturprobleme der frühen Neuzeit. Berlin 1980

–: Antiker Geist und moderner Staat bei Justus Lipsius (1547–1606). Göttingen 1989

O'Neill, John: The disciplinary society: from Weber to Foucault. In: The British Journal of Sociology, Vol. XXXVII, 1986, S. 42–60

Opitz, Claudia: Von Frauen im Krieg zum Krieg gegen Frauen. Krieg, Gewalt und Geschlechterbeziehungen aus historischer Sicht. In: L'Homme. Zeitschrift für Feministische Geschichtswissenschaft, 3. Jg., 1992, H. 1, S. 31–44

Otto, Karl A.: Der Widerstand gegen die Wiederbewaffnung der Bundesrepublik. Motivstruktur und politisch-organisatorische Ansätze. In: Steinweg, Reiner (Red.): Unsere Bundeswehr? Zum 25jährigen Bestehen einer umstrittenen Institution. Frankfurt/M. 1981, S. 52–105

Papke, Gerhard: Von der Miliz zum Stehenden Heer. Wehrwesen im Absolutismus. In: Militärgeschichtliches Forschungsamt (Hrsg.): Deutsche Militärgeschichte 1648–1939, Bd. 1, Abschnitt I. München 1983

Park, Ho-Seong: Sozialismus und Nationalismus. Berlin 1986

Parker, Geoffrey: The Army of Flanders and the Spanish Road 1567–1659. Cambridge 1972

–: The „Military Revolution", 1560–1660 – a Myth? In: Journal of Modern History, Vol. 48, 1976, S. 195–214

–: Der Aufstand der Niederlande. München 1979

–: Mutiny and Discontent in the Spanish Army of Flanders, 1572–1607. In: ders.: Spain and the Netherlands, 1559–1659. Fontana 1979, S. 104–121

–: Die militärische Revolution. Die Kriegskunst und der Aufstieg des Westens 1500–1800. Frankfurt/M./New York 1990
Pedroncini, Guy: Les Mutineries de 1917. Paris 1967
Peters, Jan (Hrsg.): Ein Söldnerleben im Dreißigjährigen Krieg. Berlin 1993
Petition der Unteroffiziere und Soldaten des 1. und 3. Infanterie-Regimentes und der Kanoniere zu Rastatt an die II. Kammer. Undatiertes Flugblatt (April/Mai 1849). Sammlung „Flugblätter aus der badischen Revolution“, Universitätsbibliothek Freiburg (Signatur: H 3990–48)
Petter, Wolfgang: Deutscher Bund und deutsche Mittelstaaten. In: Militärgeschichtliches Forschungsamt (Hrsg.): Deutsche Militärgeschichte 1648–1939, Bd. 2, Abschnitt IV, 2. Teil. München 1983, S. 226–358
Petzoldt, Joachim A.: Die Dolchstoßlegende. Berlin 1963
Pfemfert Franz: Ich setze diese Zeitschrift wider diese Zeit. Sozialpolitische und literaturkritische Aufsätze, hrsg. von Wolfgang Haug. Darmstadt/Neuwied 1985
Philipp, Albrecht (Hrsg.): Die Ursachen des Deutschen Zusammenbruchs im Jahre 1918, Vierte Reihe im Werk des Untersuchungsausschusses, Bde. 3, 6, 11. Berlin 1925–1929
Picht, Georg (Hrsg.): Studien zur politischen und gesellschaftlichen Situation der Bundeswehr, 1.– 3. Folge. Witten/Berlin 1965/1966
Plaschka, Richard Georg/Haselsteiner, Horst/Suppan, Arnold: Innere Front. Militärassistenz, Widerstand und Umsturz in der Donaumonarchie 1918, Bd. 1: Zwischen Streik und Meuterei. München 1974
Plathner, Ludwig: Graf Johann von Nassau und die erste Kriegsschule. Phil. Diss. Berlin 1913
Plaut, Paul: Psychographie des Kriegers. In: Beihefte zur Zeitschrift für angewandte Psychologie, Nr. 21: Beiträge zur Psychologie des Krieges. Leipzig 1920, S. 1–123
Plessner, Helmuth: Über das gegenwärtige Verhältnis zwischen Krieg und Frieden (1939). In: ders.: Zwischen Philosophie und Gesellschaft. Frankfurt/M. 1979, S. 364–382
Pönitz, Karl: Psychologie und Psychopathologie der Fahnenflucht im Kriege. In: Archiv für Kriminologie, 68. Bd., 1917, S. 260–281
Pohlmann, Friedrich: Ideologie und Terror im Nationalsozialismus. Pfaffenweiler 1992
Portmann-Tinguely, Albert: Romantik und Krieg. Freiburg/Schweiz 1989
Prignitz, Christoph: Vaterlandsliebe und Freiheit. Wiesbaden 1981
Prinz, Michael: Sozialdisziplinierung und Konfessionalisierung. In: Westfälische Forschungen, 42. Jg., 1992, S. 1–25
Prittwitz, Karl Ludwig von: Beiträge zur Geschichte des Monats März 1849 mit besonderer Rücksicht auf die Garnison von Berlin (1854). In: ders.: Berlin 1848. Das Erinnerungswerk des Generalleutnants Karl Ludwig von Prittwitz und andere Quellen zur Berliner Märzrevolution und zur Geschichte Preußens um die Mitte des 19. Jahrhunderts, hrsg. von Gerd Heinrich. Berlin/New York 1985
Pröve, Ralf: Zum Verhältnis von Militär und Gesellschaft im Spiegel gewaltsamer Rekrutierungen (1648–1789). In: Zeitschrift für historische Forschung, 22. Jg., 1995, S. 191–223
Protokoll über die Verhandlungen des Parteitags der Sozialdemokratischen Partei Deutschlands, abgehalten zu Essen vom 15. bis 21. September 1907. Berlin 1907
Pz. [d.i. Pönitz, Carl Eduard]: Der Soldat und seine Pflichten. Leipzig 1848

Quensel, F.: Die Behandlung der Unfallneurotiker. In: Zeitschrift für die gesamte Neurologie und Psychiatrie, 60. Bd., 1920, S. 77–118

Rabaut, Jean: L'antimilitarisme en France 1810–1975. Faits et Documents. Paris 1975
Raecke, J.: Ueber krankhaften Wandertrieb und seine Beziehungen zur unerlaubten Entfernung. In: Vierteljahrsschrift für gerichtliche Medizin und öffentliches Sanitätswesen, 57. Bd., 1919, S. 253–306
Rambke, Karl-Heinz: Diesem System keinen Mann und keinen Groschen? Sozialdemokratische Wehrpolitik 1907–1914. Phil. Diss. Würzburg 1983
Rassem, Mohammed: Bemerkungen zur „Sozialdisziplinierung" im frühmodernen Staat. In: Zeitschrift für Politik, 30. Jg., 1983, S. 217–238
Raven, Wolfram von (Hrsg.): Armee gegen den Krieg. Wert und Wirkung der Bundeswehr. Stuttgart-Degerloch 1966
Real, Willy: Die Revolution in Baden 1848/49. Stuttgart 1983
Redlich, Fritz: The German Military Enterpriser and his Work Force. Vierteljahrschrift für Zeitgeschichte, Vol. I: Beiheft 47. Wiesbaden 1964; Vol. II: Beiheft 48. Wiesbaden 1965
Reemtsma, Jan Philipp: Zur politischen Semantik des Begriffs „Folter". In: ders. (Hrsg.): Folter. Zur Analyse eines Herrschaftsmittels. Hamburg 1991, S. 239–263
–: Die Wiederkehr der Hobbesschen Frage. Dialektik der Zivilisation. In: Mittelweg 36, 3. Jg., 1994, Heft 6, S. 47–56
–: Charisma und Terror. Gedanken zum Verhältnis intentionalistischer und funktionalistischer Deutungen der nationalsozialistischen Vernichtungspolitik. Frankfurt/M. 1994 (Materialien des Fritz Bauer Instituts Nr. 10)
–: Die Idee des Vernichtungskrieges. Clausewitz – Ludendorff – Hitler. In: Heer, Hannes/Naumann, Klaus (Hrsg.): Vernichtungskrieg. Verbrechen der Wehrmacht 1941–1944. Hamburg 1995, S. 377–401
Reglement vor die Königl. Preußische Infanterie von 1726. Faksimiledruck der Ausgabe 1726: Osnabrück 1968
Rehbein, Franz: Aus dem Leben eines Landarbeiters (1911). Neuwied 1973
Reichmayr, Johannes: Psychoanalyse im Krieg. Zur Geschichte einer Illusion. In: Passett, Peter/Modena, Emilio (Hrsg.): Krieg und Frieden aus psychoanalytischer Sicht. Basel/Frankfurt/M. 1983, S. 36–58
Reinhard, Wolfgang: Humanismus und Militarismus. Antike-Rezeption und Kriegshandwerk in der oranischen Heeresreform. In: Worstbrock, Franz Josef (Hrsg.): Krieg und Frieden im Horizont des Renaissancehumanismus, Weinheim 1986, S. 185–204
Renn, Ludwig: Krieger, Landsknecht und Soldat. Berlin/Weimar 1979
Richert, Dominik: Beste Gelegenheit zum Sterben. Meine Erlebnisse im Kriege 1914–1918. München 1989
Richter, Günter: Revolution und Gegenrevolution in Baden 1849. In: Zeitschrift für die Geschichte des Oberrheins, 119. Bd., 1971, S. 387–425
Riedesser, Peter: Militär und Medizin. Materialien zur Kritik der Sanitätsmedizin am Beispiel der Militärpsychiatrie. In: Das Argument, Sonderband 4, 1974, S. 231–279
–/ Verderber, Axel: Aufrüstung der Seelen. Militärpsychiatrie und Militärpsychologie in Deutschland und Amerika. Freiburg 1985
–/–: Heilung oder Folter? Paradigmen der Militärpsychiatrie. In: Geschichtswerkstatt Marburg (Hrsg.): „Ich habe die Metzelei satt ..." Deserteure – Verfolgte der Militärstrafjustiz und der Militärpsychiatrie im Zweiten Weltkrieg. Marburg, 1992, S. 70–94
–/–: „Maschinengewehre hinter der Front". Zur Geschichte der deutschen Militärpsychiatrie. Frankfurt/M. 1996
Ritter, Gerhard: Staatskunst und Kriegshandwerk, 4 Bde. München 1954–1968
Ritter, Gerhard A.: Staat, Arbeiterschaft und Arbeiterbewegung in Deutschland. Bonn 1980

Roazen, Paul: Brudertier. Sigmund Freud und Victor Tausk: Die Geschichte eines tragischen Konflikts. Hamburg 1973

Roberts, Michel: Die militärische Revolution 1560–1660 (1956). In: Hinrichs, Ernst (Hrsg.): Absolutismus. Frankfurt/M. 1986, S. 273–309

Rönne, Ludwig von/Simon, Heinrich: Das Polizeiwesen des Preußischen Staates, Bd. 1. Breslau 1840

Rössler, Tjarck G.: „Innere Führung" und „Staatsbürger in Uniform" – Ideologie oder Sozialtechnologie? In: Zoll, Ralf (Hrsg.): Wie integriert ist die Bundeswehr? München 1979, S. 77–97

Rogg, Matthias: „Zerhauen und zerschnitten, nach adelichen Sitten". Herkunft, Entwicklung und Funktion soldatischer Tracht des 16. Jahrhunderts im Spiegel zeitgenössischer Kunst. In: Kroener, Bernhard R./Pröve, Ralf (Hrsg.): Krieg und Frieden. Militär und Gesellschaft in der Frühen Neuzeit. Paderborn 1996, S. 109–135

Rojahn, Jürgen: Arbeiterbewegung und Kriegsbegeisterung. Die deutsche Sozialdemokratie 1870–1914, In: Linden, Marcel van der/Mergner, Gottfried: Kriegsbegeisterung und mentale Kriegsvorbereitung. Berlin 1991, S. 57–71

Rohkrämer, Thomas: Der Militarismus der „kleinen Leute". Die Kriegervereine im Deutschen Kaiserreich 1871–1914. München 1990

–: August 1914 – Kriegsmentalität und ihre Voraussetzungen. In: Michalka, Wolfgang (Hrsg.): Der Erste Weltkrieg. Wirkung, Wahrnehmung, Analyse. München 1994, S. 759–777

Roloff, Gustav: Moritz von Oranien und die Begründung des modernen Heeres. In: Preussische Jahrbücher, 111. Bd., 1903, S. 255–276

Rondholz, Eberhard: Mit den Griechen gegen Hitler. In: die tageszeitung, 4.3.1988

[Roon, Albert von]: Denkwürdigkeiten aus dem Leben des General-Feldmarschalls Kriegsministers Grafen von Roon, Bd. 1. Breslau 1892

Roth, E.: Kriegsgefahr und Psyche. In: Aerztliche Sachverständigen-Zeitung, XXI. Jg., 1915, Nr. 1, S. 1–3

Roth, Karl Heinz: Die Modernisierung der Folter in den beiden Weltkriegen. Der Konflikt der Psychotherapeuten und Schulpsychiater um die deutschen „Kriegsneurotiker" 1915–1945. In: 1999, 2. Jg., 1987, H. 3, S. 8–75

Rotteck, Carl von: Ueber stehende Heere und Nationalmiliz (1816). In: ders.: Sammlung kleinerer Schriften meist historischen oder politischen Inhalts, Bd. 2. Stuttgart 1829, S. 156–239

Rudloff, Karl Gustav von (Hrsg.): Handbuch des Preußischen Militairrechts oder Darstellung der im Preußsichen Heere bestehdnen Grundsätze über militairische Rechts- und Polizeiverhältnisse, Disciplin und Justizverwaltung, 3 Bde. Berlin 1826

R. v. L. [d.i. Rühle von Lilienstern, Johann Jakob Otto August]: Bericht eines Augenzeugen von dem Feldzuge der während den Monaten September und October 1806 unter dem Kommando des Fürsten zu Hohenlohe-Ingelfingen gestandenen Königl. preußischen und Kurfürstl. sächsischen Truppen. Tübingen 1807

Rühle von Lilienstern, Johann Jakob Otto August: Aufsätze über Gegenstände und Ereignisse aus dem Gebiete des Kriegswesens. Berlin 1818

Rüstow, Wilhelm: Der deutsche Militärstaat vor und während der Revolution (1850). Neudruck: Osnabrück 1971

Rupp, Hans Karl: Außerparlamentarische Opposition in der Ära Adenauer. Köln 1970

Saathoff, Günter: Gefangen im magischen Dreieck. Zivildienst im Spannungsfeld von Friedensdienst, Arbeitsdienst und Militärinteressen. In: Vorgänge, 27. Jg., 1988, H. 3, S. 66–79

Sack, Fritz: Strafrechtliche Kontrolle und Sozialdisziplinierung. In: Frehsee, Detlef/Löschper, Gabi/Schumann, Karl F. (Hrsg.): Strafrecht, soziale Kontrolle, soziale Disziplinierung. Jahrbuch für Rechtssoziologie und Rechtstheorie, Bd. XV. Opladen 1993, S. 16–45

Saul, Klaus: Der „Deutsche Kriegerbund". Zur innenpolitischen Funktion eines „nationalen" Verbandes im kaiserlichen Deutschland. In: Militärgeschichtliche Mitteilungen, 6, 2/1969, S. 95–159

Scharnhorst, Gerhard von: Ausgewählte militärische Schriften. Berlin 1986

–: Beantwortung der Aufgabe: Worin bestehen die sichersten Mittel, eine Armee im Kriege immer vollzählig zu erhalten; welche Anstalten müssen dazu getroffen werden; greift dieser wichtige Gegenstand in das ganze militärische System, oder läßt sich im Kriege durch augenblickliche Anordnung der große Endzweck noch erhalten? In: Denkwürdigkeiten der Militärischen Gesellschaft zu Berlin, Bd. 2, 1803, Neudruck: Osnabrück 1985, S. 364–374

Schieder, Theodor: Das Deutsche Kaiserreich von 1871 als Nationalstaat. Köln/Opladen 1961

[Schilling von Cannstadt, Karl Leopold Freiherr]: Die Militärmeuterei in Baden. Aus authentischen Quellen zusammengetragen von einem badischen Offizier. Karlsruhe 1849

Schivelbusch, Wolfgang: Geschichte der Eisenbahnreise. Frankfurt/M. 1979

Schmidt, Walter u.a.: Illustrierte Geschichte der deutschen Revolution 1848/49. Berlin 1973

Schmidt, Wilhelm: Forensisch-psychiatrische Erfahrungen im Kriege. Berlin 1918

Schmitt, Carl: Politische Theologie. München/Leipzig 1922

–: Römischer Katholizismus und politische Form. Hellerau 1924

–: Der Begriff des Politischen (1932). Berlin 1963

–: Der Staat als Mechanismus bei Hobbes und Descartes. In: Archiv für Rechts- und Sozialphilosophie, 30 Jg., 1936/1937, S. 622–632

–: Totaler Feind, totaler Krieg, totaler Staat. In: Völkerbund und Völkerrecht, 4. Jg., 1937/38, S. 139–145

–: Beschleuniger wider Willen oder: Das Problem der westlichen Hemisphäre. In: Das Reich, 19.4.1942

–: Der Nomos der Erde im Völkerrecht des Jus Publicum Europaeum. Berlin 1950

–: Theorie des Partisanen. Berlin 1963

–: Clausewitz als politischer Denker. Bemerkungen und Hinweise. In: Der Staat, 6. Bd., 1967, S. 479–502

Schmitt, Werner: Zivilverteidigung, zivilmilitärische Zusammenarbeit und Planungen für den Verteidigungsfall. In: K.A.K.-Rundbrief, II/1989, Themenheft: Kriegsdienstverweigerer und Zivildienstleistende im Spannungs- und Verteidigungsfall, hrsg. von der Kath. Arbeitsgemeinschaft für Kriegsdienstverweigerung und Zivildienst, S. 3–18

Schmoller, Gustav: Umrisse und Untersuchungen zur Verfassungs-, Verwaltungs- und Wirtschaftsgeschichte besonders des preußischen Staates im 17. und 18. Jahrhundert. Leipzig 1898

Schneider, Kurt: Einige psychiatrische Erfahrungen als Truppenarzt. In: Zeitschrift für die gesamte Neurologie und Psychiatrie, 39. Bd., 1918, S. 307–314

Schneider, Manfred: Hysterische Soldaten und ihre Feinde. In: Fragmente, Nr. 27/28, Aug. 1988, S. 37–54

Schnitter, Helmut: Desertion im 18. Jahrhundert. Zwei Dokumente zum Verhältnis von Volk und Armee im spätfeudalen preußischen Militarismus. In: Militärgeschichte, 13. Jg., 1974, S. 54–60

–/ Schmidt, Thomas: Absolutismus und Heer. Zur Entwicklung des Militärwesens im Spätfeudalismus. Berlin 1987
Schöler, Hermann: Militärische Schreckensbilder in Friedenszeiten, II. Theil: Ein Jahr Arbeitssoldat. Stuttgart 1895
Schreiner, Albert: Vom totalen Krieg zur totalen Niederlage Hitlers. Paris 1939
Schröder, Hans-Joachim: „Ich hänge hier, weil ich getürmt bin". Terror und Verfall im deutschen Militär bei Kriegsende 1945. In: Wette, Wolfram (Hrsg.): Der Krieg des kleinen Mannes. München 1992, S. 279–294
Schulte, Wilhelm: Volk und Staat. Westfalen im Vormärz und in der Revolution 1848/49. Münster 1954
Schultz, W. von: Die preußischen Werbungen unter Friedrich Wilhelm I. und Friedrich dem Großen bis zum Beginn des 7jährigen Krieges mit besonderer Berücksichtigung Mecklenburg-Schwerins. Schwerin 1887
Schulz, Wilhelm: Nachgelassene Schriften von Georg Büchner (1851). In: Grab, Walter: Georg Büchner und die Revolution von 1848. Königstein/Ts. 1985, S. 51–127
Schulze, Winfried: Gerhard Oestreichs Begriff „Sozialdisziplinierung in der frühen Neuzeit". In: Zeitschrift für historische Forschung, 14. Jg., 1987, S. 265–302
Schumacher, Willi: Psychologische Mechanismen bei der Manipulation des Rechtsbewußtseins in totalitären Systemen. In: Lüderssen, Klaus/Sack, Fritz (Hrsg.): Vom Nutzen und Nachteil der Sozialwissenschaft für das Strafrecht. Bd. 1. Frankfurt/M. 1980, S. 169–199
Schwarzwald, B.: Die Kriegsdelikte der Psychopathen. In: Zeitschrift für die gesamte Neurologie und Psychiatrie, 43. Bd., 1918, S. 215–259
Seidler, Franz: Prostitution Homosexualität Selbstverstümmelung. Probleme der deutschen Sanitätsführung 1939–1945. Neckargemünd 1977
–: Frauen zu den Waffen? Marketenderinnen, Helferinnen, Soldatinnen. Koblenz/Bonn 1978
–: Die Militärgerichtsbarkeit der Deutschen Wehrmacht 1939–1945. Rechtsprechung und Strafvollzug. München/Berlin 1991
–: Fahnenflucht. München/Berlin 1993
Seifert, Ruth: Männlichkeitskonstruktionen: Das Militär als soziale Macht. In: Das Argument, Nr. 196, 1992, S. 859–872
–: Gender, Nation und Militär. Aspekte von Männlichkeitskonstruktion und Gewaltsozialisation durch Militär und Wehrpflicht. In: Opitz, Eckardt/Rödiger, Frank S. (Hrsg.): Allgemeine Wehrpflicht. Geschichte, Probleme, Perspektiven. Bremen 1995, S. 199–214
–: Militär – Kultur – Identität. Individualisierung, Geschlechterverhältnisse und die soziale Konstruktion des Soldaten. Bremen 1996
Seipel, Hubert: Bist du dabeigewesen in Blankenese? In: Kursbuch 67: Militär, 1982, S. 140–149
Senghaas, Dieter: Abschreckung und Frieden. Studien zur Kritik organisierter Friedlosigkeit. Frankfurt/M. 1972
Shils, Edward A./Janowitz, Morris: Cohesion and Disintegration in the Wehrmacht in World War II. In: Public Opinion Quarterly, Vol. XXII, 1948, S. 280–315
Siemann, Wolfram: Die deutsche Revolution von 1848/49. Frankfurt/M. 1985
Siemen, Hans-Ludwig: Das Grauen ist vorprogrammiert. Psychiatrie zwischen Faschismus und Atomkrieg. Giessen 1982
Sikora, Michael: Disziplin und Desertion. Strukturprobleme militärischer Organisation im 18. Jahrhundert. Berlin 1996

–: Verzweiflung oder ‚Leichtsinn'?. Militärstand und Desertion im 18. Jahrhundert. In: Kroener, Bernhard R./Pröve, Ralf (Hrsg.): Krieg und Frieden. Militär und Gesellschaft in der Frühen Neuzeit. Paderborn 1996, S. 237–264

Simmel, Ernst: Kriegs-Neurosen und „Psychisches Trauma". München/Leipzig 1918

–: Zweites Korreferat. In: Zur Psychoanalyse der Kriegsneurosen. Leipzig/Wien 1919, S. 42–60

–: Kriegsneurosen (1944). In: ders.: Psychoanalyse und ihre Anwendungen. Frankfurt/M. 1993, S. 204–226

Simon: Das Problem der Psychopathen in der Wehrmacht. Zusammenfassung des am 2.11.1937 vor der Militärärztlichen Gesellschaft München gehaltenen Vortrags in: Der deutsche Militärarzt, 3. Jg., 1938, S. 33–35

Simon, Ulrich: Die Integration der Bundeswehr in die Gesellschaft. Heidelberg/Hamburg 1980

Simoneit, Max: Wehrpsychologie. Berlin [2]1943

Sked, Alan: The Survival of the Habsburg Empire. Radetzky, the Imperial Army and the Class War 1848. London/New York 1979

Smith, Leonard V.: Between Mutiny and Disobedience. The Case of the French Fifth Infantry Division during World War I. Princeton 1994

Soell, Hartmut: Weltmarkt – Revolution – Staatenwelt. Zum Problem einer Theorie internationaler Beziehungen bei Marx und Engels. In: Archiv für Sozialgeschichte, XII. Jg., 1972, S. 109–184

Sofsky, Wolfgang: Die Ordnung des Terrors. Das Konzentrationslager. Frankfurt/M. 1993

Soldan, George: Der Mensch und die Schlacht der Zukunft. Oldenburg 1925

Sombart, Werner: Krieg und Kapitalismus. München/Leipzig 1913

Stargardt, Nicholas: The German Idea of Militarism. Radical and Socialist Critics, 1866–1914. Cambridge 1994

Staroste, [Daniel]: Tagebuch über die Ereignisse in der Pfalz und Baden im Jahre 1849, 2 Bde. Potsdam 1852

Steinert, Heinz: Militär, Polizei, Gefängnis usw. Sozialisation in der „totalen Institution" als Paradigma des Verhältnisses von Individuum und Gesellschaft. In: Walter, Heinz (Hrsg.): Sozialisationsforschung, Bd. 2. Stuttgart/Bad Cannstatt 1973, S. 227–249

–/ Treiber, Hubert: Erziehungsziel: Soldat. In: Klöss, Erhard/Grossmann, Heinz: Unternehmen Bundeswehr. Frankfurt/M. 1974, S. 103–122

Steinert, Marlis G.: Hitlers Krieg und die Deutschen. Stimmung und Haltung der deutschen Bevölkerung im Zweiten Weltkrieg. Düsseldorf 1970

Stenographische Berichte über die Verhandlungen des deutschen Reichstags 1891–1907

Sterz, Georg: Verschrobene Fanatiker. In: Berliner Klinische Wochenschrift, 56. Jg., 1919, S. 586–588

Stier, Ewald: Ueber Verhütung und Behandlung von Geisteskrankheiten in der Armee. Hamburg 1902

–: Fahnenflucht und unerlaubte Entfernung. Juristisch-psychiatrische Grenzfragen, II. Bd., H. 3/4. Halle/S. 1905

–: Psychiatrie und Heer. Ein Rückblick. In: Der deutsche Militärarzt, 1. Jg., 1936, H. 1, S. 15–20

Stollberg-Rilinger, Barbara: Der Staat als Maschine. Zur politischen Metaphorik des absoluten Fürstenstaats. Berlin 1986

Stolleis, Michael: Pecunia nervus rerum. Zur Staatsfinanzierung in der frühen Neuzeit. Frankfurt/M. 1983

–: Lipsius-Rezeption in der politisch-juristischen Literatur des 17. Jahrhunderts in Deutschland. In: ders.: Staat und Staatsräson in der frühen Neuzeit. Frankfurt/M. 1990, S. 232–267

Storch, Alfred: Beiträge zur Psychopathologie der unerlaubten Entfernung und Fahnenflucht im Felde. In: Zeitschrift für die gesamte Neurologie und Psychiatrie, 46. Bd., 1919, S. 348–367

Storz, Dieter: Kriegsbild und Rüstung vor 1914. Herford 1992

Stouffer, Samuel A. u.a.: Studies in Social Psychology in World War II, Bd. 1: The American Soldier: Adjustment during Army Life; Bd. 2: The American Soldier: Combat and Its Aftermath. Princeton N.J. 1949

Streit, Christian: Keine Kameraden: Die Wehrmacht und die sowjetischen Kriegsgefangenen 1941–1945. Bonn 1991

Strümpell, Adolf: Die Schädigungen der Nerven und des geistigen Lebens durch den Krieg. Leipzig 1917

Stübig, Heinz: Armee und Nation. Die pädagogisch-politischen Motive der preußischen Heeresreform 1807–1814. Frankfurt/M. 1971

–: Pädagogik und Politik in der preußischen Reformzeit. Weinheim/Basel 1982

–: Bildung, Militär und Gesellschaft in Deutschland. Studien zur Entwicklung im 19. Jahrhundert. Köln 1994

–: Die Wehrverfassung Preußens in der Reformzeit. Wehrpflicht im Spannungsfeld von Restauration und Revolution 1815–1860. In: Foerster, Roland G. (Hrsg.): Die Wehrpflicht. München 1994, S. 39–53

Sywottek, Jutta: Mobilmachung für den totalen Krieg. Die propagandistische Vorbereitung der deutschen Bevölkerung auf den Zweiten Weltkrieg. Opladen 1976

Tausk, Viktor: Zur Psychologie des Deserteurs. In: Internationale Zeitschrift für ärztliche Psychoanalyse, IV. Jg., 1916/17, S. 193–204, 229–240

Theweleit, Klaus: Männerphantasien, 2 Bde. Frankfurt/M. 1977/78

Thielen, Hans-Helmut: Der Verfall der Inneren Führung. Frankfurt/M. 1970

Thimme, Friedrich: Zu den Erhebungsplänen der preußischen Patrioten im Sommer 1808. In: Historische Zeitschrift, 86. Bd., 1901, S. 78–110

Thompson, Edward P.: Die ‚sittliche Ökonomie' der englischen Unterschichten im 18. Jahrhundert. In: Puls, Detlev (Hrsg.): Wahrnehmungsformen und Protestverhalten. Studien zur Lage der Unterschichten im 18. und 19. Jahrhundert. Frankfurt/M. 1979, S. 13–80

Tilly, Charles: War Making and State Making as Organized Crime. In: Evans, Peter B./Rueschemeyer, Dietrich B./Skocpol, Theda (Eds.): Bringing the State Back in. Cambridge u.a. 1985, S. 169–191

Tintemann, W.: Unzulängliche im Kriegsdienst. In: Allgemeine Zeitschrift für Psychiatrie, 73. Bd., 1917, S. 34–76

Tobiassen, Peter: Der Zivildienst und seine militärische Einbindung. In: antimilitarismus information, 24. Jg., 1994, H. 10, S. 33–38

Tönnies, Sibylle: Arbeitsdienst? Warum nicht! In: Die Zeit, 12.7.1996, S. 53

Treiber, Hubert: Wie man Soldaten macht. Sozialisation in „kasernierter Vergesellschaftung". Düsseldorf 1973

–/ Steinert, Heinz: Die Fabrikation des zuverlässigen Menschen. Über die „Wahlverwandtschaft" von Kloster- und Fabrikdisziplin. München 1980

Trox, Eckhard: Militärischer Konservativismus. Kriegervereine und „Militärpartei" in Preußen zwischen 1815 und 1848/49. Stuttgart 1990

–: Kriegerfeste, militärische Männerbünde und politisierte Offiziere. In: Militärgeschichtliche Mitteilungen, 51, 1/1992, S. 23–46

Ulrich, Bernd: Nerven und Krieg. In: Loewenstein, Bedrich (Hrsg.): Geschichte und Psychologie. Annäherungsversuche. Pfaffenweiler 1992, S. 163–192
–: Kampfmotivationen und Mobilisierungsstrategien: Das Beispiel Erster Weltkrieg. In: Stietencron, Heinrich von/Rüpke, Jörg (Hrsg.): Töten im Krieg. Freiburg/München 1995, S. 399–419
–/ Ziemann, Benjamin (Hrsg.): Frontalltag im Ersten Weltkrieg. Frankfurt/M. 1994

Valentin, Rolf: Die Krankenbataillone. Sonderformationen der deutschen Wehrmacht im Zweiten Weltkrieg. Düsseldorf 1981
Valentin, Veit: Geschichte der deutschen Revolution von 1848–49, 2 Bde. Berlin 1930
Vehse, Eduard: Geschichte des preußischen Hofes und Adels und der preußischen Diplomatie, 2. Theil. Hamburg 1851
Verhey, Jeffrey: The „Spirit of 1914". The Myth of Enthusiasm and the Rhetoric of Unity in World War I Germany. Diss. University of California. Berkeley 1991
Vierhaus, Rudolf: „Patriotismus" – Begriff und Realität einer moralisch-politischen Kategorie. In: ders. (Hrsg.): Deutsche patriotische und gemeinnützige Gesellschaften. München 1980, S. 9–29
–: Deutschland im 18. Jahrhundert. Göttingen 1987
Virilio, Paul: Geschwindigkeit und Politik. Berlin 1980
–/ Lotringer, Sylvère: Der reine Krieg, Berlin 1984
Vogel, Detlef: Militarismus – unzeitgemäßer Begriff oder modernes historisches Hilfsmittel?. In: Militärgeschichtliche Mitteilungen, 39, 1/1986, S. 9–35
Vogel, Jakob: Bratwurst im Siegerkranz. Zwei Studien zu den Kriegervereinen im Kaiserreich: Nationalrausch oder Bierseligkeit? In: Frankfurter Allgemeine Zeitung, 13.3.1991
–: Militärfeiern in Deutschland und Frankreich als Rituale der Nation (1871–1914). In: François, Etienne/Sigrist, Hannes/Vogel, Jakob (Hrsg.): Nation und Emotion. Deutschland und Frankreich im Vergleich. 19. und 20. Jahrhundert. Göttingen 1995, S. 199–231
Vogt, Wolfgang R.: Das Theorem der Inkompatibilität. Zur Unvereinbarkeit von atomarer Militärgewalt und fortgeschrittener Gesellschaft. In: ders. (Hrsg.): Sicherheitskräfte und Streitkräfte in der Legitimitätskrise. Baden-Baden 1983, S. 21–57
–: Militärische Gewalt und Gesellschaftsentwicklung. Zur Inkompatibilitätsproblematik und Friedenssicherung im Nuklearzeitalter – ein soziologischer Entwurf. In: ders. (Hrsg.): Militär als Gegenkultur? Leverkusen 1986, S. 37–87
Volkmann, Hans-Erich: Die NS-Wirtschaft in Vorbereitung des Krieges. In: Deist, Wilhelm u.a.: Ursachen und Voraussetzungen des Zweiten Weltkrieges. Frankfurt/M. 1989, S. 209–435
Vorländer, Franz: Ueber das Prinzip der militairischen Disziplin. In: Zeitschrift für Kunst, Wissenschaft und Geschichte des Krieges, 52. Bd., 1841, S. 126–136

Waldersee, F. G. Graf von: Der Kampf in Dresden im Mai 1849. Berlin 1849
–: Der Dienst des Preußischen Infanterie-Unteroffiziers. Berlin [9]1864
Wallach, Jehuda L.: Die Kriegslehre von Friedrich Engels. Frankfurt/M. 1968
–: Das Dogma der Vernichtungsschlacht. München 1970
Warburg, Jens: Das Leiden des Subjekts am Krieg. Zur Pathologie extremer Gewalterfahrungen. Unveröffentl. Diplomarbeit. Frankfurt/M. 1994 (Ms.)
Weber, Ernst: Lyrik der Befreiungskriege (1812–1815). Gesellschaftspolitische Meinungs- und Willensbildung durch Literatur. Stuttgart 1991
Weber, Max: Gesammelte Aufsätze zur Religionssoziologie I. Tübingen [5]1963
–: Wirtschaft und Gesellschaft. Tübingen [5]1972

Wehler, Hans-Ulrich: „Absoluter" und „totaler" Krieg. Von Clausewitz zu Ludendorff. In: Politische Vierteljahresschrift, 10. Jg., 1969, S. 220–248
–: Das deutsche Kaiserreich 1871–1918. Göttingen [4]1980
–: Deutsche Gesellschaftsgeschichte, Bd. 1: Vom Feudalismus des alten Reiches bis zur Defensiven Modernisierung der Reformära 1700–1815. München 1987
–: Deutsche Gesellschaftsgeschichte, Bd. 2: Von der Reformära bis zur industriellen und politischen „Deutschen Doppelrevolution" 1815–1845/49. München 1987
Weiler, Karl: Kriegsgerichtspsychiatrische Erfahrungen und ihre Verwertung für die Strafrechtspflege im Allgemeinen. In: Monatsschrift für Kriminalpsychologie und Strafrechtsreform, 12. Jg., 1921/22, S. 282–331
Weitling, Wilhelm: Garantien der Harmonie und Freiheit (1842). Berlin 1955
Welzer, Harald: Männer der Praxis. Zur Sozialpsychologie des Verwaltungsmassenmordes. In: ders. (Hrsg.): Nationalsozialismus und Moderne. Tübingen 1993, S. 105–127
Weniger, Erich: Wehrmachtserziehung und Kriegserfahrung. Berlin 1938
Werner, Günter: Die Entwicklung der Rechtsprechung in Strafverfahren gegen Totale Kriegsdienstverweigerer. In: 4/3. Fachzeitschrift zu Kriegsdienstverweigerung, Wehrdienst und Zivildienst, 13. Jg., 1995, S. 120–128
Wette, Wolfram: Kriegstheorien deutscher Sozialisten. Stuttgart 1971
–: Sozialismus und Heer. Eine Auseinandersetzung mit R. Höhn. In: Archiv für Sozialgeschichte, XIV. Jg., 1974, S. 610–622
–: Die militärische Demobilmachung in Deutschland 1918/19 unter besonderer Berücksichtigung der revolutionären Ostseestadt Kiel. In: Geschichte und Gesellschaft, 12. Jg., 1986, S. 63–80
– (Hrsg.): Der Krieg des kleinen Mannes. München 1992
–: Rückkehr zu „Normalität" und Weltmachtdenken. Die Renaissance des Militärischen im neuen Deutschland. In: Blätter für deutsche und internationale Politik, 39. Jg., 1994, S. 981–990
–: Verweigerung und Desertion im Wandel der öffentlichen Meinung (1980–1995). In: Haase, Norbert/Paul, Gerhard (Hrsg.): Andere Soldaten. Wehrkraftzersetzung, Gehorsamsverweigerung und Fahnenflucht im Zweiten Weltkrieg. Frankfurt/M. 1995, S. 189–204
– (Hrsg.): Deserteure der Wehrmacht. Feiglinge – Opfer – Hoffnungsträger? Dokumentation eines Meinungswandels. Essen 1995
Wiedner, Hartmut: Soldatenmißhandlungen im Wilhelminischen Kaiserreich (1890–1914). In: Archiv für Sozialgeschichte, XXII. Jg., 1982, S. 159–199
Wiehr, Ernst: Napoleon und Bernadotte im Herbstfeldzuge 1813. Berlin 1893
Wieland, Christoph Martin: Über Deutschen Patriotismus. In: ders.: Sämmtliche Werke, Bd. 29. Leipzig 1797, Neudruck: Hamburg 1984, S. 471–491
Wijn, J. W.: Het krijgswezen in den tijd van Prins Maurits. Utrecht 1934
[Wilhelm I.]: Militärische Schriften weiland Kaiser Wilhelm des Großen Majestät, 2 Bde. Berlin 1897
[Wilhelm II.]: Reden des Kaisers. Ansprachen, Predigten und Trinksprüche Wilhelms II. München 1966
Wilhelm, Hans-Heinrich: Rassenpolitik und Kriegführung. Sicherheitspolizei und Wehrmacht in Polen und der Sowjetunion. Passau 1991
Willich, August von: Im preußischen Heere! Mannheim 1848
Winnen, Peter: Wer will unter die Soldaten? Elberfeld o.J. [1912]
Wirsing, Bernd: „Gleichsam mit Soldatenstrenge": Neue Polizei in süddeutschen Städten. Zu Polizeiverhalten und Bürger-Widersetzlichkeit im Vormärz. In: Lüdtke,

Alf (Hrsg.): „Sicherheit" und „Wohlfahrt". Polizei, Gesellschaft und Herrschaft im 19. Jahrhundert. Frankfurt/M. 1992, S. 65–94

Wirtz, Rainer: ‚Widersetzlichkeiten, Excesse, Tumulte und Skandale'. Soziale Bewegung und gewalthafter sozialer Protest in Baden 1815–1848. Frankfurt/M. u.a. 1981

Wistrich, Robert: Wer war wer im Dritten Reich? Ein biographisches Lexikon. Frankfurt/M. 1987

Wohlfeil, Rainer: Spanien und die deutsche Erhebung 1808–1814. Wiesbaden 1965

–: Der Volkskrieg im Zeitalter Napoleons. In: Groote, Wolfgang von/Müller, Klaus-Jürgen (Hrsg.): Napoleon I. und das Militärwesen seiner Zeit. Freiburg 1968

–: Vom stehenden Heer des Absolutismus zur Allgemeinen Wehrpflicht. In: Militärgeschichtliches Forschungsamt (Hrsg.): Deutsche Militärgeschichte 1648–1939, Bd. 1, Abschnitt II, München 1983

Wolff, Wilhelm: Das Elend und der Aufruhr in Schlesien. In: Püttmann, Hermann (Hrsg.): Deutsches Bürgerbuch für 1845. Darmstadt 1845, Neudruck: Köln 1975, S. 174–199

Wolter, E.: Die Organisation des Sieges. In: Deutsche Wehr, 19.12.1935, Beilage: Die deutsche Volkskraft, Nr. 24, S. 218–220

Wrobel, Ignaz [d.i. Tucholsky, Kurt]: Wo waren Sie im Kriege, Herr –? In: Die Weltbühne, XXII. Jg., Nr. 13, 30.3.1926, S. 489–492

Wüllner, Fritz: Die NS-Militärjustiz und das Elend der Geschichtsschreibung. Baden-Baden 1991

Ziegler, Rolf: Einige Ansatzpunkte der Militärsoziologie und ihr Beitrag zur soziologischen Theorie. In: Kölner Zeitschrift für Soziologie und Sozialpsychologie, Sonderheft 12: Beiträge zur Militärsoziologie, hrsg. von René König. Köln/Opladen 1968, S. 13–37

Ziemann, Benjamin: Zum ländlichen Augusterlebnis 1914 in Deutschland. In: Loewenstein, Bedrich (Hrsg.): Geschichte und Psychologie. Annäherungsversuche. Pfaffenweiler 1992, S. 193–203

–: Verweigerungsformen von Frontsoldaten in der deutschen Armee 1914–1918. In: Gestrich, Andreas (Hrsg.): Gewalt im Krieg. Ausübung, Erfahrung und Verweigerung von Gewalt in Kriegen des 20. Jahrhunderts. Münster 1995 (Jahrbuch für Historische Friedensforschung, 4, 1995), S. 99–122

Ziemann, Helmut: Die Stellung der Psychopathen im Militärstrafrecht. Jur. Diss. Marburg 1941

Zimmer, Hasko: Auf dem Altar des Vaterlands. Religion und Patriotismus in der deutschen Kriegslyrik des 19. Jahrhunderts. Frankfurt/M. 1971

Zipfel, Gaby: Wie führen Frauen Krieg? In: Heer, Hannes/Naumann, Klaus (Hrsg.): Vernichtungskrieg. Verbrechen der Wehrmacht 1941 bis 1944. Hamburg 1995, S. 460–474

Zoepf, Arne W. G.: Wehrmacht zwischen Tradition und Ideologie. Der NS-Führungsoffizier im Zweiten Weltkrieg. Frankfurt/M. u.a. 1988

Zurkowski, A.: Kurze Darstellung des Feldzuges in Baden und der Pfalz. Bern 1849

Zwehl, Hans von: Der Dolchstoß in den Rücken des siegreichen Heeres. Berlin 1921